시장을 뒤흔든 100명의 거인들

시장을 뒤흔든 100명의 거인들

전설적인
투자 귀재들의
혁신, 실수
그리고 지혜

켄 피셔 지음 | 이건, 김홍식 옮김

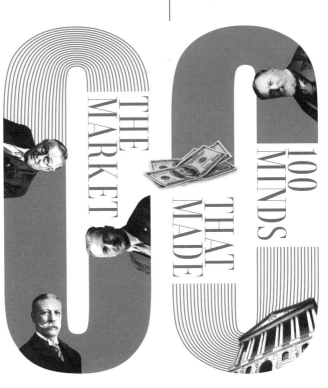

KEN FISHER

THE MARKET

100 MINDS

THAT MADE

P page2

일러두기

- 본문의 내용은 이 책이 개정 출간된 2007년을 기준으로 하고 있다.
- 본문 중 국내 번역서가 있는 도서는 『주식시장은 어떻게 반복되는가Markets Never Forget』와 같이, 국내 번역서가 없는 도서는 『Plan Your Prosperity(번영 계획을 세워라)』와 같이 표기한다.

이미 알려진 개념들과는 본질적으로 다르고 새로우면서,
진지하고도 복잡한 개념을 추구하는 모든 사람에게 이 책을 바친다.

머리말

이 책은 1993년에 처음 완성되었다. 이 책에서 다룰 인물을 선택한 기준은, 어떤 식으로든 금융에 중대한 영향을 미친 사람으로서 이미 죽은 사람이었다. 마음 놓고 비판을 하더라도 죽은 사람들은 소송을 거는 일이 없기 때문이다. 한편으로, 초판의 서문에서도 밝혔듯이 이 기준을 선택하면 나의 아버지 필립 피셔Philip A. Fisher에 대해서 글을 쓸 필요가 없었다. 아버지가 살아 계시는 동안 그에 대해서 글을 쓰는 일은 여간 불편하지가 않았다.

초판의 서문에서 나는 워런 버핏Warren Buffett, 존 템플턴John Templeton, 이반 보스키Ivan Boesky, 마이클 밀컨Michael Milken 등 생존 인물 가운데 흥미로운 사람들을 열거하기도 했다. 이들은 모두 오늘날에도 여전히 살아 있다(책이 출간된 이후 2008년 존 템플턴은 사망했다_편집자). 그러나 그때도 말했듯이, 이 현대적 인물들에 대해서는 매체를 통해서 얼마든지 자료를 구할 수 있으므로, 이들이 살았든 죽었든 이 책에서 다루지 않더라도 독자들에게 별 손해가 없으리라 생각한다.

2004년에 돌아가신 나의 아버지에 대해서는, 와일리Wiley의 「투자고전Investment Classics」 판으로 출간된 그의 저서 『위대한 기업에 투자하라Common Stocks and Uncommon Profits and Other Writings』에서 비교적 자세하게 설명하였다. 틀림없이 이 책에서 아버지에 대해 궁금한 사항들을 모두 발견할 수 있을 것이다. 반면, 이 책에서 다루는 인물 대부분은 상당한 노력을 기울이지 않고서는 파악하기가 훨씬 어렵다. 하지만 이 간략한 전기를 읽으면 단 몇 분 만에 개괄적인 내용을 파악할 수 있으며, 이 매력적인 인물들에 대해서 더 깊이 알고 싶으면 참고문헌을 활용해서 더 심층적으로 조사할 수 있다.

이 책이 다루는 100명의 명단은 1993년에 그랬던 것처럼 오늘날에도 여전히 타당하다. 이 책을 다시 검토하면서 나는 바꿀 내용이 거의 없다는 결론을 내렸다.

다만, 제럴드 로브에 대해서는 이전의 생각을 크게 바꾸었다. 그에 관한 글을 쓸 때 지나치게 비판적이었던 점이 후회스럽다. 나도 나이가 들어가면서 그에 대해서 더 높이 평가하게 되었다. 처음 벤저민 그레이엄, 해리 마코위츠Harry Markowitz, 나의 아버지 등 영향력 있는 시장 사상가들과 비교했을 때, 나는 그를 부족한 사람이라고 생각했었다. 당시 그에 대해서 제대로 평가하지 못한 점은, 그가 젊은이들과 신규 투자자들에게 대단히 강력하게 동기를 부여하여 처음으로 주식시장에 참여하도록 유도했다는 사실이다. 그는 나서는 사람이 거의 없었던 시기에 적극적으로 나서서 (이론의 여지는 있지만) 수십만 명을 주식 투자의 세계로 이끌었다. 그래서 와일리의「투자고전」개정판으로 나온 그의 저서『목숨을 걸고 투자하라The Battle for Investment Survival』에 대해 더 호의적인 추천사를 써서 그에 대한 평가를 보완하고자 했다. 추천사에도 썼지만, 어떤 면에서 그는 오늘날의 짐 크레이머Jim Cramer와 닮은 면이 있었다. 현란하고, 온갖 매체에 등장하며, 정력이 끝없이 넘치고, 소액 투자자들에게 즉석에서 조언을 해주며, 모든 사람에게 스스로 할 수 있다고 격려하였다. 황량한 세상에 그의 책이 나온 1935년부터 소액 투자자들의 주식 투자가 훨씬 보편화한 1960년대에 이르기까지, 그는 사람들을 주식시장으로 유입시키는 데 엄청난 역할을 했다. 미국 주식시장 발전의 35년 역사라는 관점에서, 그의 책을 읽어보라고 권하는 바이다.

이 책을 쓴 뒤 나는 벤 '세렘' 스미스의 아들을 만났는데, 그의 아버지가 사업에는 강인하고 난폭한 사람이었지만 아버지로서는 항상 부드럽고 온화했다는 말에 깊은 인상을 받았다. 이 경험을 통해서, 이런 인물들의 실제 사생활에 대해서 내가 실제로 아는 부분이 얼마나 미미한지 실감하게 되었다. 이들의 일생을 연구하면서, 나는 주로 책이나 기사에 실린 평판이나 '전설'을 토대로 이들에 대해서 글을 썼다. 사람들이 끝까지 숨기는 경우, 비밀을 알아내는 일은 불가능하다. 이런 문제들은 절대로 알려지지 않는 경우가 많다. 그러나 스미스의 아들을 통해서, 이들 모두는 특별했던 것만큼이나 내가 평가한 것보다 더 복합적인 면을 지니고 있었음을 깨달을 수 있었다.

시간이 흘러서 이제는 분명해졌지만, 내가 이 책에서 언급하지 않았던 사항이 하나 있다. 존 로와 로스차일드 같은 몇몇 사람을 제외하면, 이 책의 100대 거인은 모두 미국인이라는 사실이다. 금융과 자본주의가 미국만큼 크게 영향받은 나라가 달리 없었기 때문이다. 애덤 스미스Adam Smith의 책은 미국이 탄생한 해부터 지금까지 영향과 희망, 방향을 제시하는 횃불이 되고 있으며, 마치 그가 말한 악명 높은 '보이지 않는 손'처럼 거의 신성한 영감을 제공한다는 면에서, 이 위대한 스코틀랜드인을 다루지 않은 점이 이 책의 결함이 될지 모르겠다. 그러나 살아 있는 많은 현대 인물들의 경우와 마찬가지로, 이 유명한 인물에 대해서도 인터넷을 간단하게 뒤지기만 해도 많은 자료를 모을 수 있다. 만일 스미스에 관해서 공부해본 적이 없다면, 공부해보라고 권하는 바이다. 그는 자본주의의 탄생과 발전에 가장 큰 영향을 미친 인물 가운데 하나이기 때문이다.

이 책에 등장하는 인물 대부분은 파악하기가 힘든 사람들이다. 그리고 이미 말했듯이 압도적 다수가 미국인이다. 자본주의와 자본시장에 큰 영향을 미친 사람들 대부분이 미국인이라는 사실에는 논란의 여지가 없다. 생각하면 할수록 외국 출신이 많지 않다. 우리의 사고방식에 영향을 미치고, 사고방식을 바꾼 사람들은 미국 출신들이었다. 우리의 삶을 돌아보면 이 말은 오늘날에도 여전히 옳은 말이다. 전설과 영향이 주로 미국에서 왔지, 다른 곳에서 온 경우는 거의 없다.

왜 그럴까? 나는 갈수록 미국의 '문화 부재un-culture' 때문이라고 믿게 되었다. 대부분 나라는 늘 단일문화나 이중문화를 유지해왔다. 하나의 지배적인 문화와, 아마도 한두 개 정도일 종속적인 문화를 유지해온 것이다. 예를 들면, 프랑스는 늘 단일 국적과 가톨릭교를 주요 기반으로 유지되었다. 다양한 나라에서 가톨릭교와 개신교가 다툼을 벌였지만, 그 문화의 폭은 그래도 별로 넓지 않았다. 그러나 미국의 경우 다른 어느 곳보다도, 그리고 최근까지도 모든 사람이 다양한 곳에서 왔고 공통 문화가 없어서 문화 부재 상태를 형성했다. 그래서 나는 문화 부재가 다른 어떤 문화보다도 자본주의와 자본시장에 비옥한 토양이 된다는 의견을 제시하는 바이다.

미국에서는 극소수에게 제공하려고 만들기 시작한 제품이 뜻밖의 성공을 거두어 대다수에게 제공되는 예가 있다. 좋은 일에서 이런 현상이 나타나는 것처럼, 나쁜 일에 대해서도 이런 현상이 나타난다. KKK단Ku Klux Klan은 미국 최남부 지방에서 시작되어 지역적으로 강하게 오래 지속되었다(이 경우 전국을 휩쓸지는 않았다). 그러나 코카콜라와 블루스도 이곳에서 시작되어 전 세계를 휩쓸었다. 마찬가지로, 오늘날에도 이를 테면 중국계 미국인처럼 많은 소비자로 구성되는 미국 일부 집단을 대상으로 금융 상품이나 일반 상품을 개발할 수 있고, 이 상품이 성공하여 미국 전역에 퍼질 수 있다. 억지처럼 들리는가? 이런 일은 늘 일어난다. 예를 들면, 부리토burrito는 사실 진짜 멕시코 음식이 아니다. 이 음식은 멕시코계 미국인들을 위해서 캘리포니아에서 개발되었다가, 지금은 미국 전역에서 즐기는 음식이 되었다. 이런 예는 끝이 없다. 이 책에서는 금융을 다루고 있는데, 금융 분야에서도 새로운 아이디어는 미국에서 왔다. 해리 마코위츠식의 평균분산 최적화, 원래의 뮤추얼 펀드, 최근에 등장한 상장지수 펀드exchange traded fund, 할인증권사discount broker, 담보부 파생채권collateral derivative obligation 등 사례는 끝이 없다. 다시 말하지만, 새로운 아이디어는 미국에서 왔다.

강력한 단일문화나 이중문화 환경에서는 새로운 아이디어를 확립해서 낡은 아이디어에 도전하고 현상을 바꾸기가 몹시 어렵다. 지배적 문화가 얼마든지 사회적으로 압박을 줄 수 있기 때문이다. 예를 들면, 갈릴레오Galileo Galilei가 왜 그렇게 손쉽게 파문을 당했는가? 그러나 자본주의는 변화, 창조적 파괴, 쇄신이 일어나고, 신출내기가 선임을 밀어내며, 이 새로운 선임이 또 밀려나는 곳에서 성공을 끌어낸다. 이런 현상은 문화적 방해가 가장 적은 곳, 즉 문화 부재에서 가장 잘 일어난다.

온갖 나라, 민족, 종교, 인종 출신들이 미국에서 성공을 거두었다.

미국 자본시장에서 유대인 후손들이 거둔 성공을 살펴보자. 유대인들은 대부분 유럽 국가에서 차별당했지만, 문화 부재의 환경에서는 자본시장에 최대한 영향을 미치면서 성공을 거둘 수 있었다. 이 책을 읽으며 얼마나 많은 유대계 미국인들이 등장하는지 살펴보라. 분명하게 밝혀두는데, 나는 유대계 혈통이므로 내 견해가 치우쳐 있을지도 모른다. 내 아버지의 가족은 1830년대에 고향인 독일 부텐하임Buttenheim을 떠났다. 1880년대까지 모든 유대인이 부텐하임에서 떠났다. 모두 다 말이다. 그러면 이들이 어디로 갔을까? 물론 미국이다! 문화 부재 속에서 더 차별받지 않고 살 수 있었기 때문이다. 그러나 미국에서는 어디에서나 이민자들이 혁신을 일으켰다. 그들의 모국에서보다 더 활발하게 말이다.

만일 이 책을 처음부터 다시 쓴다면, 나는 각 인물이 미국에 오기 전에 살았던 나라를 더 비중 있게 다룰 생각이다. 이들은 전 세계에서 왔기 때문이다. 지난 15년이 지나는 동안, 오로지 미국에서만 지금과 같은 자본시장의 혁신이 융성할 수 있었다고 굳게 확신하게 되었다. 엄청나게 많은 충격적 사상, 제품, 혁신, 마케팅, 자본시장 기술이 미국에서 나온 것은 단지 우연이 아니었다는 말이다.

켄 피셔Ken Fisher
캘리포니아 주 우드사이드Woodside
2007년 5월

투자라는 모험을 하다 보면 우리는 지성적으로나 정신적으로나 몰입하게 된다. 심지어 우리가 투입하는 돈보다도 더 깊이 몰입되는 경우가 많다. 그리고 이러한 몰입을 통해서 우리는 마찬가지로 투자에 몰입한 사람들이 모이는 공동 사회의 일원이 된다.

처음에는 일상적으로 보고 이야기를 나누는 사람만을 '게임에 참여하는 선수'로 인식하지만, 여행하면서 더 오랜 기간에 걸쳐 더 많은 조직에서 더 많은 사람을 만나다 보면, 우리의 관심과 즐거움이 늘어날뿐더러 투자 '대중'이 매우 많다는 사실을 깨닫게 된다.

또한 이 투자 대중이 대단히 역동적이고 창의적이며 강력하다는 점도 알게 된다. 투자 대중은 의사소통이 활발한 집단이며, 우리는 이러한 특별한 공동 사회의 일원이 될 때 더 발전한다.

우리의 경험을 풍부하게 해주는 하나의 방법은 도전해서 배우는 행동이다. 일부는 시행착오가 될 것이다(우리는 실수하고 실수하며 또 실수한다. 그러나 갈수록 실수는 줄어든다).

다행히도 우리에게는 배울 만한 스승이 대단히 많다. 이 위대한 스승 가운데는 인생과 투자라는 모험을 통해서 우리를 즐겁게 해주고 매혹하는, 진정으로 매력적인 사람들이 많다. 이들은 셰익스피어w.

Shakespeare가 말했듯 "다름 아닌 연극The play's the thing"과도 같은 이야기 혹은 애덤 스미스가 적절히 말했듯 "바로 머니 게임It's the money game!"과도 같은 이야기를 들려줄 것이다.

이 읽기 쉬운 책이 당신을 일깨워주고 흥미를 돋워줄 것이다. 그리고 우리보다 앞서서 판을 벌였던 멋진 선수들을 소개해줄 것이다. 캔 피셔는 이들의 경험에 대한 현명한 해석과 관점을 제공하여, 우리가 더 입체적으로 이해하도록 도움을 줄 것이다. 따라서 그는 우리가 다른 사람의 경험으로부터 많이 배우게 해준다. 이는 우리의 경험만으로 배우기보다 훨씬 쉽고, 빠르며, 고통 없는 방법이 될 것이다.

이 흥미로운 책에서 켄 피셔는 이 주목할 만한 100명에 대해서 쾌활하면서도 무례한 방식으로 이야기를 펼쳐간다. 이 중에는 당신이 이미 아는 사람도 있고, 대충 알 것 같은 사람도 있으며, 전혀 들어보지 못한 사람도 있다. 하지만 이들은 모두 오늘날과 같은 모습으로 '시장을 뒤흔든' 사람들이다. 영웅의 역할을 한 사람도 있고, 악당으로 산 사람도 있다. 우리는 그들로부터 인생의 교훈을 배울 수 있다. 특히 켄 피셔가 여행 가이드가 되어 우리에게 제공하는 사려 깊으면서도 생각을 자극하는 통찰을 통해서 말이다.

찰스 엘리스Charles D. Ellis
그리니치 어소시에이츠Greenwich Associates 창립자 언젠가 서재를 정리하다 책장에 가장 많이 꽂혀 있는 책들이 이건 선생님이 번역하거나 켄 피셔가 쓴 책들이라는 사실을 알게 되었다. 그만큼 두 분은 많은 책을 쓰거나 번역하셨고, 나 또한 이 두 분의 책들을 믿고 읽었던 것 같다. 이제 추천하려는 책 또한 켄 피셔가 쓴 책을 이건 선생님이 공동 번역한 것이다.

켄 피셔는 2021년 9월 말 기준 220조 원의 자산을 운용하는 투자 회사의 회장이자 투자 책임자이다. 8조 원의 자산으로 포브스에 이름이 오른 자산가이고, 11권의 책을 쓴 뛰어난 저술가이기도 하다. 그는 다양한 투자 서적을 집필했는데, 그의 첫 번째 책인 『슈퍼 스톡스Super Stocks』는 주가매출액배수(PSR) 개념을 세상에 처음 알렸다. 『주식시장의 17가지 미신The Little book of Market Myth』에서는 주식시장에 널리 퍼진 미신을 타파하고 잘못된 통념을 깨부쉈으며, 『켄 피셔 역발상 주식 투자Beat the crowd』에서는 대중과 다르게 독립적으로 사고하는 역발상 투자의 중요성을 강조했다.

저자가 이처럼 다양한 책을 쓸 수 있었던 것은 아마도 미국의 오랜 자본시장 역사를 깊이 연구하며 깨달음과 지혜를 얻었기 때문일 것이다. 이 책 『시장을 뒤흔든 100명의 거인들』은 미국 자본시장에 대한 저자의 방대한 탐구 결과를 인물을 중심으로 흥미진진하게 엮어냈다.

이 책은 지난 2세기 동안 미국 자본시장의 발전 과정에서 특별한 역할을 수행했던 100명의 인물들을 소개한다. 등장하는 인물들은 매우 다채로운데, 로스차일드 일가나 JP 모건처럼 제국을 건설한 거인들도 있지만 헤티 그린이나 사이러스 이턴처럼 대부분의 일반인은 들어보지 못했을 사람들도 있다. 벤저민 그레이엄이나 로 프라이스처럼 뛰어난 투자자도 있고, 찰스 폰지나 제이 굴드같은 사기꾼이나 투기꾼도 있다. 그 밖에도 언론인, 은행가, 경제학자, 혁신가와 기업가, 모사꾼을 포함하여 금융에 지대한 영향을 미친 다양한 인물들이 망라되고 있다. 이들은 모두 각자의 방식으로 금융시장의 한 부분을 새로이 만들거나 혁신시켰고, 끈질기고 영민하게 기회를 찾았고 놀라운 부를 일구거나 커다란 실패를 맛보았으며, 사회를 이롭게도 하고 물의를 일으키기도 했다.

책 속에 담긴 100명의 삶은 그 자체로 미국 자본시장의 200년 역사라고 할 수 있다. 켄 피셔는 의도적으로 살아 있는 사람은 제외하고 인물을 선정했지만, 그럼에도 이들의 그림자는 우리가 살아가는 오늘날의 자본시장 곳곳에 짙게 드리워져 있다. 그래서 이들의 인생과 투자 이야기는 지금의 우리에게 많은 가르침을 준다. "과거에서 교훈을 얻지 못하는 사람들은 과거의 잘못을 되풀이한다"라는 말처럼 부디 이 책의 다양한 인물들로부터 불확실하고 어지러운 금융시장의 본질을 꿰뚫어 보는 혜안을 얻을 수 있기를 기원한다.

박성진

이언투자자문 대표

차례

1장 공룡들

2장 언론인과 작가들

3장 투자 은행가와 주식 중개인들

4장 혁신가들

5장 은행가와 중앙은행장들

8장 기술적 분석가, 경제학자, 그 외 전문가들

9장 성공한 투기꾼, 모사꾼 그리고 수완가들

이 책을 읽어야 하는 이유는 재미있기 때문이다. 필자로서 내가 가장 바라는 바는, 이 책이 재미있는 읽을거리가 되는 것이다. 내가 뽑은 100대 거인은 매혹적이고, 괴짜이며, 거칠고, 때로는 기묘하지만, 강력하면서도 때때로 아주 재미있는 사람들이다. 내가 이들의 인생에 관해 쓰는 일도 재미있었지만, 당신이 읽기에도 마찬가지로 재미있을 것이다. 성격, 직업, 욕구, 기호에 따라 다소 차이는 있겠지만, 이들의 인생이 주는 직업적, 개인적 교훈으로부터 얻는 바가 있을 것이며, 미국 금융시장의 발전 과정에 대해서도 많이 배우게 될 것이다. 어떤 형태로든 시장에서 활동하는 사람이라면, 이들의 인생을 통해서 어떤 방식이 통하는지, 어디까지 밀어붙일 수 있고 어느 수준이면 무너지는지, 사람의 속성 중 어떤 요소가 성공과 실패를 좌우하는지 알게 될 것이다. 그러나 앞에서 말했듯이 이 책을 읽는 주된 목적은 즐기는 데 있다.

월스트리트는 당연한 것이 아니다

특히 오늘날에는 월스트리트Wall Street를 당연한 기관으로 받아들이는 사람들이 있다. 하지만 월스트리트는 성경에 나오는 이야기처럼 하루아침에 등장하지 않았다. 거의 2세기에 걸친 개척, 혁신, 노력, 실수, 추문 덕분에 오늘날과 같이 존재하게 되었다. 월스트리트의 발전 과정 내내 적자생존의 법칙이 적용되어, 혁신은 수용되고 실수는 수정되었다. 이런 개선 덕분에 지금 수많은 사람이 당연하게 받아들이는 훌륭한 시장의 모습을 갖추게 되었다.

이러한 개선의 이면에서 시장을 주도적으로 만들어온 사람들은 개인들이었다. 이 책에 등장하는 100대 거인은 모두 교훈을 주거나 혁신 혹은 사기 사건을 일으킨 사람들이다. 이들의 정신이 혁신을 일으켰고 그 영향으로 오늘의 시장이 만들어졌으니, 결국 간단히 말해서 시장을 만들어낸 주체는 바로 이들의 정신이다. 여기서 '시장을 뒤흔든 100명의 거인들'이라는 이 책의 개념이 나오게 되었다.

이들의 인생을 돌아보는 일은 시장의 탄생 과정을 생각해본 적이 없는 사람들에게 매우 중요하며, 시장의 현재와 미래에 관계된 모든 사람에게 필수적이다. "과거에서 교훈을 얻지 못하는 사람들은 과거의 잘못을 되풀이한다"라는 말이 있다. 이제 당신은 훌륭한 스승 100명이 자신들의 인생을 통해 생생하게 전해주는 교훈을 얻어, 몸소 체험하지 않고도 험한 길을 피해갈 수 있다. 이 책을 읽다 보면 월스트리트 형성 과정의 뒷이야기도 월스트리트만큼이나 마음을 사로잡는 매력이 있다고 느끼게 될 것이다.

이 책을 읽는 방법

이 책에는 월스트리트의 발전이 연대순으로 실려 있다. 11개의 장으로 구분되며, 월스트리트의 기초를 세운 인물, 성장시킨 인물, 자금을 조달한 인물, 혁신한 인물, 미국 경제에 융합시킨 인물 등이 등장한다. 이어서 월스트리트를 개혁한 인물, 체계화한 인물, 추문을 일으킨 인물, 돈을 벌거나 잃은 인물, 기타 잡다한 인물들도 등장한다. 각 장에는 시간의 흐름을 따라갈 수 있도록 이야기들을 연대순으로 실어놓았다.

장보다는 인물 자체가 중요하다는 점을 명심하기 바란다. 이 책을 쓸 때 인물부터 고른 다음 카테고리에 따라 분류했다. 각 인물에 대한 묘사를 통해서 독립된 짧은 전기를 구성한 다음, 이들을 특정 틀에 맞추는 방식으로 진행했다. 100명의 거인에 대해서 글을 쓴 다음에야 그 이야기들이 논리적으로 이어지도록 그룹별로 분류했다. 그러고 나서 100개의 이야기를 묶어주는 주제와 교훈을 담아 요약문을 덧붙였다.

또한 처음부터 끝까지 읽는 방식을 택해도 좋고, 아니면 언제든 누군가에 흥미를 느낄 때 잠깐 그 인물을 찾아서 읽어도 좋도록 구성했다. 나는 앞서 책을 두 권 썼고, 《포브스Forbes》의 칼럼니스트로 다년간 활동했으며, 다른 수많은 자료를 작성한 바 있다. 나는 이 책이 재미있고 교훈적이라고 판단하고 처음부터 끝까지 읽는 독자가 많이 나오기를 희망한다. 그러나 나 자신이 하고 싶은 일은 많아도 시간이 부족한 것처럼 당신도 시간이 부족하리라 생각한다. 그래서 처음부터 끝까지 읽지 않아도 되게 구성하였으니, 가장 도움이 되는 부분만 원하는 대로 골라서 읽어도 좋다. 어느 날 누가 '럭키' 볼드윈을 언급하는데 도무지 그가 누군지 모르겠다면, 질문을 하느라 주눅 들거나 도서관에서 발품을 팔 필요 없이 이 책의 목차를 뒤져서 4분이면 충분한 짧은 전기를 읽으면 된다. 볼드윈에 대해서 더 많이 읽고 싶다면, 참고문헌을 보고 다음 읽을거리를 찾아볼 수도 있다. 혹시 같은 주제를 더 찾고 싶다면, 볼드윈이 속한 장의 다른 참고문헌을 찾아보라.

이 매혹적인 인물들 가운데는 사실 여러 장에 두루 포함시킬 수 있는 사람이 많다. JP 모건 같은 인물이라면 어떻게 한 장에만 넣을 수 있겠는가? 벤저민 그레이엄은 작가였지만, 다른 위대한 선구자들처럼 작가를 훨씬 뛰어넘는 인물이었다. 그래도 나는 이들을 분류해야 했기에 가장 합당해 보이는 장에 넣었다. 당신의 견해가 다르더라도 양해해주기 바란다.

103명이 아니라 100명인 이유

어느 선에서든 숫자를 잘라야 했다! 그런데 100명이 그럴듯하게 보였다. 내가 선발한 100명이 진정으로 시장을 뒤흔든 100명을 완벽하게 가려냈다고 생각하지는 않는다. 시장에 기여한 인물을 빠짐없이 추적해서 완벽한 명단을 만드는 일은 불가능할 것이다. 커다란 기여를 했더라도 조용하게 한 사람들은 아마도 틀림없이 역사에서 누락되었을 것이다. 이들의 기여가 컸을지라도, 이들은 사회에 그다지 알려지지 않았기 때문이다.

이들은 내가 뽑은 100인이다. 내가 투자 전문가로 20년간 활동하면서 알게 되었거나, 그 이전 재무관리와 역사를 공부하던 학창시절에 알게 된 내용을 토대로 선발한 사람들이다. 종류별로 자리를 채우는 식으로 선발한 것이 아니라, 내 나름대로 크게 기여했다고 평가한 사람들을 선발했다('주식 차트 분석가 다섯 명, 은행가 두 명' 식으로 뽑지 않았다는 얘기다). 그렇다. 이들은 '내가 뽑은' 100대 거인이다. 당신이 금융계 역사를 분석해서 선발하더라도, 몇몇 사람은 다를지 몰라도 대부분 인물은 같으리라 장담한다. 몇 사람에 대해서는 의견이 갈리겠지만, 어떤 사람이 포함되어야 하고 어떤 사람이 제외되어야 하는지 토론하는 것도 재미있을 것이다. 그러니 당신이 동의하지 않더라도 내가 선택한 인물들에 대해 즐겁게 읽어주기 바란다.

미국의 이야기다

100대 거인들은 대부분 미국인이다. 미국 금융시장 발전에 너무도 크게 기여했기 때문에 제외하기 힘들었던 외국인은 내가 보기에 불과 몇 사람밖에 없었다. 이 책은 유럽시장이나 세계시장의 발전에 기여한 사람들에 대한 연대기가 아니다. 이 책은 단지 미국시장을 오늘날의 모습으로 만든 사람들에 관해서 자세히 설명한다. 요즘 들어서 사람들이 세계 투자와 해외 분산투자에 매력을 느끼고는 있지만, 미국 주식시장이 여전히 세계를 선도하고 있으며 전 세계가 주목하는 시장이기 때문이다.

일부 유명 미국 금융가는 지나치게 산업 지향적인 성향이 있거나, 역사책에서 그 존재가 미미하다는 이유로 명단에서 탈락하기도 했다. 자동차 제국을 세운 EL 코드EL Cord, 철도 사업가 콜리스 헌팅턴Collis P. Huntington과 릴랜드 스탠퍼드Leland Stanford, 투자 은행가 오거스트 벨몬트 2세August Belmont, Jr. 등이 지나치게 산업 지향적이어서 미국 금융시장 시스템에 큰 영향을 미치지 못한 사람들이다. 이들이 자신의 산업 분야에서 독자적으로 기여한 바를 평가절하한다는 뜻은 아니다. 다만, 이 책에서는 미국시장에 직접적으로 크게 영향을 미친 사람들을 우선하여 다룬다는 뜻이다.

역사 속에서 그 존재가 미미한 사람들은 적절한 전기 자료가 없어서 안타깝게도 탈락했다. 쿤 로브 사의 파트너 오토 칸Otto Kahn, 존 매기에게 영감을 준 기술적 분석가 리처드 샤배커, 심지어 EF 허튼EF Hutton까지 모두 월스트리트에서 유명한 인물들이었으나, 이들에 관한 문헌이 놀라울 정도로 드물어서 이들의 생애나 사상을 제대로 파악할 수가 없었다. 예를 들어, 칸의 경우 오페라를 좋아하는 점이나 의상에 대해서는 문헌이 많았으나, 문제의 핵심이라 할 수 있는 그의 거래에 대해서는 지나치게 부적절하게 묘사되어 있어서 그에 관해서 제대로 쓰기가 어려웠다. 나는 늘 그가 중요하다고 인식하고 있었으므로 그를 진정으로 다루고 싶었지만 역부족이었다.

저서 『Studies in Tape Reading(시세표시기 읽는 법 연구)』으로 주식 시세표시기 읽는 방법을 개척한 리처드 와이코프Richard Wyckoff도 마찬가지로 너무 존재가 희미한 인물로 분류된다. 애디슨 캐맥Addison Cammack과 클래플린Claflin 자매도 같은 경우다. 캐맥은 "활기가 살아나는 주식은 팔지 말라!"라는 경구를 만들어낸 인물로 알려져 있다. 그는 에드윈 르페브르의 『제시 리버모어의 회상Reminiscences of a Stock Operator』에서 노련한 투기자로 묘사되었지만, 나는 그에 관해서 깊이 있는 내용을 전혀 찾아낼 수가 없었다. 혹시 당신이 발견하게 된다면 내게 알려주기 바란다.

클래플린 자매도, 단지 이들의 이야기가 그토록 인기 있다는 이유만으로 여기서 한 번 언급하고 마는 수준이다(아마 이들은 최초의 여성 브로커일 것이다). 데이나 토머스_{Dana L. Thomas}의 『The Plunger and the Peacocks(투기꾼과 공작)』에 개략적으로 설명된 바에 따르면, 경박하고 약삭빠른 자매 빅토리아_{Victoria}와 테네시_{Tennessee}는 (내가 선정한 100명 중 하나인) 더러운 늙은이 코니 밴더빌트에게 구애하려고 1869년 뉴욕으로 갔다. 1870년에 밴더빌트는 이들에게 증권회사를 차려주었으며 돈벌이 요령을 가르쳐주었고, 이들이 벌이는 소동을 즐겼다. 테네시가 이 신비로운 사업에 마음을 빼앗긴 동안, 빅토리아는 자유연애, 여성의 자유, 그 밖에 당시에는 급진적이었던 여러 사상들의 옹호자로 나섰고 미국 대통령 후보로 지명된 최초의 여성이 되었다. 밴더빌트가 죽자 (이 책에도 등장하는) 상속자인 아들 윌리엄은 클래플린 자매가 아버지와 벌인 탈선에 대해 침묵을 지켜준 점을 높이 샀다. 결국 두 자매 모두 뉴욕을 떠나 영국 귀족들과 결혼했다. 흥미롭기는 하지만 클래플린 자매는 실제로 시장을 만들지 않았으며, 진정으로 기여한 바가 무엇인지 정의하기 힘들다. 실질적으로 커다란 기여를 했던 밴더빌트를 훌륭하게 보완해주기는 하지만, 이것은 다른 이야기다.

이 책에서는 주로 남자를 다루는데, 이 점에 대해서 오늘날에는 여성들이 화를 낼지도 모르겠다. 유감스럽지만, 월스트리트는 초창기에는 거의 전적으로 남자의 세계였다. 이 책에 나오는 여성들의 역할은 오늘날에는 전형적인 성차별주의자로 간주될 만한 모습으로 한정되는데, 주인공의 부인, 술집 여자, 첩 등이다. 시장에 독립적으로 영향을 미친 여성들을 꼽는다면 안타깝게도 겨우 세 사람만을 들 수 있으니, 이 밴절린 애덤스, 내털리 셴크 레임비어, 헤티 그린이다. 그러나 이들조차 괴짜라는 흠집이 있어서 현대 여성들이 화를 낼지도 모르겠다. 애덤 스는 지나치게 점성술에 치중했기 때문에 진지하게 다루기 힘들었고, 그린은 너무도 인색했다. 이 책에서 여성들이 볼품없게 표현되었다면, 단지 이 책이 입수 가능한 역사적 정보를 정확하게 기술했기 때문이라 는 점을 양해해주기 바란다. 현대에는 사람들이 역사에서 여성도 다루 고자 하지만, 이런 경우에는 역사적으로 정확성을 유지하면서 여성을 다룰 방법이 없다.

죽은 사람들을 살려내다

이 책에 등장하는 인물들은 모두 죽은 사람들이다. 이 책은 오늘 날 활동하는 인물들을 평가한 성적표가 아니다(100명 가운데 4명은 실제 로 죽었는지 모르지만, 오래전에 대중의 시야에서 사라졌기 때문에 죽었다고 간주 해도 무방할 것이다. 대중의 시야에서 사라지면 부고 기사를 찾는 일조차 사실상 불 가능하다). 현재 시장에서 활동하는 인물 대신 죽은 사람을 다루는 이유 는 무엇인가? 현재 활동하는 인물 몇 사람은 분명히 엄청난 기여를 했 으며, 심지어 좋은 쪽으로든 나쁜 쪽으로든 내가 선정한 100명 가운데 몇 사람보다 기여도가 더 크다. 그러나 엄청난 영향을 미친 워런 버핏, 존 템플턴, 이반 보스키, 마이클 밀컨 같은 인물들을 무시해서가 아니 라, 이런 사람들은 다른 매체에서 이미 자세히 다루고 있으므로 배제했 다. 오늘날 금융계에 대해서 조금이라도 관심이 있는 사람들은 이미 이 런 인물들에 대해 나름대로 관점을 지니고 있다. 이런 사람들을 다룬다 고 이 책의 가치가 올라가지는 않으므로 다루지 않았다.

게다가 죽은 사람들은 소송을 걸지 않으므로 공개적으로 비판할 수 있다. 이 책을 읽으면 알게 되겠지만, 100명 중에는 내가 칭송하는 사람도 있고 비난하는 사람도 있다. 그러나 내가 이들을 비난해도, 경력을 망쳤다고 죽은 이들로부터 소송당할 일이 없다. 또한 나의 아버지 필립 피셔로부터 영향을 받은 면도 있다. 어떤 면에서 아버지는 내가 책에서 죽은 사람들만 다룰 경우의 장점을 깨닫게 해주셨다. 처음 책을 구상할 때 나는 살아 있는 인물 10여 명을 포함할 생각이었다. 이럴 경우 성장주 투자growth stock investing 학파의 형성과 발전에 막대한 영향을 미친 아버지를 빼놓을 방법이 없다.

그러나 아버지에 대해서 글을 쓰기가 정서적으로 너무도 거북했다. 나무를 보느라 숲을 못 보기 쉬웠고, 지나친 찬양으로 흐를까 걱정스러웠으며, 그래서 아버지와 거리를 둘 목적으로 일부러 장벽을 세우려고 고민했다. 내가 아버지에 관해서 쓰는 것보다는 자연스럽게 거리를 두고 있는 사람이 쓰는 편이 여러모로 낫다고 생각했다. 존 트레인John Train이 펴낸, 위대한 현대 투자자 9명의 연대기를 담은 고전 『대가들의 주식 투자법The Money Masters』이 그러한 예다. 워런 버핏도 아버지에 대해서 글을 썼고, 그동안 신문과 잡지에서도 아버지를 비교적 상세하게 다루었다. 조만간 아버지에 관해서 쓰는 사람들이 또 있을 것이다. 그때 문득 이런 생각이 떠올랐다. 살아 있는 사람들은 늘 다루어지지만 죽은 사람들은 시야에서 사라지므로, 내가 죽은 사람들을 살려놓을 수 있겠다는 생각이었다.

이 책에 등장하는 인물 대부분이 무척 생소하다. 아마도 1/4 정도만 도서관에서 쉽게 찾을 수 있을 것이다. 나머지 인물들에 대한 자료는 빈약해서 찾아내는 데 상당한 노력이 필요했다. 이 책의 내용이 그들의 인생을 가장 완벽하고도 집약적으로 설명하는 자료인 경우가 많다. 이 인물들에 대한 정보가 더 필요하다면 참고문헌을 찾아보라. 그러나 어떤 전기에도 이들이 시장에 미친 영향에 대해서 깊이 있게 분석한 내용은 없을 것이다. 이러한 분석이 내가 이 책을 통해서 기여하는 점이라고 생각한다. 두 번째 책 『90개 차트로 주식시장을 이기다The Wall Street Waltz』를 짧은 이야기 형식으로 전개했고 《포브스》에 한 페이지 형식의 칼럼을 실었던 나는, 대하소설 같은 분량도 단 몇 문단으로 요약하는 데 익숙하다. 이런 작업을 많이 해보았던 경험이 이 대단히 흥미로운 인물들의 삶과 활동을 잘 요약하는 데 큰 도움이 되었길 바란다. 나는 사례별로 이들의 기여를 거시적으로 보아 개요를 설명하고, 핵심 교훈을 한두 개로 정리했다.

자유의 핵심에서

이 인물들 가운데 평범한 사람은 하나도 없다. 지극히 화려한 인물에서 지극히 내성적인 인물까지, 지극히 찬란한 인물에서 지극히 부정직한 인물까지, 극단적인 모습이 등장한다. 보통 사람은 하나도 없다. 《피플 매거진People Magazine》이나 《내셔널 인콰이어러The National Enquirer》가 등장하기 훨씬 전이었는데도, 이러한 시장 리더들 여럿에 대해서 뜬소문이 넘쳐났다. 이들 가운데는 소설 같은 인생을 산 사람도 많지만, 사실은 인생이 소설보다 더 기묘한 경우도 많다. 무엇보다도 이들은 주위 사람들에게 위축되지 않은 사람들이었다. 이들은 다른 사람들이 하지 않았거나 하지 못한 일들을 스스로 자유분방하게 해치웠다. 또한 관행, 역사, 사회, 법률에 굴복하기를 거부했다. 주위 사람들은 모두 법에 복종했지만, 이들은 법을 멋대로 왜곡하고 압박하며 확대 해석하고, 때로는 명백하게 위반하기도 했다.

혁신 허용 여부가 경제 시스템의 성패를 가르는 기본 결정 요소다. 밀턴 프리드먼Milton Friedman이 훌륭하게 기술했듯이, 자본주의와 자유는 절대로 떼어놓을 수가 없다. 자본주의 없는 민주주의는 자유를 보장하기 어렵다. 모든 의사결정이 투표에 부쳐질 때마다 참여자의 약 50%는 승리하고 50%는 패배하는 식이 될 것이며, 이런 방식으로는 시스템을 운영하기 어렵기 때문이다. 패배하는 사람이 너무 많아진다. 오로지 시장에서만 모든 사람이 자신에게 가장 유리한 결정을 내리고 이에 따라 행동한다. 최근 역사가 명백하게 보여주듯이 공산주의처럼 이해관계가 없는 중앙 통제는 실패한다. 기본적으로 사람들은 자신이 원하는 것을 할 수 없으면 아무것도 하려 들지 않기 때문이다. 마찬가지로, 전체주의 국가에서는 영리를 추구하는 사업이 실패할 수밖에 없다. 경쟁을 조절하지 않으면 자본주의는 타락할 수밖에 없는 것이다(애덤 스미스는 『국부론The Wealth Of Nations』에서 경쟁이 신성한 '보이지 않는 손'이라고 훌륭하게 설명했다). 파시스트 국가에서 결국 어떤 상황이 일어나는지 생각해보라.

자본주의와 자유가 내재하는 모든 현대 경제에는 반드시 자본 형성이 필요하고, 따라서 금융시장이 존재해야 한다. 그리고 좋든 싫든 자본주의가 가장 강력한 영향을 미치는 곳은 금융시장이다. 혁신이 가장 유연하게 일어나는 곳도 바로 금융시장이며, 이곳은 자본주의의 신경중추에 해당한다. 이곳에서 공포와 탐욕이 아주 손쉽게 집단행동으로 이어지기도 한다. 이곳에서 국가의 부가 휘발유처럼 불타오르기도 하고, 때로는 우리 눈앞에서 폭발하기도 한다. 이곳에서 개인들이 자신의 최선의 모습, 최악의 모습, 가장 기묘한 모습을 드러낸다. 월스트리트가 자본주의가 작동하는 데 그토록 강력하고도 중요하기 때문에, 『시장을 뒤흔든 100명의 거인들』이 우리의 과거와 미래에 그토록 중요한 것이다.

이들 100대 거인은 모두 혁신자들이었다. 그리고 혁신이야말로 월스트리트와 자본주의를 위대하고 유동적이며 계속 흘러가게 해주므로, 100대 거인은 여러 가지 면에서 미국을 위대하게 만든 당사자라 하겠다. 당신이 금융시장을 좋아한다면, 시장은 사람으로 구성된다는 점을 명심하라. 그러면 이 매력적인 100명을 좋아하게 될 것이다. 이들의 인생이 월스트리트의 이야기를 들려준다.

1장

공룡들

THE DINOSAURS

거대하고 잔인하면 다 통했다

◆

문명이 시작되기 전, 공룡들은 닥치는 대로 행동하면서 세상을 마음대로 돌아다녔다. 이들은 당시 무엇이든 원하는 대로 할 수 있었다. 지켜야 할 법도 없었고, 들어가 살거나 일할 건물도 없었으며, 이들보다 더 큰 존재는 어디에도 없었다. 오로지 환경만이 이들을 지배했지만, 이들은 위협적인 덩치에서 나오는 엄청난 힘으로 환경조차 찍어 눌렀다.

로스차일드 가문, 스티븐 지라드, 존 제이컵 애스터, 코넬리우스 밴더빌트, 조지 피바디, 주니어스 모건, 대니얼 드루, 제이 쿡 등이 금융계의 공룡들이다. 이들은 자본시장에 질서와 조직구조가 생겨나기 전에 활동했던 인물들이다. 이들은 거대한 몸집과 능력을 이용해서 간단하게 사람들을 억누르며 사회를 지배하기도 했다.

우리 자본시장 제도의 기초를 세운다는 관점에서 볼 때, 이들은 잔인하고 무자비한 무법자들이었다. 이런 공룡들이 아무 생각 없이 내딛는 한 발짝에 힘없는 동물들이 쓰러져나가기도 했다. 마치 공룡처럼 이들은 크고 거칠며 야만적이었다. 좋든 싫든 자신이 남들에게 미치는 힘과 영향력을 전혀 의식하지 않는 경우가 종종 있었다.

애스터, 밴더빌트, 드루는 아마도 가장 악명 높은 공룡들이었을 것이며, 사람들을 조종하고 부당하게 취급한 인물들로 널리 알려졌다. 그런데도 애스터는 평생 '뉴욕의 주인'이 되어 막대한 재산을 모았다. 밴더빌트는 운송업을 개척했는데, 해운산업과 철도제국을 구축하여 국가 성장에 기여하였다. 드루는 '주식 물타기Stock Watering'의 아버지로서, 이를 가장 철저하게 실천한 인물이었다.

위 세 사람은 육식공룡이라 하겠다. 이들은 남의 살점을 뜯어먹으며 엄청난 재산을 모았다(드루의 경우 나중에 재산을 잃었다). 그러나 다른 사람들에게 직접적인 피해를 주지 않고서 경제 사회를 창조하고 건설한 공룡 그룹도 있다. 로스차일드, 지라드, 피바디, 모건, 쿡이 그런 초식공룡이라 하겠다. 이들이 발전을 촉진하는 방법은 훨씬 온화하고 유순했지만, 그러면서도 효과는 못지않았다.

로스차일드 가문의 아버지 메이어와 아들 네이선은 독일 유대인 강제 거주 지역 출신에서 세계 은행업의 일인자로 올라선 일벌레들이었다. 이들은 왕, 영주, 해외 국가, 유럽산업에 자금을 제공했으며, 때가 무르익자 미국이 농업 사회로부터 산업 국가로 점진적으로 전환해가도록 자금을 공급했다.

실제로 채식주의자였던 지라드는 미국의 초창기 무역업에 자금을 제공하였으며, 미국 제일의 부자가 되었다. 그는 상품 교역에 종사하면서 수출입 항해에 자금을 공급하였고, (형태를 갖추기 훨씬 전의) 미국 중앙은행에 처음으로 자금을 지원하기도 했다. 쿡은 미국 남북전쟁에 자금을 조달함으로써, 대규모 증권인수와 판매를 가능케 한 첫 번째 미국인이 되었다.

둘 다 런던에 자리 잡고 있던 피바디와 모건은 로스차일드 가문이 시작한 사업을 승계하여, 경제적으로 진보한 유럽과 현금이 필요한 신흥국가와 미국 사이의 연결고리가 되었다. 피바디는 유럽 자본을 미국의 주 정부와 초창기 산업 등에 처음으로 공급한 인물이었다. 모건은 1860년대에 시작된 철도 호황기에 자금을 공급했다.

모건은 아마도 미국 현대 자본시장으로 이어지는 가장 중요한 연결고리일 것이다. 그가 철도사업에 자금을 공급하자 경제 발전에 한바탕 불이 붙었고, 그는 이 발전의 많은 부분이 자기 아들이자 미국의 사업 상대인 JP 모건에게 집중되도록 했다. 젊은 모건은 혼자 힘으로 공룡 같은 실력자가 되어 등장했다(투자 은행가로서 그가 담당한 역할은 3장에 나온다). 당시 월스트리트는 초라한 골목길에 불과했으며, 젊은 모건은 이 길을 철권으로 지배했다. 그는 사회보다 컸고 법보다도 거대해서, 자신이 창출한 새로운 아이디어로 구조를 만들어냈다. JP 모건은 투자 은행업을 다루는 3장보다 공룡들을 다루는 1장에 포함하는 편이 더 어울릴지도 모른다. 그는 마지막 공룡이었고, 모든 공룡 가운데 아마도 가장 위대하고 가장 강력한 공룡일 것이기 때문이다.

다소 과장해서 묘사했지만, 공룡들도 영원히 살지는 못했다. 영원히 살 수가 없었다. 이들이 만들어낸 바로 그 구조 때문에 이들은 퇴물이 되었다. 사회는 이들의 존재 자체를 불법으로 규정했고, 결국 이들을 파멸시켰다. 예를 들어, 모건이 권력의 절정기에 도달했을 때 다가온 진보시대는, 사회에서 멋대로 행동하려던 야심만만한 공룡들에게 정면으로 대응했다. 그전까지는 멋대로 행동할 수 있었다. 그러나 진보운동, 루스벨트Roosevelt, 윌슨Wilson, 소득세가 등장하였고, 온갖 발전이 이루어지면서 결국 증권거래위원회SEC, Securities and Exchange Commission가 탄생하게 되자, 누구도 절대적인 금융 자율성을 다시는 누릴 수 없게 되었다.

오늘날 우리가 사는 세계에서 돌아보면 공룡들에게 진심으로 동정심을 느끼기는 힘들다. 우리 세계가 수십 년 동안의 혁신과 공룡 비판을 통해 발전하였고 아직도 더 많은 혁신과 세월이 필요하며, 이제 공룡들은 추억거리가 되었을 뿐인데도 말이다. 그래도 이들이 존재했기 때문에 우리에게는 금융 질서의 기초가 수립되었다. 당시에는 이런 기초조차 없었다. 이들은 거대한 덩치로 초목을 짓밟으며 금융의 황야에 거친 첫길을 열어나갔다. 이들이 치른 금융 전쟁의 규모는, 선사시대 공룡들의 전쟁으로밖에 볼 도리가 없다. 마치 초기 포유류가 선사시대 공룡들을 피하며 공룡들이 남긴 먹을 것을 찾아 돌아다니는 법을 터득했던 것처럼, 이러한 전쟁에 대한 반발로 사람들은 따르거나 반대해야 할 트렌드가 있음을 알게 되었다. 결국 공룡들은 (긍정적 역할 모델과 부정적 역할 모델을 통해서) 느슨한 형태이지만 윤리의 기초를 우리에게 가져다준 것이다. 앞으로 수십 년 동안 선악은 공룡들이 보였던 행동 기준에 따라 판정될 것이다. 어떤 사람들은 공룡들의 성공적인 시장활동을 모방하려는 야심을 품을 것이고, 이에 화가 난 사람들은 사회 운동을 통해서 일찌감치 정부가 통제하라고 주장할 것이다.

공룡들은 다시는 돌아오지 않을 것이다. 때때로 공룡이 되려는 돌연변이가 등장하기는 한다. 그러나 이러한 돌연변이도, 기후 조건과 관계없이 선사시대 공룡들이 살아남지 못한 똑같은 이유로 살아남을 수가 없다. 간단히 말해서, 인류 사회가 공룡을 허용하지 않을 것이기 때문이다. 오늘날 우리 문명은 약자와 낙오자를 포함해서 사회 질서를 지키는 방향으로 잘 규정되어 있다. 그래서 우리의 사회 질서는 공룡 같은 행동을 허용하지 않는다. 예를 들면, 마이클 밀컨은 지난 수십 년 동안 공룡에 가장 가까운 인물이었다. 그러나 엄청난 정크본드 금융활동을 벌인 그가 하찮은 사항을 위반하자, 정부는 이를 트집 잡아 그를 아주 손쉽게 교도소에 처넣었다는 점에 주목하라.

만약에라도 네스Ness 호의 괴물이 호수를 벗어나서 마을을 향해 어슬렁거리며 다가온다면, 정부는 즉시 정당한 이유를 내세워 조처함으로써 괴물이 인구 밀집 지역에 접근하기 훨씬 전에 통제할 것이다. 이제 거대한 야생동물은 완전히 자유로울 수 없는 세상이며, 공룡이야말로 거대한 야생동물이 아닐 수 없다. 사실 작은 야생동물로 살아갈 수 있는 시대도 이미 오래전에 지나갔다. 1911년으로 돌아가 보자. 마지막 야생 아메리칸 인디언 이시Ishi가 숲에서 나와 항복했다. 사람들은 그를 포로로 잡아 박물관에 전시했고, 몇 년 지나 그는 야생에서는 걸려본 적이 없는 병에 걸려 죽고 말았다. 우리 현대 사회는 (피해 발생을 방지하려는 목적으로) 자유를 통제해야 하므로, 1장에서 묘사한 공룡 같은 사람이 등장하는 일을 다시는 허용하지 않을 것이다. 그러니 이런 거대한 야생 공룡들의 이야기를 마음껏 즐기기 바란다. 이들은 월스트리트가 오늘의 시장으로 발전하도록 초기시장의 길을 놓은 선각자들이었다.

메이어 암셸 로스차일드
Mayer Amschel Rothschild

The Betmann Archives

게토에서 나와 각광을 받다

◆

18세기 말, 습기 차고 비좁은 프랑크푸르트암마인Frankfurt am Main의 유대인 강제 거주 지역인 게토ghetto 깊숙한 곳에서, 메이어 암셸 로스차일드Mayer Amschel Rothschild라는 별 특징 없는 검은 눈의 전당포 주인이 장차 서구 문명 발전에 자금을 공급하게 되는 금융제국 건설을 시작하였다. 로스차일드와 그의 다섯 아들이 세운 은행 덕분에 자금이 유럽 전역을 손쉽게 흘러 다녔고, 산업혁명이 일어나서 유럽이 암흑시대에서 벗어날 수 있었다. 그 직접적인 결과로, 당시 번영하고 있던 유럽에 비해 실제로 제삼 세계에 불과했던 미국이 변방의 농업 국가에서 거대한 산업 국가로 발전하는 데 필요한 자금을 공급받았다.

메이어는 10세부터 일을 시작해서, 아버지의 전당포와 환전소에서 돈에 대해 속속들이 배웠다. 1740년대에는 화폐가 아주 복잡했는데,

이는 (여전히 신성로마제국이었던) 독일의 수백 개 주에서 자체적으로 동전을 주조했기 때문이다. 그는 영리해서 재빨리 배웠으며, 곧 금과 은을 동전으로 환산하고 환율을 순식간에 계산해냈다.

1755년에 11세의 나이에 고아가 된 메이어는 부모가 바라던 랍비의 길을 버리고 짤랑거리는 동전 소리를 따라갔다. 그는 다음 10년 동안 소규모 무역업과 전당포를 운영하면서, 동전을 받고 담배, 포도주, 직물을 판매했다. 왕실과의 연줄을 확보하는 일이 얼마나 중요한지 알고 있었기 때문에, 화폐수집에 심취한 한 군주와 거래를 텄다. 그런데 그는 평범한 군주가 아니라 유럽에서 가장 강력하고 부유한, 억만장자 윌리엄 공Prince William이었다. 메이어는 여러 해 동안 그에게 골동품 동전을 터무니없이 싼 가격에 팔았다. 장기적으로 환심을 사려고 단기적 이익을 포기한 셈이다. 평생 영세 전당포 주인으로 남고 싶은 생각이 추호도 없었기 때문이다.

당시 전당포 상인은 유대인들이 선택할 수 있는 몇 안 되는 직업이었다. 몇 세기 전에 공포된 교황 칙령 덕분에, 기독교인들에게는 고리금지법(高利禁止法)에 의해 돈놀이가 금지되어 있었다. 그래서 유대인들은 대부업을 장악했고, 전당포 주인, 소규모 무역 상인을 하면서 금융의 귀재가 되었다. 18세기에는 물건을 잡히고 돈을 빌리거나 자질구레한 장신구나 중고품을 사려면, 관습적으로 유대인 강제 거주 지역을 찾아갔다. 메이어가 평범한 역할에 만족했다면, 로스차일드라는 이름이 금융계에서 지금과 같은 위상을 차지하지 못했을 것이다.

메이어는 큰 키에 검은 수염을 기르고, 묘하고 야릇한 미소를 지으며, 이디시 독일어Yiddish-Deutsch라는 게토 방언을 사용했다. 그는 1770

~1790년 동안 아내 구틀레Gutle와의 사이에 자녀를 스물이나 낳았지만 아들 다섯과 딸 다섯만 살아남았다. 인생은 거칠었지만 구틀레는 강인한 여자였고 96세까지 살았는데, 당시로서는 이례적으로 장수한 편이었다. 아들들에게서 미래를 내다본 메이어는 아이들이 걸음을 배우기도 전에 싸게 사서 비싸게 파는 법을 가르쳤으며, 12세가 되면서부터 가업에 종사시켰다. 결국 메이어는 아들들을 통해서 자신의 야망을 실현했다.

집에서 일하면서 메이어와 그의 아들 암셸Amschel, 솔로몬Salomon, 네이선Nathan, 칼Carl, 제임스James는 사업을 일으켜 강력한 수입상으로 성장했다. 이때는 세기말로서, 독일에서는 누군가가 수입하지 않으면 직물류를 손에 넣기가 힘들었다. 그 누군가가 바로 메이어였다. 면화의 수요를 내다보았기 때문에, 그리고 어쩌면 자신의 제국이 나중에 확장되는 모습을 내다보았기 때문에, 메이어는 네이선을 런던으로 보내서 면화가 차질 없이 프랑크푸르트로 선적되도록 조처했다.

로스차일드는 대규모 전시 공급업자가 되어 막대한 이익을 쌓아 올렸다. 그런 이익에도 여전히 만족하지 못한 메이어는 안뜰에 환전소를 운영하기 시작했다. 최초의 로스차일드 은행으로 간주되는 환전소는 0.8제곱미터짜리 오두막이었다. 그러나 실상은 겉모습과는 사뭇 달랐다. 메이어는 커다란 철제 상자를 설치하였는데, 그것을 뒤에서 열면 비밀 지하 저장소로 이어지는 계단이 드러났다.

메이어의 계획은 결국 결실을 거두어서, 동전을 헐값에 받았던 독일 윌리엄 공이 메이어에게 오랫동안 희망했던 사업권을 넘겨주었다. 이 사업은 메이어가 공의 독립 대리인이 되어 덴마크에 무기명 대출을 주선하는 일로 시작되었다. 1806년 망명할 수밖에 없었을 때, 공은 당시 자신의 수석 은행가였던 메이어에게 재산을 맡겼다.

이듬해부터 메이어는 아들들을 유럽 대륙 여러 나라로 흩어 보냈다. 제임스는 파리로, 솔로몬은 빈으로, 칼은 나폴리로 갔고, 암셸은 프랑크푸르트에 남았으며, 메이어의 후계자 네이선은 물론 런던에 머물렀다. 아들들은 모두 아버지의 발자취를 따랐다. 수지맞는 거래를 제공해서 왕족과 연줄을 댔고, 나중에는 왕, 전쟁, 유럽 최초의 철도 등에 자금을 대면서 명성을 얻었다. 결국 로스차일드 가문은 힘을 모아 유럽 전역에 걸쳐 견고하고 효율적인 자금 사슬을 구축하였고, 산업혁명에 자금을 공급하여 처음으로 공동 자금시장을 창출하였다.

1812년에 메이어가 죽었을 때에는 그가 게토에서 품었던 희망과 야심이 아들들을 통해서 실현되어 있었다. 아들들이 승승장구하여 세계 최대의 개인은행을 운영하게 된 것이다. 아들들이 없었다면, 메이어는 재산은 모았을지언정 절대로 세계적인 명성을 얻지는 못했을 것이다.

미국 금융인들의 전기이자 미국시장에 관한 이 책에서 이 유럽인을 언급하는 이유는 무엇일까? 간단히 말하면, 미국이 자체 금융시장을 개발하기 전 단계에서는 유럽에서 자금이 흘러들어 오지 않았다면 미국 상품거래나 정부채권 발행이 불가능했기 때문이다. 메이어가 일으킨 로스차일드 가문이 유럽 자금시장의 중심이었다. 메이어와 그의 후손들이 이룬 제국이 없었다면, 미국이 과연 산업혁명이나 금융시장을 갖추게 되었을지 불투명하다. 그의 유전자가 씨가 되어 미국산업은 원초적 활력을 얻게 되었다. 이런 관점에서, 독일 전당포 주인의 의미심

장한 동전 소리와 그 뒤에 숨은 생각은, 그 어떤 미국인의 인생만큼이
나 미국 금융 역사의 발전에 매우 중요하다.

The Rothschilds: A Family Portrait, 1962

네이선 로스차일드

Nathan Rothschild

현금이 왕이고 신용이 총리였던 시대

◆

19세기 들어 네이선 로스차일드Nathan Rothschild가 유럽의 권좌에 올라 금융이 신권보다 우선임을 인식하게 만들면서, 돈이 왕이 되었다. 군주보다도 막강했던 네이선은 유럽이 산업화에 눈을 뜨도록 자극하면서 로스차일드의 자금공장을 배후 조종했다. 그는 진보를 상징하는 것이라면 정부, 전쟁, 철도 등 어디에든 자금을 공급했다. 1836년, 숨을 거두면서 그는 규모가 밝혀지지 않은 재산을 로스차일드 은행가들에게 유산으로 남겼다(비밀 유지는 로스차일드 가문의 상징이다). 가장 중요한 사실은 이 유산이 그의 미국 대리인 오거스트 벨몬트를 통해서 미국의 급성장을 지원하는 풍부한 초기 자금원이 되었다는 점이다.

당시 은행업은 여전히 초보적인 단계에 머물렀지만, 네이선은 금융과 경제의 상호작용, 정치 뉴스가 주식시장에 미치는 영향, 강세장인지 약세장인지를 판단하는 가장 빠른 방법, 금 보유액이 환율에 미치는 영향 등을 정확하게 이해하고 있었다. 프랑크푸르트에서 태어난 그는 런던에 NM로스차일드 앤드 선즈NM Rothschild and Sons라는 은행을 설립했다. 그는 하루의 절반은 은행에서 보냈고, 나머지 절반은 자신에게 집중되는 관심을 의식하면서 왕립증권거래소 기둥에 기대어 보냈다. 주식 중개인들은 다음 행동을 예고하는 그의 신호나 몸짓이라도 읽어보려는 희망으로 작고 뚱뚱한 그를 지켜보았지만, 그는 양손을 주머니에 찔러넣고 모자를 눈이 가리도록 깊이 눌러쓴 채로 완전히 무표정한 모습을 유지했다.

붉은 머리에 얼굴이 둥글고 입술이 튀어나온 데다가 냉소적인 성품과 거만한 태도를 지닌 네이선은 33세 때 왕립증권거래소에서 단 한 번의 거래로 가산을 일으켰다. 그것도 군주의 재산을 이용해서! 아버지 메이어 로스차일드는 독일 군주에게 영국 국채British consol를 매수하라고 권유했고, 네이선에게 이 일을 맡겼다. 네이선은 당시 런던에 있었고, 0.125%라는 미미한 수수료만 받기로 했다. 제안을 받아들인 군주는 네이선에게 가격이 72였던 국채를 대량으로 사들일 자금으로 (당시로는 거금인) 500만 달러 상당을 보냈다.

머리 회전이 빠른 네이선은 결국 군주에게 국채를 사주기는 했지만, 먼저 이 돈으로 금괴에 투자하여 한밑천 잡음으로써 런던 증권거래소에서 이름을 날렸다. 오늘날이었다면 이런 행동을 매우 비윤리적으로 간주하였을 것이다. 자신의 이익을 위해 고객의 돈을 유용하는 행위는 부정직하고 비열한 짓이기 때문이다. 그러나 당시에는 비윤리적 행위라는 개념이 존재하지 않았다. 네이선의 금 투기가 실패했다면, 우리는 지금 그에 관한 글을 읽지 못할 것이다.

군주가 국채에 대해 조바심을 내자, 네이선은 그제야 62에 사서 군주에게 원래 말했던 72에 넘겨주고 차액을 챙기면서 또다시 한밑천을 잡았다. 군주가 처음 자금을 보내준 시점에서 네이선이 실제로 군주에게 국채를 매수해준 시점까지 무려 3년이나 걸렸다(1809~1812). 그동안 네이선은 이자 한 푼 물지 않고 자금을 유용해서 두 번이나 대박을 터뜨렸다. 만일 오늘날 중개인이 이런 행동을 한다면, 그는 업계에서 영원히 추방당할 것이다. 네이선은 최초의 거물급 악질 중개인이었을지도 모른다. 그런데도 5년 후 38세에 그는 영국 정부의 최고 은행가가 되었다.

1820년대에 이르러 네이선과 4명의 형제는 5개 수도에서 사업을 벌였으며, 이들이 창출한 금융 네트워크는 전례 없는 방식으로 유럽 전역에 걸쳐 뻗어나갔다. 유럽 최고의 부자들을 고객으로 육성하면서, 네이선은 가문을 번성시킬 계획을 수립했고 형제들은 계획을 실행했다. 예를 들면, 네이선이 부르봉 왕조 루이 18세Louis XVIII의 프랑스 왕좌 복귀 자금을 제공하는 대출을 주선하면, 파리에 있는 형제 제임스가 실행을 담당했다. 나폴리가 혁명으로 점거되었을 때는 네이선이 오스트리아 군대를 점령군으로 동원하는 대출금을 구상했고, 형제 칼이 일을 마무리했다.

당시 구전(口傳) 외에는 실제적인 통신 시스템이 존재하지 않았지만, 로스차일드 형제들은 효율성이 높기로 소문난 비공개 통신 시스템을 통해 연락했다. 이 시스템은 인적 네트워크, 날씨와 관계없이 항해를 강행하는 선박 그리고 가장 중요한 역할을 담당한 전서구(傳書鳩)로 구성되었다. 심지어 네이선 로스차일드를 모르는 사람조차 그 유명한 메신저 비둘기는 알고 있었다. 전서구가 유명해진 주된 이유는, 나폴레옹Napoleon이 워털루에서 패했다는 사실을 전투 지역 밖의 그 누구보다 먼저 네이선이 알게 해주었기 때문이다. 다른 사람들이 영국이 패할까 두려워하고 있는 동안 그는 실상을 파악해놓았다. 그리고 런던 증권거래소 입회장의 다른 사람들보다 먼저 알았기 때문에 주식을 사들여 또다시 거금을 벌었다. 그는 "손안의 새 한 마리가 숲속의 두 마리보다 낫다"라는 말에 전혀 다른 의미를 부여했다.

오늘날에는 전화 한 통화로 눈 깜짝할 사이에 자금을 어느 곳으로나 보낼 수 있지만, 네이선이 살던 시대에는 주로 무거운 금괴 같은 실물 화폐를 실제로 옮겨 다니며 예치 증거로 보여주어야 했다. 이런 방식이 얼마나 불편한지 잘 알았기 때문에, 네이선은 이 낡은 신용 제도를 증서 중심의 세계적 시스템으로 대체했다. 이런 방식을 도입한 네이선 덕분에, 영국 정부는 1812~1814년 사이에 나폴레옹과 전쟁을 치르면서 대륙 국가들에 약 1500만 파운드를 지급할 수 있었다. 네이선이 이 거래를 워낙 능숙하게 처리했기 때문에 환율이 전혀 움직이지 않았다. 이전에는 정부에서 해외로 송금하는 경우 환율 때문에 상당한 손실이 발생했다. 이런 관점에서 네이선은 국제 금융거래를 개척한 셈이다.

네이선, 제임스, 암셸, 칼, 솔로몬 등 로스차일드 형제들은 세계 최대의 개인은행을 세웠다. 이들 근처에 다가선 사람조차 없었다. 미국이 중앙은행제도를 제대로 장악하지도 못하고 오랫동안 장악할 수도 없었던 시기에, 로스차일드 가문은 일종의 국제 중앙은행이 되었다. 로스차일드 가문은 산업, 정부, 전쟁에 자금을 공급했을 뿐만 아니라, 공황을 가라앉히고 서구 세계를 개척할 수 있었으며, 거래 상대였던 여러 불안정한 정부들보다도 오래 살아남았다.

로스차일드 가문은 원하는 대로 역사에 영향을 미칠 수도 있었다. 예를 들면, 독일의 두 주가 전쟁을 일으킬 위험이 있었을 때 로스차일드 형제들의 어머니 구틀레가 웃으며 말했다. "터무니없는 소리! 내 아들들이 한 푼도 지원하지 않을 텐데, 전쟁이라니!" 그러나 로스차일드 가문의 힘을 보여준 최고의 사례는, 아마도 온갖 영화를 누린 네이선이 영국 최대의 기관을 구제한 사건일 것이다. 당시 영국은 경제력과 군사력에서 단연 세계 최고였다.

1826년, 네이선은 영국 중앙은행이었던 잉글랜드은행Bank of England 을 파산 위험에서 구제하였다. 그 전해에 수많은 영국 회사가 새로 독립한 라틴아메리카 국가들에 무모하게 투자하였다(다행히 네이선은 너무 바빠서 이런 일에 신경 쓸 겨를이 없었다). 1년 후 라틴아메리카 국가들이 지급불능을 선언했고, 영국 투자자들은 빈털터리가 되었으며, 그 결과 약 3000개 회사가 도산했다. 결국 잉글랜드은행이 망하게 되었는데, 도산한 3000개 회사에 라틴아메리카 투자자금을 빌려준 당사자였기 때문이다. 잉글랜드은행이 문을 닫으려는 순간 네이선이 개입하였고, 형제를 통해 프랑스로부터 긴급하게 금괴를 이전하여 은행을 구했다. 이는 마치 미국 연방준비은행이 일본은행으로부터 구제 금융을 받거나, 일본은행이 연방준비은행으로부터 구제 금융을 받는 것과 비슷하다.

아주 가끔 일하지 않을 때 네이선은 아내와 일곱 아이들과 함께 집에 있었다. 아내는 그에게 최고의 친구였으며, 사교성 좋은 다른 형제들과는 달리 네이선 가족은 외부 사람들과 좀처럼 어울리지 않았다. 아버지처럼 네이선도 가족을 단단하게 결속했고, 네 명의 아들이 가업을 이어가기를 바랐다. "나는 아들들이 정신, 영혼, 가슴, 육체 모두 사업에 쏟아 넣기를 바란다." 돈을 벌기만 좋아하고 쓰기는 싫어하는 그가 덧붙였다. "큰 재산을 모으려면 아주 대담하면서도 아주 신중해야 한다. 그리고 모은 재산을 지키려면 열 배의 지혜가 필요하다."

1836년, 네이선은 59세의 나이로 세상을 떠나며 침체한 런던 주식시장과 막냇동생에게 가산을 맡겼다. 그가 죽었을 때 그 유명한 로스차일드 전서구들이 런던 지붕 위로 한밤중에 날아올라, 로스차일드 형제들과 대리인들에게 그의 죽음을 알렸다. 전서구가 전달한 간단한 메시지는 "그가 죽었다"였다.

네이선 로스차일드가 중요한 이유는 그가 본질적으로 유럽 자금시장을 만들어냈기 때문이다. 그가 등장하기 전까지 모든 나라는 금융 면에서 고립된 섬과 같았다. 그의 지휘에 따라 로스차일드 가문은 세계적인 영향력을 발휘하여 유럽 전역에 걸쳐 처음으로 중대한 국제적 금융상호활동을 벌였을 뿐 아니라, 오거스트 벨몬트를 통해서 미국에까지 네트워크를 확산했다. 네이선이 이끈 로스차일드 가문이 없었다면, 십중팔구 유럽 자금시장이 산업혁명의 마무리를 지원하지도 못했을 것이고, 미국 산업혁명은 개시조차 하지 못했을 것이다.

스티븐 지라드

Stephen Girard

(전시에 적선을 나포하는)
민간 무장선에 자금을 지원한 미국 최고의 부자

◆

스티븐 지라드Stephen Girard는 가정생활이 엉망이었지만, 대신 1800년 대 초에 100만 달러짜리 해운제국을 건설하는 추진력을 가지고 있었 다. 그는 이 돈으로 개인은행을 설립했다. 재산만큼이나 별난 데가 많 았던 분노에 찬 애꾸눈 프랑스인 지라드는 결코 쉴 줄을 몰랐다. 그는 "노동이야말로 인생과 행복의 대가이며 모든 것"이라고 믿었다.

네덜란드산 진 한 숟가락을 탄 진한 블랙커피로 일과를 시작하던 지라드는, 1831년 사망할 때까지 65년 넘게 열심히 일했다. 1750년에 프랑스 보르도Bordeaux 근처에서 태어난 그는, 해군 선장이 된 아버지의 발자취를 따라 14세에 선원이 되었고, 23세의 나이로 프랑스 최연소 선장이 되었다. 1774년 첫 단독 항해 후 빚더미에 앉게 되자, 그는 뉴 욕New york으로 건너가 다시는 고향으로 돌아가지 않았다. 불어 억양이 강했던 지라드는 뉴욕 해운회사에서 일하면서 선박 한 척의 절반을 소유하고 있었는데, 미국 독립전쟁이 일어났을 때 이 배는 필라델피아에 억류되었다가 영국 전함으로부터 간신히 벗어났다. 결코 만족할 줄 모르던 야심가 지라드는 그곳 음침한 해안 사무실에 회사를 세우고 무역업을 재개했다.

회사와 더불어 명성을 얻게 되자 지라드는 1777년 여직원과 결혼했으나, 이 결혼은 파탄으로 끝나고 말았다. 첫 번째 자식을 출산 중에 잃고 난 뒤 아내는 미쳐버렸고 정신병원에서 여생을 보냈다. 지라드는 그 뒤 재혼하지 않았고, 큰 즐거움도 전혀 없었다. 고통스러운 기억을 지워버리려고 더 열심히 일하면서, 민간 무장선privateer에 자금을 제공하고 서인도제도, 유럽, 아시아와 수익성 높은 무역을 했다. 미국 시민이 된 그는 혹독한 협상, 집요함, 면밀한 계획을 통해서 큰 재산을 모았다. 프랑스 철학자들의 이름을 딴 18척 선박의 상단을 지휘하면서, 그는 잦은 금수 조치, 봉쇄, 해적, 약탈에도 불구하고 밀, 생선, 밀가루, 목재, 설탕, 커피 등을 운송했다. 물론 항구의 추악한 인간들 다수와 금융거래를 유지한 사실이 그에게는 십중팔구 해가 되지 않았다. 우둔함을 용서하지 않았던 빈틈없는 중개상 지라드는 일이야말로 "내가 지상에서 얻는 유일한 즐거움"이라고 선언했다(사실은 책상 위에 놓고 키우던 황색 카나리아의 노래로부터도 즐거움을 얻었다).

국제적 명성과 함께 자신의 '유일한 즐거움'이 번성하자 지라드는 런던의 베어링 브라더스Baring Brothers에 100만 달러를 맡겨두고 필라델피아 부동산, 보험, 미합중국제일은행First Bank of the US 등에 투자했다. 정치적 혼란이 일어나 1811년 국회에서 제일은행의 영업허가를 취소하자, 그는 해외에 맡겨둔 자본을 끌어다가 120만 달러를 들여 제일은행의 낡은 본부 건물에 명성 높은 스티븐 지라드 은행Bank of Stephen Girard을 설립했다. 거대 자본 덕분에 투자 선택에 제약이 없었지만, 그는 자신의 무역회사 신용도를 강화하려는 목적으로 개인은행을 선택했다. 그는 베어링 브라더스에 이렇게 말한 적이 있다. "내 상업 자본 덕분에 상품을 외상으로 판매할 수 있고, 보유 현금을 이용해서 에누리 없이도 무역업을 할 수 있습니다." 그런데도 다른 개인은행들이 대개 대형기업들과 결탁한 것과는 달리, 정직하기로 소문난 지라드는 자신의 개인은행과 사업을 양심적으로 분리해서 운영했다.

기능이 더 많다는 점 때문에, 인가받은 상업은행이 개인은행보다 인기가 높은 시대였으므로, 지라드는 다른 필라델피아 은행들과 힘든 경쟁을 벌여야 했다. 그러나 즉시 재무부 및 미합중국제이은행Second Bank of the US과 건전한 관계를 확보했고, 정화(正貨) 지급 중단 조치를 포함한 온갖 경제적 난관 속에서도 은행을 성공적으로 이끌었다. 1812년 전쟁을 위한 자금을 조달할 때, 그의 은행은 재무부 자금 조달에 깊숙이 개입하였고, 1813년 국가 최초의 협조융자에 참여하여 당시 미국 역사상 최대 금액인 1600만 달러 대출을 일으켰다. 이 과정에서 그는 새로운 길을 예시하였고, 이후 많은 은행이 그의 뒤를 이어 수많은 협조융자에 참여함으로써 미국에서 일어나는 거의 모든 대출을 취급하게 되었다.

건전한 평판을 유지한 스티븐 지라드 은행은, 시골 은행들에 대해서는 중앙은행의 역할을 수행했고, 필라델피아 거주자들에게는 지역은행의 역할을 수행했다. 이 은행은 정부의 규제를 받을 필요가 없었으므로, 지라드는 개인은행으로서 유연성을 십분 이용해서 변화하는 시장 환경에 신속하게 대응하였다. 아마도 대출비율을 높여주거나, 투자금융 같은 새로운 서비스를 제공하였을 것이다. 본질적으로 그는 미국 금융 역사상 최초의 자유분방한 수완가였다.

전쟁이 끝나자 중앙은행제도를 옹호하던 지라드는 새로운 제이은행의 정부 이사 5명 가운데 한 사람으로 임명되었다. 은행 설립 자본금으로 필요한 신주 300만 달러에 대해 투자자를 찾지 못하자, 그는 1816년에 전액을 출자했다. 그러나 부패 등으로 은행 정책이 모호해지자, 새 임기를 거절하고 자신의 은행으로 복귀하여 은행장으로서 일상 업무를 운영하였다. 그는 은행에 번영을 가져왔고, 1815년에는 거의 500만 달러나 되는 재산을 모았다.

지라드가 세운 독립적이면서도 보수적인 금융 관행을 논하지 않더라도, 그는 그 시대의 독특한 상징이었다. 그는 포도주를 들이켜고 화물을 훔치는 해적들과 싸워 중상주의 경제시대에 재산을 모았고, 갈수록 기업화되고 문명화되는 세계에서 진취적인 상업 은행가가 되었다. 그는 유난히 다재다능해서, 그가 다룬 사람들에게 손쉽게 존경과 함께 두려움의 대상이 되었다. 상업은행 시대가 새로 열리자, 늙어가는 지라드는 기업가적 기질을 계속 억누르며, 막강한 민간 투자 은행가의 면모를 시대에 앞서 보여주었다. 만약 75년을 더 살았다면, 부유하고 영향력 강한 그는 저 강력한 JP 모건과 경쟁을 벌였을 것이다. 그러나 모건과는 달리, 지라드의 제국은 1831년 그가 죽으면서 함께 사라졌다. 그의 은행은 4년 뒤 문을 닫았고, 대신 공인(公認) 지라드 은행이 탄생했다.

독감에 걸려 죽었을 때, 지라드의 재산은 약 600만 달러였다. 물론 실제 재산은 이 정도가 아니었을 것이다. 어느 과정에선가 기록도 남기지 못하고 큰 재산을 잃어버렸음이 틀림없다. 1812년 전쟁 후에는 소비자 물가가 매우 높았으며, 직후에 절정을 기록한 뒤 꾸준히 떨어져서 그가 죽을 무렵에는 절반 수준까지 내려갔다. 1831년 600만 달러는 소비자 물가 상승을 고려하면, 신기하게도 오늘날 겨우 8000만 달러 수준이다. 그러니 미국 최초의 갑부는 분명히 부유하기는 했지만, 오늘날 《포브스》 선정 '미국의 400대 거부'에 드는 부자만큼 부유하지는 못했다. 어떤 면에서 그의 부는 미국 초기에 사람들의 생활이 금전적으로 얼마나 빈곤했는지를 보여준다.

지라드에게 항상 불행한 사람이라는 평판이 따랐던 것은 아니다. 그는 아이들을 좋아해서, 부동산 대부분을 유산으로 남겨주어 고아들을 위한 대학을 설립하게 했다. 노년에는 채식주의자가 되었고, 자연 애호가가 되어 델라웨어Delaware 강 농장에서 말년 대부분을 보냈으며, "쉬면 녹슨다"라고 확신했다. 그는 죽기 한 달 전에 이렇게 말했다. "저승사자가 나를 찾아왔을 때도, 그는 내가 잠든 때를 제외하고는 바쁘게 일하는 모습을 볼 것이다. 나는 내일 죽는다는 사실을 알아도 오늘 나무를 심겠다." 그는 자신의 말대로 살았다.

지라드에게는 금융 분야의 선배들이 남겨준 도로지도가 없었다. 그가 개척자였다. 그는 또한 해적과 정치가(이들은 실제 거의 비슷하다)를 똑같이 상대할 뿐만 아니라, 은행가와 상인도 상대할 수 있었던 미국 초기의 억센 개인주의자였다. 미래는 항상 거칠며, 현대에도 반드시 해적, 정치가, 은행가 등이 나타나서 우리의 길을 막는다. 그러나 지라드의 인생이 주는 좋은 소식은, 여러모로 미래는 언제나 열리지 않은 길이며, 그때 그가 그랬듯 우리 가운데 누구든지 지금도 새 길을 열 기회가 있다는 사실이다.

존 제이컵 애스터

John Jacob Astor

일인 재벌

◆

뚱뚱하고 우둔한 독일인 존 제이컵 애스터John Jacob Astor는 1800년대 초에 이익이 될 만한 사업이라면 거의 남김없이 손을 댔다. 모피, 해운, 대부, 부동산, 철도 등 안전하고 수익이 많으면 애스터는 닥치는 대로 사들였다. 1848년 그가 죽을 때 남긴 재산은 약 3000만 달러였다. 그의 변호사는 겨우 800만 달러라고 주장했지만 공공연한 추산은 무려 1억 5000만 달러였다. 애스터는 소유한 재산과 그 재산을 모은 방법 때문에 그 시대에 가장 물의를 일으킨 인물로 꼽힌다. 실제로 애스터가 죽자마자 《뉴욕 헤럴드New York Herald》 편집자는 애스터의 부동산 절반은 애스터의 부동산 가치를 높여준 뉴욕 시민들에게 돌려주어야 한다고 주장했다. 애스터가 무덤에서 낄낄대며 웃었을 것이다. 1763년 독일 발도르프Waldorf에서 푸주한의 아들로 태어난 애스터는 대중의 소란을 심각하게 생각해본 적이 없었다. 그는 완고하고 퉁명스러웠으며, 그래서 다음과 같이 아주 효과적인 부동산 거래를 뻔뻔스럽게 강행할 수 있었다. 어느 날 한 변호사가 뉴욕 퍼트넘 카운티Putnam County의 700가구가 50년 전 주 정부로부터 5만 에이커가 넘는 토지의 농장을 구입했지만, 그들에게 합법적인 소유권이 없다는 사실을 알려주었다. 그 토지는 로저 모리스Roger Morris로부터 불법적으로 몰수된 것이었다. 애스터는 즉시 모리스의 상속자에게 10만 달러를 주고 토지를 구입한 다음, 700개 농가에 자신의 재산을 불법 점거하고 있다는 사실을 통지했다! 아연실색한 농부들은 주 정부로 달려갔다. 주 정부도 처음에는 애스터의 주장을 무시했지만, 기나긴 소송 끝에 애스터는 1827년 주 정부로부터 50만 달러를 받아냈다.

잔인하다는 평판에 어울리게, 이 '뉴욕의 주인'은 언제든 어려운 시기가 닥치면 기다렸다는 듯이 부동산의 담보권을 실행해서, 시세의 극히 일부만 지급하고 부동산을 사들였다. 심지어 임종을 맞이하면서도 애스터는 집세 수금을 걱정했다. 한번은 그가 중개인에게 어떤 세입자의 집세에 관해서 묻자, 중개인은 세입자가 재난을 당해서 집세를 낼 수 없다고 대답했다. 애스터는 "안 돼, 안 돼. 내가 장담하는데, 그 여자는 집세를 낼 수 있고, 마땅히 낼 거야!"라고 윽박질렀다. 중개인이 이 이야기를 애스터의 아들에게 전하자, 아들은 아버지에게 주라면서 마지못해 중개인에게 '집세'를 건네주었다. 의기양양한 미소를 지으며 돈을 흔들면서, 애스터는 강한 독일 억양으로 말했다. "거봐! 그 여자가 지급할 거라고 내가 말했잖아!"

키 175센티미터에, 높게 벗겨진 네모난 이마, 긴 은빛 머리카락을 지닌 애스터는, 20세의 나이에 팔아서 쓸 플루트 7개를 들고 엉터리 영어를 구사하며 미국으로 건너왔다. 플루트를 판 뒤, 그는 결혼하고 모피 거래를 통해서 상당한 재산을 모았다. 그는 공무원들과 정치인들을 매수해서 독점권을 얻었고, 미국 모피시장을 사실상 독점했다. 무관해 보이는 일련의 거래를 통해서 독점사업을 결합한 다음, 1808년 아메리칸 퍼 컴퍼니_{American Fur Company}를 지주회사로 설립했다. 그러고서 그는 주식 물타기와 종업원 기만 수법을 월스트리트에 일찌감치 전수해주었다. 그는 별로 중요하지 않은 자회사를 설립해서 그 주식 일부를 몇몇 파트너와 종업원에게 배분하여 회사에 대한 관심을 높인 다음, 이를 최대한 이용했다. 자회사는 결국 해체되었다. 인생 내내 그는 교묘한 솜씨를 발휘하여 사람들을 단물이 빠질 때까지 이용했다.

모피산업에서 애스터는 예술적 솜씨로 거래했다. 아주 쉬웠다. 모피를 싸게 사기 위해서, 그는 중개인을 시켜서 거래 전에 (주요 공급업자인) 미국 원주민들에게 술을 잔뜩 먹였다. 상인들을 통제하고 대가를 싸게 치르려고, 애스터는 돈 대신 자신의 상점에서 파는 상품을 비싼 가격을 매겨서 넘겨주었다. 정치인들과 법률 감시인들을 견제하려는 목적으로, 그는 일류 변호사들을 다수 고용했다. 그리고 전혀 잘못이랄 수 없지만, 그는 모피를 해외로 선적하여 다섯 배 이익을 남기고 판매하면서 약삭빠르게 이익을 부풀렸다. 그리고 당연하지만, 실속 없는 대서양 무역에 매달리는 대신, 중국을 대상으로 해운업과 무역업을 시작했다.

애스터가 더 냉정한 솜씨를 발휘한 분야는 주식과 은행업이었다. 미국 경제를 충실하게 믿었던 애스터는 장기간 주 정부 및 연방 정부 증권을 매수했다. 1812년 전쟁 동안 그와 스티븐 지라드는 함께 정부에 수백만 달러를 대출해주었다. 이들은 1달러당 80~82센트의 가격으로 채권을 대량 매입했으며, 액면가의 절반 가치밖에 없는 은행권으로 대금을 지급했다. 4년 뒤, 애스터는 오하이오 운하 대출 주선을 도왔고, 뉴욕, 펜실베이니아, 매사추세츠 채권에 대규모로 투자했다. 그는 미합중국제일은행과 미합중국제이은행에도 모두 투자했고, 1816년 제이은행의 뉴욕 지점장이 되었다. 나중에는 은행에 투기했지만, 적극적인 역할은 삼갔다. 노년에 많은 병에 시달렸으며, 누워만 지낼 때가 많았고, 중풍과 심한 불면증에 시달렸다. 85세의 나이로 그가 죽자, 1831년 이래로 파트너였던 아들 윌리엄 애스터William B. Astor가 재산을 물려받아 유산을 이어갔다. 공교롭게도 후계자가 되었어야 할, 애스터의 이름을 딴 장남 존 제이컵 2세John Jacob, Jr.는 지적장애아로 태어났다.

공평하게 말하자면, 애스터는 원시 세계에서 거친 일을 수행했다. 그는 법을 위반하지도 않았고 관습을 거부하지도 않았다. 그가 1800년대 초에 한 일은, 장차 19세기 말 월스트리트를 지배하게 되는 관습을 수립하는 데 도움이 되었다. 그를 비난하는 이야기가 많은 이유는, 아마도 1848년 추문 폭로가 시작되는 시점에 그가 죽었고, 세계가 아주 거칠고 규칙이 없었던 시대에 가장 부유하고 성공적인 인물이었기 때문일 것이다.

코넬리우스 밴더빌트
Cornelius Vanderbilt

법 위에 군림한 사나이

◆

코넬리우스 밴더빌트Cornelius Vanderbilt는 자신이 원하는 대로 행동했다. 아내가 스태튼 아일랜드Staten Island로부터 뉴욕으로 이사하기를 거부하자, 그는 즉시 아내가 마음을 바꿀 때까지 그녀를 정신병원에 입원시켰다. 몇 달 뒤 아내는 새로 이사한 집으로 두말없이 달려왔다. 말년에 그는 밤새도록 카드놀이를 하고 명상에 잠겼다. 그의 기벽이 노령 때문이라고 말하는 사람도 있었다(그는 1877년 83세의 나이로 사망했다). 그러나 아내는 그가 단지 원하는 대로 행동했을 뿐이라는 사실을 알고 있었다.

불타는 눈과 핑크빛 뺨을 지닌 덩치 큰 밴더빌트는 결코 늙은 얼간이가 아니었다. 사실은 정반대였다. 총명하고 야심 차며 고객에게 절대 거절당하지 않는 수완가였던 이 '제독Commodore'은 단지 집요함으로 처음에는 해운사업을 통해서, 나중에는 70세의 나이에 맞이한 미래의 물결, 즉 철도사업을 통해서 재산을 모았다. 항상 일전불사의 태도로 방해자를 용납하지 않은 그는, 매일 새벽에 일어나 달걀노른자 세 개, 양갈비 그리고 각설탕 열두 덩어리를 넣은 홍차를 들면서 그날의 계획을 세웠다. 주식 물타기, 뇌물, 주식 매점 등이 그가 미친 듯이 사용한 수법이었지만, 그 이유는 훌륭했다. "맙소사, 설마 뉴욕 법을 지키면서 철도를 운영할 수 있다는 생각은 아니겠지요?"

제독은 오늘날에는 불법이 된 주식 매집을 금융계에 가르쳐주었다. 그러나 주식 매집이 당시에는 훌륭한 업적이었다. 1863년 제독이 처음으로 철도 주식을 매수하기 시작했을 때, 그는 월스트리트로부터 비웃음을 샀다. 그들이 보기에는 철도에 대해 전혀 모르는 늙은 해운업계 거물이, 침체한 할렘-허드슨 강Harlem and Hudson River 노선을 사들이고 있었다. 마음대로 웃으라고 밴더빌트는 버럭 소리를 질렀다. 그는 여론 따위는 조금도 개의치 않았다. 그는 합병을 희망하며 두 노선의 경영권을 획득했다. 그리고 작업에 착수해서, 맨해튼Manhattan 정치인들에게 뇌물을 주고 할렘 노선과 도시 전차 연결 인가를 얻어냈다.

그 결과 주식이 급상승했고, 대니얼 드루와 뉴욕의 정치인들이 몰려들었다. 드루와 그의 부패한 친구들은 입맛을 다시며 허드슨 주식을 공매도했고, 이어서 인가 취소 작업에 들어갔다. 그사이 늙은 제독은 한껏 주식을 사들였다. 전차 연결 인가가 취소되자 주가는 내려갔으며, 드루의 세력은 75에 추가로 공매도했다. 그러나 이들이 주식을 되사려 했을 때는, 밴더빌트가 이미 주식을 매점한 상태였다! 할렘 주식은 179까지 뛰어올랐고, 밴더빌트는 최고가에 정산함으로써 드루로부터 400만 달러, 추종 세력들로부터 100만 달러를 받고 족쇄를 풀어주었다.

월스트리트는 여전히 밴더빌트를 비웃었지만, 1864년부터는 그러지 못했다. 주 입법부 의원들이 할렘-허드슨 합병 인가 법안을 검토하면서 뇌물을 받아 챙겼다. 그러나 단기 이익의 냄새를 맡은 의원들은 드루를 끌어들여 다시 할렘을 150에 공매도했다. 법안은 당연히 기각되었고, 할렘 주식은 곤두박질쳤다. 드루의 세력은 주가가 50달러로 떨어질 때까지 기다렸다가 공매도를 청산할 생각이었다. 한편, 주가가 하락하는 동안 밴더빌트는 계속 주식을 사들여서 실제로 존재하는 물량보다 2만 7000주나 더 모았다. 그는 할렘 주식을 또다시 매점했던 것이다.

늙은 밴더빌트는 패배한 드루에게 "원하지 않는 주식은 절대로 사지 말고, 갖고 있지 않은 주식은 절대로 팔지 말라!"라고 경고했다. 이번에는 주가가 285달러까지 뛰어올라 공매도자들을 굴복시켰으나, 제독은 만족하지 않았다. 그는 냉정하게 말했다. "1000달러까지 갑시다. 이 패널 게임panel game이 너무 자주 열리는 것 같소." 그러나 전반적으로 공황에 빠진 주식시장을 고려하고, 특히 자신의 매점에 겁먹은 사람들 생각해서, 이 늙은 기인은 285달러에 청산해주었다.

밴더빌트는 도산한 철도를 매입해서 돈을 벌었다. 그는 낡은 철로를 강철로 교체했고, 뉴욕 그랜드 센트럴 역Grand Central Station을 세웠다. 사업에 도움이 되었고 이익이 발생했기 때문이다. 그는 "나는 철도의 친구"라고 주장했지만, 마찬가지로 주식 물타기 수법의 친구이기도 했다. 예를 들면, 밴더빌트 가문에 오래도록 남아 있던 뉴욕 센트럴The New

York Central은 2300만 달러씩 두 번 물타기를 거쳤다. 그는 처음에는 한밤중에 호젓한 지하실에서 위조 신주를 찍어냈다. "나는 일이 완료되기 전에는 계획을 절대로 말하지 않는다." 그래서 그가 마침내 철도로 돈을 벌었을 때, 대중들은 분명히 그에게 털리고 있었다. 그가 새로 '물탄' 주식에 지급할 배당금을 마련할 때, 운임이 천정부지로 치솟았고, 수리가 연기되었으며, 종업원 임금이 삭감되었다.

제독은 50년 넘게 그의 잔인한 방식을 실행했다. 한번은 오래전 그가 해운업에 종사하던 시절, 오랜만에 특별히 건조한 호화 요트를 타고 휴가를 다녀와 보니, 파트너들이 그를 회사에서 쫓아낸 상태였다. 고전적인 밴더빌트 방식이었을까? "법은 너무 오래 걸리니 당신들을 고소하지 않겠다. 당신들을 파멸시켜주마!" 열두 자녀 가운데 적어도 한 사람은 그를 쏙 빼닮았다. 재산의 3/4을 물려받은 상속자이자 아들인 윌리엄 헨리 밴더빌트는, 자기 아버지가 그랬던 것처럼 "빌어먹을 대중!"이라고 소리 지르며 대중을 욕했다고 전해진다. 그리고 꽤 자주 대중은 빌어먹을 지경에 처했다.

제독이 구사한 거칠고 때로는 무법적인 전술은 효과가 있었다. 이 전술 때문에 그가 귀찮은 일을 당한 적은 분명히 없었다. 밴더빌트는 자신이 법을 초월한다고 생각한 허영심 많은 늙은이였다. "법? 나는 법 따위는 안중에 없어. 내게는 권력이 있거든." 그는 자신이 원하던 것을 얻었다. 1억 달러가 넘는 재산을 모았다. 그러나 이점을 제외하면, 그는 지옥에서 살았다. 노년에 그의 유일한 즐거움은 방에서 젊은 하녀들을 힘껏 쫓아다니고, 의사들에게 뜨거운 물병을 던지며 고함을 지르는 정도였다. 막대한 재산에도 불구하고, 그는 전형적인 까다롭고 더러운 늙은이였다. 그의 왕성한 젊음은 몇 가지 질병 앞에 무너졌다. 신장, 장, 간, 위가 모두 소진되었다. 한번은 그가 의사에게 말했다. "지옥의 모든 악마가 내게 달려들어도 이보다 더 고통스럽진 않을 거요." 그러나 장담하건대, 어느 의사도 그를 동정하지 않았으리라.

밴더빌트의 인생에는 메시지가 숨어 있다. 밴더빌트가 말했듯이, 시장은 법보다 강력하다. 그가 살았던 시대만큼은 아니지만, 오늘날에도 이 말은 여전히 옳다. 다른 범죄자들과는 달리 경제력을 이용해서 자신의 이익을 위해 법망을 비켜간 사람들은, 법의 심판을 받아 원상태로 돌아가거나 손해 보는 경우가 드물다. 예를 들면, 1980년대의 모든 내부자 거래 판결에 관해 놀라운 사실은, 형량이 대단히 가벼웠으며 범죄자들은 처벌을 받고서도 여전히 큰 부자가 되었다는 점이다. 미국 서민들 대부분이 이러한 현대판 제독들이 평생 잘 먹고 잘살았다고 생각하는 것도 당연하다. 그러나 밴더빌트 제독은 무덤에서 웃음 지으며 아마도 이렇게 중얼거릴 것이다. "나는 할 수 있는 일도 하지 못했고, 제대로 한 일도 없다네."

조지 피바디

George Peabody

금융과 자본가를 발굴한 인물

◆

모건이 등장하기 전에는 조지 피바디George Peabody가 있었다. 피바디
는 볼티모어 직물 상인으로 시작해서, 1835년 자신이 태어난 미국을
떠나 영국에서 가장 강력한 투자 은행가의 한 사람이 되었다. 근면, 헌
신, 적극적인 기회 포착을 통해서 그는 유럽과 미국 양쪽으로부터 최고
의 평판을 얻었다. 그는 1869년 죽기 전에 1000만 달러가 넘는 재산을
모았으며, 그가 물려준 제국은 결국 전능한 모건 가문의 탄생으로 이어
졌다.

상인에서 투자 은행가로 변신한 피바디의 행동은 야심 찬 결정이었
지만, 당시로 보면 이례적인 모습도 아니었다. 은행업은 무역업과 함께
자연스럽게 성장했다. 예컨대, 은행은 해외로 항해해서 화물을 판매하
는 자금을 무역회사에 제공했다. 피바디는 높은 신용과 자본을 갖추고

있었고, 세계 무역과 은행들을 잘 알고 있었다. 직물사업을 하면서 오랫동안 은행들과 거래를 했기 때문이다. 그는 친구들에게 은행이 제공하는 성격의 혜택을 베풀었다. 미국 친구가 그에게 맡긴 주식을 런던에서 팔아주었고, 다른 사람들의 투자를 관리해주었으며, 여행자들에게 신용장을 써주었다. 그는 신뢰받았다. 너무도 신뢰받았기 때문에, 그의 이름은 양쪽 나라에서 신용의 원천이었다.

진지하고 침착하며 성실했던 피바디는 미국 증권을 런던시장에 팔면서 조금씩 사업을 키워나갔고, 런던에서 미국 증권 전문가로 알려지게 되었다. 미국인이었던 그는 안전, 성실, 안정의 상징이 되었고, 이는 그가 판매하는 미국 증권에도 잘 반영되었다. 미국에 대한 신뢰가 하락하는 기간에, 피바디는 본인이 앞장서서 미국을 '샀다.' 미합중국은행에 투자했고, 활발한 운하회사, 보험회사, 철도회사 주식을 샀다. 유명한 1837년 공황 뒤 1837~1843년 사이에 그는 싼값에 대규모로 주식을 사들였다. 공황 후 엄청나게 길고도 깊은 경제 침체가 따라왔지만, 주가가 뛰어오르자 그는 큰 재산을 모았다.

피바디는 미국에 대한 투자가 장기적으로 건전한 투자라고 굳게 믿었다. 그래서 런던시장에서 채권을 인수하고 판매할 때, 그의 설명은 당연히 매우 설득력이 있었다. 그는 자신이 파는 상품의 가치를 진정으로 믿었기 때문이다. 일을 진행하기 위해서, 그는 영국과 미국 사이의 탁월한 사업관계를 통해서 미국 증권의 판매를 촉진했다. 그는 미국인들이 방문할 때마다 호화로운 장소에서 품위 있는 파티를 열었다. 평소에는 술도 안 마시고 식사도 검소한 그였지만 미국, 미국인들, 미국 상품들을 광고하기 위해서는 앞장서서 흥을 북돋웠다.

피바디는 세일즈 능력뿐 아니라 낙관주의 덕분에 사업에서 엄청난 성공을 거두었다. 그러나 1838년, 메릴랜드 주의 볼티모어-오하이오 철도Baltimore and Ohio Railroad 건설 자금으로 800만 달러 규모 채권을 발행하는 경우에는 낙관론만으로는 부족했다. 피바디는 채권 발행을 책임지는 3대 자본가의 한 사람으로 임명되었지만, 1837년 공황 발생 뒤취약해진 미국의 재무 상황 때문에 고전을 면치 못했다. 영국인들에게 미국을 설명하면서 피바디는 계속 뛰어다녔다. 미국은 공황 뒤 오랫동안 무릎을 꿇은 상태였는데, 이는 대출 원금과 이자를 지급하지 못할 위험이 크다는 뜻이었다. 고장 난 레코드처럼 피바디는 미국이 좋은 투자 기회라는 말을 되풀이했고, 마침내 채권을 베어링 브라더스에 터무니없는 헐값으로 떠안겼다. 이때 피바디는 당연히 기분이 좋았어야 했다. 그러나 그렇지가 않았다. 메릴랜드 주에서 그에게 어떤 가격으로든지 채권을 팔라고 재촉한 사실이 마음에 걸렸기 때문이다. 1841년, 메릴랜드 주가 채권을 부도내자 그의 불안이 확인되었다.

피바디는 키가 크고, 뚱뚱하며, 염색해서 검은 머리에, 투명한 푸른 눈을 지닌 잘생긴 사람이었지만, 개인생활도 마찬가지로 편치 않았다. 그는 런던에서 결혼 상대로 가장 어울리는 독신 남자였지만, 평생 독신으로 살았다. 그는 43세에 19세의 미국 여자와 결혼하려 했으나, 그 여자는 끝내 결혼하지 않았다. 다른 사람을 사랑했기 때문이다. 버림받은 피바디는 절대 결혼하지 않았고, 대신 엄격하게 일에 매달렸다. 하루에 10시간씩 일했고, 밤과 일요일에도 일할 때가 많았다. 1853년까지 단 하루도 쉬지 않았다! 그는 한 여자를 오래 사귀어서 그녀와의 사이에 딸을 하나 두었고, 영국 브라이턴Brighton에서 조용히 살았다. 보는 사람의 관점에 따라서는 이편이 결혼보다 나을 수도 있다.

영국에서는 물론 미국에서도 피바디의 명성은 대단했다. 남북전쟁 동안 남부연합 정부는 피바디에게 영국으로부터 대출을 주선해달라고 요청했다. 영국에는 남부연합 동조자들이 가득했지만, 그는 정치적 감각 때문에 요청을 거절했다. 인생의 이 단계에서도 그는 사업을 가려서 할 만한 여유가 충분히 있었다. 그래서 남부연합은 스스로 자금을 구했으며, 런던 자본가에게 액면가 1달러당 50센트의 가격으로 채권 7500만 달러를 팔겠다고 제안했다. 미국 증권 전문가의 의견도 들어보지 않고 자금을 제공하기가 불안했던지, 런던 자본가 두 사람이 이 제안에 대한 피바디의 생각을 물었다. 피바디는 1년만 지나면 1달러당 25센트에도 이 채권을 살 수 있으리라고 말했다.

"내 말이 농담이 아니라는 증거로, 1년 뒤 1달러당 25센트 가격으로 당신에게 100만 달러 상당의 채권을 매도하겠소." 그러자 이들은 남부연합의 제안을 거절하고 피바디의 제안을 받아들였다. 아니나 다를까, "1년이 지나고 남부연합 채권은 내 예상보다도 가격이 내려갔다"라고 피바디는 기록했다. 그는 두 사람에게 계약 이행을 요구해서 6만 달러를 벌었다!

통풍과 류머티즘을 앓던 피바디는 잠깐 휴식을 취하기로 했다. 인생 말년에 그는 재산 대부분을 기부하는 한편, 온천에 가고, 친구를 방문하고, 연어 낚시를 즐겼다. 그는 학교, 도서관, 박물관, 사람들에게 기부하여, 양쪽 나라 사람들에게 너그러운 인물로 알려졌다. 매사추세츠주 사우스 댄버스South Danvers는 그의 출생과 기부를 기리기 위해서 '피바디'로 이름을 바꾸었다.

수많은 기부활동 외에, 피바디는 주니어스 스펜서 모건(JP 모건의 아버지)이 투자 은행업을 시작하게 한 사실로 특히 월스트리트에 널리 알려져 있다. 인품을 보는 눈이 탁월했던 이 선각자는 1854년 모건을 파트너로 선택했고, 회사를 떠나 휴식을 취했다. 그가 파트너에게 기대한 점은 자신을 부자로 만들어준 자질로서, 성실성, 대담성, 신중함, 통찰력 등이었다. 그러나 피바디는 많은 모건 지도자들을 배출한 것보다 훨씬 큰 업적을 이루었다. 그는 미국에 절실하게 필요했던 유럽 자본을 대규모로 끌어왔으며, 이 자본이 아니었으면 미국은 19세기 미국의 산업발전을 이끈 기반시설들을 개발하지 못했을 것이다. 산업은 금융을 따르는 법인데, 모든 금융인이 피바디를 따랐다.

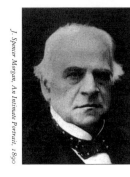

주니어스 스펜서 모건

Junius Spencer Morgan

현대시장을 조종한 마지막 인물

◆

주니어스 스펜스 모건Junius Spencer Morgan은 외아들 JP 모건이 성실, 신뢰, 역량, 권력의 대명사로 '모건'이란 이름을 떨치도록 기초를 닦은 사람이다. 그는 키가 180센티미터가 넘었고, 체격이 건장했으며, 윤곽이 뚜렷했고, 정직하면서도 신뢰가 가는 태도를 지녔다. 모건은 런던의 기성 은행들에 도전장을 던져서 결국 이들을 제압했고, 1860년대 런던에서 가장 중요한 미국인 은행가가 되었다. 그는 죽으면서 아들에게 국제적 유산과 구식 사업 윤리를 물려주었는데, 이것이 견고한 기초가 되어 악명 높은 모건 가문이 일어서게 되었다.

1813년 부유한 지주 겸 투자가의 외아들로 태어난 모건은 코네티컷 주 웨스트스프링필드West Springfield에서 자랐으며, 좋은 교육을 받았고 아버지가 건전하게 투자하는 모습을 늘 보고 배울 수 있었다. 그에게는 성공이 낯설지 않았다. 그런데도 사다리의 꼭대기 자리에 오르기 위해서 열심히 노력했고, 먼저 월스트리트의 은행에서 5년 동안 인턴으로 근무했다. 20세의 나이에 그는 케첨 모건 앤드 컴퍼니Ketchum, Morgan & Company의 파트너가 되었다. 그러나 자신의 파트너가 음성적 거래에 연루된 부도덕한 투기꾼이라는 사실을 알게 되자 동업관계를 청산하고 다시 바른길로 들어서서, 뉴잉글랜드New England에 정착하여 결혼하고 아들 하나와 딸 둘을 두었다(물론 그 아들이 바로 JP 모건이다).

모건은 승승장구하여 일류 직물류 수입 및 도매업회사인 제임스 M. 비브 앤드 컴퍼니James M. Beebe & Company의 최고경영자가 되었다(이 회사는 1851년에 JM비브 모건 앤드 컴퍼니JM Beebe, Morgan & Company가 된다). 당시에는 금융이 없으면 수입이 불가능했으므로, 수입과 금융은 서로 밀접하게 연계되어 있었다. 그는 성실하고, 견실하며, 공정한 사람으로 알려졌으며, 미국 금융계에서 계속 두각을 나타내어 보스턴Boston이 유럽과 아시아를 상대로 활발하게 벌이는 쾌속 범선 무역업의 금융을 담당하게 되었다. 그러나 평판 높은 투자은행 피바디 앤드 컴퍼니Peabody & Company의 조지 피바디와 회사의 신용계좌를 협의하느라 런던에 머무는 동안, 피바디로부터 거절할 수 없는 제안을 받은 뒤 눈앞에 다가온 아메리칸 드림을 접었다.

모건처럼 직물류 수입상이었던 피바디는 미국 증권의 인수와 해외 판매 업무에 주력했지만, 은퇴를 준비하며 믿을 만한 후계자를 물색 중이었다. 피바디는 무척 까다로운 사람이었지만, 모건에게서 자신의 야심 찬 발자취를 따라올 만한 추진력, 야망, 헌신을 발견했다. 반면 모건은 그의 거대한 재산을 한층 키울 기회를 발견했고, 게다가 자본이 필요한 뉴잉글랜드에 영국 자본을 연결할 기회를 발견하였다. 그래서 그는 결단을 내렸고, 38세의 나이에 가족과 함께 짐을 꾸려 바다 건너 신세계로 향했다.

모건은 전형적인 투자은행 업무를 빠르게 터득했다. 세계로 확산하는 무역사업에 자금을 지원하고, 상품을 거래했으며, 금괴를 선적했고, 환전했으며, 수입업자와 수출업자들에게 융자를 제공했다. 1857년, 미국에 공황이 닥치자 모건은 즉시 대응했다. 피바디 앤드 컴퍼니는 미국 증권과 밀접하게 연결되어 있었으므로, 공황이 닥치자 회사의 은행계좌가 말라버렸다. 미국 채무자들은 회사로부터 빌린 돈을 갚을 수가 없었고, 그래서 회사도 부채를 갚을 돈이 없었다. 모건은 잉글랜드은행으로부터 대출을 받아 이 문제를 해결했다. 잉글랜드은행의 대출은 워낙 명성이 높아서, 여왕으로부터 은총을 입었다고 보아도 좋았다.

회사가 잘 관리되고 있다는 느낌이 들자 피바디는 점차 회사 일에서 손을 놓았고, 모건의 천부적 재능이 회사에 색깔을 더하게 되었다(피바디가 완전히 은퇴하자 회사 이름이 JS모건 앤드 컴퍼니JS Morgan & Company로 바뀌었다). 그는 일반 상품인 향신료, 차, 커피, 밀, 밀가루, 설탕 등을 여전히 취급했지만, 회사의 가장 중요한 상품이 미국 철도라는 점을 유념했다. 철도 건설에는 아주 큰 비용이 들어서 미국은 유럽 자본에 의지할 수밖에 없었다. 이 점이 모건에게 잘 맞았다.

피바디는 한때 철도 및 철과 같은 철도 자재에 손을 댔었지만, 모건은 미국이 마구 뻗어나가는 철도망에 의지하기 시작했다는 사실을 알았다. 모건은 즉시 철도 금융에 몰두했고, 세심하게 계산한 뒤 리스크를 떠안았다(이 점이 모건의 트레이드마크다). 예를 들면, 그는 이리 철도

Erie Railroad의 신용이 사상 최악인 시점에 이리 철도 채권 400만 달러 발행을 주선하였다. 이는 런던시장에서 처음으로 발행된 대규모 미국 철도회사 채권이었으며, 가장 수익성 높은 거래가 되었다. 1850년대에는 주요 철도회사인 뉴욕 센트럴, 일리노이 센트럴Illinois Central, 볼티모어 앤드 오하이오Baltimore & Ohio 등이 그의 고객이 되었다.

이 무렵 모건의 외아들 JP는 성년이 되어 월스트리트에서 일자리를 찾고 있었다. 그러나 JP의 아버지는 유럽에 있으면서도 편지로 아들의 인생에 여전히 엄청난 영향을 주고 있었다. 1857~1890년 사이에 두 사람은 상세하고 비밀스러운 생각을 담아 (10여 페이지에 달하는) 장문의 편지를 주고받았다. 주니어스는 아들의 편지를 연도별로 목록을 작성하여 가죽 장정된 책으로 만든 뒤 서재의 선반에 넣고 자물쇠를 채워두었다.

주니어스는 일상적인 편지에 젊은 아들에게 이렇게 썼다. "사업의 일상적인 세부 사항까지 침착하게 마음을 쓰기 바란다. 외부 일로 흥분하지 말기 바라며, 투기 목적으로 어떤 주식도 사지 않겠다고 결단하기를 권한다." 그러나 이렇게 자상한 충고가 담겼지만 편지는 소실되고 말았다. 젊은 아들이 아버지에게 어떤 편지를 썼을지는 충분히 짐작이 갈 것이다. 한때 피바디의 비밀요원 역할도 했던 JP는 일리노이 센트럴과 대출 조건 협상을 진행하는 일은 물론 잡지 구독을 갱신하는 일도 하면서, 정치와 경제의 진행 상황과 아마도 자신의 사업 아이디어까지 편지에 빽빽이 채워 넣었을 것이다. JP는 틀림없이 아버지에게 월스트리트에서 하고 싶은 일을 말했을 것이고, 아버지의 허락이 담긴 답장을 요청했을 것이다. 그러나 특히 역사가들에게 슬프게도, JP는 아버지가 죽자 가죽 장정된 편지들을 모두 타오르는 벽난로에 하나씩 던져 넣었다.

프랑스-프로이센 전쟁Franco-Prussian War 뒤에 그 유명한 프랑스 차관으로 1870년 주니어스는 국제 금융시장에서 진정한 실력자가 되었다. 그는 모두가 꺼리는 시점에, 당시 여전히 최신 혁신의 산물이었던 협조 융자를 구성해서 5000만 달러를 조달했다. 나중에 그는 《뉴욕 트리뷴 New York Tribune》에 이렇게 말했다. "절대 도박이 아니었습니다. 나는 안전한 사업이라고 생각했습니다." 그는 이자율은 낮추고 수수료는 높여서 대출을 일으켰으며, 일주일이 지나기도 전에 유럽 투자자들이 투자하겠다고 아우성을 쳤다.

그러나 이듬해 프로이센이 강화 조건으로 채권 상환을 거절하겠다고 협박하자, 모건은 채권을 크게 할인된 가격에 대량으로 되사지 않을 수 없었다. 그래서 1873년 전쟁에 패한 프랑스가 채권 전액을 액면가에 상환하자 그는 한밑천 잡았다. 통틀어서 그의 회사는 수수료로 액면가의 15%를 챙겼고, 할인 가격으로 매입한 채권을 액면가로 되팔았다. 이익 외에도 이 대출 덕분에 모건은 국제 은행가로서 상위 계층으로 올라서게 되었다.

모건은 모건 가문의 기초를 닦은 인물로 기억되어야 하는데, 한편으로는 미국에 자금이 절실히 필요한 시점에 유럽 자금을 끌어오는 데크게 기여했다(그는 1890년 이탈리아 국경 근처에서 마차에서 떨어져 사망했다). 대규모 철도 개발이 시작되는 시점에 모건은 대규모 융자를 일으켰는데, 유럽의 도움이 없었다면 미국 자본만으로는 소화하지 못했을 것이다. 그랬다면 철도 개발은 크게 지연되었을 것이고, 이에 따라 미국의 산업발전도 늦어졌을 것이다. 또한 산업발전이 늦어졌다면, JP 모건은 월스트리트에서 커다란 책상 앞에 앉아 빈둥거렸을 것이다!

대니얼 드루
Daniel Drew

공연히 법석을 떨고 간 인물

◆

'주말에는 우정을 나눠도 좋지만, 월요일이 시작되면 깨끗이 잊어라.' 대니얼 드루Daniel Drew는 이렇게 살았다. 그에게는 이렇다 할 만한 친구가 없었다. 그는 친구가 생기더라도 배신했다. 교활한 눈을 지닌 이 악당은 월스트리트의 힘세고 사나운 호랑이였다. 그러나 주는 대로 받는다는 말이 있듯이, 그의 인생이 꼭 그렇게 되었다.

드루는 시장에서 최초로 내부자 거래를 시도한 본격 투기꾼이었다. 단순히 주식만 사고파는 투기꾼이 아니라, 오늘날의 기업인수 업무를 당시에 앞장서서 실행한 인물이다. 그는 주식시장을 통해 회사의 지배지분을 확보한 다음, 경영에 깊숙이 개입하여 회사의 운명을 뒤바꿔놓았다.

문맹이면서 종교적 광신자였던 드루는 특히 이리Erie를 포함한 철도 주식에 투기해서 속임수와 배짱으로 회사를 운영했다. "아무튼 나는 백만장자가 되어야만 해." 드루는 필요할 때마다 회사 주식을 발행해서 팔았고, 돈 냄새를 맡으면 시장을 교란했으며, 절박한 상황에서는 속임수를 마다하지 않았다. 지극히 무자비했던 그는 내부자 지위를 턱없이 탐냈다. 그토록 종교적인 사람이 그토록 부정직할 수 있다는 사실이 역설적이다. 그는 심지어 투기꾼들이 자주 들르는 식당에서 점심시간에 가짜 매수 주문표를 일부러 흘리기도 했다. 기대한 대로 사람들이 자신을 따라 사기 시작하면, 그는 보유 주식을 모조리 내다 팔았다.

늘 그랬듯이 누군가 따라다니며 '내부자 정보'를 가르쳐달라고 조르면, 드루는 마침내 못이기는 척하며 거짓 정보를 알려주면서 절대 비밀을 유지하겠다는 맹세를 받아냈다. 알려준 내부자 정보는 항상 자신이 세운 계획의 정반대였다. 그가 지시한 대로 주식을 사거나 판 추종자는 당연히 근질거리는 입을 다물지 못했고, 탐욕스럽고 저급한 온갖 투기꾼들이 덩달아 몰려들었다. 기다리고 있던 그는 대규모 위장 주문으로 이들 모두를 배반하고 면도날로 종이 자르듯 주가를 갈가리 찢어서, 자신은 근사한 이익을 챙기고 그들에게는 아마도 유용할 교훈을 안겨주었다. 다음과 같은 격언은 짐작건대 드루 덕분에 만들어졌을 것이다. "주식시장은 경험이 많은 사람은 돈을 벌고, 돈이 많은 사람은 경험을 얻는 곳이다."

1812년 전쟁 퇴역군인이었던 드루는 1813년 소 트럭 운전사로 일하면서 월스트리트 전술을 개발했다. 16세였던 그는 감언이설로 뉴욕의 카르멜Carmel 지역 농부들로부터 소를 손에 넣었다. 소를 살 돈이 없었으므로 외상으로 매입했지만, 실제로 이들에게 절대로 돈을 지급하지 않았다. 소를 트럭에 태우고 맨해튼 도살장으로 운전하면서, 그는 우연히 '주식 물타기' 기법을 개발하게 되었다. 소에게 소금을 먹인 뒤, 거래를 위해 무게를 달기 전에 갈증 난 소에게 물을 먹였던 것이다.

헨리 애스터Henry Astor 같은 푸주한조차 그의 사기를 의심하게 되자, 드루는 증기선 사업으로 눈을 돌려 1834년 낡아빠진 보트를 사서 스스로 "증기선회사"라고 불렀다. 증기선 거물 코넬리우스 밴더빌트는 드루를 성가신 존재로 규정했다. 드루가 허드슨 노선 운임을 터무니없이 높이고, 자신에게 비싼 가격으로 매입하도록 강요했기 때문이다. 1845년, 드루는 드루 로빈슨 앤드 코Drew, Robinson & Co.를 설립해서 1857년 공황이 닥치기 전까지 주식시장 교란 작업에 참여했다.

1857년 60세가 되었을 때, 드루의 회사는 12년이 되었다. 드루는 이제 풋내기가 아니었고, 그의 속임수와 탐욕은 시장을 상대하기에 족할 만큼 무르익었다. 그래서 성경을 줄줄이 꿰는 이 사기꾼은 회사를 해체하고 단독활동을 시작했다. 1857년, 그는 재정적으로 파탄 상태에 빠진 이리(그는 "에어리"라고 불렀다)의 경영권을 혼자 힘으로 차지했다. 이리의 이사회를 장악하고 손쉽게 회사 주식을 조작했고, 공매도할 때마다 신주를 발행했다. 그는 마음껏 회사 자금을 전부 주물렀다! 9년 후, 그는 장차 숙적이 되는 신진 시장 조작자 짐 피스크Jim Fisk와 제이 굴드를 만났다. 이들이 마음에 들었던 드루는 이들을 자신의 계획에 가담시키고 배신 기법들을 전수해주었다.

이리 전쟁The Erie War은 1866~1868년 동안 진행되었다. 드루와 두 조작자로 구성된 세력은 어리석게도 전쟁을 도발한 적 밴더빌트에 대항해서 총력을 동원했다. 처음에 밴더빌트는 맨해튼 철도Manhattan railways를 독점하려는 희망을 품고 이리 주식을 대량으로 매수했다. 그가 지배 지분을 확보했다고 생각할 무렵, 드루가 갑자기 덤벼들어 베어 레이드bear raid(주가 하락 조작)를 시작했다. 드루는 이리에 350만 달러를 대출해주고 미발행 주식 2만 8000주와 전환사채 300만 달러 상당을 받아서 시장에 쏟아부었다. 전형적인 낙관론자였던 밴더빌트는 대량으로 매수했지만, 드루가 소에 물 먹이듯 물 탄 주식을 자신이 사들이고 있다는 사실을 몰랐다.

"보유하지 않은 주식을 매도한 사람은 주식을 되사든지 교도소에 가야 해!" 드루는 즐겁게 흥얼거렸다. 소리 없이 주식을 찍어내는 일은 공매도보다 훨씬 쉬웠다. 드루의 사기행위를 감지한 밴더빌트는, 매수해둔 판사를 동원해서 이리 경영진에게 주식 추가 발행을 금지하는 강제명령을 발부했다. 그러자 굴드가 나서서 몇 사람에게 뇌물을 주고 강제명령을 철회시켰다. 그리고 인쇄기를 돌려 10만 주를 찍어내서 시장에 쏟아부었다.

밴더빌트가 고함을 질렀고, 곧 드루, 굴드, 피스크는 밴더빌트 측 판사에 의해 수배되었다. 체포를 피하려고 이들은 관할 지역을 넘어 저지 시티Jersey City로 도망갔다. 그러나 한 달이 지나자 이제 71세가 된 드루는 향수병에 걸렸다. 드루는 밴더빌트로부터 "드루: 나는 이런 빌어먹을 소동에 진저리가 나오. 만나서 이야기합시다"라고 적힌 쪽지를 받았다. 드루는 마음이 끌렸다. 피스크는 정부와 호텔에서 깔깔거리고 굴드는 뇌물을 써서 체포영장을 철회시키려 하는 동안, 드루는 상황을 처리하고자 몰래 강을 건너 밴더빌트의 집으로 찾아갔다. 밴더빌트와 드루는 투자 손실분을 이리의 자금으로 갚아주기로 합의했다. 밴더빌트는 그 자금이 어떻게 조달되는지는 전혀 관심이 없었다. 그러나 굴드와 피스크는 이 거래를 알고 노발대발했고, 밴더빌트와 드루가 맺은 계약은 이행하되 드루를 이리에서 쫓아내기로 했다. 이들은 주식 물타기 베어 레이드를 통해서 이리 주가를 드루의 마진콜margin call(증거금 추가 납부 통지) 가격 밑으로 떨어뜨려, 드루에게 막대한 손실로 대가를 톡톡히 치르게 했다. 아이러니하게도, 이들은 드루에게 제 수법에 당하는 쓴맛을 선사했다.

그러나 드루는 거덜 나지 않았다. 여전히 약 1300만 달러를 갖고 있었다. 게다가 여전히 주식 투기를 하고 있었다. 황금알을 낳는 거위를 빼앗기고 부도덕한 인품까지 노출되자, 그는 월스트리트의 동료 내부 거래자들로부터 의심받았다. 한번은 이러한 의심을 이용해서 과거 동료를 동원해 폭락장을 유도한 적이 있었다. 그는 주식을 대량으로 매도해놓고 과거 동료에게 이리 베어 레이드가 임박했다고 귀띔해주었다. 드루의 부인에도 불구하고 그의 계획을 의심한 동료는, 드루의 사무실에 함께 들어가 문을 걸어 잠그고 드루가 가만있어도 시장에 이리 주식이 쏟아지는지 지켜보았다. 물정에 밝은 드루가 의심하는 동료보다 한 수 위였다. 동료의 의심에 상심한 척하면서 드루는 동료와 열띤 논쟁을 벌였고, 화를 내며 책상을 두들겼다. 드루가 책상을 한 번 칠 때마다 브로커가 이리 주식 1000주씩을 매도했다는 사실을 동료는 전혀 모르고 있었다.

월스트리트에서 외면당하자 드루는 빠르게 몰락했다. 굴드와 피스크는 거짓으로 그와 다시 친구가 된 뒤, 이리 베어 레이드에 그를 끌어넣어 대량으로 공매도하도록 유혹했다. 그러나 마지막 순간에 드루가 7만 주를 공매도한 상태에서 이들은 주가를 올렸다. 드루는 150만 달러를 잃었다. 그가 자비를 구하자 이들은 비웃었다. 느리고 둔해진 76세의 사기꾼은 1873년 공황 때 철도 주식에 투기했다가 전 재산을 잃었다. 이 공황은 미국 경제사상 가장 크고 오래 지속한 하락이었지만, 한창때였다면 드루는 재빠른 발놀림과 속임수를 구사하면서 틀림없이 이 난국을 비껴갔을 것이다. 그러나 76세에 이른 그는 너무 느렸다. 파산 신청을 했을 때 그의 부채는 100만 달러가 넘었고 자산은 500달러에도 못 미쳤다. 그는 82세까지 남은 생애를 월스트리트로부터 따돌림받고 고향에서 멍청하게 살았다. 그는 60년 전 수많은 농부를 속였던 퍼트넘 카운티로 돌아갔고, 늙은 농부들은 그를 꼬집으며 옛날에 가져간 소값을 내라고 요구했다(피해자 중 한 사람은 100살이 넘었다). 드루는 자신이 지은 죄에 시달리다가 세상에서 잊힌 채 죽었다. 신문에 그의 부고 기사도 실리지 않았다.

드루는 여러모로 슬픈 사례였다. 아내와 아들은 그에게 별로 중요하지 않았다. 친구도 절대로 사귀지 않았다. 그는 사회에도 그다지 관심이 없었고, 어쩌다가 자선행위에 참여하더라도 약속한 기부금을 내지 않았다(지금은 드루 대학Drew University이 된 드루 신학교Drew Seminary는 설립했다). 차라리 그가 짐 피스크처럼 난봉꾼이었든가 부자로 죽었다면 쉽게 경멸하리라. 그에게는 오히려 연민의 정을 느끼게 된다.

드루의 인생이 주는 교훈? 그의 실수가 주는 교훈은 여러 가지다. 우리가 어렸을 때 어머니가 가르쳐준 단순한 교훈들이다. '먼저 좋은 교육을 받고 규칙을 지켜라.' 그는 그러지 못했다. '너무 오래 끌지 말고, 일이 잘되고 있을 때 그만두라.' 그는 그러지 못했다. '지속적인 관계를 맺지 못하는 사람은 크게 성취하지 못한다.' 이건 당신의 어머니가 미처 생각해본 적이 없어서 말하지 않았을지 모르지만, 사기꾼은 결국 사기당한다는 걸 기억하라. 노련한 사기꾼도 조만간 사기를 당하기 마련이다.

제이 쿡

Jay Cooke

AMS Press, Inc., 1969

자기 일에 전념하라

◆

무더운 날에는 시궁쥐들이 돌아다니는 필라델피아_{Philadelphia} 해안의 축축하고 초라한 사무실로부터, 남북전쟁 자금 수백만 달러가 흘러들어왔다. 이곳은 정부 재무 대리기관 제이 쿡 앤드 코_{Jay Cooke & Co}의 사무실이었다. 이 회사는 전시 미국에서 가장 평판 높은 은행이었으며, 그 창립자가 오늘날 은행 시스템의 틀을 만들어냈다. 미국 경제를 신봉한 열렬한 애국자 제이 쿡_{Jay Cooke}은 창의적인 방식으로 전쟁채권을 판매했는데, 소액 투자자들을 가가호호 방문하여 선전하면서 채권을 판매했다. '거물'로 알려진 쿡은 혁신적인 방식으로 경제를 부양한, 카리스마와 상상력을 겸비한 은행가였다.

링컨_{Lincoln}이 대통령에 선출되고 남북 긴장이 고조된 수상한 시대에, 쿡은 1861년 39세의 나이로 회사를 시작했다. 지모, 집중력, 자신감, 대담성을 갖춘 그는 전쟁채권 우선 판매자의 지위로 올라섰다. 동업자인 동생이 재무장관 새먼 체이스 Salmon P. Chase 와 가까운 사이였다는 점도 적잖이 도움이 되었다. 항상 재무부와의 관계 유지에 관심을 기울인 쿡은, 정부 조달 물품에 투기하자는 수지맞는 제안도 거절했다. 대신 자기 일에 전념해서 혁명적인 유통 방식을 내세웠고, 북부연합 거의 모든 주에 채권을 유통함으로써 펜실베이니아 주의 취약한 신용도를 극복하고 300만 달러를 조달했다. 그래서 1863년 남북전쟁이 일어나자 제이 쿡 앤드 코는 체이스의 재무 대리 업무를 단독으로 부여받았다. 그토록 열렬히 업무에 집중한 데 대한 정당한 보상이라 하겠다.

쿡은 기적을 일으켰다. 주식이나 채권이라고는 들어보지도 못한 평범한 사람들로 구성된 거의 무한한 시장에, 수백만 달러에 이르는 전쟁채권을 팔았다. 그는 솜씨 좋게 월스트리트를 동원하여 미국 중산층 가정의 문을 처음으로 두드렸으며, 시민의 애국심에 호소하는 등 비정통적인 방법을 사용했다. (월스트리트 주요회사들이 연합해서 인수한) 5억 달러 채권 발행과 관련된 그의 장대한 구상은, 판매원 2500명이 전국을 돌며 가가호호 방문하여 개별적으로 투자를 호소하는 계획이었다. 또 한편 매력적인 웅변가이기도 했던 쿡은 1800개가 넘는 신문을 통해서 채권을 광고했다. 그는 놀라울 정도로 지략이 풍부하고 항상 낙관적이었다. 1864년까지 60만 명 넘게 전쟁채권을 매입했으며, 모든 채권이 그의 회사를 거쳐서 판매되었다! 1년 뒤 전쟁 말기에 쿡은 전쟁채권을 추가로 6억 달러 판매했다. 이와 비슷한 실적을 올린 은행가는 없었다. 신문에서는 그를 "나라를 구한 사람"이라고 칭송했다.

1821년, 오하이오 주에서 법률가 겸 국회의원의 아들로 태어난 쿡

은 열렬한 애국자이자 처신이 신중한 사람으로 알려졌다. 성공회 신도
이자 공화당원이었던 그는 깨끗하고 고귀한 대중 이미지를 쌓았고, (당
시에는 드물게도) 투명하고 견실하며 공정하게 사업을 운영했다. 1844년
결혼하여 네 자녀를 두었는데, 그중 헨리Henry는 목사가 되었고 제이
2세는Jay Jr.는 은행가가 되었다(손자 제이 3세는 혼자 힘으로 유명한 투자 은행
가가 되었다). 14세에 일을 시작한 쿡이 전국은행 제도를 도입해서 단일
화폐를 공급해야 한다고 열렬히 주장했다는 사실은 잘 알려지지 않았
다. 부실은행이 넘치던 와일드캣wildcat 뱅킹 시절(은행에서 민간 화폐를 발
행하던 시절) 위폐 감시관이었던 그는, 화폐 위조가 흔하고 은행 도산이
빈번했던 시절을 기억했다. 당연히 그는 체이스의 1863년 전국은행 법
안National Banking Act을 지지했고, 여러 국법은행national bank(연방 정부의 인가
를 받은 상업은행) 설립을 도왔다.

쿡은 전쟁 동안 경이적인 성공을 거둔 뒤, 초점을 잃고 시류에 영
합했다. 그가 저지른 가장 큰 실수였다. 그는 자신이 뛰어난 재능을 지
닌 정부 분야에 대해서는 관심을 낮추고 철도 분야를 파고들었는데, 특
히 1869년에 아직 지어지지도 않은 대륙횡단 철도 노던 퍼시픽Northern
Pacific을 선택했다. 그는 뉴욕과 런던 지사들을 통해 여러 신문과 기자
를 매수해서 프로젝트를 선전하면서, 과장 광고를 동원하는 방식으로
해외로부터 1억 달러를 조달했다. 철도사업에 몰입할수록 그는 자신의
특기인 정부 자금 조달에 대해서는 초점을 잃었다. 하지만 철도사업은
도무지 계획대로 궤도에 오르지 않았다. 그리고 어느 날 일어나보니 정
부 자금 조달 업무 대부분이 모건-드렉셀Morgan-Drexel 그룹으로 넘어가
있고, 노던 퍼시픽에 대부분 묶여 있던 자신의 돈은 사라지고 없었다!

쿡의 자금은 빠른 속도로 줄어들었고, 결국 1873년 공황이 일어나자 제이 쿡 앤드 코는 도산했다. 이 회사의 도산은 월스트리트를 벼락처럼 강타했고, 모건이 다음 수십 년 동안 주도권을 차지하게 되었다. 한때 나라를 구했던 인물은 만신창이가 되었고, 1905년에 죽을 때까지 삼류 벤처기업들만 상대하는 처지가 되었다. 어떻게 된 일인가? 장기간 성공 가도를 달려온 쿡이 어쩌다가 실패했는가? 우리는 쿡으로부터 세 가지 단순한 교훈을 얻는다. 즉, '지속적인 성공 뒤에 초점을 흐리지 말라.', '시류에 영합하지 말라.', '절대로 달걀을 한 바구니에 담지 말라.' 그다지 어렵지 않으면서도 중요한 교훈이다.

처음으로 대규모 인수를 가능하게 했던 쿡은, 자신의 전문 분야인 정부 자금 조달을 버리고 철도 운영에 손을 대면서 새로운 분야에 무모하게 도전했다가, 모건 같은 인물에게 '봉'이 되어버렸다. 쿡은 자본가이자 촉진자였지, 절대로 경영자가 아니었다. 그런데 왜 48세의 나이에 경영자가 되려 했는가? 게다가 그는 분산투자 개념조차 무시했다. 새로운 속임수에 재산을 걸고 도박을 벌인 행위도 어리석었지만, 한술 더 떠서 모든 재산을 한 곳에 걸었다! 회사 자금을 노던 퍼시픽 단 한 곳에 쏟아부었다가, 이 노선이 파산하자 몰락했다.

무엇보다 나빴던 점은, 쿡이 흥분해서 이성을 잃고 대륙횡단 경쟁이라는 시시하고 지루한 사업에 몰두했다는 것이다. 그는 스스로 키운 상상에 사로잡혀 오랜 세월 키워온 회사와 자기 자신을 위험에 빠뜨렸다. 초점을 잃었고, 줄타기를 했으며, 도박을 했고, 패배했다. 만일 황금 알을 낳는 거위를 버리지 않았다면, 모건 대신 쿡이 탁월한 이름을 월스트리트에 남겼을 것이다. 이제 쿡은 오랫동안 잊힌 교훈에 불과하다.

2장

언론인과 작가들

JOURNALISTS AND AUTHORS

월스트리트의 정보 흐름: 신문, 잡지, 책

◆

《월스트리트 저널Wall Street Journal》을 집어 들고 주가를 즉시 확인할 수 없거나, 심지어 《포브스》와 《배런스Barron's》에서 비즈니스 뉴스를 찾아볼 수 없다고 상상해보라. 도무지 상상되지 않지만, 월스트리트 초기 시절은 바로 이런 모습이었다. 월스트리트 종사자에게도 단지 관심 있는 일반인에게도 정보는 귀했고 입수하기 어려웠으며, 입수하더라도 몹시 부정확하기 일쑤였다. 1890년대 말이 되어서야 금융 정보의 할아버지 격인 《월스트리트 저널》이 탄생하여 업계를 자극하였고, 이후에 많은 정기간행물과 책자가 쏟아져 나와 주식시장을 해석하고 분석하며 촉진하였다. 월스트리트는 더 실용적이 되었다. 정보가 잘 흐르지 못하면, 다양한 투자와 투자자들로 구성된 폭넓은 금융시장이 존재할 수가 없다.

금융 뉴스와 정보는 처음에 몇몇 회사를 통해 제공되었다. 이들 회사에 고용된 기자들이 월스트리트를 돌아다니며 정보를 수집했고, 고용된 작가들이 이야기를 만들어냈으며, 배달 소년들이 뉴스를 기다리는 지역 구독자들에게 달려가 신문을 전달했다. 오늘날에는 수많은 전문 투자자가 어디에서든 정보를 입수하지만, 당시에는 월스트리트 인근에 살지 않는다면 이런 정보조차 구할 수 없었다. 전문 투자활동이 미국 전역과 전 세계에 걸쳐 퍼질 수 있었던 것은, 오로지 언론인들과 작가들에 의해 정보 흐름이 증가했기 때문이다. 많은 금융 언론계의 아버지들이 이 업계에 발자취를 남겼다. 《월스트리트 저널》이 발간되기 전에 찰스 다우와 에디 존스Eddie Jones가 월스트리트에 비슷한 서비스를 제공했다.

《월스트리트 저널》이 등장하자, 해설과 분석이 곧 뒤따랐다. 당시에는 객관적이고 믿을 만한 정보가 없었기 때문에, 대중이 처음에는 선정적이고 이해하기 쉬운 추문 폭로 기사들을 많이 읽고 믿었다. 그런 기사를 쓴 대표적인 인물이 투기꾼에서 작가로 전향한 토머스 로슨으로서, 그는 주식시장에서 거금을 날린 뒤 기업 비리에 관해 많은 글을 썼다. 월스트리트에 대한 그의 해석은 패배자의 관점으로 편향되어 있었지만, 적어도 흥미진진한 읽을거리였고 사람들을 생각하게 해주었다.

오늘날 타블로이드판 이야기에 해당하였던 로슨 방식의 저널리즘은, 《포브스》에서 금융 세계 종사자들이 더 신뢰할 수 있는 견해를 발표하자 곧 구시대의 유물이 되었다. 포브스는 1917년 내가 가장 좋아하는 잡지를 창간하였으며, 최초로 필진을 밝히며 정통 금융 기사를 제공하였다. 뒤이어 1920년대에 에드윈 르페브르가 《새터데이 이브닝 포스트Saturday Evening Post》에 글을 실었다. 그러나 포브스처럼 발행인 겸 저자의 길을 가는 대신 그는 다른 발행인들을 위해 글을 양산했고, 거의 모든 인기 매체가 르페브르의 이야기를 적어도 하나씩 실었다. 왜 그랬을까? 그는 월스트리트를 의인화해서 감정과 인격을 넣어 자세히 묘사했기 때문이다. 그의 글은 흥미를 돋웠기 때문에 대중이 즐겨 읽었다.

클래런스 배런이 《배런스》에 뉴스와 해설을 실으면서 해설이 발전했다. 이어 아널드 버나드가 《밸류라인 인베스트먼트 서베이Value Line

Investment Survey》를 통해 개별 종목에 대한 개요와 분석을 제공했다. 이제 우리는《월스트리트 저널》을 통해서 세계의 흐름을 읽게 되었고,《배런스》를 통해 시장 거래자들의 관점을 얻게 되었으며,《포브스》와 르페브르를 통해서 모든 해설을 들었고, 버나드를 통해서 개별 종목에 관한 최신 정보를 얻게 되었다. 이 모든 발전이 50년 만에 이루어졌다.

1930년대에 벤저민 그레이엄은 저서 『증권분석Security Analysis』에서 투자분석을 처음으로 제시했다. 그 이후로 세상은 과거 방식을 영원히 바꾸게 되었다. 갑자기 투자분석이 일반적으로 인정되는 지식 체계로 자리 잡았다. 그레이엄의 증권분석은, 질병의 세균 이론이 의학에 미친 것과 같은 영향을 미쳤다. 이론의 핵심에 대해서 누구도 근본적으로 반론을 제기하지 못했기 때문이다. 전문 투자자 가운데 그레이엄의 책을 읽어보지 않았다고 말하는 사람을 찾기 힘들 정도다. 물론 그레이엄은 컬럼비아 대학Columbia University 교수로서 그곳에 분명히 중대한 영향을 미쳤지만, 세상을 영원히 바꾼 것은 그의 책이었다.

그리고 일반인들을 월스트리트로 끌어들이려는 메릴린치Merrill Lynch 의 계획에 따라 루이스 엥겔이 『주식 사는 법How to Buy Stocks』을 저술했는데, 이 책은 다른 어느 주식시장 안내서보다도 많이 팔렸다. 아마도 다른 주식시장 안내서를 모두 합친 분량만큼 팔렸을 것이다. 엥겔은 어린 애도 이해할 수 있도록 투자를 시작하는 방법을 설명했다.

세 번째 저서인 이 책을 쓰면서, 그리고 1984년 이후 100회가 넘는 포브스 칼럼을 쓴 뒤, 나는 나라 반대쪽에 사는 (특히 막강한 지위에 있는) 독자들로부터 소식을 들을 때마다 펜의 엄청난 위력을 실감한다. 나는 이 장에 나오는 어느 인물보다도 미약한 존재이지만, 내 글은 금융 세계에 영향을 미쳤다. 내 글은 '국제 재무 분석사_{CFA, Chartered Financial Analyst}'
교과 과정에 포함되었고, '주가매출액 비율_{Price Sales Ratios}'을 처음으로
세상에 소개했으며, 일부는 내 글을 읽으리라고는 전혀 상상도 못 했던
곳에서 재판(再版)되거나 인용되고 있다. 내 글은 내가 등장하기 전에
이미 잘 정립된 세계 금융 구조물을 조금이나마 다듬었다. 내가 기존
구조물에 약간이나마 영향을 미쳤다면, 펜을 든 금융 선각자들이 처녀
지에서 휘둘렀을 영향력이 얼마나 엄청날지 상상해보라. 이들이 제공
한 정보와 교육은 한편으로는 월스트리트의 발전과 궤를 같이하였고,
한편으로는 오늘의 월스트리트를 만들어냈다.

찰스 다우
Charles Dow

그의 이름이 모든 것을 말해준다

◆

찰스 다우Charles Dow는 두 가지 중요한 이유로 월스트리트에서 가장 주목받는 전설적 인물에 속하게 되었다. 그는 최초의 시장지표인 다우존스 평균Dow Jones Average을 개발했을 뿐 아니라, 금융의 바이블 《월스트리트 저널》을 창간했기 때문이다. 그는 또한 기술적 분석의 아버지이기도 했다. 아이러니하게도 다우는 업적이 별로 알려지지 않은 채, 1902년 51세의 일기로 브루클린Brooklyn의 작은 아파트에서 조용히 사망했다. 오랜 시간이 지난 뒤에야 그는 오늘날 사람들이 주식시장을 바라보는 방식을 혁명적으로 바꿨다고 인정받았다.

지금은 누구든지 그의 이론과 적용법을 설명할 수 있지만, 그는 평생 '다우 이론Dow Theory' 자체를 전파해본 적이 없었다. 《월스트리트 저널》이 탄생하기도 전인) 1884년 그가 처음으로 주식시장 평균을 계산하기 시작했을 때, 주식시장을 측정하는 포괄적 '숫자'를 나타내는 지수 외에는 별로 확립한 사항도 없었다. 나중에 그는 직관적인 의견을 첨부했다. 사실 우리가 오늘날 알고 있는 다우 이론은, 그가 사망한 지 20년 뒤 윌리엄 해밀턴 같은 다른 기술적 분석가가 다우의 《월스트리트 저널》사설을 발췌해서 이름 붙인 것이다.

다우는 6척 장신에 약간 구부정했고, 몸무게는 90킬로그램이 넘었으며, 눈과 눈썹이 검었고, 칠흑 같은 턱수염과 코밑수염을 기르고 있었다. 게다가 극도로 보수적이면서 엄숙한 분위기였고 말도 조심스럽게 해서, 지나치게 진지한 대학교수를 연상시켰다. 그는 결코 목소리를 높여본 적이 없고 어지간해서는 화를 내지 않았지만, 일단 화를 내면 오래갔다고 한다. 악덕 자본가들이 판치는 시대 말기에 월스트리트에서 근무했으면서도, 그가 머니 게임에 참여한 적도 없고 시장에서 한 밑천 잡으려고 시도한 적도 없으며, 단지 옆으로 비켜서서 관찰하고 논평하기만 한 사실을 보면, 사람들이 그를 교수에 비유한 점은 설득력이 있다.

다우는 1851년 코네티컷 주 농장에서 태어나서 어렸을 때 여러 가지 잡일을 했다. 그의 아버지는 그가 6세였던 해에 돌아가셨다. 자라서 직업을 선택할 나이가 되자, 그는 농장생활을 버리고 펜을 잡았다. 빈약한 교육을 받은 뒤, 영향력 있는 매사추세츠 신문《스프링필드 리퍼블리컨Springfield Republican》에서 6년 동안 수습생으로 일했다. 이어서 로드아일랜드 주 프로비던스Providence의 한 신문사로 옮겨서 금융 기사를 쓸 기회를 잡았고 채광산업을 담당하게 되었다.

다우는 31세에 이름이 조금 알려지게 되자, 과감하게 뉴욕으로 옮겨서 1882년에 동료 기자 에드워드 존스와 함께 다우존스 앤드 컴퍼니 Dow, Jones & Company를 설립했다. 이들은 월스트리트 15번가에 있는 곧 쓰러질 듯한 빌딩의 비좁은 원룸 사무실에서 중고 사무집기를 사용하면서 전문 통신사를 만들었다. 이들은 매일 금융 뉴스 최신 정보를 구독자들에게 제공했는데, 구독자 대부분이 전형적인 월스트리트의 재담꾼들이었다. 당시에는 거리에서 인쇄된 뉴스를 보는 일이 흔치 않았기 때문에, 대중 사이에 퍼지는 가십보다 조금만 더 신빙성이 있더라도 뉴스 원천에 귀를 기울일 만한 가치가 있었다. 따라서 이들의 서비스는 소중하게 여겨졌고, 회사는 곧 빠르게 성장했다. 머지않아 이들은 《월스트리트 저널》의 전신인 《커스터머스 애프터눈 레터Customer's Afternoon Letter》라는 두 페이지짜리 신문을 발행하기 시작했다.

다우가 처음으로 자신이 산출한 평균을 실었던 곳이 바로 이 신문이었는데, 당시에는 평균에 이름도 붙이지 않았었다. 예를 들면, 1885년 2월 20일 그는 (12개 철도주와 2개 산업주로 구성된) 14개 회사로 평균을 구했는데, 이들의 종가 합계가 892.92였다. 이 숫자를 14로 나누면 63.78이 나왔다. 전일 종가가 64.73이었으므로, 시장이 거의 1%p 하락했다고 말하게 된다. 더 정밀하게 관찰한 사람이라면 지수가 1.47% 하락했다고 말했을 것이다. 이것은 시장을 정밀하게 측정하기 위해서 지속적으로 측정된 첫 번째 지수다. 이 지수로 인해서 장차 '기술적' 분석으로 발전하게 되는 하나의 커다란 분야가 탄생하게 되었으며, 사람들은 과거 가격 흐름을 근거로 미래의 가격 움직임을 예측하게 되었다.

《커스터머스 애프터눈 레터》가 성장하여 1889년에 《월스트리트 저널》이 되었다.《월스트리트 저널》은 1년 구독료 5달러, 1부에 2센트, 광고 한 줄에 20센트였으며, 채권과 상품 호가, 거래가 활발한 주식, 철도주의 이익, 은행 및 미국 재정 보고서를 포함해서 4페이지에 걸쳐 금융 뉴스와 통계를 실었다. 약 35개의 주요 주식과 수백 개의 군소 주식이 존재하던 시절에, 권위 있는 한 신문사에서 사실상 시장을 측정하는 기준을 만들기 시작한 것이다. 우리는 오늘날에도 동일한 이름의 회사가 발표하는 동일한 기준을 사용하고 있다. 이 기능 하나만으로도 다우는 금융계 명예의 전당에 오를 자격이 있다.

다우는 완벽주의자였다. 그는 자신이 산출한 시장 평균을 이용해서 조용히 강도 높게 일했으며, 1899년부터 세상을 떠난 1902년까지 사설에 시장 움직임에 관한 이론을 지속적으로 실었다. 비록 그는 1900년대 초에 강세장이 온다고 예측했지만, 다우 신봉자들은 그가 매수매도 추천 시스템을 개발하려는 생각이 추호도 없었다고 믿는다. 이들은 다우가 자신의 이론을 써서 시장 흐름을 돌아보았을 뿐이지, 미래 움직임을 예측하지는 않았다고 말한다. 그런데도 그가 과거와 미래의 가격 움직임을 연결시키는 데 들인 노력은 기술적 분석을 낳았고, 이 분야는 오늘날 수천 명의 투자 전문가가 참여하여 많은 시간과 자금을 투입하는 영역으로 성장하였다.

다우가 사설에서 간결하게 제시한 다우 이론은 이 책의 윌리엄 해밀턴과 로버트 레아의 전기에 기술적으로 서술되어 있다. 해밀턴은 《월스트리트 저널》을 물려받은 후계자로서 다우 이론에 크게 기여하였고, 레아는 다우와 해밀턴의 원리를 시스템으로 발전시켰다.

다우의 영향이 없었다면 월스트리트 풍경이 오늘날 어떤 모습이 되었을지 상상하는 일은 불가능하다. 그가 창간한 신문 때문이든 그의 지수를 이용한 기술적 분석 때문이든, 다우의 이름은 시장과 분리해서 생각할 수가 없다. 다우는 '정보시대'가 시작되기 전에 살았다. 오늘날 같으면 아무도 이렇게 (주식 몇 개만 골라서 가격을 평균하는) 기묘하고 조악한 방식으로 운영되는 지수를 만들지 않겠지만, 그래도 당시에는 이 지수가 획기적인 발명이었다.

컴퓨터가 등장한 현대 세계에서, 다우지수는 착상도 부실하고 미국의 전형적인 주식을 적절하게 반영하지 못한다는 면에서 최악의 지수처럼 보인다. 그러나 이런 생각은 정보와 전자기술이 폭발적으로 성장한 뒤에 맞이한 오늘날 우리의 관점이다. 당시에는 시가총액과 가중평균지수 산출에 필요한 데이터를 입수하거나 갱신하기 어려웠으므로, 가격을 단순 평균하는 이 방식이 계산하기도 쉽고 더 합리적이었다. 또한 당시 다우지수는 지금보다 더 완벽했다. 이는 소수의 대형주만 주로 거래되는 당시 시장에서, 다우지수가 다루는 몇몇 주식들이 높은 비중을 차지하고 있었기 때문이다.

다우는 혁신가로서 당시에 존재하지 않았던 것을 내다보았다. 우리는 다우의 인생으로부터 몇 가지 교훈을 얻을 수 있다. 첫째, 뉴스와 정보의 중요성이다. 둘째, 관점의 중요성이다. 내가 느끼기에는 우리가 뉴스, 전문가 의견, 언론 등으로부터 폭격을 받다 보니 갈수록 우리의 관점을 상실하는 것 같다. 셋째, 선견지명의 중요성이다. 즉, 아직은 시장에 나타나지 않았지만 미래에는 중요해질 것을 내다보는 능력이다. 이 책이 100명을 다루는 대신 10명에 대해서만 집중하더라도, 다우는 여전히 이 책에 포함될 인물이다.

에드워드 존스

Edward Jones

《월스트리트 저널》을 탄생시키다

◆

활발하고 볼에 보조개가 팬 붉은 머리의 에드워드 존스Edward Jones는 어느 모로 보나 타고난 언론인이었다. 그는 수완가였고, 때로는 술고래였으며, 수다쟁이였고, 인맥이 막강했으며, 참견을 좋아했다. 그러나 그는 결코 평범한 기자는 아니었다. 그와 동료 찰스 다우는 금융 뉴스를 쓰는 일에 머물지 않았기 때문이다. 이들은 한 세기 넘게 비즈니스 바이블이 된《월스트리트 저널》을 창간했다. 다우 이론을 제시한 다우에 가려 존스는 늘 빛을 보지 못했지만, 존스와 그의 익살스러운 성격이 아니었다면《월스트리트 저널》이 오늘의 모습을 갖추기는커녕 생존조차 하지 못했을 것이다.

키가 크고 여윈 데다 머리가 조금 벗어졌고, 불그스레한 피부에 웃음 짓는 푸른 눈, 풍성하게 늘어진 붉은 콧수염을 지닌 존스는 1856년 매사추세츠 우스터Worcester에서 태어났다. 명성 높은 아이비리그인 브라운 대학Brown University에 다니는 동안 그는 지역신문사의 무급 드라마 작가로 인턴생활을 했다. 인턴활동이 결실을 보아 전업 작가의 길이 열리자, 존스는 브라운 대학을 중퇴하고 그가 사랑하는 (그러나 당시에는 그저 그런 직업이었던) 언론계에 뛰어들었다. 그의 유복하고 교양 있는 가족들은 겁에 질렸지만, 존스는 뼛속까지 분개심과 독립심이 가득 찬 인물이었고, 결국 원하는 길을 선택했다.

1870년대에 프로비던스의 여러 신문사에서 근무하는 동안, 존스는 내성적이고 진지한 다우를 만났다. 두 사람은 겉보기에는 정반대였지만 의기투합했고, 함께 어울려 일하면서 상대의 스타일을 보완해주었다. 그러나 존스의 프로비던스 경력은 행복하지 않았다. 그는 계속해서 폭음했으며, 자기 일, 영역, 전망에 대해 불만이었다. 그는 유망한 분야라고 생각한 금융 부문에서 인기 지면을 만들어내려는 희망으로 신문사에 돈을 내고 자리를 얻었다. 그러나 선임 파트너가 반대했고 그도 주장을 굽히지 않아서, 그는 직업과 투자 자금을 모두 잃었다. 그래서 다우는 맨해튼에서 금융 뉴스 서비스 일을 시작했을 때 상사에게 존스를 고용하라고 설득했다. 존스는 늘 그러듯이 고주망태가 되어 결혼과 돈 걱정 등을 주절거리며 뉴욕에 불쑥 나타났지만 즉시 업무에 적응했고, 아내를 뉴욕으로 데려와 정착했다. 잠시뿐이었지만 말이다.

남을 위해 일하는 것이 불편하고 불만스러웠던 존스와 다우는, 자신들만의 새로운 서비스를 만들어내기로 뜻을 모았고 1882년 실행에 옮겼다. 26세의 존스와 31세의 다우는 월스트리트에 대해 객관적으로 글을 쓰기로 한 제3의 조용한 파트너와 함께 다우존스 앤드 컴퍼니Dow,

Jones & Company를 설립했다. 당시에는 탐욕스러운 기업 대표들로부터 부풀린 숫자를 받아 신문에 실어주고 뇌물을 받아 빈약한 월급을 보충하던 기자들이 많았다. 그러나 다우존스는 달랐다.

《월스트리트 저널》이 탄생하기 전에, 다우존스 앤드 컴퍼니는 경영진 교체, 이자율 변경, 파업과 배당금 발표 등 정확한 금융 뉴스를 전달하는 업무로 전문화했다. 이것은 뉴스 서비스였다. 뉴스가 발표되면 다우존스 앤드 컴퍼니는 뉴스를 써서 달려와(문자 그대로 배달 소년들을 시켜서) 독자에게 전달한다. 그러면 독자는 다른 사람들이 뉴스에 대해 알기 전에 그에 따라 행동을 결정할 수 있다. 존스는 그들의 초기 시스템을 과학에 가까울 정도로 체계화했다. 기자들은 증권사, 은행, 기업 사무실을 돌아다니며 최신 뉴스를 취재한 뒤 초라한 월스트리트 사무실로 달려와 작가들에게 이야기를 구술했고, 작가들은 이를 받아서 카본지를 넣은 백지에 복사해서 매번 20여 장을 만들어냈다. 배달 소년들이 마무리 작업을 했는데, 복사된 종이를 구독자들에게 전달했다. 뉴스가 발표될 때마다 달려갔으며, 하루에 여덟 번인 경우가 많았다.

수학의 달인 존스가 재무 보고서를 맡았다. 그의 전문 분야는 철도 회사의 이익 보고서였다. 그는 이익 보고서에서 아무도 찾아내지 못하는 의미와 잘못을 찾아낼 수 있었으며, 훌륭한 언론인답게 이 사실을 폭로했다. 존스는 또한 긴급 뉴스를 계속 접했으며, 뉴스가 발생하는 즉시 독자들에게 전달되도록 만전을 기했다. 그는 끊임없이 월스트리트에 나가서 윌리엄 록펠러William Rockefeller 같은 거물들에게 구독을 강요하고, 뉴스를 수집했으며, 금융 상품을 배달하는 사환들을 둘러보았다. 그가 단연 좋아하던 일은, '다이아몬드' 짐 브래디 같은 거물 투기꾼들의 소굴이자 "야간 월스트리트All-Night Wall Street"라고도 불리던 윈저 호텔에서 사람들을 만나는 일이었다.

쉽게 감동하고, 격정적이며, 흥분을 잘하고, 고집불통인 존스는 분명히 사무실의 보스였다. 그는 긴 다리를 책상 위에 올려놓은 채 몸을 의자에 깊숙이 파묻었다. 때때로 그는 전혀 영문도 모르는 주위 사람 아무에게나 욕설을 퍼부으면서 화를 내며 의자에서 벌떡 일어서기도 했다. 그런데도 위기가 닥치면 그는 항상 가장 침착했다. 사람들은 (심지어 다우조차) 그에게 지시를 받고자 했다. 그는 정상에서 고독을 즐기는 스타일이었으며, 힘든 결정을 내릴 수 있는 사람이었다. 반면 다우는 아이디어가 풍부한 편집자 스타일이었으며, 항상 사무실에 숨어서 숫자를 분석하고, 도표를 그리고, 사설을 쓰며, 다우존스 평균을 계산하는 사람이었다.

아이러니하게도, 다우는 회사의 사업 문제에 대해서는 전혀 어찌할 바를 몰랐다. 1889년 이들이 《월스트리트 저널》을 창간하기로 했을 때, 초기 비용과 신문 판매 가능성을 예측한 사람은 존스였다. 신문사의 기초를 닦은 셈이다. 이것이 존스가 《월스트리트 저널》에 제공한 가장 중요한 공헌이었다. 그는 금융 뉴스를 다뤘고, 다우는 편집을 맡았다. 존스는 금융 뉴스를 포장하고 촉진해서 마침내 실용적인 상품으로 만들어 팔았고, 이렇게 해서 모든 사업가가 매일 즐겨 읽는 신문을 탄생시켰다.

《월스트리트 저널》이 출범한 지 10년이 지난 1899년, 존스는 회사에서 물러났다. 그가 떠난 이유는 기록되지 않았지만, 다른 작가들과 편집 관련 문제를 놓고 충돌을 일으켰다는 말이 있다. 아마도 급여를 더 받으려고 그랬으리라. 존스는 항상 빠르게 부자가 된 사람들 주변을 돌아다녔으며, 자신도 부자가 되고 싶어 했다.

제임스 킨 같은 사람들은 전에 그를 증권중개업에 끌어들이려 했었다. 존스는 그해에 마침내 제안을 수락한 것 같다. 이것은 충분히 일리가 있었다. 존스는 월스트리트를 사랑했고 인맥이 풍부했다. 그는 킨의 사위가 운영하는 증권회사에 합류했고, 킨이 성공 가도를 달리던 절정기에 킨을 위해서 일했으며, 1920년 뇌출혈로 사망하기 전에 그가 바라던 바를 얻었던 것 같다.

로저스Rodgers 없이는 해머스타인Hammerstein(미국 뮤지컬의 황금기를 연 전설적인 콤비, 작곡가 로저스와 작사가 겸 극작가 해머스타인_옮긴이)이 존재할 수 없고, 매카트니McCartney 없이는 레넌Lennon이 존재할 수 없듯이, 다우와 존스도 떼어놓을 수가 없다. 이들은 함께 역사를 만들었다. 분명히 에드워드 존스는 다우만큼 중요하지 않았지만, 어느 2인조나 더 중요한 사람이 있는 법이다. 다우는 무미건조했고 존스는 활발했다. 다우는 시장 개념이 더 강했지만 존스는 철저한 언론인이었고, 다른 언론인들과 마찬가지로 이 때문에 탈진하고 말았다. 존스가 없었다면, 미국 금융 언론의 모습이 어느 모로 보나 지금과 달라졌을 것이다.

토머스 로슨

Thomas W. Lawson

"주식시장 도박이야말로 최악이다"

◆

"패배를 가볍게 받아들이지 않는 사람도 있다. 세기말 월스트리트에서 선택할 수 있는 대안은 제한되어 있다. 성공하든가 그만두든가, 5층 건물 창밖으로 뛰어내리던가, 아니면 복수하던가. 1905년 번지르르한 외모의 말 잘하는 투기꾼 토머스 로슨은 복수를 결심한다."

추문 폭로자들의 글이 틀림이 없었고 대기업들이 횡포를 부리던 시절, 토머스 로슨Thomas W. Lawson은 운이 다한 악명 높은 보스턴 투기꾼이었다. 그는 밑천 5000만 달러를 월스트리트에서 날렸다. 그래서 새로운 돌파구가 절실하게 필요했던 그는, 거만한 태도를 버리고 시어도어 루스벨트Theodore Roosevelt가 이끄는 반(反)기업 시류에 편승했다! 로슨은 월스트리트의 중심 기업들을 공격했다. 그는 이 기업들을 '시스템'

이라 불렸다. 그는 기업의 관행, 주요 인물, 대중을 무시하는 태도에 대해 험담을 퍼부었다. "주식시장 도박이야말로 최악이며, 이것을 없애야 한다"라고 요란하게 선전하면서, 그는 시스템을 공격하는 대규모 공개 캠페인을 시작했다. 그리고 우연의 일치인지, 재산을 다시 모았다. 대중은 별생각 없이 그의 주장을 받아들였고, 심지어 그의 '개혁 운동'에 자금을 지원하기까지 했다. 덕분에 그는 다시 잘나가게 되었다.

　"나의 수단은 선전이다. 선전이야말로 세상에서 가장 강력한 무기다." 로슨은 과장이 심한 뛰어난 선전가였다. 활발한 성격의 소유자였고 순식간에 결정을 내렸으며, 대량으로 글을 써내고 대담하게 연설했다. 공개 캠페인을 벌이는 동안(한편으로는 1912년에 《에브리바디스 매거진 Everybody's Magazine》의 「미쳐 날뛰는 금융Frenzied Finance」과 「처방The Remedy」이라는 두 자극적인 시리즈에 기고했다), 그가 달래는 듯한 부드러운 어조로 자신의 오랜 친구 스탠더드 오일 도당Standard Oil Crowd(스탠더드 오일이 석유, 가스, 철도, 금융 등 각 분야에 걸쳐 조직해놓은 긴밀한 내부자 연대를 일컫는다_옮긴이)의 내부 음모를 생생하게 묘사하자, 가장 완고한 청중조차 그에게 귀를 기울이게 되었다. 짙은 눈썹 아래의 커다란 회색 눈으로 강렬하게 쏘아보는 그의 모습은 사나웠다. 그는 사람들에게 월스트리트의 사악한 수법들을 설명했고, 자신의 평생 야망이 '시스템'의 속박으로부터 대중을 해방하고 스탠더드 오일을 괴멸하는 것이라고 손쉽게 설득했다. 얼마나 대단한 인격자인가!

　손가락에는 커다란 다이아몬드 반지를 끼고 단추 구멍에는 푸른 선옹초를 꽂은 로슨은 이런 극적인 스타일을 32년 동안 유지했다. 그는 1857년 노바스코샤Nova Scotia 이민자의 아들로 태어나 보스턴 인근에서 검소하게 자랐으며, 아버지가 죽은 뒤 14세에 스테이트 스트리트State Street 사무실에서 사환으로 일했다. 2년 뒤 그는 불과 16세의 나이로 완숙한 투기꾼이 되어, 13명의 투자 클럽을 이끌고 철도주에 투자해서 6만 달러를 벌었다.

이어서 로슨은 시와 계약이 걸려 있는 가스회사 주식을 매수했다. 그는 시 공무원에게 뇌물을 주고 계약을 취소하도록 했다. 계약이 취소될 기미가 보일 때마다 가스회사 주식은 폭락했고, 로슨의 투자 클럽은 공매도해서 크게 한밑천씩을 잡았다. 그리고 계약취소 동의안이 부결되어 계약이 갱신되면 주식을 상환했다. 그러나 한번은 계약취소 동의안이 예상 밖으로 승인되었을 때 주가가 폭락했고, 로슨의 이익도 바닥나서 단돈 159달러만 남게 되었다. 그러나 젊고 낙천적인 로슨은 손실을 담담하게 받아들이고 남은 돈으로 친구들에게 술과 밥을 사주었으며, 마지막으로 남은 5달러를 웨이터에게 팁으로 주고 나서 새롭게 다시 시작했다!

그러나 로슨의 경력에도 흠은 있었다. 적어도 그 자신이 나중에 세운 기준에 따르자면 그렇다. 21세에 결혼해서 여섯 식구를 이룬 로슨은 증권회사 로슨 아널드 앤드 코Lawson, Arnold and Co.를 열었다. 그는 9년 뒤 뉴욕 자본가의 대리인 겸 선전자로 활동하면서 처음으로 100만 달러를 벌었다. 대규모로 투기판을 벌이는 강세론자로 알려지면서, 그는 보스턴에서 가장 유명한 투기꾼이 되었다. 베이 스테이트 가스 앤드 코Bay State Gas and Co.를 고객으로 끌어들이는 모습을 보인 뒤, 로슨의 스타일이 스탠더드 오일의 관심을 끌게 되었다. 스탠더드 오일은 즉시 그를 수석 중개인으로 지정하였고, 어맬거메이티드 카퍼Amalgamated Copper

를 합병하여 광산업에 진출하게 되었다. 1900년이 되자 그가 보스턴에서 보유했던 600만 달러의 재산은, 세간의 평가로는 약 5000만 달러로 불어났다. 로슨은 '로슨 핑크(3만 달러를 들여 특별히 재배한 핑크빛 카네이션인데, 그는 나중에 사업 투자였다고 변명했다)' 같은 사치로 이런 생활을 즐겼다. 1901년에는 당시 다른 백만장자들처럼 아메리카컵America's Cup 대회에 출전하려고 요트를 건조했으나 출전을 금지당했다. 그는 쓴맛을 보았다.

로슨을 정말로 화나게 만든 (그리고 그의 지갑을 턴) 사건은 다른 수많은 사람에게 일어난 일과 비슷했고, 그가 처음 모았던 6만 달러에 일어난 일과도 크게 다르지 않았다. 그는 한 거래에 너무 많이 걸었고, 대출까지 일으켰다. 베어 레이드가 일어나서 로슨의 거대 포지션은 시장과 반대 방향으로 내몰렸고, 로슨은 결국 막대한 재산을 날리고 말았다. 이제 그는 정말로 쓴맛을 보았고, 그래서 그는 '개혁'을 시작했다. 세기 말 황색언론의 정신으로 루즈벨트의 개혁시대에 동참해서 쉬지 않고 주식시장의 죄악을 미국 전역에 비방했고, 「미쳐 날뛰는 금융」에 폭로했다. 그는 이 내용이 "낭만적인 성 버나드 보아뱀 잡종 같은 금융왕국을 처음으로 사실적으로 묘사한 것"이라고 주장했다. 나는 이 말이 도무지 무슨 소린지 모르겠다.

그러나 이 무렵 본론이 나왔다. 로슨은 값비싼 전국 신문에 전면광고를 실어, 대중에게 그가 '시스템' 기업들을 공격하도록 도와달라고 호소했다. 그가 말하는 '시스템'이란 스탠더드 오일과 그 세력권을 뜻했다. 당시 스탠더드 오일이 정말 강력하기는 했지만 JP 모건 같은 다른 세력들보다 더 강력한 수준은 아니었으므로, 스탠더드 오일을 미국 전체 금융 시스템의 중심 세력으로 몰고 간 그의 관점은 착각이었다. 그러나 그는 오로지 스탠더드 오일이 '시스템'이라고 주장했다.

한번은 다양한 스탠더드 오일 관련 거물들이 어맬거메이티드 카퍼를 통해서 '구리 기업합동copper trust'을 구성하려 시도하자, 로슨은 어맬거메이티드 카퍼가 가치 있는 주식이니 매수하라고 대중에게 권유하기 시작했다. 그해 말 그의 충직한 추종자들이 주식을 사들여 어맬거메이티드 카퍼의 주가가 불안할 정도로 올라가자 로슨은 주식을 팔아치웠고, 그러자 주가가 곤두박질쳤다. 그런데도 이 사나이는 자기가 대중의 편이라고 주장했다. 1908년《뉴욕 타임스New York Times》와 인터뷰하면서 그는 당시 속죄하는 뜻으로 "수십만 달러 상당의 주식을 정리했다"라고 고백했고, 광고를 통해서 추종자들에게 "어맬거메이티드 카퍼가 80달러에서 33달러까지 떨어지니, 마지막 한 주까지 남김없이 팔라"라고 권유했다. 따라서 구리 주식들은 폭락했다. 어맬거메이티드 카퍼는 사흘 만에 58달러로 떨어졌고, 최악으로 폭락한 날 로슨은 주식 중개인에게 모든 어맬거메이티드 카퍼 주식을 있는 대로 다시 사들이라고 주문했다.

사람들이 그를 비웃자 로슨은 말했다. "이런 지렁이 대가리만도 못한 인간들아. 당신들은 내가 시스템을 골탕 먹이려고 일부러 실수한 것도 모르냐?" 자신의 예측이 매번 틀릴 때마다 그는 "사업에 투입한 내돈 수백만 달러를 회수하려고 다시 게임을 벌인다"라는 구실로 당연히 시장에서 주식을 거래했다. 그는 똑똑한 방조자였거나 뒤틀린 개혁운동가였다. 어느 쪽이었든 그는 정체를 밝히지 않았고, 끊임없이 "나의 일은 단 한 가지 목적뿐이니, 높은 생활비를 타도하고, 어떤 일이 있어도 개인의 자존심을 내세워 문자 그대로 전시적인 과장된 활동을 막는 일"이라고 주장했다. 나는 아직도 이 말이 무슨 뜻인지 이해하지 못한다.

로슨 식의 이야기는 아주 흔하다. 자칭 사회의 저격병들이 종종 월스트리트를 상대로 설교를 풀어놓는다. 로슨이 달랐던 점은, 그는 월스트리트를 비난하면서도 동시에 월스트리트를 통해 돈을 벌었다는 사실이다. "오히려 월스트리트는 문명화된 사람들의 사업 수단으로서 주요 요소가 되어야 하며, 먼저 도박기관으로서의 기능을 중단해야 한다"라고 주장한 그는 실제로는 시장을 증오하지는 않았지만, 월스트리트 돈의 대부분이 몇몇 사람의 수중에만 있고 자신에게는 없었다는 사실을 증오했다. 그러나 바로 이런 것이 자본주의 아니겠는가?

교훈은? 로슨이 생각한 대로다. 대중매체와 선전은 대단히 강력하니, 당신이 읽는 글에 대해 의심하라! 오늘날 증권법이 많은 투자 전문가들을 규제하기는 하지만, 미국에서는 누구도 언론의 자유를 규제하지 못하며, 누군가 하는 말 속에는 감독 당국도 어쩌지 못하는 검은 계획이 숨어 있을지도 모른다.

BC 포브스

BC Forbes

재무 보고서에 인간미를 담은 인물

◆

　'BC'로 알려진 버티 찰스 포브스Bertie Charles Forbes는 금융 기사를 인격화했고, 결국 1917년 창간한 《포브스》를 통해서 대기업들의 인간미를 담아냈다. 트레이드마크인 순박한 경구와 풍부한 산문을 이용해서, 포브스는 공장과 기계 넘어 회사 뒤에 서 있는 인간을 바라보았고, 독자들이 회사를 다른 각도에서 보게 해주었다. 그의 특기는 당대의 가장 영향력 있는 기업 지도자들에 대해 솔직한 전기체로 활기 넘치게 쓰면서, 이들이 성공에 이르게 된 긍정적 측면을 집중적으로 설명하는 것이었다. 포브스 덕분에 1920년대 대규모 강세장이 시작될 무렵, 미국 사람들은 기업에 대한 투자를 늘려가면서 기업 지도자들을 잘 알게 (그리고 칭찬하게) 되었다.

　예를 들면, 포브스는 US스틸US Steel의 거물 찰스 슈왑Charles M.

Schwab(오늘날의 할인증권사와 아무 관계가 없다)이 "비즈니스 게임을 벌였으며 엄청난 행복과 이례적으로 많은 친구를" 얻었다고 조명했다. 포브스는 슈왑이 인생에서 가장 가치를 두는 사항에 대해 숨김없이 털어놓았다. "슈왑은 처음부터 종업원과 동료에 대해 호의적인 마음을 갖고 있었다. (……) 그는 결국 많은 금보다 많은 친구가 더 중요하다는 근본적인 사실을 결코 망각한 적이 없었다." 야망이 탐욕으로 몰고 가지 않도록 그는 경고했다. "마지막 질문은 '얼마나 벌었는가?'가 아니라 '얼마나 많은 일을 했는가?'가 되어야 한다. 거물은 대부분 더 큰 권력을 추구한다. 그러나 훨씬 더 큰 몇몇 거물들은 봉사하고자 노력한다."

포브스가 아마데오 자니니와 조지 베이커 같은 은행가나 찰스 슈왑 같은 철강 거물 등 월스트리트의 악명 높은 기업 지도자들에 관한 시시한 이야기를 긁적거리면서 돈벌이를 했다고 생각할 수도 있다. 그러나 포브스는 이들과의 관계를 물려받은 것이 아니라 스스로 개척했으며, 아마도 이 일에서 커다란 즐거움을 얻었던 것 같다. 당시 거물들은 대개 어울리지 않고 혼자 지내면서 주주들도 좀처럼 상대하지 않았고, 기자들의 질문은 할 수만 있다면 더욱 회피했다(예를 들어, JP 모건은 언론을 비웃은 인물로 악명 높다). 그래서 《포브스》를 키우기에 앞서서, 이 낙천적이지만 신중한 스코틀랜드 출신은 당시 월스트리트의 환락가 월도프-아스토리아 호텔에 일부러 비싼 방을 얻었다. 그는 호텔 바에 정기적으로 모이는 요란한 월스트리트 사람들 앞에 나서서, 특유의 스코틀랜드 억양으로 이들의 마음을 즉시 사로잡았다. 그는 거물들과 어울렸고, 어떤 면에서는 거물 가운데 한 사람이 되었다. 그 이후로 그는 뉴스가 부족한 적이 없었다.

포브스는 자기 일을 사랑했으며, 거물과 인터뷰하는 일이 "인간의 본성을 해석"하는 일이라고 간주했다. 그는 1922년의 『Forbes Epigrams(포브스 경구)』, 1917년의 『Men Who Are Making America(미국을 만드는 사람들)』과 『Keys to Success(성공으로 가는 열쇠)』 등 그동안 편집한 책 수십 권과 연합 칼럼에서도 자신의 해석을 설파했음은 물론, 죽는 날까지 편집을 놓지 않은 그의 잡지를 통해서 끊임없이 자신의 해석을 제시했다. 매일 아침 성경을 읽는 매우 도덕적이고 종교적이었던 그가 제시한 해석은 도덕적인 경우가 많았다. "가장 큰 재물을 모으는 사람이 반드시 가장 행복했던 것은 아니다." 그는 자신이 제시한 교훈을 명심했고, 결코 성공 때문에 믿음이 흔들리는 일이 없도록 했다.

회색 머리, 안경을 쓴 검은 눈, 키 170센티미터에 몸무게 84킬로그램이었던 포브스는 1915년에 결혼해서 다섯 자녀를 둔 가정적인 사람이었다. 그의 아들 맬컴Malcolm이 쓴 자서전 『More than I Dreamed(내 꿈을 넘어서)』에서 포브스는 특히 아들들에게 자제력 있고 근면하며 엄격한 인물로 묘사되었다. 그는 아들들에게 복종을 요구하면서도, 이들을 놀이공원에 데려가는 걸 즐겼다. 독실하게 성경을 읽은 것만큼이나 열렬하게 포커를 즐겨서 일요일마다 게임을 벌였는데, 아들들이 '금주의 찬송'을 부를 때에만 게임을 멈추고 귀를 기울였다.

작은 스코틀랜드 마을에서 상점 주인의 열 자녀 가운데 하나로 태어난 포브스는, 자신의 전통에 긍지를 느껴서 거의 매년 전 가족을 데리고 고향을 방문했다. 나중에 맬컴의 결혼식이나 다른 특별한 행사에서 그는 킬트를 입고 전통 지그Jig(스코틀랜드의 전통춤_편집자)를 추었다고 전해진다. 스코틀랜드에 살 때, 그는 어려서 이웃의 소를 돌보면서 검소하게 자랐다. 그는 14세에 학교를 떠나 인쇄소 수습공이 되어 활자를 조판했다. 그러나 계속 야간 학교에서 공부했고, 던디Dundee의 유니버시티칼리지University College에서 야간 과정을 이수했다. 21세에 지방 신문 기자를 사직하고 고향을 떠나 남아프리카로 향했으며, 그곳에서 미스터리 작가 에드거 월리스Edgar Wallace가 《랜드 데일리 메일Rand Daily Mail》 신문을 창간하는 일을 도왔다.

한 푼이라도 아껴 저축한 뒤, 포브스는 1904년 맨해튼으로 향했다. 그는 첫발을 들여놓으려고 《저널 오브 커머스Journal of Commerce》에서 무급으로 일했는데, 아니나 다를까 윌리엄 랜돌프 허스트William Randolph Hearst는 그를 금융 편집자 겸 칼럼니스트로 발탁하였다. 그는 칼럼을 써서 전국 50개 신문에 배급했고, 나중에 칼럼에 담을 수 없을 정도로 많은 정보를 수집하게 되자 1917년 《포브스》를 창간하였다! 그의 이름이 잡지 판매를 촉진했고, 그의 인맥이 풍부한 이야깃거리를 보장했다. 1917년은 책을 여러 권 쓰고 잡지를 창간한 포브스에게 틀림없이 정말로 바쁜 해였을 것이다. 이렇게 많은 일을 한 사람은 상상하기도 힘들다.

《포브스》는 월스트리트에 단단하게 뿌리를 내렸다. 1929년 공황 이후에만 비틀거렸지만, 이 기간에도 포브스는 칼럼 수입으로 월급과 인쇄 경비를 지급할 수 있었다. 공황이 기업에 대한 미국인들의 믿음을 송두리째 앗아간 뒤, 《포브스》 같은 잡지가 얼마나 인기를 잃었을지 상상할 수 있을 것이다. 그러나 그는 자기 자식과도 같은 회사를 믿었고 그 회사를 키우려고 안간힘을 썼다. 그는 《포브스》에서 명물 같은 존재가 되었고, 1954년 심장마비로 사무실에서 사망하는 그날까지 편집 업무를 놓지 않았다. 그는 향년 74세였으며, 몸이 움직이는 한 일해야 한 다고 굳게 믿은 사람이었다. "휴식을 취한 적이 있는가? 있다. 녹슨 적 이 있는가? 없다. 자발적으로 시작하는 사람은 절대로 탈진하는 법이 없다." 여러모로 아들 맬컴에 대해서도 똑같이 말할 수 있는데, 그도 비슷한 나이에 심장마비로 사망할 때까지 계속해서 정력적으로 일했다. 아마도 그에게는 《포브스》를 창간하는 유전자가 들어 있었나 보다.

오늘날까지도 포브스의 정신은 《포브스》에 살아 있다. 주요 잡지 가운데 (특히 금융 잡지 중에서) 이처럼 인간미를 담아 설명해주는 잡지 는 둘도 없다. 당신은 《비즈니스위크Business Week》나 《포춘Fortune》을 창간 한 사람을 알기나 하는가? 이들 잡지는 《포브스》 다음에 나왔지만, 어 느 잡지도 창간한 가족들이 계속 운영한다고 보기가 어렵다. 포브스가 강조했던 기업과 재무 보고서의 인간적 측면, 높은 윤리 기준은 오늘날 에도 여전히 《포브스》에 분명히 살아 있다. 우선 우리는 다른 잡지에는 실리지 않는 많은 《포브스》의 중소기업 이야기에서 인간적 측면을 볼 수 있다. 다음으로 로버트 브레넌Robert Brennan과 퍼스트 저지 시큐리티 First Jersey Securities 사기, 저가주 사기, 불명예스러울 정도로 높은 보수를 받는 미국 최고 변호사들이 비밀리에 재산을 모은 일 등의 추문을 지 속적으로 단호하게 폭로한 점에서, 이 잡지의 윤리적 측면도 확인할 수 있다.

어떻게 보면 우리가 고대를 B. C.(기원전)로 측정하는 것처럼, 미국 금융 기사도 BC 포브스 등장 시점을 기준으로 측정할 수 있을 것이다. BC 포브스와 그의 인간적인 손길이 없었다면, 미국은 결코 오늘날처럼 기업과 금융 지도자들에 대한 신뢰를 쌓지 못했을 것이고, 따라서 금융

시장은 불구를 면치 못했을 것이다. 포브스는 사람들이 미국, 기업, 금융시장을 믿도록 고무하여 윤활유의 역할을 담당했다.《월스트리트 저널》은 냉정하고 건조한 방식으로 숫자와 뉴스를 보도했지만, 그는 이들에게 생명을 불어넣었다. 그 어느 개인의 영혼이 금융 기사에 담겨 있는 것 이상으로 그의 정신은 《포브스》에 살아 숨쉰다. 그의 이름을 담은 조직의 규모가 다우존스 앤드 컴퍼니에는 못 미치지만, 그의 역할은 내 마음속에 전설적인 찰스 다우와 클래런스 배런의 뒤를 이어 세 번째로 영향력 있는 기업 및 금융 언론인으로 선명하게 남아 있다.

014

에드윈 르페브르

Edwin Lefevre

The Mentor, 1918

그의 이야기는 사실과 허구를 구분하기 힘들다

◆

월스트리트의 어느 작가보다도 에드윈 르페브르Edwin Lefevre는 월스트리트를 움직이는 실상 즉, 인간의 본성을 미국인들이 엿보게 해주었다. 당시 가장 인기 높은 잡지와 자신이 쓴 흥미진진한 소설을 통해서, 그는 탐욕, 무지, 순전한 운, 타고난 정직성, 비상한 총기가 금융시장에서 어떤 방식으로 얼마나 자주 작동했는지를 생생하게 묘사했다. 그는 월스트리트 큰손의 인생을 전하든 이웃집 행운아에 관한 희귀한 이야기를 하든 항상 정곡을 찔렀으며, 거의 모든 미국인이 꿈꾸는 '무일푼에서 벼락부자가 되는 이야기'를 소재로 삼았다. 인간적이고 솔직하며 직선적인 산문체로, 그는 월스트리트와 투기꾼들에 대해서 가장 현실감 넘치는 모습을 그려냈다. 그리고 이 과정에서 금융시장을 인간적으로 묘사했고, 높은 곳으로부터 끌어내려 미국 대중이 쉽게 다가서는 대상으로 삼았다.

"투자의 천재성을 갖췄으면서, 투자를 삼가는 지혜까지 겸비했다"라고 묘사되는 르페브르는, 대중에게 주식시장에 대해 교육하는 길을 선택해서 40년 넘도록 소설이나 논픽션 형식으로 금융시장에 관한 글을 썼다. 그에 대해서 칭찬할 점 한 가지는, 그가 쓴 글이 사실인지 허구인지 구분하기가 늘 어렵다는 점이다. 주식시장의 움직임에 대해 날카롭고 논리적인 관점을 갖춘 그는, 최선을 다해 주식시장의 기능과 우상을 설명했으며, 투자할지 말지의 가장 중요한 결정은 독자의 몫으로 남겨두었다.

전형적인 르페브르풍의 합리화는 다음 구절에 드러난다. "강세장에는 항상 합당한 이유가 있다. 강세장은 사업의 흐름이 바뀌기 때문에 시작된다. 또한 인간의 본성이 바뀌지 않기 때문에 진행된다. 강세장이 끝나기 전에 시장은 광적인 도박의 축제로 변질한다. 제정신인 사람을 순식간에 주식 도박자로 바꿔놓는 사람은 (어떤 월스트리트 전문가나 말재주 좋은 선전자보다도) 주식투자로 횡재했다고 뽐내는 이웃집 사람이다. 모든 사람이 경험을 통해서 이익을 얻는다면, 이 세상에는 현명한 부자들이 넘쳐날 것이다."

1870년 파나마에서 미국 사업가의 아들로 태어난 르페브르는, 샌프란시스코 공립학교, 미시간 육군사관학교Michigan Military Academy, 리하이 대학Lehigh University에서 교육받았고, 1887~1890년 동안 공학과 광산업을 공부했다. 20세에 그는 언론인 경력을 시작하면서, 오래된 《뉴욕 선New York Sun》에 생필품 가격을 싣는 따분한 일을 했다. 그는 커피, 달걀, 치즈, 석유, 무쇠 등 상품의 가격을 몹시 싫어했다. 그는 실제로 가격을 움직이는 산업과 실제 세계의 사건들에 관해 쓰고 싶었다. 그래서 그가 쓴 기업 기사들을 편집자와 신문사에 수없이 들이민 끝에, 그의 바나나 산업에 관한 첫 기사가 드디어 활자화되었다. 이때 그는 자신의 기사를 칭찬하는 가짜 팬레터를 편집자에게 보냈고, 그로부터 작가 경력을 시작했다. 그는 금융 기자이자 편집자였으며, 《하퍼스Harper's》,《에브리바디스Everybody's》,《먼시스Munsey's》와 기타 인기 있는 정기간행물에 기사를 썼다.

1920년대 강세장이 시작되면서 르페브르의 경력은 수직으로 상승하여, 이때 거의 모든 미국 가정에서 구독하는 잡지《새터데이 이브닝 포스트》에 독점적으로 글을 썼다. 그는 당시 강세장에 깊이 빠져들었던 대중에게 투기의 장단점을 자세하게 설명했다. 엄격하게 도덕률을 지켰던 그는, 수반되는 위험을 객관적으로 설명하지 않고서는 절대로 주식시장을 대놓고 선전하는 일이 없었다. 개인적으로 아는 독자에게 편지를 쓰듯, 그는 비밀스러운 방식으로 다음과 같은 제목의 글을 썼다.「투기의 두 방식Speculation, Both Version」,「매도할 상대를 선택하라Pick Your Seller」,「도매와 소매 채권 판매Wholesale and Retail Bond Selling」,「브로커를 탓하라Blame the Broker」,「미국의 강세시장Bulls on America」,「새로운 약세장, 보통 곰과 회색곰New Bears, Normal and Grizzly」.

1929년 공황이 시작되면서 호황이 막을 내린 뒤, 르페브르는 그의 친구 독자들에게 상황을 설명하려고 시도했다. 1932년《새터데이 이브닝 포스트》에 실린 글「날아간 수십억 달러Vanished Billions」에서 그는 말했다. "무모한 바보들은 손해를 보아 마땅하므로 먼저 손해를 보고, 조심스럽고 현명한 사람들은 전 세계를 덮치는 지진이 개인 사정을 봐주지 않기 때문에 나중에 손해를 본다." 다음으로 그는 이어지는 대공황을 "금융 세계의 지표를 바꿔놓은 거대한 산사태 같은 공포"라고 표현했다. 그는 말했다. "수많은 미국인이 '언제 투자해야 안전한가요?'라고 묻지만, 답은 두 가지다.

1. 안전한 때는 절대 없다!
2. 항상 안전하다!

첫 번째 답은 대중에게 주는 답이고, 두 번째 답은 합리적인 사람에게 주는 답이다. 이 세상에는 실수투성이 인간들이 모여 살고 있으며, 사람마다 '안전'을 보는 관점이 다르기 때문이다."

르페브르는 있는 그대로 말하기를 좋아했다. 예를 들면 증권거래위원회가 설립되고 2년이 지난 후, 「새로운 강세장, 새로운 위험New Bull Market, New Dangers」이라는 1936년 분석 기사에서 규제 당국이 알아서 위험을 막아준다고 생각하면 안 된다고 투자자들에게 경고했다. "증권거래위원회는 손실 방지를 보장하지도 않고, 어느 증권의 시가가 싸고 어느 증권의 시가가 비싼지도 말해주지 못한다. 대중 스스로가 위험 신호를 지켜보는 수밖에 없다. 당신이 투자자라면 밖에서 위험을 찾을 필요가 없다. 당신 내면을 들여다보라."

르페브르는 재미있는 인용구와 동정적인 어조 덕분에, 사람들이 가장 귀를 기울이고 이야기하며 무한히 신뢰하는 금융 작가로 올라섰다. 물론 그는 관음증자들에게도 매력이 있었다. 이들은 부자와 유명인들의 생활방식을 알고 싶어 했기 때문이다. 그의 글에는 요트 여행을 떠나는 무명의 고소득 투기꾼 이야기가 등장하는데, 이런 사람의 정체는 신문을 통해 쉽게 확인할 수 있었다.

르페브르는 흥미진진한 월스트리트의 뜬소문을 쏟아내는 훌륭한 원천이었으며, 저서 『제시 리버모어의 회상』에서 열정적인 투기꾼 제시 리버모어의 거친 인생을 내부자의 관점에서 탁월하게 그려냈다. 이 책은 내가 평생 읽어본 것 중 가장 좋아하는 책에 속하며, 먼저 이 책을 읽어보기 전에는 누구도 소중한 돈을 투자해서는 안 된다고 생각한다. 나는 열세 번째 포브스 칼럼(1985년 6월 3일 자)에서, 르페브르의 책을 내가 좋아하는 10대 투자 서적의 하나로 꼽았다. 이 책은 그토록 훌륭하고 읽기 쉬운 책이므로 누구든지 즐길 수 있다.

결혼해서 두 아들을 둔 르페브르에게는 파나마에서 대통령이 된 형이 있었다. 르페브르 자신은 1910년 40세의 나이에 스페인과 이탈리아 주재 파나마 대사로 임명되었다. 글쓰기 외에 그는 골동품을 좋아했다. 그는 미국 초기의 병과 휴대용 술병을 그것들이 인기 있는 수집품이 되기 수십 년 전부터 열정적으로 수집했다. 그는 월스트리트에 관한 글을 쓰지 않을 때는 골동품에 대한 자신의 집념에 관해 썼다. 르페브르는 1943년 73세의 나이로 버몬트 주 도싯_{Dorset}에서 죽었는데, 그가 펜을 놓은 지 거의 10년이 지난 시점이었다. 그는 외부인들에게 월스트리트의 인간적인 모습을 보여주었고, 이것이 여러모로 기반이 되어서 찰스 메릴 같은 인물들은 1940년대에 월스트리트를 메인스트리트 Main Street(일반 대중)로 다가가게 하는 마법적 변화를 이끌게 되었다.

015

클래런스 배런
Clarence W. Barron

중량급 언론인

Dow Jones & Co.

◆

　온통 하얀 수염, 불그스레한 얼굴, 반짝이는 푸른 눈을 지녔고 뚱뚱하고 유쾌한 작은 산타클로스처럼 보였던 클래런스 배런Clarence W. Barron은 음식, 돈, 금융 뉴스의 대식가였다. 그는 평생 이 세 가지를 질리도록 '먹었다.' 그는 다우존스 앤드 컴퍼니의 《월스트리트 저널》을 인수했고, 자신이 만든 두 개의 금융 신문을 운영했다. 이어 1921년에 배런은 《배런스 파이낸셜 위클리Barron's Financial Weekly》를 창간하여 금융 뉴스 분야를 거의 독점했다.

　BC 포브스는 그를 "세계 최고의 금융 편집자"라고 불렀지만, 배런은 세계 최고의 괴짜였다. 그는 실패와 어리석음을 용서하지 않았지만, 때로는 자비로운 마음과 신뢰감을 불어넣는 인품의 소유자였다. 그래서 모두가 자신의 비밀을 그에게 털어놓았다. (서서는 자신의 발을 본 적이 없는) 불룩한 배에도 불구하고 그는 수영을 열심히 하여서, 허리 깊이의 물속에서 남자 비서 둘에게 호령하는 모습이 자주 눈에 띄었다. 그의 취미는 지도 제작과 농사였다. 그는 뉴잉글랜드 지역에 여러 농장을 소유했고, 자신을 '농부 겸 발행인'으로 불러달라고 했다. 독실했던 배런은 스베덴보리Swedenborg 신앙(스웨덴의 과학자 스베덴보리가 말하는 삶과 죽음, 사후세계에 대한 신앙_편집자)을 고수했고, 여행 중에는 성경과 스베덴보리의 책을 비단 스카프에 싸서 성실하게 갖고 다녔다.

지독한 비만인데도 배런은 몸무게에 전혀 신경 쓰지 않았고, 체중을 달아보는 일도 거의 없었다. 그는 옷을 여섯 가지 사이즈로 보유했는데, 가장 큰 사이즈만 맞는 경우 자신이 한계 체중인 160킬로그램에 도달했음을 알았다. 그러면 그는 다시 요양소로 들어갔고, 의사가 그의 식사를 제한해서 평소의 몸무게인 136킬로그램으로 감량해주었다. 그러나 향략적인 식생활 때문에 그의 몸무게는 줄어들자마자 다시 늘어났다. 배런의 전형적인 아침 식사는 주스, 졸인 과일, 오트밀, 햄에그, 생선, 비프스테이크, 감자튀김, 버터 바른 핫롤, 끝으로 명품 암소의 크림을 탄 커피였다!

보스턴에서 열세 명의 자녀 중 장남으로 태어난 야심가 배런은, 갓 15세가 되자 언론인의 길을 선택했다. 그리고 일단 굳게 마음을 정하자, 무섭게 목표를 추구했다. 뉴스산업의 기본을 배운 다음 21세가 되자, 전문 분야를 탐색하더니 금융 기사를 선택했다. 그는 대담하게도 《보스턴 이브닝 트랜스크립트Boston Evening Transcript》 편집자에게, 자신이 보스턴의 비즈니스 중심지인 스테이트 스트리트를 취재해서 금융 면을 새로 시작하겠다고 제안했고, 아니나 다를까 그는 고용되었다. 아이러니하게도, 그가 해고된 것도 야심 때문이었다. 영향력 있는 철도 거물의 비리를 너무 많이 폭로했던 것이다.

결코 낙담할 줄 모르고 항상 낙천적이었던 배런은 이어서 발행인이 되었다. 그는 다우존스 앤드 컴퍼니의 초창기 사업 아이디어를 빌려와, 보스턴 최초의 뉴스 서비스 회사인 보스턴 뉴스 뷰로Boston News Bureau를 설립했다. 자금이 넉넉지 않아서 그는 배달부 소년 몇 명을 고용하고, 인쇄업자를 확보한 다음, 땅딸막한 다리로 스테이트 스트리트를 돌아다니며 기삿거리를 찾았다. 그는 주로 은행가, 주식 중개인, 사업가로 구성된 구독자들에게 하루 1달러를 받고 하루 25~30회에 이르는 뉴스 속보를 제공했는데, 사업이 번창했다. 이 사업으로부터 그는 보스턴 금융 신문을 만들어냈고, 필라델피아에도 회사를 세웠으며, 찰스 다우와 에디 존스의 관심을 끌게 되었다.

배런은 1902년 46세에 다우존스를 인수하기 전에, 몇 년 동안 이 회사의 지방 특파원으로 활동했다. 그는 이른바 돈 안 들이고 찰스 다우로부터 다우존스를 사들였다. 다시 말하면, 현금 2500달러와 약속어음을 주고 회사 전체를 인수했다. 딱 1년 전, 그는 지난 14년 동안 하숙했던 유명한 보스턴 과부와 결혼했고, 진기한 일이지만 다우존스 주식 전량을 아내의 이름으로 보유했다. 그래서 다음 10년 동안 이사회에서 아내가 그 대신 활동했다. 그 덕분에 배런은 신문사 운영보다 사설 내용에 더 관심을 쏟을 수 있었고, 그만큼 성과가 있어서 판매 부수가 치솟았다. 그는 우량 독자를 유지하는 일이 더 중요하다고 말했지만 말이다.

JP 모건이 제시 리버모어처럼 끊임없이 제도를 어기려는 투기꾼들을 통제하는 동안, 배런은 유서 깊은 월스트리트를 옹호하고 굳건하게 지켰다. 예를 들면 1907년 공황이 지나가자 배런은 《월스트리트 저널》 사설을 통해서 금융개혁을 필사적으로 요구했는데, 모건에게 개혁 운동을 이끌어달라고 간청했다. 그는 정부가 아니라 월스트리트가 스스로 집안을 정리해야 한다는 의견을 옹호했다.

신문이 성공으로 입증되고 배런의 이름과 평판이 최고조에 이르자, 1921년 《배런스》가 창간되었다. 이 주간지는 원래 배런의 사위 휴 밴크로프트Hugh Bancroft가 제안한 사업이라고 한다(배런은 아내의 두 딸을 입양했었다). 밴크로프트는 배런이 죽자 뒤를 이어 다우존스의 사장이 되었다. 《배런스》는 그의 이름 덕을 보았고, 남는 인쇄 시간을 활용할 수 있었으며, 그의 다른 신문사 직원을 시켜서 편집할 수가 있었다. 즉, 돈을 쉽게 벌었다는 말이다. 배런은 이 회사의 좌우명을 '돈을 효과적으로 써라'로 지었다.

지금은 투자자들에게 바이블 같은 잡지가 되었지만, 《배런스》는 모호한 시절에 창간되었다. 실업이 1907년 공황 이래 최악의 상태였는데도, 이 잡지는 날개 돋친 듯 팔렸다. 이들이 광고 캠페인으로 '《배런스》, 돈 버는 사람들을 위한 새로운 금융 주간지'를 내세우자, 월스트리트 사람들이 이 잡지를 사려고 몰려들었다. 배런은 자랑했다. "모든 독자가 백만장자는 아니지만, 이러한 신문을 충실히 읽지 않는 사람 중에는 백만장자가 거의 없다." 《배런스》는 《월스트리트 저널》 편집자와 《배런스》의 주필 윌리엄 피터 해밀턴William Peter Hamilton의 사설을 실었고, 월스트리트를 초월해서 금융 뉴스를 취재했다. 《배런스》는 월스트리트와 여기에 영향을 주는 요소들을 폭넓은 시각으로 제시했다.

뉴스 흐름이 시장 흐름의 기본이라는 점은 두말할 필요가 없다. 배런은 금융 뉴스의 세계를 구성하는 데 찰스 다우만큼 활약한 것도 아니고, 금융 역사에서 에디 존스만큼 중요한 역할을 담당하지도 않았다. 하지만 금융 뉴스 명예의 전당에 3위 자리를 놓고 그와 겨룰 사람은 아무도 없을 것이다(이러면 BC 포브스가 4위가 되어야 하겠지만, BC도 3위 자리는 배런에게 양보할 것이다). 다우와 존스의 뒤를 이어 다우존스의 사장이 된 배런은, 개인회사를 기관으로 변모시켜 반세기 동안 월스트리트의 목소리가 되었다. 그리고 《배런스》를 창간하여 자신의 이름을 금융 역사에 새겼다. 배런이 역할을 담당하지 않았다면, 20세기 금융 뉴스의 흐름은 전혀 달랐을 것이고, 결코 우리가 그 흐름을 알 수도 이해할 수도 없었을 것이다. 그의 정보가 시장을 만들었다.

Garret-Howard

벤저민 그레이엄

Benjamin Graham

증권분석의 아버지

◆

증권분석 분야에서 벤저민 그레이엄Benjamin Graham은 (문자 그대로) 책을 써서, 감각에 의지하던 분야를 구체적이고도 신뢰할 수 있는 학문으로 발전시켰다. 월스트리트의 전설이었던 그는 미래시장이나 기업의 가치를 예측하려고 시도하는 대신, 주의 깊은 연구에서 도출된 최신 숫자로 주식을 선별하는 가치 투자를 개척하였다. 그의 본질적으로 보수적인 사고는, 2차 세계대전 후 월스트리트에서 가장 성공적으로 확산된 투자 철학이 되었다. 그러나 탁월한 성공과 업적을 이룬 이 사람의 인생은 결코 확고하지도 보수적이지도 않았다. 아이러니하게도 그는 악명 높은 바람둥이여서 1976년 죽을 때까지 프랑스 남부, 캘리포니아, 월스트리트에 있는 여러 집을 돌아다니며 여자들을 상대했다.

그레이엄이 1914년 월스트리트에 도착했을 때, 그는 컬럼비아 대학을 갓 졸업한 20세의 고전학자였지만, 그리스어와 라틴어를 번역하여 근근이 생계를 잇는 것보다는 금융시장에서 풍요로운 미래를 보장받는 쪽에 더 관심이 있었다. 그는 증권회사 칠판에 주식과 채권 가격을 써가면서 분석 업무를 시작했고, 1917년 존경받는 분석가가 되었다. 애덤 스미스가 지적했듯이, 당시는 증권 분석가가 열심히 일하는 통계학자에 불과했다. "잉크 얼룩이 묻은 이 가엾은 사람은 보안용 챙을 쓰고 의자에 앉아 그날의 운용 자금을 관리하는 파트너에게 숫자를 넘겨주는 일을 했다." 그러나 그레이엄은 낡은 틀을 깨고 자신의 계정으로 거래를 시작해서 놀라운 성과를 올렸다.

1926년 한 친구는 그레이엄이 황금알을 낳는 거위임을 발견하고 그를 증권사에서 끌어내 그레이엄-뉴먼 코퍼레이션Graham-Newmann Corporation을 세웠는데, 이 회사는 나중에 가치 투자로 유명해졌다. 수학의 달인 그레이엄은 정량 분석을 통해 염가 주식을 집중적으로 발굴했고, 실제 가치보다 낮은 가격으로 거래되는 회사의 경영권을 사들인 다음 자산을 현금화하도록 압박했다. 그는 차트나 그래프 같은 기술적 도구를 혐오했고, 회사의 경영진을 맹신하는 성장 투자자들도 불신했으며, 새로 나올 제품과 현재의 평판도 똑같이 불신했다. 그런 것들은 냉정하고 확고한 숫자로 측정할 수 없기 때문이었다. 대신 그레이엄은 이익과 배당을 믿었으며, 회사의 실물 자산인 장부 가치가 건전한 투자 판단의 기초라고 생각했다.

그레이엄의 전형적인 거래는 노던 파이프라인Northern Pipeline의 대성공으로 이어졌다. 주간(州間) 통상위원회Interstate Commerce Commission 보고서에서 파이프라인 회사들을 조사하던 중, 그레이엄은 노던 파이프라인의 당좌자산이 주당 95달러인 것을 발견했다. 이 주식은 겨우 65달러에 거래되었으며, 이 가격에 수익률이 9%나 됐다. 그는 노던 파이프라인에 과감하게 뛰어들었고, 1928년 정기 주주총회에서 의결권의 38%를 확보하였으며, 이사회 의석도 받았다. 나중에 그는 경영진을 설득해서 주주들에게 주당 50달러씩 배당금을 지급했다. 그러고도 남은 당좌자산이 주당 50달러가 넘었으며, 총 가치는 약 100달러였다. 그는 처음에 투자한 65달러에 대해 근사한 이익을 얻었다.

그러나 그레이엄-뉴먼을 가장 유명하게 만든 거래는 1948년 대박을 친 가이코GEICO, Government Employee Insurance Company였다. 그레이엄은 회삿돈의 1/4을 이 주식에 걸었고, 이후 8년 동안 주가가 1635% 상승하는 모습을 뿌듯하게 지켜보았다. 1970년대 초 가이코가 거의 붕괴 지경에 이르렀을 때, 그는 오래전에 은퇴해서 이 회사 주식의 대부분을 이미 처분한 상태였다.

증권분석과 투자 외에, 그레이엄은 기업과 개인에게 투자 조언도 제공했고, 컬럼비아 대학과 UCLA에서 강의도 했으며, 책도 몇 권 저술했다. 1934년 그의 가장 유명한 작품 『증권분석』을 저술한 때가 컬럼비아 대학에서 강의하던 시절이었다. 컬럼비아 대학 동료 데이비드 도드David L. Dodd와 함께 쓴 이 두꺼운 책에는, 과거에 대학에서 강의했던 그레이엄의 투자 철학이 자세히 담겨 있다(현재 전 세계 투자자들에게는 단순히 '그레이엄과 도드Graham and Dodd'라는 제목으로 알려져 있다). 이들은 (재무 특성을 조사하고, 핵심 가동률과 재무비율을 비교하면서) 여러 산업을 분석해서, 비슷한 여러 기업 중에서 성공적이고 재무 상태가 건전하며 저평가된 기업을 선별하는 방법을 보여주었다. 그러나 이 책은 특히 일반인들에게는 이해하기 어려웠으므로, 1949년에 그레이엄은 내용을 다소 순화시켜서 『현명한 투자자Intelligent Investor』를 집필했다. 두 책 모두 그가 죽을 때까지 10만 부 넘게 팔렸고, 처음 출간되었을 때보다도 현재 매년 더 많이 팔리고 있다. 이는 이 책들이 고전이라는 진정한 증거이며, 출간된 책들 가운데 극히 일부만이 이룬 업적이다.

생애 말년에 그레이엄은 자신이 『증권분석』에서 설명한 정교하고 복잡한 증권분석에 대해 태도를 바꾸었다. 1976년 《파이낸셜 애널리스트 저널Financial Analysts Journal》과의 인터뷰에서 그는 말했다. "과거에는 잘 훈련된 증권 분석가들이 상세한 분석을 통해서 저평가된 주식들을 전문적으로 훌륭하게 선별해낼 수 있었다. 그러나 현재 수행되는 엄청난 조사 규모를 고려하면, 이런 엄청난 노력을 들여도 비용을 건질 만큼 종목 선택이 훌륭해질지 의심스럽다." 그리고 "현재 교수들이 일반적으로 인정하는 '효율적 시장' 학파로 전향하고 싶다"라고 덧붙였다. 아이러니하게도 그레이엄이 '효율적 시장'을 받아들인 시점은, 컴퓨터 시뮬레이션을 통해서 이 이론의 온갖 허점이 드러나기 직전이었다. 그는 단지 너무 늙어서 시대를 따라갈 수 없었던 것이다.

그해 말에 그레이엄은 82세의 나이로 죽었다. 1956년 자신의 회사를 해산했지만, 여전히 활동적이었다. 죽기 직전에 그는 과거 50년에 관한 연구를 완료했는데, 자신이 세운 투자 기준 일부만 활용해서도 다우존스 지수를 2 대 1의 비율로 앞지를 수 있었음을 입증했다.

그동안에도 그레이엄은 캘리포니아 라호이아La Jolla에 있는 집과 프랑스 엑상프로방스Aix-en-Provence에 있는 집 사이를 오가느라 바빴는데, 결국 오랜 세월을 함께 지내온 프랑스 여인 곁에서 죽었다. 세 번 결혼한 그는 프랑스 여인과는 결혼하지 않았기 때문에 관계를 지속할 수 있었다고 농담을 하곤 했다. 그레이엄의 제자 워런 버핏은 그레이엄의 (주로 날씬한 금발) 여성에 대한 집착을 설명한 적이 있다. "이미 다 공개된 사실이지만, 벤은 여자를 좋아했다. 그리고 여자들도 그를 좋아했다. 그는 육체적 매력은 없었지만 (영화배우 에드워드 로빈슨Edward G. Robinson처럼 생겼고) 우아했다."

땅딸막했지만 나이가 들면서 홀쭉해졌고, 키가 작고 말쑥했던 그레이엄은 (원래 성은 그로스바움Grossbaum이었지만) 1차 세계대전 동안 이름을 그레이엄으로 바꾸었다. 그는 입술이 크고 두꺼웠으며, 얼굴이 둥글었고, 눈이 밝은 푸른색이었으며, 두꺼운 안경을 썼고, 머리카락의 2/3가 회색이었다. 인용의 원천이었던 그는 재치 있고, 날카로우며, 예민하고, 정력적이며, 교양 있고, 겸손하며, 기묘했다. 그는 전에 친구에게 "뭔가 어리석고 창의적이면서 너그러운 일"을 매일 하고 싶다고 말한 적이 있었는데, 대개 그렇게 했다! 그는 필요하다면 언제까지나 공손하게 귀를 기울여 이야기를 들어주는 사람이었다. 자금관리를 맡았던 조카 리처드 그레이엄Richard Graham은 회상했다. "그는 시계를 들여다보면서 (물론 공손하게) '이 일에 대해서 충분히 시간을 소비했다는 생각이 드네'라고 말하곤 했다."

그레이엄에게는 월스트리트 말고도 관심사가 풍부했다. 그는 라틴어, 포르투갈어, 그리스어를 영어로 번역할 수 있었다. 그는 생물학을 좋아해서 동물원 이사로도 봉사했다. 역사, 철학, 기타 고전 같은 다양한 주제의 책 여섯 권을 한꺼번에 읽기도 했고 스키와 테니스를 즐겼다. 댄스를 좋아해서 댄스 교습비로 수천 달러를 내고 댄스 교습소 아서 머리Arthur Murray의 평생 회원으로 등록했다! 그가 계속 투자 분야에 남아 있었던 유일한 이유는 도전할 만한 과제였기 때문이라고 말한 사람도 있다. 월스트리트에서 성공하려면 한 분야에 집중해야 한다는 법칙에 대해서, 그레이엄은 자신이 예외임을 입증했다.

아이러니하게도, 친척들은 투자 분야에 진출했지만 그레이엄의 네 자녀(딸 셋 아들 하나) 중에는 투자 분야에 진출한 사람이 하나도 없다. 그러나 그는 증권분석과 그를 따르는 투자자들을 유산으로 물려주었다. 그리고 그는 증권분석의 아버지로 널리 알려졌다. 그는 독창적인 정량 분석가였을 뿐만 아니라, 기본적 분석과 지식의 원천이었다(오늘날의 온갖 정량분석 학파가 그로부터 유래했고, 오늘날에도 월스트리트가 그의 기본적 분석을 따르고 있다). 그의 책을 읽지 않은 사람은 투자 분야에서 책을 많이 읽었다고 생각해서는 곤란하다. 워런 버핏의 스승이자 멘토이자 철학의 원천이었던 벤저민 그레이엄은, 현대의 단연 성공적인 한 투자가를 위해서 길을 개척했다. 그의 기여와 유산은 20세기 투자자 누구의 것과도 비교가 되지 않는다.

아널드 버나드
Arnold Bernhard

Value Line

한 페이지에 담은 우아한 개요

◆

　과거에 120개 종목에 대해 수집했던 모호한 통계가, 이제는 1700개 종목에 대한 표준이면서 가장 기본적인 참조자료가 되었다. 투자 정보지의 왕《밸류라인 인베스트먼트 서베이》를 두고 하는 말이다.《밸류라인》을 깊이 신뢰하는 사람은 많지만, 욕하는 사람은 없다. 거의 55년 전에 아널드 버나드Arnold Bernhard가 만든《밸류라인》은 짧고 명료한 분석과 통계를 묶어서 한 페이지로 설명하므로, 세부 항목과 개요가 놀랍도록 조화를 이루고 있다.《밸류라인》은 각 종목에 대해 구체적인 예측도 제공하지만, 사용자 대부분은 참조 기능들을 거의 바이블처럼 사용할 뿐 구체적인 예측자료는 많이 사용하지 않는다.《밸류라인》은 매년 525달러를 내는 구독자 약 10만 명을 확보하고 있어서 미국에서 가장 성공한 투자 정보지가 되었으며, 특히 소규모 금융 서비스 업자에게 대량유통이 주는 선물이 되고 있다.

대부분 구독자에게 《밸류라인》은 정보지라기보다는 편리한 참조 원천이다. 간단히 말해서, 《밸류라인》은 한 회사의 개요를 담은 사실과 숫자들을 이해하기 쉽게 한 페이지로 정리해서 제공한다. 회사에 대한 간략한 요약 외에는, 정보의 많은 부분이 재무 데이터 및 가격 흐름과 같은 통계다. 이어서 다음 해와 3~5년 뒤의 주가에 대한 예측도 있다. (관심을 두는 사용자들이 많지는 않은 듯하지만) 일부 사용자들이 《밸류라인》의 가장 중요한 특징이라고 여기는 기능은 평가 및 순위 시스템인데, 종목별로 최고 등급 1에서 최하 등급 5가 부여된다.

처음에 버나드는 이른바 "이익 곡선과 장부 가치를 분석해서" 주식 등급을 산정했다. 초기에 투자 상담사였던 그는 이렇게 회상했다. "나는 모든 계좌를 관리하고 있었고, 포트폴리오에 포함된 모든 종목을 연구하고 있었다. 나는 언제 주가가 비싼지 혹은 싼지, 언제 가치가 높은지 혹은 낮은지를 판단할 방법이 있어야만 한다고 거듭 생각했다." 수학 개념이 강한 그는 일부 주식들의 10년 주가 흐름을 분석했다. "내가 주식의 이익을 곱하고 이것을 장부가의 일정 비율에 더했더니 1929~1939년 사이에 밀접한 상관관계가 나타났고, 이 숫자를 주가와 곱했더니 이익 사이에 상관관계가 나타났다." 그는 숫자와 공식들을 끊임없이 손봤다. 1965년 그와 통계 전문가들은 오늘날까지도 사용되고 있는 '횡단면 분석cross-sectional analysis'이라는 궁극적 형태의 '분석'을 자신 있게 선보였다. 주식을 종목 자체의 실적만으로 분석하는 대신, 이 시스템은 (《밸류라인》이 취급하는) 다른 모든 종목과 비교해서 분석한다.

그러나 버나드와《밸류라인》은 종목 선정 솜씨를 높이 평가받아본 적이 한 번도 없다. (다우존스 지수로 시간별 차트를 그리는 풋내기 기술적 분석가였던) 그의 방법은 시장을 지나치게 단순화했다고 비판을 받기도 했지만, 그는 여전히 자신의 시스템을 굳게 믿었다. 만일 주가가《밸류라인》의 기대치에서 벗어나면, 그는 그 주가가 곧 제자리로 돌아온다고 확신했다. 그는 말했다. "물론 내 시스템이 절대적으로 옳은 것은 아니지만, 어떤 주식이 10년 동안 이익의 10배로 거래되다가 회사의 사업 성격이 근본적으로 바뀐 것도 아닌데 올해에는 이익의 20배로 거래된다면, 언제가 미친 시기입니까? 지금인가요, 아니면 과거 10년인가요?"

작지만 딱 벌어진 어깨, 벗어진 머리, 짧게 잘 다듬은 코밑수염, 커다란 눈을 덮은 맹렬하고 극적인 눈썹을 지닌 버나드는, 1987년 86세의 일기로 죽을 때까지《밸류라인》제국을 지배했다. 비꼬는 식의 위트와 격식을 차리는 귀족적인 태도 때문에, 그는 심지어 선임자들에게도 '미스터 버나드'로 알려졌다. 그는 사무실에서 악명 높은 폭군이었다. 커다란 책상 앞에 앉아 사무실을 운영하면서, 선임자들에게 책무도 거의 맡기지 않았고 심지어 월급도 더 적게 주었다. "《밸류라인》출신들의 친목회가 있다는 말은 들었지만, 나는 초대받은 적이 없습니다. 나는 별로 붙임성이 좋은 편이 아니거든요." 그래도《밸류라인》은 증권분석가, 펀드매니저들 사이에서 여전히 명성 있는 훈련기관으로 인정받고 있다.

버나드는 1901년 유대인 이민자의 아들로 태어났다. 어머니는 루마니아인이었고, 아버지는 오스트리아의 담배 및 커피 상인이었다. 뉴저지 주 호보켄Hoboken과 브루클린에서 자란 젊은 버나드는 영어를 공부하려고 육군사관학교를 떠나 윌리엄스 대학Williams College으로 갔다. 성적 우수 대학생으로 졸업한 그는《타임Time》의 연극 비평가로서 명성 있는 언론인으로 자리 잡았다. 그러나 명성은 있을지 몰라도 보수는 최악이었다. 그래서 그는《뉴욕 포스트New York Post》의 비평가도 겸하면서 자신이 쓴 칼럼을 배급했고, 한편으로는 고등학생 시절 애인인 약혼자와 함께 (그가 비평할) 공짜 브로드웨이 쇼를 관람했다.

나폴레옹 시대의 책을 좋아하던 독서광 버나드는, 에드윈 르페브르의 1932년 고전『제시 리버모어의 회상』(주식투기꾼 제시 리버모어의 일생을 그린 소설)을 읽은 뒤 월스트리트에 흥미를 느끼게 되었다. 그는 영감을 얻어「불마켓Bull Market」이라는 연극을 썼다. 이어 알다시피 그는 리버모어의 직원이 되었다! 한번은 버나드가 보스에게 구리 주식을 추천하는 정열적인 보고서를 제출했다. 리버모어는 보고서를 읽어보고 즉시 구리 주식을 공매도했다. 그리고 한번은 리버모어가 직원에게 프론토pronto라는 종목 기호가 어느 회사인지 찾아보라고 시켰다. 그런데 그는 테이프에 나오는 주가 움직임만을 보고 대량으로 매집해놓은 상태였다. 버나드는 리버모어를 분명히 경멸한다고 말했지만, 투기꾼이 벌이는 즉흥적인 거래에 매료되었다. 버나드는 이 경험을 통해서 시장을 파악하는 일종의 '시스템'을 개발해야겠다는 자극을 받았다.

버나드는 무디스Moody's에서 처음에는 분석가로, 나중에는 섭외부장으로 1928~1931년에 이르는 3년 동안 근무하다가 퇴직했고, 1936년에는《밸류라인》사업 아이디어를 떠올리게 되었다. 그는 120개 종목에 대해 독창적인 공식을 적용해서 분석하였고, 권당 200달러에 판매할 계획으로 인쇄기를 사서 1000부를 찍어냈다. 그러나 직접 나서서 수없이 설명했음에도, 단 한 권을 팔았다. "세상에서 그토록 관심이 없다는 점을 실감하니 견디기 힘들었습니다." 이때 시장 정보지 발행인이 책 한 권과 수수료 800달러를 받고 자신의 정보지에 버나드의 책을 소개해주었다. 발행인은 실수로 버나드의 책값을 55달러로 낮춰 표시했지만, 매일 주문이 쏟아져 들어오자 버나드는 본격적으로 사업을 시작했다. 《밸류라인》은 떴고, 버나드의 가족은 코네티컷 주의 고급스러운 웨스트포트Westport 지역으로 이사했다.

그때부터 버나드는 대량 판매를 결심했다. 그는 《배런스》에 첫 공식 광고를 냈고, 이 광고를 중단한 적이 한 번도 없었다. 원래의 광고는 소액만 내면 《밸류라인》 샘플을 보내주겠다는 제안이었는데, 이 광고로 신규 구독자가 어느 정도 유입되었고 광고 비용을 웃도는 수입이 발생했다.

버나드는 자신이 만든 상품을 (때로는 건방질 정도로) 확신했고 주식 시장에 대해 중립을 지키고자 했기 때문에, 막대한 재산 대부분을 다양한 《밸류라인》 펀드를 포함해서 《밸류라인》 제국에 투자했다. 연극에 대한 사랑과 자존심을 채우려고, 그는 격찬받고 있는 데이비드 마멧David Mamet의 「아메리칸 버펄로American Buffalo」 같은 연극 제작에도 일부 투자했다. 1984년 《포브스》는 그의 재산을 4억 달러로 평가했고, '포브스 400' 명단에 그의 이름을 올려놓았다. 출판사업을 하는 투자 정보지 회사의 가치만을 계산한 것이다. 1987년 사망할 때, 이 완고한 노인은 53세의 딸 진 버나드 버트너Jean Bernhard Buttner에게 회사를 맡겼다.

버나드는 악명 높은 구두쇠였다. 그에게는 다양한 회사에 대해서 분석 보고서를 써주는 사람들이 많이 있었지만, 그는 거의 한 푼도 지급하지 않았다. 1980년대 중반에 이 '분석가들'은 뉴욕에 있는 이 회사에서 근속기간에 따라 대개 2만 5천~3만 5천 달러의 보수를 받고 일했다. 그래서 이 회사 직원들은 대개 완전 초보자들로서, 월스트리트에 진출하려고 《밸류라인》을 일시적으로 이용하고 있었다. 월스트리트에는 버나드의 제국에서 일을 시작했으나 회사를 옮겨 출세한 인재들이 많다. 이 회사는 가난하지만 재능 있는 사람들을 위한 훈련소인 셈이다. 따라서 《밸류라인》 직원들의 이직 행렬은 도무지 끊어지지 않는다.

1982년에 나는 버나드와 점심을 먹은 적이 있다. 다른 한 사람과 나는 젊은 분석가들을 위한 교육기관을 설립할 계획이고(《밸류라인》에는 젊은 직원들이 많다), 그를 유급 강사로 초빙하고 싶다는 뜻을 말했다. 우리는 그가 젊은이들을 교육기관에 보내주기를 희망했다. 우리 사업에 추가 수익이 될 것이기 때문이었다. 교육기관을 세우려는 우리 계획은 실행되지 못했지만, 그가 분석가들을 교육기관에 보내는 일에 관심이 없었다는 점이 내게는 흥미로웠다. 그는 (이직이 끊이지 않는) 《밸류라인》에서 분석가로 일할 젊은 초보자들을 발굴하고 채용하는 데에만 관심을 보였다. 수억 달러나 보유한 버나드는 끝까지 영리하고 인색했다.

《밸류라인》이 미국의 모든 대형 증권사에서 활발하게 이용되고 있고, 수많은 사람이 그 한 페이지에 요약된 분석 정보로 기업들을 이해하고 있으므로, 버나드의 기여가 없는 오늘날의 시장은 상상하기가 힘들다. 그의 덕분에 우리는 거의 모든 회사의 개요를 한 페이지로 볼 수 있다. 물론 그 분석이 반드시 심층적이거나 정확한 것은 아니다. 또한 그가 개발한 주식 등급화 시스템도 널리 사용되는 것은 아니다. 그러나 통계는 훌륭하다.《밸류라인》형식은 절대로 바뀌지 않으며, 사람들은 이점을 알고 있고, 이해하며, 받아들인다.《밸류라인》은 오늘날 표준이며, 바로 그 이유로 세계는 '미스터 버나드'의 덕을 많이 보고 있다.

루이스 엥겔

Louis Engel

수백만 명이 투자하도록 입문서를 쓴 인물

◆

루이스 엥겔Louis Engel이 1953년에 처음 쓴 『주식 사는 법』은, 월스트리트가 이제는 부자들만의 배타적인 클럽이 아니라는 사실을 투자자들이 깨닫게 되면서 스스로 생명을 얻었다. 단순해 보이는 지침서가 시장을 영원히 바꾸게 된 이유는 간단하다. 이 책은 엥겔이 중간 소득 계층(대중)에게 처음으로 대중의 언어로 시장을 설명해준 책이기 때문이다. 고유한 실생활의 사례를 들면서 그는 금융 용어들을 쉬운 말로 옮겼고, 팽창하는 중산층이 증권을 실용적이고 안전한 투자 수단으로 볼 수 있도록 도와주었다. 그 결과 월스트리트는 메인스트리트(일반 대중)에게 다가서면서 중요한 시장을 확보할 수 있었다.

"회사가 성장에 필요한 자금을 마련하려면, 누군가가 부자의 역할을 해야 한다. 이제는 보통 수준의 재력을 지닌 투자자, 즉 수천 명의 소액 투자자가 그 자리를 차지해야 한다. 1000달러를 소유한 1000명이 모이면, 과거에 부자들이나 가능했던 100만 달러를 투자할 수 있기 때문이다." 과거에 남북전쟁 자금을 조달했던 제이 쿡, 뱅크 오브 아메리카를 설립한 아마데오 자니니처럼, 엥겔은 '소액 투자자'에게 도움을 청해서 종전 후 곤경에 빠진 월스트리트를 부양하였다. 그러나 자니니나 쿡과는 달리 엥겔은 개인에게 방법을 가르쳐주었다. 광고인이자 언론인이었던 그의 도구는 글이었다.

엥겔은 1949~1969년 동안 메릴린치 피어스 페너 앤드 스미스Merrill Lynch, Pierce, Fenner and Smith에서 광고 관리자로 근무하면서 "한 줌밖에 안 되는 부자와 금융 전문가들"만 상대해서는 더는 사업을 할 수 없다고 판단했다. 그는 말했다. "주식 중개인들은 갑돌이, 을순이도 상대해야 하므로, 이제는 전문 용어를 버리고 보통 사람들이 이해하는 말로 주식과 채권을 설명해야 한다." 그러려면 "미국산업이 새로운 자본의 필요성을 절감해야 한다." 그래서 주식중개 서비스를 소액 투자자들에게 제공하려는 "월스트리트를 메인스트리트로 옮겨라"라는 메릴린치 캠페인의 하나로, 엥겔은 쉬운 말로 주식을 설명하는 광고를 만들었다. 이 광고는 매우 성공적이었고, 곧 리틀 브라운 앤드 컴퍼니Little, Brown and Company가 그의 아이디어를 책으로 펴내자고 제안하자, 그는 6주 만에 『주식 사는 법』을 집필했다.

그 후 38년이 지난 시점에 『주식 사는 법』은 가장 성공한 금융 서적이 되었고, 여전히 팔리고 있다. 1982년 엥겔이 죽은 뒤, 일곱 번 개정된 이 책은 약 400만 부가 팔렸다. 다른 어떤 투자 서적도 누적 판매량이 근처에도 미치지 못한다. 이 책은 접이형 금속 낚싯대를 발명한 가

상기업 포켓 폴 컴퍼니Pocket Pole Company에 대해서 초기 단계부터 매우 객관적인 태도로 이야기를 전달한다. 여기서 엥겔은 회사를 설립하는 가장 기본적인 단계로 독자를 안내한다. 그리고 자본을 빌리고 주주들에게 주권을 발행하며, 이사들을 선출하고, 주주총회를 개최하며, 배당을 지급하고, 우선주와 전환사채를 발행하며, 채권을 판매하고, 회사 운영에 필요한 나머지 기본업무를 수행한 다음, 회사를 확장하고, 이익을 거두는 것을 보여준다.

『주식 사는 법』에는 다음과 같이 짧고 읽기 쉬운 장(章)들이 들어 있다. '신주 발행에 대한 규제', '국채와 지방채에 대해 알아야 할 내용', '장외시장은 어떻게 돌아가는가?', '금융 뉴스를 읽는 요령', '시장에서 전해오는 이야기', '언제 팔아야 하는가?' 엥겔의 글은 심오하지도 않고 거들먹거리지도 않으며, 단지 쉽고 직선적이다.

엥겔은 메릴린치의 대변인이었으므로, 증권산업에서 주식 중개인이 담당하는 역할을 '투자-주식 중개인의 고유 업무', '주식 중개인을 상대하는 법', '계좌를 개설하는 법' 같은 장에서 자세히 설명했다. 그는 털어놓았다. "여러 가지 이유로 주식 중개인 만나기를 꺼리는 사람들이 아직도 많습니다. 투자금액이 작아서 난처해하는 사람도 있습니다. 주식에 투자할 돈이 500달러뿐이거나 매달 40~50달러뿐이어서 주식 중개인이 관심을 보이지 않으리라 짐작합니다. 어쩌면 이들은 주식 중개인이 가까이하기 어려운 사람이어서 귀빈이나 사교계의 부자들에게만 시간을 내준다고 생각하는지 모르겠습니다." 이어서 엥겔은 독자를 안심시킨다. "사실은 그렇지 않습니다. 오늘날 주식 중개업은 절대로 배타적이지 않습니다. 제한이나 격식 따위는 없습니다. 클럽 규칙이 모두 바뀌었기 때문에 이제 클럽 메뉴로 샴페인과 캐비아보다 커피와 햄버거가 더 인기가 높습니다."

1909년 감사관의 아들로 태어난 엥겔은 일리노이 주 잭슨빌Jacksonville에서 자랐다. 그는 1930년 시카고 대학University of Chicago을 졸업하고, 첫 경력으로 시카고 대학 신문사 직원으로 2년 근무했다. 뉴욕으로 가서《애드버타이징 앤드 셀링Advertising and Selling》의 편집국장이 되었으며, 1934~1946년 동안《비즈니스위크Business Week》의 뉴스 편집자가 (그리고 나중에는 편집국장이) 되었다. 1946년에 그는 메릴린치의 광고부장이 되었으며, 1954년에 부사장이 되어 1969년 은퇴할 때까지 근무했다. 그는 34세에 첫 아내와 결혼하여 가정을 꾸몄으나 몇 년 뒤 이혼했다. 그리고 1954년 43세에 재혼하여 세 딸을 두었다. 1969년 은퇴한 뒤, 엥겔은 뉴욕 주의 북부 지방으로 물러나서 오시닝Ossining의 지역의원이 되었고, 1975~1979년 동안 군정(郡政) 집행관으로 활동했다.

엥겔의 책이 메릴린치의 판촉물이었다는 점은 분명하다. 수십 년 동안 메릴린치 주식 중개인들은 거래할 고객을 끌어들이려고 잠재 고객들에게 이 책을 뿌렸다. 그러나 같은 시기에 이 책은 스스로 생명력을 얻었다. 나는 메릴린치와 아무 상관이 없는 사람이지만, 그동안 투자입문서에 관심 있는 사람들에게 이 책 수십 권을 나눠주었다. 나는 『주식 사는 법』보다 나은 투자입문서를 정말이지 본 적이 없다. 엥겔의 아주 단순하고 직선적인 접근방법이 언론계에서 다져진 그의 타고난 글솜씨와 결합하여 수백만 현대 투자자에게 월스트리트를 소개하는 도관이 되었다. 엥겔은 몸소 시장을 만든 인물이었을 뿐만 아니라, 그의 작은 책을 통해 수백만 투자자가 시장을 만들도록 도와준 인물이었다.

투자 은행가와
주식 중개인들

INVESTMENT BANKERS
AND BROKERS

이들이 맡은 자본배분이 자본주의의 핵심이다

◆

월스트리트와 그 사촌격인 메인스트리트(일반 대중)를 거치는 금융시장은, 중앙 계획경제보다 자원을 효율적으로 배분한다. 매일의 가격은 금융시장에서 결정되지만, 실제로 자금이 오가는 (그래서 특정 프로젝트에 할당되는) 거래는 이 3장에 등장하는 빈틈없는 중개인 같은 사람들이 구성한다. 거래는 금융시장의 핵심이며, 자유시장이 존재하면서 자유롭게 '그 역할을 수행하는' 주된 이유다. 중개인들은 거래에 활력을 불어넣는다.

비전, 세부 지식, 판매기술이 거래의 핵심이며, 유능한 중개인들은 세 가지 요소를 모두 갖추고 있다. 첫째, 이들은 선각자로서 거래 참여자 파악에서 가격 책정에 이르기까지 거래를 하나의 유연한 프로세스로 간주한다. 둘째, 이들은 거래의 사전, 중간, 사후의 세부 사항에 관해서도 관심을 기울여야만 한다. 즉, 이 거래가 증권거래위원회 규정 같은 법적 문제에 어떻게 해당하는지부터 이 거래를 노리는 경쟁자들의 동향 파악에 이르기까지, 모든 세부 사항을 고려해야 한다는 뜻이다. 셋째, 판매가 되어야 거래가 완료되고 새로운 거래가 일어나므로, 이들은 탁월한 세일즈맨이다. 판매가 없으면 거래는 절대로 일어나지 않는다.

이것이 3장 등장인물들의 핵심적인 모습이다. 오거스트 벨몬트, 리먼 부자, JP 모건, 모건 2세, 제이컵 쉬프, 조지 퍼킨스, 클래런스 딜런, 시드니 와인버그 등은 자기 분야에서 가장 유능한 사람들이었다. 이들은 거래를 성사시켜서, 현대 미국 주식회사의 모습을 만들어냈다.

이 모든 일은 미국 최초의 대규모 중개인 오거스트 벨몬트 덕분에 가능해졌다. 그는 로스차일드를 통해서 월스트리트를 그보다 훨씬 큰 유럽 자본과 결합했고, 그 덕분에 미국 자본시장은 지역적 뿌리를 넘어서서 확장될 수 있었다.

일단 자본이 흘러들어오자, JP 모건은 이 자본을 활용했다. 모건은 투자 은행업을 개척했으며, 우리가 인정하는 전형적인 중개인이었다. 그는 신뢰, 역량, 결단력, 공정성, 책임감의 전형이었다. 그는 문자 그대로 세계를 그의 양어깨에 우아하게 짊어졌다. 그는 초기 미국에 자금을 충분히 공급하면서 역사상 최고의 권력을 휘둘렀다. 모건 가문은 권력과 동의어가 되었으며, 그의 전성기에는 누구도 감히 그에게 반대하지 못했다.

모건은 권력을 이용해서 대기업들을 세웠고, 결국 미국을 신흥 국가에서 강력한 산업 국가로 발전시켰다. 그는 1870년대에 자금을 철도에 공급해서 다른 주들로 진보를 운송했다. 1901년, 그는 현대산업의 강자인 최초의 10억 달러 규모 기업 US스틸을 설립했다. 그는 1907년 공황 동안 미국 경제 전체를 곤경에서 건져냈다. 그는 거인이었다. 아니, 그는 거인 이상이었다.

못지않게 크지만 다른 방향으로 성장한 사람들은 리먼 부자였다. 처음에는 남북전쟁 전 남부의 면화 중개회사였던 리먼은 월스트리트의 다른 한 면인 유대인들을 대표했다. 유대인 가문들은 절대로 모건과 경쟁하지 않았다. 대신 이들은 공존했고, 가끔 모건이 추가 자금이 필요할 때 협력하기도 했으며, 전혀 다른 산업에 자금을 지원하기도 했다. 예를 들면, 리먼은 틈새시장을 발굴해서 신기술에 자금을 지원했는데, 자동차산업이 위험하다고 간주되던 시기에 자동차산업을 지원하는 식이었다. 아이러니하게도 모건은 처음에는 자동차산업에 대한 지원을 거절했다.

모건은 월스트리트에 깊이 뿌리내렸고, 1913년 그가 죽자 그의 분신이 중개인으로 삶을 이어갔다. 그의 아들 JP 모건 2세가 그의 유산을 1930년대 개혁시대까지 계속 이어갔으며, 그 후 모건 가문의 절대적인 금융 지배가 막을 내렸다.

모건으로부터 자극을 받아 새로운 혈통의 중개인들이 부상했는데, 이들은 한편으로는 모건을 모방하고 한편으로는 즉흥적으로 상황에 대응했다. 모건의 파트너 조지 퍼킨스와 그의 후계자 토머스 라몬트는 이런 맥락으로 활동했다. 퍼킨스는 모건 전통을 확신하여 모건의 영향력이 확장되도록 협력하였고, 결국 모건은 부유한 전국 규모의 보험사 같은 대기업까지 확보하게 되었다.

모건이 등장하면 모두가 불안해했고, 그는 누구의 방해도 허용하지 않았다. 하지만 라몬트는 최초로 이미지를 의식한 슈퍼 세일즈맨이 되어 모건 2세가 지배하던 1920년대에 권좌에 올랐다. 라몬트는 침착하고, 박식하며, 온화하고, 설득력 있었다. 그러나 (1907년 JP 모건이 시도한 방식으로) 라몬트가 1929년 공황의 여파로부터 미국을 구출하려고 시도하였지만 효과가 없었다. 그는 모건이 아니었고, 1907년과는 상황이 달랐다. 누가 이끌더라도 민간 조직은 미국의 우울증을 치료할 수가 없었다. 미국은 역사상 최초로 강대국으로 부상하고 있었고, 어느 한 자본가도 다시는 월스트리트보다 커질 수가 없었다.

클래런스 딜런도 라몬트와 비슷한 시기에 월스트리트의 강자로 떠올랐다. 새로운 혈통이 모건 가문과 같은 구역에서 활동할 수 있다는 사실은, 모건이라는 이름이 이제는 절대적인 지배력을 상실했다는 뜻이었다. 딜런은 대담하게도 모건의 사업들을 뭉텅이로 빼앗아 달아났다. JP 모건 시절이었다면 이런 일이 절대로 일어나지 않았을 것이고, 만일 일어났다면 딜런은 즉시 파멸했을 것이다. 나중에 개혁이 진행되면서 투자은행 분야에서 시장이 개방되자, 딜런은 갈수록 더 큰 몫을 차지하였다. 시드니 와인버그는 1950년대 모건의 태도를 개선하여 받아들여 현대의 가장 존경받는 중개인 중 하나가 되었다. 모건이 전통적으로 고립된 삶을 살았던 데 반해서, 와인버그는 현대 투자 은행가들에게 사회 네트워크를 솜씨 있게 관리하라고 가르쳤다. 물론 와인버그는 비전이 있었고, 세부 사항에 강했으며, 탁월한 세일즈맨이었다. 와인버그의 공식이 효과를 나타내어 계속해서 쿤 로브 사에 거래를 가져다주자 사업과 즐거움을 결합하는 방식이 유행이 되었다.

투자 은행가에서 주식 중개인으로 전환한 찰스 메릴도 월스트리트의 태도 중 일부를 새롭게 고쳤다. 다시 말하면, 그는 월스트리트가 소액 투자자를 보는 방식을 바꿨다. 그의 목표는 월스트리트를 메인스트리트의 일반 대중에게 가져가는 것이었는데, 그의 계획이 성공하여 미국 최대의 증권사를 탄생시켰으며, 그 과정에서 이 증권사는 때때로 미국 최대의 실적을 내는 강력한 투자은행이 되기도 했다. 1940년대부터 그는 대중에게 증권을 판매하기 시작했으며, 메릴린치 증권사 지점을 개설하기 시작했다. 메릴은 처음으로 이 새롭고 풍요로운 시장을 이용했으며, 나중에는 많은 기업이 그의 뒤를 따라 순박한 투자자들에게 다양한 투자 관련 서비스를 제공했다.

주식 중개인 제럴드 로브도 메릴의 뒤를 따라 대중을 상대로 증권회사 EF허튼을 설립했다. 로브는 허튼의 대변인으로 활동하였으며, 언론의 환심을 사서 자신을 대중들에게 널리 알렸다. 중고차 세일즈맨 출신의 투지 넘치는 로브는 뛰어난 말솜씨로 누구든지 시장에 투자하도록 설득할 수 있었다. 그는 실제로 투자나 중개 솜씨가 뛰어난 사람은 아니었지만, 물정을 잘 모르는 사람들에게는 그의 말이 그럴듯하게 들렸다. 로브는 고객을 낚는 데 엄청난 성공을 거두었다. 그의 말이나 글이 대량 마케팅과 인기 잡지를 통해서, 푼돈을 모았지만 시장에 대해서는 전혀 모르는 소액 투자자들에게 전달되었기 때문이다. 로브의 성공을 본 투자 은행가들은 자신의 증권사를 이용하면 월스트리트에서 유리한 위치를 차지할 수 있다고 소액 투자자를 설득하는 홍보 캠페인을 벌이게 되었다. 물론 실제로 유리한 위치란, 증권회사가 소액 투자자들의 빈번한 매매를 유도하는 유통 채널에 불과했다.

그리고 결국은 이렇게 되었다. 대형 투자은행들은 미국에 금융 상품을 판매하는 유통 채널이 된 것이다. 한때 모건 같은 사람은 거래를 착상하고 구성했지만, 오늘날에는 모건 방식으로 거래를 관리하는 투자 은행가들은 드물다. 대신 이들은 세상의 현실에 반응하면서, 세상이 원하는 '거래의 흐름'에 순응한다. 초기 투자 은행가들은 자신과 세상의 이로움을 생각했지만, 오늘날의 투자 은행가들은 자신과 고객의 이로움을 생각한다. 오늘날 투자은행의 세계는 이제 전문 영역으로 분화되고 있다. 예를 들면, 인수합병M&A, Merger and Acquisition, 벤처캐피털, 기업 공개IPO,Initial Public Offering 등이다. 그러나 원래의 투자 은행가들은 이 모든 일을 다 하면서 오늘날 전문가들의 선구자가 되었고, 이 과정에서 말 그대로 시장을 만들어냈다.

오거스트 벨몬트

August Belmont

유럽을 대표해서 미국에 투자한 인물

◆

　이전의 유럽 로스차일드 가문처럼, 오거스트 벨몬트August Belmont는 미국이 변방의 순수 농업 국가에서 번영하는 산업 국가로 변신하도록 도움을 주었다. 그러나 그는 흔히 보는 수완가가 아니어서 일확천금하려고 증권거래소에서 투기하거나 산업을 개척하지 않았다. 그는 미국 산업보다 한발 앞서 나갔다. 세계 최강의 '은행'인 로스차일드 가문의 미국 주재 대리인이었던 벨몬트는 거의 50년 동안 미국에서 투자 은행업과 정치로비 활동을 연결한 인물이었다. 처음으로 금융과 정치가 만났고, 둘은 잘 어울렸다! 벨몬트는 로스차일드 연줄 덕분에 정계에서 명성을 얻었고, 이러한 정계와의 연줄 덕분에 그는 로스차일드에게 사업 거리를 제공할 수 있었다.

　벨몬트의 성공은 처음에는 절묘한 타이밍 덕분이었다. 1816년 가

난한 프로이센 부모에게서 태어난 그는 14세에 로스차일드의 프랑크
푸르트 집에서 바닥 청소일을 시작했다. 이 무렵 그의 주인은 엄청난
성공을 거두고 있었다. 17세에 그는 나폴리 지점 감독 업무를 맡았고,
교황청과의 협상을 잇달아 성공적으로 처리하게 되었다. 이제 벨몬트
는 절묘한 타이밍을 맞이하게 된다. 4년 뒤, 쿠바의 아바나_{Havana}에서
사업을 하고 있던 그는 미국이 극심한 공황에 빠졌다는 소식을 들었다.
그래서 21세의 나이로 맹렬한 야망과 로스차일드의 절대적인 신임을
갖고, 첫 배로 1837년 공황에 휩싸인 뉴욕으로 건너갔다. 당시 신흥 바
나나 공화국(1차산업에 의존하며 서구 자본에 경제 체제가 종속된 약소국_옮긴
이)과 맞먹는 규모의 자금지출 권한을 위임받을 만한 21세 젊은이들이
오늘날 과연 몇이나 있겠는가? 그러나 그는 로스차일드 내부 사람이
었다.

　뉴욕에 도착했을 때, 벨몬트는 실제로는 로스차일드의 돈을 갖고
있지 않았다. 단지 로스차일드의 이름뿐이었다. 그러나 그 이름이 워낙
대단했기 때문에, 로스차일드의 자금이 들어온다는 믿음과 로스차일
드 연줄만으로 누구든지 그에게 자금을 빌려주었다. 그는 즉시 오거스
트 벨몬트 앤드 컴퍼니_{August Belmont and Company}를 설립하고, 아무도 거들
떠보지 않는 침체한 시장에서 매수를 시작했다. 로스차일드의 이름을
등에 업은 그는 사람들로부터 자금을 무한정 받았는데, 이 사람들은 서
로 간에는 자금을 제공하려 하지 않았었다. 본질적으로 그는 미국이 다
시 자금을 빌려주게 했다. 미국이 빌려준 자금으로 그는 주식, 상품, 은
행어음을 매수했고, 이러한 활동이 공황을 막았으며, 부도 직전까지 몰
린 미국은행들을 구해냈다. 오로지 그만이 이 일을 해낼 수 있었다. 미

국이 보여준 세계 최대의 개인은행에 대한 신뢰를 이용했기 때문이다! 당연한 일이지만, 이 사건 이후 그의 인기가 치솟았다.

면도날처럼 날카로운 재치와 고상한 배경을 지닌 벨몬트는, 특유의 억양, 낯선 말투, 말쑥한 외모로 사교계를 매료시켰다. 키가 작고 뚱뚱하며, 둥그스레한 얼굴에, 밝고 검지만 애매한 눈을 지닌 그는 뉴욕 사교계를 집으로 끌어들였다. 4년 만에 벨몬트의 이름이 모든 뉴욕 사람들의 입에 올랐다. 그는 뉴욕을 이끄는 투자 은행가였고, 사회를 강타한 인기인이었다. 그리고 유대인이었다.

처음 미국에 도착했을 때, 벨몬트는 (많은 유대인 이민자가 이후 100년 동안 그랬던 것처럼) 출신을 숨기려 했다. 그는 원래의 성 쇤베르크Schonberg를 여기에 해당하는 프랑스어 벨몬트Belmont(아름다운 산을 뜻한다)로 바꿨다. 미국처럼 종교적 박해를 피해 많은 사람이 건너온 관대한 나라에서도, 사람들 대부분은 유대인 대금업자를 미워했다. 오늘날에도 그렇지만 유대인을 가장 미워한 사람들조차 벨몬트가 유대인이라는 사실을 십중팔구 몰랐을 것이다. 이런 이름을 들어본 적이 없기 때문이다. 그는 바꾼 이름으로 비교적 순박한 뉴욕 사교계에서 잘나가는 시골뜨기들과 어울렸다. 뉴욕 사교계에서 그는 신비로운 유럽인이었으며, 옷을 멋지게 입고, 저택을 화려하게 장식하며, 만찬을 열어 200명을 초대하고, 심지어 경마까지 주최하는 인물이었다. 그가 주최한 경마는 벨몬트 스테이크스Belmont Stakes로 알려지게 되었다(켄터키더비Kentucky Derby, 프리크니스Preakness와 함께 현재 가장 중요한 '3대 경마Trile Crown'가 되었다). 그는 '세련되게 늦는' 행동까지 개발했다.

이 신비로운 사나이는 대단한 난봉꾼이기도 해서 여자 유혹하는 법을 알았다. 벨몬트에게는 여자들은 좋아하지만 남자들은 싫어하는 성적 매력이 있었다. 여러 여자와의 교제를 끝낸 후에는 사교계의 명사인 페리Perry 제독의 딸과 결혼해서 3남 1녀를 키웠다. 로스차일드 가문처럼, 차남 오거스트 2세는 아버지의 회사를 물려받아 가문의 유산을 이어갔다.

벨몬트의 인생은 1840년대 초에 정치와 뒤얽히게 되었고, 이때부터 그의 정치적 명성은 끊이지 않았다. 당연히 그럴 만했다. 정치 불안이 예외라기보다는 일상이었던 세계에서 로스차일드 가문의 대출금이 안전했던 것은, 그의 정치적 연줄과 수완 덕분이었다. 벨몬트는 정치적 연줄과 힘을 키우면서 인생을 보냈다. 그 점에서 그는 미국 금융시장 발전에 중요한 기여를 했다. 정치는 그가 확보한 로스차일드 가문의 보험증서였다.

벨몬트는 귀화 시민이 되어 민주당에 입당했다. 1844년 그는 6년째 미국 주재 오스트리아 총영사였다. 1953년 그는 네덜란드 주재 미국 공사가 되었고, 대통령 선거 운동에 적극적으로 참여해서 피어스Pierce를 당선시켰다. 그는 헤이그 주재 미국 공사관의 대리대사였고, 나중에 헤이그 주재 변리공사가 되었다. 1872년 정계에서 은퇴하기 전에는 민주당 전국위원회 의장직을 4년 동안 맡기도 했다.

남북전쟁이 일어나자 벨몬트는 일시적으로 변절하여 공화당 링컨을 지지하면서 북부연합을 위해 싸웠으며, 대통령의 재정 고문이 되었다. 처음에는 로스차일드 가문과 영국 정부 모두 북부연합을 지지하지 않았으므로, 그는 전쟁을 위한 해외 자금을 얻는 데 도움이 되었다. 몇 년 동안 그는 로스차일드 가문을 대신해서 정부 증권을 사들이면서 미국 재무부에 자금을 쏟아부었다.

1890년 심장마비로 죽을 때까지, 벨몬트는 유럽 자본과 번영하는 산업국 미국 사이에 견고한 다리를 세워놓았다. 동시에 그는 투자 은행업과 정치를 맺어주었다. 유럽에서 이미 한 세기 전에 이러한 결합의 중요성을 발견한 로스차일드 가문은, 벨몬트를 통해 백악관 및 국회와 유대를 맺음으로써 미국에서 가문을 이어갈 수 있었다.

벨몬트의 인생에서 그의 사회적, 정치적 거래들이 강조되는 점을 보면, 로스차일드 가문의 미국 대리인으로서 그가 한 주요 업무는 주식 발행에 앞장서거나 기업구조를 고안하는 일이 아니었다. 그는 미국 산업혁명의 핵심기보다 앞서서 살았기 때문이다. 그의 주된 역할은 정부 자금 조달과 기업을 지원하는 자금시장에 있었다. 그가 없었다면, 자금 부족 때문에 미국의 훌륭한 자본주의 시스템이 발전할 수 없었을 것이다.

이매뉴얼과 필립, 리먼 부자

Emanuel Lehman and his son Philip

월스트리트 기업들의 역할 모델

◆

월스트리트에서 가장 거대한 투자은행에 속하는 리먼 브라더스 Lehman Brothers의 뿌리를 찾다 보면, 미국이 강력한 산업 국가로 서서히 부상하던 시기로 거슬러 올라간다. 농업 사회에서 면화 중개인으로 시작한 리먼 가문은, 미국에 도착하자 먼저 남북전쟁 동안 남부연합의 자금 조달을 도왔고, 월스트리트로 옮겨와 1900년대까지 상품거래에 손을 댔다. 리먼 가문은 2세대에 이르러서야 발전을 이루고 큰 이익을 얻어 월스트리트에 발자취를 남기게 되었다. 리먼은 다른 은행가들이 기피하던 비전통적인 사업들(소매업, 직물업, 우편 판매업, 싸구려 잡화업 등)에 자금을 지원하였다.

리먼 가문의 전통은 1844년 헨리 리먼Henry Lehman이 독일 바이에른에서 앨라배마 주 모빌Mobile로 오면서 시작되었는데, 그는 앨라배마 강을 따라 포장마차를 끌고 다니며 응유(凝乳, 우유 혹은 탈지유를 락트 발효시켜 우유가 응고된 커드를 형성시킨 것_편집자) 제품을 판매했다. 1년 안에 그는 몽고메리Montgomery에 정착해서 '리먼H. Lehman'이라는 간판을 내걸고 유리제품, 연장, 직물, 종자를 판매했다. 1850년, 수지맞는 잡화점 덕분에 메이어와 이매뉴얼Emanuel 형제는 미국에서 기회를 잡았고, 여기에서 리먼 브라더스가 탄생하게 되었다. 남부에서는 면화가 최고의 상품이었으므로, 이들은 축우 중개상의 아들에서 곧 면화 중개인으로 변신했다. 이들은 면화를 할인된 가격에 사면서 자신이 취급하는 상품으로 대금을 지급했고, 면화를 팔면서도 이익을 보았다. 거래 양쪽으로 돈을 번 셈이다.

면화 대금 결제에는 대개 뉴욕 은행들에서 지급하는 4개월 만기 어음이 사용되었으므로, (1855년 황열병으로 형 헨리가 죽은 뒤 30세에 가장이 된) 이매뉴얼은 1856년 뉴욕 지점을 개설했다. 사업을 묶어놓았던 남북전쟁이 끝나자 1868년 메이어는 월스트리트로 가서 형과 합세하였고, 함께 면화 및 상품 중개인으로 다시 자리를 잡았으며, 1887년 뉴욕 증권거래소NYSE, New York Stock Exchange 회원권을 획득하였다.

리먼 형제들은 월스트리트에서 믿을 만하고 공정하며 꼼꼼한 중개인으로 알려졌고, 유대인 공동체 안에서 서서히 지위가 올라갔다. 형제는 둘 다 눈이 맑고 턱수염이 풍성했으며 이마가 벗겨진 데다가, 비단 모자와 프록코트와 줄무늬 바지를 착용했으므로 거의 똑같은 모습이었다. 그래서 한 사람이 동시에 두 곳에 출몰하는 것처럼 보였다. 성격이 좋고 사업을 열심히 하는 메이어가 더 적극적이고 사교적인 영업 스타일이어서 사람들을 만나면서 끊임없이 사업을 활성화했다. 이매뉴얼은 심사숙고 스타일이었고, 둘 가운데 더 냉정하고 조심스러우며 건설적이었다. 그래서 사람들은 "메이어는 돈을 벌고 이매뉴얼은 돈을 지킨다"라고 말했다.

1890년대가 되자 형제들은 장성한 아들들을 회사로 불러들였다. 10년 동안 리먼 가문에서 세 사람이 회사에 합세했다. 1861년에 태어나 장차 아버지 자리를 물려받게 되는 이매뉴얼의 아들 필립Philip, 메이어의 아들 지그문트Sigmund, 죽은 헨리의 아들 메이어Meyer가 그들이다. 새로운 피를 수혈받고 나자 이 회사는 산업 성장기를 맞이한 미국 경제와 발맞추어 확장했다. 리먼 브라더스는 자동차와 고무 같은 신기술에도 투자했지만, 커피, 면화, 석유 거래와 같은 상품사업도 여전히 고수했다.

이매뉴얼은 80세에 한 달을 남겨놓고 죽으면서 적극적이고 자신감 넘치는 36세의 아들 필립에게 자리를 물려주었다. 필립은 "무슨 일에서든 꼭 이겨야만 하는" 사람이었다고 전해진다. 자존심과 귀족 기질에 더해서 차분한 태도와 지적인 두뇌를 지닌 필립은 젊은 세대로서 진보에 대한 욕구를 불태우면서 즉시 낡은 방식을 버리고 새롭게 떠오르는 투자 은행업을 추진했다. 그는 주로 절친한 친구 헨리 골드먼Henry Goldman이 골드만삭스Goldman Sachs를 설립하기 전에 그와 제휴해서 일을 진행했다(이들은 장난삼아 골드먼 앤드 리먼Goldman and Lehman을 설립해서 이익을 반반씩 나누었다).

리먼과 골드먼은 월스트리트에서 가장 잘나가는 인수팀이 되어 56개 발행자로부터 발행 업무 114건을 의뢰받아 처리했다. 전성기에 이들은 1911년 스튜드베이커Studebaker, 1912년 울워스FW Woolworth,

1913년 콘티넨털 캔Continental Can의 증권 발행을 주선했다. 이들의 최고 성공작 가운데 하나는 (골드먼의 먼 친척이 경영하던) 성장하는 우편판매 회사 시어스 로벅Sears, Roebuck의 1000만 달러 규모 증권인수 업무였다. 이것은 최초의 우편판매 회사 증권이었다. 이들은 계산된 위험을 떠안았지만 충분한 보상을 받았다.

나중에 독립한 리먼 브라더스는 계속해서 독특한 방식으로 항공, 전자, 영화, 주류의 초기 발행 주식을 인수했다. 이들은 오늘날 거대기업이 된 포스텀 시리얼Postum Cereal, 메이시 앤드 컴퍼니RH Macy and Company, 엔디콧 존슨Endicott-Johnson, 필스베리 플라워Pillsbury Flour, 캠벨 수프Campbell Soup, 옐로 캡Yellow Cap 등도 취급했다. 이들은 플로이드 오들럼과 함께 파라마운트 영화사Paramount Pictures를 재편했고 또 다른 영화사 RKO로부터 RCA의 지배 지분을 사들였는데, 당시 월스트리트에서 영화산업에 대한 투자는 전례 없는 일이었다.

이들이 이 책에 등장한 이유는 무엇인가? 훌륭한 투자 은행가로 보이기는 하지만, 근본적인 혁신을 일으킨 사람들은 아닌데 말이다. 어떻게 해서 이매뉴얼과 필립이 투자계의 거인들에 속하게 되었는가? 이유는 간단하다! 이들은 유대계 투자은행의 전형적인 역할 모델이었다. 내가 처음 일을 시작할 당시에도 월스트리트에는 유대인과 기독교인들 사이에 철저한 분리주의가 남아 있었다. 한쪽에는 주로 기독교인 종업원들이 근무하는 기독교계 회사들이 몰려 있었고, 다른 한쪽에는 주로 유대인 종업원들이 근무하는 유대계 회사들이 몰려 있었다. 절반은 유대계, 절반은 기독교계 혈통인 필자는 월스트리트에서 이런 분리 현상을 항상 발견했다. 더 과거로 거슬러 올라갈수록 이런 분리 현상은 더 강하게 나타난다. 모건은 기독교계 회사를 경영했지만, 유대계 회사 쿤 로브가 없었다면 그는 정말이지 모건이 될 수 없었을 것이다. 오늘날 쿤 로브는 어디에 있는가? 어디에도 없다! 그러나 리먼이라는 이름은 결코 명성을 잃은 적이 없으며, 오늘날에도 월스트리트에 크게 걸려 있다. 전성기일 때 쿤 로브는 더 중요한 기업이었지만, 영속기업으로 계속 존재할 수가 없었다.

리먼 브라더스는 여전히 유대계 뉴욕 금융기관과 사회 공동체의 핵심일 뿐만 아니라, 많은 기업이 본받는 역할 모델이 되고 있다. 그 중심이 가족들이고, 이들이 결국 외부인들을 고용해서 현대까지 이어지는 거대기업을 세웠다. 예를 들면 골드먼, 베어스턴Bear Stern, 심지어 최근 들어 악명을 떨친 거대기업 드렉셀 번햄Drexel Burnham까지 리먼 브라더스의 형태를 본떴다. 오늘날 일류 투자은행 중에는 유대계 회사들이 많은데, 본질적으로 이들 모두가 리먼의 모델을 따랐다. 내가 어렸을 때, 투자은행과 증권사 사이에 긴 합병의 시대가 시작되기 전에는 유대계 회사들이 더 많이 있었다. 그러나 이들도 역시 모두 리먼의 전통을 따랐다. 이매뉴얼 리먼과 아들 필립은 유대계 회사들의 역할 모델로서 영원히 존경받을 것이다.

JP 모건

John Pierpont Morgan

역사상 가장 강력했던 자본가

◆

시어도어 루스벨트가 대통령이었던 시절, 존 피어폰트 모건_{John} Pierpont Morgan은 십중팔구 세계에서 가장 강력한 인물이었다. 자본을 다루는 마술사 모건은 일인 중앙은행을 설립해서, 당대 최대의 기업합병들에 자금을 제공하여 미국을 위험천만한 공황으로부터 구했다. 그의 갑작스러운 말 한마디가 금과옥조로 간주되었고, 경외심을 자아내는 그의 분위기는 전능자의 모습이었다. 한 예로 전설처럼 전해오는 이야기가 있다. 오랜 친구의 아들이 의문스러운 벤처사업에 대해 자금을 지원해달라고 간청했다. 모건은 거절했지만 웃으면서 말했다. "대신 못지않게 값진 선물을 자네에게 주겠네!" 그는 젊은이와 나란히 뉴욕증권거래소 객장을 가로질러 한가롭게 걸어갔다. 그 후 이 젊은이는 난생처음 수많은 사람으로부터 투자를 받았다!

권력을 부여받은 대통령이나 왕족들과는 달리, 모건은 오로지 의지만으로 전설적인 지위를 획득했다. 독단적이고 거만했던 모건은 결단력 있는 지성을 과시하면서 증권을 판매하고, 철도사업을 재편했으며, 기업들을 합병했다. 물론 국제 은행가였던 아버지 주니어스 모건 덕분에 출발이 순조로웠지만, 모건 가문에 불후의 명성을 가져다준 사람은 JP 모건이었다. 그는 1901년 미국 최초의 수십억 달러 기업을 진두지휘했으며, 1907년 공황으로부터 경제를 구해냈다.

용기 있는 자본가 모건은 공황을 해결한 인물로 인정받고 있었다. 과도한 투기와 주식 물타기 때문에 기업들이 도산하고 은행들이 붕괴하자, 월스트리트는 그에게 희망을 걸었다. 공포에 휩싸인 분위기에서도 그는 침착성을 잃지 않고 친구와 경쟁자들로부터 자금을 조달해서 최대한 많은 기업을 구제했다. 그는 곤경에 처한 기관들에 대해 최후의 대출자 역할을 담당했는데, 지금은 연방준비제도Federal Reserve System가 이 역할을 맡고 있다. 큼직한 검은 엽궐련을 입에 문 채로 그는 "구제가 불가능한" 니커보커 트러스트Knickerbocker Trust는 도산하도록 내버려두고, 대신 트러스트 컴퍼니 오브 아메리카Trust Company of America에 자금을 집중적으로 지원했다. 주가는 시세표시기가 따라가지도 못할 정도로 가파르게 떨어지고 있었고, 그는 마감 직전에 증권거래소에 도착했다. 단 몇 분 만에 그는 여기저기서 모은 2500만 달러를 투입하여 주가를 띄워 올렸다. 거물 JP에게는 별일 아니었다.

튀어나온 루비색 붉은 코, 푸른빛을 띤 회색 머리카락, 검고 무성한 눈썹 밑에 타오르는 눈을 지닌 JP는 독보적인 금융제국을 건설했다. '노련한 모건'은 의심스러운 수법들을 몇 가지 알기는 했지만, 특별히 속임수를 쓴 적은 없었다. 그는 생각을 바꾼 적도 거의 없어서, 한 번 내뱉은 말은 끝까지 지켰다. 세계의 노신사 모건은 "내가 대출을 맡겠소"라고 발표하여 15분 만에 100만 달러 대출을 확정하기도 했다.

모건이 가장 즐겨 사용한 거래 방식은 기업합병이었다. 이 방식은 효율적이면서도 깔끔했다. '파멸적인' 경쟁을 없애버린 데다가 무엇보다도 혼란으로부터 질서를 회복했기 때문이다. 그는 혼란을 경멸했다. 경쟁자들보다 시장 점유율이 높은 기업은, 제품 가격을 조절해서 원하는 대로 얼마든지 사업을 할 수 있다. 혼란 따위는 없다. 전성기에 그는 미국 전화 전신회사American Telephone & Telegraph, 제너럴 일렉트릭GE, General Electric, 풀먼Pullman, 인터내셔널 하베스터International Harvester, 웨스턴 유니언Western Union, 웨스팅하우스Westinghouse 등의 수평적 통합에 앞장섰다. 그러나 그는 철강을 목표로 삼았고, 그의 생애에서 가장 인상적인 거래를 성사시켰다. 1901년 US스틸의 주식과 채권을 합한 시가총액은 14억 달러였는데, 그나마 거의 절반이 물타기(회계 용어로는 영업권)였다. 그는 철강산업 전체를 집어삼켰고, 개인소유 영세기업들을 높은 가격으로 사들여서 백만장자 수백 명을 탄생시켰다.

이 과정에서 모건은 내셔널 튜브 컴퍼니National Tube Company를 설립했고, 아메리칸 틴 플레이트American Tin Plate, 페더럴 스틸Federal Steel, 내셔널 스틸National Steel, 아메리칸 스틸 앤드 와이어American Steel & Wire 등을 인수했다. 이어서 그는 매수 가격을 낮추기 위해서 앤드류 카네기Andrew Carnegie가 소유한 거대 철강회사의 가치를 떨어뜨리는 일에 집중했다. 카네기의 고객을 자기 쪽으로 끌어들이는 등 경쟁 전술을 폈지만 카네기가 생존하자, 모건이 대금을 지급했고 카네기는 구제되었다. 역시 15분 만에 JP는 1순위 저당으로 5% 금화 지급채권 4억 9200만 달러를 지급하기로 합의했다. 인수단은 무려 5750만 달러에 이르는 수수료를 받았는데, 이 중 1150만 달러가 모건 가문의 몫이었다. 정서장애와 두통을 자주 앓았던 모건은 수수료 창출에 천부적인 재능을 보였는데, 그가 주도한 합병의 목적이 시장 점유율을 통합하여 비용을 낮추려는 전략이 아니라, 단지 수수료 수입을 확보하려는 것이 아니었느냐고 의심하는 사람도 있었다. 모건에게는 몹시 유감스럽게도, 신문사들은 수수료 문제에 대해 마음껏 떠들어댔다. 신은 세계를 창조했지만, "모건은 1901년 세계를 재편했다"라는 말이 떠돌았다.

1837년에 태어난 모건은 19세에 가족사업에 뛰어들었으며, 런던 조지 피바디 앤드 코George Peabody & Co.에서 일하면서 국제금융에 대해 훌륭한 관점을 터득했다. 그는 커피와 남북전쟁 금괴에 투기해서 성공을 거두었으며, 말 많은 1861년 홀 카빈총 사건Hall Carbine Affair에도 참여했다. JP는 이렇게 모은 돈 2만 달러를 동업자에게 빌려주어 정부로부터 낡은 홀 카빈총을 개당 3.5달러에 사들였다. 이어 그는 미국 정부에 개당 22달러를 받고 팔았다!

그 후 모건은 자기 회사 대브니 모건Dabney, Morgan을 설립했는데, 이 회사는 1870년에 뉴욕 은행들 가운데 16위에 올라섰다. 그는 과감하게 철도사업에 뛰어들었고, 먼저 캔자스 퍼시픽Kansas Pacific 채권 650만 달러를 발행했다. 이어서 그는 올버니 앤드 서스케하나Albany & Susquehanna 의 경영권을 놓고 약탈자 제이 굴드 및 짐 피스크와 가볍게 한판 붙어서, 이들의 의심스러운 수법(주식 물타기, 협박, 정치공작 등)에도 불구하고 합병에 성공했다. 약탈자 굴드와 피스크는 단지 약탈하려는 목적으로

이 노선을 원했지만, 독실한 기독교인 모건은 철도를 중요한 운송 수단이라고 생각했다. 1879년에 뉴욕 센트럴 철도의 윌리엄 밴더빌트의 지분 2500만 달러를 성공적으로 인수한 뒤, 그는 주요 철도 자본가로 떠올랐다. 신속하고 은밀하게 일을 처리한 덕에 그는 뉴욕 센트럴 이사회의 이사가 되었고, 더 중요한 철도 거래에 발을 들여놓을 수 있었으며, 미국과 해외 투자가 사이에서 금융 중개인이 될 수 있었다. 1880년대는 '모건화Morganizing'의 시대였다. 모건은 더 낮은 금리로 채권을 재발행하거나 채권을 주식으로 전환하는 방식으로 신규 자본을 공급하여 고정비용을 줄여주었는데, 이 과정에서 항상 투자은행 수수료를 받았다. 또한 자신의 투자를 보장받으려는 목적으로, 그는 적어도 21개 철도회사의 이사가 되었다.

모건 가문은 미국 금융시장을 완전히 차지했는데, (1907년 공황으로 촉발된) 개혁이 유행을 타게 되자 모건은 눈에 띄는 표적이 되었다. 그의 합병은 특히 태프트Taft 대통령과 피에 굶주린 기자들로부터 집중 포화를 맞았다. 심지어 국회까지도 이 게임에 가세해서 1912년 독점 금융에 대한 푸조Pujo 조사를 하였는데, 푸조위원회는 모건을 의심스러운 자금연합의 중심인물로 다루었다. 이 노인은 일생의 업적을 지키는 데는 성공했으나 자존심에 치명적인 상처를 입었다. 왕국과 체력이 쇠퇴한 거만하고 완고한 모건은 1913년 75세에 죽었고, 7700만 달러 상당의 부동산과 2000만 달러 상당의 예술품을 유산으로 남겼다.

이후 어떤 자본가도 모건이 전성기에 휘두른 만큼 권력을 잡아본 적이 없으며, 심지어 그 근처에 가본 사람조차 없다. 그가 곧 권력이었다. 아이러니하게도 그는 자신이 진심으로 선을 위한 권력이라고 믿었지만, 20세기 개혁가들은 그를 악으로 간주했다. 모건이 주도한 합병 덕분에 세계가 더 나아졌을까, 아니면 차라리 1870년대와 1880년대의 위험스러운 디플레이션이 더 나았을까? 역사를 놓고 벌이는 토론은 끝이 없겠지만, 모건 이전이든 이후든 그만큼 주식 및 채권시장의 궁극적인 목표, 즉 미국기업들에 대한 자금 공급을 몸소 구현한 사람이 없었다는 점을 명심해야 한다. 어떤 기업의 주가가 오를 것인지 내릴 것인지 걱정해봐야 소용없고, 결국 이런 주가의 등락과 관계없이 미래에 어느 기업이 돈을 벌 것인지가 중요하다. 중요도 면에서 감히 모건과 경쟁을 벌였던 유일한 인물은, 과거 드렉셀 번햄 램버트Drexel Burnham Lambert에서 정크본드를 발전시킨 마이클 밀컨이었다. 밀컨은 금융에서 혁신을 일으켰다. 그러나 그는 정크본드를 통해 막대한 자금을 조달했음에도, 모건이 미국의 전체 경제에서 담당했던 중심적 역할에는 결코 접근하지도 못했다. 게다가 밀컨은 법적 문제를 일으켰고 드렉셀은 도산하였으므로, 앞으로도 수십 년 동안 모건은 역사상 최강의 자본가 타이틀을 확실하게 유지할 것이다.

제이컵 쉬프

Jacob H. Schiff

월스트리트의 이면

제이컵 쉬프_{Jacob H. Schiff}는 JP 모건과는 다른 면에서 월스트리트를 대표했다. 물론 쉬프의 세계에서도 사람들은 미국의 산업화를 지원하는 대출을 인수하면서 거금을 벌어들였고, 이런 사업을 벌이려면 연줄과 성실성이 여전히 필수 요소였다. 그러나 쉬프와 그의 무리는 한 가지가 달랐다. 이들은 월스트리트의 유대인들이었다.

쉬프는 월스트리트 2위의 투자은행 쿤 로브 앤드 컴퍼니_{Kuhn, Loeb and Company}를 1885년 38세에 설립해서 마지막 선임 파트너가 은퇴할 때까지 경영했다. 그 수십 년 동안 그는 평범한 회사를 괄목할 만한 회사로 키웠다. JP모건 앤드 컴퍼니가 산업에 주로 집중하는 동안, 그의 회사는 미국 최대 철도회사 대부분에 자금을 조달했다.

두뇌가 명석하고, 공정하며, 정직하고, 대중의 관심을 싫어했던 쉬프는 모건처럼 사업에서는 결코 주저하는 법이 없어서 초대형 거래조차 30분 만에 마무리 지었다. 쉬프는 자신이 원하는 바를 명확히 알았다. 앵글로 색슨계 신교도 백인WASP, White Anglo-Saxon Protestant이 많은 뉴잉글랜드 사람들과는 달리, 쉬프는 1847년 유명하고 부유한 유대 가문의 아들로 태어나 독일에서 자랐다. 그는 1865년 로스차일드 가문의 중개인이었던 아버지의 발자취를 따르려고 맨해튼으로 이주했다. 1875년 28세에 그는 독일계 유대인 상사의 딸 테레사 로브Theresa Loeb와 결혼하면서 쿤 로브에 자리 잡게 되었다. 그는 결혼 선물로 회사의 파트너 지위를 얻게 되었고, 그 이후로 쿤 로브는 법적으로나 혈통으로나 유대계 네트워크를 유지했다.

유대계 회사라는 사실이 쿤 로브에 걸림돌이 된 적은 결코 없었지만, 쉬프는 자신의 진심 어린 신념과 사업 사이에서 어려운 결단을 내려야만 했다. 예를 들면, 모국 독일과 미국의 동맹국이나 당시 유대인을 박해하던 제정 러시아 사이에서, 가슴이 찢어지는데도 사업적 관점에서 1차 세계대전에 대한 자금 조달 문제를 결정해야만 했다. 1904년으로 거슬러 올라가면, 쉬프는 제정 러시아에 대한 강한 증오심 때문에 당시 러일 전쟁을 치르던 일본에 2억 달러를 조달해준 적이 있었다. 그러나 1914년에는 편을 들기가 쉽지 않았다. 쿤 로브가 동맹국에 자금을 지원한다면 쉬프는 러시아를 돕는 셈이 되지만, 만일 동맹국 지원을 거절한다면 독일에 우호적인 모습으로 비칠 것이고, 이는 사업에 끔찍한 영향을 줄 일이었다.

그래서 영국이 쿤 로브에 자금을 요청했을 때, 쉬프의 파트너 오토 칸과 그의 아들 모티머 쉬프Mortimer Schiff는 동맹국을 지원하기 위해서 영국에 무담보로 5억 달러를 제공하려 했다. 그러나 사장으로서 대출을 승인해야 하는 시점이 오자, 쉬프는 평소의 객관적인 사업 판단보다 양심의 가책에 더 강하게 끌렸다. 그는 대출에 한 가지 불가능한 조건을 달았다. "대출금에서 단 1센트도 러시아에 제공해서는 안 된다." 영국은 러시아의 동맹국이었으므로, 이 조건은 당연히 수용이 불가능했다. 따라서 대출은 취소되었고, 쿤 로브는 월스트리트에서 한동안 오명을 뒤집어쓰게 되었다. 회사가 다시 높은 위상을 되찾게 된 것은 오로지 칸과 모티머의 개인적 헌신과 홍보 덕분이었다.

모건 가문에 이어 2위를 차지하는 회사라서 금융계에 문제를 일으키는 경우도 있었다. 쉬프는 모건에게 자신과 회사의 능력을 보여주어야만 했기 때문이다. 그 시험의 시기는 세기말에 다가왔다. 쉬프는 철도 사업가 에드워드 해리먼과 한 팀이 되어, 그레이트 노던 레일로드 Great Northern Railroad의 경영권을 놓고 모건과 철도 사업가 제임스 힐로 구성된 팀과 맞섰다. 결국 1901년 '푸른 목요일Blue Thursday'이라는 소규모 공황을 거쳐 전쟁이 끝난 뒤, 쉬프와 모건은 공동 경영 지주회사를 설립하기로 타협했다. 이후로 이들은 침묵의 경쟁관계에서 벗어나 서로 존경하는 모습을 보이기 시작했다. 모건은 쉬프를 깊이 존경했을 뿐만 아니라, 유일한 맞상대로 인정했다!

철도사업은 쉬프가 모건으로부터 존경받게 된 열쇠였을 뿐 아니라, 쿤 로브가 성공을 거둔 주요 요소이기도 했다. 쉬프의 철도사업 경험은 모건이 참여하기 몇 년 전부터 시작해서 약 40년 동안 이어졌으며, 이 기간에 펜실베이니아 철도Pennsylvania Railroad 한 곳에 조달한 자금만도 10억 달러가 넘었다. 선임 파트너 로브는 철도사업이 위험하다고 생각했지만 쉬프는 경영진, 반대하는 투기 세력들, 입안자들과 친구가 되고, 산업을 속속들이 배워서 결국 철도사업에 진출하였다. 그의 전략은 충분한 보상을 가져다주었다. 쿤 로브에는 새로운 고객들이 문전성시를 이루었고, 곧 10% 수수료를 정식으로 부과하게 되었다. 단지 1000만 달러 규모 채권 발행을 주선해도 수수료로 약 100만 달러를 벌었다는 말이다.

작은 키지만 꼿꼿하고, 진지하며 엄격했던 쉬프는 인정 많은 눈, (나중에 희어진) 턱수염을 지녔고, 산뜻하지만 유행이 지난 옷을 입었다. 독서광이었으며 편지를 많이 썼고, 유럽 방문이 아닌 경우에는 잘 나다니지 않았다. 쉬프는 매우 가정적인 사람이어서 부모를 공경했고, 빛바랜 부모 사진을 항상 지갑에 넣어 다녔다. 그가 회사를 크게 키운 가장 중요한 이유는 그의 외아들 모티머 때문이었다. 아들은 1900년 23세에 회사에 합류했으며, 1920년 그가 죽자 회사를 넘겨받았다. 모건에게 일어난 일과 비슷하다.

지금도 그렇지만 세계에는 유대인, 특히 부유하고 힘 있는 유대인들에게 적대적인 사람들이 항상 많았다. 그러나 종교개혁 전의 교회가 고리대금업을 죄로 정하자, 대금업은 자동으로 유대인들의 틈새시장이 되었고, 이를 바탕으로 유대인들은 19세기 투자은행 업계에서 강력한 위치를 차지하게 되었다. 유대계 로스차일드 가문이 기독교계 모건 가문보다 앞서 등장했듯이, 19세기 유대계 투자은행 업계는 기독교계에 비해서 불균형적으로 규모가 크고 기반이 확고했다.

19세기 미국의 일류 유대계 투자은행의 설립자 겸 수장이었던 쉬프는, 모건의 동생 역할을 담당하면서 금융 분야에서 유대인들의 존재를 영속시키고 발전시켰다. 그가 자금 조달 면에서 유대계 기업들을 차별적으로 우대하지 않았던 점에 주목하라. 그는 자신을 우선 미국 사업가라고 생각했고, 유대인이라는 사실은 부수적으로만 생각했다. 이에 따라 그는 자신의 신앙이 유대교이지, 인종이 유대인이라고는 생각하지 않았다. 그는 인종차별을 조장하는 일이라면 무슨 일이든 좋아하지 않았다. 그래서 그는 유대인 공동체에서 자금을 조달해서 편견 없이 자금을 제공했다. 따라서 그와 모건은 힘을 모아 함께 거래를 주선하는 경우가 많았다.

미국 투자은행들이 주로 유럽으로부터 자금을 빨아들여 오늘날의 제삼 세계 국가나 크게 다를 바 없었던 미국에 자금을 공급할 때, 쉬프는 모건과는 달리 월스트리트에서 유대계 금융 세계를 대표하는 역할을 담당했다. 따라서 쉬프도 모건처럼 대단히 중요한 인물이다. 그가 없었다면, 유대계든 비유대계든 자금을 공급받은 기업의 수가 더 적었을 것이고, 이 때문에 오늘날 우리는 모두 훨씬 가난해졌을 것이다.

조지 퍼킨스

George W. Perkins

편안한 모건 가문을 떠나 진보당에 합류한 인물

◆

JP 모건은 경쟁을 걱정한 적이 거의 없다. 경쟁이 별로 없었기 때문이다. 그러나 한번은 보험회사 임원 조지 퍼킨스George W. Perkins가 회사의 풍족한 자금을 이용해서 해외 증권을 인수하면서 모건의 영역을 침범하기 시작했다. 분명히 퍼킨스는 전능한 모건과 맞서려는 뜻은 아니었다. 그는 단지 자기 회사의 이익에 충실하려 했을 뿐이다. 그러나 모건은 놀랐다. 이어서 퍼킨스가 주요 독일기업에 대출을 약정하자 기가 막혔다. 절박한 상황이 벌어지자 모건은 즉시 행동을 개시하여 퍼킨스에게 모건 파트너 자리를 제안했다. 모건은 결코 경쟁을 걱정해본 적이 없다. 그냥 통째로 삼켜버렸기 때문이다!

퍼킨스는 (여러 번 제안을 받은 뒤) 한 가지 조건을 달아 마지못해 파트너 자리를 받아들였다. 그가 뉴욕 생명보험New York Life Insurance의 부사장

자리를 계속 유지한다는 조건이었다. 모건은 말했다. "당신이 뉴욕 생명을 떠나기 싫다면, 와서 함께 일하면서 두 자리를 유지할 수 있는지 봅시다. 내 생각에는 어려워 보이지만, 당신이 할 수 있다면 좋습니다." 그래서 일은 그렇게 진행되었다. 근면한 모건 파트너로 보낸 10년 중 5년 동안, 퍼킨스는 모건의 파트너와 보험의 왕으로 동시에 활동했다. 이는 나중에 이해상충으로 평가받았다.

매력적이고 재치가 있으며 열성적인 퍼킨스는 '모건의 오른팔'이 되었다. 그는 키가 크고 호리호리했으며, 검은 머리카락에 민감한 검은 눈을 지녔고, 진지하게 일에 몰두하는 태도를 보였다. 1862년 뉴욕 생명 직원의 아들로 태어난 퍼킨스는, 15세에 신통치 않았던 학교생활을 떠나 아버지의 비서가 되었다. 빠르게 승진 가도를 달리며 사장 자리를 향해 순조롭게 나아가고 있었는데, 이때 모건이 그의 문을 두드렸다. 그동안 퍼킨스는 보험 판매를 혁신하여 대리점 제도를 지점 제도로 대체하였고, 종업원들에게 이익을 분배해주었다.

퍼킨스 덕분에 모건 가문은 뉴욕 생명과 수익성 높은 제휴를 맺게 되었고, 이미 막강했던 모건의 권력, 영향력, 부가 한층 더 막강해졌다. 뉴욕 생명은 (나중에는 다른 거대한 보험사들도) 모건이 팔기 힘든 증권을 처분하는 쓰레기 처리장 역할을 담당했다. 한번은 퍼킨스가 두 회사를 연결해주어서 모건이 4년 동안 뉴욕 생명에 3800만 달러 넘게 팔기도 했다! 그러나 퍼킨스가 매수자이면서 동시에 매도자라는 사실이 결국 법률 세계에 혼란을 일으켰다. 세상을 떠들썩하게 만든 1905년 보험사 조사 후 퍼킨스는 결국 뉴욕 생명 비리에 연루되어 사임할 수밖에 없었지만, 모건과 뉴욕 생명의 관계는 유지되었다.

보험사와의 거래 외에, 퍼킨스는 US스틸의 내부구조를 개조했고, 기업합병을 주선하여 인터내셔널 하베스터와 인터내셔널 마린 International Marine 같은 거대 기업합동을 구성하였다. "나는 단지 은행가가 되려고 JP모건 앤드 코에 온 것이 아닙니다. 내가 이 회사에서 주로 하는 일은 산업을 조직하는 일입니다." 만일 퍼킨스가 은행업 경험이 더 많았다면, 그는 제너럴 모터스 General Motors 조직화를 지원해달라는 윌리엄 듀랜트의 요청을 거절하지 않았을 것이다. 듀랜트는 모건의 파트너들에게 열띤 선전을 늘어놓으면서, 언젠가 1년에 자동차 50만 대가 팔리는 날이 온다고 주장했다. 퍼킨스는 말했다. "상식이 있는 사람이라면, 돈을 빌리고자 할 때 그런 생각은 입 밖에 내지 않을 것입니다!" 은행가로 활동할 때, 그는 분명히 앞을 내다볼 줄 몰랐다.

퍼킨스는 돈 문제에 대해서는 보수적이었다. 그는 가난하게 자라면서 절약하라고 배웠다. 1000만 달러가 넘는 재산을 남기고 죽었지만, 늘 갖고 다니던 낡은 가죽 지갑에는 그가 좋아하던 절약 이야기를 담은 신문 스크랩이 들어 있었다. 그는 전차를 타는 대신 걸어서 출퇴근하고 10센트를 절약한 적도 있었다. 점심을 거르고 15센트를 아낀 경우도 있었다. 그의 생활양식에서 그의 태도가 드러났다. 그는 사치하지 않았다. 보통의 백만장자들과는 달리, 특별한 과수원에서 재배한 고급 과일한 상자를 큰맘 먹고 사는 정도였고, 대신 자선사업에 기부금을 후하게 냈다.

퍼킨스는 1910년 말에 모건 가문을 떠났다. 퍼킨스의 뒤를 이은 파트너 토머스 라몬트는 그가 어쩔 수 없어서 떠났다고 말했다. 자세한 내용은 절대 말하지 않았지만 라몬트의 주장에 따르면, 어떤 거래에 대해서 모건이 퍼킨스를 "그저 2류 수준"이라고 말했다. 그가 떠나자 신문에서도 신나게 떠들어댔다. 어떤 신문은 그가 US스틸 주가를 조작하려 했다고 보도했지만, 그렇게 보이지는 않는다. 퍼킨스는 무절제한 사람도, 투기적인 사람도 아니었다. 그는 월스트리트에서 결과 중심으로 일을 했으며, 결과를 예측하기 힘든 위험하고 불확실한 거래는 기피했다.

회사를 떠난 뒤 퍼킨스는 시어도어 루스벨트의 진보당에 헌신했으며, 진보당 집행위원회 의장으로 일했고, 여기서 역량을 발휘하여 최고의 명성을 얻었다. 그러나 월스트리트에서 가장 악명 높은 기업과 맺었던 관계가 걸림돌이 되어, 그는 당 동료들로부터 결코 전적으로 신뢰받을 수가 없었다. 전직 모건 파트너가 진보 운동과 유대를 맺었다는 사실 자체가 자못 흥미롭다. 진보 운동은 (혹은 비슷한 정치적 대변혁도) 적어도 상대편 변절자의 도움이 없으면 지속될 수가 없다. 바로 이 변절자의 역할을 퍼킨스가 맡았다. 그는 자유기업 제도를 믿지 않았으며, 자본주의의 '신성한 손'이 인류에게 봉사한다고 믿지도 않았다. 그는 당시 기업 관련 문제에 대해 거리낌 없이 말했으며, 근로자들이 연금수당을 받아야 한다고 믿었다. 여기까지는 괜찮았지만, 그는 경쟁을 없애고 협력을 도입해야 한다고 믿었다. 대기업들도 적절하게 감독한다면 경쟁하는 소기업들보다 더 효과적이라고 믿었다. 이는 애덤 스미스가 무덤 속에서 한탄할 소리이며, 내가 죽어서 무덤에 들어가더라도 마찬가지로 한탄할 소리다.

퍼킨스는 58세의 젊은 나이로 죽기 전에(모건 가문에 근무하면 단명하기 쉽다), 신경쇠약, 결핵, 심장마비를 앓았다. 그는 1920년 뇌염으로 사망했다. 결혼한 지 21년째였고 아내, 딸, 아들 조지 퍼킨스 2세를 남겼는데, 아들은 유럽산업 부흥을 위해서 일했다.

퍼킨스는 월스트리트의 지도자이기도 했지만, 한편 당시 수많은 사람이 저지르던 심각한 시장 조작과 사기를 중단시켜서 장차 월스트리트를 야만시대로부터 벗어나게 만든 초기 지도자 중 한 사람이었다.

JP '잭' 모건 2세

John Pierpont 'Jack' Morgan, JR.

채워야 할 빈자리가 가장 컸던 인물

◆

존 피어폰트 '잭' 모건 2세_{John Pierpont 'Jack' Morgan, JR.}는 좀처럼 하기 힘든 일을 해냈다. 그는 아버지가 국가적 전설이 되었을 때 아버지의 분야에서 성공을 거두었다. 웃을 일이 아니다. 대부분의 사람은 대성공한 아버지가 있으면 아주 유리하다고 생각한다. 그런데 그렇지가 않다. 한번 생각해보자. 아들이 정치에서 두각을 나타낸 대통령은 이 나라에 딱 둘뿐이었다. 일류 운동선수의 자녀들은 탁월한 경우가 아주 드물며, 아버지 분야에서 탁월한 경우는 거의 전무하다. 평범한 인간이 받아들이기에는 그 심리적 압박이 너무 크기 때문이다. 대성공을 거둔 사람의 아들 대부분은, 아버지의 압도적인 이미지에 정서적으로 상처를 입은 채로 성장한다. 삼류기업이라면 아버지의 성공이 가업을 잇는 일에 도움이 되지만, 일류기업의 경우에는 그렇지 않다. 아버지가 그 지역에 자동차부품 체인점을 갖고 있다면, 아들이 이 분야로 진출할 때 도움이 될 것이다. 그러나 모건의 아버지는 어쩌면 세계에서 가장 강력한 인물이었으니, 이 세상의 어느 누가 그 빈자리를 채우겠는가? 대부분 아들은 저녁 식사 때 유명한 아버지에게 무슨 말을 할까 고민하다가 알코올 중독자가 되고 말 것이다.

JP 모건 2세는 물려받은 막강한 모건 가문의 수장 자리에서 아버지보다 더 두각을 나타낸 적은 결코 없었지만, 그것만으로도 충분했다. 전능한 아버지 JP 모건은 미국보다도 더 큰 세계 최강의 기관을 이미 만들어놓은 상태였다. JP 모건 2세는 갈수록 구속의 강도를 높이는 정부 규제에도 불구하고, 물려받은 조직을 유지하는 것으로 역사를 썼다. 평범한 사람이라면 아버지의 빈자리를 채우지 못했겠지만, '젊은 모건'은 채웠다.

'젊은 모건'은 자신을 '잭Jack'으로 불렀다. 1913년 아버지가 죽자, 잭은 애도하며 며칠을 보낸 후 JP모건 앤드 코를 물려받았다. 46세의 잭이 거만한 아버지로부터 끊임없이 격려받으며, 평생 이날을 준비해왔다는 사실은 전혀 놀랄 일이 아니었다. 먼저 엘리트 사립 고등학교를 거쳐 하버드 대학Harvard University에서 공부한 뒤, 결혼하고 뉴욕 지점에서 인턴 과정을 거쳤다. 다음에는 런던 지점으로 갔는데, 이곳에서 잭은 부유한 악동들과 어울리다가 하마터면 무너질 뻔했다. 그러나 아버지가 큰소리를 지르자 믿음직한 잭은 즉시 달려왔다.

아버지는 철도사업 재편에 자금을 지원하고 처음으로 10억 달러 규모 기업을 세웠으며 대통령보다도 많은 자금을 굴렸던 반면, 잭은 1차 세계대전 동안 국제 금융을 통해서 커다란 업적을 남겼다. 그는 미국에서 프랑스, 영국, 러시아 대출을 취급했으며, 한번은 2200개 은행으로 협조융자단을 구성해서 영국과 프랑스에 5억 달러 차관을 주선하기도 했다. 그는 전후 금융에도 마찬가지로 활발하게 움직여서, 도스안Dawes Plan(1차 세계대전 이후 실시된 독일의 배상 문제에 대한 계획안_편집자)에 따른 독일의 전쟁 배상금 17억 달러를 조달하기도 했다. 이러한 전시활동 때문에 모건은 1915년 연합군 군수자금 지원을 반대하는 독일 동조자로부터 암살당할 뻔했다. 이 사나이가 죽이려던 대상이 대통령 윌슨이 아니었다는 점에 주목하라. 잭을 없애는 편이 더 의미가 있었다. 암살자는 그의 롱아일랜드 여름 저택까지 잠입하여 두 번 쏘았다. 그러나 잭은 회복했다. 나중에 그는 윌슨에게 영향력을 행사하여 미국이 연합군으로 참전하게 했다고 비난받았는데, 그가 지원한 자금이 논란의 원천이 되었다. 잭은 부인했다. 그러나 개인 은행업은 과거와 달라졌다. 누구든지 아무 이유로나 모건을 비난한다는 점은 시대가 바뀌고 있다는 신호였다. 키 188센티미터, 넓은 어깨, 거구, 주먹코, 꿰뚫어 보는 듯한 눈을 지닌 모건은, 나이가 들어가면서 신체적으로나 인격적으로나 아버지를 그대로 닮아갔다. 그는 아버지의 걸걸한 목소리, 아주 간결한 말투, 언론에 대한 적대감, 보수적인 옷차림, 요트에 대한 사랑을 그대로 빼닮았다(그에 관한 글이 거의 없는 것은 언론에 대한 그의 태도 때문이었다). 아버지처럼 그는 회사에 깊숙이 파묻혀서 혼자 지내면서, (아버지가 그랬듯이) 지팡이로 카메라를 두들기며, 정부가 개입하기 시작한 1930년대 중반까지 번창하는 회사를 경영했다.

"내 특별한 일은 내가 아는 어떤 일보다도 재미있습니다. 왕이나 교황이나 총리 노릇보다도 더 재미있습니다. 누구도 나를 쫓아낼 수 없는데, 나는 원칙과 조금도 타협할 필요가 없기 때문입니다." 이렇게 말하며, 모건은 자신이 지키는 원칙이 "일하라, 정직하라, 약속을 지켜라, 남을 도와라, 공정하라"라고 덧붙였다. 그는 대성공을 거둔 아버지로부터 단련을 받았지만 반항적 기질도 없었고 실패에 대한 두려움에 압도되지도 않은, 진정으로 드문 인물이었다. 자신감이 있었지만 건방지지 않았고, 추진력이 있었지만 속임수를 쓰지 않았던 그는 높은 이상을 지닌 훌륭한 인물이었다. 그는 자신의 윤리강령을 따르며 일했다. 그러나 안타깝게도 그의 윤리강령과 규정은 변화하는 시대와 달랐고, 뉴딜New Deal 정책하에서 갈수록 강해지는 정부의 생각과도 달랐다.

모건은 월스트리트, 특히 개인은행들이 자신을 관리할 수 있다고 항상 주장했지만, 워싱턴Washington은 동의하지 않았고, 특히 1929년 공황 뒤에는 더욱 불신했다. 공황으로부터 회복 불능의 피해를 보지 않았기 때문에, 모건은 여전히 월스트리트 권력의 상징이었다. 뉴딜 정책 입안자들은 모건과 그의 회사를 철저하게 추적했다. 1933년 글래스-스티걸법Glass-Steagall Act(1933년 은행법)은 여러모로 그를 직접 겨냥했다. 법에 따르면, 모건 가문을 포함해서 모든 증권사 겸 은행은 증권인수 업무와 개인예금 업무 가운데 하나를 선택해야 한다. 아버지의 시대와는 전혀 다른 세계가 열리면서 일이 손쓸 수 없게 진행되자, 모건은 파트너들과 별도로 세운 새 회사 모건 스탠리 앤드 코Morgan, Stanley & Co.에 인수 업무를 넘겨주었다.

그러나 정부는 고삐를 늦추지 않았다. 상원 은행위원회Senate Banking Committee는 모건과 파트너들이 1931년과 1932년에 소득세를 납부하지 않았고, 회사는 관행적으로 신규 발행 주식을 선택된 권력자들에게 시가보다 낮은 가격으로 제공했다고 발표했다. 싼값에 증권을 넘겨주는 대신 회사가 특혜를 받았다는 암시에 대해서 모건은 즉시 부인하고 나섰다. 그러나 이 무렵 모건 가문은 불경기로 인해 하강기를 맞이했으며, 곧 밴 스웨링건 형제의 대출이 부도나면서 약 4000만 달러를 잃었다. 금전적으로 여유가 있었던 모건은, 여론을 무시하고 자신이 최선이라고 믿는 대로 행동하는 경향이 있었다.

1940년 정부의 의지에 따라 개인은행이었던 JP모건 앤드 코가 법인이 되어 주 정부 인가은행으로 전환되었을 때, JP 모건은 틀림없이 무덤 속에서 한탄했을 것이다. 은행에 대한 독점권은 공개시장에서 일반인에게 매각된 1만 6500주와 함께 영원히 사라졌다. 파트너들이 하나씩 죽어가면서 상속세가 회사 자본을 위협하자, 슬프게도 JP 모건 2세는 마지막 수단으로 기업공개를 택할 수밖에 없었다. 그는 "너무 많은 자본이 소수의 파트너 손에 들어 있고, 이들이 나이가 많았다"라고 설명했다. 모건은 이런 움직임이 마땅치 않았으며, 자신도 서서히 모습을 감췄다. 미국의 개인은행은 죽었다. 곧 모건도 죽었다.

조금은 활동을 유지하면서 여전히 US스틸의 이사를 맡고 있던 모건은 자신의 요트 코르세어Corsair, 상 받은 튤립, 희귀한 원고가 가득한 아버지의 서재에 관심을 돌렸다. 그는 1943년 75세에 심장마비로 사망했다. 위대한 모건 가문이 공공법인으로 전환된 지 딱 3년 만이다. 아이러니하게도 아버지와 같은 나이였다. 다시 강조하건대, 그는 아버지를 능가하지는 못했지만, 그의 경우에는 현상 유지만으로도 대단히 훌륭한 성과였다.

덜 규제하는 정치 환경이 전개되었다면 모건의 명성이 더 높아졌을

지는 아무도 알 수 없다. 분명히 그의 아버지는 철도산업을 재편했고, 처음으로 10억 달러 규모 기업을 설립했으며, 1907년 공황으로부터 미국을 구제했다. 그러나 그의 아버지는 진정한 자유시장의 마지막 시대(그가 정부보다도 많은 자금을 모을 수 있었던 시대)에 활동했고, 그래서 전 세계적인 권력을 획득했다. 모건도 국제 금융에서 탁월한 솜씨를 발휘해서 전 세계에 영향력을 행사했다. 그의 자금 조달이 없었다면, 서방 세계는 훨씬 더 힘들게 전쟁을 치렀을 것이다. 그러나 그는 자신의 사업 기반을 서서히 깎아내는 강력한 정부 규제에 맞서 싸워야만 했다. 금융계의 누구도 그만큼 큰 빈자리를 채운 사람은 없으며, 그의 능력 덕분에 모건 가문은 진보시대와 뉴딜시대까지도 월스트리트를 계속해서 지배할 수 있었다. 아버지라도 이렇게 잘할 수는 없었을 것이다.

025

AMS Press, Inc.

토머스 라몬트

Thomas Lamont

세대 전체의 햇불이었던 인물

◆

토머스 라몬트Thomas Lamont는 냉정하고 고전적이며 교양 있고 말 잘하는, 1920년대와 1930년대 모건 가문 파트너의 전형이다. 그는 여러모로 1920년대를 대표하는 완벽한 이미지였다. 키가 작지만 날씬하고 온화했던 은발의 미남 라몬트는, 공손하고 설득력 있었으며 (장난기가 있었지만 인상적이었고) 보수적이었지만 독특한 재능이 있었다. 그는 세일즈맨이었다. 아마도 최초의 초우량 세일즈맨이었을 것이다.

라몬트가 쓴 안경은 그의 비전을 보여주는 듯했고, 그가 말할 때마다 흔들렸다. 그는 자연스럽게 이미지를 창출했기 때문에, 사람들은 그를 보면서 스타일과 실체를 구분하기가 불가능했다. 사람들은 그가 명석하다고 생각했지만, 그는 19세기의 감각을 지닌 사람이었지 거래를 선별하고 마무리 짓는 사람은 아니었다. 그는 세일즈맨이자 홍보 담당자였으며, 누구든지 자신을 믿고 자신의 말을 믿게 했다. 신문에서 모건 2세와 회사에 대한 말을 인용하고자 할 때마다 기자들의 귀에 속삭이면서 모건 2세의 의도대로 강한 인상을 심어준 사람은, 바로 값비싸게 차려입은 라몬트였다. "모건은 라몬트에게 말하고, 라몬트는 사람들에게 말한다." 이것이 월스트리트 대중 사이에 널리 퍼진 말이다. 말하자면 '신의 입에서 라몬트의 귀로' 전달된다는 말이다.

그러나 악명 높은 1929년 대공황이 닥쳤을 때 라몬트는 혼자였다. 모건 2세는 해외에 있었다. 늘 그랬듯이 자중하면서, 라몬트는 단 몇 시간만이라도 침착하라고 대중을 설득했다. 그는 타고난 재능인 설득력을 이용해서, 신문사를 '친구'라고 부르며 대중을 안심시켰다. "증권거래소에 다소 투매가 있었습니다." 그는 '투매'의 원인을 경제가 아니라 '시장의 기술적 상황'에 돌렸다. 이 말은 그해에 대해 말을 삼간 것이었다. 그러나 당시에는 그것으로 충분했다. 라몬트는 말을 절제할 때 가장 설득력 있었으며, 청중들은 그 말이 얼마나 절제한 표현인지 궁금해했다. 라몬트는 가볍게 걸어갔지만, 사실은 커다란 지팡이가 필요했다.

그래서 라몬트는 융자은행단을 구성해서 모건과 다른 뉴욕의 은행들로부터 주가를 부양하고 안정시킬 자금 2억 4000만 달러를 모았다. 이는 모건이 1907년 공황으로부터 미국을 구제한 방법과 아주 비슷하다. 안심시키는 그의 말만 믿고서도 시장은 실제로 크게 올랐다! 모건 가문에서 말할 때는 모든 사람이 귀를 기울였으며, 라몬트가 이야기를 전했다.

그러나 공황은 모아둔 부양 자금보다 더 컸고, 1907년보다 더 컸으며, 모건 가문보다도 더 컸다. 말로는 한계가 있었다. 증시에서 250억 달러가 증발하면서, 부양 자금도 곧 줄어들었다. 나중에 상황이 걷잡을 수 없게 전개되자 라몬트는 시장안정 조치에 대해 변명했다. "융자은 행단이 혼란으로부터 다소나마 질서를 회복시켰고, 소규모 안정 조치를 통해서 겁에 질린 대중을 진정시키는 데 기여했습니다." 이 말은 사실이었다. 그는 최선을 다했지만, 이런 상황에서는 누가 최선을 다했어도 소용이 없었다. 라몬트는 22년 전 JP 모건이 했던 것처럼 상황을 정확하게 판단할 수가 없었다. 그는 모건 가문의 설립자처럼 탁월한 분석가가 아니었다. 그런 능력이 있었다면, 소중한 돈을 헛되이 낭비하지 않았을 것이다. 그는 세일즈맨, 홍보 전문가, 이미지가 뛰어난 사람이었다. 말하자면, 1920년대와 비슷한 인물이었다.

US스틸과 다양한 철도회사의 이사였던 라몬트는 1911년 모건에 합류했다. 1870년 뉴욕 주 올버니Albany 외곽에서 태어난 그는, 가난한 감리교 목사의 아들이었지만 장학금을 받고 호화로운 사립 고등학교를 거쳐 하버드에서 공부했다. 대학을 졸업하고 기자가 되었지만, 회사의 장래가 더 밝다고 판단하고 식품 중개회사를 재편했는데, 이때 유명한 모건 파트너 헨리 데이비슨Henry P. Davison의 눈에 띄었다. 이 연줄을 이용해서 곧 라몬트는 뉴욕의 퍼스트 내셔널 뱅크First National Bank에서 훈련을 받았고, 1911년 40세에 모건 가문에 합류했다. 믿을 만한 친구들의 네트워크에서 40세는 여전히 젊은 나이였다. 오늘날 월스트리트는 훨씬 젊은 사람들이 사업을 주도하고 있다.

모건의 대변인 자리를 맡게 된 라몬트는 뛰어난 외교적 호소력 덕분에 국제 금융 협상가로 임명되었다. 그는 1915년 무려 5억 달러 규모의 영불Anglo-French 차관을 구성하였고, 미국이 1차 세계대전에 참전하자 미국자유대출위원회US Liberty Loan Committee에 근무하면서 재무부 채권 판매를 도왔다.

라몬트는 1919~1933년 동안 약 2억 달러의 해외 증권을 발행해서 대중에게 판매하는 핵심 역할을 계속 맡았다. 예를 들면, 1920년 그는 중국의 금융발전을 지원하는 국제 은행융자단에 소속되어 일본으로 갔다. 그리고 다음 몇 년 동안 일종의 외교 사절로 활동했다. 멕시코의 부채 문제를 해결했고, 오스트리아에 1억 달러 복구 자금을 지원했으며, 프랑스 경제를 안정시켰고, 무솔리니Benito Mussolini를 만나 소규모 자금을 주선했다. 그는 안심시키는 웃음을 띠며 언제든지 도움을 제공했다.

빡빡한 일정에도 불구하고 라몬트는 계속 글을 썼으며, 책을 여러 권 출간했고, 잡지에 기고했으며, 문학 서평도 썼다. 1918년에는 《뉴욕 이브닝 포스트New York Evening Post》를 인수했지만, 4년 뒤 100만 달러를 손해 보고 다시 팔았다. 경력과 문학에 대한 야망에도 불구하고, 그는 25세에 결혼해서 아들 셋과 딸 하나를 키웠다. 아들 토머스 라몬트 Thomas S. Lamont는 나중에 아버지의 뒤를 이어 하버드를 졸업하고 23세에 모건에 합류했으며, 30세에 파트너가 되었다.

나이가 들면서 허리가 굽었지만(그의 뛰어난 매력 일부가 사라졌다), 라몬트는 추문이 그의 깨끗한 명성을 위협할 때에도 평소처럼 자중하면서 좋은 이미지를 유지했다. 모건 가문의 클럽 같은 속성 때문에, 1937년 그의 파트너 조지 휘트니George Whitney가 찾아와 100만 달러를 빌려달라고 부탁했을 때 라몬트는 입을 다물고 있었다. 라몬트가 이유를 묻자, 휘트니는 동생 리처드 휘트니Richard Whitney가 '어떤 고객'으로부터 착복한 증권을 다시 사서 갚기 위해 돈이 필요하다고 대답했다. 그 '고객'은 사실 뉴욕증권거래소였고, 휘트니의 동생은 이 회사의 사장이었다!

리처드 휘트니의 사건은 더욱 악화하였고, 1년 뒤 증인들을 조사하는 동안 증권거래위원회 조사관들은 자금제공 이유를 알려주지 않는다고 라몬트를 추궁했다. 라몬트는 파트너가 일회성의 독립적 사건이라고 한 말을 믿었다고 대답했다. 월스트리트 클럽은 늘 이런 식이었다. 그래서 라몬트의 명성은 전혀 더럽혀지지 않았다. 사실은 오히려 금으로 도금한 듯 더 빛나게 되었다. 그는 폐쇄된 '가죽의자 클럽' 즉, 아무 질문도 하지 않는 세계의 중심에 있었다.

1943년 모건이 죽자 라몬트는 이사회 의장 자리를 물려받았다. 모건 1세와 2세의 자리를 처음으로 물려받았다는 사실만으로도 금융 역사에 기록될 자격이 충분하지만, 그는 더 중추적인 역할을 담당했다. 수십 년 동안 초기 자본가들은 창의적인 역할을 담당하면서 처음 월스트리트를 세웠다. 이들은 자금 조달 수단을 개척했다. 재편, 합병, 인수, 시장교란, 주식 물타기, 19세기 말과 20세기 초 월스트리트 전기(傳記)에 나오는 온갖 거래와 경영 관련 사건들이 그 수단이었다.

라몬트는 이미지와 스타일이 탁월한 세일즈맨이자 마케팅 전문가였다. 그는 비교적 잘 무르익었지만 거친 월스트리트 '제품 라인'을 사들여서, 자신의 우아한 태도에 안도감을 느끼는 고객들에게 부드럽게 팔았다. 그는 그 시대를 대표하는 인물이었다. 그와 그를 따르던 무리가 미국 대중을 안심시켜서 미친 짓을 벌이게 하지 않았다면, 1920년대의 비현실적인 호황이 극단으로 치닫지는 않았을 것이다. 라몬트는 자신의 이런 역할을 십중팔구 보지 못했을 것이다. 그는 (JP 모건에게는 분명하게 보였을) 실체와 스타일의 차이를 결코 보지 못했다.

1920년과 1950년 사이에, 월스트리트는 거래 아이디어와 전술적 실행이 가장 중요한 세계에서 판매가 가장 중요한 세계로 바뀌었다. 오래된 기업들이 서서히 사라지고 미국 대중에게 확신을 판매한 메릴린치가 떠오른 사실을 보면, 이제 토머스 라몬트의 동요하지 않는 세일즈와 이미지를 본받는 세상이었다. 라몬트는 월스트리트에서 실체와 스타일의 경계선을 여러모로 모호하게 만들었다. 1948년 그가 죽었을 때 월스트리트의 전국 판매 조직이 급성장하면서 주로 그의 이미지를 모델로 삼았다는 점에서, 그는 커다란 발자취를 남겼다. 1975년부터 증권 중개업의 세계는 라몬트 모델로부터 크게 바뀌었는데, 노동절의 영향이 컸고 수수료 할인과 이로부터 파생된 온갖 요소들이 영향을 미쳤다. 그러나 사반세기 동안 중개인들에게 모델이 되었다는 사실만으로도, 이 책에 포함되기에 충분한 기여라고 생각된다.

026

클래런스 딜런
Clarence D. Dillon

전통에 도전해서 변화하는 세계를 상징한 인물

AP/Wide World Photos

◆

투자 은행가 클래런스 딜런Clarence D. Dillon은 1925년 닷지 브라더스 자동차 회사Dodge Brothers Automobile Company 소유주에게 1억 3750만 달러 수표를 건네주고 이 회사를 '통째로' 사들였다. 수표 사진이 전국에 걸쳐 대부분 신문의 1면에 실렸는데, 이는 역사상 최대 규모의 현금 거래였기 때문이다. 그러나 월스트리트의 입장에서 보면, 이 수표는 현금 거래 이상의 의미가 있었다. 이것은 (과거에 제정신인 사람이라면 감히 상대할 엄두를 못 내던) JP모건 앤드 컴퍼니와 인수 경쟁을 벌여 거둔 딜런의 승리를 나타냈다. 딜런의 수표는 월스트리트의 가까운 미래에 다가올 모습을 예고했다. 절대 군주가 사라지고 경쟁이 벌어지는 새로운 월스트리트였다.

"크건 작건 사업에서 가장 위대한 요소는 경쟁입니다. (무형의 묘미

이자 방심하지 않는 인생의 핵심이 되는) 매서운 경쟁 요소야말로 거대사업에서도 유지되어야만 합니다. 기계적이고 비인간적인 경영을 방지하기 위해서 끊임없이 감시해야 하더라도 말입니다." 경쟁에서 승리한 지약 반년 후 딜런 리드 앤드 컴퍼니Dillon, Read & Company 사장이 한 말이다. 그는 1900년대 초 월스트리트에서 유행했던 기업합병에 대해 말하고 있었다. 그러나 어쩌면 다른 차원에서 그는 (JP모건 앤드 컴퍼니가 지배하고, 다른 인수자들이 들어설 여지가 전혀 없었던) 큰 그림과 그가 이 그림을 바꾼 방법에 대해 말하고 있었다.

1882년 텍사스 주 샌안토니오San Antonio에서 태어난 딜런은 폴란드 상업 은행가의 아들이었다. 그는 동부에서 훌륭한 교육을 받은 뒤, 1905년 23세에 하버드에서 학사 학위를 받았다. 그는 이름을 라포스키Lapowski에서 딜런으로 바꾸고 비즈니스 세계에 뛰어들어, 학교 동기생과 함께 뉴포트 마이닝 컴퍼니Newport Mining Company를 몇 년 동안 경영했다. 1910년까지 2년 동안 원 없이 여행을 다닌 뒤, 딜런은 밀워키 머신 툴 컴퍼니Milwaukee Machine Tool Company의 지분 절반을 확보해서 사장이 된 다음, 회사를 개선해서 팔았다. 그리고 1912년 중간 규모의 뉴욕 소재 투자은행인 윌리엄 리드 앤드 컴퍼니William A. Read & Company의 시카고 지점에 입사했다. 2년 뒤 그는 본점으로 전근했고, 1916년 리드가 치명적인 병에 걸린 날 (6일 후 사망했다) 파트너가 되었다.

딜런은 회사명이 바뀐 딜런 리드 앤드 컴퍼니Dillon, Read & Company의 사장이 되어 1938년 은퇴할 때까지 월스트리트에서 틈새시장을 발굴했다. 그는 대체로 조심스럽게 보수적으로 접근해서, 거래 10건 가운데 1건만 검토하고, 그중 5건 가운데 1건만 인수했다. 하버드 동기생이 그에 대해서 이렇게 말한 적이 있다. "클래런스 딜런이 암소를 사려고 하면, 거래하기 전에 암소에 관한 자료를 모조리 읽고 암소에 대해 농부보다도 더 잘 파악해놓습니다." 그리고 만일 파트너가 거래에 반대하거나 거래에 대해 불편한 기색을 드러내면, 그는 크게 화를 내며 서둘러 거래를 포기했다.

1920년대 초, 딜런은 공공기관과 철도 등 유럽기업에 융자하는 활짝 열린 틈새시장을 찾아냈다. "우리의 기회가 산업국 유럽에 있습니다. 모든 유럽 국가들이 우리를 바라보며 도움을 청하고 있습니다. (……) 우리는 자금을 제공하겠지만, 조심스럽게 제공할 것입니다." 50~80년 전 자본이 유럽으로부터 미국으로 조심스럽게 흘러들어 가던 시기와 정반대의 상황이 벌어진 것처럼 들린다. 이는 1920년대에 미국이 처음으로 지배적인 세계 강국으로 떠올랐다는 확실한 증거다.

딜런은 독일, 폴란드, 프랑스, 브라질 같은 외국 정부에 대한 대출에도 전문화했다. 게다가 로스차일드 가문이 밤새워 협상하다가 조는 사이, 이들의 몫이었던 브라질 대출 5000만 달러도 통째로 삼켜버렸다. 돈은 다 같은 돈이었고, 딜런은 기회를 발견하면 절대로 놓치지 않았다.

딜런이 1925년 모건을 상대로 입찰 경쟁을 벌일 수 있었던 것은, 1921년에 굿이어 타이어 앤드 러버 컴퍼니Goodyear Tire and Rubber Company 거래로 대성공을 거두었기 때문이다. 그는 정확히 1억 달러를 신속하게 협상하고 조달했으며, 은행, 채권자, 주주들과의 합의를 주선하여 굿이어를 재산관리 상태에서 벗어나게 해주었다.

딜런은 굿이어 거래를 통해서 최고 수준으로 올라섰으며 닷지 거래를 통해서 홀로 최고가 되었고, 월스트리트는 패배자가 되었다. 그의 이름과 회사가 월스트리트 사람들의 입에 올랐다. 《뉴욕 타임스》에서는 그를 "JP모건 앤드 컴퍼니를 제치고 닷지를 차지한 사람"으로 언급하기까지 했다. 이 사건 이후로 사업이 손쉽게 흘러들어 왔다. 1926년 딜런의 회사는 내셔널 레지스터National Register의 보통주 110만 주의 첫 공모 주간사회사로 선정되었는데, 이것은 당시 역사상 최대 규모의 공모였다. 공모주는 단 몇 시간 만에 매진되었다!

공황기에 딜런 리드의 두 투자신탁(총 9000만 달러)이 폭락하는 등 몇 번 곤경에 처했고, 공황 뒤에도 미국 상원위원회US Senate Committee의 은행업 및 통화 청문회 조사와 같은 어려움이 몇 번 있었지만, 딜런은 회사를 지켜낼 수 있었다. 1909년에 태어난 아들 더글러스 딜런C. Douglas Dillon은 1931년 하버드를 졸업한 뒤 회사에 합류했다. 그는 2차 세계대전에 참전한 뒤 결국 이사회 의장이 되었고, 그 뒤 1961~1965년 동안 재무부 장관으로 재임했다.

딜런은 내성적이고 침착하며 공손했고, 홀쭉한 미남이었으며 옷을 잘 입었다. 1908년에 결혼한 그는 다재다능한 사업가였다. 그는 1934년 보르도 포도원을 매입했고, 10년 동안 버지니아 폭스크래프트 학교 Virginia Foxcraft School의 이사를 지냈으며, 건지Guernsey종 소와 푸들을 키웠고, 일요일에는 만사를 제쳐두고 기도만 했으며, 아들과 함께 낚시를 갔고, 사진, 여행, 독서, 음악을 좋아했다. 또한 체이스 내셔널 뱅크Chase National Bank, 센트럴 하노버 뱅크Central Hanover Bank, 닷지, 내셔널 캐시 레지스터 컴퍼니National Cash Register Company, 브라질리언 트랙션Brazilian Traction의 이사를 거쳤다. 그는 1979년 96세의 나이로 뉴저지 주 파힐스Far Hills에서 숨을 거두었다.

딜런은 근위병 교대식을 상징했다. 전통이 유지되었다면 누구든 JP 모건 앤드 컴퍼니를 건드린 사람은 목숨을 부지할 수 없었다. 감히 도전할 만한 배짱을 지닌 사람은 거의 없었고, 도전했다면 JP 모건이 막강한 힘으로 그를 파멸시켰을 것이다. 그러나 시대가 바뀌었다. 첫째, 이제는 JP 모건이 아니라 그의 아들 모건 2세의 시대였다. 둘째, 미국은 이제 산업혁명기를 지나고 있는 거칠고 파란 많은 개척의 나라가 아니었다. 이제는 세계적 강국이었다. 아직 완전히 체제가 정비된 것은 아니지만, 그래도 막강했고, 산업화하였으며, 금융 체계도 정교했다. 그래서 모건이 절대자로 군림했던 초기 시대보다 자본가들이 더 '공정한' 경쟁을 벌일 수 있었다. 셋째, 1920년대는 위험 감수의 시대였고, 딜런은 JP모건 앤드 컴퍼니에게 도전하는 위험을 기꺼이 감수했다. 그는 이 도전으로부터 부정적인 영향을 받지 않았다. 오히려 모건의 나쁜 평판 덕분에 혜택을 입었다.

보수적 투자 은행가였던 딜런은 상당한 위험을 감수하면서 전통적인 월스트리트 권력에 도전하였고, 새롭고 현대적인 시대를 알리는 월스트리트 근위병 교대식을 몸소 보여주었다.

찰스 메릴

Charles E. Merrill

주식시장 슈퍼마켓에서 거대 군중이 미쳐 날뛰다

◆

찰스 메릴Charles E. Merrill은 월스트리트를 메인스트리트로 가져가서, 소액 투자자들이 모아둔 1000~2000달러를 미국 경제에 투자하도록 유도했다. 1940년대 월스트리트에서 이것은 그만의 독창적인 아이디 어는 아니었지만, 대규모로 시도하여 장기적으로 큰 성공을 거둔 사람 은 그가 처음이었다. 성공을 확인한 그는 기뻐하며 말했다. "미국의 산 업 기계들을 이제 실체가 없는 월스트리트가 아니라, 마땅히 풀뿌리가 소유하게 되었다!"

메릴은 먼저 투자 은행업으로 재산을 모은 뒤, 2차 세계대전 기간 과 그 이후에 자신의 아이디어를 시도해보았다. 그는 평범한 시민들을 끌어들이려는 목적으로 거대하고 혁신적인 홍보 캠페인을 개시하였고, '월스트리트를 메인스트리트로'라는 강령을 내세웠다. 그는 증권을 광고했고, 전국 규모 신문에 이해하기 쉬운 투자 안내를 전면 광고로 실었다. 이 안내를 보고 매일 약 1000명의 고객이 새로 창출되었는데, 이들 소액 투자자 무리가 메릴린치 앤드 컴퍼니Merrill, Lynch and Company 사무실로 집중적으로 몰려들었다. 메릴은 1955년에도 여전히 고삐를 늦추지 않고 맨해튼에서 '투자하는 법' 강연회를 열었다.

동시에 메릴은 내부 음모가 판치는 증권 중개업을 혁명적으로 변화시켜서, 영업 직원들에게 수수료 대신 월급을 지급하였고 훈련 프로그램을 개시하였는데, 다른 월스트리트 증권사들도 곧 이런 제도를 따라서 도입하였다. 그는 서비스 수수료를 폐지하였고, 사보《인베스터스 리더Investor's Reader》를 창간하였으며, 업계 최초로 회사의 경영현황 및 파트너들의 지분과 투자 등을 연례 보고서를 통해서 완전히 공개했다. 실적은 경이적이었다. 메릴이 사망한 1956년에 회사의 활동계좌는 30만 개였고, 자산이 최고 5억 달러에 이르렀다! 이 거대한 조직은 모든 거래소에서 가장 큰 증권 중개회사가 되었다. 최대의 장외시장 딜러였고, 모든 상품 선물시장에서 최대의 수수료 중개회사였으며, 기업 증권 인수시장에서 5위를 차지했다. 메릴에게 무엇보다도 좋았던 점은, 그가 회사 지분의 25%를 소유했다는 사실이다.

1885년 플로리다 주의 시골 의사 겸 약국 소유주의 아들로 태어난 메릴은, 매사추세츠 주 애머스트 대학Amherst College에 다니는 동안 식당에서 일하며 검소하게 생활했다. 그는 2년 후 대학을 그만두고 플로리다 소도시의 작은 신문사에서 편집 업무를 했으며, 세미프로 야구선수로 활동했다. 그 뒤 결국 그는 월스트리트 상업어음 회사에 취직했고, 빠르게 승진해서 신설된 채권부서를 책임지게 되었다.

진정한 수완가 메릴은 29세에 월스트리트에 자신의 회사를 세웠으며, 나중에 채권 세일즈맨 에드먼드 린치Edmund C. Lynch와 손을 잡았다. 이들이 맥크로리McCrory 체인점 증권을 인수한 뒤, 인수와 투자 은행업을 하던 이 회사는 급부상했다. 1920년대에 접어들자 회사의 인수 및 중개사업은 빠르게 확장되었으며, 이들은 이 분야의 전문가로 인정받았다. 메릴린치의 고객으로는 웨스턴 오토 서플라이Western Auto Supply, 그랜드 유니언Grand Union, 그 밖에 체인들이 있었는데, 이들의 가장 큰 성공작은 세이프웨이 스토어Safeway Stores였다. 1953년에 세이프웨이는 미국에서 두 번째로 큰 음식점 체인이었고, 한동안 메릴은 이 회사의 최대 주주였다. 순전히 부업으로 돈을 벌려고 그는 《패밀리 서클Family Circle》이라는 잡지를 창간했고, 세이프웨이를 통해 배포하여 성공을 거두었다.

다른 증권회사들이 1920년대의 초강세장에 흠뻑 젖어 있는 동안, 메릴은 1929년 대공황을 예상했다. 그는 사보를 통해서 고객들에게 빚을 정리하라고 경고했다. "증권을 팔아서 부채를 줄이시기 바랍니다. 부채를 완전히 정리하면 더 좋습니다." 그의 선견지명 덕분에 고객들은 약 600만 달러를 건질 수 있었다. 그러나 침체한 주식시장과 산업의 한심한 상태에 낙담해서 메릴은 1930년 중개업을 그만두었고, 고객계좌들을 EA 피어스 앤드 코EA Pierce and Co.에 넘겨준 뒤 인수와 개인 은행업에 집중했다.

파트너 린치가 죽은 뒤인 1941년 메릴은 중개업에 복귀하였고, 다른 회사들을 합병하여 메릴린치 페너 앤드 빈Merrill, Lynch, Fenner and Beane을 설립하였다. 처음부터 이 회사는 93개 도시에 71명의 파트너를 거느린 세계 최대의 증권회사였다. 이런 규모는 그의 (대중 곁으로 다가가고자 하는) 메인스트리트 아이디어를 시도하기에 완벽한 수단이 되었다. 메릴이 아이디어를 시험해본 후인 1956년, 이 회사는 110개 도시에 104명의 파트너를 거느렸고, 뉴욕증권거래소 전체 거래량의 10%를 처리하고 있었다. 《타임》은 메릴린치를 아이러니하게도 "금융 슈퍼마켓"이라고 불렀다.

놀랍게도, 메릴은 바쁜 사회생활, 게다가 더 바쁜 가정생활을 극복하고 성공하였다. 그는 국제 상류 사회의 회원이었으며, 테니스, 골프, 브리지 게임광이었고, 세 번 이혼했다. 딸 하나와 아들 둘을 두었으며, 1912년, 1925년 그리고 1939년 54세의 나이에 결혼했다. 그리고 심장병으로 죽기 4년 전, 마지막으로 이혼했다. 호사스러운 집 세 채를 보유한 그는 샴페인, 좋은 음식 그리고 무엇보다도 여자들을 좋아했다. 그러나 이상하게도 2500만 달러였던 재산의 95%를 자선사업, 병원, 교회, 대학을 짓는 신탁기금에 물려주었다.

찰스 메릴은 현대 금융발전에 중요한 역할을 담당했다. 산업혁명이 일어나기 오래전에 애덤 스미스는, 자본주의 덕분에 개인의 능력에 따라 모든 계층의 모든 사람이 부유해질 것이라고 말했다. 그러나 19세기에는 자본주의가 사회의 소수만 부자로 만들어주고, 월스트리트는 수완가들로 구성된 소수의 엘리트 집단만 보상해주는 것처럼 비쳤다. 찰스 메릴은 미국의 소액 투자자들이 중산 계급으로 번성하는 시점에 등장했다. 포효하는 1920년대를 지나, 대공황을 거쳐, 2차 세계대전을 겪은 뒤, 중산 계급이 전후 미국에서 폭발적으로 성장했다. 기다리고 있던 메릴은 소액 투자자들에게 재정적 안정을 확보하는 수단을 힘차게 제안했다. 그가 보통 사람에게 쉽게 접근할 수 있었던 것은, 1940년

대부터 1965년까지 사실상 쉬지 않고 올라간 엄청난 강세장의 도움이 컸다. 메릴과 그의 철학과 강세장 덕분에, 수많은 소액 투자자들이 힘들었던 이전 시절에는 상상하지 못했던 안락한 은퇴생활을 즐길 수 있었다. 메릴은 진정으로 월스트리트를 대중(메인스트리트) 곁으로 가져갔고, 그가 떠난 뒤에도 수십 년 동안 이런 추세가 유지되었다.

제럴드 로브

Gerald M. Loeb

거품의 아버지-논리 없이 어려운 말만 떠든 인물

◆

손님을 끌어모으기에는 적당한 광고만 한 것이 없다. 이 말은 1950년
대에 EF 허튼이, 대변인 브로커 제럴드 로브Gerald M. Loeb를 승진시키면
서 실행한 바로 그 전략이다. 한때《포브스》에서 "월스트리트에서 가장
많이 인용되는 인물"이라고 불렸던 로브는, 허튼 증권사와 동의어가
되었다. 그가 화려한 거래 방법을 제시해서 막대한 중개 수수료를 창출
한 것은 우연이 아니었다. 그동안 신문에 자주 등장했기 때문에, 흔히
그렇듯이 사람들은 그가 존경받는다고 착각했다. 1974년 죽은 뒤 오늘
까지, 그는 당시의 위대한 중개인 가운데 한 사람으로 기억되고 있다.
그러나 결론적으로 말하면, 그는 말을 잘 만드는 사람이었다. 현혹적인
제목, 자극적인 용어, 피상적인 문장을 빼고 나면, 미숙한 투자자를 속
여서 수수료를 뜯어먹는 약삭빠른 장사꾼의 모습만 남는다.

로브는 적당한 시점에 등장했다. 월스트리트에 새로운 스타일이 (어쩌면 그들이 믿을 수 있는 멘토가) 필요할 때, 이 샌프란시스코 토박이가 떠올랐다. 1930년대는 엄격한 법률과 증권거래위원회가 월스트리트를 탄압한 시대였다. 사람들은 공황을 경험한 뒤 변동성 심한 주식시장을 경계했고, 홍보는 맥이 빠진 상태였다. 해결책이 로브였다. 그는 20세 무렵부터 채권을 팔아왔고, 매우 정직한 사람으로 알려졌다. 그는 자신이 신뢰하지 않는 채권을 고객에게 떠넘기라고 강요받았기 때문에 첫 직장을 그만두었다고 스스로 널리 알렸다. 두 번째 직장도 그래서 그만두었다고 소문을 냈다. 그는 과연 소액 투자자의 편에 선 사람이었다.

로브는 곧 유서 깊은 허튼에서 일하면서 위안을 얻었고, 1924년 뉴욕 지점으로 옮겼다. 소매를 걷어붙이고 일에 몰두한 지 5년이 지나, 그는 겨우 30세에 파트너가 되었다. 당시 월스트리트 주요 회사에서는 맹렬하게 증권을 팔지 않고서는 아무도 파트너가 될 수 없었다. 이는 로브가 맹렬하게 팔았다는 증거다. 그의 홍보 정책 역시 당시 다른 회사들처럼 군중심리를 이용하는 것이었다. 그러나 그는 거리를 가득 메운 얼빠진 투자 요령에 귀를 기울인 뒤 1929년 공황 전에 시장에서 빠져나왔다. 이후 그는 월스트리트에 대한 대중의 신뢰를 회복시킬 최적의 후보자가 되었다. 그리고 이 역할을 잘 해냈다.

기자들은 로브를 좋아했다. 알기 쉬운 인용구, 정보, (미국기업에 투자하는 여성주주연합, 하버드 법대 불 앤드 베어 클럽Bull & Bear Club 등을 대상으로 한) 뉴스 가치가 있는 연설 등을 아낌없이 나누어주었기 때문이다. 그러나 월스트리트 역사에 이름을 남기고 명성이 하늘 높이 치솟게 된 것은, 1935년에 출간해서 대중을 사로잡은 책 『목숨을 걸고 투자하라』 덕분이었다. 12쇄에 걸쳐 25만 부 넘게 팔린 1판에는 짧고, 힘차며, 지혜는 빠져 있는 33개 장이 153페이지에 걸쳐 담겨 있었다. 예를 들면, '지식, 경험, 육감이 필요하다', '투기냐 투자냐', '미숙한 투자자가 빠지는 함정', '예측은 못 해도 돈은 벌 수 있다' 등이다. 로브의 책은 읽기 쉽고, 피상적이며, 내용에 일관성도 없었지만 재미있었고, 그의 모든 면을 보여주었다. 즉, 투자자들을 유혹하는 미끼였다.

벤저민 그레이엄의 1934년 작품 『증권분석』을 통해서 확실하고 꾸준한 가치투자가 인기를 얻는 시기에, 로브의 철학은 급진적이고 참신한 투자 방법처럼 보였다. 다우존스 출판사에서 충분한 수량을 판매하지 못하자 그는 직접우편 마케팅으로 판매를 밀어붙였다. 자화자찬을 늘어놓은 이 책에서 놀라운 실적을 약속하면서 그는 단순한 투기 방법을 옹호했다. "투기의 성격을 띠지 않고서는 좋은 투자가 될 수 없다." 그리고 이렇게 주장했다. "군중에게서 멀리 떨어지라." "작은 이득을 탐하지 말라." "이슈를 제대로 잡았다면 돈을 두배로 걸라." "지나친 분산투자는 피하라." "손절매를 절대로 망설이지 말라."

로브는 특히 주식 매도를 강조했다. 그는 매년 일부 종목을 현금화해서 놓칠 수 없는 기회에 대비하라고 주장했다. "주식은 팔라고 있는 것"이므로, 주식을 팔아 손실을 끊는 행동은 당연하다고도 말했다. 지체 없이 주식을 사고파는 일이 아무것도 모르는 투자자들에게 이로울 리가 없었지만, 허튼과 같은 증권회사에는 막대한 중개 수수료를 가져다주었다. 로브는 그저 자신의 이익을 챙기고 있었다. 사실 그의 투자 철학이 높은 포트폴리오 회전율이나 계좌 수수료와 평행을 이룬 것은 우연이 아니었다. 그가 대중에게 전달한 말은 자신과 중개인 전체에게 유리한 내용이었다. 그는 글을 통해서 거래를 촉진했고, 중개인들은 이런 자료들을 배포하면서 그를 띄워주었다.

누군가 중개인들을 경계하면, 로브는 세심하게도 이들의 평판을 높여주었다. 그는 중개인들이 시장 추세를 연구하고 기업 데이터를 분석할 뿐만 아니라, 세금, 부동산, 보험의 전문가가 되어야 한다고 주장하면서 중개인의 역할을 전문가 수준으로 격상시켰다. 좋은 중개인과 나쁜 중개인을 어떻게 구분해야 하는가? 이런 점들을 살펴보라. 100%의 정직성, 진정한 윤리 수칙, 천재성, 유연한 사고방식, 위험 평가능력 등을 갖추고 자만하지 않으며, 편견이 없고, 속박에서 벗어나 '기민하며', 시장을 '가장 사랑해야' 한다. 현실적으로 허튼을 비롯한 다른 증권사 중개인 대부분은 그저 단순한 세일즈맨이었으나, 로브는 이들을 이렇게 낭만적으로 묘사했다.

로브의 아버지는 프랑스 와인 상인이었고 어머니는 불운한 금광 광부의 딸이었는데, 1906년 지진으로 둘 다 무일푼이 되었다. 로브는 정력적으로 열심히 살았지만 뻔뻔스러웠다. 완벽하게 둥근 대머리에 검은 테 안경을 썼고, 작은 키에 통통한 손과 뭉툭한 손가락을 지닌 그는 지식인처럼 보였다. 그는 뒤늦게 1946년에 결혼했는데 자녀가 없었다. 대신 자선활동을 했는데, 덕분에 남을 보살피는 균형 잡힌 모습을 보여주었다. 그는 뉴욕 소아마비구제 모금 운동, 관절염과 류머티즘 재단에서 봉사했고, 자신의 형제를 기리는 시드니 로브_{Sidney S. Loeb} 기금을 설립했다. 그의 모든 연줄이 십중팔구 그의 중개활동에 도움이 되었을 것이다. 그의 취미는 사진, 자동차, 건축 등이었다. 그는 생전에 책을 두 권 더 썼다. 『The Battle for Stock Market Profits(주식시장 이익을 위한 전쟁)』과『Checklist for Buying Stocks(주식 매수 체크리스트)』다. 둘 다 읽는 시간이 아까운 책이다. 그 책들에 담긴 투자 지식은 다른 곳에서도 쉽게 찾을 수 있다.

그러나 모두가 로브의 낚시에 걸려들었다. 심지어 그도 자신이 중요한 인물이라고 믿었고, 다른 사람들이 자신을 중요시한다고 생각했다.

1972년경 어느 날 샌프란시스코에서, 로브가 나의 아버지 필립 피셔를 마치 호출하듯이 점심 식사에 초대했던 일을 나는 기억한다. 당시 65세였던 아버지는 지역 투자 공동체에서는 가장 유명한 분이었지만, 전국적으로 명성을 얻지는 못한 상태였다. 당시 전국적인 수준에서는 로브가 훨씬 널리 알려져 있었다. 점심 식사하러 가시면서 아버지는 무슨 이야기를 해야 할지 다소 걱정하셨다. 두 분 사이에는 성격적으로나 직업적으로나 철학적으로나 공통점이 거의 없었기 때문이다. 처음에는 잡담하면서 시장에 대한 깊은 토론을 조심스럽게 피해갔는데, 곧 아버지는 로브에게 왜 만나자고 했는지 궁금하다고 하셨다. 곧 로브는 솔직하게 요점을 말했다. "당신은 새로운 성장 기업을 운영하는 CEO들 가운데, 최고이지만 잘 알려지지 않은 사람이 누구라고 생각하십니까?" 아버지는 그토록 애써서 발굴한 종목을 왜 로브에게 알려주어야 하는지 도무지 이해할 수가 없어서 어안이 벙벙한 상태였다. 반면 로브는 이런 종목을 언론에 풀어놓아서 주가를 끌어올릴 능력이 있었으므로, 왜 아버지가 그런 정보를 '위대한 로브'에게 알려주지 않는지 그로서도 이해할 수가 없었다. 그러나 아버지는 주가를 끌어올리는 데 관심이 없었으며, 그냥 비밀로 유지하는 쪽을 원하셨다. 나중에 돈이 더 생기면 추가로 사들일 수도 있었고, 주가가 스스로를 돌볼 수 있다고 생각하셨기 때문이다. 아버지는 '이 정도에서 점심을 끝내야겠군'이라고 생각하셨는지 갑자기 주제를 바꾸셨다. 아마도 무례하게 보였을지도 모르겠다. 당시에 나는 아버지가 이상하고 옹졸하다고 생각했었다. 그래도 로브는 유명한 인물이었고, 아버지의 몇 안 되는 금덩어리가 그다지 대단해 보이지 않았기 때문이다. 그러나 시간이 흐르고 나서 이제 분명히 깨닫게 되었다. 로브가 투자에 기여한 바는 실상 하찮은 것이었던 반면, 당시 언론의 주목을 받지는 못했지만 아버지의 기여는 근본적이면서도 영원한 것이었다.

기본적인 사상가의 작품은 시간의 시험을 견뎌내지만, 로브 같은 홍보 기계는 견디지 못하고 곧 사라져버린다. 로브가 금융시장 발전에 중요한 이유는, 그가 20세기의 걸출한 '홍보 돼지'였기 때문이고, 주위에 온갖 글을 뿌려댔지만 그 가치가 지속되는 실질적인 기여가 없다는 교훈을 주기 때문이다. 시장과 그에 관한 이야기를 보면, 로브 및 줄지어 등장한 홍보 돼지들이 뿌려댄 피상적인 판매용 거품과 시간이 지나도 변치 않는 기본을 구분하는 일은 항상 중요하다. 로브는 "읽는 것을 모두 다 믿어서는 안 된다"라는 말을 몸소 보여주었다.

시드니 와인버그

Sidney Weinberg

현대 투자 은행가들의 역할 모델

◆

 '미스터 월스트리트Mr. Wall Street'로 알려진 시드니 와인버그Sidney Weinberg는 월스트리트에서 약 40년 동안 살아 있는 '기관(機關)'이었다. 골드만삭스에서 그가 62년 동안의 경력을 마무리할 무렵, 이 회사는 특별 대접을 해야 하는 방문자들을 그의 사무실 옆으로 안내해서 그가 일하는 모습을 보여주곤 했다. 그는 1969년 77세로 죽음을 맞이했는데, 이 소식은 심지어 《뉴욕 타임스》1면에 실렸다. 투자 은행가로서 이룬 대단한 업적이었다. 그러나 빈틈없는 기업 금융 거래만으로는 월스트리트에 전설적인 명성을 남기지 못한다. 와인버그가 명성을 남긴 것은 그의 기발하고 진지한 성품과 열렬한 의무감 때문이었다. 무수한 이사회에서 이사로 활동했던 그는 사업에 즐거움을 첨가했고 또 정치를 첨가했는데, 그러는 동안 그도 모르게 월스트리트 예절이 탄생하였다.

빈틈없는 금융 거래에 수다, 판매기술, 정치, 유머, 창의성, 신뢰를 결합한 그는 어느 모로 보나 최초의 현대적 투자 은행가였다. 그는 1950년대 이후로 많은 사람이 본받고자 하는 모델이다.

와인버그는 골드만삭스에서 행운의 마스코트였다. 그는 기업 금융의 일인자로 꼽혔으며, 가장 주목할 만한 거래는 1956년 포드재단으로부터 의뢰받은 포드자동차 주식 6억 5000만 달러 매각 건으로서, 당시 월스트리트의 최대 기업 금융 프로젝트였다. 2년 뒤 그는 또다시 역사적인 거래를 성사시켰는데, 모두가 의심하는 힘없는 시장 상황에서 시어스 로벅의 채권 3억 5000만 달러를 성공적으로 인수한 것이다. 그는 시장 분위기를 안정시키면서 비슷한 채권보다 약간 유리한 조건인 수익률 4.75%에 채권을 판매했다.

그러나 탁월한 금융 거래는 이전에도 있었고 앞으로도 있을 것이다. 와인버그는 인품과 근면을 통해서 다른 투자 은행가들보다 우뚝 서게 되었고, 동시에 무려 31개 이사회에서 이사로 활동했다. 이사 자리를 지위의 상징으로 이용하는 사람들과는 달리, 그는 일하는 이사의 모습을 널리 보급했다. "젠체하는 이사의 시대는 지나갔다. 반쯤은 사회에 봉사하는 자리로 받아들이지 않는다면, 그 자리를 차지해서는 안 된다." 그는 이사들이 미리 준비할 수 있도록 의제와 자료를 배포하라고 경영진에게 요구했고, 1933년에는 이사들을 위한 '십계명'을 발표했다. 그 내용은 매월 일정한 장소에서 회의를 개최할 것, 외부감사를 받을 것, 매출, 이익, 대차대조표 변경 사항에 관한 데이터를 제출할 것, 기업대출 정보를 임직원은 물론 주주들과도 공유할 것, 주주들과 함께 이익분배 계획에 동의할 것 등으로 지금은 평범해 보이는 사항들이다.

와인버그는 자신이 이사로 활동하던 매케슨 앤드 로빈스McKesson & Robbins의 사장이 2100만 달러를 횡령한 뒤 자살하자, 책임지는 이사의 모습이 필요하다고 역설했다. 그는 비리에 대해 충분한 관심을 기울이지 않았던 점에 대해서 항상 죄책감을 느꼈다. 이 실수 때문에 이사회는 다른 소송 가능성을 피하는 비용 60만 달러를 떠안게 되었고, 이 가운데 7만 달러를 혼자서 부담하게 되었다. "값비싼 교훈이었어!" 이후로 그는 항상 사전 준비를 했다. 그리고 공정하고 양심적인 이사로 알려졌고, 거의 매주 이사회에 참석해달라는 요청을 받게 되었다.

'이사 중의 이사' 와인버그는 자신이 참여하는 이사회에 (거의 광신적으로) 열렬히 충성을 바쳤다. 그가 참여한 이사회로는 포드 자동차Ford Motors, 챔피언 페이퍼Champion Paper, GE, 제너럴 푸드General Foods(33년), 시어스 로벅Sears, Roebuck(23년) 등이 있었다. 한번은 제너럴 푸드의 이사회 멤버였을 때, 그의 앞에 제너럴 푸드의 크래프트Kraft 제품이 아닌 타사 치즈가 놓여 있었다. 그는 웨이터에게 소리쳤다. "치워버려! 난 안 먹겠어. 크래프트 제품을 가져와!" 뉴욕 주 스카즈데일Scarsdale에 위치한 그의 아담한 집은 시어스 전시실처럼 보였다. 이는 그가 시어스 이사회를 떠나 GE 이사회에서 활동하기 전이었기 때문이다. 그가 자신의 생활양식에 맞추기 힘들었던 유일한 회사는 챔피언 페이퍼였는데, 결국 그는 골드만삭스 사무실을 챔피언 페이퍼 문구로 가득 채웠다.

와인버그는 회의실의 딱딱한 분위기를 앞장서서 유연하게 풀어가는 사람이었으며, 늘 천박한 말을 던져서 긴장을 거두어주었다. 한번은 회의에서 이사들이 자연스러운 분위기를 연출하려고 원형 소파에 둘러앉았는데(전혀 효과가 없었다), 익살맞은 와인버그는 무릎 위에 놓았던 서류 더미를 바닥에 떨어뜨리고 나서 주우려고 몸을 굽혔다. 그는 절망적으로 소리쳤다. "무슨 놈의 회사가 이 모양이야? 테이블 하나 살 돈이 없어!" 또 한번은 회사 간부가 법률 형식에 맞추어 끝없이 숫자를 읽어나가자, 더는 참지 못하고 벌떡 일어나 (당첨되었다는 듯이) "빙고!"라고 외쳤다. 그는 다른 사람이 말했다면 동료들이 겁에 질렸을 이야기도 이사회에서 가볍게 던졌다. 한 대기업 사장이 말했다. "한번은 와인버그가 이사회 도중에 나에게 '당신은 별로 똑똑하지 않군요'라고 말했지만, 나는 칭찬받는 기분이었습니다. 이런 식으로 말할 수 있는 사람은 와인버그뿐입니다."

분명 와인버그는 걸물이었으며, 특히 그의 유명한 재능은 사람들을 모으는 능력이었다. 300명의 이름이 들어간 그의 크리스마스 리스트는 마치 미국 산업계의 명사록 같았고, 그는 동료 기업 총수들과 "우정이 우선이라고 생각합니다"라고 하면서 일상적으로 수다를 떨었다. 다른 골드만삭스 파트너의 말에 따르면, 그는 친근하고 솔직하며, 솔선수범을 통해 다른 사람들을 움직이는 인물이었다. 그는 자유롭게 사업에 즐거움을 가미했다. 수영할 줄 모르는 '육지 사람'이면서도 보스턴 투자가 폴 캐벗과 요트놀이를 나가기도 했다.

와인버그는 조셉 데이비스Joseph Davies와 함께 1933년 프랭클린 루스벨트Franklin Roosevelt 대통령을 위한 기업자문위원회를 출범하면서, 자신의 '친구 네트워크'를 제도화하였다. 그는 이 방법으로 약 60명의 절친한 친구들의 견해를 모아 정부에 전달했다. 그리고 이듬해 친구 수십 명과 워싱턴의 정부 요직을 연결했다. 존슨 대통령이 그에게 내각에 앉힐 좋은 사람들을 몇 명 추천해달라고 부탁했기 때문이다. 1958년

이 되자 그는 일인 직업소개소로서, 기업인들을 워싱턴으로 보내는 인물이라고 소문이 났다. 그는 그해 인터뷰 도중에 이렇게 말했다. "바로 지금 밖에 수백만 달러 회사의 사장이 기다리고 있습니다. 그는 회사를 떠날 생각 중인데, 내가 자기에 관해서 들은 바가 없는지 알고 싶어 합니다."

와인버그는 말했다. "공직이야말로 가장 숭고한 시민 정신입니다. 사람들은 국가와 지역 사회에서 일한 뒤에 더 훌륭한 시민이 됩니다." 이 브루클린 토박이의 정치 참여는 1932년 그가 프랭클린 루스벨트 대통령의 선거를 지원하면서 시작되었다. 몇 년 지나 2차 세계대전과 한국전을 위한 자금 조달 후, 그는 제5대 대통령 린든 존슨Lyndon Johnson과 한담을 나누었다. 그는 자신이 "독립한 민주당원이자 실용적 진보주의자"라고 생각했고, 루스벨트는 그를 '정치인'이라고 불렀다. 와인버그는 러시아 대사직을 제안받았지만 거절했다. "나는 러시아어를 모릅니다. 내가 거기 가서 도대체 누구하고 말을 하겠습니까?"

겨우 163센티미터의 키에 둥근 안경을 쓴 와인버그는 흡사 잘 차려 입은 큐피 인형kewpie doll처럼 보였는데, 지하철로 출근했기 때문에 검소해 보였다. 그는 한가한 시간에 테니스, 핸드볼, 골프를 즐겼다. 때때로 그는 "다른 데 가서 술이나 마시는 것보다 낫잖아?"라고 하면서 가까운 친구 몇을 끌고 터키탕에 갔다. 그는 가끔 '술을 끊었는데' 이는 평소에 과음을 했다는 뜻이다.

와인버그는 두 번 결혼했다. 한 번은 1920년에, 또 한 번은 1968년에 (첫 아내가 죽은 지 1년 후에 자기보다 서른 살 어린 사진작가와) 했다. 그는 가족을 자랑스러워했다. 그의 아들 둘 다 그의 발자취를 따랐다. 하나는 골드만삭스의 파트너가 되었고, 다른 하나는 오언스-코닝 파이버글래스Owens-Corning Fiberglas의 임원이 되었다. 와인버그는 대가족 출신으로, 1891년 브루클린의 레드 훅Red Hook 구역에서 힘들게 사는 주류 도매상의 열한 명 자녀 중 하나로 태어났다.

겨우 8학년까지 배웠지만 와인버그는 이를 무척 자랑스러워했고, 1907년 공황 때 예금자들 대신 줄을 서주고 일당 10달러를 받으면서 15세부터 경력을 쌓기 시작했다. 다음에 그는 월스트리트의 마천루로 가서, 꼭대기 층부터 내려오면서 모든 사무실 문을 두드리며 일자리를 물어보던 중 골드만삭스 사무실에 이르렀고, 그곳에서 보조 사환으로 채용되었다! 세월이 흐른 뒤, 그는 자신의 사무실에 진열된 광택이 나는 타구(唾具)를 가리키면서, 그가 골드만삭스에서 첫 업무로 광을 낸 작품이라고 말했다.

와인버그는 1927년 다른 상사들을 제치고 파트너가 되었다. 그가 말하기를, 이는 자신의 인품, 근면, 건강, 성실성, 성격, 기대 수준을 뛰어넘으려는 열정 때문이었으며, 이것이 그의 성공 공식이었다. 이것은 그의 시대부터 현재에 이르기까지 투자 은행가들의 기준이 될 만한 공식이었다. 와인버그는 현대 투자 은행가들의 역할 모델이었으며, 그런 의미에서 현대 기업 금융발전에 핵심 역할을 담당했다.

4장

혁신가들

THE INNOVATORS

새로운 아이디어로 무장한 전문가들

◆

미국 자본시장의 발전은 혁신의 연속이었으며, 이 책에서 도저히 열거할 수 없을 정도로 많은 사람이 만들어낸 산물이었다. 모든 혁신은 소규모 공룡 집단에서 시작되었는데, 이 공룡들은 용감하게 미지의 땅을 밟고 돌아다니면서 문명과 미래의 혁신에 길을 만들어주었다. 공룡들은 미국을 농업 기반 경제로부터 산업 기반 경제로 이끌었다. 이들이 한 발을 내디딜 때마다 규칙의 토대가 마련되었으며, 이러한 규칙들이 발전하여 오늘날의 규칙들이 되었다. 좋든 싫든 공룡들이 미래 세대들에게 특정구조를 만들어주었기 때문에, 미래 세대들은 이 구조를 개선하거나 유리하게 이용할 수 있었다. 이들이 혁신가들이다.

혁신가들은 1800년대 말부터 시장 시스템을 만들기 시작했다. 월스트리트의 시스템은 엉성하게 정의되어 있었기 때문에, 이들은 먼저 그것을 정교하게 다듬었다. 일부 현대적인 혁신은 공동체 중심의 사고 방식에서 발전되었지만, 혁신 대부분은 개인적 야망의 소산이었다. 이 4장에서 언급된 혁신가들 덕분에, 금융업계에 전문 주식 거래소, 지주회사, 시장 통계, 벤처 자본, 재벌그룹, 풋put과 콜call 등이 탄생하게 되었다.

혁신가들은 전문 분야로 진출해서 닥치는 대로 혁신했다. 예를 들어, '럭키' 볼드윈은 네이선 로스차일드, 조지 피바디, 주니어스 모건 같은 공룡들이 미국으로 한껏 돈을 끌어들인 지 수십 년 후, 지역 금융에 진출해서 전문 주식 거래소를 창립했다.

볼드윈은 샌프란시스코에 주식 거래소가 없다는 점을 안타까워했다. 그는 급속히 발전하는 캘리포니아 광산업에 더 많이, 더 빨리 자금을 투입하고 싶었다. 그래서 기존 시스템에 돈을 투자해서 스스로 거래소를 만들었다. 비록 이 거래소는 오래 지속되지 못했고, 결국은 다름 아닌 경쟁 상대에게 합병되고 말았지만, 볼드윈은 지역의 전문 주식 거래소를 통한 현지 자금 조달의 필요성을 금융업계에 일깨워주었다.

조르주 도리오의 혁신은 미국 최초의 벤처캐피털 설립이었으며, 그는 신기술을 제도용 책상으로부터 시장으로 가져가는 일에 전념했다. 그의 혁신 이래로 다른 혁신가들이 벤처캐피털을 더 세분화하였고, 개별산업과 기술에 집중하는 전문화된 형태를 도입했다. '벤처캐피털의 아버지'로 널리 존경받던 도리오는, 말년에 이르러 벤처 자본가들이 자신의 아이디어를 이용해서 단지 돈벌이에만 매달릴 뿐, 기술발전을 외면하는 모습을 보고 슬퍼했다. 오늘날 많은 벤처 자본가들이 '벤처 사기꾼'으로 분류되는 왜곡된 현실을 본다면, 그는 아마 더 슬퍼할 것이다. 그러나 이는 예상됐던 일이다. 누구든 자신의 아이디어를 솔직하게 말하면, 이로 인해 온갖 일들이 벌어질 수 있다.

혁신이 항상 좋은 것만은 아니었다. 특히 탐욕 때문에 이루어진 혁신이 그랬다. 예를 들면, 마지막 악덕 자본가 토머스 포춘 라이언이 처음으로 세운 지주회사가 그랬다. 이 지주회사는 1920년대에 공공산업 부문에서 무책임하고 부패한 제국을 구축하는 데 이용되었다. 찰스 여키스는 양날의 검과 같은 혁신을 일으켰다. 그는 (부패한) 정치와 사업을 결합해서, 시 공무원들에게 뇌물을 주고 전차 철도 독점권을 획득했다. 명석한 시장 조작자 러셀 세이지도 마찬가지로 탐욕에 굶주렸다. 그는 풋과 콜을 처음으로 개발해냈는데, 원래 주식을 조작해서 자신의 이익을 더 많이 챙기려는 목적이었다. 그런데 오늘날 풋과 콜 그리고 이어서 개발된 전문 파생상품들은 금융업계의 표준이며 거의 필수품이 되었다.

로저 뱁슨도 십중팔구 자신의 미래를 염두에 두고 시장 통계와 분석산업을 혁신했다. 동기가 그렇다 치더라도, 그는 뉴스레터의 선구자가 되어 통계 정보를 판매하는 소매시장을 열어주었다.

로 프라이스와 폴 캐벗은 주식시장을 바라보고 투자하는 새로운 방법을 투자자들에게 알려주었다. 프라이스는 원로 성장 투자가로서, 1930년대에 일찌감치 IBM 같은 잠자는 거인들을 발굴하여 1950년대에 우량주로 성장하는 모습을 지켜보았다. 캐벗은 지방 투자자들에게 보수적 투자 대안으로 주식을 제안했다. 그가 혁신을 일으키기 전까지, 월스트리트는 부유한 보스턴 사람 모두에게 출입금지 구역이었다. 캐벗은 이 시장의 문호를 개방했다.

끝으로, 월스트리트에 기업을 설립하는 새로운 방법을 알려준 기업 혁신가들이 있다. 로열 리틀은 1950년대와 1960년대에 재벌그룹을 창시했다. 플로이드 오들럼은 1930년대, 1940년대, 1950년대에 기업 사냥을 통해서 자신의 제국을 건설했다. 오들럼이 아주 순진한 사람이었다는 말도 있지만, 이는 '순진'의 의미를 전혀 다르게 해석했기 때문일 것이다.

물론 이 장에 나오는 이런 사람들만 혁신을 일으킨 것은 아니다. JP

모건은 여러모로 혁신가였다. 예를 들면, 월스트리트를 이용해서 기업 합동에 바탕을 둔 독점 체제를 창출했다. 그러나 그는 이보다 훨씬 더 큰 인물이었다. 제이 굴드도 일종의 혁신가였다. 그는 망가진 기업을 헐값에 매입해서 고친 다음, 환상적인 가격으로 시장에 되판 첫 인물이었다. 그러나 그도 역시 이보다 더한 일을 벌였다. 증권거래위원회의 첫 수장이었던 조지프 케네디도 일종의 혁신가가 아니었을까? 한편으로는 그렇다고 보아야 할 것이다. 또한 이 책에 나오는 수십 명에 대해서도 그렇게 말해야 할 것이다. 그러나 4장에 등장하는 인물들은 무엇보다 혁신으로 두각을 나타낸 사람들이다. 모건, 굴드, 케네디 같은 인물들과는 달리, 이들은 자신들이 일으킨 혁신이 아니었다면 이 책에 실리지 않았을 사람들이다. 이들의 기여는 적어도 다른 인물들만큼 컸고, 때로는 더 지대했다.

세상 사람들은 로 프라이스의 성장주 투자 철학을 선택할 것 같은가, 증권거래위원회를 선택할 것 같은가? 나 같으면 성장주에 한 표를 던지겠다. 세상 사람들은 오늘날 벤처캐피털 없이 사는 한이 있더라도 굴드가 세상에 태어나지 말았길 바랄까? 다시 말하지만, 우리는 흔히 인식하는 것 이상으로 순수 혁신가들이 가져다준 열매를 많이 향유하고 있다.

이들이 시장에 충격을 준 이후로 더 많은 혁신이 일어났다. 그런데 오늘날 세상일이 너무 빠르게 진행되다 보니, 혁신가와 혁신을 관련지어 생각하기가 매우 어렵다. 할인 증권회사를 처음 시도한 사람이 누구인가? 찰스 스왑이 아니었다. 그는 단지 가장 성공적으로 시행한 사람일 뿐이다. 누가 '프라임prime'과 '프로그램 거래program trading'를 개발했는가? 나도 모른다. 혁신이 획기적일수록 누가 개발했느냐보다 어떻게 사용하느냐가 훨씬 더 중요하다. 오늘날 모든 일이 빠르게 진행되므로, 우리는 혁신을 예외라기보다 일상으로 받아들인다. 그러나 이들 혁신가가 개척할 당시의 세계에서는 절대로 그렇지 않았다. 이들의 기여가 없었다면, 월스트리트는 지금과는 다른 형태로 더 느리게 발전했을 것이다.

일라이어스 잭슨 '럭키' 볼드윈

Elias Jackson 'Lucky' Baldwin

운이 좋으면 원하는 대로 할 수 있다

◆

광산업이 냄비로 금을 걸러내는 방식으로부터 노동과 자본 집약 프로세스로 전환되자, 서부 전역에서 금광 주식이 대유행을 탔다. 수천 개의 광산 주식 거래소는 자금을 끌어들였고, 이 자금은 인부를 고용하고 장비를 구입하여 금을 캐는 데 투입되었다. 금을 발견할 때마다 투기 광풍이 뒤따랐다. 모두가 광란의 대열에 참여하고자 했다. 탐욕스러운 사기꾼들은 존재하지도 않는 광산의 주식을 팔았고, 희망에 찬 회사원들은 즉석에서 월급봉투를 내놓았으며, 대담무쌍한 투기꾼들은 재산을 걸고 무모한 도박을 벌였다. 금이 발견된 곳은 어디든지 엉성하게 지은 작은 주식 거래소가 갑자기 들어섰으므로, 이런 모습은 쉽게 눈에 띄었다. 미주리 주 세인트 폴St. Paul, 콜로라도 주 크리드Creede, 와이오밍 주 라라미Laramie, 위스콘신 주 오클레어Eau Claire 등에서 그랬다. 그리고 금광이 사라지면 거래소도 사라졌다. 그러나 거래소가 먼저 사라지는 법은 없었다!

이런 영세 거래소들을 대체한 최초의 금광 거래소가 1875년 일라이어스 잭슨 '럭키' 볼드윈Elias Jackson 'Lucky' Baldwin이 설립한 샌프란시스코 소재 퍼시픽증권거래소Pacific Stock Exchange였다. 볼드윈은 성급하고, 무모하며, 거절을 용납하지 않고, 생각 없이 행동하는 캘리포니아 개척자였으며, 투기꾼, 바람둥이, 그밖에 당시 가능했던 모든 특징을 지닌 인물이었다. 그래도 그는 전문 거래소를 창시한 대표적 인물이므로 미국 금융 역사에 중요하다. 덕분에 그 금융 메커니즘을 통해서 동부의 자금이 서부의 금광으로 이동했고, 서부는 월스트리트가 없는 곳이었지만 못지않은 생산성이 유지되었다.

전혀 겸손할 줄 몰랐던 볼드윈은 (역사학자이자 저술가인) 허버트 밴크로프트HH Bancroft와의 세기말 인터뷰에서 말했다. "내가 캘리포니아를 위해서 300명 넘는 사람보다도 많은 일을 했고, 지금도 하고 있다는 사실을 아십니까?" 볼드윈은 앞서가는 역할 모델이었으므로, 어떤 면에서는 그의 말이 맞다.

볼드윈이 주식 거래소를 설립하게 된 과정은 과연 독특하다. 이야기는 이렇게 전개된다. 샌프란시스코의 거물 투기꾼이었으므로 캘리포니아 주식거래위원회 회원이 되었던 그는, 예측 불가한 자신의 광산 주식을 확인하려고 매일 거래소를 들락거렸다. 그러나 하루는 새로운 금광이 발견되면서 수많은 '비회원'들이 수익성 좋은 광산 주식을 살 목적으로 거래소에 숨어들어 오려 했다. 따라서 비회원의 입장을 방지하기 위한 새로운 보안 조치에 따라, 회원들은 입구에서 회원증을 제시해야만 했다. 바로 그날 볼드윈은 깜빡 잊고 회원카드를 가져오지 않았다. 그건 평소에는 전혀 필요 없던 것이었다. 그는 평소처럼 내가 누군지 몰라보겠냐고 따졌지만, 관료주의가 우세승을 거두었고 그는 입장을 거절당했다. 뻔뻔스러운 놈들이었다!

"맹세코 가만있지 않겠다." 럭키는 여러 번 다짐했다. 화가난 그는 복수를 결심했다. 그리하여 퍼시픽 주식 거래소가 탄생하게 되었다 (1957년 설립된 퍼시픽코스트증권거래소Pacific Coast Stock Exchange가 아니다). 이전 동료들이 그를 강력하게 따랐고, 그가 다른 거래소로부터 대단히 명성 높은 회원들을 20명 넘게 끌어왔다. 그가 처음에 모은 사람들의 명성과 힘을 바탕으로 그의 거래소는 곧 탄력을 얻었고, 부유한 광산 홍보업자들, 성공한 투기꾼들, 영향력 있는 정치꾼들이 럭키의 새 클럽에 서둘러 가입했으며, 수수료가 5000달러가 넘었고 회원 수는 두 배가 넘어갔다.

전형적인 '볼드윈 스타일'로, 그는 벽에 프레스코화를 그려 넣고 바닥은 우아한 모자이크로 구성하여 호화롭고 널찍한 거래소 본부를 지었다. 투기를 할 바에는 우아한 데서 하는 것이 좋지 않은가? 결국 그와 그의 새로운 도당은 그들이 "위대한 캘리포니아 광산업의 성장과 발전을 위해서 자기 몫을 다했다."라고 느꼈으며, "문명의 축복을 황무지에 풍족하게 전파했다."라고 생각했다.

이상하게 들릴지 모르지만, 볼드윈의 생각이 크게 틀린 것도 아니었다. 그는 번창하는 경쟁적 금융 센터를 통해서 서부를 '거친 개척지'로부터 '문명화된 지역'으로 변모시키는 데 실제로 핵심 역할을 담당했다. 당시 미국의 자금은 동부로부터 왔다. 그리고 동부 사람들은 미개

한 서부에 관해 관심도 있었지만 두려움도 있었다. 볼드윈이 살던 시대는, 처음으로 국토횡단 철도와 전화선이 완공되면서 대륙횡단 통신이 막 시작되는 시기였다. 국토를 횡단하는 금융은 몇 년 뒤의 일이었다. 그러나 광산업은 그렇게 오래 기다릴 수가 없었다.

서부 광산 거래소 사이에 실용적인 경쟁을 도입함으로써, 볼드윈은 경쟁이 자본주의 체제에 가져다주는 일종의 혜택을 서부 광산 금융에 제공했다. 즉, 더 많은 자본이 몰려들었고, 일이 정직하게 처리되었으며, 거래량이 증가했고, 가격이 경쟁력을 유지하였으며, 지역 '클럽'이 광산으로부터 과도한 독점적 이득을 얻지 못하게 됐고, 동부 사람들이 투자한 돈이 묶여버리는 위험이 줄어든 것이다. 금광이 발견된 모든 하찮은 마을에서 거래소를 시작한 엄청나게 많은 자본가의 명단이 럭키에게 들어왔다. 작은 마을에 (대개 한 마을에 두 개씩) 있는 소규모 광산 거래소의 명단은 정말이지 엄청났으며 그 수가 거의 무한했다. 이들 모두가 광산에 광산 금융을 제공했는데, 끌어 들인 돈은 필요한 인력과 장비를 구입하여 광석을 채굴하는 데 쓰였고, 이 광석이 미국을 세계 최강국으로 만들었다.

볼드윈이 죽기 5년 전인 1904년, 그의 거래소는 캘리포니아 주식거래위원회로 흡수되어서, 결국 떨어져 나왔던 그 기관과 다시 결합하게 되었다. 그러나 그 시점에서는 광산 금융발전이라는 원래의 목적과 역할을 이미 다 성취한 상태였다. 캘리포니아 시장에서 광산의 시대는 오래전에 끝났기 때문이다.

1828년 오하이오 주 농부 겸 목사의 아들로 태어난 볼드윈은, 다섯 자녀 중 장남이었으며 빠르게 성장했다. 그는 경마에서 신혼여행 자금

200달러를 딴 후 18세에 이웃 농부의 딸과 결혼했다. 볼드윈은 아내와 정착해서 딸 하나를 두었고, 말을 매매해서 2000달러를 벌었다. 그리고 1853년 25세에 마차 네 대를 준비해서 (두 대에는 도중에 팔 브랜디, 담배, 차를 싣고) 가장 험했던 시절의 서부로 향했다.

새 땅에 정착하는 일이 결코 만만한 일이 아니었지만, 골드러시가 3년 전에 시작되어 여전히 호황을 누리고 있어서, 굶주린 늑대가 떼를 지어 달려든다 해도 볼드윈을 막을 수는 없었다. 적극적이고, 열정적이며, 대담하고, 자신 넘치며, 이기적이었던 그는 회상했다. "아시다시피, 사내는 마음만 먹으면 뭐든 할 수 있어요. 나는 마음을 먹었지요." 또렷한 이목구비와 콧수염, 강렬한 시선, 키 178센티미터, 몸무게 79킬로그램에 노령인데도 여전히 잘생긴 얼굴이었다. 그는 샌프란시스코에서 생존에 필요한 일은 무엇이든 다 했다. 잡화점을 열었고, 호텔, 마구간, 술집을 운영했으며, 운하용 짐배도 건조했고, 첫 아내와 샌프란시스코에 도착했을 때 벽돌 제조업을 배워 4년간 정부에 납품하고 순이익 200만 달러를 남겼다(정부는 이 벽돌로 앨커트래즈Alcatraz 요새를 지었다).

악명 높은 도박꾼이자 난봉꾼이었던 볼드윈은(아내가 넷이었고, 동시에 여러 여자를 거느렸으며 여러 번 부녀자 유혹 소송의 피고가 되었다), 부동산 투기와 투자로 돈을 벌었고 최초로 남부 캘리포니아 땅을 홍보한 사람 중 하나였다. 그는 1892년에 말했다. "나는 빈손으로 시작했고, 온갖 사업을 벌여 모두 성공했소. 내게 가장 힘들었던 투쟁은 첫 100달러가 아니라 첫 1000달러를 모으는 일이었소."

볼드윈 같은 사람이 자신의 별명 '럭키'를 경멸하는 이유는 쉽게 수긍이 간다. 그는 자신의 결단과 노력에 행운 따위는 없다고 믿었다. 그가 별명을 얻게 된 과정에 대해서는 여러 가지 이야기가 있지만, 다음 이야기가 그럴듯하게 들린다. 세 번째 아내를 만나게 된 1년짜리 여행을 떠나기 전, 볼드윈은 주식 중개인에게 광산 주식 상당량을 팔아달라고 말했다. 그러나 그가 여행을 떠났을 때 그의 주식은 금고 안에 있었다. 게다가 열쇠가 그의 주머니 속에 있었기 때문에 주식 중개인은 주식을 팔 수 없었다. 그가 돌아왔을 때, 그가 팔려고 했으나 팔지 못한 주식이 천문학적으로 올라서, 약 500만 달러를 벌었고, 그는 하룻밤 새 '럭키'가 되었다! 미국에 천연자원 생산이 필요한 시기에 '럭키'와 그의 추종자들이 나서서 지역 수준에서 금융을 제공해주었다는 사실은, 우리 모두에게 행운이다.

찰스 여키스

Charles T. Yerkes

정치인을 움직여 독점권을 얻은 인물

◆

찰스 여키스Charles T. Yerkes는 시간도 돈도 낭비하지 않고 재산을 모았다. 17년에 걸쳐, 그는 전철 노선을 헐값에 사들여서 몇 군데 대강 고친 다음 수백만 달러의 이익을 남기고 팔았다. 피해자들이 속았다는 사실을 발견하자 여키스는 웃으며 자신의 비결을 밝혔다. "나의 성공의 비결은 낡은 폐물을 사서 조금 고친 다음 다른 사람에게 팔아넘기는 것이라오." 이 수법은 월스트리트에서 셀 수 없을 만큼 되풀이되었다. 그러나 이 일을 지역 정치권력과 결탁해서 처리하는 솜씨는 여키스가 단연 최고였다.

1837년 필라델피아에서 태어난 여키스는 조용히 사업을 시작했다. 22세에 자신의 증권회사를 세웠고, 3년 뒤에는 일류 채권을 전문적으로 취급하는 은행을 세웠다. 그렇게 젊은 나이에 자신의 회사를 세우는 자본가들은 속성상 대개 지극히 적극적인 법인데, 그도 예외가 아니었다. 29세였을 때, 그는 당시 시장 할인율이 65%에 이르는 상황에서 필라델피아 채권을 액면가에 성공적으로 판매하여 금융계에서 이름을 얻었고, 특히 필라델피아 채권업계에서 명성을 떨쳤다.

그러나 이 무렵 여키스의 운이 꺾였다. 1871년에 발생한 시카고 대화재는 시카고를 폐허로 만들었을 뿐만 아니라, 필라델피아 주식 거래소도 아수라장으로 바꿔버렸다. 여키스는 무리하게 사업을 확장해놓은 상태였다. 시 당국에서 시 채권 판매 대금을 요구할 때 그는 무일푼 상태였다. 아무리 어쩔 수 없는 경우라 할지라도, 정치인들과 대중에게 지급할 돈을 제대로 갚지 못하면 그 사람은 사기꾼으로 간주된다. 여키스가 이런 사례에 해당하였다. 그는 횡령죄로 2년 4개월 형을 선고받았고, 7개월 복역 후 사면되었다.

부드러운 목소리, 창백한 피부, 차가운 검은 눈을 지닌 여키스는 평범한 전과자가 아니었다. 교활하고 야심 많은 그는 1873년 공황에 때맞춰 교도소에서 나왔다. 주식을 보유한 채 대화재를 맞이했던 교훈을 되살려서, 이번에는 공매도를 시도했고, 바닥시세에 공매도를 청산해서 멋지게 수백만 달러의 차익을 챙겼다. 이제 그는 대망을 품게 되었다. 그러나 먼저 수완가에 어울리도록 자신의 생활방식을 바꿀 필요가 있었다. 그래서 아내와 여섯 자녀를 내팽개치고, 오랫동안 정부였던 저명한 필라델피아 정치가의 딸과 결혼해서 1882년 시카고로 이사했다. 이제 주식시장을 멀리하게 된 그는, 전차산업을 기습적으로 공략해서 4년 만에 시카고 북부와 서부 전차 노선을 장악했다.

이후 15년 동안 여키스는 자신의 제국을 확장했다. 기존 노선을 개축했고, 지상 노선 800킬로미터를 추가로 건설했으며, 노선 390킬로미터를 전화(電化)했고, 유명한 '시카고 루프Chicago Loop(시내를 일주하는 고가 노선)'를 건설했다. 그의 사업은 서로 단단하게 얽혀 있는 자회사, 건설 회사, 정치인들을 중심으로 전개되었으며, 항상 주식 물타기 수법이 동원되었다. 누구든지 갑자기 전철 노선을 건설하면서 대담하게 도전해 올 경우, 그는 경쟁자가 사업에 자본을 잔뜩 투자할 때까지 냉정하게 기다렸다. 그다음 주식 거래소에 악성 루머를 퍼뜨리고, 터무니없는 억지 소송을 제기하면서 경쟁자의 주식을 조작했다. 경쟁자들은 번번이 무릎을 꿇었다.

노선 승객들을 무시하면 할수록 여키스는 시카고에서 더 크게 성장했다. 그는 노후한 전차 장비, 대중의 편의와 안전을 무시했고, 그래서 1890년대에 시카고 신문들은 그의 시스템에 대해 불평을 쏟아냈다. 그의 노선은 더럽고 환기 안 되는 객차, 결함 많은 엔진, 빈번한 사고, 이중 요금 등으로 악명이 높았다. 한번은 주주가 그에게 전차가 초만원이라고 문제를 제기하자, 그는 "서 있는 승객들 덕에 배당금을 지급하는 거요!"라고 쏘아붙였다. 그는 모든 방면의 시카고 도시 노선 대부분을 장악하고 있었지만 전차 노선 통합을 거부했다. 노선별로 제각각 요금을 받으려는 속셈이었다. 여키스는 대중의 안전에 대해서 지극히 무관심했기 때문에, 행인이 전차에 치일 때도 면책 서류에 서명을 받은 다음에야 치료를 해주었다.

조용하고 사색적이었던 여키스는 더러운 평판 따위는 무시했다. 세련된 흰 콧수염을 기르고 비싼 옷을 입고, 예술품을 수집하며 호화롭게 살았다. 그의 동양 양탄자 소장품은 페르시아 국왕을 능가할 정도였다.

그는 이익과, 그날 밤 잠자리를 같이할 여자 외에는 관심이 없었다. 정부와 결혼한 뒤 이제 그녀에게 싫증이 나자 그는 줄기차게 바람을 피우기 시작했다.

물론 시청 이야기를 꺼내면 여키스는 잘 다듬은 눈썹 한쪽을 추어올리며 깜짝 놀랄 것이다. 정치가 그의 성공의 핵심이었기 때문이다. 여키스가 제국을 건설한 핵심기술은, 시청을 정치적으로 조작해서 전차 노선에 대한 독점을 유지한 것이다. 이를 위해서는 도로 사용권을 확보하고 장악할 필요가 있었다. 사용권이 없으면 수 킬로미터에 이르는 그의 철로는 아무 소용이 없었다. 그는 정치부패와 입법 조작의 대가가 되었다. 시의회 의원들은 여키스로부터 뇌물을 받아 배를 채웠고, 그 대가로 그에게 유리한 저가 단기 사용권과 법안들을 통과시켰다.

여키스의 뻔뻔스러운 정치개입은 결국 시카고에서 자신의 몰락을 불러왔다. 지나친 탐욕을 부려 자신에게 100년간 무상 사용권을 부여하는 법안을 준비하면서, 그는 스스로 몰락의 길을 걷기 시작했다. 시의회 의원들이 이 법안을 1898년부터 발효시키기 위한 투표를 준비하고 있을 때, 여키스를 반대하는 시민들의 시위가 발생했다. 개혁가들이 여키스에게 유리한 법안과 지금까지 여키스를 지지한 정치인들을 반대하면서, 대중 집회와 행진을 벌였다. 이들은 시의회 의원들에게, 여키스를 지지하는 투표를 하면 사실상 정치적 자살행위가 될 것이라고 경고했다.

법안이 표결에 부쳐지는 날 밤, 시청은 총과 교수형 올가미로 무장한 시위대 수천 명에 둘러싸였다. 이는 여키스 시대의 종말을 예고하는 명백한 신호였다. 성난 군중이 여키스의 뇌물 100만 달러를 간단히 압도해버렸고, 법안은 부결되었다. 몇 달 뒤 그의 '친구'들은 투표를 통해 공직으로부터 영원히 추방당했고, 1년이 지나기 전에 여키스는 자신의 전차 시스템을 단돈 2000만 달러에 팔아넘긴 뒤 런던으로 도주했다.

이 사건 이후로 여키스는 활력을 잃은 듯하다. 두 번째 아내와 별거한 그는 1900년에 영국으로 건너갔다. 처음에는 50만 달러를 주고 철도 사용권을 획득하여 운송 시스템에 손을 대기 시작했으며, 영국인 주주들에게 전화(電化)사업을 하도록 설득했다. 그와 그의 기업연합은 나중에 런던 지하철 개량사업을 시작했다. 여키스는 JP 모건을 제치고 8500만 달러 프로젝트의 사업권을 차지했으나 브라이트 병Bright's disease(과거에 신장염을 이르던 말_옮긴이)에 걸렸고, 5년 뒤 부도 직전에 사망했으며, 고국에는 그의 사망 소식조차 전해지지 않았다.

시카고는 사악한 정치가 오랫동안 지배한 곳으로 모든 사람에게 알려져 있다. 그러나 여키스는 보다 근본적인 교훈을 가르쳐준다. 그는 초창기의 시카고 정치 수완가였다. 그는 공공사업과 정치비리를 매개로 삼아 금융과 사업을 결합하는 단순한 방식을 사용했다. 정치비리를 통해 사업을 독점할 수 있는 분야는 오로지 공공사업뿐이다. 공공 분야야말로 완벽한 정치적 보호를 받으며 사악하게 사업을 벌일 수 있는 완벽한 영역이기 때문이다. 다른 분야라면 경쟁이 반드시 부실한 공급자들을 몰아낸다. 미국 전역에 걸쳐서 영리한 사업가들은 우둔한 정치인들을 도구로 삼아 지역의 공공사업을 악용했다. 여키스는 사업을 금융 및 정치와 결합한 초기 사례였으며, 심지어 20세기가 지나서도 이런 사례를 따르는 사람들이 있다.

토머스 포춘 라이언
Thomas Fortune Ryan

미국 최초의 지주회사

World's Work, 1905

◆

'위대한 기회주의자'로 알려진 미국의 마지막 거물급 악덕 자본가 토머스 포춘 라이언Thomas Fortune Ryan은, 예언적인 그의 가운데 이름 '포춘'에 어울리게 살다가 1928년 세계 최대의 부자로 죽었다. 전차, 담배, 보험산업 등에서 속임수와 사기로 약 1억 달러를 벌어들인 것 외에, 라이언은 미국에서 가장 널리 사용되는 사업 수단의 하나인 지주회사를 만들어냈다.

푸른 눈, 네모진 얼굴, 갈라진 턱, 강인한 성격을 가진 키 크고 눈에 띄는 아일랜드계 가톨릭교도 라이언은 1851년 버지니아 주의 작은 마을에서 태어났다. 그는 1886년 35세의 나이로 맨해튼 거리에 전차 왕국을 건설하는 과정에서 지주회사를 만들게 되었다. 그의 기업연합은 다양한 회사들을 보유하려는 목적으로 메트로폴리탄 트랙션 컴퍼니Metropolitan Traction Company를 설립하였고, 이 회사를 이용해서 소규모 전차 노선을 사들여 물타기를 한 다음, 더 가치가 높은 다른 주식과 교환했다. 지주회사가 미국 금융 역사에 중요해진 만큼이나, 라이언의 초기 성공에는 정치가 중요했다. 물론 뒤가 구린 정치 말이다.

"시장은 그의 사환이고, 주지사는 그의 전화 한 통화에 달려오며 (……) 태머니 홀Tammany Hall(뉴욕 시의 민주당을 지배한 파벌 기구)은 그가 키우는 개고, 그는 말을 길들이듯 돈으로 시의회를 길들인다." 어떤 기자가 라이언에 관해서 쓴 폭로성 기사다. 앞서 살았던 시카고의 '전차 왕' 찰스 여키스처럼, 라이언도 정치 부패를 이용하고 맨해튼 정치인들에게 뇌물을 뿌리며 시 전차 시스템을 장악함으로써 자신의 전차왕국을 건설했다. 정치인들을 통해서 도로 사용권을 확보해야만 했으므로, 정치가 전차 철로 장악에 핵심적인 역할을 담당했다. 라이언은 1870년대에 부패로 널리 알려진 태머니 홀에서 일반 회원으로 활동한 뒤 전차산업에 뛰어들었으므로, 이 사업은 그에게 어렵지 않은 게임이었다. 사실 그는 태머니 연줄을 통해서 전차사업이 돈벌이가 된다는 사실에 눈을 뜨게 되었다.

월스트리트에서 주식 중개인으로 10년간 근무한 뒤, 라이언은 1883년 전차사업에 본격적으로 뛰어들어 시의 주요 사용권 장악을 놓고 전쟁을 벌였다. 현금 수천 달러와 전쟁을 치르려고 세운 회사의 주식까지 시의원들에게 뿌려가며 열심히 싸웠지만, 그의 경쟁자는 더 많이 뿌렸다. 그러나 1년도 지나기 전에 사기의 명수이자 집요한 승부사 라이언이 결정적인 소송을 제기하자 시에서 경쟁자를 조사하게 되었고, 결국 경쟁자는 그의 사기 술책에 굴복하고 말았다. 그리고 시의회가 소동에 신물이 나서 라이언이 어렵게 쟁취한 사용권을 취소하자, 그는 시의회를 상대로 2년 더 소송을 벌여 취소를 뒤집었다. 그는 싸움을 벌였다 하면 끝까지 싸워서 이겼다.

지주회사인 메트로폴리탄을 세운 뒤, 그는 인위적으로 부풀린 배당을 지급해서 주가를 조작했다. 그는 아주 두둑한 배당금이 어리석은 사람을 잡는 덫이 되기도 한다는 사실을 일찌감치 투자자들에게 가르쳐 주었다. 이 방법으로 그는 1899년에 주가를 269달러까지 성공적으로 끌어올렸으며, 이 시점에 그와 내부거래자들은 열광해서 달려드는 대중에게 주식을 팔아넘겼다.

라이언은 대공황 직전인 1906년에 (지하철 시스템을 포함해서) 뉴욕시 전역에 걸친 전차 지분을 모두 처분하여 5000만 달러의 재산을 손에 넣었다. 물론 두둑한 사례를 받은 강력한 정치 커넥션이 독점을 유지해주지 않았다면 그의 제국은 하루아침에 무너졌을 것이고, 그의 개인 재산 정도만 남았을 것이다. 메트로폴리탄이 법정관리에 들어갔을 때, 관재인이 채권 발행 대금 3500만 달러가 사라졌다고 문제를 제기했다. 그 뒤, 불가사의하게도 1500만 달러는 아예 장부에 기재되지도 않았고, 나머지 2000만 달러는 정치뇌물로 사용되었음이 드러났다. 미국 최초의 지주회사가 정치뇌물을 제공했고 마침내 파산했는데도, 지주회사 형식이 이후에 그토록 많이 활용되었다는 점은 참으로 역설적이다. 그러니 우리는 이 혁신에 대해서 라이언에게 감사해야 한다. 그 하나만으로도 일생의 업적으로 충분해 보인다.

그러나 라이언은 은퇴하지 않고 계속해서 적극적으로 사업을 벌였다. 그는 막대한 재산을 지켜냈을 뿐 아니라, 두 배로 불리는 데 성공했다. 게다가, 예컨대 은행업, 광업, 공공사업, 생명보험 등 그가 처음 접하는 분야에서 재산을 두 배로 불렸는데, 이는 가히 예외적인 경우라 하겠다. 성공한 자본가가 자신의 전문 영역을 버리고 새로운 분야로 진출하면, 대부분은 전 재산을 날리지는 않더라도 상당한 손실을 보기 마련이다. 제이 쿡이 그런 사례였다.

라이언은 계속되는 성공에 자신감이 넘쳤고, 특히 담배 분야에서 커다란 성공을 거두었다. 그는 1890년대 전차사업에 몰두했을 때, '합병'이란 용어조차 생소하던 시절에 이 분야 최대 규모의 합병을 도운 적이 있었다. 이번에는 담배회사 세 개를 합병함으로써, 라이언은 아메리칸 타바코 컴퍼니American Tobacco Company 설립을 도왔고, 이 회사는 자본금 2500만 달러로 출발해서 증자를 거듭하여 마침내 자본금이 2억 5000만 달러에 이르게 되었다.

라이언이 감행한 다소 모험적인 거래로는 벨기에령(領) 콩고의 광산에 대한 투자가 있다. 그는 벨기에의 레오폴드Leopold 국왕으로부터 투자 권유를 받았다. 그리고 국제기업을 육성하고 융자해서 풍요로운 아프리카 땅을 산업화하는 데 역할을 한 대가로, 회사 주식의 1/4을 받았다. 이 콩고 회사가 현지인을 노예로 착취한다는 비난이 쏟아졌을 때, 라이언은 기자에게 "나는 두 다리 쭉 뻗고 잘 잔다오"라고 말했다. 콩고에서는 별일이 아니라는 뜻이었다. 그는 뼛속까지 악덕 자본가였다.

다양한 사업에서와 마찬가지로, 라이언은 사생활에서도 남들이 어떻게 생각하건 개의치 않고 자신이 원하는 대로 살았다. 1917년 첫 아내가 죽은 지 불과 2주 만에 66세의 나이로 재혼한 사실만 보아도 그의 사람됨을 엿볼 수 있다. 이 일로 그는 장남 앨런 라이언Allan A. Ryan과

평생 반목하게 되었다. 주식 중개인이자 스터츠 모터스Stutz Motors의 사장이었던 앨런은 "내가 아는 한 가장 무례하고 추잡한 행동이었습니다"라고 단언했다.

그런 아버지 밑에서 자랐지만, 앨런은 사업 윤리가 아버지보다는 나았던 듯하다. 그러나 1920년대에 (오래전 일이라 자존심 때문이었는지 이익 때문이었는지는 분명치 않지만) 그는 스터츠 주식에 대한 매집을 시도하다가 실패하여 결국 파산했다. 그의 아버지는 아들이 매집에 실패하고 경력을 망치는 모습을 입과 지갑을 닫고, 짐작건대 마음도 닫은 채 곁에서 지켜보았다. 그리고 토머스 포춘 라이언은 죽을 때 아내와 다른 아들들에게는 풍족한 재산을 물려주었지만, 불쌍한 앨런에게는 백색 진주 장식 단추 한 쌍만 물려주었다.

라이언은 미국 최초의 지주회사라는 유산과 더러운 평판과 재산을 남겼다. 그가 실제로 세상에 좋은 일을 많이 했다고 보기는 어렵다. 정신적 선배 찰스 여키스처럼, 그도 정치를 이용해 공공사업에서 부정한 이익을 얻은 교활한 자본가였다. 라이언과 여키스 같은 사람으로부터 우리가 얻는 가장 중요한 교훈은, 지방 자치단체가 공공사업을 통제하고 조정해야 한다고 우리가 믿지 않았다면, 이들이 그런 짓을 벌이지 못했으리라는 점이다. 애덤 스미스의 논리대로 정치인이나 토머스 포춘 라이언보다는 '경쟁'이 훨씬 더 친절하게 주인 노릇을 했을 것이다.

러셀 세이지
Russel Sage

사계절의 사나이

◆

명석한 시장 조작자 러셀 세이지Russel Sage는 좌우명의 사나이였다. "나는 좌우명 덕분에 백만장자가 되었다. 그중 가장 중요한 좌우명은 아버지가 좋아하시던 것으로, '누구나 돈을 벌지만, 현명한 사람만이 그 돈을 지킨다'였다." 아버지의 충고를 명심한 세이지는 뼈다귀를 지키는 개처럼 호황이나 공황이나 변함없이 자신의 돈을 악착같이 지켜냈다. 1906년 죽을 때까지 1억 달러가 훨씬 넘는 돈을 모은 이 현명한 늙은 올빼미는 시장을 지탱하는 신뢰의 기둥이었다. 말하자면 월스트리트의 전천후 현인이었던 것이다.

트레이드마크인 축 늘어지는 싸구려 양복을 걸치고 낡은 조끼를 입은 세이지는 철도 주식을 조작하고, 터무니없는 이자율로 대금업을 하며, 풋과 콜 시스템을 개척하여 재산을 모았다. 스트래들straddle(옵션 콤

비네이션 전략의 하나)과 스프레드spread(좌동)는 실제로 그가 처음으로 발명한 것이다. 기민한 사업가였던 그는 교활한 범죄와 (때로는 돈으로 매수한) 전략적 연줄을 이용해서 모든 기회로부터 이익을 최대한 짜냈다. 1816년 포장마차 안에서 가난한 농부의 아들로 태어난 그는 어린 시절부터 주어지는 기회를 최대한 활용했다. 그러나 어린 시절에 품었던 야망에 관해서 물어보면 이 겸손한 백만장자는 이렇게 대답했다. "내가 일찌감치 마음먹었던 단 한 가지는 가난한 사람이 되지 않겠다는 것이었소. 나는 무슨 일을 맡든지 성공하려고 노력했다오. 내 주위의 가난한 사람들처럼 될까 두려웠기 때문이오."

세이지가 가난을 경험한 기간은 길지 않았다. 뉴욕 주 트로이Troy에 있는 형의 잡화점에서 1년 동안 일한 뒤, 그는 13세에 처음으로 자기 소유의 땅을 샀다. 일은 빠르게 진행되어, 수수료를 받고 친구들에게 대출하는 기술을 익힌 뒤 인기 있는 말 중개상이 되었고, 형의 잡화점을 인수하였으며, 갑자기 닥친 얼음 폭풍 기간에 운송업으로 한몫을 챙겼다. 돈의 가치를 빠르게 깨우친 세이지는 자랑스럽게 말했다. "푼돈을 아끼면 큰돈은 저절로 모인다." 21세에 이미 부유해진 그는 트로이 시청에 들어갔고, 그곳에서 장차 철도사업으로 돈을 벌 전략을 수립했다.

1852년 36세에 키 178센티미터였던 세이지는 국회의원에 선출되었고, 국회에서 동료 의원들을 상대로 24시간 단위로 대금업을 했다. 그뿐만 아니라, 호황을 맞이한 뉴욕 센트럴 철도가 확장하려면 자기 시의 트로이 앤드 스케넥터디Troy & Schenectady 노선이 필요하다는 사실을 발견했다. 그런데 늘 이익이 나던 노선의 주가가 이상하게도 급락하자,

트로이 시는 현자이자 당시 이 노선의 이사이기도 했던 세이지에게 조언을 구했다. 세이지의 주장에 따라, 트로이 시는 철도를 실제 가치의 1/3도 안 되는 20만 달러에 세이지가 비밀리에 조종하는 유령회사에 넘겼다. 그가 몰래 배신한 것이다. 인정사정없는 강청색 눈빛으로 바로 돌아선 그는 90만 달러와 이사 자리를 받고 트로이 노선을 뉴욕 센트럴에 교활하게 넘겼다. 철도는 세이지가 즐겨 이용한 돈벌이 수단이었으며, 그는 가치 있는 무상불하 토지를 받는 대가로 주 공무원들에게 일상적으로 뇌물을 주었다. 헤티 그린도 이런 수법을 조금 썼고, 제이굴드도 조금 썼다. 그리고 세이지는 많이 썼다.

"주가가 매도할 만큼 높은 가격이라면, 공매도하기에도 좋은 가격이다." 이 말도 세이지의 좌우명이었다. 임기를 두 번 마치고 국회의원직에서 물러난 그는 시장을 장악했고, 철도사업, 고리대금업, 매점을 통해서 재산을 긁어모았다. 곧 그는 '역사상 최고의 주식 투기꾼'으로 알려졌다. 물론 투기꾼들은 늘 많았고, 이들은 강세장과 함께 등장했다가 사라졌다. 그런데도 그는 초라한 3층 사무실에 숨어서 원래 워싱턴 대통령이 소유했던 회전의자에 앉아 거래하면서, 자신이 개발한 풋과 콜 시스템을 이용해서 한 해에 1000만 달러나 벌었다. 이에 대해서 그는 대규모 신용 거래를 원하는 영세 중개인들을 도왔을 뿐이라고 주장했다.

세이지는 자비심이라고는 가져본 적이 없는 듯하다. 그는 항상 비열하고 인색했다. 막대한 재산을 모았으면서도, 헤티 그린의 스타일로 자신이 이사로 재직하던 웨스턴 유니언 텔레그래프Western Union Telegraph에 비용을 떠넘기며 매일 공짜로 점심을 먹었다. 그는 오락에는 전혀 돈을 쓰지 않았는데, 즐기는 오락이 하나도 없었기 때문이다. 달리 할 일이 없었으므로, 그는 일과 일의 산물인 돈을 숭배했다. 두 번 결혼했지만 자녀가 없었다. 시장 조작이 그의 유일한 오락이었다.

세이지의 말에 따르면, 게임을 벌이는 유일한 방법은 콜을 이용해서 공매도 포지션을 방어하고, 풋을 이용해서 매도 포지션을 방어하는 식이었다. 그는 상승이 예상되는 종목에 대해서 (비싼 가격에) 적극적으로 풋을 권유했고, 하락이 예상되는 종목에 대해서 적극적으로 콜을 권유했다. 대부분의 경우 옵션을 판매할 종목 주식을 준비해놓았기 때문이다. 예를 들어, 1875년 세이지는 가격 상승을 기대하면서 코넬리우스 밴더빌트의 레이크쇼어 철도Lake Shore Railroad를 72에 매수하였고, 보유량 한도만큼 콜을 팔았으며(그는 절대로 능력 이상의 일을 벌이지 않았다), 풋도 팔았다. 레이크쇼어가 하락하자, 세이지는 계속 풋을 팔았다. 52~55 가격대에서 풋을 대량으로 보유하고 있었기 때문이다. 주가가 오르자 그는 62에 주식을 팔아 풋 계약과 연계한 수익을 확보하였다.

세이지는 탐욕스럽긴 했지만(평생 남에게 베푼 적이 거의 없었다), 어리석지는 않았다. 그가 처음 말한 단순하지만 유명한 격언은 그에게 대단히 소중했다. "밀짚모자는 아무도 원치 않는 겨울에 사서, 모두가 원하는 여름에 팔아라." 그의 입장에서 '밀짚모자'는 돈을 뜻했고, '여름'은 공황을 의미했다. 인색한 헤티 그린처럼 철저한 고리대금업자였던 그는 침체기에 절실하게 필요했던 돈을 빌려주어 시장을 구하기도 했지만, 터무니없는 대가를 받아냈다. 준비된 현금의 가치를 잘 인식하고 있었고, 원칙적으로 상황의 긴급성에 따라 프리미엄을 올려 받았다. 1869년 '악질 고리대금업' 혐의로 체포되자 그는 유죄를 인정했지만,

단지 동료를 도우려 했을 뿐이라고 변명했다(나중에 연줄을 동원해서 실형을 모면했다). 점차 그는 콜을 이용해서 고리대금업을 우회하게 되었다. 고객에게 주식매입 자금을 대출하는 대신, 고객과 풋 계약을 맺고 해당 주식을 매입하여 위험을 회피한 다음, 매입한 주식을 기초로 과도한 가격에 콜을 고객에게 팔았던 것이다. 결국 콜 가격을 제한하는 법은 없었다.

사업에서는 사기를 벌였지만, 세이지의 개인생활은 외로웠을 뿐 아니라, 비교적 추문도 적었다. 한 전직 요리사는 세이지가 25세인 자기 아들의 아버지라고 고소하기도 했고, 한 여류화가는 초상화를 그려달라고 불러놓고는 그가 자신에게 이상한 짓을 했다고 고소하기도 했다. 그러나 부자들에게는 항상 돈 때문에 명예를 훼손하려는 사람들이 있는 법이고, 그는 이런 소송에서 유죄로 밝혀진 적이 한 번도 없었다. 그는 돈을 버는 자신의 소명에 끝까지 충실했다.

미친 폭파범이 이 거물을 암살하려 한 지 몇 년 뒤, 세이지는 1906년에 약 1억 달러를 남기고 죽었다. 아마도 "이미 가진 것을 지키라"라는 간단한 격언 덕분에, 그의 조심스러운 통찰력은 탐욕에 가리는 일이 없었으며, 그도 1893년 자신이 겪은 마지막 공황을 무사히 통과할 수 있었던 것 같다. 아니면, 1907년 파멸적인 공황을 살짝 비껴가는 것이 그의 운명이었는지도 모른다.

어쨌든, 세이지는 그의 격언 목록에 "집중력을 잃지 말라"를 추가할 만했다. 자기 일에서 옆으로 새는 경우가 거의 없었기 때문이다. 그의 유명한 인용구 "밀짚모자는 겨울에 사라"와 같은 역발상 덕분에 그는 온갖 풍파를 견뎌낼 수 있었고, 최고의 전성기를 구가하면서 경력을 마치는 극소수의 투자자가 되었다.

세이지 같은 사람을 보면, 단지 돈만 버는 것 말고 인생에 더 큰 의미는 없을까 생각하게 된다. 친구도, 친척도, 사랑도 없고, 그 밖에 사리 사욕을 넘어서는 인간관계가 없는 상태에서 그렇게 부자인들 무슨 소용이 있는가? 세이지는, 그토록 많은 돈을 벌었지만 주위 사람들에게 그토록 베풀지 않았던 헤티 그린과 제이 굴드 같은 사람과 무서우리만큼 비슷했다. 아이러니하게도 세이지가 죽자, 그의 아내는 그의 재산을 수많은 자선단체에 기부했다. 그는 틀림없이 무덤 속에서 통곡했을 것이다.

034

Current Biography, 1945; H. W. Wilson Co.

로저 뱁슨

Roger W. Babson

혁신적인 통계학자 겸 뉴스레터 작가

◆

　전문화가 성공을 보장한다는 부커 워싱턴Booker T. Washington의 주장에 영감을 얻어, 로저 뱁슨Roger W. Babson은 거의 1세기 전에 아무도 손댄 적 없는 주식시장 통계 분야를 개척했고, 거의 경쟁을 치르지 않았다. 이후 반세기 동안 그는 최초의 시장 뉴스레터를 창간하여 기관과 개인을 아우르는 분석산업 전반에 불을 지폈고, 독자적인 주식시장 지수를 개발했으며, 이를 이용해서 1929년 공황을 예측했다.

　뱁슨은 폐결핵에서 회복되던 1900년, 25세에 통계기관을 설립할 아이디어를 떠올렸다. 그래서 그는 갓 피어나기 시작한 월스트리트 경력을 갑자기 중단하고 노천 숙소에 머물게 되었다. 통계학이 제대로 수용되기 이전 시점에 그가 이런 생각을 했다는 점에 주목하라. GNP 회계도 없었고, 널리 사용되는 주식시장 지수도 없었으며, 어떤 형태로든 신뢰할 만한 통계라는 것이 거의 없었다.

월스트리트에 근무하는 동안, 뱁슨은 은행, 투자회사, 증권회사들이 각각 통계학자들을 고용해서 채권회사들로부터 통계를 수집한다는 사실에 주목했다. 그는 자신이 이 모든 회사를 대신해서 더 싸고 효율적으로 뉴잉글랜드의 노천주택에서 일을 해줄 수 있다고 생각했다. 4년 후 사업 보고서에 대한 분석과 도표화를 익힌 뒤, 그는 4년 전 결혼한 아내와 함께 1200달러를 들여 타자기, 장비, 사무기기를 샀다. 월 12.5달러에 구독자 8명을 확보한 뒤, 부부는 뱁슨 스태티스티컬 오거니제이션Babson Statistical Organization, Inc.을 설립했다(나중에 그는 기관 투자가는 물론 개인들에게도 더 상세한 서비스를 판매했으며, 이 회사는 결국 매각되어 스탠더드 앤드 푸어스Standard & Poors가 되었다).

한편, 뱁슨은 매사추세츠 주 웰즐리힐즈Wellesley Hills와 같은 한적한 곳에 살면서《뱁슨스 리포트Babson's Reports》뉴스레터를 발간했다(만년에 그는 켄터키 후라이드Kentucky Fried로 명성을 얻은 커널 샌더스Colonel Sanders와 놀랄 정도로 비슷했다). 폐결핵 투병 때문에 그는 주택 겸 사무실 창문을 내내 열어놓도록 설계했다. 여름은 물론 뉴잉글랜드의 추운 겨울에도 말이다. 폐결핵에 걸리지 않은 보조 직원들도 같은 조건에서 근무할 수밖에 없었다. 이들은 두꺼운 양털 담요를 뒤집어쓰고 두툼한 벙어리장갑을 낀 채, 고무가 박힌 나무망치로 타자기 키를 두드렸다. 오늘날의 세계에서는 정말 상상하기 힘든 광경이다. 직원의 이직률에 대한 기록은 남아있지 않지만, 틀림없이 아주 높았을 것이다.

춥든, 덥든, 눈이 오든, 비가 오든《뱁슨스 리포트》는 독자들에게 언제 무엇을 사고팔아야 하는지 조언해주었다. 3만 명의 독자를 모은 뱁슨은 보수적인 투자 철학을 내세웠고, 아이작 뉴턴Issac Newton 경의 작용 반작용의 법칙에 기초해서 주간지수를 통해 시장 추세를 예측했다. 그는 이 지수를 애정을 담아 '뱁슨 차트'로 불렀으며, 1907년 공황 이후로 시장 거래를 연구하여 이 지수를 개발했다고 말했다. 농업, 기초 원재료, 제조업체, 운송, 무역통계 등을 종합한 이 지수는 다양한 형태의 시장 움직임을 추적했으며, "기본 추세보다 표면적 상황을 따라가기 쉬운 투자자들에게 잘못을 바로잡아주는 필수품"이었다.

뱁슨은 설명했다. "미래 사건에 대한 우리의 예측은, 뉴턴의 작용 반작용의 법칙이 역학에 적용되는 것처럼 경제와 인간관계에도 적용된다는 가정에 바탕을 두고 있습니다. 따라서 우리는 이례적인 호황 뒤에는 이례적인 불황이 따라오고, 고물가 뒤에는 저물가가 따라온다고 가정합니다. 그리고 국가든 계층이든 우리는 주는 만큼 받고, 일하는 만큼 발전합니다." 그가 말하는 요점은, 오르는 것은 내리고 내리는 것은 오른다는 뜻이다.

뱁슨 차트는 뱁슨의 구체적인 투자 계획의 핵심이었으며, 그의 저서 『A Continuous Working Plan for Your Money(돈을 버는 지속적인 작업 계획)』에 간략하게 설명되었다. 이 계획은 이익, 소득, 성장을 위한 세 가지 매수 계획을 포함해서, "완벽하고, 지속적이며, 보수적이고, 건설적인" 시장 전략을 요구했다. 경건하고 까다로운 뱁슨은 독자들에게 사악한 단기 이익을 얻으려는 유혹을 물리치고 자제하라고 설득했다. "성공은 예측을 잘해서 얻는 것이 아니라, 바른 시점에 바른 선택을 하고 신중하게 방어하면서 일관성을 유지할 때 얻게 된다." 성공을 이루는 데는 오랜 세월이 걸린다고 그가 즐겨 말했다는 점을 명심하라. 그는 심지어 주식시장 '10계명'까지 만들었다.

1. 투기와 투자를 구별하라.

2. 이름에 속지 말라.

3. 새로운 선전을 경계하라.

4. 시장능력을 충분히 고려하라.

5. 적절한 사실이 없으면 사지 말라.

6. 분산투자로 자산을 보호하라.

7. 동일한 회사의 다양한 증권 매수는 분산투자가 아니다.

8. 소기업은 면밀히 조사하라.

9. 지나치게 흔한 증권보다 적절한 증권을 사라.

10. 중개인을 잘 선택하고, 신용 거래는 하지 말라(뱁슨은 신용 거래나 할부를 혐오
    했으며, 실제로 그는 돈을 빌린 적이 없었다).

오늘날 뉴스레터 작가가 생존하려면, 자신의 이름이 대중의 마음
속에 계속 살아 있어야 한다. 작가들 대부분은 철저한 홍보 돼지들이
다. 좋았던 옛 시절에 뱁슨은 수많은 잡지 기사와 약 40권에 달하는 많
은 책을 써서 자신의 이름을 유지했다. 그가 쓴 책 중 여러 권은 끊임없
이 개정해서 재발간되었다. 실제로 그의 이름은 국회 도서관의 도서목
록 서랍 세 개를 차지하고 있다. 「교회 출석률을 높이는 법과 낡은 교회
의 새로운 과업How to Increase Church Attendance and New Tasks for Old Churches」과 같은
모호한 교회 관련 논문은 물론, 『Actions and Reactions(작용과 반작용)』,
자서전인 『Business Barometers and Investment(사업지표와 투자)』 같

은 책을 썼다. 그는 미국 공공복지 신탁American Public Welfare Trust을 통해서 건강식품과 요령을 열렬하게 홍보하였고, 대학을 세 개 설립하였으며, 이익분배 형식으로 '산업 민주주의'에 대한 공개실험을 수행했고, 금주당(禁酒黨)의 후보가 되어 1940년 미국 대통령 선거에 출마했다.

뱁슨은 특히 1929년 공황 직전에 지명도가 대단히 높았다. 일찌감치 그는 1927년부터 지속되는 강세장에도 불구하고 "시장의 주요 움직임은 모두 아래로 향할 것"이라고 설득하면서, 고객들에게 "언제든 현금화할 수 있도록 자금의 유동성을 높여라"라고 충고했다. 그의 비관적인 설교는 대체로 무시당하고 비웃음을 샀으나, 그가 1929년 9월 5일 뉴잉글랜드 연례 전국기업인 회의New England Annual National Business Conference에서 자신의 예측을 되풀이할 때에는 달랐다. 이번에는 그의 예측을 담은 사전 배포자료가 신문사로 유출되었다. 소문이 퍼지고 거친 투기 바람이 일었다. 제시 리버모어는 브로커 30명을 모아 주식 약 30만 달러를 공매도하면서 혼란 쪽에 승부를 걸었다. 전설적인 경제학자 어빙 피셔는 뱁슨의 연설과 예측을 반박하여 독자들을 안심시키는 의견을 신문에 실을 예정이었다.

아니나 다를까, 미국은 뱁슨의 말에 충격을 받았다. "오늘 우리 나라는 역사상 어느 때보다도 많은 사람이 돈을 빌려 투기에 가담하고 있습니다. 조만간 붕괴가 일어나서 주도주들을 집어삼킬 것이며 다우존스 지수가 60~80%p 하락할 것입니다. 부채를 정리하고 활동을 자제하는 투자자가 현명한 사람입니다." 라디오는 프로그램을 잠시 중단하고 이 예측을 보도했고, 신문도 앞다투어 이 예측을 전달했다. 이 소식은 폭격하듯 월스트리트를 강타했다. '세계 최고의 경제학자', '유명한 금융 예언자', 심지어 '손실 예언자'라는 꼬리표까지 달린 뱁슨은 소규모 공황을 일으켰고, 리버모어의 승부수는 적중했다. 투자자들은 이성을 잃고 미친 듯이 주식을 팔았다. 불과 이틀 전에 386.10으로 고점을 기록했던 다우는 대량 거래를 수반하며 폭락했다. 자니니는 심지어 이 사회를 잠시 중단하고 트랜스아메리카Transamerica 주식의 폭락에 대해 보고받았다.

아이러니하게도 이번에 일시적으로 시장을 구한 것은 어빙 피셔의 맹목적 반박이었다. "나는 몇 달 안에 주가가 오늘보다 훨씬 높아지리라 기대합니다." 피셔의 언급은 기대했던 대로 대중에게 반발 효과를 불러와서 시장이 재빨리 반등했다. 리버모어는 이보다 더 빠르게 반응해서 자신의 공매도를 청산하고 이익을 챙겼다. 뱁슨은 이 반등이 일시적일 뿐이라고 장담했지만, 아무도 귀를 기울이지 않았다. 마침내 붕괴가 다가왔을 때, 그는 "균형, 판별력, 현명한 용기, 구시대적 상식"을 요구했지만, 그의 말은 또다시 무시되었다.

1975년 매사추세츠 주 글로스터Gloucester에서 대대로 선원이었던 집안에 태어난 뱁슨은 MIT에서 토목공학을 전공했고 뉴턴을 사랑했다. 여가에 그는 주일학교에서 아이들을 가르쳤고, 아내와 함께 뉴턴의 작품을 수집하고 연구했으며, 정원을 가꾸고 오래된 항해지도, 우표, 성찬(盛饌) 서적을 수집했다. 세계에서 가장 큰 입체지도를 만든 괴짜 발명가이자 토머스 에디슨Thomas Edison의 친구였고, 건강, 건강식품, 다이어트에 집착했으며, 음주와 흡연을 절대로 하지 않았다. 완고하고 단호하며 할 말이 많았던 그는 1967년 92세로 죽을 때까지 일했다. 그는 오래 살았지만 잘 살았다고 보기는 힘들다. 자신도 많이 즐기지 못했고,

주위 사람들을 매우 즐겁게 해주지도 못했다는 말이다. 이 책에는 역할 모델로 삼을 만한 사람들이 많이 등장하지만, 그를 역할 모델로 보는 사람은 아무도 없을 것이다. 먹고 마시고 정신적 유쾌함을 추구하는 쾌락주의자들과는 정반대로, 그는 엄격하고 금욕적인 전통적 뉴잉글랜드 인이었다. 그리고 어떤 면에서 그는 아주 시무룩한 사람이었다.

그래도 혁신가로서 뱁슨은 탁월했다. 그의 책과 논문도 중요했지만, 금융 세계를 바꾼 것은 그의 혁신이었다. 그는 처음으로 통계 서비스를 제공해서 성공한 사람이었다. 그는 처음으로 뉴스레터를 만들어냈고 계속 발간한 사람 가운데 하나였다. 이러한 혁신적 기여 둘 중 하나만으로도 그는 '시장을 뒤흔든 100명의 거인들'에 포함되기에 충분하다.

035

로 프라이스

T. Rowe Price

Forbes, 1975

성장주의 아버지로 널리 알려진 인물

◆

　다가올 인기 추세를 잡으려는 희망으로 유망한 신규 분야에 대한 투자가 인기를 끌기 오래전, 볼티모어에 자리 잡은 T. 로 프라이스T. Rowe Price는 일찌감치 1930년대부터 '인기 없는' 종목들을 단단히 붙들고 있었다. 10년이 지나 그가 경이적인 실적을 실현하고 1950년 T. 로 프라이스 성장주 펀드T. Rowe Price Growth Stock Fund를 설립한 다음에야 월스트리트는 그를 주목했다. 또다시 10년이 지나자, 그와 다른 사람들 덕에 성장주가 전국을 휩쓸었고, 월스트리트의 주요 흐름이 되었다.

　프라이스가 등장하기 전까지, 이른바 '성장주'라는 개념은 간과되었다. 월스트리트는 모든 종목을 경기 순환주 즉, 경기 순환에 따라 상승하고 하락하는 주식으로 간주했기 때문이다. 그러나 그는 처음으로 이를 다르게 보았다. 1939년 그는 이렇게 썼다. "대부분 기업의 이익은 생애 주기를 거치는데, 여기에는 인생과 마찬가지로 세 가지 주요 국면인 성장, 성숙, 쇠퇴가 있다."

그래서 프라이스는 이 국면들을 유리하게 이용하기 시작했다. "이익이 경제보다 빠르게 성장하는 주식을 산다면, 나는 자신과 고객들을 인플레이션으로부터 방어할 수 있다고 생각했다. 경기 순환에 따라 투자하는 낡은 사고방식으로는 방어할 수가 없다." 그는 (일단 자신이 제시한 엄격한 기준에 부합할 경우) 가장 위험이 적은 주식 투자 시점이 성장 초기 단계라고 주장했다. 그가 통찰력을 발휘하고 용기를 내서 들어보지도 못한 신출내기 회사들인 IBM, 코카콜라Coca-Cola, JC 페니JC Penny, 다우 케미컬Dow Chemical, 몬산토Monsanto, 프록터 앤드 갬블Procter & Gamble 등을 사들인 시점이 바로 초기 단계였다. 그는 이 종목들을 장기 보유하여 결국 충분한 보상을 받았다.

투자할 기업들을 제대로 고르는 일은 빈틈없는 프라이스에게도 결코 쉬운 일이 아니었다. 벤저민 그레이엄 같은 펀드매니저들은 계량적 방법으로 종목을 선택했지만, 프라이스는 이런 예리한 계량적 방법은 지나치게 엄격하고 예상 밖의 악재를 고려할 여지가 없다고 비난했다. 대신 그는 경기 하강 국면에서도 판매 단위와 이익이 꾸준히 성장하는 유망산업에 속한 최고기업 한두 개를 찾았다.

그다음 프라이스는 존 트레인의 『대가들의 주식 투자법』에 설명된 다음의 지침들을 고려했다. 그는 기업이 다음 조건을 갖춰야 한다고 생각했다.

1. 제품과 시장을 개발하는 탁월한 조사능력

2. 격렬한 경쟁과 명백한 정부 규제가 없어야 한다.

3. 탁월한 경영진

4. 총 인건비는 낮으면서 종업원의 급여는 높아야 한다.

5. 통계적으로, 투하 자본 이익률 10%, 지속적으로 높은 순이익률, 탁월한 주당 순이익 성장률

대개 10년이 지나 기업이 '성숙기'에 도달하면 주식을 매도할 시점이었다. 프라이스 자신은 참을성 없는 사람이었음에도, 주식을 장기간 보유해야 한다고 믿었다. 주식이 성숙기에 진입했다는 명백한 신호는 매출 단위, 순이익률, 납입 자본 이익률 등의 감소지만, 그는 다음 사항들도 유의했다.

1. 경영진이 더 나쁜 쪽으로 바뀐다.

2. 시장이 포화된다.

3. 특허 기간이 만료되거나 새로운 발명으로 가치가 떨어진다.

4. 경쟁이 격화한다.

5. 법적 환경이 악화한다.

6. 인건비, 재료비, 세금이 급등한다.

1960년대 중반이 되자, 프라이스에게는 '로 프라이스 방식'을 고수하며 숭배하듯이 그를 따르는 추종 세력이 형성되어 있었다. 이들은 에머리 항공화물Emery Air Freight, 플리트우드Fleetwood처럼 프라이스가 좋아하는 종목, 이른바 '로 프라이스 종목'을 사들였다. 그런데 그는 우쭐해

지는 대신 이기적인 역발상이 발동하면서 갈수록 걱정이 커졌다. 자기가 발견한 종목들이 갑자기 모든 사람의 포트폴리오에 편입되었던 것이다. 그는 자신의 철학을 적용할 처녀지를 발굴할 목적으로, 판매 수수료가 없는 세 번째 펀드 '뉴이어러New Era'를 설정해서 천연자원, 부동산, 금에 투자했다. 1960년대 말, 자신의 철학과 아이디어가 본인이 불편을 느낄 정도로 주류가 되자, 그는 T로 프라이스 앤드 어소시에이츠 T. Rowe Price & Associates의 지분을 매각했다. 여기에는 10억 달러 규모의 T로 프라이스 성장주 펀드T. Rowe Price Growth Stock Fund도 포함되었다. 그는 230만 달러를 받았는데, 오늘날의 기준으로 볼 때 그 정도 규모와 명성을 지닌 운용회사로서는 보잘것없는 액수였다. 그는 개인계좌에서 자신이 선택했던 성장주들을 덜어내고, 새로 확보한 자금 대부분을 '뉴이어러' 종목에 투자했다.

프라이스의 준비는 1974년 성장주들이 곤두박질치자 위력을 발휘했다. 일부 성장주는 전고점에서 80%나 떨어지기도 했다. 그의 전 직장 프라이스 앤드 어소시에이츠에서는 돈이 무더기로 빠져나갔다. 이들은 스승의 경고를 전혀 귀담아듣지 않았고, 실제로는 고객들에게 과대평가된 '로 프라이스 종목'들을 계속 제공했다. 비록 이 회사는 미처 깨닫지 못했지만, 이런 활동이 시장 침체에 상당한 기여를 한 셈이다. 유행을 타는 성장주들을 계속 공급함으로써 시장이 포화 상태에 이르게 되었기 때문이다.

1973~1974년의 대약세장에는 월스트리트에서 '성장'이라는 말조차 금기가 되었다. 많은 투자자가 공포에 떨며 성장주들을 내던졌기 때문이다. 예를 들면, 에이번Avon을 (이익의 무려 55배에 해당하는) 130달러에

매수한 사람들은, 이제 (이익의 13배에 해당하는 합리적인 가격인) 25달러에 매도했다. 물론 역발상 투자의 제왕 프라이스는 이제 성장주가 인기를 잃었으므로 다시 사들일 시기라고 실감했고, 그 종목도 자신이 1972년에 모든 사람에게 강조했던 종목일 필요가 없다고 생각했다. 그래서 그는 매수를 했는데, 유선 TV 같은 종목들은 성공적이었다.

프라이스는 교활한 사람이었다. 1898년에 메릴랜드 카운티 의사의 아들로 태어난 그는, 진정한 프로였으며 항상 고객을 보살폈다. 그는 "우리가 고객에게 잘하면, 고객이 우리를 보살핀다"라고 믿었다. 그는 항상 옷깃에 꽃을 달고 다니는 탁월한 세일즈맨이었으며, 스스로에 대해 극도의 자신감을 지니고 있었다. 자신감은 진정한 역발상 투자자가 되기 위해서는 필수적인 요소였다. 그는 무섭도록 헌신적이었으며, 사무실을 벗어나서는 친구도 관심사도 없었다. 심지어 아내와 자녀조차 투자보다 뒷전으로 밀릴 정도였다.

가늘고 푸른빛을 띤 회색 머리카락, 코밑수염 한 뭉치, 따분한 50년대 스타일의 검은 테 안경 뒤의 생각에 잠긴 듯한 눈의 프라이스는, 스와스모어 대학Swarthmore College에서 화학 연구원이 되려고 공부했었다. 그러나 기존 투자자들이 중공업과 경기 순환에만 매달리는 동안, 그는 과학 훈련 덕분에 다가오는 기술에서 기회를 발견했다. 1937년, 그는 화학 분야에서 개인 경력을 완전히 접고, 투자 상담사가 되었다. 그러고서 나서 프라이스 앤드 어소시에이츠를 설립했다.

프라이스는 규율에 엄격한 사람이어서, 은퇴 후에도 매일 새벽 5시에 일어났다. 이어서 엄격한 업무 일정에 따라 하루를 보내면서, 계획에 쓰인 순서 그대로 과업을 책임감 있게 완수했으며, 그날의 업무 일정에 올라 있지 않은 일은 절대로 하지 않았다. '미스터 프라이스Mr.Price' 는 시간에 인색했던 만큼이나 돈에 대해서도 인색했다. 그의 회사가 수수한 본부 건물을 떠나 볼티모어 항구가 내려다보이는 화려한 새 건물로 이사할 때, (은퇴 후에도 여전히 근무하던) 그는 기존 건물에 남아서 55년 넘게 근무한 비서와 함께 더 실용적인 방 두 개짜리 사무실을 사용했다. 그는 악명 높은 구두쇠는 아니었지만 마음이 너그럽다고 알려진 적이 전혀 없었으며, 대부분 성공적인 사업가들이 가는 길인 자선사업에서는 비켜나 있었다. 1983년 85세의 나이로 죽을 때까지 자신의 방식을 철저하게 고수했고, 이 방식을 벗어나서 남에게 호의를 베푸는 일은 거의 없었다.

프라이스는 완고하지만 용서할 만한 늙은이로 기억되었다.《포브스》편집자 (포브스 조직에서 나의 개인적 스승이기도 했던) 제임스 마이클스 James W. Michaels는 프라이스를 이렇게 회상했다. "그가 설명하는 요점을 내가 곧 파악하지 못하면, 그는 '무슨 말인지 전혀 이해하지 못하시는군요?'라고 호통치듯 물었다. 그러나 내가 없는 곳에서는 나와 회사 잡지에 대해서 좋게 이야기했다."

프라이스는 속 좁고 특이한 사람이었지만, 그가 한 기여는 경이적이었다. 그가 이끈 학파는 거대하고 새로운 투자 철학의 물결로 성장했으며, 여러 세대에 걸쳐 발전하고 계속되었다. 엄밀히 말하면, 그는 성장 철학을 처음으로 받아들인 인물은 아니었다(나의 아버지 필립 피셔가 분명히 프라이스보다 5년 전에 서해안 지역에서 성장주 방식을 사용했지만, 아버지는 프라이스보다 여러 해가 지나서야 성장주 방식에 대해서 글을 쓰셨다). 프라이스는 처음으로 성장주 투자를 형식을 갖춰 명확하게 표명했고, 세상은 이를 받아들이고 모방했다. 그의 표명과 커다란 성공에 대해서 투자업계는 그에게 크게 감사해야 한다.

플로이드 오들럼

Floyd B. Odlum

최초의 현대적 기업 사냥꾼

◆

플로이드 오들럼Floyd B. Odlum이 공동 출자한 투기 자금 3만 9000달러로 1억 달러 거대기업을 만드는 데는 겨우 15년 남짓이 걸렸을 뿐이다. 그가 성장주를 발굴하거나 새로운 증권 분석 학파를 세운 것은 아니다. 그는 저평가된 망한 회사를 대개 1달러당 50센트를 주고 강탈해서, 회사를 재편성하고 자산을 매각하여 현금을 뽑아낸 다음, 이 자금으로 같은 과정을 계속해서 되풀이했다. 공황기에 백만장자가 되어 시드니 와인버그로부터 '50%'라는 별명을 얻은 냉정하고 침착하며 억제된 오들럼은 월스트리트에 자신의 특수한 재능을 기여했다. 그것은 최근 시장에서 어느 투자 철학 못지않게 중요한 현대적 '기업 사냥'이다.

오들럼의 아틀라스 코퍼레이션Atlas Corporation은 1920년대의 강세장에 참여하려고 그와 친구 부부들이 공동 출자한 자금으로, 1923년 낙관적인 기분이 발동하여 유나이티드 스테이츠 컴퍼니_{United States Company}라는 회사에 투자하면서 시작되었다. 오들럼은 거대 공공기업에서 변호사로 근무했었고, 그의 지식을 동원하여 이 자금으로 주로 공공기업 증권에 투기하였다. 투자 첫해에 유나이티드는 65%의 배당을 지급했다. 둘째 해에 이 회사 주식 가치는 투자 원본의 17배가 되었다. 1928년, 다른 사람들이 이 회사에 들어왔고, 그다음 해에 이 회사는 총자산이 600만 달러에 이르는 아틀라스 유틸리티 컴퍼니_{Atlas Utilities Company}가 되었다.

어찌된 일인지 1929년 여름, 오들럼은 문제를 감지했다. 그래서 아틀라스 주식 보유량의 약 절반을 팔았고, 추가로 900만 달러어치를 팔았으며, 매각 대금 전부를 현금과 단기채권으로 보유해서 폭락을 거의 완벽하게 피해갔다. 부채가 없고 자산이 1400만 달러에 이르는 아틀라스는 곧 오들럼의 고무적인 인수 제안을 받아들였고, 거리에 널린 파산한 투자회사를 대상으로 기업 사냥을 시작했다. 회사의 경영권을 장악해서 자산을 처분하는 과정은 3주에서 3년이 걸렸지만, 아틀라스는 자본이 충분했으므로 뽑아낼 이익이 남아 있는 한 서두를 필요가 전혀 없었다. 월스트리트는 이렇게 노래했다. "작은 투자회사야 울지 마라, 아틀라스가 와서 잡아간단다."

너무 거대해진 공공기업이 뉴딜 개혁의 표적이 되었을 때, 아틀라스 유틸리티는 아틀라스 코퍼레이션_{Atlas Corporation}이 되었다. 뉴딜 프로그램의 친구가 되어 프랭클린 루스벨트의 선거 운동까지 도와주었던 오들럼은 이 시대에 아틀라스를 이끌어 커다란 성공을 거두었다. 아틀라스는 성장하여 40개 증권회사의 서비스를 필요로 하게 되었다. 그런데 월스트리트와 가깝기는 했지만, 오들럼은 자신이 월스트리트 사람이라고는 절대로 생각하지 않았다. 그는 자신이 시세표시기의 기호조차 모르며, "주가를 바라보면 침착성을 유지할 수가 없다"라고 주장했다. 그가 쓰는 방식은 단순했다. "다른 사람들이 팔 때 사고, 가장 장밋빛으로 보일 때 파는 것이다."

홀쭉하고 큰 키에 엷은 갈색의 머리카락, 뿔테 안경 뒤에 날카로운 푸른 눈을 지닌 오들럼은 은근한 웃음을 지었지만 동작은 빠르고 예민했으며, 낮은 목소리로 신중하게 말했다. 그는 무자비하지만 재치 있고, 마음이 따뜻하지만 분별력이 있는 사람으로 월스트리트에 알려졌다. 그는 빈틈없는 협상가였다. 그가 사업 이야기를 할 때는 마음속에 무슨 생각을 품고 있는지 알기가 힘들었다. 거래를 할 때에는 지루한 척했는데, 다리를 책상 위에 올려놓고 방문자로부터 눈길을 돌렸다.

항상 술, 붉은 고기, 생과일을 피하고 평소에 우유를 마셨으며 줄담배를 피운 오들럼은 나쁜 농담, 스쿼시, 달마티안 개, 비공식 모임, 골프를 좋아했다. 그는 19세기 풍경화를 수집했으며, 자신이 예술가라고 생각하길 좋아했다. 기분 전환으로 점토를 조각하기도 했지만, 항상 자신의 작품을 뭉개버렸다. 단연 유명한 그의 기행은 사업에서 나타났다. 그는 캘리포니아 주 인디오Indio 농장에서 올림픽 경기장 규모의 수영장 위에 떠서, (그의 또 다른 트레이드마크인) 길게 연장한 뱀 같은 전화선을 통해 사업 이야기를 했다. 그는 관절염의 고통을 덜어내려고 따뜻하게 데운 풀장에 몸을 담갔다. 그가 이사회를 소집하면 이사회도 풀장에서 열렸다. 그의 비위를 맞추려고 열심인 이사들은 양복 대신 수영복을 입고 풀장에 허리 깊이까지 들어갔다.

일단 뉴딜 정책이 진행되자, 오들럼의 사냥 기계는 (망가진 지주회사를 겨냥했던) 원래의 방향을 버리고 대신 은행, 철도, 영화, 백화점, 부동산 그리고 후에는 석유와 광산업 등 짜릿한 직접 투자로 대상을 전환했다. 그의 대성공에 관한 이야기는 끝이 없다. 예를 들면, 그는 뉴욕의 백화점 본윗 텔러Bonwit Teller를 재건해서, 그 경영권을 1935년에 이혼한 (그의 두 아들을 낳은) 첫 아내에게 넘겨주어 계속 경영했다. 이혼한 뒤에도 계속 경영권을 맡겼다는 사실이 그의 사람됨을 분명하게 보여준다. 다른 사람들 대부분과는 달리, 그는 감정 요소와 사업관계를 구분하는 데 뛰어난 능력을 보여주었다. 그는 그레이하운드Greyhound도 재건했고, 매디슨 스퀘어 가든Madison Square Garden도 수익성을 회복시켰다. 그는 300만 달러에 확보한 영화사 RKO의 지배 지분을 5년 뒤 하워드 휴즈Howard Hughes에게 900만 달러에 팔았다.

1936년 저널리스트 제인 코크란Jane Cochran과 결혼한 지 11년 후, 오들럼은 콘솔리데이티드 벌티 에어크래프트Consolidated Vultee Aircraft, 이른바 콘베어Convair의 경영권을 사들였다. 당시 항공산업은 전후 불경기를 겪고 있었고, 월스트리트에서는 대체로 "항공기 제작이 월스트리트 영업에 도움이 되지 않는다"라고 생각하고 있었다. 어떤 상용기 계약에서 예상보다 1300만 달러나 더 손실을 보았는데도, 오들럼은 B-36 폭격기로 콘베어를 침체 상태에서 끌어올렸고, 운 좋게도 이 B-36은 미국의 주력 공격무기가 되었다. 나중에 그는 절정기에 회사를 매각해서, 아틀라스가 쏟아부었던 1000만 달러의 두 배를 벌어들였다. 오들럼은 경험으로부터 배운 성공적 '인수'의 법칙을 다음과 같이 말했다.

1. 마음속에 목표를 정하고 투자하라.

2. 경영권을 접수하라.

3. 목표에 도달할 때까지 회사에 남아 있어라.

4. 회사를 매각할 때는, 다음 투자자가 이익을 얻을 여지를 회사에 충분히 남겨두어라.

1892년 미시간 감리교 교구 목사관에서 가난한 목사의 다섯 자녀 중 막내아들로 태어난 오들럼은 어린 시절에 특이한 일들을 두루 했다. 딸기를 따고, 도랑을 파고, 말뚝도 박고, 셀러리를 재배했으며, 집마다 방문하며 지도를 파는 행상도 했다. 그러나 그가 가장 좋아하는 것은 장터 홍보업자가 그를 고용하여 타조를 타고 말과 겨루는 경주를 치렀을 때의 이야기다. 어린 오들럼은 번번이 졌지만 애플파이를 양껏 먹을 수 있었다.

오들럼은 콜로라도 대학University of Colorado 볼더Boulder 캠퍼스에 다니면서 저널리즘을 공부한 뒤 법학을 공부했다. 학비를 벌기 위해서 지역신문사에서 일했고, 학생용 세탁소를 운영했으며, 드라마 클럽과 여성 오페라를 관리했고, 여름에는 친목회 건물 네 개를 여행자 숙소로 운영했다. 그는 기회를 놓치는 법이 결코 없었다. 동시에 학교 토론팀에서 4년간 활동했고, 스타 장대 높이뛰기 선수가 되었다. 그는 분명히 다른 사람들보다 엄청난 정력가였다. 1915년, 그는 법학사를 취득했고, 주 변호사 자격시험을 최고 점수로 가볍게 통과했다.

이어서 이 야심만만한 변호사는 값싼 편도 열차표를 끊어 과감하게 솔트레이크시티Salt Lake City로 갔다. 이곳에서 거대한 뉴욕 공공기업 지주회사 일렉트릭 본드 앤드 셰어 코퍼레이션Electric Bond and Share Corporation의 자회사인 유타 파워 앤드 라이트Utah Power and Light의 법무실에서 일을 시작했다. 솔트레이크시티에서 그는 모르몬교도 여성과 결혼했고, 뉴욕 사무실로 승진 발령이 나자 아내와 함께 뉴욕으로 향했다. 그는 서서히 승진 사다리를 타고 올랐고, 국내 공공기업 합병 업무를 담당했다. 그리고 신경성 소화불량에 걸렸다.

오들럼의 다음 단계가 흥미로운데, 이는 당시에는 흔했지만 지금은 사라진 관행이기 때문이다. 요컨대, 오들럼은 동시에 두 회사에서 근무했다. 1926년 아틀라스의 전신 유나이티드가 잘 굴러가고 있을 때, 그는 이 회사의 해외 자회사인 아메리칸 앤드 포린 파워American and Foreign Power의 회장이 되었다. 그는 자신이 새로 세운 기업 유나이티드를 운영하는 동시에, 아메리칸 앤드 포린 파워에서도 왕성하게 활동하고 있었다. 오늘날의 관점으로는 심각한 이해상충으로 보일 것이다. 그러나 그는 두 자리를 1932년까지 동시에 맡아서 수행했고, 그 후에도 1950년대까지 아메리칸 앤드 포린 파워의 이사회 구성원으로 활동했는데, 이는 이해상충에도 불구하고 이들이 오들럼과의 관계에 대해 완벽하게 만족했다는 뜻이다.

오들럼은 1976년 84세에 죽었다. 81세였던 불과 3년 전, 그는 자신의 296만 제곱미터 농장 자리에 1억 달러짜리 콘도미니엄을 세울 계획이라고 말해서 신문의 1면을 장식했었다. 그가 34년 동안 살았던 집은 지역 사회 클럽회관을 지으려고 정리되는 중이었다. 그가 이사회를 열었던 풀장은 물이 빠졌고, 미술품은 경매로 넘어갔으며, 가구는 다른 대저택으로 옮겨질 예정이었다.

미술품 경매와 빈 풀장 이야기가 아주 이상하게 들릴지 모르겠지만, 아마도 오들럼이 노년에 비관론자가 되었기 때문으로 보인다. 그해에 그는 《뉴욕 타임스》에 이렇게 말했다. "내가 보기에 상황이 끔찍이 악화한 것 같소." 그는 4~8년 후 심각한 폭락이 온다고 예상했다. 그 이유는? 정부 재정적자, 인플레이션, 기업윤리의 전반적인 붕괴 등이다. "기업인들이 이전 세대만큼 기민하지가 않소. 회사에 돈 벌어줄 생각은 하지 않고, 골프 코스, 옵션, 연금 따위에만 너무 관심이 많기 때문이오." 노인들은 대개 이런 식으로 생각한다. 그리고 오늘날에도 노인들은 오들럼이 고민했던 문제들에 대해서 대개 똑같이 생각한다. 그래서 오들럼으로부터 얻을 한 가지 교훈은, 노인들의 비관적인 발언을 너무 심각하게 받아들여서는 안 된다는 사실이다. 그건 노인들이 갖는 편견이기 때문이다.

더 근본적으로 말하면, 오들럼은 정교한 기술을 과시하여 많은 사람이 따라오게 하였는데, 특히 1980년대 강세장에 수많은 사람이 그를 모방했다. 1932년 시장에서 발생한 엄청난 할인 뒤에, 공공시장에서는 민간시장에서 해체하여 얻을 수 있는 가치보다도 훨씬 낮은 가격으로 주식이 매각되었다. 그는 공공시장과 민간시장 사이의 가치 괴리를 이용해서 차익 거래를 해내는 능력을 보여주었다. 1960년대 말부터 1980년대 초까지의 침체시장이 대규모 인플레이션과 겹치면서, 회사를 민간시장에서 해체하여 얻을 수 있는 가치보다 훨씬 낮은 가격에 주식을 매입할 수 있는 기간이 또다시 열렸고, 사람들은 오들럼의 철학과 전술을 재현했다. 오늘날, 기업 사냥꾼으로부터 마리오 가벨리_{Mario Gabelli} 같은 펀드매니저에 이르기까지, 투자자들은 마치 자신이 계산할 수 있는 정확한 숫자인 것처럼 '사적 시장 가치Private Market Value'를 논한다. 지금부터 20년 후, 이들이 전임자 오들럼처럼 지속적으로 좋은 실적을 올렸는지 돌아본다면 무척 재미있을 것이다.

폴 캐벗
Paul Cabot

현대 투자관리의 아버지

◆

　오래전, 지방색 강하고 지나치게 보수적이었던 보스턴 투자자들은, 사무실 창문 너머로 지켜볼 수 있는 대상에 대해서만 투자하는 수탁자를 좋아했다. 다소 과장된 이야기라고? 그럴지도 모른다. 그러나 오늘날조차 보스턴 사람들은 투자산업에 대해서 상당한 지방색을 드러내고 있으며, 때때로 이 점이 가장 중요한 특징이 되기도 한다. 그러나 폴 캐벗Paul Cabot은 주식이 투기꾼들에게나 적합하다고 여겨지던 시기에 주식에 투자함으로써, 이런 속 좁은 사고방식을 없애버렸다. 채권이 보스턴 투자자들에게는 항상 현명하고, 신중하며, 전통적인 선택이었지만, 본인도 고루한 보스턴 사람이었던 캐벗은 전통에 얽매이지 않았다. 그는 전 생애 동안 횃불이 되어, 오늘날 투자의 주도 세력이 된 기관 펀드 운용의 세계로 사람들을 끌어들였다.

캐벗은 앞에서는 지나치게 공손하지만 뒤에서는 이를 악물며 허세 부리는 친구들과는 항상 달랐다. 당시 가장 답답하면서도 가장 영향력 있었던 JP모건 앤드 코 이사회의 이사였을 때, 한번은 그가 이마에 큼직한 퍼런 멍과 상처를 입은 채 이사회에 참석했다. 동료 이사가 그것을 보고 여우 사냥을 하다가 낙마해서 입은 상처가 틀림없다고 말했다. 그러자 캐벗은 회의실이 울리도록 큰 소리로 말했다. "절대 아냐! 자네들은 술 취해본 적도 없어?" 또 다른 모건 이사회에서 그는 뻣뻣하기로 유명한 GM의 '스승' 앨프레드 슬론Alfred P. Sloan에게 "어떻게 지내세요?"라고 물었다. 슬론이 회사 정책과 금융위원회 활동에 관해서 설명을 늘어놓자 캐벗이 갑자기 끼어들었다. "아니, 아니. 그런 소린 집어치워요! 내가 알고 싶은 것은, 언제 진짜로 돈을 벌 거냐는 말이오!"

1898년 보스턴의 명문 집안에 태어난 캐벗은 1924년 32000주, 10만 달러로 미국 최초 뮤추얼 펀드의 하나인 스테이트 스트리트 인베스트먼트 컴퍼니State Street Investment Company를 설립하면서 투자 세계에 처음 발을 들여놓았다. 4년이 지나기 전에 주가는 약 3달러로부터 약 24달러로 올랐고, 펀드는 2400만 달러로 성장했다. 물론 1920년대 초기는 어떤 식으로 투자했어도 경이적인 실적이 나오던 시기였다. 그러나 캐벗에 관한 이야기는 그의 실적을 말하는 것이 아니다. 그가 지금은 널리 퍼진 '제3자 투자구조third-party investment structure'를 만들어냈다는 사실 자체가 혁명적이었다. 게다가 그는 이 일을 자신의 유치한 투자 경력을 솔직히 말하면서 이루어냈다. 만일 뮤추얼 펀드가 성공하지 못했다면, 우리는 폴 캐벗의 이름을 절대로 듣지 못했을 것이다.

캐벗은 자신과 자신의 상징을 팔아서 일을 해냈다. 행동과 사고방식이 조금 남다르긴 했지만 그는 여전한 하버드 출신이었고, 보스턴 투자자 클럽 네트워크에서 영원한 터줏대감이었으며, 결혼해서 다섯 자녀를 두었고, 테니스를 즐겼으며, 상식과 인품이 배어나는 싹싹한 사람이었다. 무엇보다도 그는 믿음직해 보였고, 믿음직하게 들렸으며, 믿음직하게 행동했고, 믿음직하게 느껴졌으며, 사실 믿을 만했다. 친근하게 불그스레한 아일랜드계 혈색, 아담하게 살찐 몸집에 회색 트위드 양복과 조끼를 입고, 그는 보통 큼직한 검은 책상 뒤에서 편안한 나무의자에 기대 앉아 있었다. 나중에 스테이트 인베스트먼트가 현대적 마천루로 이사한 뒤에도, 그의 사무실에는 단순한 나무의자 몇 개, 그의 모직 코트와 모자와 커다란 가방이 걸린 나무 옷걸이, 낡은 연필깎이만이 있을 뿐이었다. 그는 어느 모로 보나 유서 깊은 보스턴 특유의 진지한 스타일이었다.

캐벗은 26세에 처음부터 주식에 투자하는 뮤추얼 펀드를 설정하면서, 전통적이고 보수적인 하버드 교육과 은행 경험에 의문을 던졌다. 나중에 그는 이렇게 회상했다. "아시다시피, 내가 이 사업을 시작했을 때, 아무도 주식을 믿지 않았습니다. 사람들은 주식이 보수적 투자자에게는 위험하고 별나며 불안정하다고 생각했습니다. 채권이 적합하다고 생각했죠." 물론 이 책에도 자세히 나오지만, 그가 등장하기 수십 년 전부터 많은 사람이 주식시장에 깊숙이 참여해서 활동하고 있었다. 그러나 그런 사람이 보스턴에는 많지 않았고, 미국의 평범한 사람들 가운데는 거의 없었으며, 자신이 투기꾼이 아니라고 생각하는 사람들이 있는 곳에는 전혀 없었다. 그러나 캐벗은 자신의 계획을 밀고 나갔고, 주식에 투자하여 투자자들의 돈을 두 배로 불리면서 훌륭하게 잘 운영해나갔다.

캐벗은 전략을 다시 생각할 때, 옛날 학교에서 배운 내용을 완전히 잊어버리지는 않았다. 예를 들면, 그는 1920년대 강세장에 뛰어들어 단기간에 큰 이익을 얻을 수도 있었고, 불황 기간에 공매도할 수도 있었지만, 이런 방식은 보스턴에서 절대로 통하지 않았을 것이다. 그런 식이었다면 아무도 그에게 돈을 맡기지 않았을 것이기 때문이다. 무엇보다도 그는 믿음직한 사람이었다. 그는 조사, 상식, 위험 회피만큼이나 투자하는 회사의 질이 중요하다고 믿었다. "가장 중요한 질은 경영진의 능력과 정직성입니다. 이바르 크뤼게르 같은 못된 사기꾼을 만나면 단박에 거덜 나기 때문입니다. 그다음에 가서 그 산업이 정말로 필요한지, 번창할 것인지를 따져야 합니다." 본질적으로 그는 현실주의자였다. "우리는 먼저 모든 사실을 수집한 다음, 그 사실에 정면으로 대응해야 합니다. 몽상에 빠져서는 안 됩니다." 아이러니하게도, 그는 자신의 돈은 우량 지방채에 투자했다.

캐벗의 스타일은 1948~1965년 동안 모교인 하버드 대학에서 재무 담당자로 근무하면서 그 가치를 인정받게 되었다. 보스턴 투자업계에서는 하버드 기금의 수장이 되는 일이 과거에나 지금이나 대단히 중요한 일이기 때문에, 자질이 적합하다고 판단하지 않았다면 자신들과 결이 다른 캐벗 같은 사람을 임명하지 않았을 것이다. 캐벗이 투자에서 좋은 실적을 올렸기 때문에, 하버드도 한몫 잡고 싶었던 것이다. 캐벗은 보스턴 투자업계에서는 혁신가였지만, 여전히 철저한 보스턴 사람이었다. 보스턴 밖에서라면 시대에 뒤진 사람 취급을 받았을 것이다. 지성적으로 급진적인 면이 다소 있었지만 캐벗에게 매우 믿음이 갔기 때문에, 보스턴 사람들은 외부인에게서 발견했으면 질색했을 그런 급진적인 속성을 기꺼이 눈감아주었다.

캐벗은 운용을 맡은 지 10년 안에 전통을 깨고, 전체 포트폴리오에서 하버드의 주식 보유 비중을 두 배로 늘려 60%로 높였다. 이런 정도의 주식 비중은 오늘날 기업연금 제도, 재단, 기금 분야에 흔히 나타나지만, 캐벗이 활동하던 시대에는 (사람들이 위험하다고 생각하는) 새로운 현상이었다. 캐벗에게 명성을 안겨주는 큰 계기가 되었다.

캐벗이 하버드 기금을 맡은 17년을 돌아보면, 특히 캐벗처럼 우량 종목만을 주로 보유한다고 생각하면, 그런 놀라운 강세장 기간의 자산 배분은 적어도 종목 선택 못지않게 중요했다. 이 기간 다우존스 지수는 약 175로부터 상승하여 1000 직전까지 도달했고, 높은 주식 편입 비중을 고수했던 그는 보스턴이라는 보수적인 투자 세계에서 전설이 되었다.

놀랍게도, 대형 강세장임을 고려할 때 하버드 기금은 자본금 증액을 제외하면 2억 달러로부터 10억 달러로 성장했을 뿐이며, 이는 10%에 조금 못 미치는 수익률이다. 그가 맞이한 강세장을 고려하면, 그런대로 좋은 실적이었지만 뛰어난 실적은 아니었다. 오늘날의 기준으로 연 10%는 강세장 기간의 장기 수익률로는 전혀 좋은 실적으로 인정받지 못한다. 그러나 당시는 시대가 달랐다. 하버드는 대단히 만족했고, 기금 세계에 혁명이 일어났다.

캐벗은 벤 그레이엄이나 로 프라이스 같은 위대한 투자가는 아니었다. 위대한 종목 선정 아이디어를 개척한 것도 아니고, 기록적인 수익률을 올린 것도 아니다. 그가 한 일은 미국에서 투자에 대해 가장 고루한 지역에 미국 주식이 장기적으로 비교적 안전하며 짜릿하다는 사실을 알려준 것이다. 당시 미국의 고루한 수도 보스턴에서는 오로지 믿음을 주는 보스턴 사람만이 이 일을 할 수 있었고, 캐벗이 바로 그런 사람이었다. 그 이후로 기금, 재단, 연금 제도는 다시는 이전의 모습을 유지할 수가 없었다. 그의 주도하에 이들은 늘 더 적극적으로 주식의 위험을 감수하면서 더 높은 수익을 추구하게 되었다. 이런 방식으로 그는 세상을 바꿨다.

뮤추얼 펀드활동과 하버드 기금 운용을 통해서, 캐벗은 위탁운용 산업이라는 새로운 산업을 대표하기도 했다. 오늘날 (뮤추얼 펀드나 독립 계좌 관리회사를 통한) 위탁운용은 미국 주식 및 채권 투자자금의 대부분을 차지한다. 20억 달러 이상 운용하는 회사가 300개가 넘으며, 10억 달러 이상 운용하는 회사가 추가로 300개가 넘고, 30개가 넘는 회사들이 100억 달러 이상을 운용하고 있다. 엄청난 산업이다. 상당한 주의와 신뢰에 바탕을 둔 산업이다. 캐벗 같은 사람들이 당시에 시장을 엉망으로 만들어놓았다면, 이 산업은 아마도 오늘날 존재하지도 않을 것이고, 존재하더라도 틀림없이 오늘의 형태는 아닐 것이다. 캐벗은 아마도 이 산업을 최초로 실행한 사람이고, 최초로 유명해진 사람이므로, 투자관리 산업의 아버지로 인정받을 만하다.

조르주 도리오
Georges Doriot

벤처캐피털의 아버지

Forbes, Feb. 15, 1982

◆

반세기도 전에 벤처캐피털 분야를 시작하는 일은 새로운 산업에 투자하는 것만큼이나 위험했다. 이 과업에는 아주 특별한 솜씨가 필요했다. 천재성과 창의성이 필요했던 것처럼, 배짱, 신념, 추진력, 인내심, 지모, 철저한 헌신이 필수적이었다. '장군General' 조르주 도리오 Georges Doriot는 그런 솜씨를 지녔고, 벤처 사업에 도전했다. 그는 1946년 아메리칸 리서치 앤드 디벨럽먼트 코퍼레이션ARDC, American Research and Development Corporation의 설립을 도왔는데, 이 회사는 대중에게 주식을 팔아 신생기업에 자금을 지원하는 최초의 위험 자본 상장회사였다. 그는 자신의 아이디어가 경제 성장과 사회 진보를 촉진하는 실용적인 방법이라는 점을 입증하려고, 자신의 명성과 돈을 모두 걸었다.

이 파리 태생을 흠 잡는 사람은 거의 없었는데, 도리오는 신생기업을 창조해서 육성하는 자신의 역할을 자식을 사랑하는 아버지에 비유하였다. 그는 처음 단계부터 육성했다(그의 가장 유명한 성공 사례는 디지털 이큅먼트 코퍼레이션Digital Equipment Corporation이다). 그는 임신기로부터 출산을 거쳐 청소년기까지, 나중에 그가 할 수 있는 일이 "지켜보고, 격려하며, 걱정하고, 희망을 확산하는" 정도가 될 때까지 잘 돌보았다. "우리는 아이를 얻게 되면, 어떤 보상을 기대할 수 있는지 묻지 않습니다. (……) 나는 이들이 자기 분야에서 탁월하게 성공하기를 바랍니다. 그리고 이들이 성공하면 보상이 돌아올 것입니다. 그러나 그 사람이 정직하게 노력하고 충실한데도 이른바 좋은 수익률을 달성하지 못할 경우라면, 나는 그의 곁에 머물 생각입니다. (……) 내가 투기꾼이라면 수익률을 따질 것입니다. 그러나 나는 (내가 정의하는) 투기가 건설적이라고 생각하지 않습니다. 나는 사람과 기업을 키우고 있습니다."

직관적이고 지모가 풍부한 도리오는 가혹하게 판단했지만, 훌륭한 비판을 해주고, 주의 깊게 경청하였으며, 섬세하게 조언해주었고, 영감을 불어넣었으며, 상냥한 친구가 되어주었다. 1899년 첫 푸조Peugeot 자동차 제작에 참여한 엔지니어의 아들로 태어난 그는 1920년 파리 대학Paris University을 졸업했고, 이듬해에 하버드 경영대학원으로 가서 당시 신생 학문이었던 '경영학'을 공부했다. 그는 정년까지 하버드에 머물렀으며, 1926년 산업 경영학 교수가 되었다. 잠시 다른 분야에서 일한 적이 있는데, 그는 2차 세계대전 동안 육군 조사, 기획, 개발 프로그램의 부국장으로 복무하여 준장까지 진급했다. 다른 분야에서도 그랬듯이, 그는 혁신적이고 독립적이며 솔선수범하는 모습을 보임으로써 펜타곤에 많은 자극을 주었다. 그래서 남은 인생 동안 그는 '장군'으로 알려지게 되었다. 이 사실을 모르는 사람은 그가 드골과 함께 전쟁을 치렀다고 생각할 것이다.

학자가 월스트리트에서 두각을 나타내는 일은 드물지만, 도리오는 예외였다. 학자다운 호기심, 스승의 인내심, 장군다운 결단력을 지닌 그는 신생기업이 즉시 이익을 내지 못해도 상심하는 일 없이, 신생기업을 대상으로 자유롭게 실험할 수 있었다. 그는 특유의 강한 파리 억양을 넣어 이렇게 말하곤 했다. "우리의 목적은 창의적인 사람들과 기업들을 육성하는 것입니다. 자본 이득은 보상이지 목적이 아닙니다." 사실, 도리오는 즉각적인 성공이 심지어 "위험하다"라고 생각했다. "자만하게 되기 때문"이라고 그는 주장했다.

ARDC는 첫 벤처 사업인 기름 제거기degreasing gun에서 손실을 보며 힘든 출발을 했다. 처음 8년 동안 ARDC는 신통치 않은 이익과 적당한 손실을 보았지만, 1955년부터는 이익만 기록했다. 1966년에는 9300만 달러의 자산을 보유하여 벤처캐피털의 교과서적 사례가 되었다. 5년 뒤, 여전히 도리오가 경영하던 이 회사는 46개 회사에 투자하며 자산을 4억 2800만 달러로 부풀렸다.

도리오가 ARDC를 통해 이룬 가장 크면서도 단연 극적인 성공은, 1957년 디지털 이큅먼트에 대한 초기 출자였다. "두 젊은이가 내게 와서 '우리는 모듈을 만들고 싶습니다'라고 말했습니다." 이 두 사람이 자신이 생각하는 'A등급' 사람들인지 확인한 후, 도리오는 이들의 아이디어에 6만 1400달러를 투자했다. 그해에 이들이 세운 회사에는 '두 사람과 책상 하나'뿐이었다. 1971년이 되자, 이 회사는 7000명이 넘는 직원을 거느리고 1억 4700만 달러의 매출을 올렸다. 디지털 이큅먼트의 창립자 겸 대표인 케네스 올슨Kenneth Olson이 말했다. "도리오는 디지털에게 빨리 시장에 진출하라고 다그치지 않았습니다. 그는 사회에 도움이 될 만한 제품을 만들어내기를 진정으로 원했습니다."

도리오는 디지털에 분할상환 조건으로 자금을 지원했으며, 보통 주식매수 옵션이나 신주인수권증서warrant를 추가했다. 그는 ARDC가 투표권을 통제하도록 정책을 세워서 투자를 보호했다. 이 정책에 따라 신생회사 창립자는 회사 지분의 78%를 ARDC에 팔아야만 했다. 회사가 이미 운영 중인 경우, ARDC는 주식의 50% 미만을 선택했다.

대체로 ARDC는 잘되어갔지만, 도리오는 때때로 실패하기도 했다. 예를 들면, ARDC는 경영에 문제가 있는 테이프리코더 제조업체 마그네코드Magnecord, Inc.에 투자해서 손실을 보고 있었다. 침착하고 인내심 강한 도리오는 이 회사가 문제를 해결하리라 확신하고 추가로 주식 160만 달러를 매수했다. 그러나 결국 문제를 해결하지 못했다. 나중에 그는 의심스러웠음에도 투자를 진행한 자신의 인내심에 대해 이렇게 변명했다. "애가 아파서 열이 39까지 오르는데, 당신 같으면 애를 내다 팔겠소?"

큰 키에 홀쭉하고 꼿꼿하며, 물결 모양의 백발, 성긴 코밑수염, 꿰뚫어 보는 듯한 눈을 지닌 도리오는, 주위를 압도하는 존재감이 있었다. 수업시간에 끊임없이 학생들에게 난제를 던졌고, 높은 기준을 세웠으며, 온갖 질문을 퍼부었고, 공손하게 풍자를 하며 대답했다. "어디에선가 누군가가 당신의 제품을 쓸모없게 만드는 새로운 제품을 개발하고 있다는 점을 명심하라." 이것이 도리오의 전형적인 조언이었다. 스승으로서 그가 올린 실적은, 월스트리트에서 거둔 성공만큼이나 훌륭했다. 그의 학생 다수가 월스트리트에서 일류 임원이 되었다. "도리오 선생님은 내게 사업 성공에 필요한 헌신과 책임감을 가르쳐주었습니다." 아메리칸 익스프레스American Express 회장 제임스 로빈슨 3세James Robinson III의 말이다. 전직 포드 회장 필립 콜드웰Philip Caldwell은 이렇게 말했다. "나는 아직도 선생님이 불어 억양이 섞인 목소리로 '여러분, 사업에서 성공하려면, 여러분의 제품을 사랑해야 합니다'라고 말씀하시던 모습이 생각납니다."

도리오는 1971년까지 벤처캐피털에 모든 것을 바쳤지만, 나중에 변질한 모습을 보고 혐오감을 느끼게 되었다. 이 무렵 벤처 자본가 2세대는 돈만 추구하는 모습을 보이면서, 그가 상징하고 장려하던 모든 요소를 타락시켰다. 벤처 투자는 단순한 투기로 전락했고, 그가 제시한 세 가지 금기를 짓밟았다. 즉, 경영을 지향하는 대신 금전을 지향했고, 금전적 보상에 안달이 났으며, 기술 지향적 기업들의 속성을 이해하는 데 실패했다. ARDC의 1971년 연차 보고서에 그는 다음과 같이 우울하게 썼다. "(······) 지나치게 투기가 증가하면서, 이해와 관심이 사라지는 듯하다. 사람들이 과업의 진정한 의미를 무시하고 망각하면, 대개 환멸과 실망의 시기가 따라온다. 벤처캐피털이 건설적이고 까다로운 과업으로부터 새로운 투기 수단으로 변질한 것 같다."

도리오 브랜드의 벤처캐피털은 오늘날에 존재하는 벤처캐피털과는 크게 다르다. 도리오는 먼저 사람을 믿었고 그다음에 아이디어를 믿었다. 그는 이렇게 말하곤 했다. "B등급 아이디어를 가진 A등급 사람이, A등급 아이디어를 가진 B등급 사람보다 낫다. 누군가 전혀 시도해보지 않은 아이디어를 갖고 찾아온다면, 우리가 판단할 수 있는 유일한 방법은 그 사람이 어떤 사람인지 판단하는 것이다." 그는 좋은 사람이 갖춰야 할 요소로 "지모, 직관, 용기, 스스로에 대한 정직성, 사업에 완벽한 헌신"을 들었다.

도리오는 1971년 71세의 나이에 은퇴하기로 했다. ARDC가 그의 후임자를 찾지 못하자, 그는 로열 리틀이 경영하는 복합기업 텍스트론Textron과의 합병을 주선했다. 1959년 이래로 ARDC는 텍스트론 전자사업 부문의 주주였으며, 도리오는 이사였다. 은퇴한 지 오래 지나 그는 기업이 너무 커지면서 창의성이 억압당했다는 생각에 합병을 후회했다(1985년 그가 죽은 뒤, 텍스트론은 회사를 경영자들에게 다시 팔았다).

월스트리트와 하버드 외에, 도리오는 사진과 그림을 좋아했다. 1930년에 결혼한 그는 아내와 보스턴의 비컨힐Beacon Hill에서 우아하게 살았다. 은퇴 후, 그는 여전히 넘치는 에너지를 보스턴의 프랑스 도서관을 운영하는 데 쏟아부었다. 82세에 그는 말했다. "나는 요즘 벤처캐피털을 지켜보지 않습니다. 완전히 은퇴했으니까요. 완전히, 절대적으로, 영원히 말입니다."

벤처캐피털이 지축을 흔들 만큼 대단한 개념이라고 보기는 어렵다. 도리오가 등장하기 전에도 모건 같은 사람들에 의해서 새로운 회사들이 생겨났다. 이들은 돈을 모아 새로운 회사를 설립했고, 회사를 공개했다. 이것이 전통적 자본주의다. 하지만 도리오는 처음으로 현대 벤처캐피털을 시작했으며, 이것이 지금 현대 전통적 자본주의의 일부가 되었다. 모건처럼 사람 중심이었고, 사람을 통해서만 프로젝트가 가능하다고 보았다. 그러나 도리오는 이보다 한 단계 더 나아갔다. 그는 사업을 사업으로서 공식적으로 창업하고 육성한다는 개념을 창안했다. 즉,

자본을 기업가에게 제공하여 사회를 위해서 성장을 촉진하고, 소비자를 위해서 제품 개발을 지원했다. 이것이 그가 만들어낸 성공 공식이었으며, 새로운 산업과 산업 전반에 생명을 불어넣는 오늘날의 표준 공식이다.

로열 리틀
Royal Little

복합기업의 아버지

◆

1960년대에 로열 리틀Royal Little은 복합기업이 주주 자본을 이용하는 최고의 방법이라고 미국을 설득했다. 그가 "비관련 다각화unrelated diversification"라고 즐겨 불렀던 복합기업은, 이익을 소모하게 하는 성가신 경기 순환, 법무부의 간섭, 호황기의 과잉 확장, 불황기의 사업 축소를 피할 수 있었다. 10년 뒤, 복합기업은 "일반 단일산업 기업보다 높은 성장률을 달성할 수 있는 가장 확실한 방법의 하나"였다.

"비관련 다각화는 주당 순자산 이익률, 주당 누적 이익성장률 면에서 일반 단일산업 기업을 모두 누를 것이다." 1987년 리틀이 91세로 죽기 전에 한 말이다. 그런데 그는 자신이 1950년대에 했던 일을 오늘날에는 할 수 없다고 처음으로 인정한 사람이다. "(주가가) 너무 높기 때문이다. 당시 나는 이익의 8배를 주고 기업을 샀다." 이에 비해,

1980년대의 기업인수 전문가들은 대개 이익의 15~20배를 주고 기업을 인수했다.

개인적 사치를 "더 긍정적으로 쓰일 수도 있는 자본을 낭비하는 행위"로 간주한 리틀은, 사업가의 사업가였다. 그는 검소하게 살면서 이렇게 말하곤 했다. "대기업을 경영하는 사람들은 허세를 부리면서 살면 안 됩니다." 온화하고, 재치 있으며, 이야기하기를 좋아하고, 매력적이며, 열정적이고, 항상 청년 같았던 그는 절대로 심각한 모습을 보이지 않았다. 그는 대중을 철저하게 존중했고, 대중과 똑같은 방식으로 대우받기를 좋아했다.

누군가 리틀에 대해서 "한 가지 일만 생각하는 개자식이 되어야만 사업에 성공하는 것은 아니다"라고 한 말이 그의 인생을 잘 설명해준다. 안경 쓴 밝은 푸른 눈에 날씬한 리틀은 리버 래피드river rapid(놀이 기구의 일종), 테니스, 스키를 즐겼고, 나이 46세에 낙하산을 타기도 했다. 1932년에 결혼했고, 두 자녀를 키운 뒤 1959년에 이혼했다. 곧 그는 은퇴해서 다시 (아내가 싫어하던) 골프를 치기 시작했다. 물론 약 30개 회사의 이사회에도 참석했고, 나라간세트Narragansett(북미 인디언 부족명)라는 소규모 투자회사도 운영했으며, 매년 아프리카 전역을 돌아다니며 사진을 찍기도 했다. "사람이 뭔가 가치 있는 일을 하지 않으면 인생에 흥미를 모두 잃게 됩니다. 골프만 치는 사람들은 서서히 죽어갑니다."

1896년 매사추세츠 주 웨이크필드Wakefield에서 태어난 리틀은 유명한 자문 화학자 아서 리틀Arthur D. Little의 조카로, 하버드를 졸업하고 직물회사에 들어갔다. 그는 27세에 1만 달러를 대출받아 자신의 회사 스페셜 얀스Special Yarns를 설립했고, 1944년 텍스트론Textron으로 회사 이름을 바꿨다. 2차 세계대전 덕분에 크게 성장하기는 했지만 직물업계가 너무 발전이 느리고, 전문업체들로부터 강한 경쟁에 시달리는 데다가, 경기 순환에 지나치게 영향을 받는다는 사실에 그는 눈을 뜨게 되었다. 그리고 몇 년 뒤인 1952년, 그는 직물업계 밖에서도 기업을 인수할 수 있도록 회사의 정관을 개정하였다. 그러고 나서 곧 첫 번째 복합기업이 탄생하였다.

리틀은 전자와 항공우주 분야 기업을 인수했고, 텍스트론의 직물 지분은 결국 1963년에 매각했다. 1960년대 중반이 되자, 텍스트론은 37개 산업 분야에서 약 70개 회사를 보유하게 되었다. 리틀이 인수하려는 기업들은 침체한 소기업으로서 해당 분야의 1~2위를 유지하는 기업이었다. 그는 거대산업에서 경쟁하는 기업은 쳐다보지 않았다. "대기업들과 경쟁해서는 가망이 없습니다."

그동안 저지른 수많은 실수를 통해서, 리틀은 사업 의사결정이 개인 관심사에 휘둘리지 않도록 하는 방법도 배웠다[그의 모든 실수는 자서전인 『How To Lose $100000000 And Other Valuable Advice(1억 달러와 값진 조언을 잃는 방법)』에 분명하고도 유머러스하게 설명되어 있다]. 그의 경우는 골프가 그랬다. 이 실수는 인생 후기에 발생했다. 은퇴하기 3년 전인 1959년에 그는 자신이 설립한 나라간세트를 통해서 올 아메리칸 골프All American Golf에 투자했고, 이 회사는 미국 전역에 샘 스니드Sam Snead 파3 미니 골프 코스 체인을 세울 계획이었으나 결국 실패하고 말았다. 그는 다시는 개인적 취향이 사업 의사결정에 영향을 미치지 못하게 했다. 그다지 인기를 끈 적도 없었고 널리 읽히지도 않았지만, 그의 책은 내가 뽑은 '최고의 비즈니스 서적 20권'에 포함된다. 자신의 실수를 털어놓는 일은 자신에게 도움이 된다. 그러나 누군가 1억 달러 상당의 실수를 저지르고도 성공했다면, 그는 틀림없이 올바른 일도 엄청나게 많이 했다는 뜻이다. 자신의 실수를 통해서 성공을 보여주는 것은 매우 리틀다운 발상이다. 사람들 대부분은 자신의 성공을 기뻐한다. 그러나 리틀은 그럴 필요가 없었다.

전체적으로 리틀은 엄청난 성공을 거두었다. 텍스트론은 항공산업 분야에서 유명해졌다. 항공기 및 항공기 부품회사 네 개를 거느렸고, 벨 에어크래프트_{Bell Aircraft}는 헬리콥터로 널리 알려졌다.

1965년, 항공 및 방위산업이 텍스트론 매출의 35%를 차지했다. 산업제품은 20%, 홀마크_{Hallmark} 카드 같은 소비자 제품은 16%, 철강제품 17%, 농약 12% 등이다.

복합기업 운영에 관해, 리틀은 이렇게 말했다. "사람들 대부분은 본부장에게 믿고 맡겨야 한다는 사실을 깨닫지 못합니다. 나는 그들이 훌륭하게 일을 해내도록 진정한 동기를 부여하려고 항상 만전을 기하고 있습니다." 텍스트론 본부장들은 대개 회사의 지분을 보유하고 있으며, 회사의 일상 업무와 운영에 대해 자율권을 부여받았다. 그룹 본부에서 간섭하면 사람들은 다른 곳에서 기회를 찾게 된다는 점을 리틀은 알게 되었다. 그래서 그는 그들의 털끝 하나 건드리지 않았고, 대신 재무 실적만 점검했다. 그는 선언했다. "그들의 사업 운영에 대해서 간섭하지 마시오. 본부에 앉아서 복합기업을 운영할 수는 없소이다."

항상 겸손했던 리틀은 지금 널리 퍼진 현대적 복합기업을 고안해낸 자신의 업적을 애써 낮춰 평가했다. "나는 사업가로서 그저 사람과 돈을 결합했을 뿐입니다. 나는 단지 기막히게 운이 좋아서 훌륭한 사람들을 뽑을 수 있었습니다." 물론 오늘날 복합기업은 1960년대 말 전성기에 비해서 사람들의 마음을 사로잡지 못한다. 복합기업 구조는 분명히 경영의 초점을 흐린다. 대기업의 작은 사업 본부는 비슷한 규모의 독립회사와 경쟁을 벌이기가 힘들다. 독립회사는 최고경영자들이 회사를 소유하고 있기 때문이다. 그래도 성공적인 복합기업들은 많이 있었고, 그 구조와 경영 방법은 바로 로열 리틀로부터 온 것이다.

5장

은행가와
중앙은행장들

BANKERS AND
CENTRAL BANKERS

은행이 없으면 증권사도 없다

◆

월스트리트의 역사는 은행업의 역사다. 은행업의 역사는 직접적, 간접으로 증권 가격과 연결되어 있기 때문이다. 직접적으로는, 이자율과 채권 가격 사이에는 역의 상관관계가 있다. 간접적으로는, 이자율이 주가에도 영향을 미친다.

연방준비제도 이사회는 통화 공급을 늘리기로 결정하면 미국 채권을 매입하고, 채권 공급은 줄어든다. 통화 공급이 늘어남에 따라, 돈의 '가격(실제로는 돈을 빌려주는 가격)'이라 불리는 이자율이 내려간다. 예를 들어, 이제 우리가 둘 다 수익률이 10%인 주식과 채권을 갖고 있다면, 채권은 그 수익률이 (예컨대 8%인) 현재 이자율과 일치하는 수준까지 가격이 올라갈 것이다. 똑같이 수익률이 10%인 주식도 이제는 수익률이 8%인 채권보다 훨씬 유리해 보이고, 그래서 전보다 수요가 훨씬 많아질 것이다. 수요와 공급의 법칙에 따라 주가가 올라간다. 따라서 연방준비제도 이사회가 지갑을 풀면 주가가 올라간다.

결론은 이렇다. 중앙은행제도가 통화 공급을 조절하고, 따라서 이자율을 조절하며, 이자율은 월스트리트에 커다란 영향을 미친다. 그러므로 은행업과 중앙은행제도의 역사를 추적하는 다음 이야기들은 월스트리트의 발전을 이해하는 열쇠가 된다. 이는 마치 중추 신경계와 감정 사이의 관계처럼 모두 함께 연결되어 있다.

오늘날 중앙은행제도는 절대적으로 신뢰받고 있다. 20달러 지폐를 들고 상점에 가면, 우리는 물건 20달러어치를 살 수 있다고 믿는다. 우리는 단기간에는 돈을 절대적으로 믿는다. 그러나 중앙은행제도가 수립되기 전의 시대에는 경제도 크게 달랐고 화폐도 불안정했다. '돈'은 장소에 따라 의미가 달라졌으며, 보편적으로 신뢰받는 경우가 드물었다.

아이러니하게도, 중앙은행제도는 계획 단계에서는 전혀 신뢰받지 못했다. 중앙은행제도의 아버지 존 로는 현란함의 전형이었다. 그는 대단한 바람둥이였고, 옷을 멋지게 입고 다녔으며, 지독한 방탕아로서, 여자 때문에 결투를 벌여 사람을 죽였고 이 때문에 두 번이나 교수형을 당할 뻔했다. 그는 사업 상대의 부인과 잠자리에 들기를 무척 좋아했고, 요령으로 이럭저럭 살아가는 타고난 도박꾼이었다. 중앙은행제도를 처음 도입하는 과정에서, 로는 프랑스에서 악명 높은 투기였던 미시시피 사기 사건에 불을 붙였다. 그러나 이 사건이 그의 코앞에서 터져버리자, 그는 결국 외롭고 가난한 늙은이가 되고 말았다. 그래도 그는 전 세계의 은행업을 영원히 바꿔놓았다.

로가 남긴 유산은 알렉산더 해밀턴을 거쳐서 결국 미국에 전달되었다. 해밀턴 역시 믿기 어려운 인물로서, 그는 중앙은행제도라는 논란 많은 개념을 기꺼이 지지하고 나섰다. 사생아였던 그는 유부녀와 놀아난 뒤 그녀의 남편으로부터 협박을 당했으며, 1804년에 결투하다 죽었다. 그토록 거칠게 살았던 사람이 중앙은행제도라는 근엄한 분야로 미국을 이끌었다고 누가 상상이나 하겠는가?

이 5장의 세 번째 인물인 니콜라스 비들은 실제로 믿을 만한 사람이었으나, 당시에는 그렇게 인정받지 못했다. 그는 귀족이었다. 다른 사람들은 모두 가난했으나 그는 부자였다. 그는 현명하고 학구적이었으며 미남이었다. 그리고 혼자서 자금 공급을 조절했다. 사람들은 그를 질시하고 의심했으며, 그는 사람들의 호감을 살 방법이 없었다. 그래서 그가 운영했던 중앙은행이 (그가 은퇴한 뒤) 1837년 공황에 파산하자 집중적으로 비난받았고, 금융 역사에서 밀려나 중앙은행제도의 건달로 취급당했다. 부유하고 세련된 도회 은행가였던 그는 잭슨시대의 절충적 대중 영합주의에 커다란 희생양이 되었다.

해밀턴과 비들의 시대에 중앙은행제도에 쏟아졌던 비난이 워낙 격심했던 터라, 1900년대 초가 되어서야 미국에서 중앙은행제도에 대한 논의가 다시 수면 위로 떠오를 수 있었다. 이번에는 중앙은행제도가 오늘날과 같이 근엄하고 신뢰감 주는 형태를 띠게 되었다. 우리가 알고 있는 현대적 중앙은행제도가 없다면, 월스트리트의 모습은 지금과는 전혀 다를 것이다. 첫째, 전반적으로 보면 1907년의 공황을 겪고 나서, 사람들은 미국에 통합된 은행 시스템이 필요하다고 믿게 되었다. 장래에도 JP 모건 같은 단 한 사람에게 의지하고 싶어 하는 사람이 거의 없었다. 또다시 공황이 발생할 경우 이런 인물이 미국을 구제할 수 있을지, 또 구제할 의지가 있을지 알 길이 없었기 때문이다. 문제는 방법이었다. 폴 워버그에게 계획이 있었고, 이 계획이 1913년 연방준비법의 청사진이 되었으며, 오늘날의 연방준비제도를 만들어냈다.

1914년 벤저민 스트롱은 이 시스템의 최대 지역은행인 뉴욕 연방준비은행Federal Reserve Bank of New York의 초대 행장이 되었다. 그도 역시 신뢰의 전형이었다. 헌신적이었고, 추진력이 있었으며, 모건 가문으로부터 인정까지 받았다. 스트롱은 연방준비은행을 세계 경제 정책 결정의 핵심 세력으로 변모시켰다. 슬프게도 그는 대공황 한 해 전에 죽었다. 그가 죽지 않았다면, 연방준비은행은 공황 기간에 더 현명하게 대처했을 것이고, 그 결과 피해가 훨씬 가벼웠을 것이다.

태도가 유순하고 서투른 조지 해리슨은 공황 동안 스트롱의 빈자리를 대신해야 했다. 스트롱이 선택했을 법한 길을 따라가면서, 해리슨은 통화 완화 정책을 개시하여 자금이 고갈된 시장에 수십억 달러를 공급했고, 시장의 신뢰를 어느 정도 회복했다. 그것은 바른 조처였다. 그러나 워싱턴에서 지갑을 조이기로 하자 해리슨은 행동을 뒤집어 철저한 통화 긴축으로 나아갔고, 상황이 심각한 불황 수준에서 끔찍한 대공황으로 악화하였다. 해리슨은 정치적 바람에 강하게 맞서지 못했다. 그러나 이것이 결정적 시기에 연방준비은행이 궁극적으로 맡아야 할 역할이었다. 그래도 그는 위기의 순간에 연방준비은행과 월스트리트 사이에 중요한 관계를 열어놓은 인물로 기억되고 있다.

중앙은행과 월스트리트 사이에 있는 매개자들이 은행가들이다. 은행들은 증권을 매수할 자금을 공급하며, 연방준비은행의 현행 금리를 기초로 금융 비용을 결정한다. 제임스 스틸먼, 프랭크 밴더립, 조지 베이커는 대공황 전과 대공황 동안 월스트리트 최대의 상업은행들을 경영했다. 이들은 대공황 전 약 20년 동안 증권인수와 판매에 참여하면서 1920년대 강세장에 직간접적으로 기여했다.

개인적으로 별난 사람이었던 스틸먼은 1900년대 초 최대의 상업은행인 내셔널 씨티 뱅크를 만들어낸 건실하고 보수적인 은행가였다. 본인은 너무 보수적이어서 실제로 증권을 거래할 수 없었기 때문에, 그는 부행장 밴더립에게 이 업무와 관련된 자금과 권한을 넘겨주었다.

밴더립은 다소 진취적이어서 전에는 금기시되던 일을 기꺼이 진행했다. 다른 은행에서 꺼리는 일을 하면서 은행의 이익과 영향력을 키웠다. 더 적극적으로 신규계좌를 유치했으며, 대량으로 증권을 인수하고 판매했다. 그는 증권 브로커와 같은 열정으로 신규계좌 유치에 임했으며, 은행에 그의 개인적 자취를 남겼다. 사교적이고 역동적인 세일즈맨이었던 그는 은행을 증권산업에 가장 먼저 끌어들인 인물 중 하나였다. 이 방식은 매우 파격적이어서 효과를 보았고, 주요 상업은행들 사이에서 대유행을 일으켰다. 퍼스트 내셔널의 조지 베이커는 1907년 자기 돈 300만 달러를 들여서 증권 자회사에 개인적으로 자본을 투자할 정도였다.

찰스 미첼과 앨버트 위긴 때문에 1933년 투자은행과 상업은행의 겸업이 금지되었다. 월스트리트에서 가장 큰 두 은행의 수장이었던 이들이 증권 자회사들을 지나치게 확장한 나머지, 내부 정보와 강요가 대대적으로 남용되었고, 현혹적인 판매 술책, 주가 조작, 은행이 주도하는 광적인 투기가 일어났다. 이런 현상이 지속되다가 대공황이 일어났고, 마침내 정부가 개입하여 뉴딜 개혁자들을 투입하게 되었다.

월스트리트에 거대 은행가만 있는 것은 아니었다. 내털리 셴크 레임비어 같은 약소한 은행가도 있었다. 그녀는 월스트리트 최초의 여성 은행가로서, 다른 여성들이 월스트리트에 진출하도록 문을 열어주었다. 그리고 '작은 친구'를 끌어들여 샌프란시스코에 기반을 둔 뱅크 오브 아메리카와 트랜스아메리카 제국을 세운 자니니가 있었다. 월스트리트는 자니니의 업적에 대한 답례로, 그에게 진짜 시한폭탄 엘리샤 워커를 보내 그의 조직을 와해시키려 했다. 워커는 성공하지 못하고 월스트리트로 돌아왔다. 자니니와는 달리 워커는 대중의 지지를 얻지 못했던 것이다.

결국 자니니가 옳았다. 은행업은 소인배들이 할 일이지, 은행가가 할 일이 아니었다. 은행은 소액의 저축과 대출 수요가 있는 대중과, 이들의 상대방인 신용도 높은 대형기관들 사이에서 중개 역할을 하면서, 대형기관에 산업과 기술에 투자할 대규모 자금을 제공한다. 은행가는 이 거래에서 단지 도구일 뿐이다. 그러나 이러한 은행가들이 은행업을 만들어냈다. 수십 년 동안 때로는 월스트리트에 순응하는 틀을 만들기도 하고, 때로는 월스트리트와 다른 틀을 만들기도 하면서 말이다.

은행업이나 중앙은행제도를 월스트리트의 발전과 분리해서 생각하는 일은 불가능하다. 심지어 오늘날에도 은행업과 증권업의 겸업을 허용하려는 움직임이 있다. 월스트리트가 오늘날의 모습이 된 것은 은행업이 이렇게 발전했기 때문이기도 하다. 이 장은 월스트리트 발전의 주요 부분을 이끌어간, 앞서가는 은행가들에 대한 이야기다.

존 로
John Law

**중앙은행제도의 아버지는
별로 아버지답지 않았다**

The Amazing Life of John Law, 1928

◆

존 로John Law의 사전에 '보통'은 없었다. 그는 무엇이든 얻으려 할 때 전력을 다했다. 그가 주사위를 던질 때는 판돈이 컸다. 한 여자를 놓고 벌인 결투에서 한 남자가 쓰러져 죽었다면, 로가 범인이었다. 루이 14세Louis XIV의 절대 타락으로 단 4년 만에 파산했던 프랑스가 다시 일어설 때, 그 뒤에 로가 있었다. 악명 높은 미시시피 사기 사건Mississippi Bubble을 유발한 사람도 바로 로였다. 결투 때문에 두 번이나 교수형을 당할 뻔했던 스코틀랜드 출신으로서는 대단한 업적이지만, 그다지 놀랄 만한 일은 아니었다. 수학의 달인 로는 자신의 천재적 계획인 중앙은행을 설립하려는 희망으로 20년 동안 유럽 전역을 돌아다녔다.

매력적인 외모와 화려한 복장의 로는, 가발이 유행하고 남자도 볼에 연지를 바르던 현란한 시대에 잘 어울렸다. 1671년 금 세공사 겸 은행가의 아들로 태어난 그는 14살에 아버지의 경리실에서 일했으며 학교에서는 은행업 원리를 공부했다. 그가 17세였을 때에 아버지가 죽으면서 재산과 직함을 남겨주었다. 그리하여 로리스턴Lauriston 성(城)을 받은 존 로는 세상으로 나가게 되었다.

결투 그리고 이로 인해 예정됐던 두 번의 교수형에서 가까스로 살아남은 (여자와 카드를 주무르는 데 능숙한) 로는, 안전한 직업이라고 생각한 은행업을 택하기로 했다. 재치와 책략으로 이럭저럭 살아가던 그는 구애하던 은행가들의 아내들이 기꺼이 도와주어 은행업 지식을 얻었다. 그의 원기 넘치는 외모에 넋이 나간 한 여인은 이 악당을 먼저 자신의 침실로 끌고 간 다음 남편의 핵심 생계 수단인 은행의 국제 계약을 보여주었고, 이는 나중에 그가 재산을 모으는 열쇠가 되었다. 정보를 손에 넣은 그는 (은행가의 버림받은 아내와는 거리가 먼) 이탈리아, 벨기에, 스코틀랜드, 프랑스 전역에서 새로운 기회를 탐색했다.

로는 방탕한 생활방식을 시기하는 경찰에게 끊임없이 조사당하다가 스코틀랜드에서 잠잠한 생활을 하던 중 결혼하였고, 조국의 애처로운 경제를 목격하였다. 스코틀랜드 경제는 중앙아메리카Central American 탐험이 몰고 온 투기 바람에 폐허가 되었다. 나라 전체가 이 투기에 휩쓸렸는데(다리엔 사기 사건Darien scheme), 로는 이것이 자신의 이론을 시험할 완벽한 기회라고 생각했다. 그는 부자들로부터 세금을 거둬서 그 자본으로 무역을 하여 국부를 증강하라고 정부에 조언했다. 하지만 정부는 그의 계획을 즉시 거절했고, 그는 시험할 기회를 잃었다. 그러나 모두 잃은 것은 아니었다. 원하는 것을 얻지 못할 때도 우리는 경험을 얻는다. 로는 건전한 경험을 얻었다.

「법정 화폐와 교역에 관한 고찰Considerations on Legal Tender and Trade」 같은 소논문으로부터 아이디어를 수집한 뒤, 로는 가족을 이끌고 대지에 기반을 둔 은행을 설립하러 런던으로 떠났다. 그러나 누군가 행운의 흐름이 바뀌고 경제가 분명히 침체한다고 말하면서 그의 '대지은행'을 '모래은행'에 비유하자, 그의 시스템은 두 번째 비운을 맞이하게 되었다. 하지만 그 사이에 그는 내부 밀고자를 이용해서 환투기를 벌여 한밑천 잡았다. 밀고자는 그에게 프랑스가 화폐를 녹여서 비금속을 잔뜩 섞은 새 동전을 만들려는 계획을 가지고 있다고 알려주었다. 다시 한번 그는 대중의 시선을 사로잡았고, 경찰을 피해 달아날 수밖에 없었다.

항상 잘난 체하던 로는 1715년 왕이 누워서 죽어가던 시점에 마침내 프랑스로부터 부름을 받았다. 그는 이곳에서 성공을 확신했다. 새 군주의 지지를 확신한 그는 왕립은행을 세워 프랑스의 교역을 관리하고, 세금을 거두며, (루이의 궁궐과 여자와 전쟁 때문에 지게 된) 나라의 빚을 없애라고 제안했다. 그런 황량한 나라에 그렇게 밝은 모습을 제시했는데도 지지받지 못하자, 그는 자기 계획이 실패할 경우 사재 50만 리브르를 내놓겠다고 약속했다. 그러자 즉시 거래가 성립되어, 1716년 로의 방크 제네랄Banque General이 설립되었다.

로의 은행은 1200주로 자본금 600만 리브르를 조달한 뒤 일상 업무를 수행했다. 일람불 지폐를 발행했고, 상업어음과 환어음을 할인했으며, 개인과 상인들로부터 예금을 받았고, 현금이나 신용을 이체했다. 그러나 은행을 돋보이게 만든 것은, 액면가의 1/4로 평가되던 정부 지폐와는 달리, 은행 지폐는 가치가 고정되어 있었다는 점이다. 로의 화폐가 크게 인기를 얻자 1717년 정부는 세금을 은행 지폐로 내게 하였고, 지폐 발행이 붐을 이루면서 가치가 떨어진 동전을 많이 흡수하게 되어 국가 신용도가 높아졌다. 로를 포함해서 모두가 번영하기 시작했다. 길에서는 "국왕 폐하와 로 만세"를 외치며 그를 환영했다.

그러나 대폭 가치가 떨어진 정부 화폐에 대한 추가 용도를 찾아달라는 요청을 로가 받았을 때, 문제가 무르익고 있었다. 처음에는 좋은 일로 보였지만 말이다. 자신감 넘치던 그는 아메리카 대륙에서 탐험가를 기다리는 (22명이 달라붙어야 들어 올릴 수 있는 거대한 에메랄드 같은) 보물을 캘 목적으로 1717년 미시시피 컴퍼니Mississippi Company를 설립했다. 다리엔 사기 사건으로 폐허가 된 조국을 망각하고, 그는 미시시피 유역에 대한 독점 교역권을 획득하고 은행과는 별도의 법인으로 회사를 세워 주당 500 리브르로 1억 리브르의 자본을 조달하였다. 그리고 "야만인들은 금덩어리와 은덩어리를 유럽 제품과 바꾼다"라는 대대적인 홍보 캠페인이 진행되었다. 이 지역에 가본 적이 있는 한 노병이 그 이야기가 거짓이라고 주장했다. 그러나 그는 더 큰 의혹을 일으키기 전에 바스티유 감옥으로 잡혀 들어갔다.

확신에 차서 무모해진 로는 회사를 밀고 나갔으며, 후한 값을 치르고 정부로부터 담배 독점권을 사들여서 주주들을 기쁘게 했다. 그는 9년 동안의 화폐 주조권도 매입했다. 그다음 소금광산과 농장 징세권을 사들였고, 동인도회사East India Co.와 세네갈 노예 교역회사도 사들였다. 1719년, 그는 프랑스의 전체 교역을 사실상 독점했고, 주가는 하늘로 치솟았다. 분위기를 계속 띄우려는 목적으로, 그는 각각의 회사에 대한 지배 지분을 높인다는 취지로 자본금을 증액했다. 주당 500 리브르의 가격으로 100만 주 넘게 신주를 발행했고, 다음 해의 배당을 6%

로 발표했다. 풍부한 정부 지폐를 흡수하기 위해서, 열광적인 군중은 주당 5000리브르어치의 정금을 납입하기도 했다[그가 정금(금속화폐)으로는 주식 대금을 받지 않자, 열광적인 군중은 정금으로 10배에 이르는 5000리브르를 납입하기도 했다].

그동안 미시시피 개발을 위한 노력은 거의 없었고, 그곳에 가려는 사람은 더 적었다. 그래서 프랑스 교도소에서 끌어내 강제로 짝지은 약 400쌍의 창녀, 거지, 방랑자들이 로의 장난감인 미시시피로 보내졌다. 같은 시기에 그의 가족은 국왕처럼 대우받았다. 고위 관리들이 집으로 기습적으로 찾아왔고, 단지 이름 한 번 올리려고 막대한 뇌물을 바쳤지만, 로는 이런 방문객 중 일부만 만나주었다. 한 여성은 동정까지는 아니더라도 관심이나마 얻을 목적으로, 마부를 시켜서 마차로 벽을 들이받기도 했다. 파리의 여성들은 미시시피 주식을 손에 넣을 수 있다면 무슨 짓이든 하려고 했다. 그리고 로는 이 사실을 자주 이용했다. 그것은 완전한 소동이자 타락이었다. 엄청난 거래와 도박이 일어났고, 어디에나 돈을 낭비했다. 가정용품조차 금과 은으로 만들었다.

투기 거품이 확대되면서 회사 주가가 원래 가치의 40배에 열광적으로 거래되자, (정금이 빠져나가는 모습을 확인한) 로는 금에 대한 프리미엄과 화폐에 대한 평가절하를 선언했다. 그러나 정부는 그에게 은행과 회사를 합병하라고 강요했는데, 실제로 은행의 자본금은 간신히 지폐를 감당할 수준이었다. 그래서 그는 누구에게나 500리브르 이상의 정금 소유를 금지했고 은행 대출을 회수하려고 시도했지만, 은행은 1720년 8월 파산하고 말았다. 그가 주가를 낮추려 하자 공황이 일어났고, (한때 그를 숭배했던) 난폭해진 군중이 은행 문 앞에 몰려들다가 15명이 사망했다. 여전히 자신만만했던 그는 "당신들은 모두 돼지야!"라고 반박하고, 다시 부름받기를 희망하면서 지방 사유지로 도망갔다. 그러나 부름은 없었다. 그는 재산을 몰수당하고, 병사 세 명에게 호위받으며 프랑스에서 추방당했다(아내는 억류되어 있었다).

베니스의 싸구려 주택에 은둔하여 도박에 의지해서 푼돈을 벌던 로는(이제 거액의 판돈은 없었다), 프랑스 시스템을 그리워하며 「로의 사건이 미친 영향과 영국의 사우스 시 사건이 미친 영향에 대한 비교Comparison of the Effect of Mr. Law's Scheme With That of England Upon the South Sea Company」라는 논문을 저술했다. 사우스 시 사건은 미시시피 사기 사건의 영국판이다.

땔감이 부족해서 집안이 얼어붙자, 로는 얄팍한 슬리퍼를 신고 동네 도박장으로 걸어가서 돈과 함께 감기를 얻어왔는데, 이것이 폐렴으로 진행되었다. 그는 일주일 후 1729년에 죽었지만, 잊히지는 않았다. 그는 죽는 순간까지 그의 시스템의 '비밀'을 밝히려는 사람들에게 추적당했다.

이 책에 등장하는 독특한 인물들 가운데, 흥미를 돋우는 영화 주인공감으로 로만 한 사람이 없을 것이다. 로는 사업에 따른 위험 감수와 개인의 생활방식을 도무지 구분하지 못했기 때문에 화려하고 과장된 삶을 살았고, 그래서 그의 급진적인 노력이 평범한 사람보다 더 효과를 거둘 수 있었다. 그의 성품이 더 전통적이거나 보수적이었다면, 결국 그의 파멸의 원인이 된 과열과 붕괴의 순환을 피할 수 있었을 것이다. 그런데 그가 더 전통적이어서 극단적인 삶을 살지 않았다면, 십중팔구 금융에 그런 궁극적인 (정말이지 경이적인) 영향을 미치지 못했을 것이다. 현대 연방준비제도 이사회 의장은 절대 인정하기 싫겠지만, 로는 전 세계 중앙은행제도의 아버지다. 지독한 바람둥이에다가 극단으로 치달았던 그의 생활방식이 씨앗이 되어, 지극히 보수적이고 전통적인 오늘날의 중앙은행제도가 발전하게 되었다.

알렉산더 해밀턴

Alexander Hamilton

미국 금융시장의 대부

◆

모든 중앙은행장은 총 맞아 죽어야 한다고 생각하는 사람도 있는데, 알렉산더 해밀턴Alexander Hamilton이 실제로 총에 맞아 죽었다. 그는 1804년 대결에서 아론 버Aaron Burr에게 완전히 죽임을 당했다. 그는 대단히 정치적이었다. 금융시장에 미친 영향은 정신적인 면에서 엄청났다. 그런데 그의 인생은 대단히 역설적이었다. 현재 미국 중앙은행인 연방준비제도의 정신적 대부가, 수십 년 전에 추문 많은 난봉꾼이자 건달 같은 유럽인 중앙은행장 존 로가 뿌려놓은 생각에서 직접 아이디어를 얻었다고 상상해보라. 무엇이 아이러니인가? 해밀턴 본인도 사생아였다.

그러나 버의 총에 맞아 싸늘한 시체로 땅에 묻히기 전에, 해밀턴은 미국 경제, 금융시장, 심지어 미국 산업혁명에 대한 기반까지 마련했다. 그가 없었다면, 19세기에 경제적으로 성취된 모든 일이 불가능했을 것이다. 로의 유산에 의지해서, 그는 거의 단독으로 유난히 말도 많았던 연방준비제도의 전신 미합중국은행BUS, Bank of the United States을 창설했고, 국가의 신용을 확립했으며, 엄격한 조세 정책을 옹호했다. 미국 경제의 대부이자 미국 초대 재무장관으로 알려진 그는 미국의 장래 모습을 내다보고 자본주의를 육성한 선각자였다. 미국에서 산업혁명이 일어나기 수십 년 전에, 농업 국가 미국이 발전하여 산업 국가가 되는 모습을 내다보았던 것이다.

해밀턴의 가장 뛰어난 업적인 미합중국은행 설립은, 대중의 신용도를 끌어올리자는 그의 1789년 제안에서 비롯되었다. 독립전쟁을 치른 뒤, 미국의 부채는 7900만 달러였다. 미국의 신용은 '총 맞은' 상태였다. 그래서 야심가 해밀턴은 재무부 수장으로서 재무 정책에 전권을 휘둘렀다. 채권을 신용의 기초로 사용하면서, 그는 해외 부채, 국가 부채, 지방 부채 등 전쟁 부채 전액을 갚아야 한다고 했다. 해외 차입, 관세 부과, 전시 대륙 달러 상환, 중앙은행을 통한 단일 통화 유통이 그가 제시한 해법이었다. 그의 계획은 공공 부채가 경제에 혜택을 줄 것이며, 따라서 국민에게도 혜택을 준다는 생각에 바탕을 두었다. 이것은 바로 로가 유럽에서 펼쳤던 생각이었다.

그러나 사람들은 중앙은행이라는 개념에 대해서 논란을 벌였다. 잉글랜드 중앙은행이 조장한 사우스 시 사건과 미시시피 사기 사건(040. 존 로 참조) 때문에 이 개념이 유럽에서 심하게 비판받았다는 점을 고려하면, 그다지 놀랄 일이 아니다. 진보주의자들은 정부 인가은행이 위헌이라고 비난했다(당시에는 우리가 지금 보수주의자라고 부르는 사람들을 진보주의자라고 불렀고, 지금 진보주의자라고 부르는 사람들은 '연방주의자'였다. 해밀턴은 연방주의자였고, 제퍼슨은 진보주의자였다). 그러나 해밀턴은 군대 친구였던 워싱턴 대통령에게 미합중국은행이 미국의 신생 정부에서 핵심 역할을 담당해야 한다고 설득했다.

해밀턴은 주장했다. "이 일반 원칙은 정부의 정의 자체에 들어 있는 것이며, 미국이 진보해나가는 모든 단계에 필수적입니다." 그는 이 은행의 역할로 정부에 대한 대출, 정부 자금의 예치, 탄력 있고 통일된 화폐의 유통, 납세에 대한 지원, 상업 대출을 통한 교역 및 노동 촉진 등을 머릿속에 그렸다. 그는 미합중국은행이 비록 정부의 견고한 지원을 받지만, 민간인이 운영해야 한다고 요구했다. 1791년, 이 은행은 그가 희망했던 대로 운영되었다. 20년 동안 인가받았고, 자본금이 1000만 달러였다. 이 가운데 200만 달러는 해외 차입을 통해서 정부가 출자했다. 나머지 800만 달러에 해당하는 미합중국은행 주식은 시민들에게 판매되었는데, 신청자가 넘쳐서 단 한 시간 만에 모두 팔려나갔다.

미합중국은행 매각 이전에는 미국에 투기라는 것이 존재하지 않았다. 토지나 벤처기업은 장차 사회 공익에 도움이 되므로 투자하기에 적합하다고들 생각했다. 그러나 더 비싼 가격에 되팔려고 탐욕스럽게 종잇조각을 사는 행동은, 토머스 제퍼슨Thomas Jefferson처럼 정직한 사람들에게는 욕심 사납고, 비생산적이며, 기독교도답지 않은 모습으로 비쳤다. 그러나 해밀턴이 미국의 신용을 확립할 목적으로 대폭 평가 절하된 대륙 달러Continental dollar(초기 미국의 통화)로 상환하겠다고 약속하자, 한바탕 투기가 일어났다. 영리하고 소식에 정통한 사람들은 그의 의도를 모르는 순진한 사람들로부터 대륙 달러를 헐값에 마구 사들였다(당시에는 뉴스가 빠르게 전달되지 않았다). 이들은 대륙 달러를 정부와 교환해서 커다란 이익을 남겼다. 대륙 달러와 미합중국은행 주식은 둘 다 미국의 첫 금융 투기자들에게 투기의 길을 열어주었다(해밀턴 밑의 재무차관 윌리엄 듀어William Duer를 포함한 투기자들은 내부 정보를 이용해서 근사한 이익을 챙겼다). 이전에 유럽에서 사업을 해본 사람이 없는 상태였으므로, 재무부 채권과 공동자본 회사들은 미국 금융시장에서 근원적으로 처음 증권을 발행하게 되었다. 먼저 채권시장이 형성되었고, 이어서 주식시장이 형성되었는데, 둘 다 미국 산업혁명에 필요한 요소였다.

미국의 산업혁명이 영국보다 50년 뒤진 점에 주목하라. 그 이유를 생각해본 적이 있는가? 주된 이유는 영국에서 산업혁명이 시작되었을 때 미국에는 엄청난 규모의 산업화에 자금을 댈 만한 금융시장이 없었기 때문이다. 해밀턴의 조치는 금융시장 발전의 씨앗이 되었다. 그는 영국에서 무엇이 진행되는지 알았고, 미국에서도 당연히 똑같이 진행될 수 있다고 생각했다.

미국 경제발전 계획을 주도하면서, 해밀턴은 스페인 달러 같은 해외 화폐를 제거할 목적으로 적정 규모의 조폐소를 설립했다. 1센트와 반 센트 동전을 만들면 가난한 사람들도 소액으로 물건을 살 수 있을 터였다. 미합중국은행과 조폐소 운영으로, 그는 미국을 하루살이 살림과 순수 농업 사회의 속박으로부터 해방하기 시작했다. 확실히 시대를 앞서갔던 그는 산업화의 필요성을 열정적으로 설명하면서, 산업화가 경제와 국민에게 혜택을 가져다준다고 설득했다. 농업과 공장을 결합하면 해외 수입이 감소하고 (여성과 어린이를 포함한) 이민자들을 끌어들여 노동자들을 더 고용할 수 있으므로, 독립 국가를 세울 수 있다고 주장했다. 이런 면에서 그는 여권신장 운동의 정신적 아버지였는지도 모른다. 나중에 미성년자 노동 착취로 이어지는 시스템을 조장했다고 그를 비난하는 시각도 있지만, 그에게 그런 의도가 있었던 것으로는 보이지 않는다.

1755년 영국령 서인도제도에 속한 반경 8킬로미터의 섬에서 서자로 태어난 해밀턴은 어머니가 레이첼 포셋 라비앙Rachel Faucette Lavien이었다. 상인이었던 해밀턴의 아버지 제임스 해밀턴James Hamilton은 어머니와 15년 동거하다가 어느 날 홀쩍 떠났다(미국 정치가 존 애덤스John Adams는 그를 "스코틀랜드 행상의 사생아 새끼"라고 자주 불렀다). 어린 해밀턴은 13세에 세인트 크로이St. Croix의 설탕 수출회사에서 일을 시작했다. 4년 후, 상사가 일하는 그의 모습에 감명을 받아서, 그를 맨해튼의 킹스 칼리지Kings College(지금의 컬럼비아 대학)에 보내주었다. 초기 산업 사회의 미성년자 노동 착취? 모든 미성년자가 해밀턴 마음의 절반만 가져도 미성년자 노동 착취는 불가능할 것이다.

이 자수성가한 강인한 '스승'은 새로운 도시들이 생겨나서 공장과 노동자들을 유치하고, 농부들에게 추가적인 시장이 되어줄 것이며, 따라서 과잉생산 문제를 해결해줄 것이라고 예측했다. 이러한 시스템을 창출하기 위해서, 자본가 해밀턴은 기업가들이 위험을 감수하도록 정부가 뒷받침해주기를 바랐다.

아이러니하게도 이 서자는 정부로 유부녀를 취했고, 그녀의 남편은 나중에 그를 협박했다. 이것이 평생 탁월한 인품을 유지해온 해밀턴의 유일한 오점이었다. 버와의 목숨 건 결투는 기존의 많은 역사서와 백과사전에 자세한 이야기가 실려 있으므로 여기서는 생략한다.

이 사람의 인생이 주는 교훈은 간단하다. 금융시장을 만들려면 투기를 허용하는 환경이 필요하다. 그리고 우리가 살고 있는 산업 세계를 만들려면 금융시장이 필요하다. 교훈이 하나 더 있다. 건강하게 오래 살고 싶으면 중앙은행장이 되지 말라.

니콜라스 비들

Nicholas Biddle

교양인이 정상배를 이길 수가 없었다

◆

　우리는 중앙은행장들에 대해서 이렇게 말할 수 있겠다. "그들은 모두 불량배로부터 세련되고 차분한 정치가로 발전하였다." 최초의 중앙은행장 존 로는 막살이었다. 그다음에 등장한 알렉산더 해밀턴은 사생아였다. 니콜라스 비들Nicholas Biddle은 월스트리트의 발전에 세 번째로 중요한 중앙은행장이었지만, 엄격한 모습으로 등장했다. 그는 교육을 잘받고 자랐고, 말을 잘했으며, 현명했고, 미남이었으며, 애국자였다. 적절한 배경과 학자적 스타일을 지닌 그는 대중적 이미지가 초라한 중앙은행을 놀라울 정도로 잘 지켜냈다. 그가 오늘날의 연방준비제도와 비슷한 영구적인 중앙은행을 거의 만들어낼 뻔했으나, 미국은 100년이 지나서야 이 개념을 받아들여 영구적으로 제도화하였다.

　비들의 투쟁은 그가 1823년 33세의 나이에 미합중국제이은행의 제

3대 행장이 되면서 시작되었다. 1786년 유명한 필라델피아 가문에서 태어난 비들은 13세에 아이비리그 대학을 졸업하였다. 또한 상속녀와 결혼하였고, 법학을 공부하였으며, 해외에서 외교관으로 근무하였고, 『루이스와 클라크의 탐험일지Lewis and Clark expedition journals』를 편집하였고, 주 상원의원을 지냈고, 미합중국제이은행 이사로 재직한 뒤 은행장이 되었다. 그러나 이렇게 화려한 경력도 그가 맞이할 전쟁의 대비책이 되지는 못했다.

당시 필라델피아에 기반을 둔 미합중국제이은행은 대중에게 주는 이미지가 사실상 전무했다. 첫 번째 행장은 정치적인 목적으로 권력을 악용했다. 두 번째 행장은 피해를 줄이려고 너무 많은 대출을 조기에 회수하는 과정에서 여러 지점을 문 닫게 했다. 정말이지 고객들에게 우호적인 은행이 아니었다.

비들은 은행을 정비하여 재무부, 상업은행들과 금융업계에 봉사하였고, 오늘날 연방준비제도가 담당하는 역할 대부분을 수행하였다. 그는 대출 신청에 대해 까다롭게 심사했고 때로는 친구들의 대출 신청조차 거절했지만, 그가 은행장에 선출된 지 6개월이 지나지 않아 기업대출이 200만 달러가 넘게 증가하였다. 그는 은행 업무에 관한 한 높은 기준을 유지했다. 본인 자신이 은행으로부터 돈을 빌리지 않았으며, 어떤 기관에 대해서도 할인어음에 배서하지 않는 것을 불변의 규칙으로 만들었다. 그는 독창적인 은행장이었지만, 일상 업무에 대해서는 무서우리만치 보수적이었다.

제이은행은 무엇보다도 국가의 지폐를 발행하고 규제함으로써 나라 경제를 지탱했다. 비들은 통화 공급을 조절함으로써 국내 이자율과 환율을 규제할 수 있었고, 주 은행들의 화폐 발행을 지도할 수 있었으므로, 정부는 만족스러워했다. 이런 개념이 없으면, 오늘 우리가 알고 있는 월스트리트는 엄청난 과열과 붕괴의 악순환을 결코 벗어날 수가 없다. 이제 화폐가 미국 전역에서 제대로 가치를 발휘했으므로, 사람들은 제이은행을 좋아하게 되었다. 비들과 제이은행은 신용 공급을 통해 미국이 1825년 신용경색에서 벗어나자 몇 년 동안 인기를 누리기도 했다. 그러나 그들의 투쟁이 고비를 넘긴 것처럼 보였던 바로 그 시점에, 앤드루 잭슨Andrew Jackson이 대통령 선거에 나서면서 정치가 그 추한 얼굴을 내밀었다.

잭슨은 모든 은행을 증오하고 불신했으며, 특히 비들과 그의 지폐에 대해서 더 그랬다. 그래서 당연히 그는 은행이 번창하는 모습을 앉아서 지켜볼 수만은 없었다. 그래서 잭슨은 이 은행이 위헌일 뿐만 아니라, 공공 자금을 이용해서 소수의 부자만 살찌우는 무책임한 독점이라고 강하게 규탄하기 시작했다. 1830년대가 되자, 그는 이 은행에 대해 전면전을 벌였고, 비들은 속이 탔다. 그는 잭슨에게 표를 준 사람이었다.

비들은 아마도 지나치게 합리적인 사람이었고, 워싱턴 정치판도 마찬가지로 합리적일 거라고 가정한 탓에, 자신이 이 전쟁에서 쉽게 이길 수 있다고 생각했다. 그는 은행의 인가 만료 4년 전에 재인가를 신청했다. 이것이 첫 번째 실수였다. 정부 관료 대부분이 그를 지지했지만, 잭슨은 거부권을 갖고 있었고, 실제로 거부권을 행사했다. 그러나 비들은 굴복하지 않았다. 대신 그는 은행으로 자금을 끌어오기 시작했다. 이에 대응해서 잭슨은 이 은행에 맡기던 정부 예금을 중단했다. 그러자 비들은 더 많은 자금을 끌어왔고, 잭슨은 정부의 모든 예금을 인출했다. 이 것이 두 번째 실수였다. 비들은 대통령에게 맞섰던 것이다. 그는 자신이 중앙은행을 위해서 그렇게 해야 한다고 생각했으나, 그의 노력은 실패로 돌아갔고 미국은 '비들 공황Biddle's Panic'으로 알려진 신용경색을 맞이했다.

신념과 고객들의 예금만으로는 은행이 계속 이어지는 흑색선전을 당해낼 수가 없다. 게다가 아무리 대통령이 명백하게 틀렸다고 해도, 대통령과 싸우는 것처럼 흑색선전을 많이 불러오는 일도 없다. 은행에 대한 신뢰가 약화하고 연방 정부의 인가까지 잃게 되자, 1년도 지나지 않아 예금이 (27%인) 1700만 달러나 감소했다. 이 과정에서 기축 통화가 붕괴하면서 금리가 상승하였고, 기업들이 파산하였으며, 임금이 떨어졌고, 실업률이 증가했다. 이 모든 상황에서 사람들은 쓴맛을 보았으며, 아마도 잭슨이 옳았고 중앙은행이 지나치게 강했던 것 같다는 인상을 받았다. 물론 은행이 사라지지는 않았다. 이 은행은 이제 '일반' 대형 주립은행이었다. 비들은 꽉 '조임'을 당했던 은행에 숨통을 텄고, 다음 해에는 정부 예금이 없는 상황에서도 대출이 이전 수준을 회복했다.

그러나 아무리 훌륭한 중앙은행제도라도 적어도 한 번쯤은 꼬이기 마련이다. 비들은 1836년 주 정부로부터 '미합중국 펜실베이니아 은행 United States Bank of Pennsylvania'으로 인가받아서 은행을 계속 이어갔다. 이때 잭슨의 정책과 정화 지급 중단 조치 때문에 1837년 공황이 일어났다. 비들은 자신의 신무기 펜실베이니아 은행을 잘 활용해서, 거의 독자적으로 미국에서 (한동안) 공황을 쓸어냈다. 시장 가격을 회복시키려는 목적으로, 그는 은행 자원을 사용해서 지급 및 회수 수단을 제공했다. 당시 면화 가격이 미국의 해외 신용도에 결정적이었으므로, 그는 협조융자단을 구성해서 면화를 매점했다. 그의 계획은 효과를 보았고, 면화 협조융자단은 80만 달러나 되는 이익을 얻었다. 비들은 뿌듯한 기분이었고, 공황의 진행 상황에 따라 지금까지 자신이 취한 조치가 적절했다고 생각했으며, 이제 안전하다고 믿고 53세에 은행에서 물러났다. 그러나 이후의 두 번째 매점이 실패해서 은행이 90만 달러의 손실을 보았는데, 이 때문에 결국 은행이 폐쇄되고 말았다.

우리는 1837년의 공황이 아마도 미국 역사상 가장 크고 긴 경기후퇴로 이어졌다는 사실에 주목할 필요가 있다. 근본적으로 경제는 (아이러니하게도 비들이 죽은 해인) 1844년까지 계속 하강했다. 7년 동안의 하강은 미국 역사상 두 번째로 긴 침체로서, 기간 면에서 1870~1880년대의 초의 경기 침체에만 뒤질 뿐이다. 이 침체가 강도 면에서 얼마나 심각했는지는 말하기 어렵다. 당시에는 기록이 부실했을뿐더러, 예컨대 원시 경제와 산업혁명 후의 정교한 경제를 놓고 경기 침체의 차이를 계량화해서 비교하는 일은 사실상 불가능하기 때문이다. 그러나 이 침체는 분명히 거대했으며, 대중의 마음속에 중앙은행에 대해서 몹시 나쁜 인상을 심어주었다.

중앙은행의 실패는 비들과 중앙은행제도에 악영향을 미쳤다. 누군가 책임을 져야 했고, 비들이 집중적으로 공격받았다. 그는 불명예를 안고 죽었다. 그러나 금전적으로는 유복했는데, 이 때문에 대중으로부터 더욱 미움을 샀다. 그와 두 번째 중앙은행에 관련된 모든 쓰라린 경험 때문에, 중앙은행제도는 거의 100년 동안 다시 도입되지 못했다. 일어나지도 않은 일에 대해서 그 심각성을 말할 수는 없겠지만, 평가자로서의 내 생각으로는 그 100년 동안 중앙은행이 없었기 때문에 월스트리트와 미국은 비들의 공황보다도 훨씬 값비싼 대가를 치렀을 것이다.

제임스 스틸먼

James Stillman

심령술사가 미국 최대 은행을 이끌다

◆

만일 제임스 스틸먼_{James Stillman}이 기자들의 인터뷰에 응했다면, 기자들은 그에 대해서 신나게 떠들어댔을 것이다. 그러나 그는 대형은행을 이끌고 있다는 책임감 때문에 자중했다. '스스로 심령술사라고 주장하는 은행장'이라는 신문 머리기사가 등장할 뻔했는데, 유감스러운 일이다. 그는 자신이 짙은 갈색 눈으로 어떤 사람을 바라보면 그 사람의 마음을 읽을 수 있고, 육감을 통해서 거짓말도 가려낼 수 있다고 주장했다. 아마도 그의 '육감'은 단지 날카로운 관찰력과 경청 능력이었겠지만, 그는 전지의 은행업의 신이라는 평판을 얻었다. 보잘것없던 은행을 모건 가문과 자웅을 겨루는 막강한 은행으로 변모시킨 그의 장중한 모습에 사람들은 전율을 느꼈다.

스틸먼은 특이한 개성을 지닌 사람이었지만, 맨해튼의 내셔널 씨티 뱅크National City Bank 운영에 대해서는 지극히 보수적이었다. 은행에는 예금자와 대출자라는 두 종류의 고객이 있다. 그는 대출자를 위한 은행가라기보다는 예금자를 위한 은행가였다. 큼직한 사각형 에메랄드 반지를 오른손에 끼고 나무랄 데 없이 차려입은 그는 1891년 41세의 나이에 은행장에 오르자, 보수적 대출 관행이라는 안전한 길을 계속 따라갔다. 그리고 그해에 잉여 보유현금을 늘렸고, 은행의 신용도도 높였다. 이렇게 하면 상인들이 더 안심하고 그의 은행에 예금하리라 판단했다. 그의 판단은 적중했고, 상인들이 떼로 몰려왔다.

이 전략은 스틸먼의 완고한 자존심에서 나왔다. 처음 은행업에 발을 들여놓았을 때, 스틸먼은 모든 세일즈맨이 해야 하는 일 한 가지를 도무지 할 수가 없었다. 그것은 부탁하는 일이었다. "주문해달라"라고 부탁하는 일은 판매의 기본이다. 그러나 그는 부탁이 천박하다고 생각했다. 스틸먼의 은행에서 부행장을 지낸 프랭크 밴더립은 이렇게 말했다. "은행에 좋은 고객을 유치할 수만 있다면, 스틸먼은 목숨이라도 걸었을 것입니다. 그러나 그는 절대 부탁하려 하지 않았습니다. 계좌를 부탁하면 품위가 떨어진다고 생각했습니다."

1893년 공황 기간에 수백만 달러를 대출해서 한몫 잡고 나서 2년이 지나기 전에, 스틸먼의 고결성이 결실을 보아 예금이 거의 두 배로 늘었다. 내셔널 씨티 뱅크는 미국에서 예금보유고가 가장 많은 뉴욕 최대의 상업은행이 되었다. 토머스 로슨은 시기한 나머지 이것을 "스틸먼의 자금 덫"이라고 불렀다. 물론 이 은행이 모건 가문과 같은 막강한 인수기관은 아니었다.

정말 차가운 사람이었던 스틸먼에게 모건의 경쟁자들은 '명랑한 짐

Sunny Jim'이라는 별명을 붙여주었다. 코밑수염을 기른 이 엄격한 은행가는 은행에 너무도 헌신적이었기 때문에, 아내를 포함해서 주의를 분산시키는 모든 대상을 없애버렸다. 그에게는 아내가 필요 없었다. 여자는 단지 방해물일 뿐이었다. 스틸먼은 늘 말했다. "여자에게는 절대로 의견을 구하지 마라. 그냥 지시해라." 그래서 23년 동안 결혼생활을 하며 다섯 자녀를 낳은 뒤, 떠들썩한 이혼소송을 피하려고 아내를 배에 태워 유럽으로 보내고서도 양심의 가책을 느끼지 않았다(전직 하인은 매력적인 보모 때문이라고 말했다). 이유야 어쨌든 주위에서 아내가 사라진 사실을 알게 되자, 그는 아내의 약물 중독과 정신병 때문이라는 소문을 퍼뜨렸다. 그는 아내가 아이들을 만나는 것을 금지했고, 아이들에게는 엄마를 언급하는 일조차 금지했다(아이들이 어릴 때에는 그가 그들에게 말을 하는 것조차 드문 일이었다).

그런 가혹한 행동을 보면, 스틸먼이 대니얼 드루나 코넬리우스 밴더빌트 같은 악덕 자본가처럼 무자비하게 이익을 취하고 사람과 재산을 이용했다고 생각하기 쉽다. 사생활에 대해서는 맞는 생각이지만, 사업에 대해서는 그렇지 않았다. 그가 혹심한 악평을 피할 수 있었던 것은 상업은행을 이끌면서 세련된 품성을 보여주었기 때문이다. 그는 깔끔하고 침착하며 조용한 은행가였고 근무 시간에는 자신의 감정과 기벽을 숨겼기 때문에, 그에게 관심을 기울인 사람이 거의 없었다. 그가 거물을 만나고 대형 거래를 취급하기 전까지는 말이다.

스틸먼이 참여한 첫 번째 대형 거래는, 1897년 모건의 라이벌인 쿤 로브와 에드워드 해리먼 편에 서서 유니언 퍼시픽 철도Union Pacific Railroad를 지원하는 일이었다. 내셔널 씨티 뱅크가 미국에서 가장 많은 현금을 보유하고 있었으므로, 모건 가문 외에는 소요 자금 4500만 달러를 조달할 수 있는 유일한 은행이었다. 이 일에 대해서 모건은 오랫동안 모욕감을 느꼈다. 그러나 2년 뒤 1907년에 각자의 철도 관련 이해관계가 맞아떨어지자 둘은 관계를 개선했다(082. 제임스 힐 참조).

놀랍게도, 그렇게 치열한 경쟁을 벌이면서도, 스틸먼은 사업상 적대 관계를 오랫동안 유지해본 적이 한 번도 없었다. 그에게는 이에 대해서 두 가지 규칙이 있었다.

1. 적이 있어도 좋을 만큼 여유 있는 사람은 없다. 적을 반드시 회유해야 한다.
2. 경쟁이 아무리 치열해지더라도 라이벌 인물이나 기관의 존엄성에 절대 상처를 입혀서는 절대 안 된다.

그러나 스틸먼은 사업을 위해서라면 기꺼이 가족을 희생시켰다. 예를 들면, 사업 영역을 투자 은행업으로 확장하여 록펠러 가문의 주식을 인수했을 때 그는 관계를 돈독하게 할 목적으로 자신의 두 딸을 록펠러 가문으로 시집보냈다. 결국 여자들은 그에게 별 가치가 없었으므로 인생이라는 장기판에서 더 멀리 나가기 위해서 손쉽게 희생시킬 수 있었다. 그는 록펠러와 해리먼을 위해서 팔리지 않는 주식들을 헐값에 사들인 다음, 록펠러의 세력에 가담해서 주식을 조작하여 가격을 띄운 뒤 대중에게 다시 팔았다. 이런 모든 행위가 당시에는 통상적인 일이었다. 아이러니하게도 그는 자신의 계좌로는 주식을 절대 사지 않았다. 매우 보수적인 은행가답게 그는 직원들이 믿음직하고, 장래 전망이 밝으며,

이익 잠재력이 있는 회사의 채권만을 보유했다.

뉴잉글랜드 면화 상인의 아들로 태어난 스틸먼은 대학을 건너뛰고 아버지 회사에서 16세부터 일을 시작했다. 나중에 그는 회사를 물려받아 수백만 달러를 벌어서, 로드아일랜드 주 뉴포트Newport에 저택과 요트를 샀다(이런 것들은 당시 월스트리트에서 성공한 젊은이들의 필수품이었다). 더 중요한 사실은 이렇게 번 재산과 공손하고 조용한 태도와 경청하는 능력 덕분에 시카고-밀워키-세인트폴 철도 이사회에 자리를 얻게 되었다는 점이다. 바로 이곳에서 동료 이사로서 윌리엄 록펠러를 처음 만나게 되었고, 그는 스틸먼의 성공 가도에 확실한 열쇠가 되어주었다.

철도사업에 손을 댄 다음, 스틸먼은 록펠러가 대주주로 있는 내셔널 씨티 뱅크의 임원 자리로 뛰어올랐다. 그는 곧 은행장이 되었다. 1894년 미국 재무부로부터 갑자기 5000만 달러를 요청받은 모건이 함께 거래를 성사시키자고 도움을 청했을 때, 그는 자신이 정상에 올랐음을 깨달았다. 거물로부터 도움을 요청받게 되면, 자신도 거물이 되는 법이다.

아이러니하게도 스틸먼의 인생에서 또 다른 획기적인 사건은 다시 모건을 돕는 일이었다. 이번에는 1907년 공황으로부터 월스트리트를 구제하는 일이었다. 스틸먼은 모건에게 가려 빛을 보지는 못했지만, 강한 은행들이 약한 은행들을 지원해야 한다고 주장하면서 구제활동에 상당한 영향력을 행사하였다. 2년 뒤 41개 회사의 이사를 겸했던 그는 내셔널 씨티 뱅크의 은행장 자리에서 물러났고 남은 인생은 프랑스에서 보냈다. 그는 내셔널 씨티 뱅크의 자산이 처음으로 10억 달러에 도달하던 1918년 심장병으로 죽었다. 그의 인생에서 그가 가족과 가까이

지냈을 가능성을 보여주는 유일한 상징적 사건이 있는데, 내셔널 씨티 뱅크의 자산이 10억 달러를 돌파하도록 은행을 이끌어간 인물이 바로 그의 아들 제임스 A. 스틸먼_{James A. Stillman}이었다는 사실이다.

스틸먼은 은행 재직 기간에 기발한 모습을 보인 인물이었다. 예를 들면, 은행 업무의 비밀을 유지하는 일이 매우 중요하다고 생각했기 때문에 문서를 암호화해서 보호했는데, 암호 푸는 열쇠를 부행장 프랭크 밴더립과 본인만 보유할 수 있었다. 여행 중에도 암호 열쇠가 들어 있는 손가방을 절대로 내려놓는 법이 없었다.

그러나 스틸먼은 집에서는 정말 별난 사람이었다. 하루에 세 번 면도했고, 옷을 입는 데 한 시간이 걸렸다. 그는 자신의 작은 발을 자랑했는데, 자기 발이 세련됐다고 생각했다. 식사 때는 음식마다 조금씩 먹어보면서 백분위 수로 순위를 매겼는데, 등급이 너무 낮으면 벌컥 화를 냈다. 아침 식사 때는 자신의 기준에 맞는 달걀 네 개를 찾을 때까지 달걀 수십 개를 돌려보내기도 했다.

스틸먼이 자신이 심령술사여서 독심술(讀心術)을 쓴다고 주장한 것에 대해서 말하자면, 분명하게 드러나는 인상을 파악하는 데 꼭 세계 최고의 통찰력이 필요한 것은 아니다. 직관력만 있으면 되기 때문이다. 독심술은 이상한 대출자들을 겁먹게 하려고 만들어낸 선전이었던 것으로 보인다. 그렇게 성공한 보수적 은행가가 실제로 머릿속에서 목소리를 들었을 것 같지는 않다. 그랬다면 그는 미쳤을 것이고, 근무 시간 중에도 미친 모습을 보였을 것이다. 내 짐작으로는 셜록 홈스_{Sherlock Holmes}처럼 되고 싶었던 그가 단지 방문객을 잘 관찰해서 예리한 결론을 내린 것 같다. 예를 들면, 그는 올백 머리를 한 남자를 보면 허영심이 강하고 교활하다고 주장하곤 했다. 십중팔구 그의 말이 맞겠지만 그렇다고 그가 심령술사라는 뜻은 아니다. 헤어스타일, 몸짓, 교활한 눈빛 등을 찬찬히 관찰하지 않는 은행가들은 쉽사리 부실대출의 표적이 된다. 스틸먼은 그런 사람이 아니었다.

프랭크 밴더립

Frank A. Vanderlip

모든 월스트리트 사람의 역할 모델

◆

프랭크 밴더립Frank A. Vanderlip은 위대한 은행가를 꿈꾼 적이 전혀 없었다. 1864년 일리노이 주의 오로라Aurora 농장에서 태어난 그는 33세가 될 때까지 기계공장 직원에서 신문사 기자에 이르기까지 온갖 일을 다 해보았다. 금융지 편집자로 일한 뒤, 그는 재무부 차관의 보좌역으로 임명되었다. 그 이후로 그의 금융 천재성이 빛을 뿜기 시작했다. 그의 돋보이는 경력으로는, 재무부 재직 시절의 미국-스페인 전쟁 자금 조달과 1919년까지 맨해튼의 내셔널 씨티 뱅크(오늘날의 씨티코프Citicorp)를 미국 최대의 상업은행으로 발전시킨 일이다. 그는 혁신적이고 창의적이었는데, 가장 중요한 점은 당시로서는 혁명적이었던 자신의 이론을 매우 대담하게 실천에 옮겼다는 사실이다.

자신의 아이디어를 펼칠 수 있는 위치에 오르기 위해서 밴더립에게는 일에 대한 야심과 강한 헌신이 필요했다. 미국-스페인 전쟁 채권 2억 달러를 발행하면서 재무부에서 약 4년 근무한 뒤, 그는 내셔널 씨티 뱅크의 행장 제임스 스틸먼의 눈에 띄었다. 스틸먼이 그에게서 자신과 같은 강하고 헌신적인 일꾼의 모습을 발견했던 것이다. 《새터데이 이브닝 포스트》에 실린 「농촌 소년에서 자본가로: 나의 월스트리트 초년기From Farm Boy to Financier: My Start in Wall Street」라는 제목의 전기적 성격의 기고문에서 밴더립은 시인했다. "나는 놀지 않았습니다. 어떻게 노는지 배운 적도 없습니다. 해외로 나가곤 했지만, 항상 세계 경제의 흐름을 파악하려는 급박한 목적 때문이었습니다."

밴더립의 적극성은 결실을 보았다. 1901년 (가운데에서 갈라진 코밑수염에다 안경을 썼고, 고귀한 용모를 지닌) 전형적인 은행가의 모습을 한 그는, 스틸먼의 보호를 받으며 은행의 최연소 부행장이 되었다. 이제 밴더립이 빛을 발휘할 기회가 왔다. 내셔널 씨티 뱅크는 당시 스틸먼의 특이한 믿음에 따라 운영되는 소규모 구식은행이었다. 밴더립처럼 새롭고 풍부한 아이디어를 지닌 인물이라면, 이 은행을 세계적 은행으로 키울 수 있을 터였다.

밴더립은 먼저 신규계좌를 유치함으로써 은행을 키워나가기 시작했다. 이 말은 별로 혁명적으로 들리지 않겠지만, 은행의 자산에는 혁명을 불러왔다. 스틸먼은 너무 소심해서 신규계좌를 유치하지 못했고, 은행의 확고한 평판에 의지해서 고객을 끌어들이지 못했다. 반면에 밴더립은 확고한 평판은 과시해야 한다고 생각하면서, 신규계좌를 자랑스럽게 유치했다. 스틸먼은 이것이 정통적인 방법이라고 여기지는 않았지만 절대 놀라지도 않았는데, 밴더립이 실적을 올렸기 때문이다. 첫

해에 밴더립은 신규계좌 365개를 끌어왔다. "1년 동안 매일 한 개씩 유치한 셈이다." 재주 많은 애송이가 의기양양하게 말했다. "내가 은행을 떠나기 전까지, 예금 2000만 달러가 무려 10억 달러로 늘어날 겁니다."

밴더립은 또한 은행 업무를 투자 분야로 확대해서 국채를 취급하기 시작했다. 내셔널 씨티 뱅크는 지금까지는 그런 사업을 거부했었고, 그래서 여기에 수반되는 수수료 수입도 흘려보냈었다. 그래서 그는 일반 채권회사인 내셔널 씨티 컴퍼니National City Company를 설립했고, 이 회사는 무려 은행이 버는 만큼의 수익을 벌어들였다. "이 업무 역시 당시의 대형은행들이 하지 않던 업무였습니다. 개인은행들은 우리가 이런 업무에 뛰어들지 않기를 바랐죠."(결국 1930년대 찰스 미첼과 앨버트 위긴 시대에 이르렀을 때 미국 정부도 똑같은 결론에 도달했다.) 나중에 밴더립은 월간 회보를 발행해서 내셔널 씨티 뱅크의 정부 채권사업을 설명하고 광고했는데, 그전까지 스틸먼은 은행에 대해서 한마디도 한 적이 없었으므로 이 회보는 일종의 내셔널 씨티 뱅크를 대변하는 목소리가 되었다.

뉴욕 주 북부 지역에 아내와 여섯 자녀를 거느리고 살았던 밴더립은 내셔널 씨티 뱅크를 이끌고 해외시장으로 진출하여 오늘날 미국 투자자들이 해외에 투자할 수 있는 길을 닦았다. 그는 해외 무역과 국제금융을 촉진하는 한편, 은행의 해외 지점 개설을 막는 규제를 바꾸려고 로비활동을 벌였다. 그의 노력이 결실을 보아 1913년 연방준비제도법이 제정되었고, 다음 해 내셔널 씨티 뱅크는 미국 은행으로서는 처음으로 아르헨티나의 수도 부에노스아이레스Buenos Aires에 해외 지점을 개설하였다.

밴더립은 스틸먼이 만들어놓은 은행업의 금기 사항들을 거의 모조리 위반했지만, 은행에 크게 기여했고, 스틸먼도 이 사실을 존중했다. 그래서 보수파 은행 직원들이 은행장에게 밴더립에 대해서 불평하면, 은행장은 (속으로는 싱긋이 웃으면서) 단지 "나는 그 젊은이를 도저히 말릴 수가 없다네"라고 말할 뿐이었다. 밴더립이 말했다. "행장님이 그런 말씀을 하실 때는 목소리에 긍지가 깔려 있었습니다. 나는 스스로 판단해서 대체로 은행에 적합하고 도움이 된다고 믿는 일을 했습니다. 행장님이 나를 키워주신 것을 보면, 행장님도 내가 그렇게 하기를 바라셨던 게지요."

밴더립은 1909년부터 은행장으로 재직했고, 1919년 이사회와 싸운 뒤 사임했다. 1937년 《뉴욕 타임스》에 실린 그의 부고 기사에도 같은 내용의 월스트리트 루머가 소개되었다. 이사회가 그의 해외 투자, 특히 막 혁명이 일어난 러시아에 대출을 제공했던 건으로 거액의 손실을 보았다고 비난했다는 것이다. 밴더립이 여건이 무르익지 않은 분야로 너무 빠르게 확장했다고 비난받았다는 루머도 있었다. 그러나 그와 이사회 둘 다 모든 루머를 부인했고, 이들이 합의해서 발표한 사직 이유는 그가 건강 악화로 휴식이 필요했다는 내용이었다.

그러나 밴더립의 사전에 휴식이라는 단어는 없었다. 밴더립은 1937년 죽을 때까지 계속 바쁘게 움직이면서, 외교 정책으로부터 금주령 철폐에 이르기까지 온갖 일에 뛰어들었다. 그는 사임 후 유럽 전역과 일본을 폭넓게 여행했으며, 미국이 고립주의 정책을 버려야 하고 일본과 우호관계를 맺어야 한다고 촉구했다. 나중에, 그는 비리를 조사할 목적으로 시민연방조사국Citizen's Federal Research Bureau을 설립했다. 그는 재계에서 벗어나 8년을 보낸 뒤 특별 파트너가 되어 월스트리트로 돌아왔고, 자동차 주식에 손대서 300만 달러를 벌었다. 그는 프랭크 밴더립 2세Frank A. Vanderip, Jr.를 포함한 두 아들과 함께 부동산에도 손을 대서, 뉴욕 주 북부 슬럼가를 재건축했고 캘리포니아 주 팔로스버디스Palos Verdes를 개발했다. 밴더립은 72세에 장 합병증으로 죽었다.

밴더립은 적극적인 세일즈맨이었고, 기업 창립자였으며, 전 세계적인 선각자였고, 훌륭한 협상가였으며, (연방 차원에서조차) 시민의 의무를 열성적으로 실천했고, 가정적인 사람이었다. 그가 사업 인생에서 벌인 일들이 모두 완벽하게 이루어진 것은 아니지만, 대부분은 아주 훌륭하게 성취되었다. 그는 아마도 조용하지만 극적인 성공을 대표하는 인물이라 할 수 있을 것이다. 이런 성공은 금융 세계라는 곳이 관행을 깨더라도, 그것이 진정으로 보수적이고 돈벌이가 된다면 새로운 관행으로 자리 잡는 곳이기 때문에 가능하다. 금융에 재능을 지닌 모든 사람에게, 그는 화려한 쾌락주의자들 같은 나쁜 역할 모델과 대조되는 좋은 역할 모델이다. 짐 브래디나 오거스터스 하인츠 스타일보다는 밴더립 스타일에 자신의 개인생활과 사업생활을 맞춰가는 사람들이, 처음에 어떤 금전적, 정신적 자산을 갖고 시작하는 경우에도 성공을 거둘 가능성이 높다.

조지 베이커

George F. Baker

PachBros. 1913

돌다리도 두드려본 인물

◆

토끼와 거북이 이야기를 기억하는가? 자신감을 보이면서 무모하게 속도를 낸 토끼는 경주에 앞서갔지만 빈둥대다가 잠이 들었고, 거북이는 토끼가 잠든 사이 느리지만 꾸준하게 기어가서 경주에 승리했다. 이렇게 느리더라도 확실하게 움직여서 보답받는 경우가 가끔 있다. 조지 베이커George F. Baker는 거북이처럼 끈기 있고 참을성 있게 일했다. 베이커는 1877년부터 세상을 떠난 1931년까지 뉴욕 소재 퍼스트 내셔널 뱅크를 주도적으로 이끈 인물이다. 그는 미국 경제를 절대적으로 신뢰했고, 항상 낙관적인 태도를 유지했다. 전쟁과 공황이 만연하던 시대에 늘 준비가 되어 있었고 돌다리도 두들겨 보았기 때문에, 그는 최악의 상황에도 버틸 수 있었다.

양갈비 모양의 구레나룻을 기른 뚱뚱한 베이커는 확실하고 신뢰 가는 태도와 깨끗한 인품 때문에 (때로는 JP 모건의 사업 동료가 되기도 했고) 존경받는 뉴욕의 은행가가 되었다. 그가 죽은 뒤《뉴욕 타임스》조차 그가 "추문의 주인공들이 뻔뻔스럽게 거리를 활보하던 시절에도, 의심할 바 없이 고결한 인품"을 유지했다고 기록했다. 그러니 그가 '구시대적' 은행가로 간주된 것도 놀랄 일이 아니다. 마찬가지로 두드러진 그의 특징이 침묵인데, 아마 그래서 그의 명성보다 재산이 훨씬 굉장했던 것 같다. 한번은 권력을 활용해서 어떤 운동에 지지를 표명해달라는 요청을 받은 적이 있었는데, 그때 그는 "나는 권력을 이용하려 하지 않기 때문에 큰 권력을 가진 것이라오"라고 말하며 거절했다.

1840년 뉴욕 주 트로이Troy에서 신발 상인 출신 주의회 의원의 아들로 태어난 베이커는 16세에 학교를 마친 뒤 은행 경력을 시작하여 뉴욕 주 은행과에서 7년 동안 사무원으로 근무했다. 그의 금융 재능은 뉴욕 자본가 존 톰슨John Thompson을 놀라게 했는데, 톰슨은 1863년에 남북전쟁 자금을 조달하려는 목적으로 은행을 설립할 계획이었다. 이 사업에 참여하라고 권유받은 23세의 베이커는, 전 재산인 예금 3000달러를 투자하여 은행주 30주와 행원의 지위와 이사회 의석을 받았다. 이 은행은 즉시 전쟁자금 조달용 국채를 판매하는 수익성 높은 사업을 벌였고, 이 사업은 은행 신용에 견고한 토대가 되었다. 불과 2년 만에 퍼스트 내셔널 뱅크는 정부채와 회사채 부문에서 미국 최대의 인수기관이 되었다. 그리고 베이커는 은행의 행장 대행이 되었다. 1869년 그는 아내와 수입의 절반만으로 생활하고 나머지는 투자하기로 약속하고 결혼했다. 나중에 그는 세 자녀를 키웠는데, 조지 2세는 아버지의 발자취를 똑같이 따랐다.

베이커가 처음으로 눈부신 업적을 이룬 것은 1873년 일류 은행 제이 쿡 앤드 코Jay Cooke & Co가 파산하면서 은행에 예금인출 소동이 벌어진 때였다. 은행들이 파산하고 공장들이 문을 닫는 상황에서, 월스트리트에 본사를 둔 퍼스트 내셔널 뱅크도 파산의 위기를 맞이했다. 하지만 그는 냉정을 유지했다. 그는 은행들이 보유 현금을 지불하면 공황을 진정시킬 수 있다고 주장하면서, 계속해서 돈을 지급했다. "우리가 지급을 중단한다면, 돈 서랍에 한 푼도 남아 있지 않거나 돈을 구할 수 없어서입니다." 이후로 베이커는 당황하지 않았다. 대신 어떤 대출자도 속이지 않을 것이며, 경기가 좋을 때 꾸준히 이익을 쌓아서 어려운 시절을 매끄럽게 통과하겠다고 맹세했다. 그는 "은행을 튼튼하게 유지하는 것이 값싸고 효과적인 보험이다!"라고 선언했다.

1877년이 되자 베이커는 37세에 퍼스트 내셔널 뱅크의 행장이 되었고, 61세에 이사회 의장이 될 때까지 그 자리를 지켰다. 은행은 그해에 순이익 75만 달러를 올려 60%의 배당을 결정했다. 주주들이 기뻐했으며, 특히 꾸준하게 은행 지분을 늘려온 베이커가 기뻐했다. 염치없을 정도로 이윤 동기를 지지하면서, 그는 장기간 꾸준히 배당을 늘렸으며 은행의 흑자와 자본금도 어김없이 증가시켰다.

그동안 베이커도 대유행을 타던 철도에 투자했다. 협조융자단에 참여해서 노후화된 철도 노선의 경영권을 매입하여, 개선한 다음 팔아서 이익을 남겼다. 그는 리치먼드-댄빌Richmond-Danville 노선(훗날의 서던 레일웨이Southern Railway 시스템)을 회생시켰는데, 1882년 주당 51달러에 매입해서 7년 후 240달러에 매각했다. 물론 매입하기 전에 노선을 엄격하게 조사했으며, 이후에 새 소유주가 파산하면 그의 그룹에서 노선을 다시 매입해서 재편했다. 1896년 철도에 대해 박식해진 그는 저지 센트 럴Jersey Central을 주당 30달러에 사서 모건에게 160달러에 팔았고, 모건 은 이 노선을 레딩Reading 노선으로 바꿨다. 투자할 때마다 계속 성공하 자, 다른 기업 이사회에서 황금 손을 가진 그를 영입하려 했다. 사실 그 는 모건의 US스틸과 경쟁관계에 있는 뉴욕의 여러 은행들을 포함해서 50개가 넘는 이사회에 참석했다(그중 약 절반이 철도회사였다). 그의 성공 비결은 신중하게 긴 관점을 세워서 투자 목적으로 자산을 쌓아갔으며, 단기적으로 이익을 짜내거나 투기적 이익을 노리지 않았다는 것이다.

베이커는 건설적인 계획 입안과 뛰어난 통찰력으로, 철권을 휘두르 며 퍼스트 내셔널 뱅크를 지배했다. 그와 은행을 구분하기가 힘들어서, "베이커가 곧 은행"이라고 말하는 사람도 있었다. 1907년 은행 소유의 증권 자회사로 퍼스트 시큐리티 코First Security Co.가 주식을 발행할 때, 검 은 복장에 중절모를 쓴 그는 300만 달러가 넘는 개인 돈을 자신의 은 행에 건네주었다. 그의 담력 덕분에 공황 기간에도 그의 은행은 굳건하 게 버틸 수 있었고, 다른 은행들까지도 강하게 버틸 수 있었다. 예를 들 면, 1907년 공황 기간에도 그는 매일 밤 모건의 서재 겸 사무실에서 모 건을 만나 경제 구제 계획을 세웠다.

그러나 베이커는 1929년 대공황에 대해서는 대비하지 못했다. 89세에 이른 그는 자기 방식에 굳어 있어서, 아들이 과대평가된 주식 을 팔라고 경고했지만 젊은 사람은 "이해하지 못한다"라고 말하면서 귀를 기울이지 않았다. 같은 시대를 살아가던 다른 모든 사람처럼, 그 는 70년이 넘는 경험을 통해서 주가는 오른 다음에는 내려가고, 내린 다음에는 올라간다고 믿었다(나중에는 매번 다르다는 사실을 깨달았다). 그래서 1930년 US스틸 이사회에서 "나는 정말 멍청했소"라고 인정했지만, 증시가 빠르게 회복되리라 계속 낙관했다. "녹스는 것보다는 닳아 없어지는 편이 낫다"라는 생각에 계속 일하면서, 그는 마지막 91세의 노년에 이를 때까지 퍼스트 내셔널 뱅크 이사회 의장직을 지켰다. 생애 마지막 몇 해 동안 약 2200만 달러를 다양한 자선사업에 기부했지만, 약 7300만 달러의 유산을 대부분 아들에게 남겼다. 전성기에는 미국의 세 번째 부자로 일컬어졌던 그는 특히 하버드 경영대학과 적십자에 기부하면서 위안을 얻었다. 그래서 나중에 "겉은 가장 딱딱하지만, 속은 가장 부드러운" 사람이라는 평판을 얻었다.

91세면 누가 보더라도 완숙한 노년이었지만, 베이커의 명은 대공황의 비극 때문에 단축되었던 것으로 보인다. 베이커는 폐렴에 걸려서 자는 도중 죽었다. 거대한 대공황이 낙관적이었던 그를 낙담시켰을 것이다. 그가 모은 막대한 재산 대부분은 신중한 계획에 따라 서서히 쌓아 올린 것이었다. 아마도 우리가 얻을 교훈은, 재산을 꾸준히 쌓아 올리는 장기 투자자가 되어 경기 하강에 대한 두려움에 흔들리지 않고 기회를 차지하는 방법도 좋지만, 드물게 찾아오는 장기 전환점을 경계하고 조심하는 일 역시 현명한 방법이라는 것이다. 베이커는 거북이였을지 모르지만, 위기가 닥쳤을 때 재빠르게 달아날 수 있었다면 더 좋았을 것이다.

아마데오 자니니
Amadeo P. Giannini

뉴욕 밖에서 월스트리트의 맥이 뛰게 만든 인물

◆

샌프란시스코 지역의 전설에 따르면, 1906년 지진에 이어 화재가 이 지역을 휩쓸고 지나가자, 한 사나이가 불길을 뚫고 나서서 자신의 은행으로부터 돈과 증권을 건져냈다. 채소 마차 두 대에 서둘러 돈과 증권을 실은 아마데오 자니니Amadeo P. Giannini는 연기를 내뿜는 고향을 바쁘게 돌아다니면서 열심히 대출을 제공하여 도시 재건을 도왔다. 이 이탈리아 이민자의 아들은 36세에 화려한 은행 경력을 막 싹틔우기 시작했다. 그 이후 1949년 죽을 때까지, 자니니는 캘리포니아에서부터 뉴욕까지 펼쳐진 500개가 넘는 계열은행을 운영하였으며, 이 은행이 나중에 세계적인 뱅크 오브 아메리카Bank of America가 되었다.

키 188센티미터, 몸무게 98킬로그램에 콧수염을 기른 은발의 자니니는 그가 화재에서 간신히 구해낸 뱅크 오브 이탈리아Bank of Italy가 순조롭게 성장하자 1920년대 은행업계의 진정한 전설이 되었다. 캘리포니아에서 호황을 맞이한 영화, 석유, 부동산산업에 편승한 그는 잇달아 은행을 인수하면서 최초로 전국적인 은행 지점 시스템을 구축해나가기 시작했다. 진정한 선각자로서, 골드러시 이후 처음으로 샌프란시스코를 지도상에 금융 중심지로 올려놓았고, 은행업에 혁명을 일으켰다. "미래의 은행은 일종의 백화점 같은 모습이 될 것이며 은행, 투자, 신탁 분야에서 고객이 원하는 온갖 서비스를 제공하게 될 것입니다." 자부심 강한 (그러나 절대 탐욕스럽지 않은) 그가 시스템을 구축한 데에는 명성과 재산 외에 몇 가지 이유가 더 있었다. '소시민'을 돕고 싶어 했던 것이다. 월스트리트는 몇몇 엘리트를 만족시켜준 반면, 뱅크 오브 아메리카는 '소액이 필요했던 소시민' 수백만을 섬겼다. 그리고 그는 "2만 개의 소형 단위 은행들"의 주머니를 채워주기보다 "부와 행복을 더 폭넓게 분배"하려고 노력했다.

자니니는 캘리포니아의 영웅이었으며, 스스로 흔히 말하는 소시민을 닮았지만 스케일이 거대한 사람이었다. 그는 싹싹하고, 공정하며, 공감을 잘하고, 열정적인 지역 토박이였으며, 샌 마티오San Mateo 교외의 작은 마을에서 살았다. 새너제이San Jose에서 태어난 그는 1882년 의붓아버지의 농산물회사에서 일을 시작했다. 겨우 12살에 새벽 2시부터 등교 시간까지 일했다. 7년 뒤 부족한 교육에도 불구하고 파트너가 되었다. 31세에 결혼했고, 은퇴해도 좋을 만큼 부자가 되었다. 그러나 정력이 넘치는 그는 1904년 세 명의 파트너와 함께 15만 달러를 출자하여, 자신의 첫 은행을 열면서 은행업에 진출했다. 샌프란시스코 노스비치North Beach의 이탈리아인 거주 지역에 선술집을 개조해서 세운 이

은행은 주로 지역 상인들과 근로자들을 대상으로 영업했다. 길거리에서 예금을 권유하고, 눈길 끄는 광고를 전시하며, 소액대출을 선구적으로 제공하는 등 당시로서는 정통이 아닌 방법을 썼는데, 이 전략은 성공으로 판명되었다. (1907년 대공황 때 수많은 은행의 파산을 본 뒤) 대형은행이 안전한 은행이라고 확신한 그는 처음으로 전국 규모의 체인을 구축하여 1918년에는 24개 지점을 운영했다.

기지가 넘치는 자니니는 지점 운영을 매끄럽게 했던 만큼이나 지점 확보를 위한 자금 조달도 매끄럽게 했다. 그는 그저 지주회사의 주식을 팔아서 자금을 확보했고, 이 자금으로 장차 지점이 될 은행의 주식을 매수했으며, 이런 은행은 항상 그의 생각대로 지점이 되었다. 결코 자기 회사의 대주주가 되어본 적이 없는 그는 처음에 밴시탤리 코퍼레이션Bancitaly Corp.을 설립하여 미국 및 영국계 은행들에 투자했고, 1928년에 이를 트랜스아메리카 코퍼레이션Transamerica Corp로 대체했다. 단순한 우연의 일치겠지만, 아이러니하게도 오늘날 샌프란시스코에서 가장 높은 두 빌딩이 뱅크 오브 아메리카와 트랜스아메리카 피라미드Transamerica Pyramid다. 자니니는 자기만의 피라미드 구축에 관한 전문가였다. 그리고 이 사나이는 여러모로 금융의 선각자였다. 영세 농부의 농산물이든, 북부 캘리포니아의 급수 설비든, 지역 증권회사든, 전국 체인이든, 자니니는 캘리포니아에 자금을 제공했고 늘 지역 중심으로 일했다.

1929년 자니니의 금융제국은 지점이 400개가 넘었고, 그의 자산은 10억 달러가 넘었다. 중요한 점은 이 모든 구축 작업을 자니니가 혼자힘으로 해냈으며, 월스트리트보다 한발 앞서가며 늘 동시에 두 가지 조처를 했다는 점이다. 월스트리트는 미국의 철도를 장악했고 이 과정에서 서부 지역을 많이 차지했지만, 그는 주로 캘리포니아 주 경계선 안에서 기업들을 장악했으며, 자본주의의 중심이 되는 기업가 정신을 확산시키는 데에도 성공을 거두었다. 그의 발꿈치를 따라 지역 중심의 금융 구조가 수립되었고, 주의 성장 속도가 전례 없이 높아졌으며, 그 덕에 오늘날 캘리포니아의 경제 규모는 실제로 영국을 능가하고 있다.

당시 대기업들은 거의 예외 없이 월스트리트로부터 승인을 받았지만 자니니의 이례적인 성공은 뉴욕에서 환영받지 못했는데, 특히 밴시탤리가 뉴욕 금융계에 진출했을 때 그러했다. 사실 월스트리트는 매우 씁쓸한 기분이어서, 그 앙갚음으로 그의 조직에 큰 소동을 일으킬 목적으로 한 인물을 파견했다. 엘리샤 워커였다. 그는 자니니의 후계자로서 1930년 트랜스아메리카의 회장이 되자마자 회사 분해 작업을 시작하였고, 지점을 떼어내어 월스트리트의 동맹 세력에게 매각함으로써 트랜스아메리카에 심각한 손실을 입혔다. 상황의 심각성을 깨달은 자니니는 지지자들로부터 힘을 얻어, 은퇴를 취소하고 다시 회사로 돌아왔다. 자니니 진영은 주총에서 다수 의결권을 확보하여 워커를 축출하였고, 남아 있는 그의 제국을 구출했다. 월스트리트의 속임수와 새 정부의 독점 규제에도 불구하고, 그는 이전과 같은 힘을 계속 유지했다. 그의 새 친구이자 마찬가지로 대중 지지자인 프랭클린 루스벨트의 체제에서 뱅크 오브 아메리카가 대규모 댐 건설 프로젝트 금융 입찰에 성공한 점을 보면, 대공황조차 자니니를 방해하지 못했다.

항상 겸손했던 자니니는 그의 제국이 다시 강건해졌다고 확신한 뒤, 마찬가지로 겸손했던 아들 로렌스 마리오 자니니^{Lawrence Mario Giannini}

에게 회사 경영권을 넘겨주었다. 전에 적어도 두 번 은퇴를 선언했던 이사회 의장 자니니는 1936년 이렇게 말했다. "나는 이제 아버지답게 옆에서 지켜보면서, 이 회사가 창립 이념에서 벗어나는 모습이 보일 때에는 그 위험에 대해 언제든지 경고하는 가족의 파수꾼이 되고자 합니다." 1918년 24세에 아버지 회사에서 행원으로 일을 시작한 마리오는, 1932년 (주로 은행의 해외사업을 책임지는) 수석 부행장이 되었고, 4년 뒤 아버지가 죽자 회사를 넘겨받았다.

자니니는 미국에서 가장 위대한 은행가 가운데 한 사람으로서, 유서 깊은 전국은행 개념을 현대 사회에 적용하였다. 은행가와 사업가들은 그의 지주회사, 마케팅 전략, 대담한 확장, 확실한 성공 비결("부업에 신경 쓰지 말고 업무를 즐겨라") 등을 기억하겠지만, 고객들은 그의 매력적인 성격을 분명히 기억한다. 그처럼 팬으로부터 끊임없이 우편물을 받은 은행가는 아마도 없을 것이다. 뉴욕의 경쟁자들과는 대조적으로, 그는 모건 가문의 상징이었던 육중한 문을 없애버리고 사무실에서나 언론에 대해서나 공개적으로 일을 진행했다. 다른 은행가들과는 달리 그는 하루에 50~100명의 (주로 '소시민') 방문객을 맞이했고, 특유의 크고 탁탁한 목소리로 언론에 자유롭게 이야기했다. 그는 주장했다. "투기를 피하고 사업으로 성장하면서, 걱정을 덜어내고 인생을 더 즐기세요!"

자니니에 대해서 기억할 핵심적인 교훈은, 월스트리트가 지금보다 더 배타적이었던 시절에도 비전을 갖춘 자주적인 인물은 월스트리트와 타협하지 않고서도 성공할 수 있었다는 사실이다. 평생 추문이 없었고 자기 일과 고객을 사랑한 자니니는, 힘없던 소시민들에게 힘을 나누어주었다는 면에서 은행업계의 최고가 되었다. 한때 월스트리트의 맥은 뉴욕에서 뛰었다. 오늘날에는 전 세계에서 그 맥이 뛰고 있으며, 뉴욕 안에서만큼 뉴욕 밖에서도 활발하게 뛰고 있다. 자니니는 그 맥을 캘리포니아로 가져가서 그곳에서 계속 뛰게 하는 핵심 역할을 담당했다.

그런데 자니니는 죽을 때 재산이 겨우 60만 달러였다. 나머지 재산을 기부했기 때문이다. 아마도 하늘나라에서는 그 돈을 쓰지 못한다고 생각했던 모양이다.

폴 워버그

Paul M. Warburg

현대 미국의 중앙은행제도를 설립하고 비평한 인물

◆

1902년 폴 워버그Paul M. Warburg가 독일에서 미국으로 이주했을 때, 그는 미국의 은행 제도가 구태의연해서 개혁이 절실히 필요하다고 생각했다. 은행들은 산만하고 통합이 안 되어 있었으며, 성장하는 산업국가의 요구에 부응하지 못하고 있었다. 진지하고 결단력 있는 그는 자신의 고향인 유럽으로부터 중앙은행제도를 도입하자고 홍보할 계획을 세웠다. 약 10년 뒤, 이 투자 은행가의 노력은 결실을 보았다. 현대 중앙은행제도인 연방준비제도를 창설하는 연방준비법Federal Reserve Act이 1913년에 통과된 것이다. 이 과정에서 그는 때때로 연방준비제도의 '아버지'이자 미국 최고의 은행 제도 권위자로 홍보되었다.

1868년 은행가의 집안에 태어난 워버그는 우울하고 털 빠진, 집안의 미운 오리 새끼로 자랐다. 그는 열등감을 극복하려고 열정적으로 책에 빠져서 은행업을 공부했고, 결국 자신감 넘치는 박식한 은행가가 되었다. 23세에 그는 증조부가 70년 전에 함부르크에 설립한 워버그 앤드 컴퍼니MM Warburg and Company에 입사했고, 11년 뒤 가족회사를 떠나 그 무렵 사망한 미국 은행계의 거물 솔로몬 로브Solomon Loeb의 딸과 결혼했다. 그는 곧 장인의 전 직장인 악명 높고 막강한 쿤 로브Kuhn, Loeb 가문에 합류했다.

투자 은행가로서 선각자 워버그는 주요 철도회사 채권과 일본, 브라질, 중국, 아르헨티나, 쿠바 등의 국채를 판매했다. 그러나 의식 있는 시민의 한 사람으로서는 미국의 은행 제도를 개혁해야 한다는 생각에 사로잡혀 소논문도 쓰고, 편집자들에게 동의를 구하였으며, 관심 있는 모든 사람(당시 대부분 은행 제도를 연구하는 학자들)에게 설명했다. 『The Federal Reserve System(연방준비 시스템)』이라는 두 권짜리 책에서 그는 1930년 연방준비제도 창설의 역사를 자세히 설명하면서, 은행 제도의 주요 결함 가운데 하나가 리더십 부재라고 말했다. 1920년대 말에 주로 쓰인 이 책은 우연히도 현대 자본주의 최대의 경제 붕괴와 완벽하게 시기가 일치했다. 그는 시스템이 너무 느슨하고 분산되어 있어서, 금융 재난이 닥치면 리더십을 발휘할 정부기구나 민간기구가 없을 것이라고 예측했다. 그는 "차가 낭떠러지를 향해 고속 질주하더라도, 아무도 브레이크를 밟을 실제적인 권한이 없다"라고 주장했다. 1932년이 되자, 그가 누군지 모르는 사람도 그의 말이 옳았음을 알게 되었다. 현대적 관점으로 보았을 때, 연방준비제도는 실제로 대공황을 악화시켰다.

원래는, 세기의 전환기에 워버그의 은행 제도 개혁안에 대한 세 가지 반대 사항이 있었다. 첫째, 은행가들은 은행 제도에 시급한 문제가 있다는 점을 인정하지 않으려 했다. 둘째, 이들은 중앙은행제도에 대해서 의심했다. 셋째, 미국에 온 지 얼마 안 된 워버그의 비판은 환영받지 못했다. 당시 중앙은행제도를 비판한 사람들은 이 중앙집권적 시스템이 필연적으로 정부나 월스트리트 수중으로 넘어간다는 사실에 대해 우려를 나타냈다고 워버그는 회상한다. 중앙은행제도의 적들은 대개 어느 한 편으로 기울었으며, 월스트리트의 친구가 되어 정부를 적대하거나, 정부 규제를 옹호하여 월스트리트를 적대하였다. 그래서 어느 쪽도 중앙은행제도에 대한 지원을 약속하지 않았다.

마침내 관계자 모두의 마음을 움직인 것은 1907년 공황이었고, 워버그가 앞에서 지적했던 대로 당시 그 재난을 방지할 만한 리더십이 존재하지 않았다. 물론 JP 모건이 난국을 해결하여 세계를 구제했지만, 이 노련한 거물이 구제에 나설 능력이나 의지가 없었다면, 모두가 알다시피 광란의 시기에 책임을 발휘할 힘 있는 다른 주체는 아무도 없었다. 그 후 머지않아 은행가들과 정치인들이 모두 워버그의 말에 귀를 기울였고, 그의 계획은 곧 탄력을 얻었다.

거무스름한 슬픈 얼굴에 큼직한 콧수염을 달고, 머리의 일부가 벗겨졌으며, 슬픈 시를 짓는 게 취미였던 친절한 워버그는 '미국연합준비은행United Reserve Bank of the United States'을 위한 청사진을 그렸고, 이를 기초로 입법자들이 연방준비법을 제정했다. 그는 중앙은행이 지역 지점망을 갖추는 쪽을 선호했지만, 중앙위원회가 열두 개 지역은행들을 지배하는 미국식 제도를 수용했다.

워버그가 새로 탄생한 연방준비제도에 대해서 제기한 유일한 불평은 연방준비제도 이사회 의장을 선발하는 궁극적 권한이 대통령에게 주어졌다는 점이었다. 그보다 앞서 살았던 모든 중앙은행장처럼, 워버그의 생각에도 정치가 "중앙은행제도에 대한 가장 큰 위험"이었다. 그는 결국 정치가 연방준비제도의 독립성을 훼손하여 정치적 흥정거리로 삼아서, "훌륭한 보호 도구들이 위험한 방해 요소로 변질되어버리는 상황"을 두려워했다. 그 결과 재난이 올지도 모른다. "연방준비 시스템이 정치적 문어발 조직으로 변질되어 전국 규모의 태머니 홀처럼 된다면, 일반 가정은 물론 시골의 농가와 오두막까지도 고통에 시달릴 것이다." 오늘날에도 여전히 옳은 말이다.

윌슨 대통령이 워버그를 5인으로 구성되는 창립 이사 겸 부의장으로 임명한 덕에, 워버그는 연방준비제도를 감시할 수 있었다. 일설에 의하면 윌슨은 그를 의장으로 임명하고 싶었지만, 천성이 겸손한 그가 부의장 자리까지만 수용하려 했다고 한다.

첫 이사회 재직에는 엄청난 책임이 따랐고, 워버그는 이 책임을 가볍게 여기지 않았다. 그는 막대한 보수를 받던 쿤 로브에서 물러났고, 이 일에 집중하려고 여러 이사 자리를 사임했다. 이 이사회가 지역은행들을 결합하여 하나의 중앙은행을 구성하였으므로, 이사들이 청렴성을 유지해야 하고, 특히 정치와 같은 특수한 이해관계에서 벗어나야 한다고 생각한 것이다. 슬프게도 4년 임기 뒤에 1차 세계대전이 일어났고, 그는 영예로운 자리에 자신과 같은 독일 태생 미국인이 앉아 있다는 사실에 대해서 분노를 느꼈다. 그래서 1918년 확실시되는 재임명을 거절하고 자리에서 물러났다. 물론 그렇다고 금융계 활동을 중단하지는 않았다. 50세에 불과했던 그는 민간 세계로 돌아갔고, 신문 1면을 장식하지는 않았지만 국제 금융 전문가가 되었으며, 1920년대 중반까지 자문 위원회에서 활동하면서 연방준비제도의 주요 과제에 계속 참여했다.

1929년 대공황 1년 전에 선견지명이 있는 워버그는 곧 다가올 암울한 운명을 예측했는데, 그는 이를 "무절제한 투기 잔치"라고 불렀다. 그는 이런 상황이 "전국에 걸쳐 전반적인 침체를 부를 것"이라고 예측했다. 여전히 강세장에 도취한 월스트리트는 그의 예측을 비웃었다. 그러나 잠시뿐이었다. "그러게 내가 말했잖아" 식으로 뻐길 수도 있었지만 그는 더 인격적이고 건설적인 길을 택했고, 연방준비제도의 독립과 회원은행들 사이의 긴밀한 협조를 증진하는 운동을 일으켰다.

워버그는 자신의 시대를 훨씬 앞질러 내다본 사람이었다. 그러나 연방준비제도가 시행 첫날부터 그가 절대 원하지 않았던 정치적 목소리를 낸 점을 보면, 그를 제대로 이해한 사람은 없었던 것으로 보인다. 그래도 그가 연방준비제도를 창설하고, 초기에 지휘함으로써 미국 금융시장에 미친 영향은 막대하다. 그로부터 배울 교훈이 있다. 정치적 임명과 간섭이 완전히 없어진다면, 연방준비제도는 더 효과가 높아질 것이라는 점이다. 정치적 간섭에 영향받아 은행 제도가 최근에 드러낸 문제점들을 보면, 연방준비제도가 자유롭게 직무를 더 잘 수행하여 더 나은 은행 제도를 만들어주기를 우리 모두 바라게 된다. 워버그도 그렇게 되기를 바랐을 것이다.

048

벤저민 스트롱
Benjamin Strong

스트롱이 건강했다면 경제도 건강했을 것이다

Brown Brothers

◆

건강 악화, 비극적인 가정생활, 까다로운 정치 절차, 변덕스러운 경제 상황 등 온갖 장벽에도 불구하고, 벤저민 스트롱Benjamin Strong은 1928년 이른 죽음을 맞기 전에 미국에서 가장 위대한 현대 중앙은행장 가운데 한 사람이 되었다. 그는 연방준비제도가 아직 입증되지 않은 개념 수준에 머물렀을 때 연방준비 시스템의 뉴욕 지점을 이끌었으며, 그 과정에서 1920년대 세계 경제 정책 결정에 영향력을 행사했다.

스트롱은 많은 업적을 이룬 사람이었다. 뉴욕 주 북부 지역의 수수한 가정에서 태어난 그의 혈관에는 중앙은행장의 피가 흐르고 있었다. 그의 증조부가 미국 중앙은행제도 태동기에 알렉산더 해밀턴을 보좌했던 것이다. 스트롱은 은행합동을 관리하면서 월스트리트의 사다리를 타고 올라가기 시작했다. 1914년 42세의 나이로 연방준비은행에 자리를 잡기 7년 전, 그는 JP 모건을 도와 1907년의 무서운 공황으로부터 미국 경제를 재건하는 일에 참여했다. 막강한 모건 파트너 헨리 데이비슨과 가까운 사이였고, 뱅커스 트러스트 컴퍼니Bankers Trust Company에서 일하고 있었기 때문에, 그는 어느 은행에 모건의 자금을 맡길 것인지 결정하는 소위원회의 위원장으로 선발되었다. 모건은 대개 세부 사항을 무시하는 대신, 스트롱이 내리는 결론을 믿었다.

1907년 대공황으로 월스트리트 은행업계에서 스트롱의 평판이 올라갔고, 스트롱은 모건 파트너의 지위를 향해 승승장구하고 있었다. 그는 모건 파트너에 완벽하게 어울리는 인물이었다. 키 크고, 잘생겼으며, 지혜로웠고, 인기가 좋았으며, 빈틈없고, 헌신적이었으며, 혹독하게 일을 추진했고, 게다가 모건으로부터 인정받았다. 스트롱은 데이비슨의 좋은 친구이기도 했으므로, 연방준비제도가 창설된 뒤 데이비슨은 그 수장을 추천해달라는 요청을 받아 스트롱을 추천했다. 그 바람에 모건 파트너 자리는 영원히 연기되고 말았다.

스트롱은 다른 월스트리트 사람들처럼 연방준비제도의 구조에 반대했기 때문에, 처음에는 임명을 거절했었다. 연방준비 시스템은 지역 은행들이 워싱턴의 관료 중심부에 앉아 있는 이사들의 지시에 따르게 되어 있었다. 중앙은행제도의 역사를 헌신적으로 연구한 그는 이런 구조가 필연적으로 정치적 간섭을 불러오고, 이 때문에 시스템이 종말을 맞이한다는 점을 알고 있었다. 그러나 결국 데이비슨 때문에 마음이 약해져서 자리를 받아들였고, 남은 일생을 중앙은행제도에 헌신하였다.

그러나 스트롱에게는 도무지 잘 되어가는 일이 없었다. 그의 가정 생활은 문자 그대로 비극이었다. 처음에는 훌륭하게 시작되었다. 그는

1895년에 결혼해서 딸 하나와 아들 둘을 두었고, 뉴저지 주 엥글우드 Englewood로 이사해서 모건과 인연을 맺게 되었으며, 아내와 함께 교외에서 사교생활을 했다. 10년을 멋지게 보낸 뒤, 그의 아내가 자살했다(출산 후 쇠약해졌다는 말도 있다). 데이비슨이 스트롱의 아이들을 자기 집으로 데려갔고, 2년 뒤 스트롱은 15세 연하의 여자와 결혼했다. 이들은 딸 둘을 낳았으나 이번에는 아내가 1916년 딸들을 데리고 떠났고, 1920년 이혼했다.

더 가슴 아픈 일은 두 번째 아내로부터 버림받은 해에 스트롱이 결핵에 걸렸다는 것이다. 결핵은 처음에는 그의 폐만 공격했지만 이어서 후두로 번졌고, 그에게 남은 12년의 1/3 넘게 책상 앞에 앉을 수가 없게 만들었다. 그는 건강 악화를 이유로 적어도 두 번 사임 의사를 밝혔지만 이사들이 반려했다. 아파서 누워 있더라도 스트롱이 곧 연방준비제도였기 때문이다.

병석에 누워 있지 않은 동안에, 스트롱은 열심히 강력한 연방준비제도를 구축해나갔다. 그는 자주 유럽 중앙은행들을 방문하였고, 같이 협력해서 국제 통화 문제에 대해서 중앙은행들이 안전 대책을 확보해야 한다고 설득했다. 그는 이런 문제들이 정부가 아니라 중앙은행들이 해결해야 할 문제라고 경건하게 믿었다. "중앙은행들은 외국 정부가 아니라 중앙은행들끼리만 거래해야 합니다." 이런 생각은 오늘날 흔히 수용되는 개념이지만, 당시에는 혁신적인 개념이었다. 그때는 대부분 고전 경제학자들이 각 나라를 경제적으로 고립된 섬이라고 보았기 때문이다(내가 두 번째로 저술한 『90개 차트로 주식시장을 이기다』에서 설명했듯이, 이 개념은 전혀 옳지 않다). 이런 개념은 비교적 최근까지도 일반인들의 머릿속에 살아 있었다. 스트롱은 '경제적 섬'이라는 개념을 누구보다도 먼저 오래전에 꿰뚫어 보았다. 세상 사람들이 당시에 그의 생각을 이해했다면, 중앙은행들이 전 세계적으로 통화를 협조하여 유동성을 공급함으로써, 1930년대 대공황의 많은 문제를 피할 수 있었을 것이다.

그러나 당시 스트롱이 협조를 끌어내려고 노력한 궁극적인 목적은 유럽을 전후 금융 침체에서 끌어내려는 것이었다. 그는 연방준비제도 단독으로는 이 일을 할 수 없다는 점을 알았다. 때로는 가장 좋은 친구인 잉글랜드은행 총재 몬터규 노먼Montagu Norman과 함께, 또는 다른 여러 중앙은행장과 힘을 모아서 그는 벨기에, 이탈리아, 루마니아, 폴란드, 프랑스의 안정화를 지원했다. 안정화 차관에 참여하는 월스트리트 자본가들이, 그로부터 승인을 받은 뒤에야 차관 공급을 고려하는 경우도 자주 있었다. 그는 전후 기간에 연방준비제도가 국제적으로 영향력을 행사하는 모습을 보여줌으로써 모든 사람을, 특히 월스트리트를 놀라게 했다.

스트롱은 중앙은행의 역할을 국제 경제로 확대하는 면에 기여했지만, 1925년에 영국의 환율을 이전 수준인 4.86달러로 회복시켰고, 이 업적에 이어진 사건들로 인해서 악명을 날렸다. 연방준비제도와 모건 가문은 그의 촉구에 따라 영국에 각각 2억 달러와 1억 달러를 지원했다. 그동안 미국에서 그는 금융 완화 정책을 지지하여, 할인율을 4%에서 3.5%로 인하했다. 미국에서 할인율을 낮추면 계속되는 영국의 금 유출이 중단될 것이고, 영국 파운드가 새로 설정된 가치를 방어할 수 있으리라 생각했던 것이다.

스트롱의 조치는 국제 유동성을 회복시키는 데 도움이 되었으나,

1927년이 되자 회의론자들은 그의 금융 완화 정책이 주식시장 투기를 조장했다고 비난했다. 스트롱의 금융 완화 정책으로 금리가 내려갔고, 따라서 콜 자금 가격이 내려갔으며, 이 때문에 증권 매수가 유발되었다는 주장이다. 1927년에서 1928년까지 1년 사이에, 증권사의 대출액이 32억 9000만 달러로부터 44억 3000만 달러로 기록적인 증가세를 보였다. 시장은 1928년 붐을 이뤘고, 연방준비제도 이사회가 할인율을 5%로 올렸을 때는(스트롱은 병세 악화로 이 결정에 참여할 수 없었다) 이미 너무 늦어버렸다. 금리는 8%에서 12%로 급상승했지만, 사람들은 대출 자금 이자로 얼마나 뜯기는지에 대해서는 관심이 없었다. 이들이 기대하는 이익이 이자 비용을 채우고도 남으리라 생각했기 때문이다.

이때부터 스트롱은 건강 악화로 연방준비제도의 정책 수립에 기여할 수가 없었다. 폐렴, 독감, 대상포진, 신경쇠약에 굴복하고 말았다. 죽기 전에 그는 친구에게 편지를 썼다. "솔직히 과거를 돌이켜보면, 내가 살아 있다는 사실이 신기하다네. 내가 해야 했던 일들을 훑어보면, 은행 내부 업무, 이사회, 국회, 총재위원회 모임, 재무부, 외국 은행들, 복잡한 계획들, 온갖 개인적 성향들, 우리의 다루기 힘든 회원들, 적대감, 질병 등 이 모든 일이 주마등처럼 스쳐가며 나를 어지럽게 한다네. 이제는 이런 경험도 거의 끝나가는 것 같아."

스트롱은 1928년 10월에 56세의 나이로 죽었다. 게실염 때문에 농양 수술을 받고 회복하는 듯했으나, 일주일 뒤 병이 재발하여 심각한 2차성 출혈로 사망했다. 죽기 직전에 그는 선견지명 있는 통찰력으로 말했다. "나는 문제가 꼭 증권 가격이나 신용 규모나 심지어 할인율에 있다고 생각하지 않습니다. 실제로는 심리의 문제입니다. 나라 전체의

심리 상태가 매우 투기적이어서, 나라의 부와 번영을 차익으로 실현하려는 생각에 주가가 올랐는데, 이런 투기적 성향은 다루기가 그만큼 더 어렵습니다."

벤 스트롱 같은 투사에게는, 살아남아서 주식시장이 붕괴하는 모습을 속수무책으로 무기력하게 지켜보는 것보다는 죽음이 훨씬 나았을 것이다. 스트롱이 1927년과 1928년의 주식시장 호황에 대해서 어떤 조처를 했을지는 결코 알 수 없을 것이다. 우연히도 그 권한은 그로부터 조지 해리슨의 손으로 넘어갔다. 스트롱에게 기회가 주어졌다면, 그의 심리적 통찰력을 고려해보건대 폭락을 줄일 수 있었을 것이다. 시장이 붕괴했을 때 그가 건강했다면, 그는 돈주머니를 풀어 충격을 완화했을 것이고, 이것이 전 세계적 사건이었으므로 강력한 힘을 갖춘 외국의 중앙은행 친구들에게도 같은 조치를 하게 했을 것이다. 그러면 전 세계적인 침체는 훨씬 가벼워질 수 있었을 것이다.

049

조지 해리슨

George L. Harrison

대공황을 맞아 시장에 개입한 중앙은행장

◆

온화하고 즉석연설을 잘하는 싹싹한 중앙은행장 조지 해리슨_{George}
L. Harrison은 1929년 대공황으로 사태가 악화일로로 치달을 때 자신의
방식대로 상황을 수습했다. 이때가 그가 빛을 발휘할 때였으며, 그는
(증권거래소의 입회장을 제외한) 막후에서 열심히 활동하면서 빛을 발휘했
다. 장기간 뉴욕 연방준비은행 부총재로 재직한 그는 이날의 영웅이 될
만한 유력 인물로는 전혀 어울리지 않았지만 압박받은 미국 경제에 짐
을 덜어줌으로써 영예를 얻게 되었다. 당시 월스트리트는 기타 지역 금
융기관들에 비해 지금보다 훨씬 강력했으므로, 당시 뉴욕 연방준비은
행 총재 역시 지금보다 권한이 훨씬 막강했다. 그 시절에는 본질적으로
해리슨이 연방준비제도의 권한 전부를 갖고 있었다.

"10월 24일 시장이 붕괴한 다음 날, 나는 증권사 대출금에 대한 대규모 회수가 있을 것이고, 이에 따라 시장이 완전히 붕괴하리라 생각했습니다. 실제로 비은행 기관에 대한 대출금 회수가 무려 22억 달러였습니다. 어떤 자금시장도 이런 규모를 감당할 수가 없습니다." 어린 시절 사고를 당한 뒤 지팡이를 짚고 다니던 해리슨은 최선을 다해 즉시 행동을 개시했다. 먼저 그는 모건의 파트너 토머스 라몬트가 증권거래소 입회장 지하에서 개최한 비밀회동에 참석했다. 이곳에서 뉴욕의 일류 은행장들이 미끄러지는 주식시장을 부양할 자금 2억 4000만 달러를 모았다. 그러나 이 금액은 시장을 떠받치기에 역부족이었고, 일부 뉴욕증권거래소 회사들은 부도 직전으로 내몰렸으며, 브로커들이 마천루에서 창문 밖으로 뛰어내리고 있었다. 이들도 모두 해리슨처럼 모든 은행의 자금 회수를 두려워하고 있었다. 은행장들이 다시 모였고, 이번에는 해리슨이 용기를 내 말했다. "증권거래소는 어떤 대가를 치르더라도 계속 개장해야 합니다. 여러분, 나는 이사들이 동의한다면 뉴욕 은행들이 뉴욕 외부 은행들의 콜 관련 거래를 인수할 수 있도록 연방준비기금을 모두 제공할 용의가 있습니다." 지금까지 은행장들이 들어본 말 중 가장 대담한 발언이었다.

해리슨은 공개시장 조작을 이용해서 뉴욕 상업은행들의 부담을 덜어주었으며, 고삐 풀린 매도 공세에도 불구하고 증권거래소가 계속 개장되도록 허용했다. 이는 연방준비은행에서 은행들이 매도하는 정부 채권을 매입하고, 계좌 대체로 은행들에 자금을 지급함으로써 뉴욕 자금시장에 절실하게 필요한 자금을 투입한다는 뜻이었다. 연방준비은행이 파산한 투기꾼들을 구제해줄 수는 없으므로, 해리슨은 그날 밤늦게 이사회의 승인을 얻어 다음 날 일찍 작업을 시작하여, 1억 6000만 달러 상당의 정부 채권을 즉시 매입했다.

해리슨은 매일 1억 달러 상당의 증권을 사들여 은행에 돈을 채워 넣었다. 그는 은행들이 연방준비은행에 보유한 계좌 잔고를 높여줌으로써, 이들이 고갈된 자금시장에 약 40억 달러를 투입할 수 있도록 조치했다. 유동성이 유지되었고 선지급 이자율도 유지되었다. 그가 은행 제도를 구해낸 것이다. 그는 다음 몇 달에 걸쳐 재할인율을 4.5%에서 3.5%로 인하했다. 그리고 공개시장 조작과 더불어 단기적으로 금융완화 정책을 펼침으로써, 대공황 직후 은행들을 구제하여 단기적으로 시장의 신뢰를 최대한 회복했다. 이러한 조치가 바탕이 되어 주식시장은 1930년 봄에 상승세를 회복하게 되었다.

물론 장기적으로 세계는 금융 위기를 겪어야 했고, 아무도 이를 막을 수가 없었다. 해리슨과 연방준비은행은 나중에 그들이 취한 조치에 대해서 비난을 받았다. 첫 비난은 워싱턴에서 왔다. 워싱턴은 중앙은행의 개입을 여전히 두려워하고 있었고, 해리슨의 금융 완화 정책이 과도했다고 생각했다. 그리고 최근의 비난은 통화주의자들로부터 왔는데, 이들은 그의 조치가 미흡했다고 주장했다. 당시 통화 완화 정책에 눈살을 찌푸렸던 보수주의자들은 연방준비제도 이사회 이사들을 움직여서 규제 정책을 펴게 했고, 이 때문에 해리슨이 밀어붙였던 조치와는 반대로 실제로 통화 공급이 줄어들게 되었으며, 그래서 실제로 대공황이 훨씬 악화하고 말았다.

해리슨의 조치는 당시에는 과감하고도 충분했다. 1907년 스스로 판단해서 조처를 했던 JP 모건과는 입장이 달랐다. 해리슨은 수탁자로서 책임이 있었으며, 이사회에 대해서도 책임을 져야 했다. 게다가 그는 설립한 지 15년밖에 안 되었고 여전히 의심의 눈총을 받는 기관을 대표해서 활동하고 있었다. 오늘날의 연방준비은행이 누리고 있는 신뢰와 권력은 전혀 없었다.

해리슨의 행동은 나중에 이루어지는 연방준비은행과 월스트리트 사이의 협력의 선례가 되었다. 1987년 공황이 일어나 주식시장이 붕괴할 때, 연방준비제도 이사회 의장 앨런 그린스펀Alan Greenspan은 월스트리트에 자금을 투입하여 시장 붕괴를 막았다. 해리슨이 틀림없이 무덤에서 갈채를 보냈을 것이다. 비슷한 상황이었던 이번에는 조치가 완벽하게 효과를 보았기 때문이다.

1929년 대공황이 연방준비은행에서 20년을 보낸 해리슨이 능력을 발휘한 대표적인 기간이었지만, 그밖에도 그에게는 긍지를 느낄 만한 업적이 많이 있다. 1930년대 초, (경제 감각이 신통치 않은) 프랭클린 루스벨트가 유럽의 금을 사 모으기 시작했을 때, 해리슨은 달러를 안정시키는 일에 기여했다. 결국 '건전한 통화' 주의자였던 그는 대통령을 설득하여 금 매입을 중단시켰고, 유럽인들의 두려움을 가라앉히는 동시에 달러를 안정시켰다.

해리슨은 연방준비은행에 재직하면서 세계대전을 두 번 맞이했다. 1차 세계대전이 끝나자 그는 외교관처럼 활동하면서, 연방준비은행의 자금을 제공하여 전쟁으로 폐허가 된 나라들의 통화를 안정시켰다. 2차 세계대전 전에, 그는 다시 한번 공개시장 조작을 시행했다. 이번에는 정부 증권의 가격 하락을 방지하여 정부에 대한 신뢰를 회복하려는 목적이었다.

샌프란시스코 토박이 해리슨은 1910년 예일 대학Yale University을 졸업했고, 1913년 하버드 법대를 졸업했다. 특별 장학금을 받은 보답으로 그는 대법원 판사 올리버 웬델 홈스Oliver Wendell Holmes를 보좌했고, 이어서 새로 설립된 연방준비은행으로 옮겨 법무실장보가 되었다가, 나중에 법무실장이 되었다. 1920년 33세에 그는 뉴욕 연방준비은행 부총재가 되었으며, 1928년 최고 책임자가 되었다(6년 뒤 직함이 바뀌어 총재가 되었다).

파이프 담배를 피우고, 골프, 체스, 포커를 즐기던 해리슨은 나중에 연방준비은행을 사직하고 1941년에 장기간 모건이 경영해온 뉴욕 생명보험의 수장으로 자리를 옮겼다. 해리슨이 줄곧 모건의 인질이었으며, 연봉 10만 달러짜리 자리는 그 보상이라고 의심하는 사람도 있었다. 내게는 비열한 비평가의 헛소리로 들린다. 그렇게 주장할 확실한 증거가 없다. 어쨌든 해리슨은 뉴욕 생명보험에 활기를 불어넣었고, 보험 가입자 수와 평균 보험료를 대폭 증가시켰다. 그의 지휘하에 회사는 단체보험 시장에 파고들었고, 단체와 개인 대상으로 사고 및 건강 보험을 판매하기 시작했다. 전반적으로 경제 성장이 침체했던 10년 동안, 그는 회사 자산을 1940년 28억 6900만 달러에서 그의 재직 마지막 해인 1953년에는 68억 9500만 달러로 증가시켰다.

결국 해리슨은 월 스트리트의 공황기에 처음으로 연방준비은행과 시장 개입의 연결고리가 된 인물이었다. 이것만으로도 그는 100명의 거인들에 포함되기에 충분하다.

050

The Woman Citizen, 1925

내털리 솅크 레임비어

Natalie Schenk Laimbeer

월스트리트 최초의 탁월한 여성 전문가

◆

　여성은 남편의 사업이 번창하도록 내조하거나, 거물의 여러 욕망을 채워주거나, 상사에게 걸려오는 전화를 걸러주는 식으로 월스트리트에 기여하는 것이 관례였다. 그러나 1925년에 내털리 솅크 레임비어Natalie Schenk Laimbeer라는 여성이 여성들을 가로막는 장벽을 깨고 월스트리트에 입성했고, 오늘날처럼 여성이 계속해서 월스트리트에 진출할 수 있는 길을 열어주었다. 사교계의 명사인 미망인 레임비어는 자신의 이름을 떨칠 곳으로 은행을 선택했고, 몇 년이 지나자 월스트리트에서 가장 크고 보수적인 상업은행 중 한 곳에서 최초의 여성 은행 간부가 되었다. 한참 앞서서 헤티 그린이 월스트리트에서 이름을 떨쳤지만, 그녀는 유난히 기묘한 사람이었고 자신의 계좌를 운용하는 투기꾼이었다. 레임비어는 전문가였고, 그런 면에서 그녀는 수십 년 동안 여성들이 따라

올 길을 개척했다.

레임비어는 원래 월스트리트에서 이름을 떨칠 생각이 아니었다. 월스트리트에서 근무하던 두 번째 남편이 1913년 자동차 사고로 죽은 뒤 그녀는 한동안 기력을 잃었고, 그래서 일을 하기로 했다. 남편이 넉넉한 재산을 남겨주기는 했지만, 이미 익숙해진 화려한 생활을 자녀들에게 유지해주고 싶었다(레임비어는 뉴욕 사교계에 필수적인 인물이었다).

1차 세계대전 동안, 이 뉴욕 토박이는 자원해서 미국식품청에 근무하면서 통조림 포장 계획을 기안하였고, 나중에는 주방에서의 전기 사용의 유용성과 가정학을 강의하였다. 《뉴욕 타임스》에서 지적한 대로, "근로자로서 일해본 경험이 전혀 없다는 사실"은 그녀에게 조금도 걸림돌이 되지 않았다. 그녀는 추진력이 있었기 때문이다.

레임비어가 훗날 말했다. "매력적인 태도, 생기 있는 미소, 싹싹한 성격, 상냥함이 큰 도움이 되겠지만, 반드시 지성과 야망이 뒷받침되어야 합니다." 이런 사실을 알고 있어야 했다. 1919년 그녀는 은행에서 전도유망하게 출발했기 때문이다. 직장생활에 대해서 전혀 준비한 적이 없었지만, 그녀는 어린 시절에 할머니 덕분에 금융에 관심을 두게 되었다. 할머니는 늘 그녀를 은행에 데려가 밝은 오렌지색 채권에서 쿠폰을 떼어내게 하셨다. 나중에 15세가 되었을 때, 그녀는 미국 적십자사가 쿠바에 얼음공장을 세우는 데 낼 성금으로 10센트 백동화 2만 5000달러를 모금했다.

레임비어의 첫 은행 직무는 주로 사무 업무였는데, US모기지 앤드 트러스트 컴퍼니US Mortgage and Trust Company의 여성부에서 관리자로 일했다. 당시 여성 고객은 여성 최고경영자만큼이나 드물었고, 그래서 여성부는 몇 안 되는 여성 고객만을 전담하려는 목적으로 설립되었다. 여성들에게 담보대출을 제공하고 신규계좌를 개설하는 등, 은행 안에서 여성들이 수행하는 모든 사업을 총괄하는 일이 그녀의 업무였다. 6개월이 채 안 되어, 그녀는 맨해튼 지점에 새로 조직된 여성부를 책임지는 부장으로 임명되었다.

1925년에 월스트리트 최대 은행인 내셔널 씨티 뱅크는 그때까지 여성에게 부여된 것 중 최고의 직함인 임원(부지배인) 직함을 처음으로 제안하였고, 레임비어는 새로 설립된 여성부의 총괄책임을 지게 되었다. 동종업계에 비슷한 직함을 가진 여성이 몇 사람 더 있었지만 내셔널 씨티 뱅크가 가장 명성이 높았고, 여성에게 은행 간부의 지위를 부여한 월스트리트 은행 가운데 최고 은행이었다. 아이러니하게도《뉴욕타임스》는 그녀의 성취에 주목하여 1면에 기사를 실었지만, 업적이나 사업적 안목을 설명하는 대신 사회생활과 새 사무실의 장식 방식에 초점을 두어 "사무실이라기보다 가정 같다"라는 식으로 소개했다.

레임비어는 말했다. "여성들은 시험받고 있습니다. 그들은 직장에서 자신의 지위를 지키려면 요구받는 업무량의 두 배를 해야 한다고 느끼고 있습니다." 전통적으로 남성이 지배하던 영역인 월스트리트에서 그녀가 여성들에게 문을 활짝 열어젖히긴 했지만, 그 후 수십 년이 지나서야 여성들이 이 산업에 제대로 진출할 수 있었다. 지금조차도 여성들이 월스트리트에서 진정으로 받아들여지는지 분명치 않다. 그러나 한참 오래전 레임비어는 여성 은행 임원들의 단체인 은행여성협회 Association of Bank Women(미국은행가협회American Bankers' Association 산하단체)를 공동 설립하여, 여성들에게 계속 문호를 개방하려고 노력했다.

"장차 은행산업에서 가장 위대한 발전 단계는 은행 내부에서 여성의 능력을 개발하는 단계가 될 것입니다." 이 협회 회원은 1925년에 110명이었다. 당시에는 은행업과 증권업이 분리되지 않았으므로(예컨대 찰스 미첼이 활동했던 것처럼) 일레인 가자렐리Elaine Garzarelli 같은 여성이 요즘 시장 전망으로 헤드라인을 차지한다면, 그녀는 레임비어와 그 후임자들의 유산으로부터 크게 덕을 보는 셈이다.

레임비어는 그 지위를 오래 지키지 못하고, 건강 문제로 1926년 사임할 수밖에 없었다. 그러나 역사의 뒤안길로 희미하게 사라지는 대신, 다시 금융 언론이라는 새로운 영역을 개척했다. 1928~1929년 동안 그녀는 《딜리니에이터The Delineator》의 금융면 편집자였고, 《뉴욕 월드New York World》에도 자주 기고했다. 그녀는 1929년 심장마비로 뉴욕에서 사망했다.

찰스 미첼

Charles E. Mitchell

포효하는 1920년대를 주도한 엔진 피스톤

◆

　투자 은행업은 모건 가문과 같은 개인은행의 영역으로 오랫동안 간주되어왔으나, 이때 찰스 미첼Charles E. Mitchell이 등장했다. 하지만 미첼 이전의 시장 구도로 유지되는 것이 더 나을 뻔했다. 미첼은 전통 따위는 아랑곳하지 않았다. 젊고, 대담하며, 자신감 넘치고, 용감한 투사였던 그는 성스러운 영역에 과감하게 침범하여, 당시 1920년대에 한창 피어나는 내셔널 씨티 뱅크를 위해서 그 영역의 큰 부분을 떼어갔다. 그러나 과도한 확장 뒤에는 더 과도한 남용이 이어졌고, 모든 주요 은행들이 수행하던 상업 은행업과 투자 은행업 겸업은 1933년 정부에 의해서 금지되고 말았다.

　미첼이 매력적인 성격을 지녔던 점은 의심할 여지가 없다. 키 크고 딱 벌어진 어깨에 좋은 체격, 멋진 미소와 굵은 턱을 지닌 그는 야심적이었고, 항상 정력이 넘쳤으며, 인기가 좋았다. 그와 뜻이 맞지 않는 사람조차 그를 좋아했다. 그는 1877년 매사추세츠 주 첼시Chelsea에서 상인 출신 시장의 아들로 태어나, 1916년 39세에 자신의 작은 투자은행 회사를 청산해서 내셔널 씨티 뱅크의 계열 자회사인 내셔널 씨티 컴퍼니로 재편했다. 그리고 단 5년 후, 이 회사와 은행 양쪽의 대표 자리를 차지했다.

은행의 자회사는 미첼을 성공으로 이끈 열쇠인 동시에, 궁극적으로 파멸의 원인이기도 했다. 모건과 쿤 로브 같은 개인은행들은 오랫동안 투자 은행업과 상업 은행업을 결합해서 영업했지만, 거리의 소시민들이 거래하던 독립 상업은행들은 1920년대 초에야 투자 은행업이라는 게임에 뒤늦게 뛰어들었다. 내셔널 씨티 컴퍼니는 내셔널 씨티 뱅크와 미첼이 법망을 우회해서 증권 영업을 벌이는 매체였다. 법에 따라서 상업은행들은 투자 은행업을 할 수 없었기 때문이다.

이 자회사는 미첼의 지휘 아래 내셔널 씨티 뱅크가 벌인 많은 의심스러운 활동 가운데 첫 번째였지만, 이익이 쏟아져 들어왔다. 이러한 성공이 전국에 걸쳐 은행 자회사 설립이라는 유행의 물결을 일으킨 것은 놀라운 일이 아니다(앨버트 위긴의 체이스 내셔널 뱅크도 이때 생겨났다). 그러나 이 때문에 은행의 지불 능력이 증권 가격에 얽매이게 되었고, 그 위험을 일반 대중인 소시민들이 떠안게 되었다. 처음에는 이러한 구도가 좋아 보였다. 주가가 오르는 동안은 수많은 나쁜 일들도 좋게 보이는 법이다. 1920년 중반, 은행들은 투자은행 사업에서 엄청난 이익을 뽑아냈다. 내셔널 씨티 뱅크 하나만 보더라도, 1920년대 말경 매년 10억~20억 달러를 증권사업에서 퍼냈다.

야심가였던 미첼은 채권 인수 업무만으로는 만족하지 못해서, 회사를 진짜 증권 발행공장으로 완전히 바꿨고, 은행 예금 고객들과 판매 인력이 건드릴 수 있는 모든 사람을 상대로 주식과 채권 판매를 밀어붙였다. 판매량이 늘어나면서 상품의 질은 떨어졌다. 페루는 위험한 나라로 뻔히 알려졌는데도, 미첼은 페루채권을 9000만 달러 발행해서 판매했고, 결국 부도가 발생했다. 증권이 팔리기만 한다면, 그는 그 위험에서 벗어날 수 있었다. 상업은행이 증권사업을 안전하게 잘 꾸려가는 것보다는, 투자은행이 상업은행 업무에서 성공하는 편이 훨씬 쉽다는 점을 명심하라. 판매는 미첼이 벌인 사업의 요점이었고, 그의 판매 인력은 이를 실행에 옮겼다. 비상한 설득력이 있는 세일즈맨이었던 그는 뱃심 좋은 세일즈맨 수백 명을 고용해서 격려연설과 치열한 판매 경쟁을 통해서 이들을 자극했다. 경쟁은 점수제로 진행되었다. 증권의 위험도가 높을수록, 그 증권을 판매한 세일즈맨은 높은 점수를 받았다.

　1933년의 은행 및 통화 분야 미국상원위원회 청문회 증언에 드러났듯이, 이 판매 압박은 당연히 고객들에게 전가되었다. 좋은 예가 있다. 에드거 브라운Edgar Brown이라는 병약한 사람은 미국채권에 안전하게 10만 달러를 투자하고 있었는데, "투자에 대해서 자세하게 안내받으십시오"라는 번드르르한 광고에 끌려 이 회사 지점에 방문하게 되었다. (투자가 1920년대에 선풍적인 인기를 끌고 있다는 점 외에는) 투자에 대해 아는 바가 별로 없었던 브라운은 자신의 미국채권 투자가 "모두 틀렸다"라는 말을 들었고, 세일즈맨의 현란한 말솜씨에 휘둘려 빈, 칠레, 라인, 헝가리, 페루 등의 채권을 다양하게 사서 돌아갔다. 사실 세일즈맨은 그에게 이런 채권들이 아주 훌륭한 투자이므로, 당연히 더 투자해야 한다고 설명했다.

브라운은 대출을 받으라는 설득에 넘어가서, 모회사인 계열은행으로부터 간편하게 대출받아 의심스러운 채권들에 결국 25만 달러를 투자하게 되었다. 채권 가격이 내려가자 그가 항의했는데, 내셔널 씨티 컴퍼니 세일즈맨들은 그를 설득해서 채권을 팔고 다양한 주식, 특히 내셔널 씨티 뱅크 주식에 투자하게 했다. 주가가 떨어지자 그는 이들에게 그의 주식 보유물량을 팔아달라고 요구했다. 그러자 지점의 세일즈맨이 무더기로 달려가 그를 둘러싼 뒤, 그가 전적으로 어리석은 결정을 했다고 믿게 했다. 브라운은 또다시 바보처럼 그 말에 귀를 기울였고, 대공황이 닥치자 그가 투자한 투기 종목들이 모두 쓸려나가면서 완전히 무일푼이 되었다. 절박해진 그는 내셔널 씨티 뱅크에 대출을 신청했지만, 은행은 담보가 부족하다는 내용이 담긴 냉정한 편지를 보내 그의 신청을 거절했다.

공황 후 월스트리트를 휩쓸던 개혁에 굶주린 시대에 미첼은 자신이 벌인 게임 때문에 체면을 잃게 되었다. 공황 동안 내셔널 씨티 주가를 받치려고 300만 달러를 투입했음에도, 그는 세상을 떠들썩하게 한 1933년 상원 청문회의 주요 표적이 되었다. 증언석에서 그는 내셔널 씨티 뱅크에서 급여를 100만 달러 받았다는 사실과 자신이 담당한 투기적인 구리 주식 자금 및 주가 조작 이야기로 전국은 물론 월스트리트까지 충격에 빠지게 하였다. 1929년에 위장매매를 통해서 그가 소득세 85만 달러를 탈루했다는 사실도 드러났다. 즉, 그는 은행 주식 1만 8000주를 아내에게 현저하게 낮은 허위 가격으로 매도하고서, 손실 300만 달러가 발생했다고 주장했다. 그는 형사기소를 당했으나, 탈루

세금과 막대한 벌금을 내는 조건으로 풀려났다.

증언한 지 불과 닷새 만에 미첼은 내셔널 씨티에서 사임했다. 그리고 곧 글래스-스티걸법(서로 다른 금융업종 간의 상호진출이 일체 금지되는 법_편집자)이 그가 유행처럼 퍼뜨린 전체 시스템을 무너뜨리기 시작하면서, 상업 은행업과 투자 은행업이 분리되었다. 그동안 그는 1934년 56세의 나이로 자신의 투자자문 회사를 설립하여 부채를 청산하였고, 다음 해에 투자은행 회사 블라이드 Blyth의 이사회 의장이 되었다. 그는 20년 후 78세에 순환기 문제로 죽었고, 딸 하나 아들 하나를 남겼으며, 대대적으로 개혁된 월스트리트도 남겼다.

미첼은 월스트리트에 자제가 필요한 바로 그 시점에 등장한 뱃심 좋은 세일즈맨이었다. 월스트리트가 그때 조금만 더 자제심을 발휘했다면 정부로부터 규제를 받지 않았을 것이다. 그는 월스트리트 비리의 상징이 되었고, 모든 월스트리트의 남용에 대한 책임을 뒤집어쓰고 희생양이 되었다(그의 세일즈맨이 실제로 저지른 잘못의 범위를 넘어서는 책임이었다). 미첼을 통해서든 최근의 마이클 밀컨(그는 엄청난 규모의 거래에 대해 실제로 아주 작은 양만을 챙겼을 뿐인데 구속되었다)을 통해서든 여기에 역사를 관통하는 교훈이 있다. 그 교훈이란? 조금만 자제하면 크게 발전한다는 말이다. 그런데 또 하나 얻을 교훈은 판매술의 위력이다. 공개적인 국회 청문회를 통해서 끔찍한 대중 이미지를 얻게 된 뒤에도, 판매술의 달인 미첼은 월스트리트에서 세일즈를 통해서 매우 안전하고도 탁월한 미래를 펼쳐나갈 수 있었다. 아마도 "조금만 자제하면 크게 발전한다"를 조금 더 신랄하게 수정한다면, "약간의 판매술에 자제를 조금 보태면 크게 발전한다"가 될 것이다.

052

엘리샤 워커

Elisha Walker

아마도 미국 최대의 은행 강도

◆

 뱅크 오브 아메리카는 하마터면 1930년에 '도난'당할 뻔했다. 창립자가 세워놓은 막강한 뱅크 오브 아메리카가 뿌리째 뽑혀나가는, 역사상 최대의 은행 강도 사건이 발생할 뻔한 것이다. 강도는 결코 성공하지 못했지만, 이 사건을 배후에서 조종한 엘리샤 워커Elisha Walker는 역사에 전해지면서 좋은 이야깃거리가 되고 있다. 그리고 금융 역사의 발전에는 시점 선택이 중요하다.

 이야기는 샌프란시스코에 기반을 둔 은행의 연로한 창립자이자 그 거대한 지주회사 트랜스아메리카 코퍼레이션의 수장 자니니가, 자신의 수백만 달러 은행제국을 확장할 목적으로 인수 대상 투자회사를 물색하면서 시작되었다. 당시 그는 (스스로 원해서) 월스트리트와 전혀 유대가 없었지만 전국으로 사세를 확장하는 중이었고, 국제적으로도 확장을 희망하고 있었다. 그는 자기 회사를 위해서 웅대한 계획을 세워놓았지만 월스트리트는 그 계획에 분개했다.

월스트리트에서 자니니는 자신이 찾던 사람을 발견했다고 생각했다. 그는 49세의 뉴욕 토박이 엘리샤 워커로서, 모건과 쿤 로브의 영향력 아래에 있는 최상의 개인투자 은행 블레어 앤드 컴퍼니_{Blair and Company}의 대표였다. 워커는 월스트리트의 유망한 스타였지만, 무엇보다도 중요한 점은 자니니가 그를 좋아했다는 사실이다. 다섯 자녀의 아버지였던 워커는 이탈리아식 대가족 제도에 익숙한 이탈리아계 캘리포니아 사람들에게 호감을 줄 것 같았다. 거의 하룻밤 사이에 거래가 성립되었고, 블레어 앤드 컴퍼니는 트랜스아메리카에 인수되어 '가족'이 되었다.

그 순간 워커의 예리한 두뇌가 회전하기 시작했다. 이때 자니니의 두뇌도 회전했어야 했다. 떠오르는 스타 워커는 트랜스아메리카를 손에 넣어서 월스트리트의 친구들에게 넘겨주면, 이들은 기꺼이 이 회사의 메인스트리트 방식을 월스트리트 방식으로 뜯어고칠 것이고, 자신은 더 빨리 출세하는 동시에 돈도 벌 수 있다고 생각했다. 그래서 그는 트랜스아메리카에 대한 자니니의 비전을 받아들였고, 상사들에게 알랑거렸으며, 1년 뒤 1930년에 자니니가 은퇴하자 결국 회사를 손에 넣었다. 외부인으로서 단 1년 만에 보여준 대단한 활약상이었다. 워커는 겉으로는 경의를 표했다. 하지만 속으로는 음흉한 미소를 지으며 말했다. "우리는 최선을 다해 자니니의 발자취를 따라갈 것을 약속합니다. 나는 개인의 이득이 아니라 회사의 발전을 위해서 이 자리를 지키는 사람입니다."

워커는 미국의 경제 침체를 구실로 삼아(상당히 설득력이 있었을 것이다), 즉시 트랜스아메리카의 배당금을 줄였는데, 특히 공황기에 배당을 줄이는 일은 자니니의 관점으로는 절대 받아들일 수 없는 결정이었다. 그러나 워커는 자기 뜻을 관철했다. 이제 그가 이사회 의장이었기 때문이다. 다음으로 그는 부동산담보 대출을 모건 계열의 생명보험 회사에 팔아넘김으로써, 오랜 고객들을 버렸다. 이익과 재무 전망이 이전의 예측치보다 악화하였다(그 시대를 반영하는 신호였을 것이다). 그 결과 주가가 주당 약 50달러에서 30달러 밑으로 떨어져 회사의 가치가 반토막이 되었다. 점진적으로 자니니와 워커 사이에 긴장이 고조되었고, 특히 트랜스아메리카 주식에 대한 베어 레이드를 방어하지 않자 더 심각해졌다.

워커는 트랜스아메리카의 남은 자산을 주주의 승인 없이 하필 굶주린 월스트리트에 헐값에 무모하게 팔아넘겼다. 예를 들면, 그는 회사의 뉴욕 지점은행들을 재빨리 팔아넘겨서, 자니니의 월스트리트 진출에 분노했던 거물들로부터 점수를 땄다. 주로 이들은 자니니가 자기들에게 사업을 가져다주지 않았고, 사실상 일부 빼앗아갔기 때문에 분노했을 것이다.

고객들이 소외되고 주주들이 무시당하는 등, 은행은 이제 자니니가 경영하던 시절의 은행이 아니었다. 이런 현실에 은행과 창립자를 믿고 예금을 맡겼던 수천의 주주들은 용기를 잃었다. 그래서 아마도 워커가 기대했던 대로 주식을 팔기 시작했다. 트랜스아메리카 주식이 급락했고, 나중에는 사상 최저가인 2달러 수준까지 떨어졌다. 이제 워커는 주식을 쉽게 사 모을 수 있었고, 실제로 그렇게 하여 이 회사의 최대 개인 주주가 되었다. 이 사실에 자니니는 두려움을 느꼈다. 그는 회사의 지분을 대량으로 보유한 적이 전혀 없었고, 대신 그를 믿고 의결권을 맡겨준 수천의 소액 투자자들을 통해서 회사를 경영해왔었다.

서서히 워커는 거대한 회사를 와해시키면서, 불과 몇 달 전 자신이 굳게 약속한 목표로부터 트랜스아메리카를 점점 더 멀리 떼어놓고 있었다. 자니니는 격노하였고 자기 후계자의 계획이 모건이 주도하여 꾸며낸 음모라고 비난하였다. "JP모건 앤드 컴퍼니는 우리가 일류회사들의 지분을 대량 보유하는 일도 좋아하지 않았고, (모건의 은행인) 뱅커스 트러스트Banker's Trust가 강하게 반대했듯이 우리가 유럽에 진출하여 여행자 수표를 발행하는 일도 좋아하지 않았다."

자니니는 싸우러 나섰고, 워커와 월스트리트 후원자들에게 전면전을 선포했다. 언제나 이런 전쟁이 일어나면 역사는 거의 항상 월스트리트의 승리를 보장했다. 로버트 영, 새뮤얼 인설, 찰스 모스도 그런 경우였다. 자니니는 거의 무일푼이었으므로, 그도 마찬가지로 암담해 보였다. 그는 트랜스아메리카의 대주주가 되어본 적이 전혀 없었고, 인정 많은 성격으로 자신이 모은 많은 재산을 자선사업에 나눠주었다는 점을 기억하라. 그러나 그는 워커는 얻지 못한 주주들의 지지를 확보하고 있었고, 결국 이것이 승부의 열쇠가 되었다. 또한 워커는 1932년의 무서운 침체기에 월스트리트 친구들로부터 지원을 받기가 어려웠다.

주주들을 속이려고 파견된 월스트리트의 '낙하산'으로 묘사된 워커는 대중과 언론의 지지를 등에 업은 자니니 앞에서 힘없이 무릎을 꿇었다. 이 전쟁은 마침내 1932년 주주총회에서 일종의 인기 대결이 되었다. 자니니가 압도적인 차이로 다수 의결권을 확보하자 워커는 트랜스아메리카에서 축출되었다. 워커와 그의 추종자들은 즉시 트랜스아메리카에서 쫓겨났다. 워커는 그 후 다시는 캘리포니아에서 언급조차 되지 않았다.

샌프란시스코에서 미움받은 워커는 뉴욕의 친구들에게 돌아갔고, 그곳에서 그동안 쌓은 점수에 대해 보답받았다. 그는 쿤 로브의 파트너가 되었고, 1950년 71세로 죽을 때까지 그곳에 재직하면서 롱아일랜드에서 조용히 살았다. 믿을 만한 친구들이 그를 보살펴주었다. 하지만 자니니에게 완패당한 뒤, 워커는 다시는 진정한 세력으로 인정받지 못했다. 트랜스아메리카만이 그가 명성을 남긴 유일한 무대였다. 우리가 책에서 워커의 이름을 발견할 때마다, 우리는 틀림없이 곧 그 뒤에 바싹 붙어 등장하는 자니니를 보게 된다.

이것은 (공화당원이고, 예일 대학과 MIT에서 공부하였으며, 정력적이고, 자신감 넘치며, 연줄이 막강한) 전형적인 일류 월스트리트 임원이 소시민들의 투사에게 패배하는 사례다. 분명히, 이것은 시대의 변화를 나타내는 신호였다. 워커는 월스트리트가 거의 전적으로 자기 방식으로 사업을 진행하던 1930년대 이전의 월스트리트를 대표했다. 자니니 전에는 월스트리트로부터 승인받지 못한 자는 거의 살아남지 못했다. 그러나 1920년대가 되자 몇몇 영리한 사업가들이 이를 시도했다. 인설과 영이 시도했으나, 이들은 월스트리트로부터 자금지원을 받지 못해서 결국 실패했다. 자니니는 막강한 월스트리트의 제후들과 전리품을 나누지 않고서도 월스트리트의 왕으로부터 지배권을 빼앗아낸, 아마도 첫 번째 인물일 것이다. 비록 아슬아슬하긴 했지만 자니니가 워커를 성공적으로 무찌른 일은 상징적이었다.

1930년대에는 미국의 비전이 갈라져 경합을 벌였다. 메인스트리트(일반 대중)가 월스트리트보다 분명히 더 중요해졌으며, 이들 둘이 처음으로 여러 면에서 분리되었다. 글래스-스티걸법에 따라 상업은행과 투자은행이 분리되었고, 1940년대에 미국 소액 투자자들의 편에 서서 메릴린치가 거대기업으로 성장했다. 이런 사실과 마찬가지로 자니니-워커 전쟁에서 워커가 패배한 사실은, 아마도 권력이 월스트리트로부터 메인스트리트로 이동하는 큰 흐름을 보여주는 첫 번째 주요 상징일 것이다. 메인스트리트의 소시민들은 무대의 주역으로 등장하여, 이후 40년 동안(1980년대에 대규모 기업 사냥꾼들이 다시 등장하기 전까지) 금융 세계를 지배했다.

053

앨버트 위긴

Albert H. Wiggin

남의 꿀단지에 손댄 사나이

◆

앨버트 위긴Albert H. Wiggin은 미국 정부가 상업 은행업과 투자 은행업을 분리하는 글래스-스티걸법을 통과시킨 이유를 보여주는 훌륭한 사례다. 이 법이 통과되기 전에는 두 기능이 마치 샴쌍둥이처럼 하나의 머리에 붙어 있어서, 최고 경영진, 생명줄 같은 고객, 심지어 내부 정보까지 공유하는 상황이었다. 그래서 위긴처럼 똑똑하고 탐욕스러운 많은 사람들이 자신의 지위를 이용하기가 아주 수월했다.

한때 "월스트리트에서 가장 인기 있는 은행가"로 불렸던 위긴은 체이스 내셔널 뱅크의 대표였고, 1930년까지 이 은행을 세계 최대의 상업은행으로 키웠다. 동시에 체이스의 투자은행 자회사인 체이스 증권 Chase Securities Corporation의 대표여서 주식 거래에 관련된 값진 내부 정보를 모두 얻을 수 있었다. 이런 정보와 자신의 영예로운 지위를 이용해서 개인적 이익을 얻지 않았다면, 그는 영예롭게 역사에 남았을 것이다. 그러나 그는 남의 꿀단지에 손을 대고 싶은 욕망을 도저히 누를 수가 없었다.

침착하고 내성적이며 사업가 기질을 지닌 위긴은 은행을 보수적으로 경영하는 것처럼 보였지만, 자신의 돈 문제에 대해서는 광적인 투기 성향에 사로잡혀 있었다. 1920년대 중반, 그는 수상한 작업을 시작했다. 셔마 코퍼레이션Shermar Corporation 같은 개인 혹은 가족이 운영하는 회사 여섯 개를 설립해서, 자신의 정체를 숨긴 채 투기 수단으로 이용한 것이다. 투기는 전혀 불법이 아니었지만, 그는 투기의 현란한 속성 때문에 자신의 이름이 더럽혀지는 것을 분명히 원치 않았다. 위긴은 결국 국제적으로 존경받고 있었으며 월스트리트 엘리트 은행가 집단의 중요한 일원이었으므로, 이런 투기에 대해 언짢은 표정을 보여야 했다.

그래서 위긴은 자신의 활동을 최대한 비밀로 유지하면서, 체이스 증권이 주식 작전 세력 등을 구성할 때 그의 개인회사를 관행적으로 끼워주도록 조치했다. 이런 행동 자체는 불법도 아니었고 부도덕한 일도 아니었지만, 그가 문제를 일으키는 시발점이 되었다. 예를 들면, 1928년과 1929년 체이스 증권이 유명한 시장조작자 아서 커튼Arthur Cutten이 운영하는 싱클레어 컨솔러데이티드 오일Sinclair Consolidated Oil 작전 세력에 가담할 때, 위긴의 셔마 코퍼레이션도 끼워주었다.

이 작전 세력은 주당 30달러에 싱클레어 주식 약 100만 주를 매수한 뒤, 커튼이 주가를 조작하여 거짓으로 띄운 가격에 매도하려고 기다렸다. 이 주식은 아주 잘 팔렸기 때문에, 작전 세력은 35~45달러 가격대에 추가로 70만 주를 대중에게 팔아넘길 수 있었다. 전체적으로 작전 세력은 약 1200만 달러에 이르는 이익을 실현했다. 작전 세력에 15%로 참여했던 체이스는 180만 달러를 받았고, 위긴은 셔마의 이름으로 7.5%에 해당하는 87만 달러를 벌었다. 그로서는 나쁘지 않은 실적이었다. 게다가 아무도 이 사실을 몰랐다. 다시 말하지만, 당시에는 이런 거래가 불법이 아니었고, 그도 위험한 사업에 다른 사람과 똑같이 돈을 투자했으므로 특별히 부도덕한 점도 없었다. 하지만 이 거래는 그가 비밀 거래를 본격적으로 시작하는 계기가 되었다.

위긴의 거래를 눈치챈 사람들은 현명하게 입을 다물고 있었다. 위긴은 월스트리트에서 높이 존경받는 인물이었다. 따라서 그가 경건한 은행가가 아니라 투기꾼이라고 폭로하는 행위는 공동 사회에 공손하지 못한 행동으로 비쳤다. 더군다나, (상황을 결코 운에 맡기지 않는) 빈틈없고 계산이 빠른 위긴은, 눈치챈 은행 직원들을 자기 회사의 이사회에 '위장' 이사로 앉히는 전략을 썼다. 이런 방식을 통해서 직원들은 위긴의 일에 밀접하게 연루되어서, 그를 배신하면 자신도 무사할 수가 없었다.

위긴이 벌인 단연 가장 끔찍한 행위는, 1929년 대공황 동안 자기 은행 주식에 대한 투기였다. 대공황 전후 단 3개월 만에, 그는 셔마의 이름으로 체이스 주식 4만 2000주를 공매도한 뒤, 공매도를 청산하면서 약 400만 달러를 벌어들였다. 이번에도 아무도 의심하는 사람이 없었다. 겉보기에 늘 그랬듯이 그는 내성적이고 존경받는 은행가처럼 보였으며, 토머스 라몬트가 주가를 부양할 목적으로 이끈 떠들썩한 은행가연합에 참여하기까지 했다. 아이러니하게도 은행연합 구성원들의 흠잡을 데 없는 평판 덕에, 비록 짧은 기간이지만 시장이 안정될 수 있었다. 그러나 대공황은 어느 누가 다루기에는 너무도 거대했다. 시장과 체이스 주가가 하락할수록 위긴은 더 많이 공매도했다. 회사의 대표로서 주주들의 이익 보호에 최선을 다해야 하는데도 주식을 공매도하는 행위는, 수탁자로서 명백한 윤리 위반이다.

그동안 체이스 증권은 은행 주식을 부양할 목적으로 자체 기금을 조성해놓았다. 그래서 자회사가 체이스 주식을 잠시나마 띄우려고 자금을 적시에 투입하면 위긴은 가차 없이 공매도를 실행했다. 심지어 기금의 매수 주문에 대고 5000주를 공매도하기도 했다. 물론 이 모든 과정에서 자회사의 매수 주문이 어느 증권사로 가는지 정확히 알고 있었으므로, 그는 이에 따라 자신의 공매도 주문을 낼 수 있었다. 전적으로 무자비했다.

게다가 위긴은 심지어 자기 돈이 아니라 체이스의 돈으로 투기를 벌였다. 은행은 위긴의 회사에 당연히 후하게 대출해주었고, 때로는 1주일에 500만 달러를 넘겨주기도 했다. 위긴은 매우 기뻐하면서 이 돈을 투기에 사용했다. 이제는 이런 행위 자체가 명백한 윤리 위반이다. 은행은 직원들에게 자금을 빌려주는 경우, 그 내역을 완전히 공개해야 한다. 알려진 바와 같이 똑같은 수탁의무 위반 때문에 버트 랜스 Bert Lance가 지미 카터 Jimmy Carter 행정부에서 쫓겨났다.

어쨌든, 은행이 아무리 너그러웠다고 해도 위긴은 계속해서 은행을 이용했다. 1929년 12월, 그는 800만 달러를 대출받아 체이스 주식 공매도를 청산하고 400만 달러를 벌었다. 이번 사건은 그가 초기에 합법적인 투기에 단지 정체만 숨기고 참여했던 상황과는 크게 달랐다. 그는 양심의 가책이 조금도 없었으며, 이어서 이익에 대한 소득세까지 탈루

했다. 아내와 개인회사 명의의 계좌로 거래했으므로, 공매도 거래도 실제로 그의 이름으로 한 것이 아니었다. 이것이 그를 파멸로 이끈 마지막 원인이 되었다.

위긴의 계책은 마침내 그가 체이스에서 사임한 직후인 1933년의 은행 및 통화 분야 미국상원위원회 청문회에서 드러났다. 아이러니하게도 그의 퇴임식은 성대하게 치러졌다. 위긴은 매년 무려 10만 달러나 되는 연금을 받게 되었고, 사심 없는 헌신에 대해 많은 찬사를 받았다. 새 경영진은 이렇게 썼다. "체이스 내셔널 뱅크는 그의 에너지, 지혜, 비전, 인품이 만들어낸 위대한 기념비다." 사실은 (실제로 갖고 있다면) 위긴의 스위스 은행계좌가 훨씬 더 어울리는 기념비가 되었을 것이다.

증언대에 올라섰을 때 위긴은 냉담한 태도로 품위를 유지했지만 다소 초췌해 보였고, 그의 모든 거래 내역이 공개되어 평판이 땅에 떨어졌다. 상원위원회 법률 고문 퍼디낸드 페코라Ferdinand Pecora는 그의 인상적인 증언을 저서 『Wall Street Under Oath(월스트리트의 증언)』에서 상세히 설명했다. 예를 들면, 위긴은 '표현이 주는 느낌' 때문에 '작전 세력'이라는 단어를 절대 사용하지 않았다. 그는 체이스 주식 거래에 대해서도 "은행 간부들이 자기 회사 주식에 관심을 두는 일은 매우 바람직하다고 생각한다"라고 말하면서 사과를 거부했다.

위긴의 증언 뒤 체이스는 위긴과의 관계를 끊었고, 위긴은 연금을 포기했다. 그의 세금 관련 거래도 청문회를 통해서 방송을 탔으므로, 그는 탈세로 기소되어 세금과 추징금으로 100만 달러가 넘는 금액을 납부하도록 명령받았다. 그는 3년 동안 소송을 벌여 대법원까지 올라갔지만 결국 패소했고, 1938년 비밀에 부친 금액으로 소송을 매듭지 었다.

위긴은 1892년 결혼한 아내와 결혼한 두 딸과 함께 금융계를 떠나 조용히 여생을 살았다. 현대에 이런 일을 벌였다면, 그는 거의 틀림없이 교도소에 갔을 것이다. 그러나 당시에는 월스트리트 사람들이 교도소에 가는 일이 없었다. 그는 1951년 83세의 나이로 죽었다. 체이스 증권은 그가 죽기 오래전에 이미 사라졌다.

위긴에게는 최근 이반 보스키 등이 교도소에 가게 된 것과 똑같은 기본적인 문제가 있었다. 그는 단기적 탐욕과 장기적 이익을 구분할 줄 몰랐다. 도덕은 사기꾼들이 상상하는 것보다 이해하기 쉽다. 장기적으로 탐욕과 도덕은 서로 손잡고 함께 간다. 위긴이 자신의 이익보다 주주들의 이익을 항상 우선했다면, 이 유능한 인물은 모든 사람에게 존경받으며 부자로 죽었을 것이다. 그러나 고객의 이익보다 자신의 단기적 탐욕을 앞세웠으므로, 그는 전부 잃었다. 존경받는 강력한 지위에서 시작하여 권력을 남용하기 시작하는 사기꾼들이 처음부터 나쁜 사람은 아니다. 위긴처럼 이들은 단순하고도 해롭지 않은 거래를 몇 건 한 뒤, 서서히 한 걸음씩 더 나쁜 방향으로 특권을 남용한다. 모든 수탁관계에는 이해상충의 여지가 있으므로, 모두가 경외심을 갖고 전혀 숨김없이 처리해야 한다는 사실을 위긴이 가르쳐주었다.

6장

뉴딜 개혁의
기수들

NEW DEAL
REFORMERS

그들이 경멸했던 자들보다 나을 것도 없었다

◆

    1930년대 뉴딜 정책을 실행한 개혁의 기수들은 주식시장을 혁신하는 규제 혁명을 주도했다. 그들이 만든 가장 중요한 변화는 바로 증권거래위원회의 설립이다. 이들은 정치적 야심이 크고 권력에 목마른 관료들로, 일련의 법률을 제정하고 집행함으로써 우리 금융시장 시스템에 영향을 미쳤다. 이 점에서 이들은 시장을 오늘과 같은 모습으로 만들었다.

    이 개혁가들은 1929년 주가폭락과 그에 뒤따른 대공황을 무대로 등장했다. 그 잔해와 파편의 험악한 모습에 놀란 미국인들은 자유시장을 겁나는 경제 시스템으로 봤을 뿐 아니라, 전체적으로 의심스러운 제도로 여기게 됐다. 이로 인해 예전에는 당연시했던 관행들을 악습으로 보기 시작했다. 투기와 내부자거래, 합동 자금pool(개인이나 집단이 주가 조작이나 특수한 거래 목적에서 공동으로 운영하는 사설 기금_옮긴이), 신용거래, 투자은행과 상업은행의 겸업이 그런 것들이다. 이런 관행들은 항상 불법적인 것은 아니었지만, 거의 범죄와 다름없다는 시선으로 보게 됐다.

    군중심리는 모든 잘못을 과도한 투기 탓으로 돌렸다. 정치인들은 악습을 영구적으로 뿌리 뽑기 위한 새로운 규제와 법률 제정을 선포하면서 개혁을 밀어붙였다. 이 무렵 널리 퍼져 있던 이러한 공감대가 나중에 등장하는 개혁 세대들의 밑바탕을 이뤘지만, 그 공감대는 사실 틀린 생각이었다.

만약 개혁가들의 정책이 봉쇄됐다면, 금융시장이 어떤 모습으로 진화했을지는 전혀 알 수 없는 일이다. 하지만 시장은 어떻게든 진화했을 것이고, 전혀 다른 과정을 밟았을 것은 분명하다. 또 실제 일어났던 그대로의 개혁이 정말로 필요했는가도 불분명한 점이다.

우선 지적해둬야 할 점은, 일반적인 생각과는 반대로 대공황이 1920년대의 투기가 낳은 부정적인 반작용이 아니었다는 사실이다. 그 당시나 지금이나 거의 모든 이들이 투기가 원인이었다고 생각하지만, 이건 틀린 생각이다. 세상은 납득이 안 가고 설명하기 곤란한 문제가 생길 때마다 늘 희생양을 찾는다. 또 돈 많고 탐욕스런 사람들은 감정이나 도덕에 비추어 봤을 때 쉽게 욕할 수 있는 사악한 이미지를 만들어낸다.

이런 통념과는 반대로 주가폭락과 대공황은 외국에서 시작되어 결국에는 미국에까지 파급된 세계적인 사건이었다는 게 실제 사실이다. 둘째로, 미국에서 일어났던 난리법석은 미국 중앙은행의 참담한 통화 정책과 조치들 때문에 더 악화됐었다. 연방준비제도는 1928년에서 1938년까지 통화 공급량을 30%나 줄였다. 진지한 경제학도 중에서 연방준비제도가 통화 정책의 고삐를 조이지 않고 풀어주었을 경우에도 1929년에 뒤따랐던 후폭풍이 실제만큼 심각했을 거라고 보는 사람은 거의 없다. 1929년 주가폭락 후의 후폭풍이 비슷한 낙폭을 기록했던 1987년 '검은 월요일Black Monday' 직후의 후폭풍에 비해 더 심각하지도 않았다고 보는 사람들도 있다. 1987년에는 연방준비제도가 더 현명하고 기민하게 대처한 덕분에 시장 붕괴의 후폭풍은 오래가지 않았다. 셋째로, 대공황은 명확하게 미국 안팎의 각국 정부가 만들어놓은 무역장벽 때문에 생긴 반작용이었고, 전 세계적인 현상이었다. 1930년대 긴 불황의 원흉은 1920년대 투기였던가? 아니다. 정부가 원흉이었다. '샘 아저씨Uncle Sam'(머리글자 US가 미합중국United States과 같아서 흔히 미국 연방 정부를 가리킴_옮긴이)가 워싱턴에서 뿌려놓은 문제를 두고 기업을 탓하며 치료에 나서야 한다고 생각했다는 것은 공교로운 일이다.

결국, 실제 전개된 모습대로 규제 감독이 필요했는지는 알기 어렵다. 첫째로, 개혁을 목표로 법률을 새로 만들었지만, 전 세계적인 경기 침체의 골을 완화하는 데는 별 약효가 없었다. 둘째로, 사기(詐欺)를 막는 방패 역할로 보자면, 규제 감독은 경기 침체를 막는 일에서보다 훨씬 더 무력했다. 1930년대 개혁 전이든 후든 사기꾼과 협잡꾼은 마를 날이 없도록 출몰했다. 사기와 부정행위자들은 계속 나타날 것이며, 법률이 늘어날수록 법률을 피해 가려는 사람들도 더 영리해질 것이다. 과연 누가 사기를 순전히 부정적이라고 단언할 수 있겠는가(독자들은 사기범, 부정행위, 불한당을 다룬 7장에서 그 고약한 내용을 보면 알게 될 것이다)?

우리가 정직하게 행동하도록 정부가 간섭하지 않으면, 우리 모두가 서로를 사기 칠 거라는 생각을 정부는 버리지 못하는 것 같다. 사실은 그렇지 않다. 개혁가들이 없었어도 시장은 진화했을 것이다. 다만 다른 모습으로 진화했을 것이다. 사기를 당했던 사람들 가운데는 개혁가들이 있었다면 당하지 않았을 사람도 있을 것이다. 그러나 똑같이, 그 사람들 중에는 증권거래위원회가 없었다고 해도 사기당하지 않았을 사람도 있을 것이다. 어떤 면에서는 증권거래위원회와 정부가 추진했던 개혁이 안전에 대한 잘못된 생각을 심어준 탓에, 오히려 많은 사람이 사기에 무력하게 노출되었다. 일례로, 투기성 저가주에 당했거나 지금도 출몰하는 폰지 수법에 당했던 사람들을 보자. 만약 정부 규제 덕분에 이제는 사기꾼들이 활개 치지 못하게 됐다는 생각이 퍼져 있지 않았다면, 그 사람들이 그렇게 넋 놓고 당하지만은 않았을 것이다. 르페브르는 1934년 《새터데이 이브닝 포스트》에서 이 점을 정확히 예견했다.

개혁가들이 다른 정치적 통제에 묶여 있었다면, 시장은 지금 우리가 짐작할 수 없는 전혀 다른 방식으로 진화했을 것이다. 그러나 그렇게 일이 전개되지는 않았다. 그런 방향으로 전개되었다면, 자율 감독과 자율 감독기구들이 더 많아졌을 게 분명하다. 또 모름지기 연방 정부 차원의 규제보다 주 정부 차원의 규제가 더 많아졌을 것이다. 아무튼 지금과는 달라졌을 것이다.

그러나 어떤 점에서는 결국 똑같은 것이라고 볼 수 있다. 궁극적으로는 애덤 스미스가 말한 '보이지 않는 손'을 통해서 작용하는 경쟁이야말로 시장을 규제하는 진정한 힘이기 때문이다. 우리가 지난 세기 말에 동유럽에서 보았듯이 경쟁이 없으면 정부는 와해된다. 금융시장에서 실적이 저조한 사람들을 솎아내고 우수한 사람들에게 보상이 돌아가게 하는 것은 경쟁이다.

기묘하게도 개혁가들은 그 면모 자체가 대단한 걸작품이었다. 윈스럽 올드리치, 조지프 케네디, 제임스 랜디스, 윌리엄 더글러스는 대단한 야심과 열정으로 개인적인 권력을 추구해서 정치권으로 발탁됐다. EHH 시먼스는 그렇지 않았다. 그 역시 개혁을 부르짖었지만, 그의 선임자들처럼 1924년부터 일찌감치 사기를 통제할 자율 감독을 촉구했다. 일단 주가폭락이 발발하자(이때 시먼스는 신혼여행 중이었다) 적개심에 빠진 무지한 대중은 처벌을 요구했고, 보다 온화한 그의 입장은 아예 고려의 대상에서 제외됐다.

올드리치는 상업은행 업무와 투자은행 업무를 분리시킨 1933년 은행법Banking Act 입안을 도왔다. 그는 자신의 은행부터 수익성 높은 투자은행 부문을 해체함으로써 나머지 월스트리트를 겨냥해 은행개혁의 본보기로 삼았다. 그게 좋은 생각이었을까? 단연코 아니다. 왜냐하면, 지금 그가 만들어놓은 것을 다시 원상으로 돌리고 있기 때문이다. 다른 감독관들과 다름없이 올드리치도 개혁 추진으로 획득한 명성을 더 높은 정치적 지위를 얻는 데 활용하고자 했다. 그는 영국 대사로 갔다.

조지프 케네디는 허영과 야심에 찬 출세욕으로 결국 영국 대사까지 올라갔다. 이 사람은 시장(市長)의 딸과 결혼해놓고, 갖가지 주가 작전을 벌이는 와중에도 부인 모르게 불륜을 일삼았다. 그가 벌였던 온갖 사기성 주가 작전은 얼마 후 불법화됐다. 민주당에 정치 자금을 대면서 그는 사회적 명성과 프랭클린 루스벨트의 호의를 샀다. 증권거래위원회 초대 위원장으로 1년을 보낸 뒤 그는 영국 대사로 부임했으며, 정치권 거물들과 어울리면서 세 아들이 정치권의 높은 고지로 승승장구하는 모습을 흐뭇하게 지켜봤다.

조지프 케네디의 후임자인 제임스 랜디스는 증권거래위원회 위원장 자리를 그네 삼아 학계와 관계의 좋은 자리를 오가며 두루 거쳤다. 그러던 중 탈세를 저질러 실형을 선고받고 변호사 업무정지 명령을 받았다. 그는 사기범으로 활동했어도 뛰어났을 것이다. 그가 자살한 것인지 횡사한 것인지는 풀리지 않을 안개 속에 가려 있다.

마지막으로, 증권거래위원회 3대 위원장이자 가장 활발했던 위원장이었던 윌리엄 더글러스는 야심가 중의 야심가로, 대법원 판사로 임명됐다. 자유주의자이며 분방한 행동의 총아였던 그는 루스벨트에게 마티니를 타주는 일을 뿌듯해했다. 또 나이가 들수록 더 젊은 여인들을 줄지어 아내로 맞아들이는 호색가이기도 했다. 더글러스가 증권거래위원회 위원장 자리를 활용해, 루스벨트의 시선을 끌고 미래의 영달을 꾀했다는 데는 별로 의심의 여지가 없다. 업계나 경제학, 월스트리트에서 쌓은 공식적인 경력이 전무했었기에, 자기가 취하는 조치가 경제의 장기적인 미래에 약이 될지 독이 될지 별로 생각 없이 자기 갈 길을 갔다.

이들 자기중심주의자들이 우리의 시장 시스템에 큰 영향을 미쳤을까? 물론이다. 그들은 찰스 다우나 찰스 미첼 또 벤저민 그레이엄과 같은 길을 걸었던 사람들보다 더 큰 기여를 했는가? 절대 아니다. 기세등등한 사기범들의 기를 꺾어놓자는 좋은 취지에도 불구하고, 정부 규제의 효과는 경쟁이 장기적으로 창출하는 효과에 비기지 못한다. 어쨌거나 이 개혁가들이 없었다면 지금 우리 시장이 어떤 모습으로 돌아가게 됐을지 알 수 없는 일이다. 더 좋아졌을까, 아니면 더 나빠졌을까? 누가 확실히 알겠는가? 나 또한 알 재간이 없다. 지나간 역사를 놓고 이리로 가야 했다, 저리로 가야 했다며 참견할 수는 없기 때문이다. 기껏해야 개인적인 의견의 문제에 불과하지만, 그들이 없었다면 지금과 달랐을 것은 분명하다. 이 때문에 개혁가들은 '시장을 뒤흔든 100명의 거인들'에 들어 마땅하다.

054

EHH 시먼스
EHH Simmons

과도한 정부 개입을 낳은 원조의 한 사람

Collier's, 1925

◆

    1930년대 월스트리트로 날아드는 미국 연방 정부의 엄격한 규제로 인해 부정한 기회주의자들이 혼비백산했던 것은 부분적으로 EHH 시먼스EHH Simmons가 주도한 야심 찬 반부패 운동의 결과였다. 1924년부터 1930년까지 6년 동안 뉴욕증권거래소를 최장수 회장으로서 이끄는 동안, 시먼스는 구태에 젖어 있던 월스트리트를 보다 믿을 수 있는 새로운 모습으로 탈바꿈하려는 대대적인 십자군 전쟁을 펼쳤다. 그때까지 월스트리트에는 파렴치한 투기꾼들과 사기꾼들에다 야반도주를 일삼는 '버킷샵bucket shop(난립 증권업자)'들이 극성을 부렸다.

    올곧은 철도 사업가 에드워드 해리먼의 조카였던 시먼스(에드워드 해리먼의 가운데 이름은 헨리이고, 시먼스는 이 삼촌에게서 이름 첫 글자들을 물려받았다)는 월스트리트가 스스로 집단속을 할 수 없다고 보고, 자신과 연방 정부가 투자자들을 보호하는 일에 앞장서야 한다고 판단했다. 시먼스는 "부정한 사업은 올바른 사업을 위협하는 최악의 적"이라고 주창했다. 이런 생각이 순진했을지는 모르지만 진심이 우러난 태도였다.

시먼스는 1925년 어느 논설에서 특유의 진심 어린 어투로 이렇게 썼다. "오늘날 투자자가 아닌 사람도 없겠지만, 내가 미국의 모든 투자자를 만날 수 있다면, 버킷샵 운영자들과 증권 사기범들을 조심하라고 신신당부하겠다." 뉴욕증권거래소 회장 부임 첫해에, 그는 순진한 투자자들에게 대표적인 사기 행태를 알리는 일에 동참하도록 전국의 상업회의소와 신문사 편집진들을 결집했다. 그는 스스로도 글을 발표하고 연설 자리에 나섰으며, 정치가들을 만나 법률의 규정과 집행을 더 엄격히 해야 한다고 주창했다. 그는 기회가 날 때마다 만연하는 주식시장 범죄에 정치가 면죄부를 주는 데 일조하고 있다고 말했다.

시먼스는 특히 버킷샵에 공격의 날을 세웠다. 당시 투자자들에게 수익을 낼 여지를 거의 주지 않던 버킷샵은 사실상 하나의 사회기관처럼 받아들여지고 있었다. 거칠고 무모한 투기꾼이었던 제시 리버모어는 1900년대 초에 버킷샵을 이용해서 100만 달러 대의 첫 재산을 벌었지만, 이는 극히 드문 예외였고 버킷샵을 이용한 서민들은 대부분 막대한 손실을 입었다(버킷샵에 대한 보다 상세한 설명은 096. 제시 리버모어 편을 보라). 시먼스는 버킷샵을 일컬어 눈에 안 띄게 "시민 속으로 파고들어 도덕과 경제를 파멸시키는 암"이라고 했다. 그 무렵에는 버킷샵이 오늘날의 장외 경마도박처럼 사회 깊숙이 뿌리내릴 정도로 흔해져서, 일반인들이나 법률을 집행하는 관리들도 위험하게 보지 않을 정도였다. 사실 시먼스가 족히 10년 내내 이들을 공격했지만, 버킷샵은

1934년에 이르러서야 증권거래법Securites Exchange Act에 의해 불법화됐다.

가짜 금광이나 이미 담보 잡힌 플로리다의 토지를 가지고 주식을 발행하는 주식공모 사기범들도 시먼스에 의해 축출됐다. 이런 사기꾼들을 없애기 위해 그는 연방 정부 및 주 정부들과 공동으로 일했고, 의심적은 동료들을 신고하도록 거래소 회원들을 독려했다. 그는 다음과 같이 선언했다. "거래소의 명예와 그 회원들의 명예는 항상 유지돼야 한다. 그 명예를 지키기 위한 최선의 길은 거래소 규칙의 준수뿐이다."

시먼스는 정의로운 세상을 만들고 싶어 하는 고지식한 경찰 같은 사람이었는데, 우연히 월스트리트에서 일하게 됐다고 하면 딱 맞을 인물이었다. 뉴저지 주의 저지시티에서 태어난 그는 1898년에 컬럼비아 대학교를 졸업한 뒤 1900년에 뉴욕증권거래소 회원권을 매입했다. 그는 루터 앤드 크로스Rutter & Cross라는 위탁매매 증권회사의 공동 소유주(파트너)로 활동하다가 1909년에 뉴욕증권거래소의 이사가 됐다. 이어서 고속 승진을 거쳐 1921년에 부회장, 1924년에 회장에 올랐다. 두 번의 결혼에 이어 두 번을 상처했던 그는 거래소 회원들과 언론, 법조계 인사들에게 인기가 높았을 뿐 아니라, 투자자들로부터도 높은 신임을 받았다.

시먼스가 회장을 맡고 나서 뉴욕증권거래소는 빠르게 성장했다. 그의 지휘하에 뉴욕증권거래소는 사상 최대의 성장을 구가하며, 거래 규모는 신기록을 경신했다. 이러한 폭발적인 거래 팽창은 대부분 1920년대 강세장에 힘입었다. 그는 앞만 보면서 거래소의 물리적 시설을 확장했고, 새로운 시세표시 시스템을 도입했다. 거래소 회원수도 275석이 더 늘었고, 해외 증권거래소와의 관계도 확대됐다. 런던 사람들은 그를

'세상에서 가장 바쁜 사람'이라고 생각했다. 왜냐하면, 시먼스는 런던으로 휴가를 왔을 때도 늘 런던의 금융 시스템을 연구하기 일쑤였기 때문이다.

시먼스에게 주식시장은 인생의 전부였다. 그러나 우리의 예상과는 달리, 그의 회장 임기는 거창하거나 화려한 행사 하나 없이 끝났다. 물론 퇴직 송별회 같은 행사들은 있었다. 그러나 1929년 주가폭락 때 거래소를 잠시 비웠다가 그대로 회장직에서 물러났다. 시장이 붕괴할 때, 그는 52세의 나이에 하와이의 호놀룰루Honolulu에서 신혼여행을 보내던 중이었고, 리처드 휘트니Richard Whitney 부회장이 그의 회장직을 대행하고 있었다. 회장직 대행 중에 휘트니가 했던 일이 자연스럽게 다음 해로 이어지면서 시먼스를 대신해 그가 회장직을 맡게 됐고, 시먼스는 신혼여행 휴가에 이어 사생활로 돌아가게 됐다. 이 일로 인해 시먼스가 부정적인 영향을 받지는 않았다. 몇 해 뒤 그는 다시 거래소 부회장으로 업무에 복귀했기 때문이다.

시먼스는 1955년 78세의 나이에 세상을 떠났다. 그는 평생 동안 자신의 사생활을 최대한 절도 있게 유지했다. 가치관과 도덕규범에 관한 한은 거센 독설을 전혀 자제하지 못했지만 말이다. 그의 높은 윤리의식은 1926년의 어느 날, 전도유망한 거래소 연수생들 앞에서 연설했던 발언에서 잘 드러난다. 그는 아무리 하찮아 보이는 일이라도 그들의 직무에 헌신하라고 촉구하면서 다음과 같이 말했다. "헌신은 진정한 만족과 보람입니다. 왜냐하면 그것은 여러분들의 직무를 훌륭히 수행함으로써 얻는 기쁨이요, 여러분들의 양심이 요구하는 도덕률에 충실함으로써 얻는 보람이기 때문입니다. 또 사람들이 여러분들을 믿고 편히 살도록 해줌으로써 얻는 자부심이기도 합니다."

시먼스는 창의적인 노력을 촉구하면서 "지금 이 순간만을 위해 사는 자세"에 경종을 울렸다. 멀리 보는 사람이었던 그는 이렇게 충고했다. "여러분의 창의력을 책상에 묶어두지 마십시오. 또 여러분의 사고력을 책에 가둬두지 마십시오. (……) 여러분의 사고력과 창의력을 바깥으로 돌려, 세상을 보고, 또 어떤 모습인지를 연구하십시오. 또 여러분이 어떻게 개선할 수 있는지 눈여겨보십시오."

시장의 시세 분출을 조장하는 고삐 풀린 자본시장을 시먼스가 왜 위험하다고 봤고 또 바꾸려고 했는지를 이해하기는 어렵지 않다. 하지만 그가 정부 개입이 기업활동에 미칠 위험을 보지 못한 이유는 이해하기 어렵다. 앞서 언급한 것처럼, 그는 "부정한 사업은 올바른 사업을 위협하는 최악의 적"이라고 지적했다. 지금 시점에서 되돌아볼 때, 부정한 사업을 위험하다고 봤던 그가 과도한 정부를 훨씬 더 심각한 적으로 인식하지 못한 것은 의아한 일이다.

055

윈스럽 올드리치

Winthrop W. Aldrich

분노의 칼을 빼 든 명문가의 은행가

Pach Bros., 1953

◆

　윈스럽 올드리치_{Winthrop W. Aldrich}는 1930년대 초까지 서로 다정한 사이로 지내며 월스트리트에서 군림했던 오랜 친구들과 정면으로 대립했던 은행가였다. 그는 출근할 때면 다른 곳에는 눈길도 주지 않고, 곧장 '투박한 발걸음으로' 사무실에 들어가는 사람이었다. 또 사업상 중요한 사안을 거론할 자리가 아니라면, 긴 점심 약속을 탐탁해하지 않았던 사람이었다. 그는 은행가들이 벌이는 게임에는 아무 관심이 없어서 그들의 게임을 수호할 마음도 없었다. 금융계가 1929년의 주가폭락과 그에 뒤따랐던 대공황에서 벗어난 1933년, 올드리치는 치명적인 일격을 '형제들'에게 안겨줬다. 상업은행 업무와 투자은행 업무를 분리시키는 그의 대대적인 개혁안은 1933년에 통과된 글래스-스티걸법으로 구체화됐다. 이 법은 뉴딜 행정부가 이룩한 큰 업적 가운데 하나로,

100년을 이어온 월스트리트 은행업계의 특권적인 관행을 철폐했다.

신중하고 냉랭한 성격으로 도덕관이 철두철미했던 올드리치는 늘 "캐널스트리트 남쪽을 보면 웃음이 나올 때가 없다"라고 말하곤 했다 (캐널스트리트Canal Street의 남쪽에 월스트리트가 있었는데 늘 월스트리트가 달갑지 않았다는 뜻이다). 메이플라워Mayflower 호를 타고 처음으로 미국에 이민 왔던 개척 세대의 후손인 그는 1885년 로드아일랜드 주의 프로비던스 시에서 태어났다. 영향력 있는 상원의원의 열한 자녀 중 열 번째 자식으로, 25세가 되던 1910년에 하버드 로스쿨을 졸업했다. 그는 누이가 존 록펠러 2세John D. Rockefeller, Jr.와 결혼했던 인연으로 권위 있는 월스트리트의 법무법인에 입사했고, 뉴욕 중심가의 유명한 변호사 집안의 사위가 됨으로써 그의 성공은 보장된 것이나 다름없었다.

올드리치는 화려한 법조계 경력에 만족했다. 하지만 에퀴터블 트러스트 컴퍼니Equitable Trust Company의 총재가 갑자기 세상을 떠나자, 우연인지 아니면 록펠러의 축복인지, 그가 이 신탁은행의 총재가 됐다. "저는 변호사이지, 은행가가 아닙니다." 그는 난색을 표명했지만 소용이 없었다. 비상한 기억력과 차분한 논리, 예리하고 기민한 지력의 소유자였던 그는 뛰어난 은행가로 변모했다. 나중에 그는 에퀴터블이 1930년 체이스 내셔널 뱅크Chase National Bank(이하 체이스)와 합병했을 때, 체이스의 총재를 맡게 됐다. 이 자리에 있으면서 올드리치는 체이스의 앨버트 위긴 회장과 윤리적으로도 대립했고 개인적으로도 충돌했다. 위긴 회장은 체이스의 자본금을 자기 마음대로 주무르는 사람이었다.

위긴은 당시 대형 상업은행들의 관행대로 증권 자회사를 이용해 은행 자금을 투기적 증권 거래에 투자하는 걸 당연시했다. 반면, 올드리치는 더 보수적인 경영을 주장했다. 대공황이 맹위를 떨치며 미국을 덮치자, 그는 자신의 보수적인 사고방식에 동조하게 된 다른 이사들의 지지를 획득했다. 이들의 지지를 발판으로 올드리치는 위긴을 축출하고, 마침내 1933년에 그의 후임으로 향후 20년간 회장직을 수행하게 된다.

어느 자리에선가 올드리치는 "지난 10년간 일어난 일들을 되돌아보면, 상업은행 업무와 투자은행 업무의 유착은 불가피하게 부패로 이어진다는 결론을 내릴 수밖에 없다"라고 말했다. 그는 곧바로 스스로 내세운 뉴딜 개혁으로 은행업계를 뒤흔들기 시작했다. 그의 개혁과 더불어 상업은행과 투자은행을 겸하는 기존의 은행 시스템은 해체의 길로 들어섰다[이 무렵의 은행 시스템과 그 작동 방식은 내셔널 씨티 뱅크의 051. 찰스 미첼과 053. 앨버트 위긴을 다룬 장에서 자세히 설명돼 있다]. 기존의 은행 시스템에서는 주력 상업은행들이 1920년대의 대대적인 강세장의 수혜를 유리하게 이용할 수 있었다. 그 대표적인 방법은 내부자 정보, 임원 겸직 제도, 대단위 신주 발행 인수 업무에 대한 거의 독점에 가까운 장악, 발행한 증권을 쉽게 팔아넘기는 시장으로 은행의 고객을 악용하는 관행이었다. 이런 시스템을 터무니없다고 판단한 올드리치는 공개적인 공격에 나서서 위긴이나 모건을 비롯한 여타 은행가 동료들을 아연실색하게 했다.

냉랭하게 비판적으로 쏘아보는 듯한 푸른 눈에 엄숙한 표정을 한 올드리치는 다음과 같이 소리 높여 말했다. "투기 풍조를 상업은행의 경영에서 도려내야 한다." 1933년 3월 8일의 유명한 연설에서 그는 은행업계의 전면적인 개혁을 주장함으로써 그의 업계 동료들을 깜짝 놀

라게 했다. 그는 아직 심의 단계에 있던 글래스-스티걸법을 개관하면
서, "더 철저하게 해야 한다!"라고 강력하게 비판했다. 이 법률이 주창
했던 상업은행 업무와 투자은행 업무의 분리에 더하여, 올드리치는 다
음과 같은 규정들의 도입도 요구했다.

1. 예금을 받는 합자회사와 주식회사는 상업은행과 똑같은 규제 조항들을 준
수해야 한다.
2. 유가증권 업무를 다루는 회사는 예금을 받을 수 없다.
3. 유가증권 업무를 다루는 합자회사의 임원이나 구성원은 은행의 직무를 겸
직할 수 없으며, 역으로 은행의 임원이나 구성원은 유가증권 업무를 다루
는 합자회사의 직무를 겸직할 수 없다.

올드리치가 주장한 각 사항은 자본주의 시스템에 대한 은행업계의
지배력 약화를 겨냥하고 있었다. 그의 말대로 한다면, 상업은행에서 투
기적 사업은 척결되고, 내부자 정보를 획득하기는 훨씬 더 어려워지게
된다. 일례로, 위 세 번째 규정대로 한다면, JP모건의 파트너인 사람은
체이스의 이사회 임원으로 취임할 수 없게 된다. 과거에는 JP모건과 체
이스 양쪽 이사회를 겸직하는 임원이 두 회사와 모두 거래하는 어느 고
객에 대한 내부자 정보를 자기 잇속을 위해 활용했을 것이다.

공교롭게도 올드리치가 지휘하는 체이스가 그의 매몰찬 개혁 내용
을 빠짐없이 어기고 있었다. 그는 결국 그의 새로운 개혁 원칙에 맞춰
용감하게 체이스를 바꿔가기 시작했다. 한편 은행의 주주들은 그의 수
순에 기꺼이 따라줬다. 그는 흔쾌히 체이스의 증권 자회사를 해체했고,

국채 업무를 제외한 투자은행 부문을 모두 없앴다. 그는 힘겨운 개혁을 치러내기까지 한 번도 그의 적수들 배후에 있는 동료들이나 친한 친구들에게서 양해를 구하려 하지 않았다. 그는 누가 무슨 생각을 하든 개의치 않고 전속력으로 개혁을 밀어붙였다. 월스트리트는 이를 갈면서 그를 증오했던 한편, 루스벨트 행정부는 전폭적으로 그에게 힘을 실어줬다. 올드리치는 백악관으로부터 특별대우를 받았고, 그가 개진한 사항들은 전폭적으로 수용돼 역사에 기록됐다.

올드리치는 체이스 회장 20년째를 맞아 4년 동안 영국 대사로 부임하기 위해 업계의 모든 직무를 정리했다. 영미 외교 문제와 씨름한 뒤 그는 1957년에 미국에 돌아와, 그와 록펠러 가문의 금융 업무를 관리하기 위해 다시 업계에 뛰어들었다. 올드리치는 은행 및 금융계 말고도 국제상업회의소International Chamber of Commerce에서 일을 맡을 때도 있었고, 몇 가지 지역 사회 현안에 참여할 때도 있었다. 그는 또 갖가지 자선단체가 생길 때마다 기꺼이 도움의 손길을 내밀었던 유명한 박애주의자였다. 그중에는 여러 병원도 있었고, 걸스카우트 뉴욕 지부, 터스키기 인스티튜트Tuskegee Institute(1937~1985, 흑인학교로 현재 터스키기 대학Tuskegee University의 전신_옮긴이), 미국암학회American Cancer Society 등도 있었다. 또 2차 세계대전 시 최대의 구제활동이었던 연합구제기금Allied Relief Fund을 이끌었고, 나중에 컬럼비아, 조지타운, 하버드, 콜게이트, 브라운 외 여러 대학교로부터 명예학위를 받았다. 바하마제도Bahamas의 나소Nassau에서 겨울을 지내는 등 세계를 두루 여행하기도 했던 그는 여전히 활발하게 활동하던 중이었던 1974년에 딸 다섯과 아들 하나를 남기고 세상을 떠났다.

집단 전체가 개혁에 반대할 때는 그 집단을 개혁할 수 없다. 이런 경우라면, 그 구성원들을 모조리 교도소에 보내는 일밖에 할 수 없을 것이다. 어느 집단을 개혁하려면 그 집단에서 개혁에 앞장서줄 분파를 분리해내야 한다. 올드리치는 정확히 이 일을 해냈다. 명문가의 후광을 입고 자랐던 그는 월스트리트에서 자수성가한 많은 거물들처럼 돈에 굶주렸던 사람이 아니었다. 출생에서부터 로스쿨을 거쳐 록펠러 가문과 인연을 맺기까지 그가 딛고 있던 모든 배경은 사회적 지위를 새로 얻는 것보다 지키는 쪽에 가까웠다. 그 무렵 그는 정치적 조류의 방향을 정확하게 읽었다. 올드리치가 없었다면 우리는 지금과 같은 모습으로 '개혁된' 증권업계와 은행업계를 볼 수 없었을 것이다.

조지프 케네디

Joseph P. Kennedy

증권거래위원회 초대 위원장

◆

조지프 케네디Joseph P. Kennedy를 생각하면(애칭으로 조 케네디Joe Kennedy로 통했다), 정치적 거물들로 성장했던 그의 후손들이 먼저 떠오를 것이다. 하지만 월스트리트에서 보는 그는, 좌충우돌로 부딪치면서 5억 달러가량의 큰돈을 모았던 투기꾼이다. 그는 또 그 돈과 함께 따라오는 각종 특혜도 얻었다. 세상에서 알아주는 케네디 집안이라는 이름이 그중 하나다. 그러나 '금융가'에서 기억해야 할 것은 그가 초대 회장으로서 증권거래위원회를 설립하는 역할을 했다는 사실이다.

케네디의 이야기는 큰돈을 벌려고 달려들었던 좌충우돌의 이력부터 시작된다. 케네디는 막무가내로 몰염치한 데다 호색가였으며, 주로 이기심의 발로로 출세에 매진했던 사람이었다. 시장의 딸을 아내로 삼는 일이든, 아니면 정치적인 대가로 이런저런 자리를 얻으려고 대통령 선거에 정치 자금을 대는 일이든, 그는 그가 노리는 것을 얻기 위해서 다양한 전략을 가리지 않고 구사했다.

케네디를 움직이는 원동력은 언제나 우쭐대고픈 목마른 자존심이었다. 케네디는 보스턴에서 인기 있는 아일랜드계 삼류 정치인의 아들로 빨간 머리색을 하고 태어났다. 보잘것없는 배경으로는 꿈도 꿀 수 없는 일이었지만, 그는 보스턴의 상류 사회에 들어가고 싶었다. 그의 열망이 그토록 강했던 것은 아마도 꿈도 꿀 수 없는 일이라는 바로 그 이유 때문이었을 것이다. 이러한 갈망이 그의 야심을 가로막는 그 어떤 장애물도 용납하지 않았던 저돌적인 인간을 만들어냈다. 하버드 대학교를 나온 데다 대인관계에 탁월했던 케네디는 아버지의 정치적 연줄을 활용해 은행업에 뛰어들었다. 1913년 25세 때, 케네디는 아버지가 설립한 작은 은행의 행장이 됐다. 미국을 통틀어 최연소 행장 기록일 것이다.

케네디는 카리스마가 넘치는 인물이었다. 또 그가 기분이 좋을 때면 누가 봐도 알 수 있는 그런 사람이었다. 그가 활짝 웃을 때면 그의 욕심만큼이나 큼지막한 치아가 훤히 드러났고, 잔 주름진 눈가에 걸린 둥근 안경테를 뚫고 그의 밝은 눈이 반짝였다. 얼굴에 주근깨가 많았던 그는 활기차고 호감을 주는 성격으로 사통오달의 인맥을 쌓은 덕분에 다양한 직무를 두루 거쳤고, 마침내 월스트리트에 안착했다. 무엇보다도, 그는 보스턴 시장의 딸과 맺어지는 훌륭한 결혼을 했다. 곧이어 지역 상권에 전당포를 열어 경영했고, 부동산에도 손을 댔다가, 베슬리헴 스틸Bethlehem Steel의 조선소를 경영했으며, 공익기업public utility 이사회의 임원을 맡기도 했는데, 마침내 위탁매매 증권회사인 헤이든 스톤 앤드 컴퍼니Hayden, Stone and Company의 지점장을 맡게 됐다(이 증권회사는 지금으로부터 오래전에 시어슨Shearson에 합병됐다).

1923년 케네디는 '조지프 P. 케네디 뱅커Joseph P. Kennedy Banker'라는 자신의 회사를 설립하고, 순식간에 월스트리트에서 홀로 설 수 있는 사업가로 자리를 잡았다. 그는 대부분 독자적으로 일했고, 가끔 조합과 연계해 일할 때도 있었다. 그는 양심은 없었지만, 영민한 머리로 "매매를 통해 사람들에게 주식을 광고했다." 개인투자자들이 자신이 매매하는 주식을 매수하면, 케네디는 주가를 밀어 올리고 나서 보유 물량을 매도했다. 그리고 자신의 매도 물량이 시장에 나오면서 주가가 다시 정상적인 수준으로 떨어질 때, 그 하락 탄력을 이용해서 공매도 주문을 냈다. 그는 아주 비상한 기량으로 시세를 조작하는 전문가였다. 언젠가 케네디는 친구에게 이렇게 말했다. "주식시장에서는 돈 벌기가 아주 쉬워. 이 방법을 금지하는 법률이 나오기 전에 이 일을 같이 해야 한다니까!"

케네디가 썼던 방법은 항상 되풀이되는 수법이었지만, 대다수 대중은 쓸 수 없는 희귀한 것이었다. 언젠가 어느 택시회사 주식이 85달러에서 50달러로 급락하면서 매도 물결에 짓눌리고 있을 때, 케네디는 이 회사의 한 임원에게 호의를 베풀었다. 이 주식의 후원자로 나선 그는 주가를 떠받치는 작전에 500만 달러가 들 거라고 그 임원에게 다짐을 받아두고, 월도프-아스토리아 호텔에 작업실을 차렸다. 이 호텔은 그가 헤픈 여자들을 줄줄이 데려와서 관계를 맺기에 아주 편안한 장소였다. 케네디는 호텔방 침대 곁에 주식시세 표시기를 설치해두고 택시회사 주식을 매매했다. 그는 위탁매매 중개인들을 많이 활용해서 자신의 매매 주문이 노출되지 않도록 위장했다. 그의 매매 방식은 주가를

48달러로 떨어뜨렸다가 62달러로 끌어올리고, 다시 46달러로 내리누른 다음에, 50달러에서 중심을 잡도록 하는 수법이었다. 즉, 주가를 떨어뜨려 매도를 부추겼다가 다시 주가를 끌어올려서 매수세를 유인함으로써, 매도하려는 사람들이 이 종목을 떠나지 못하도록 현혹했다. 이 과정에 들어간 돈은 500만 달러보다는 꽤 적었지만, 케네디는 거액을 자기 몫으로 더 요구했다.

케네디는 애지중지하는 집안 이미지를 위해 항상 주변 여론을 조작했는데, 주가 작전을 마무리하고 나서 사업에만 매진했다는 듯 이렇게 말했다. "어느 날 아침 일어나 보니 몸이 탈진한 상태였어요. 그제야 한 달 반 넘게 호텔 객실 안에만 있었다는 생각이 들었지요. 내 딸아이 팻Pat이 태어난지 한 달이 다 되었는데, 그 아이를 한 번도 보지 못했습니다!" 아들을 장래 미국의 대통령으로 키울 사람의 평소 행실이 이러했다. 아마도 팻은 아버지가 곁에 없었다는 사실을 몰랐겠지만, 가여운 로즈Rose는 그녀의 남편이 어디에서 무엇을 하는지 의아했을 것이다. 모름지기 그 침대에서 그가 탈진하게 된 원인은 택시회사 주식으로 작전을 벌인 탓만은 아니었을 것이다. 몇 달 후에 택시회사 주식이 별다른 이유도 없이 또다시 폭락했을 때, 그 택시회사 임원이 폭락의 주모자로 케네디를 지목하면서, "주먹으로 얼굴을 갈겨주겠다!"라며 분통을 터뜨렸다. 케네디가 주식시장에 대한 지식을 이용해서 다시 매매에 가담해, 공매도로 주가를 내리눌렀다는 게 그 무렵 세간에 나돌던 소문이었다. 아무도 확실히 아는 사람은 없지만 충분히 가능한 이야기다.

사회 각 분야를 휘젓고 다니는 부랑자와도 같은 성품에 걸맞게 케네디는 할리우드에도 진출했다. 1920년대 이전에는 월스트리트 사람들이 할리우드에서 사업을 도모했던 적이 거의 없었지만 말이다. 영화업계에서 일하는 동안 그는 극장 체인에 자금을 조달해줬다. 나중에 그는 50만 달러에 이 체인을 RCA에 팔았고, 그 돈으로 영화 제작에 투자해 두 편의 영화를 만들었다. 그중 한 편은 영화배우이자 그의 연인이었던 글로리아 스완슨Gloria Swanson과 합작 투자했던 무성영화였는데, 막대한 금액을 투자했지만 실패작으로 끝났다. 사실 스완슨은 그 손실을 감수하면서도 아무 말 없이 조용히 있었지만, 케네디는 100만 달러나 날렸다며 크게 웃어 젖히는 무료 홍보를 한껏 펼쳤다. 이때 그가 잃었던 손실다운 손실은 연인이었지만, 언제나 새로운 연인이 나타났다.

1928년 케네디는 불가사의한 판단력으로 보유 중이던 영화산업 증권들을 500만 달러에 처분했다(RKO 영화사의 설립 자금을 지원할 목적이었다). 또 다른 보유 증권들도 어려운 시기에 대비해 처분했다. 놀랄 정도로 기가 막힌 시점에 매도하면서 "최고가를 고집하는 것은 바보들이나 하는 짓"이라고 말했다. 이어서 그는 재산을 안전하게 지킨 채 시장과 멀리 떨어진 곳에서 주가폭락을 관전할 수 있었다. 1929년 주가폭락 때 남아 있던 주식에서 큰 손실이 발생했지만, 동일한 물량으로 내놓았던 공매도 포지션에서 발생한 수익으로 모두 상쇄됐다. 주가폭락에도 불구하고, 그는 아무런 피해도 입지 않았다. 그 무렵 전설 같은 소문이 돌았었는데, 아마도 그 자신이 퍼뜨렸을 것이다. 그 내용인즉, 주식시장이 붕괴할 때 그가 엄청난 금액을 공매도해둔 덕분에 어마어마한 대박을 터뜨렸다는 것이다. 이 이야기가 사실은 아니다. 그냥 전해 내려오는 이야기일 뿐이다. 그의 공매도 포지션은 헤지hedge 목적이어서 손실을 상쇄했을 뿐이고, 주가폭락으로 실질적인 수익을 내지는 못했다.

하지만 그 자신은 대박을 거뒀다고 주장했다.

그 무렵 케네디는 자신의 삶에 대해 곰곰이 생각해봤다. 큰돈을 벌어두었으니, 이제는 명예를 얻어야겠다고 생각했다. 하지만 이 일에서 그는 큰 성과를 거두지는 못했다. 그의 명성은 사실 그의 아들들이 얻어준 셈이다. 그에게는 명예라고 할 만한 게 없었고, 아들들의 후광 덕분에 그가 나쁜 평판에서 구조됐다는 게 옳을 것이다. 어쨌든 그는 명예를 얻으려고 애썼다. 그는 할 줄 아는 유일한 방식, 더 많은 인맥을 다지는 방법을 시작했다. 이번에는 곧장 가장 높은 곳을 겨냥했다. 프랭클린 루스벨트 대통령 후보의 환심을 사기 위해 선거 운동 자금을 대주었던 것이다. 그가 낸 이 정치 자금은 15만 달러가 넘었는데, 그 당시로는 아주 큰 금액이었다. 돈이라는 것은 수중에 아무리 많이 있어도 성에 찰 리가 없다. 케네디 집안과 루스벨트 집안이 가까워지자, 아니나 다를까 케네디는 루스벨트의 아들을 통해서 금주법(禁酒法)이 철폐되기 직전에 영국의 유서 깊은 스카치위스키의 판매독점권을 손에 넣었다. 게다가 법률의 양해를 구하기 전에 '의료상'의 목적으로 영국에서 술을 들여올 수 있었다. 이때는 케네디가 '밀주업자'라는 꼬리표를 달고 살았던 때였는데, 그걸로 그가 재산이나 인생에서 큰 재미를 보지는 못했지만 그의 이미지는 상당히 손상됐다.

루스벨트의 대통령 당선과 함께 1930년대 중반은 대통령을 만든 자칭 '공신들'의 세상이었다. 케네디는 루스벨트의 지명을 받아서 새로 설립된 증권거래위원회의 위원장으로 선출됐다. 민주당 의원들은 케네디의 지명 소식에 견딜 수 없는 혐오감으로 비명을 질렀다. 그들은 케네디가 월스트리트의 옛 친구들을 제재할 수 있는 인물이 못 된다고 생각했다. 증권거래위원회를 그에게 맡기느니 늑대에게 양 떼를 맡기겠다는 말도 나왔다. 하지만 루스벨트는 시장에서 물러서 있겠다는 케네디의 약속을 흡족하게 받아들이며, 대통령의 사려 깊은 생각이 엿보이는 말을 남겼다. "주식 거래에 관한 한은 케네디가 모르는 수법은 없을 거야!" 루스벨트는 케네디를 비난하는 사람들을 무마하려고 모름지기 이런 말을 했을 법하다. "도둑을 잡는 일에는 도둑이 제격이지." 놀랍게도 케네디는 증권거래위원회를 맡아 부지런하게 일하며 자신이 예전에 사용했던 방법들을 대부분 불법화했다. 그는 1년 만에 이 모든 일을 처리해서 자신을 혹독하게 비판하는 사람들이 더는 입을 못 열게 만드는 데 멋지게 성공했다. 아마도 주식을 조작하는 그의 지식이 증권산업에 대한 뉴딜 개혁에 중추적인 역할을 했을 것이다. 사실에 기초해 판단해보면 케네디가 지명된 것은 루스벨트를 물심양면으로 도와준 대가였으며, 그가 증권거래위원회에서 형식적인 수준 이상으로 일했던 흔적은 전혀 없다.

어쨌든 케네디가 증권거래위원회를 맡는 동안 그의 이미지는 많이 나아졌다. 이를 바탕으로 루스벨트는 그를 좀 더 고상한 자리인 영국대사에 앉힐 수 있었다. 내면의 열등감을 분노와 적의로 분출하면서 자란 아일랜드 사람에게 의사가 처방해줄 만한 그런 자리였다.

2차 세계대전도 끝나고 루스벨트의 시대도 지나갔다. 케네디도 나이가 들면서 민첩성도 떨어졌다. 그는 다시 사업으로 돌아왔는데, 이번에는 부동산에 눈을 돌렸다. 그가 매입한 가장 큰 건은 세계 최대의 상가 건물인 시카고 머천다이즈 마트Chicago Merchandise Mart였다. 그는 이 건물을 1945년에 1300만 달러에 샀는데, 20년이 지나 이 건물은 7500만 달러를 호가했고, 매년 1300만 달러의 임대료를 현금으로 벌어줬다. 1960년대 중반의 다양한 추정자료에 따르면, 그의 순자산은 2억 달러에서 4억 달러 사이였던 것으로 보인다.

케네디가 아들 존이 대통령에 선출되는 모습을 지켜봤던 1960년대는 몇 가지 점에서 보면 그의 인생 최정점이었던 게 분명하다. 그러나 동시에 인생의 마지막이기도 했다. 정서적으로나 육체적으로나 최후를 맞게 됐기 때문이다. 그의 심장에 문제가 생기기 시작했고, 1961년에는 뇌졸중이 발병했다. 또 나중에 겪어야 했던 존의 죽음은 그의 가슴을 먹구름으로 가득 채웠다. 여러 차례에 걸친 심근경색으로 인해 그는 처음으로 무력한 신세가 됐다. 1968년 아들 로버트Robert가 암살당한 사건도 그의 건강에 도움이 됐을 리 없다. 그다음 해 그는 숨을 거두었다. 그는 사망하기 전에 연방 정부의 상속세를 피하기 위해 재산을 정교하게 설계된 신탁기금에 맡겨서 아이들과 손자들을 위한 마지막 배려를 잊지 않았다.

케네디는 수수께끼 같은 인물이었다. 입신양명을 좇아 출세를 갈망했고, 여색을 밝혔으며, 앞뒤를 가리지 않는 돌격형 주식 조작의 대가였다. 또 영화계의 거물로 등장했던 한편, 정부 감독관이자 대사였고, 부동산 거부였으며, 대통령의 아버지였다. 그의 삶을 간략하게 요약하기는 아주 어렵다. 하지만 내가 케네디를 생각할 때면 늘 그가 초기 시절에 벌였던 많은 행동이 떠오른다. 그는 그런 행동을 불법화되기 전에 했었다. 또 그 무렵 사회적 관습과 법률의 한계를 지킬 수 있었던 그의 능력도 떠올리게 된다. 우리는 이 증권거래위원회의 초대 회장을 볼 때 법률의 존중에 대해 생각해봐야 할 것이다. 또 케네디가 계속 바꾸어갔던 인생과 사업의 스타일도 생각해볼 필요가 있다. 왜냐하면 지금 합법적이고 용납될 수 있는 일들이 10년이나 20년 뒤에는 불법화될지도 모르기 때문이다. 늘 유연한 자세를 유지하는 것은 금융시장에서 살아남기 위한 필요조건이다.

057

제임스 랜디스

James M. Landis

교도소로 간 경찰

Current Biography, 1942

◆

　고집도 억세고, 운전 스타일과 음주 습관도 억센 법과대학 교수가 증권 감독관으로 돌변했다. 그는 저항하는 월스트리트를 그 억센 고집으로 밀어붙이며 1929년 주가폭락 후의 대대적인 변혁에 따르도록 복종시켰다. 제임스 랜디스James M. Landis는 1933년 증권법Securities Act(일단 발행시장에서 찍어낸 증권의 유통시장 매매를 규제하는 증권거래법과는 다르게 발행시장의 규제를 위해 제정된 법률_옮긴이)을 입안했던 핵심 인물이었고, 이 법률을 집행했던 초기 감독관 중의 한 사람이었다. 그는 이러한 변혁의 내용을 정하고 진두지휘했으며, 월스트리트를 규제에 순응하는 개혁된 새로운 모습으로 만드는 일에 큰 힘을 보탰다.

　랜디스는 줄담배를 피우는 골초에다 일중독자였는데, 운전할 때는 너무 빨리 차를 몰았고, 또 술을 마실 때는 너무 많이 마셨다. 그는 충직하고 진지한 태도로 근무에 임하면서 범죄자를 잡아넣는 일이라면 지나치리만큼 열정적인 '경찰'이었다. 숱이 적은 머리와 얇은 입술에 턱 골격이 굵직했던 그는 항상 시무룩한 표정이었다. 170센티미터의 중키에 촌스럽고 구겨진 양복을 걸치고 바지 주머니에 손을 꽂고 다녔는데, 블랙커피를 벌컥벌컥 들이마시고 매일 럭키스트라이크를 두 갑씩 피웠다. 그는 당당하다 못해 거만해 보였고, 도무지 비판을 수용할 줄 모르는 성격 탓에 (벼슬을 곧추세운) '수탉 당당Cocksure' 랜디스라는 별명으로 불렸다.

랜디스는 남의 말을 듣지 않고 독자적으로 판단하기로 유명했는데, 하버드 법과대학 교수로 재직 중이던 1933년에 증권법을 입안해달라는 연방 정부의 부름을 받고 케임브리지를 떠나 워싱턴으로 갔다. 그는 이 법률의 시행세칙을 아주 엄격하게 작성해서, 소환장에 불응하면 곧바로 형사 입건하도록 만들었다. 그는 사기성 증권 발행에 연루된 모든 사람, 즉 해당 기업의 임원에서부터 발행 증권을 인수한 투자은행, 또 변호사에 이르기까지 모두 벌금과 징역형에 처하도록 법안을 작성했다. 또 증권 발행 구비서류가 의심쩍을 때는 감독위원회가 증권 발행을 동결시킬 수 있는 '정지명령' 규정을 새로 만들었다. 이 법안은 개혁에 목말라했던 뉴딜 정책의 지지자들로부터 환호를 받았다. 더불어 인기도 급상승해서 랜디스는 상류 사회의 최상층부에 진입하게 됐다. 하지만 월스트리트로 고개를 돌려보면, 랜디스는 언론에서 "뉴딜 정책의 두뇌 집단 가운데 좀 급진적이며, 웅장하지만 비현실적인 개혁안들을 서둘러 추진하는" 대표적인 인물로 비쳤다.

새로운 증권법이 비현실적이든 현실적이든, 월스트리트의 대부분이 1933년 7월 7일에 발효된 이 법률을 수용했다. 발효일에 41개 회사가 증권법의 첫 집행기관인 연방통상위원회FTC, Federal Trade Commission의 증권 본부에 등록했다. 이 회사들은 등록 후 20일이 지난 뒤 8000만 달러 규모의 증권을 발행할 목적으로 8000달러를 등록비로 지불했다. 이로써 새로운 월스트리트가 시작됐고, 랜디스는 월스트리트의 법률 준수를 감독하기 위해 워싱턴에 계속 남았다.

1933년 랜디스가 하버드 대학교로 돌아갈 채비를 하고 있었을 때, 프랭클린 루스벨트 대통령은 그를 연방통상위원회 위원으로 임명했다. 그는 증권법 집행에 필요한 규칙과 조항을 수립하느라, 사무실에 간이침대까지 가져다놓고 밤낮을 가리지 않고 일했다. 그해에 그가 불허했거나 중간에 정지명령을 내린 불법적 증권 발행은 33건에 달했다. 1934년 어느 상원의원의 법률 개정안 제안에 의해 연방통상위원회를 대신할 증권거래위원회가 만들어졌을 때, 랜디스는 이 기관에 다시 임명됐다. 증권거래위원회 초대 위원장인 조지프 케네디 휘하에서 일하면서 랜디스는 증권거래위원회의 1차 소견서를 대부분 도맡았다.

그다음 해인 1935년, 36번째 생일 하루 전에 랜디스는 케네디의 후임으로 연봉 1만 달러가 지급되는 증권거래위원회 위원장으로 임명됐다. 그는 케네디가 그랬듯 월스트리트에 협조하는 기조를 최대한 유지하겠다고 약속했지만, 주식부정은 빠짐없이 기소하겠다고 선언했다. 일례로, 그는 주식 투기꾼이자 한때 거래소의 전문 중개업자이기도 했던 마이클 미핸을 벨란카 에어크래프트Bellanca Aircraft 주식의 '통정매매(通情賣買)' 조작 혐의로 3대 주요 증권 거래소에서 축출했다. 자유주의 언론들은 랜디스를 치켜세웠다. 몇 해 뒤에 그는 이렇게 말했다. "증권

거래위원회는 상황에 따라서 단속도 하지만 협력도 하는 기관이어야 한다. 우리가 가벼이 다뤘던 사안은 하나도 없다고 본다."

개별적인 규정 위반자들을 기소하는 일 외에도 랜디스는 당시 보편적인 회사 형태였던 지주회사를 해체하는 일을 맡았다. 많은 논란과 함께 엄청난 반대에 부딪쳤던 1935년 공익기업 지주회사법Public Utility Holding Company Act은 거대 지주회사에 속해 있지만, 지리적으로나 경제적으로 무관한 자회사들을 모두 분리하도록 규정했다. 랜디스는 일을 험악하게 처리하지 않고, 나아가 정부와 민간 사이의 협력관계를 고무하기 위해 지주회사들이 '자발적으로' 그런 자회사들을 분리하라고 '제의했다.' 그러나 월스트리트는 그를 증오했다. 그를 증오할 만한 이유가 없지는 않았을 것이다. 자본주의의 가장 기본적인 개념들은 모두 자유에 바탕을 둔 것이고, 극단적인 의미의 자유는 모든 사람이 아무런 제약 없이 그 어떤 일이라도 할 수 있음을 뜻한다. 그런데 워싱턴에서 날아오는 정책들은 이 자유를 구속했기에 금융의 아성으로서 100년 동안 자유를 누려왔던 월스트리트에게는 대단한 위협이었다. 지주회사들은 이 법안의 입법 초기부터 최종 통과까지 줄기차게 반대하고 싸웠다. 그들에게는 법정 투쟁을 불사하더라도 자발적으로 자회사를 분리시킬 마음이 전혀 없었다.

랜디스는 당시 세계 최대의 공익기업 지주회사였던 전기채권 투자회사Electric Bond and Share Company를 본보기로 깜짝 놀랄 선례를 만들어서 그들을 설복하기로 마음먹었다. 일단, 그는 이 회사에 1935년 12월 1일까지 증권거래위원회에 등록할 기회를 한 번 더 주었다. 그러나 전기채권 투자회사는 꿈쩍도 하지 않았다. 등록 시한이 이틀 지난 뒤 이 회사의 사장이 직접 랜디스를 찾아와서 증권거래위원회를 상대로 소송을 제기하겠다고 엄포를 놓았다. 그가 칼을 빼 든 것은 그때였다. 그 콧대 높은 사장이 사무실에서 걸어 나가자 랜디스는 전화기를 들고 소송을 시작할 초읽기에 돌입했다. 랜디스는 그 사장이 자기 회사에 도착하기도 전에 소송 준비를 해놓고 전기채권 투자회사보다 먼저 소송을 제기했다. 이 소송에서 랜디스가 승리했다. 1937년 1월, 법정은 증권거래위원회의 손을 들어줬고, 해당 지주회사가 법률에 따르도록 명령했다. 기세가 등등해진 랜디스는 패배자들이 "스스로 명줄을 끊은 것이다"라고 선언했다.

1937년에 이르자 랜디스는 신경도 곤두서 있는 데다 지친 상태였다. 가족생활이라고 할 만한 것도 없었다. 그의 부인은 정기적으로 워싱턴에 들러서 혼자서 사람들과 어울렸다. 남편에 대해 묻는 질문을 받으면, 그녀는 "남편이라니요?"라며 아무 말도 하지 않았다. 그 두 사람의 결혼은 산산조각이 났고, 랜디스는 두 딸을 돌보지 않았다. 그는 일에 대한 강박관념과 술 때문에 건강도 나빠졌다. 호된 독감을 여러 번 앓던 끝에 업무량을 줄이라는 의사의 권고를 들었다.

랜디스는 증권거래위원회를 그만두고 싶지 않았지만, 하버드 법과대학 학장으로 돌아가려고 1937년에 사임했다. 그러나 불행하게도 빨리 자리를 뜨지 않고, 루스벨트에 대한 충심에 필요한 휴가도 잊은 채 너무 서성댔다. 급기야 그는 그해 깊은 경기 후퇴가 들이닥칠 때까지 증권거래위원회에 머무는 바람에 욕을 먹게 됐다. 주가는 대공황 이래 최저 수준으로 떨어졌고, 뉴욕증권거래소 회장은 공개적으로 증권거래위원회를 비난했다. 랜디스는 반격에 나서서 뉴딜 정책이 가져온 호황을 타고 투기자들이 다시 시장에 출몰했기 때문에 금융 위기가 온 것이라고 주장했다. 부정한 투기꾼들이 좀 있는 호황이 좋은가, 아니면 모든 사람이 정직하지만 아무런 기회도 없는 불황이 좋은가? 랜디스가 불황에 빠진 세상을 더 좋아하지는 않았는지 좀 궁금해진다.

정치권에서는 랜디스를 급속한 변화를 기대하지 않았던 현실주의자로 기억했다. 랜디스는 법률을 입안하고 또 철저하게 집행함으로써 개혁이 차근차근 진화해갈 것이라고 생각했다. 그는 규제가 자연스럽게 일어나는 과정이라고 봤다. 또 일률적이고 경직되게 규제하지만 않는다면, 경제가 굴러가는 데 아무런 해도 입히지 않을 것이라고 생각했다.

랜디스는 그렇게 신중하고 끈기 있는 정책 입안자였지만, 아주 기이한 삶을 살았다. 증권거래위원회에서 일했던 것 말고도, 그는 이런저런 다채로운 활동을 했다. 즉 자신의 변호사 사무실을 운영했고 (조지프 케네디가 그의 최대 고객이었다), 연방기관인 민간항공위원회Civil Aeronautics Board 회장으로도 일했으며, 민방위국Office of Civil Defense에서도 일했다. 법률에 관한 책도 몇 권 썼다. 국가전력정책위원회National Power Policy Commission라는 곳에서도 일했다. 루스벨트 대통령의 세 번째 임기를 맞아 선거 운동에 나서기도 했다. 한편, 지역 사회의 학교 정책에서도 활발하게 활동했다. 그의 결혼과 사랑도 그에 못지않게 어지러웠다. 그는 증권거래위원회를 떠난 뒤 하버드 대학교에서 일할 때 이미 결혼 중이었지만, 기혼인 그의 여비서와 사랑에 빠졌다. 결국 이 두 사람은 각각 당시 배우자와 이혼하고 나서 결혼했다.

1899년 기독교 장로회 선교사 부부의 아들로 도쿄에서 태어난 랜디스는 1912년 미국에 와서 사립학교에 입학했다. 그는 프린스턴 대학교Princeton University를 졸업한 뒤 1921년에 치안판사가 됐는데, 1925년에는 하버드 로스쿨에서 학위를 받았다. 유명한 대법원 배석판사였던 루이스 브랜다이스Louis Brandeis의 법무보조 업무를 마친 뒤, 랜디스는 하버드 로스쿨의 조교수로 자리를 잡았다. 곧이어 그는 26세에 정교수가 되어, 하버드 대학교 역사상 최연소 교수로 기록됐다. 이렇게 하버드 대학교에서 교수생활을 하다가 워싱턴 정가로 나서게 되었다.

랜디스는 1964년 64세의 나이로 세상을 떠났다. 그는 뉴욕 주, 웨스트체스터Westchester의 방 10칸짜리 자택에 있는 12미터 길이의 수영장 물속에서 변사체로 발견됐다. 혈액 검사 결과에서 알코올의 흔적이 발견됐다. 그가 매일 수영을 했다고 하지만, 당시 자살을 했다는 소문은 잘못된 이야기다. 그 며칠 전에 그는 뉴욕 주로부터 1년간 변호사 업무정지 명령을 받았었다. 1년 전 그의 탈세 혐의가 유죄판결을 받았기 때문이다. 상상해보라. 최고위 경찰이 법을 위반하다니! 1963년에 랜디스는 1956년에서 1960년까지 연방소득세 신고서를 제출하지 않았다는 혐의 사실을 인정했다. 이 사건으로 그는 30일간 교도소에 수감됐고, 세금과 벌금을 합쳐서 9만 2000달러를 물었다. 그는 탈세 의도는 없었으며, 분주한 업무 탓으로 신고가 누락됐다고 말했다. 그가 증권 감독을 했던 회사나 사람들이 이와 똑같은 변명을 했다면 아주 심한 처분을 받지 않았을까 궁금하다.

랜디스가 만들어놓은 증권 규제 조항들 덕에 세상은 좀 더 나아진 것일까? 대다수 사람들은 그렇다고 볼 것이다. 하지만 어느 누구도 잘라 말할 수 없다는 게 내 생각이다. 뉴딜 정책의 증권 관련 법규들이 도입된 지 수십 년이 지난 지금, 세상은 근본적으로 달라졌다. 그래서 증권시장이 자연스럽게 상승할 때까지 루스벨트 행정부와 의회가 다섯 번쯤 눈감아주고 못 본 체하면서 증권 규제를 피했다면, 증권계가 어떻게 변화했을지 단언할 수는 없다. 증권거래위원회가 있었기 때문에 주가가 훨씬 빠르게 1920년대 수준을 회복했던 것이라고 말할 수도 있을 것이다. 그러나 그걸 누가 알겠는가? 어쨌든 세상은 지금의 모습으로 변했다. 그리고 현재 세상의 모습 중 상당 부분은 월스트리트를 겨냥해 랜디스가 휘둘렀던 경찰 곤봉에 의해 형성된 것이다.

058

윌리엄 더글러스
William O. Douglas

Current Biography, 1950

월스트리트로 흘러들어 온 대법원 판사

◆

역사상 논쟁의 무대에 가장 많이 올랐던 대법관들 가운데 한 사람
으로 윌리엄 더글러스William O. Douglas가 있다. 그가 증권거래위원회의 제
3대 위원장이기도 했었다는 사실은 그가 대법원 판사로 보낸 36년의
세월 속에 묻혀 거의 잊혀갔다. 어찌 보면 아이러니다. 증권거래위원
회 재임 기간은 그가 대법원으로 뛰어오르는 가장 중요한 발판이었기
때문이다. 그는 1937년에서 1939년 사이 19개월 동안 증권거래위원
회 위원장을 지내면서 '금융 도덕성의 혁명'에 불을 붙였다. 그는 전임
위원장이었던 제임스 랜디스가 떠난 자리를 이어받아 증권거래위원회
역사상 가장 야심 찬 위원장으로 일했다.

대표적인 자유주의자였던 더글러스는 부임하자마자 주식시장을
"카지노판 분자들"이 끼어든 "사설 클럽"이라고 규탄했다. 더글러스

는 대중의 접근이 보다 용이하고 내부자의 악용에서 자유로운 주식시장을 만들고자 했다. 1930년대 초에 여러 가지 법률이 제정됐지만, 그의 눈에는 턱없이 부족했다. 일례로, 그는 증권거래법을 "19세기 유물 같은 입법"이라고 불렀다. "못돼먹은 은행가들"에 대한 적개심으로 들끓었던 그는 투자은행들 간의 경쟁을 높여서 은행가들의 독점을 막는 일에 앞장섰다. 또 랜디스가 시행했던 공익기업 지주회사법을 철저하게 이어갔고, 장외시장에도 증권거래위원회의 법규 집행을 강화하고자 했다. 그가 시도했던 모든 일이 먹혀들지는 않았지만, 다음 세대의 개혁가들을 위한 체계적이고 효과적인 정책을 확립할 수 있었다. 더글러스는 "자본주의를 수호한다"라는 각오로 일을 추진한다고 말했다. 물론이요, 옳은 말이다. 우리를 도와주기 위해 정부가 존재하는 것이기 때문이다. 하지만 한편으로 자본주의를 수호해야 한다고 생각하면서, 동시에 은행가들을 "못돼먹은" 사람들로 취급하기란 아주 어려운 일이다.

자유주의적 정치 성향을 가지고 있었던 더글러스는 1898년 미네소타 주의 메인Maine에서 태어났다. 기독교 장로회의 가난한 목사였던 아버지는 그가 어렸을 때 세상을 떠났다. 어머니는 가족을 데리고 워싱턴으로 이사했는데, 이때 그는 소아마비로 거의 죽을 뻔했던 위기를 넘겼다. 이 일로 줄곧 병약하고 허약한 몸이 되었지만, 온 힘을 다해 학교 공부에 매진했다. 그는 등산으로 허약한 몸을 단련하면서 공부에 박차를 가해 아이다호 주의 휘트먼 대학교Whitman College를 1920년에 졸업했다. 대학 시절의 학교 등록금은 여름방학 때 농장에서 계절노동자로 일하며 마련했다. 그는 짧은 교직생활을 보낸 뒤 부랑자들과 함께 뉴욕행 화물열차에 올라 그 길로 컬럼비아 대학교 로스쿨에 등록했다. 더글러스는 3년 후 27세에 차석으로 로스쿨을 졸업한 뒤 명예로운 컬럼비아 로스쿨 교수진의 반열에 올랐고, 월스트리트의 막강한 법무법인에서 잠시 일하다가 1928년에 예일 대학교로 자리를 옮겼다.

1929년에서 1932년 사이에 더글러스는 미국 상무부Department of Commerce 일로 여러 가지 금융 연구에 가담했다. 그중에는 대공황을 겪으면서 커다란 관심 사항으로 부상한 파산과 기업회생과 같은 연구도 있었다. 곧이어 그는 금융 관련 법률의 전문가로 유명해져서 1936년 조지프 케네디가 증권거래위원회 초대 위원장으로 있을 때, 증권거래위원회 위원으로 발탁됐다. 더글러스는 낯선 사람들에게 둘러싸여 서먹하고 소심한 모습도 보였으나, 조지프 케네디와 루스벨트 대통령은 곧바로 그에게서 큰 호감을 느꼈다. 더글러스는 순식간에 대통령의 '자문위원이자 친구 겸 포커 상대'가 됐다. 그는 루스벨트에게 마티니를 직접 타주면서 뿌듯해했다. 아마도 월스트리트 사람들은 그가 월스트리트에 이전과 다른 명약을 내놓을 요량으로 일을 준비하고 있다고 생각했을 것이다.

그다음 해에 루스벨트는 더글러스에게 증권거래위원회 위원장직을 제의했다. 더글러스는 월스트리트가 아주 곤란한 처지에 몰려 있을 때 그 자리를 맡게 됐다. 왜냐하면 월스트리트를 이끄는 대표적 수장 가운데 한 사람인 뉴욕증권거래소의 리처드 휘트니 회장이 얼마 전에 약 300만 달러를 횡령한 혐의로 유죄판결을 받았기 때문이다. 월스트리트는 대공황 이래 최악의 불황에 시달리는 와중에, 이 추악한 사건으로 심각한 일격을 얻어맞은 격이었다. 더글러스는 자신의 증권거래위원회 임기는 "행동의 시기"로 기록될 것이라고 선언했다.

케네디가 업계 사람들과 협조적인 자세로 증권거래위원회를 이끌고, 또 랜디스가 꾸준하고 참을성 있게 협상을 추진했을 때보다 더글러스는 더 많은 '행동'을 만들어내는 데 성공했다. 그는 휘트니의 위법행위에 들어 있는 정치적 함의를 십분 활용하고 뉴욕증권거래소에 스스로 개혁을 추진하도록 촉구하면서, 그렇지 않으면 증권거래위원회가 개입하겠다고 으름장을 놨다. 그는 피상적인 변화 이상으로 근본적인 개혁을 요구했다. 휘트니가 뉴욕증권거래소에서 축출된 지 서너 시간 만에 더글러스는 이렇게 말했다. "증권거래소의 개편은 그저 눈 가리고 아웅 식이 아니라, 구체적인 사실에서 철저하고 완벽하게 추진돼야 한다. 증권거래소를 지배했던 예전의 모든 철학은 폐기돼야 한다. 말로만 폐기하는 게 아니라, 행동 자체에서 폐기돼야 한다."

뉴욕증권거래소가 철저한 자정 노력을 하지 않으면 직접 개입하겠다고 더글러스가 엄포를 놓았지만, 과연 그럴 능력이 그에게 있었는지는 알 수 없는 일이다. 그러나 그에 상관없이 뉴욕증권거래소는 그가 촉구한 개혁 방안을 찾아볼 생각도 없었고, 수행하고 싶어 하지도 않았다. 뉴욕증권거래소는 더글러스의 압력에 못 이겨서 13개 항에 달하는 개혁 프로그램을 내놓았다. 그중에는 다음과 같은 조치들이 들어갔다. 거래소 회원사들에 대한 빈번하고 상세한 감사 실시, 개인 투자자들을 상대하는 브로커들의 신용 거래 계좌 사용 금지, 브로커의 채무 잔고와 운전 자금을 15 대 1로 유지, 회원사들 간의 무담보 여신을 전부 보고하도록 하는 새로운 강제 규정의 도입이었다.

더글러스는 장외시장 규제에 가장 큰 힘을 기울였다. 하지만 1938년에 활동하고 있던 장외시장의 위탁매매 업자들(브로커)과 자기매매 업자들(딜러)은 6000명 정도였는데, 이들을 하나로 묶어줄 만한 구심점이 없었다. 이렇게 사방으로 흩어져서 독립적으로 시장에 참여하는 업자들을 증권거래위원회가 직접 감독하는 것은 "현명하지도 않고 비현실적일 뿐 아니라 상상도 할 수 없다"라는 그의 판단은 마땅했다. 그럼에도 불구하고 더글러스는 그가 남긴 유명한 발언의 기조에 준하여 장외시장 업자들의 행동을 어느 정도 통제할 수 있었다. "정부는 밖으로 나오기보다 문 뒤에서 계속 총을 준비해두겠습니다. 반들반들 잘 닦은 엽총에 실탄을 장전한 채 언제든 사격할 태세로 있을 것입니다. 다만 실탄이 날아갈 일이 없기를 바랍니다." 그에게 정말 '문 뒤에서' 사용할 그런 무기가 있었는지는 분명히 알 수 없는 일이다. 기업 역사가인 로버트 소벨Robert Sobel 교수는, 전임 증권거래위원회 위원장들(케네디와 랜디스)처럼 더글러스도 그의 으름장을 실행에 옮길 만한 예산과 인력, 힘이 부족했지만, 그가 노렸던 효과는 충분히 봤다고 평가했다.

1939년 대법관 루이스 브랜다이스가 대법원에서 사임했을 때, 더글러스는 루스벨트 대통령의 대법관 지명에 자신을 천거해달라고 친구 여럿에게 부탁했다. 그가 회고한 내용에 따르면, "잠시 후에 루스벨트 대통령의 전화를 받았다. 나는 백악관으로 들어서면서, 루스벨트가 나를 연방통신위원회FCC, Federal Communications Commission 위원장에 지명할 거라는 생각을 했다. 그 무렵 연방통신위원회는 곤란한 문제에 휩싸여 있었기 때문이다. 그는 5분 동안 가벼운 환담을 나눈 뒤 내게 대법관 자리를 제의했다." 더글러스의 대법관 임명 동의안은 상원에서 62 대 4로 가결되어, 그는 41세의 나이로 1811년 이래 최연소 대법관으로 기록됐다. 반대했던 사람들은 더글러스가 월스트리트의 발목을 잡는 반동이라고 생각했다. 《뉴욕 타임스》는 그가 대법관 재임 중에 "반대 의견을 가장 많이 냈던 대법관"이라고 평했다. 1975년 말 은퇴하기까지 그는 파산과 각종 요금의 결정, 합병, 증권법 분야에서 중요한 판결을 내놓았다.

언론의 자유를 열렬히 주창하는 사람이었던 더글러스는 나중에 《플레이보이Playboy》에 쓴 보수주의를 거론하는 논설에서, 정부가 1950년대 공산주의자들을 겨냥했던 마녀사냥을 다시 시작했다며 베트남전쟁에 반대했다가 비판을 받기도 했다. 또 갈수록 더 젊은 아내들을 맞아 네 번이나 결혼하는 사생활로 인한 비난도 받았다. 아이 둘을 얻었던 그의 첫 결혼은 1924년부터 1954년까지 이어졌다. 두 번째 결혼은 9년 동안 지속됐고, 1963년의 세 번째 결혼은 23세의 여성과 맺어졌다. 곧이어 그는 1966년 67세에 세 번째 부인과 이혼한 지 한 달도 지나기 전에, 금발 머리에 푸른 눈을 가진 23세의 여대생과 결혼했다. 내 짐작에 그는 진정한 자유주의자였다. 한편, 네 번째 부인과 결혼한 지 2년 뒤에 그는 심박조절기를 몸에 달아야 했다.

더글러스가 규제 감독을 잘 이끎으로써 투자자 신뢰감을 높였고 전후 1950년대 강세장의 발판을 마련했다고 평가하는 사람들도 있다. 한편 주로 그 무렵 월스트리트 사람들을 중심으로, 그가 취한 모든 조치가 투기 의욕의 씨앗을 말려버려서 1940년대의 약세장을 가져왔다고 생각했던 사람들도 있다. 누구와 이야기하느냐에 따라 평가는 달라진다. 자유주의자들은 더글러스를 악당들을 쳐부순 사람으로 봤다. 반면, 보수주의자들은 그를 자유분방한 건달로 치부했다. 나는 단기에서 중기에 걸쳐서는 법률이 월스트리트에 큰 영향을 미치지만, 장기적으로는 미약한 영향에 머문다고 본다. 더글러스가 큰 영향을 미쳤던 것은 분명하다. 오늘날을 사는 우리도 그 영향을 느끼고 있는가? 이 점은 그리 분명하지 않다. 그러나 월스트리트를 겨냥하여 민주당이 빼어들었던 칼을 누군가는 휘둘러야 했고, 더글러스는 바로 그 일을 했을 뿐이다.

7장

사기범, 부정행위자 그리고 불한당들

CROOKS, SDANDALS, AND SCALAWAGS

길거리 산전수전에서 갈고닦은 최후의 고수들

◆

사기범들과 부정행위자들, 불한당들을 보면 다들 훌륭하다. 온갖 사기꾼들은 우리들에게 혹독한 가르침을 안겨주는 사람들이다. 이들은 월스트리트가 정체하지 않고 끊임없이 진화하게 하는 핵심 요소 가운데 하나다. 왜냐하면 그들이 없었다면 사람들이 종종 지나친 탐욕과 맹신으로 말미암아 값비싼 대가를 치르며 얻었던 교훈도 없었을 것이고, 또 필요한 변화와 개혁도 서두르지 않았을 것이기 때문이다. 벌겋게 달아오른 난로 뚜껑을 절대 만지지 말아야 한다고 어린아이들이 배우듯이, 주식 투자자들은 너무 좋아서 믿기 어려운 투자 기회와 이를 선전하는 사람들을 의심의 눈초리로 봐야 한다는 것을 배웠다. 그것도 되풀이해서 반복 학습을 하면서까지 배웠다. 온갖 사기의 밑바탕에는 인간 본성에 고유한 탐욕이 뿌리 깊게 자리 잡고 있다. 이 때문에 워싱턴 정가에서 아무리 극단적인 대책을 내놓더라도, 월스트리트에 사기와 사기꾼들이 사라질 날이 없을 것이다. 그런 사기범들을 마르고 닳도록 비난만 할 수도 없는 일이니, 그들이 남긴 전설에서 가르침을 얻는 게 이로울 것이다.

얼핏 보면, 사기와 속임수에서 좋은 구석이라고는 하나도 찾아볼 수 없다. 피해자부터 눈에 들어오기 마련이다. 어느 미망인이 은퇴생활에 대비해 마련해둔 저축금을 사기당했다. 피땀 흘리며 살아온 어느 부모가 아이들 공부시키려고 모아둔 돈을 두 배의 돈벌이가 확실하다는데 투자했다가 모두 날렸다. 가슴이 무너지는 이야기들이 아닌가? 물론 그럴 것이다. 하지만 하룻밤 새 돈을 두 배로 불리려는 많은 서민들이 겪는 진짜 고통은 희박한 금전적 행운을 좇다가 자신도 황폐해질 뿐 아니라, 인간에 대한 신뢰마저 잃는 것이다.

사기 사건을 들여다보면, 사람들이 사기에 걸려드는 과정에서 무엇을 잘못했는지 배울 수 있다. 나아가 사기 사건은 그 피해자들의 친지나 이웃, 또 친구와 동료에게 교훈을 준다는 점에서 더욱 중요하고, 자신의 실수에서 배우지 못하는 사람들이 많은 탓에 중요한 교훈으로 쓰일 때가 많을 것이다. 피해자 한 사람이 생길 때마다, 이를 지켜보면서 아주 많은 사람이 교훈을 얻게 된다. 이렇게 교훈을 새기는 사람들은 사기의 대가들이 선보인 탁월한 기술에 놀라며 배움을 얻는 수혜자들이다. 새로 알게 된 사실과 교훈을 잘 새기며 살아간다면 훨씬 조심스러워지기도 할 것이고, 지혜로운 사람들이라면 탐욕을 좀 줄일 줄도 알게 될 것이다. 누구나 쉽게 배울 수 있는 값진 교훈이다.

주식시장의 전 역사에 걸쳐 사기와 속임수는 끊임없이 이어졌다. 멀리 1800년대를 되돌아보면, 존 제이컵 애스터, 대니얼 드루, 코넬리우스 밴더빌트와 같은 공룡들을 사기꾼으로 볼 수 있을 것이다. 그러나 이들이 살던 시대에도 실제로 사기꾼으로 인식됐는지는 분명하지 않다. 이들은 모두 오늘날로 치면 죄질이 나쁜 불법적이고 비윤리적인 사기 수법을 통해 사업을 벌였다. 하지만 이들이 썼던 수법은 당시에는 합당한 규범으로 널리 인정되고 있었다. 증권법이라는 게 그 무렵에는 아예 없었기 때문이다. 이들의 행동은 근대 주식시장의 가장 기본적인 윤리가 출발하는 계기가 됐다. 드루는 자신이 소유하는 회사의 신주를 일반에 팔면서 신주라는 사실을 숨겼다. 이런 방법으로 그가 처음으로 도입한 주식 '물타기' 개념은 '내부자'의 조작을 경계해야 한다는 점을 일반에 가르쳐준 초기의 사기행각이었다. 물론 모든 사람이 이 교훈을 숙지하고 잘 따르고 있는 것은 아니지만, 지난 150년 동안 도입된 모든 표준 관행들은 경기장을 공정하게 운영하기 위한 것이었다. 만약 부정행위자들과 사기범들이 없었다면, 금융시장이라는 자본주의 시스템 깊숙이 윤리 규정이 도입되지 않았을 것이다. 결국 윤리 규정은 도입됐다.

이 장에 등장하는 많은 불한당들이 1920년대에서 1950년대에 걸쳐 범죄와 유사 범죄를 저지를 당시, 준수해야 할 윤리적 기준은 분명히 존재했었다. 또 그 규정이 세월이 흐르면서 엄격해지기도 했다. 이자들은 그 규정을 그냥 무시하고 일을 저질렀다. 찰스 폰지, 이바르 크뤼게르, 새뮤얼 인설, 마이클 미핸, 리처드 휘트니, 로웰 비렐, 월터 텔리어, 제리와 제럴드 레이 부자, 이들은 모두 법률을 무시했고 또 피해갔다. 또 이들은 공룡들이 생태적 틈새를 찾아 생존했던 것처럼, 명확한 법률이 존재하지 않는 틈새를 찾아냈다. 이윽고, 이들 각각은 자신이 저지른 일의 반작용으로 윤리 규정이나 법률상의 개혁 조치를 유발했다.

일례로, 피라미드식의 불법적인 제로섬 자금 조달의 동의어로 자신의 이름을 올린 찰스 폰지는 1910년대 말 월스트리트에서 사기 수법을 써먹었던 최초의 인물이다. 그는 예탁 기간 90일 동안 그냥 믿기에는 너무 좋은 수익률을 먹잇감들에게 약속했다. 사실 너무 좋아서 믿기 어려운 내용이었는데, 잘 속아 넘어가는 순진한 사람들은 그를 믿고 돈을 예탁했다. 폰지는 예탁금의 일부를 투자자들에게 이자로 지불해주고, 나머지 예탁금은 자신의 개인계좌로 빼돌렸다. 그리고 엄청난 이자를 지불해줬던 첫 사례를 홍보하면서 더 많은 먹잇감들을 유인했다. 그의 수법은 그리 어려운 방법이 아니어서, 요즈음에도 이런저런 형태로 번번이 되풀이되는 현대적인 사기 수법의 역할 모델로 자리 잡았다. 오늘날 이와 유사한 변종을 그 흔한 '연쇄편지chain letter'에서 볼 수 있다. 하지만 지금은 사람들 대부분이 폰지 수법이 속임수임을 잘 알고 있다.

요기 베라Yogi Berra는 "단지 눈여겨보는 것만으로 많은 것을 볼 때가 있다"라고 말했다. 하지만 많은 사람이 탐욕과 공포에 휘둘려 자신의 돈을 다루는 일을 눈여겨보지 않을 때가 많다. 부정 사건으로 체포됐던 이바르 크뤼게르와 새뮤얼 인설은 그 과정에서 부채에 관한 몇 가지 불멸의 교훈을 남겼다. 이들은 부채의 피라미드로 쌓아 올린 제국을 건설했는데, 이 제국은 1929년 주가폭락에 따라 자산 가격이 붕괴되면서 1930년대 초에 자신의 무게를 견디지 못하고 무너졌다. 이 두 사람은 그들 제국의 붕괴와 그로 인해 투자자들에게 입힌 수백만 달러의 손실로 지탄을 받았다. 제국이 무너져 내리자 이들은 투자자들을 등쳐먹고, 연이어 추잡한 부정을 저질렀다. 이들의 추태는 거액의 채무가 차입자의 목을 칠 칼날로 되돌아올 때 인간을 정상적인 도덕률 밖으로 몰아가는 채무의 고약한 위력을 여실히 보여준다. 1980년대에 풍미했던 '차입금 동원 기업인수leveraged buy-out'를 사용한 다수가 채무의 후폭풍을 얻어맞았는데, 이때도 우리는 그와 같은 교훈을 다시 봤다. 그러나 그 교훈은 이미 있었고, 눈여겨보고자 했던 사람이라면 누구나 얻을 수 있었던 교훈이었다.

마이클 미핸은 1950년대 중반에 아직 설립 초기였던 증권거래위원회의 힘을 막무가내로 무시했다. 그는 1920년대에 눈에 드러날 정도로 주식을 조작했었는데, 이 일을 계속하다가 증권거래위원회의 징계 대상 1호로 적발됐다. 이 무슨 영예인가!

리처드 휘트니의 횡령은 1930년대 중반에 일어났던 사건이다. 횡령이라는 범죄가 새롭고 특이한 것은 아니었지만, 뉴욕증권거래소의 담장 안에서 일어났다는 이 사건의 맥락이 충격적이었다. 게다가 월스트리트 역사상 가장 질펀한 부정이어서 온 월스트리트가 경악했다. 이 사건으로 대중은 휘트니처럼 유수한 중개업자가 사기를 칠 수 있다면, 아무리 권위나 명망이 높은 직책에 있는 사람에게도 윤리적 행동을 기대하기 어렵다는 사실을 깨달았다. 또 사기를 당하지 않으려면 금융을 극히 의심스러운 눈초리로 보는 길밖에 없다고 생각하게 됐다.

1940~1950년대에도 월스트리트에 부정은 사라지지 않았다. 로웰 비렐은 휴지조각이나 다름없는 유가증권을 보험회사에 판매했다. 증권거래위원회가 권한을 행사할 수 없었던 보험업계를 선택했던 것이다. 월터 텔리어는 쓸모없는 투기성 저가주를 대량으로 발행해놓고, 혹하지 않을 수 없도록 가격을 끌어올려서, 고단수의 판매 수법으로 일반에 팔아넘겼다. 제리와 제럴드 레이 부자는 아메리카증권거래소American Stock Exchange 회원사 자격을 이용해 불법 비상장 주식을 판매함으로써 주식 전문 중개업자들에게 오늘날까지도 이어지는 불명예를 남겼다.

부정이 폭로될 때마다 곧바로 개혁 바람이 시장을 휩쓸었고, 법률의 구멍은 계속 메워졌다. 범법자들은 여러 가지 혐의로 재판을 받았다. 개중에는 교도소로 간 사람도 있고, 무죄판결을 받은 사람도 있다. 또 브라질의 리우로 잠적한 사람도 있고, 자살한 사람도 있다. 아무런 소식도 남기지 않고 감쪽같이 사라진 사람도 있다. 그 피해자들은 어찌 됐을까? 그들은 쓰라린 고통을 당했다. 그러나 사람들은 이런 고통을 통해서 배웠다. 꼬리에 꼬리를 물며 반복돼왔던 이런 비극이 없었다면, 우리의 탐욕과 근거 없는 확신이 마구잡이로 불어났을지도 모를 일이 다. 이렇게 세상을 보는 눈을 열어주는 역할 때문에 이 장에서 다룰 불한당들도 '시장을 뒤흔든 100명의 거인들'에 들어가야 마땅하다.

059

Brown Brothers

찰스 폰지
Charles Ponzi

그 유명한 폰지 수법의 원조

◆

찰스 폰지_{Charles Ponzi}는 월스트리트 최초의 전과자는 아니었지만 가장 큰 성과를 기록한 사례였다. 일확천금을 만들 수 있다는 그의 대단한 비책이 속임수로 드러나자, 세상은 그의 이름을 '사기'의 동의어 반열에 올려줬다. 그는 수백 명의 투자자들에게서 수백만 달러를 가로챘는데, 그 방법은 이 사람의 돈으로 저 사람에게 이자를 주는 수법으로 예탁금을 불려가면서 투자자들의 자금을 사취하는 방식이었다. 요즈음도 종종 되풀이되는 이 사기 수법은 그래서 '폰지 수법_{Ponzi Scheme}'으로 불린다.

이탈리아에서 태어난 폰지는 이 책에 등장하는 사람들 가운데 그 어느 부류로도 분류하기 어려운 가장 특이한 배경에서 성장했다. 이건 확실하다. 그 시절 많은 사람이 그랬듯이, 그는 교육도 제대로 받지 못

했을 뿐 아니라, 42세에 금융에 뛰어들기로 마음먹기까지 별의별 일을
다 해봤다. 막노동에서부터 점원 일과 과일 행상뿐 아니라 밀수에도 가
담했으며, 식당 종업원으로도 일했다. 152센티미터의 작은 키에 제 잘
난 맛에 사는 스타일이었던 폰지는 괜찮은 외모에 날씬한 체구로 단정
했으며, 당당하고 순발력 있는 재치가 뛰어났다. 그러나 무엇보다도 청
산유수 같은 말솜씨가 가장 돋보이는 장점이자 매력 포인트였다.

1920년대 초에 폰지가 벌였던 사기는 '구 식민지 외국환회사Old
Colony Foreign Exchange Company'라는 곳을 설립하면서 시작됐다. 그는 150달
러를 들여서 45일에 50%, 90일에 100%의 이자를 지불해준다는 광고
를 냈다. 폰지의 시기 선택은 아주 잘 들어맞았다. 때는 바야흐로 '광란
의 1920년대Roaring Twenties(미국에서 재즈 음악과 찰스턴 춤이 대유행하던 시대_
옮긴이)'가 막 시작할 때였다. 그 무렵 사람들은 약간의 여윳돈을 손에
쥐고서 무언가 좋은 기회만 있다면 기꺼이 뛰어들 자세였다. 대단한 영
업력을 타고난 폰지는 장황한 말재간으로 자신의 사업이 전혀 위험하
지 않은 확실한 돈벌이처럼 들리도록 꾸며댔다.

폰지는 투자자들에게 어마어마한 이자를 지불해주겠다고 하면서,
우표와 교환이 가능한 국제우편연합International Postal Union의 쿠폰을 해외
에서 매입하는 게 그 비법이라고 했다. 그 쿠폰을 통화가 고평가돼 있
는 나라의 우표로 교환해서 다시 현금으로 전환할 수 있다고 한 것이
다. 이를테면, 국제적인 우표 교환과 외환 거래를 활용하는 일종의 차
익 거래로 그럴 듯하게 꾸며댔다.

너 나 할 것 없이 돈을 들고 폰지를 찾아왔다. 증권 브로커들과 그
보조인들도 그에게 돈을 맡겼고, 미망인들과 큰 재산을 물려받은 상속

인들도 돈을 들고 달려왔다. 처음에는 돈이 띄엄띄엄 들어왔지만, 신문사들이 이 사실을 취재해 금융의 귀재가 나타났다는 홍보까지 해주자 뭉칫돈이 몰려들었다. 처음에는 현금이 폰지의 조그만 보스턴 사무실 책상 서랍 속에 수북이 쌓이다가, 이내 100만 달러에 달하는 거액이 매주 들어왔다. 끊어준 영수증이 휴지통 꼭대기까지 차오르더니, 사무실 바닥을 발목 높이까지 덮었다. 현금이 쉴 새 없이 밀려들다 보니, 안달하는 투자자들에게 그 비싼 이자를 지급해주고도 남을 만큼 현금이 남아돌았다.

폰지 수법이 돌아가게 하는 데 필수적인 요소는 바로 끊임없이 밀려드는 현금 유입이었다. 즉, 예탁금이 많아질수록 그가 갚아야 할 채무도 늘어났기 때문에 더 많은 현금 유입이 필요했다. 그는 결국 초기 투자자들에게 지불할 이자를 그다음 투자자들에게서 받은 돈으로 지불했고, 또 나중에 합류한 이 투자자들에게 지불할 이자는 다시 그다음 투자자들에게서 받은 돈으로 지불하는 식으로 해결했다. 어쨌든 돈이 계속 유입되는 한 그는 약속한 금액을 계속 지불했고, 그렇게 자금 조달의 순환은 계속 이어졌다.

폰지는 꽤 쓸 만한 시스템을 만들었다고 생각해 지점을 낼 계획도 짰고, 은행과 위탁매매 증권회사까지 만들겠다는 말도 하고 다녔다. 그는 하노버 신탁회사Hanover Trust Company의 지배 지분을 매입해서 스스로 그 회사의 사장이 됐다. 큰 집도 샀고 집안일을 할 사람들도 채용했다. 또 예전에 일하던 회사의 지배 지분을 매입한 뒤 그 사장을 해고했다. 그는 돈 쓰는 일에 아주 능했다. 하지만 그에게 돈을 맡긴 투자자들이 나중에 알게 됐듯이, 그가 한 일은 사실 투자가 아니라 철수에게 갚아

줄 돈을 영수에게서 훔치는 일이었다.

사람들이 "당신은 내가 본 가장 위대한 이탈리아인입니다!"라고 합창하면서 구름처럼 폰지에게 몰려들 때, 보스턴 지방검찰청과 《보스턴 포스트Boston Post》가 각각 은밀히 조사 작업에 들어갔다. 폰지의 말이 너무 좋아서 도저히 믿기지 않았던 것이다. 그때가 1920년 한여름이었는데 폰지가 이 일을 벌인 지 서너 달 뒤였다. 국제우편연합이 매년 찍는 쿠폰은 보통 7만 5000달러어치에 불과하고, 그 한 해 전인 1919년에는 5만 6000달러어치밖에 발행되지 않았다는 사실이 드러났다. 그런데 폰지는 이미 수백만 달러를 받았다. 발행되지도 않은 국제우편연합의 쿠폰에 수백만 달러를 쓸 수 없는 것이 당연했다. 하지만 그렇게 따져보려는 사람은 거의 없었다. 그의 종말을 재촉한 그다음 계기로, 13년 전에 그가 캐나다 몬트리올Montreal에서 가명으로 송금사기 사건을 저질렀다는 사실이 《보스턴 포스트》에 의해 밝혀졌다.

이 소식이 퍼지면서 '투자자들' 사이에 공황 상태가 촉발될 수도 있었는데, 폰지는 배짱 좋게 더욱 고자세로 나갔다. 그는 과거의 혐의를 일체 부정했고, 게다가 이자를 두 배로 올려주겠다며 큰소리쳤다. 《보스턴 포스트》가 폰지가 채무지불 능력이 없다고 보도했음에도 불구하고, 8월 초까지도 폰지의 주머니로 계속 돈이 들어왔다. 그 2주 후에 보스턴 사람들은 폰지의 회사에는 아무 자산도 없으며, 200만 달러가 넘는 부채만 있다는 사실을 알게 됐다. 단 8개월 동안 폰지는 1000만 달러의 돈을 받았고, 1400만 달러가 넘는 수표를 발행했는데, 그의 계좌에서 환수된 금액은 20만 달러도 되지 않았다.

투자자들에게서 떼어먹은 돈으로 폰지는 무엇을 했을까? 한 일은 별로 많지 않았다. 그가 호화롭게 살기는 했지만 돈을 빼돌려서 은닉해 둔 재산이 있다는 증거는 없다. 그 엄청난 예탁금에서 큰 금액이 초기 투자자들에게 이자를 지급해주는 데 들어갔고, 사실 이들은 전혀 손해를 보지 않았다. 현대의 연쇄편지와 마찬가지로 손해를 보는 사람들은 거의 마지막 판에 돈을 맡기는 사람들이다. 폰지는 그가 창안한 '돈 버는 기계'가 그렇게 빨리 붕괴될지 몰랐을 수도 있다. 또 최초로 시도한 만큼 결국 무너질 수밖에 없다는 점도 잘 몰랐을 수도 있다. 어쩌면 남들의 돈을 이리저리 돌리면서 그 기계가 영원히 돌아갈 수 있을 거라고 믿었을지 모른다. 그야 어쨌든, 이 사기행각에서 가장 큰 피해자 중 하나는 폰지 자신이었다.

폰지는 절도 혐의와 우편물 사기 혐의를 인정했다. 의도가 무엇이든, 또 자금 조달 수완이 어느 정도로 정교한 것이든, 그는 분명히 사기범이었다. 보석금으로 얻은 형집행 정지 기간에 그는 플로리다에 있던 담보 잡힌 토지를 처분해서, 12년 징역형을 살기 전에 조그만 재산을 마련해뒀다. 그리고 1934년 출소한 직후 곧바로 이탈리아로 추방됐다. 그는 이탈리아에 도착해 "여행사나 호텔사업을 시작하고 싶다. 이런 종류의 사업이 미국에 있는 인맥을 활용하기에 적합할 것"이라고 말했다. 말은 이랬지만, 그는 아무 사업도 시작하지 않았다. 그 대신에 파시스트들과 합류해서 정치적 영향력을 얻은 뒤, LATI 항공의 브라질 리우데자네이루Rio De Janeiro 지사장으로 진출했다. 하지만 정직한 인생을 살아보겠다는 시도가 잘 풀리지 않았던 것 같다. 결국 그는 리우에서 영어를 가르쳐 소소한 생계비를 벌면서 살았다. 그는 그곳에서 부분적인 시력 상실과 뇌출혈로 인한 마비 증상을 앓다가 1949년에 세상을 떠났다. 이 대단했던 사기꾼이 어느 지경까지 갔는지 다음 사실을 보면 알 수 있을 것이다. 폰지는 리우의 자선병원 병상에서 브라질 정부가 지급하는 소액의 연금을 절약해 모은 75달러를 마지막 재산으로 손에 쥐고서 숨을 거뒀다.

폰지 수법은 현대적인 대규모 사기의 전형적인 특징이다. 모든 사람에게 큰 돈벌이를 보장한다는 내용으로 거의 못 받아본 사람이 없을 만큼 만연했던 연쇄편지를 비롯해, 아무런 실체도 없이 고액의 안전한 연금 지급을 보장하는 다양한 보험 사기(ZZZZ 베스트_{ZZZZ Best} 사건, 볼드윈 유나이티드_{Baldwin United Corporation} 사건, 에퀴티 펀딩_{Equity Funding Corporation of America} 사건 등)에 이르기까지, 폰지 수법은 우리 사회의 가장 강한 특징인 자유가 보장되는 한은 사라지지 않을 것 같다. 어리석은 투자자들은 지나친 탐욕에 빠지거나 비현실적으로 높은 수익률을 좇다가 늘 스스로 덫에 걸려든다. 어쩌면 우리는 폰지를 '사람들의 탐욕을 자비롭게 거두어가는' 추악함의 화신으로 볼 수 있을 것이다. 어수룩한 탐욕을 등쳐먹는 폰지와 그의 아류들은 주식시장에 내려오는 다음 속담을 사회에 되풀이해서 가르쳐준다. "황소(강세장)는 돈을 번다. 곰(약세장)도 돈을 번다. 그러나 돼지(탐욕장)는 도살된다!"

새뮤얼 인설

Samuel Insull

월스트리트를 모독한 자, 그 대가를 치르다

◆

    새뮤얼 인설Samuel Insull은 여러 종류의 인물로 묘사돼왔다(애칭으로 '샘 인설'이라 불렸다_옮긴이). 사기꾼이었다는 말도 있었고 숙맥이었다는 말도 있었는데, 사기꾼과 숙맥 중에서는 가장 천재였다는 말도 있었다. 그러나 희생양이었다는 말이 가장 그럴 듯해 보인다. 1920년대에 인설 은 전기(電氣)를 접하게 된 뒤, 그것을 편리하고 수익이 짭짤한 상품으 로 만들어냈다. 이어서 그는 월스트리트에 도전했다가 자신이 만든 전 기에 감전돼 죽는 꼴이 됐다. 그가 세운 수백 억 달러대의 전력회사 피 라미드가 무너져 내리면서, 투자자들은 수백만 달러의 피해를 입었다. 이 일로 그는 자신을 이 잡듯이 뒤지는 검찰 수사에 몸을 맡겨야 했고, 비난의 화살에 만신창이가 됐다. 너무 엄청난 액수의 피해가 발생했 기 때문이다. 그가 전력산업과 미국을 위해 이바지한 공헌이나 전력산업의 발전 과정에서 그가 수행했던 역할은 사람들의 기억에서 사라졌다. 반대로 그에게는 순진한 대중을 등쳐먹은 사기꾼이라는 낙인이 찍혔다.

인설은 평생 동안 많은 것을 이룩했다. 그러나 그가 이룩하지 못한 게 있었는데, 월스트리트 은행권과 관계를 맺어두는 일이었다. 이 공백 때문에 그의 제국은 붕괴했다. 그는 아주 기본적인 훌륭한 착상으로 사업을 일으킬 수 있었다. 그중 하나가 전력을 사용할 대단위 소비 기반을 구축해서 전기 요금을 낮추고, 이익률도 높인다는 생각이었다. 나중에 그의 전력회사들은 25억 달러의 자산 규모로 450만 명의 소비자들에게 전력을 공급하게 됐다. 이것은 1930년 당시 미국이 소비하는 전력의 10%에 육박하는 규모였다. 전기 요금은 합당한 수준이었고, 막대한 사업 이익이 발생했다. 여기까지는 모든 게 좋았다.

자신의 아이디어로 사업을 일으켜가던 인설은 발전량을 늘리기 위해 지속적인 자금 주입이 필요했다. 그래서 그는 1912년 그의 첫 번째 지주회사의 미들웨스트 유틸리티스Middle West Utilities를 설립한 뒤 주식을 발행해 사업 확장에 필요한 자금을 조달했다. 그는 사업 자금을 자기 주머니로 착복하지 않았다. 자금 조달 문제로 그가 어려움을 겪은 적은 거의 없었다. 그러나 바로 그 때문에 사업이 잘못되기 시작했다. 그는 JP모건과 같은 월스트리트의 일류 투자은행에 자금 조달을 부탁한다거나 그들과 굳건한 관계를 맺지 않은 채, 시카고의 지방은행들로부터 융자를 받았고 그 지역의 소소한 투자 은행가들을 통해서 증권을 발행했다. 돈을 구하러 먼 뉴욕에까지 갈 필요가 있을까? 그래야 하는 이유는 간단하다. 사업이 잘 풀려갈 때는 지방 금융권에만 의존하더라도 괜찮다. 그러나 경제가 나빠지거나 회사 자체의 문제로 사업이 잘 안 풀릴 때에는 문제가 될 수 있다. 일류 자금 조달처들은 어려운 시기가 닥쳐도 기업을 지탱해줄 능력이 있으며, 군건한 관계를 맺고 있는 기업을 지원할 것이다. 싸구려 자금 조달처들은 어려운 시기가 오면 아무에게도 자금을 조달해주지 못한다.

불행하게도 인설은 이 점을 나중에야 깨닫게 됐다. 그의 피라미드식 제국이 확대됨에 따라 덩달아 빚도 늘어났다. 어려운 상황을 만나면 무너질 위험도 그만큼 컸다. 그런데 그 제국은 무너질 위험만 있는 게 아니라, 거대 금융가들이 노릴 만한 푸짐한 먹잇감이기도 했다. 그가 동맹 세력으로 돈독한 관계를 맺어뒀어야 할 그 사람들은 그의 약점을 이용해 득을 보려고 노렸다. JP 모건 2세는 자신에게 일을 맡기지 않던 인설을 오래전부터 괘씸해하다가 마침내 복수에 나섰다.

1859년 가난한 목사의 아들로 태어난 인설은 콧수염을 길렀는데, 진지하고 일에 열중하며 확신에 찬 사람이었다. 그는 우상처럼 열광했던 토머스 에디슨과 일하기 위해 21세에 런던에서 미국으로 건너왔다. 그는 너무 열심히 일하던 탓에 40세가 되도록 결혼할 시간도 내지 못했다(40세가 되어서야 어느 여배우와 결혼해서 아들 샘 2세Sam Jr.를 얻었는데, 그의 아들도 나중에 그의 사업에 합류하게 된다). 인설은 런던 억양이 억세서 거의 알아들을 수 없는 영어를 말했어도 에디슨의 개인 비서이자 사업 관리자로서 여러 해 동안 일했다. 그는 30세에 에디슨 제너럴 일렉트릭 컴퍼니Edison General Electric Company의 사장으로 임명됐지만, 4년 뒤 JP 모건이 이 회사를 인수해 제너럴 일렉트릭, 즉 GE로 재조직할 때 경영에서 배제됐다. 모건파 사람들은 인설이 과도한 채무를 진 장본인으로 용납할 수 없다고 주장했다. 아마도 인설은 이런 사태를 우려해서 자금 조달처를 구하면서도 모건의 은행은 피하고 싶었는지 모른다.

인설은 패기가 넘쳐서 좀처럼 기죽는 모습을 찾아볼 수 없었다. 그는 작은 전력회사를 매입하면서 미국 최대의 발전소로 키우겠다고 다짐했는데, 과연 단 2년 만의 사업 확장으로 이 일을 해냈다. 그다음 단계로 지주회사 미들웨스트 유틸리티스MiddleWest Utilities를 설립했는데, 이 일로 그의 미국 내 고향인 시카고에서 그의 영향력은 기하급수적으로 성장했다. 그는 훌륭한 고객들에게 자금도 융자해줬고, 시카고 출신 상원의원 후보들을 후원해주기도 했다. 이렇게 인설은 시카고에서 가장 명망 높은 저명인사의 반열에 올랐다. 그의 제국이 무너져 내리면서 모두 물거품이 됐지만 말이다.

지주회사 구조를 유지하기 위해 인설은 각 지주회사마다 소수 지분을 확보했다. 언젠가 클리블랜드Cleveland의 은행가 사이러스 이턴과 모건의 은행이 편을 갈라서 수익성이 좋은 인설의 주식을 놓고 서로 큰 물량을 확보하려고 싸우기 시작했다. 근심에 빠진 그는 담배를 급히 피워대며 기업 사냥꾼들로부터 주식을 방어하기 위한 대책을 고민했다. 그가 생각해낸 유일한 대책은 지주회사들을 상호출자로 묶는 피라미드였다. 그는 주식 운영에 대해서는 잘 몰랐다. 하지만 하나의 중심적인 지주회사를 놓고, 각 지주회사가 상호출자 방식으로 이 회사와 지분을 맞교환하는 피라미드를 만들면 그와 자신의 동료들이 모든 회사의 지배 지분을 통제할 수 있다고 생각했다.

인설은 해질녘 사무실 창가에 서서 도시의 불빛이 하나둘씩 들어오는 모습을 좋아했다. 1928년 인설은 "인설 공익기업 그룹의 경영을 영속화하기 위해" 인설 유틸리티 인베스트먼트(IUI, Insull Utility Investments)를 설립했다. 그는 자신과 동료들이 보유하고 있던 각 지주회사의 지분을 이 회사에 넘기고 동시에 이 지주회사들이 그 지배 지분을 넘겨받는, 인설 유틸리티 인베스트먼트 중심의 피라미드 지배구조를 형성했다. 이 회사의 주식은 공모가격 12달러에 일반에 공개됐는데, 첫 거래일에 30달러로 거래를 마감했고, 6개월 후에 150달러로 주가가 올라서 화끈한 기업공개의 원조 격이 됐다. 마찬가지로 인설의 피라미드 구조에 속하는 다른 회사들도 광풍을 일으켰다. 그중 한 회사는 주가가 202달러에서 450달러로 뛰었고, 미들웨스트 유틸리티스는 169달러에서 529달러까지 폭등했다.

인설은 이렇게 지나칠 정도로 낙관적인 시장 분위기를 좋아하지 않았지만, 그로 인해 그의 개인 재산은 장부상으로 1억 5000만 달러로 불어났다. 그는 이런 거품이 터질 수밖에 없다고 생각했다. 하지만 탐나는 과자 단지가 있으면 누구나 그 곁에서 어슬렁거리듯, 그도 이런 시장을 지켜보다가 조금만 맛을 보자는 생각을 물리칠 수 없었다. 그는 미들웨스트 유틸리티스 주식을 1 대 10으로 액면분할해서 투기열이 달아오른 시장을 이용해 이득을 봤고, 그 돈으로 이 회사의 채무를 모두 상환했다. 이어서 그는 자기 제국의 지배 지분을 외부자들이 건드리지 못하도록, 피라미드 최상층에 또 다른 지주회사를 병렬로 설립해 인설 유틸리티 인베스트먼트와 상호출자 관계로 묶어놓았다. 그러나 작은 자본만으로도 거대한 기업의 지배구조를 통째로 장악할 수 있는 인설의 피라미드는 월스트리트가 군침을 흘리는 아주 푸짐한 먹잇감으로 떠올랐다.

인설의 회사들은 1929년 주가폭락으로 허약해진 데다, 기업 사냥꾼들로부터 회사 주식을 계속 방어하느라 현금과 신용이 고갈되어 갔다. 인설은 할 수 없이 약 4800만 달러를 차입하게 됐는데, JP모건과 다를 바 없이 그리 우호적이지 않은 뉴욕은행들에게서 빌린 차입금까지 동원해 이 금액을 채워야 했다. 그리고 회사 주식을 담보로 이 돈을 빌려야 했다. 즉, 그는 이제 과자단지 속으로 손을 집어넣었을 뿐 아니라 단지 속의 손을 옴짝달싹할 수 없게 되었다. 주식시장이 1931년에 다시 붕괴되자, 모건 진영은 의도적으로 인설의 주식들을 겨냥해 공매도 공격을 퍼부었다. 그의 주식들은 결국 굴복할 수밖에 없었고, 채권은행들은 주식의 담보 가치가 줄어든 틈을 타서 추가 담보를 요구했다(아니면 그에 상응하는 차입금을 상환해야 했다). 인설은 추가 차입을 시도했지만 모두 거절당하자 그의 최상층 지주회사 두 곳은 법정관리에 들어갔고, 그는 빈털터리가 됐다.

인설은 우편물 사기와 횡령 혐의를 받게 됐고, 그의 아들도 몇 가지 혐의를 받았다. 그는 시카고를 떠나 유럽으로 도주했다. 관대한 그의 전기 작가인 포레스트 맥도널드Forrest McDonald는 인설이 휴식을 위해 유럽으로 갔다고 하지만, 그가 행여 쉴 시간이 있었을지 의심스럽다고 했다. 그가 프랑스와 그리스를 돌고 있을 때, 정부는 그를 미국으로 송환하려고 손을 썼다. 한편 루마니아에서 전기를 관리하는 내각 수준의 자리를 제의했지만, 그는 운이 좋아서든 선견지명이 있어서든 이 제의를 거절했다. 마침내 그가 관광선에서 이스탄불에 내리자 터키 정부가 그를 체포했다. 인설은 미국으로 송환되어 재판을 받았다. 그의 모든 혐의는 무죄 판결을 받았지만, 그의 명성과 체면은 폐허가 된 그의 제국처럼 산산조각 났다. 이렇게 그는 파탄에 빠진 희생양으로 생을 마감했다.

샘 인설의 생애에는 배워야 할 커다란 교훈들이 많다. 첫째로, 산업을 움직이는 힘이 있다면 월스트리트를 주무를 수 있을 거라고 짐작하는 사람들이 많다. 그러나 인설의 사례를 본다면 그럴 일은 드물 것이다. 일반업계와 개인 투자자들이 사는 '메인스트리트'는 직설적이고 솔직하지만, 돈과 금융이 오가는 '월스트리트'는 까다롭고 교활하다. 둘째로, 채무는 항상 위험하다. 게다가 월스트리트를 조종할 수 없으면 그 위험성은 더욱 심해진다. 셋째로, 큰돈을 빌리고 주식도 발행해서 사업을 할 생각이라면, 그에 따르는 가격을 충분히 지불하고 일류 금융회사들과 돈독한 관계를 맺어두는 것은 정말로 그만한 가치가 있는 일이다. 그래야 나중에 그들이 내미는 과자를 집다가 산 채로 먹히는 꼴을 당하지 않을 것이다. 특히 빚이 있다면 말이다. 빚은 월스트리트가 주는 당근이자 채찍이기도 하다.

마지막으로, 인설의 생애에는 내가 개인적으로 음미하게 되는 작은 아이러니가 숨어 있다. 인설은 1920년대 초에 은퇴하고 싶어 했다. 만약 그때 은퇴했다면, 그는 부유한 영웅으로 물러날 수 있었고, 그 몇 년 뒤에 닥칠 험악한 오명을 뒤집어쓰지 않았을 것이다. 왜 물러나지 못했을까? 그는 자신의 제국을 아들에게 물려줘야겠다는 생각에 오래 눌러앉기로 결정했다. 이 결정으로 말미암아 그는 명예를 잃었다(나는 아버지를 따라서 일하며 인생을 시작했지만 아버지를 그런 권좌에 모시지 않는 것이 그분에게도 더 좋은 일이고, 내게도 더 편안한 일이라고 판단했다). 만약에 창업주의 자녀가 훌륭하다면 능히 지도자로 올라설 것이다. 그 아버지의 회사가 아닌 다른 곳에서든, 아니면 아버지가 떠난 뒤 그 회사 안에서든, 그 자녀는 자기 능력을 발휘할 것이다. 그 권좌를 물려받지 않더라도 말이다. 아버지 된 사람은 자연스러울 때 떠나야 하고, 권좌는 가족이든 가족이 아니든 가장 훌륭한 경영자에게 물려주면 된다. 자손이 자기 능력껏 일해서 그 자리에 오른다면, 아버지 자신도 더 기분이 좋을 것이다. 게다가 내 아이가 그 자리에 앉을 능력이 있는지 없는지 걱정할 필요도 없으니 말이다. 사람들이 자주 그러듯이, 인설도 자신의 세계를 아들에게 물려주려는 부자연스러운 길을 택했다. 그러다가 너무 오래 서성댄 탓에 그와 아들은 목숨 이외의 모든 것을 잃었다.

이바르 크뤼게르

Ivar Kreuger

성냥을 가지고 놀다가 그 화염에 타죽다

◆

성냥은 값싼 물건이고 어디에서나 구할 수 있으며, 필요한 물건이다. 그런데 이 성냥은 20세기 국제 금융을 무대로 가장 복잡 미묘하고 엄청난 수익을 벌어주는 밑바탕이기도 했다. 스웨덴의 성냥왕이었던 이바르 크뤼게르Ivar Kreuger는 세계적으로 작동하는 자금 조달을 고안했는데, 주로 미국에서 차입한 자금으로 유럽 국가들에게 수백만 달러를 대여해줬다. 그는 그 대가로 이 나라들에서 성냥 독점권을 확보했다. 1920년대 말 그가 전성기를 누릴 때 전 세계 성냥 제조의 75%를 장악하는 거의 세계적인 독점을 확보했다. 종국적으로 그는 유동성 결핍과 감당할 수 없을 정도로 많았던 비밀, 부주의한 실수로 인해 파멸의 길로 들어섰다. 때는 1932년, 그는 여론의 조사를 피하기 위해 가슴에 총을 겨누고 자살했다. 한때 금융 귀재로 갈채를 받았지만 그가 개척자였는지 아니면 미치광이였는지, 혹은 그저 사기꾼이었는지 역사가들은 아직도 의아해하고 있다.

크뤼게르가 세운 계획의 핵심은 그가 풍기는 외모와 겉모습이었다. 그의 목표는 처음부터 월스트리트에 있는 미국의 자금 조달처들로부터 신뢰를 얻는 것이었다. 회색빛의 초록색 눈과 창백하리만큼 하얀 얼굴에 촉촉한 피부와 야무진 입모양을 갖춘 그는 월스트리트가 기대하는 촉망받는 사업가의 모습 그대로였다. 그는 그럴싸한 외관을 갖추고 정확하게 행동한다면, 신용을 얻을 것이라고 생각했다. 그래서 더할 나위 없는 고급 옷차림으로 꾸미되 단조로운 정장 격식에 지팡이를 손에 들고, 머리가 벗어진 부분은 짙은 색 모자로 가렸다. 크뤼게르는 조용한 편이었지만 말이 정확했고, 훌륭한 교양과 태도가 엿보이는 온화한 설득력을 갖추고 있었다. 그는 월스트리트의 총애를 받고자 애쓰던 끝에 일류 투자 은행가들의 마음을 얻게 됐다. 백만 달러도 잘 대출해주지 않던 시절에, 이 은행가들은 그의 건실해 보이는 회사에 수백만 달러를 선뜻 대여해줬다. 그러나 그들은 크뤼게르가 가짜 사업가이고 모순투성이의 인물이라는 사실을 전혀 몰랐다.

크뤼게르의 죽음이 알려진 뒤, 그를 겸손하고 덕망 높은 성냥왕 사업가라고 알고 있던 월스트리트의 환영은 산산이 부서졌다. 무언가의 이유로 날아드는 각종 협박편지에 크뤼게르가 시달리게 된 것이 문제의 발단이었다. 그 이유는 밝혀지지 않았지만, 그중에 모름지기 그의 수많은 연인들과 관련된 편지들이 몇 개는 됐을 것이다. 사실 그는 유럽의 주요 도시마다 거의 빠짐없이 연인을 하나씩 두고 있었고, 그 숫자는 12명이 넘었다. 그뿐 아니었다. 크뤼게르는 첫 번째 연애를 15세 때 경험했는데, 그보다 두 배나 나이가 많은 어머니의 친구가 그 상대였다. 또 항상 여성들 이름이 가득한 조그만 검정색 수첩을 가지고 다녔다. 그 수첩에는 여성 한 사람마다 한 쪽씩 성격, 좋아하는 것과 싫어하는 것, 그녀에게 들어가는 돈의 액수, 또 그녀가 그 돈만큼의 가치가 있는지 아니면 없는지가 상세하게 적혀 있었다.

크뤼게르는 하룻밤의 상대를 만나는 데 쓸 비싼 브로치와 담배 케이스, 금지갑, 시계, 비단, 향수를 책상 서랍에 가득 넣어두고 있었다. 그러다가 어느 여자에 싫증이 나면 주식을 넣어둔 봉투를 그녀에게 집어줬다. 그는 죽을 때까지 독신으로 살았는데, 그 이유를 "결혼과 신혼여행에만 최소한 8일이나 걸리고 나에게는 그럴 시간이 없기 때문"이라고 말했다고 한다.

크뤼게르가 죽은 뒤에 감사 결과로 밝혀진 사실이지만, 그의 사업 방식도 사생활만큼이나 충격적이었다. 그는 스톡홀름에 있는 지주회사인 크뤼게르 앤드 톨Kreuger and Toll의 사업을 국제적으로 벌일 때에도 자기 머리로 숫자를 조작하면서 혼자서만 회사 장부를 기록했다. 또 혼자만 알고 있는 계산을 토대로 자산과 부채를 만들거나 없애기도 하고, 자산과 부채를 이 회사에서 저 회사로 넣었다 뺐다 하면서 사업을 해나갔다.

크뤼게르가 성냥공장과 판매 독점권을 획득한 방법도 장부 못지않게 거의 예술에 가까웠다. 그가 어느 공장을 차지하겠다고 마음먹으면, 항상 표적으로 삼은 공장 지역에다 똑같은 가격으로 더 나은 품질의 성냥을 팔았다. 이런 방법으로 그는 이 지역의 판매 가격을 떨어뜨리지 않고 표적공장의 시장을 먼저 빼앗았다. 그 공장이 타격을 입게 되면 그다음에 그는 '독립적인' 기업 매수자로 위장한 사람을 그 공장에 보냈는데, 터무니없이 낮은 인수 가격을 제의하게 해서 공장 소유자의 기세를 꺾어놓았다. 이 인수 제의가 거부되고 나면, 그다음에 그가 직접 그 공장에 찾아가서 이전보다 나은 인수 가격을 내놓았다. 당연히 공장 소유자에게는 좋은 제의로 보였을 것이다. 이렇게 그 공장을 싼 가격에 확보하고 나서 그 지역의 시장에 공급되는 성냥 품질을 떨어뜨렸다. 성냥은 예전 품질로 돌아갔고, 판매 가격도 예전 그대로 유지됐다.

크뤼게르는 프랑스와 독일 등에 수백만 달러를 좋은 금리로 장기간 대여해줬는데, 그 대가로 그 나라들에서 성냥 판매 독점권을 장기간 확보했다. 가끔씩 정확한 자리에 있는 관리를 찾아내서 뇌물을 한두 번 집어주면 독점 계약을 계속 갱신할 수 있었다. 그가 주선했던 가장 큰 차관 중의 하나는 1차 세계대전 후 프랑스에 7500만 달러를 5%에 불과한 금리로 빌려준 일이었다. 이 무렵은 JP모건을 비롯한 미국 주력 은행들도 지출을 줄이고 긴축했던 때였기 때문에, 대단한 일이 아닐 수 없다. 그는 또 추락하는 프랑화 환율의 안정을 돕기 위해 거액의 프랑스 채권을 매입했다. 물론 그는 그 대가로 프랑스에서의 성냥 독점권을 확보했다. 몇몇 정치인들에게 뇌물을 전달한 뒤 1927년에 그는 장장 20년간의 독점 판매권을 획득했는데, 그의 삶은 이 기간을 다 채우지 못하고 끝났다.

크뤼게르는 그의 회사에 대한 신뢰를 확고히 하기 위해 주주들에게 항상 높은 배당을 지급했다. 그는 가끔씩 자신의 성냥회사 가운데 한 주식을 소리 소문 없이 매수해서 그의 다른 회사에 높은 가격에 매도하는 방식으로 차익을 남겼는데, 이런 가공의 수익으로 회사에 이익이 났다고 공표하고 더 높은 배당을 지급했다. 또 배당을 지급할 여건이 되지 않을 때에도 월스트리트의 신뢰를 잃지 않기 위해서 어떻게 해서든 지급 시한을 지켜서 높은 배당을 지급했다. 그가 자기 회사의 주식을 발행할 때마다 사업 규모를 부풀려서 주식 가치를 산정했다. 다시 말해, 그는 늘 장부를 조작했다. 자료에 따르면, 1917년에서 1932년 사이에 그가 부풀린 이익은 2억 5000만 달러대에 달했다.

1880년에 태어나 엔지니어로 사회에 진출한 크뤼게르는 교량 건축사로 일했고, 이어서 부동산 중개업과 철강 영업도 했다. 그런데 어느 날 생각을 바꿔서 이렇게 말했다. "내 인생을 이류 시민들을 상대하며 돈을 버는 데 허비할 생각은 추호도 없다." 그는 1908년에 크뤼게르 앤드 톨이라는 설계사무소 겸 부동산회사를 설립했다. 그 5년 뒤에는 아버지와 삼촌이 소유하던 성냥공장 두 곳을 인수해서 크뤼게르 앤드 톨의 자회사로 유나이티드 매치 팩토리스_{UMF, United Match Factories}를 설립했다. 자신의 행동이 느린 이유가 소식(小食)을 하기 때문이라고 했다는 크뤼게르는 이 회사 설립 후 4년 만에 스웨덴 최대의 성냥회사를 집어삼키는 왕성한 식욕을 선보였다. 그는 마침내 스웨덴에서 '황금주'라고 일컬어지던 회사들을 수직 통합한 기업 집단을 구축했다.

사회생활을 할 때 크뤼게르는 언제나 매력적인 모습이었다. 하지만 그의 종말이 다가오면서 내면에 있는 오싹한 냉혈한의 모습이 외관으로도 배어나오기 시작했다. 그는 미소를 잃어가면서 무표정하게 굳어졌고 예민해졌다. 악수하는 손에서는 축축한 땀기가 묻어났다. 보통 백만장자들이 즐겨 수집하는 예술품이 아니라 가죽 옷가방, 지팡이, 카메라 같은 물건들을 사는 데 충동적으로 돈을 썼다. 또 절박한 상황을 바로잡아 보고자 엄청난 돈을 저돌적인 투기적 거래에 걸었다. 이와 같이 극단적인 투기적 성향은 큰 난관에 빠진 사기범들이 보이는 공통된 특징이다.

크뤼게르의 종말은 1929년 주가폭락과 함께 시작됐다. 그가 보유한 증권들은 비교적 폭락을 잘 견뎌냈지만, 그가 차입해 쓴 채무 잔고와 대출해준 여신 잔고가 너무 컸던 게 문제였다. 돈이 돌아야 하는데, 주가폭락으로 자금의 흐름이 바싹 조여들었다. 그는 치명적인 소문이 나돌까 봐 배당액을 줄이거나 여신을 회수하지 못했다. 그 대신에 사건 감사자들이 "금융 모험의 향연"으로 불렀던 일들을 과감하게 밀고 나갔다. 그중 가장 유명했던 것은 위조 수법이었다. 그는 이탈리아 국채 42개와 약속어음 5개를 인쇄했는데, 총 1억 4200만 달러 규모였다. 그는 이 서류를 들고 스톡홀름 매치 팰리스Stockholm Match Palace 빌딩에 있는 자신의 전용 공간인 꼭대기 층에 들어가 문을 닫아걸고, 위조 작업에 들어갔다. 이탈리아 정부관리 한 사람의 이름을 세 가지 서로 다른 철자로 표기해서 '진짜'처럼 보이도록 위조했다. 그의 경리 직원이 나중에 이 가짜 채권들을 장부에 기입했다.

1932년 3월, 크뤼게르는 더 이상 정상적인 행동이 불가능한 상태까지 갔다. 그는 신경쇠약에 시달리며 잠에 들 수 없었고, 전화소리나 문 두드리는 소리가 환청으로 들렸다. 또 있지도 않은 현금 잔고를 뒤적거리기도 했다. 마침내 그는 돈과 증권들을 친척들 이름으로 이전시켰다. 그가 남긴 메모 쪽지가 몇 개 있는데, 그중 하나에는 이런 내용이 적혀 있었다. "이 모든 어지러운 사태를 저질렀지만 관계자 모든 분들에게 최선의 해결책이라고 생각했기에 했던 일입니다."

그러던 어느 날, 크뤼게르는 사업할 때의 모습처럼 정장 차림 그대로 줄무늬 상의와 조끼의 단추 하나 풀지 않은 채 침대 위에 누웠다. 그리고 전날 구입한 권총을 왼손에 집어 들고 총구를 명주실 장식을 새긴 셔츠에다 대고 방아쇠를 당겨, 그 자리에서 즉사했다.

이 성냥왕은 자신의 제국이 무너지기까지 미국 투자자들로부터 약 2억 5000만 달러를 사취했다. 그래도 그는 거대한 차입금으로 지은 이 제국을 15년 동안이나 지속시킬 수 있었다. 1929년 주가폭락이 크뤼게르가 무너지는 큰 발단이었지만, 기본적으로 사기꾼이었던 그는 주가폭락이 없었더라도 오래지 않아 똑같은 종말을 맞았을 것이다. 채무로 지어 올린 종이 집을 영원히 세워둘 수는 없다. 지금까지 아무도 성공하지 못했다. 그는 거칠고 여색을 밝히며 터무니없는 월스트리트의 많은 불한당들 가운데 또 하나의 사례일 뿐이다. 이들은 투자와 소유, 경영의 실제 과정은 안중에도 없고, 빠른 돈벌이와 그 돈으로 누리는 호사에 치중하다가 실패하고야 마는 길을 걸었다.

062

New York Stock Exchange Archives Collier's Magazine 1925

리처드 휘트니

Richard Whitney

월스트리트 사상 가장 질편한 부정

◆

　때는 1929년 10월 24일, '검은 목요일Black Thursday'이었다. 훤칠한 키에 거만한 성격의 리처드 휘트니Richard Whitney는 월스트리트에서 가장 유명한 중개업자였다. 그는 이날 뉴욕증권거래소의 입회장을 가로지르며 US스틸 주식을 담당하는 전문 중개업자Specialist 창구로 성큼성큼 걸어갔다. 휘트니는 그곳에서 증권 거래소 역사상 가장 유명한 말을 그 전문 중개업자에게 건넸다 "US스틸 1만 주를 205달러에 매수해주시오." 그날은 모든 주식의 주가가 무너져 내리는 중이었고, US스틸 종목은 200달러 밑에서도 매수할 수 있었다. 그러나 휘트니는 이 종목의 직전 체결 가격으로 매수 주문을 냄으로써, 그날 입회장의 냉기를 걷어내며 신뢰의 숨결을 불어넣었다. 사람들은 US스틸이 버텨주기만 하면 다른 종목들도 더 추락하지는 않을 거라고 생각했다.

휘트니는 이때 JP 모건이 이끄는 컨소시엄으로부터 수백만 달러를 지원받아 다른 우량주 종목들에도 매수 주문을 내고 다녔는데, 각각 직전 체결 가격으로 거액을 매수하는 주문이었다. 몇 분 만에 그는 총 2000만 달러에 달하는 매수 주문을 냈다. 이 덕분에 시장은 잠시 반등하는 모습을 보였다. 언론들은 '리처드 휘트니, 공황을 멈추다'를 머리기사로 뽑았다.

뉴욕증권거래소의 회장 권한대행이었던 휘트니는 하룻밤 새 유명해졌다. 언론은 그의 일거수일투족을 보도했다. 그가 유명한 매수 주문을 소리쳤던 뉴욕증권거래소의 창구는 그 기념으로 업무에 쓰지 않기로 하고 휘트니에게 증정되었다. 이어서 그는 뉴욕증권거래소의 회장으로 선출됐다. 그는 말 그대로 월스트리트의 목소리이자 존경받는 정치인이 됐다. 격조 높은 명성을 얻게 된 것이다.

휘트니는 이러한 새 역할을 맡아서 좋은 시절을 구가했다. 그로튼Groton의 명문 사립 고등학교인 로렌스 아카데미Lawrence Academy를 거쳐 하버드 대학교를 나온 그는 자신의 삶이 무언가 큰 길로 향해 있다고 생각했다. 보스턴의 은행장을 아버지로 둔 그는 더할 나위 없는 배경에서 자랐고, 또 타고난 지도자였다. 잘생긴 얼굴과 딱 벌어진 어깨, 옷도 잘 입고 다니는 그를 보면 자연스럽게 믿음이 갔다.

뉴욕 맨해튼에서 가장 배타적인 클럽의 회원이기도 했던 휘트니는 아내와 함께 호화롭게 생활했다. 또 적어도 한 명의 애인을 두고 있었고, 사는 집 외에 농촌에도 집이 있었으며, '올해의 황소' 같은 대상을 받은 가축도 있었으니, 들어가는 돈이 만만치 않았을 것이다. 언젠가는 이발소에서 면도하는 동안 이발사가 떠들지 않고 조용히 해주었다고 해서 플로리다에 가는 여행 경비를 선뜻 내준 적도 있다고 한다. 대공황 중에 매달 5000달러를 쓰면서 살았던 휘트니는 모든 사람의 입에 오르내리는 인물 중의 하나였고, 그도 남들 입에 오르내리는 것을 좋아했다.

그러나 언론이 보지 못했던 것은 휘트니가 자신의 씀씀이를 감당할 수 없었다는 점이었다. 이 사실이 알려진 것은 이미 너무 늦었을 때였다. 주가폭락 당일 "우리들의 이 훌륭한 나라에 대한 믿음은 더욱 확고합니다"라는 말을 기자들에게 건네며 거래소를 걸어 나왔지만 그 또한 다른 이들처럼 가난뱅이가 되어 있었다. 몇 년 뒤 그는 주가폭락 때 200만 달러를 잃었다고 말했다. 하지만 그는 의지할 만한 개인 재산이 많지 않았다. 그의 회사 리처드 휘트니 앤드 코Richard Whitney & Co.는 간접비가 높고, 주로 JP 모건과 같은 엘리트 고객 중심으로 소수의 고객만을 상대했다. 이 회사는 돈보다는 명성을 벌고 있었다. 연간 이익은 고작 6만 달러에 불과했다(모건의 기준으로 볼 때 휘트니는 엘리트였고, 개인 투자자와는 위탁매매는 물론 아무 관계도 맺고 있지 않아서 마음에 드는 중개업자였다).

엄청난 돈을 쓰는 사람이 돈이 떨어지면 무슨 일을 하게 될까? 휘트니의 경우에는 보유하고 있던 포지션을 회복시키기 위해 오히려 시장에 뛰어들었다. 그는 무리한 거래를 여러 건 실행했다. 그는 상업용 비료 용도로 이탄(泥炭) 부식토를 실험하고 있던 플로리다 휴머스 컴퍼니Florida Humus Company에 투자했다. 그가 진짜 유기질 비료에 투자했다면 더 나았을 것이다. 뉴욕증권거래소 회장을 네 번이나 해본 사람이라고 하기에는 놀라울 정도로 그는 쉽게 당했다. 설상가상으로 휘트니는 손절매를 할 줄 몰랐다. 반대로 그는 손실 포지션을 그대로 유지한 채, 계속 매수 물량을 늘려나가면서 아무 소용도 없는 커다란 포지션으로 키워 갔다.

1931년 모건의 파트너 중 한 사람인 자신의 형 조지George에게서 개인적으로 차입한 100만 달러 이상의 금액을 제외하면, 휘트니 회사의 순자산은 약 3만 6000달러였다. 이 지점부터 계속 내리막길로 접어들었다. 그는 JP 모건에게서 차입했고, 또 형으로부터도 계속 돈을 빌렸다. 하지만 그의 포지션이 나빠질수록 소형 브로커나 전문 중개업자들로부터도 돈을 빌렸을 뿐 아니라, 예전 명성만 믿고 돈을 빌려주려는 거래소의 모든 사람으로부터 차입했다. 그러나 돈을 빌려준 사람들은 그의 차입 규모가 어느 정도인지를 모르고 있었다.

휘트니는 여전히 낙관적이었는데, 믿고 있는 구석이 따로 있었기 때문이다. 그는 하필이면 (도시에서 멀리 떨어진 좋은 환경에서 제조된) 독한 증류주에 승부를 걸었다. 물론 그가 술독에 빠져 살았던 것은 아니다. 그 대신에 그는 금주법 폐지에 대비하여 뉴저지 주에 있는 증류주 양조장 체인을 사들였다. 1933년, 휘트니는 그의 증권회사 파트너와 함께 '뉴저지라이트닝New Jersey Lightning'이라는 증류주를 생산할 '디스틸드 리커스 코퍼레이션Distilled Liquors Corporation'이라는 회사를 만들었다. 그들은 이 회사가 미국의 다음번 열풍을 일으킬 종목이 될 거라고 생각했다. 휘트니는 열풍이 일기를 기다리면서, 그의 채권자들을 설득해서 대출을 연장했고, 그가 잘 모르는 사람들에게서 돈을 더 빌렸다. 이 무렵 그에게는 담보가 없었기 때문에 은행은 이용할 수가 없었다.

금주법 폐지가 발효되자 그가 주당 10~15달러로 투자해놓은 디스틸드 리커스가 45달러로 급등했다. 휘트니가 이때 주식을 처분했다면, 형을 제외한 다른 모든 사람에게서 빌린 채무를 전부 청산할 수 있었을 것이다. 그리고 형으로부터 빌린 돈은 나중에 해결하면 됐을 것이다. 하지만 그는 도박 기질이 달아올라 주가가 더 오를 때까지 주식을 보유하자는 악수를 두고 말았다. 매수세가 따라붙지 않아 주가가 처지기 시작했을 때, 그에게 찾아온 행운은 이미 물 건너가고 있었다. 주가가 주저앉을수록 휘트니는 주가를 떠받치려고 애썼다. 그러나 주가는 10달러를 간신히 웃돌고 있었다.

이제 휘트니는 절박한 상태가 됐다. 주식을 담보로 은행 융자를 받았기 때문에, 주가가 더 내려가면 담보 가치 결손분에 대한 상환요청이 올 게 뻔했다. 절박해진 그는 죽기 살기로 과감한 행동에 들어갔다. 1936년, 더 이상 자신의 얼굴만 믿고 돈을 빌려줄 사람도 바닥이 나고 자금 조달에 대한 소문도 퍼지게 되자, 그는 사기꾼으로 돌변했다. 여전히 뉴욕 요트 클럽New York Yacht Club의 재무 관리인이었던 그는 20만 달러의 은행 융자를 받는 데 이 클럽의 채권 15만 달러를 담보로 잡히는 부정행위를 저질렀다. 그는 1926년에도 비슷한 일을 벌였는데, 장인의 재산인 채권을 '빌렸다가' 아무도 모르게 3년 뒤에 제자리에 가져다 놓았다.

합리성을 완전히 상실한 휘트니는 뉴욕증권거래소가 내부적으로 운영하는 경조사기금Gratuity Fund(작고한 거래소 회원들의 가족을 위해 조성된 수백만 달러 규모의 상호부조 기금)의 돈을 횡령했다. 그에게는 아주 쉬운 일이었다. 왜냐하면 그가 이 기금의 수탁 관리인 여섯 명 중의 하나였고, 또 이 기금의 출납을 처리하는 브로커였기 때문이다. 이 기금에서

35만 달러 상당의 채권을 매도하고 동일한 금액의 다른 채권을 매수하기로 결정했을 때, 휘트니는 이 매매를 실행한 뒤 새로 매입한 채권을 은행에 담보로 잡히고 개인 용도로 융자를 받았다. 그는 이런 부정행위를 계속 반복했고, 이 기금에는 9개월이 지나기 전에 현금과 채권을 합쳐서 100만 달러 이상의 결손이 발생했다.

1937년 경조사기금의 수탁관리인들은 증권 결손 사실을 발견했다. 그들은 자신의 재산을 요구했고, 휘트니는 며칠간 서류 작업 때문에 늦어지고 있다는 어처구니없는 이야기를 늘어놓았다. 그 사이에 그는 손을 써서 빼돌렸던 증권을 가까스로 가져다 놓을 수 있었다. 형 조지가 모건의 파트너 토머스 라몬트에게 돈을 빌려서 휘트니에게 마련해줬던 것이다. 나중에 진행된 조사과정에서 조지 휘트니는 이렇게 말했다. "나는 동생에게 어떻게 그런 일을 할 수 있냐고 물었다. 그는 아무 할 말이 없다고만 했다."

이윽고 뉴욕증권거래소도 휘트니에 대한 눈치를 채고, 그의 장부를 뒤져서 수상한 거래들을 찾아냈다. 그러나 이때까지도 그는 희망을 품고 있었다. 그는 거래소 사람들을 설득하면서 자신의 뉴욕증권거래소 회원권을 팔아서 구멍 난 부분을 메워놓겠다고 약속했다. "어쨌든 나는 리처드 휘트니란 말이오. 나는 수백만 명의 사람들에게 거래소와 다름없는 존재요." 결국 옳고 그름에 대한 판단을 완전히 상실해버린 휘트니는 자신의 증권회사 고객계좌들에서 80만 달러 이상의 유가증권을 인출했고, 또 111건의 차입을 합쳐서 2700만 달러를 마련했다. 그는 닥치는 대로 거래소 입회장에 나타나는 낯선 사람들과 예전의 적들에게까지 손을 내밀면서 돈을 빌려달라고 했다.

《네이션Nation》은 이 사건을 이렇게 요약했다. "JP 모건이 성 요한 대성당 헌금접시에 있는 돈을 훔치다 붙잡혔다면 모를까 월스트리트에서 이보다 더 당혹스러운 일은 없을 것이다." 휘트니는 뉴욕 주의 악명 높은 교도소인 싱싱Sing Sing에 5~10년을 복역하는 징역형과 증권산업 활동을 영원히 금지하는 법원 명령을 받았다. 형이 선고될 때 휘트니는 초췌한 모습으로 손을 떨었고 '공중의 배신자'라고 불릴 때 얼굴을 붉혔다.

휘트니 사건 후에 벌어진 일들은 더욱 참담했다. 그가 복역하는 중에 디스틸드 리커스는 파산했고, 유명했던 그의 매수 주문을 기렸던 US스틸 전문 중개업자 창구는 경매에 붙여져 5달러에 처분됐다. 같이 복역한 수감자 동료들은 그를 '휘트니 선생님'이라고 부르며 서명을 부탁하기도 했는데, 그는 항상 이에 응해줬다. 그는 모범수로 복역해 1941년에 가석방된 뒤 친척들과 함께 지냈다. 그는 잠시 매사추세츠 주의 반스테이블Barnstable 군에 있는 가족 낙농목장을 관리하기도 했다. 그 뒤로 영영 모습을 보이지 않다가 1974년 86세의 나이로 딸의 집에서 세상을 떠났다. 남아 있던 채무는 그의 형이 모두 갚았다.

증권 거래소 회장으로서 휘트니는 당연히 정부가 주도하는 증권시장 개혁에 맞서 싸우면서, 증권 거래소를 "완벽한 기관"이라고 표현했다. 또 "지금 아무리 달가운 일이 아니더라도 거래소 회원들은 그러한 개혁을 실행할 용기를 가지고 있으며" 스스로를 감독할 능력이 있다고 말했다. 얄궂게도 이러한 말이 사실과 다르다는 게 휘트니 자신의 행동을 통해서 명백하게 드러났다. 휘트니 사건은 언젠가 내게 이런 말을 들려준 목수 할아버지를 떠올리게 한다. "튼튼한 울타리가 있어야 그런 자들의 부정을 막을 수 있을 게야."

063

마이클 미핸

Michael J. Meehan

미국 증권거래위원회 징계 대상 1호에 오르다

◆

마이클 미핸Michael J. Meehan은 특이한 인물은 아니었지만, 광란의 1920년 대를 여는 데 한몫을 했다. 이어서 그는 새로이 등장한 공포(즉, 증권거래 위원회에 대한 공포)를 월스트리트에 불러오는 데도 역시 한몫을 했다. 교 활하고 고도로 민감한 그는 주식을 워낙 능수능란하게 조작하는 바람 에 금세 돈을 벌려고 안달하는 젊은 여성들과 비서들, 구두닦이 아이들 까지 주가가 오르기만 하는 그의 주식을 사려고 아우성을 치게 만들었 다. 이들이 주식을 매수하면, 미핸은 팔아치웠다. 그러면 주가가 거의 하루 만에 뚝 떨어져서 원래 가격으로 돌아갔다. 그는 이런 식의 거래 를 벌여서 500만 달러에서 2000만 달러가량을 벌었다. 그러나 종국에 광란의 1920년대도 삭아들었듯이, 1930년대의 주식조작 금지 법규가 그의 악명 높은 수법을 불법화하면서 그 역시 삭아들었다. 그는 증권거래위원회가 뉴욕증권거래소에서 축출한 최초의 인물이자, 대형 트레이더로서는 유일한 사례가 됐다. 그에게는 앞날을 내다볼 생각도 없었고, 시대의 변화에 따르려는 유연성이 없었던 탓이다. 그리고 월스트리트에서 아무도 애도해주는 이 없이 죽음을 맞았다.

1892년 잉글랜드에서 태어난 미핸은 뉴욕 맨해튼에서 자랐고, 공립학교를 졸업한 뒤 배달사환으로 일했다. 한번 마음먹으면 이루고야 말았던 그는 그다음 월스트리트에 위치한 조그만 판매상에서 관람권을 파는 일을 했다. 19세 때 볼살이 통통했던 그는 모건과 리먼, 골드만삭스의 파트너들에게 팔 브로드웨이의 최고급 관람권을 따내려고 분주하게 일했다. 표 하나를 그들에게 가져다줄 때마다 그의 미래도 탄탄해지고 있었다. 그 6년 뒤인 1917년, 영향력이 막강한 그의 고객들은 커브거래소Curb Exchange(아메리칸증권거래소의 옛 이름) 회원권을 얻을 수 있도록 그를 도와줬다. 이때부터 그의 성공은 고속도로를 달렸다. 1920년에 이르러 그는 뉴욕증권거래소 회원권을 살 수 있는 9만 달러를 저축했다. 곧이어 그는 관람권 판매상을 떠나 MJ미핸 앤드 컴퍼니MJ Meehan and Company를 설립했다.

미핸이 시장에 진입한 시점은 더할 나위 없이 완벽했고, 그의 회사는 1920년대 강세장과 함께 승승장구했다. 1924년 RCARadio Corporation of America 상장 때 이 종목의 시장을 조성하는 전문 중개업자를 맡으면서 금융계의 총애를 받는 존재로 빠르게 부상했다. 타고난 기질부터 대단한 세일즈맨인 데다 기반까지 갖춘 그는 개인 투자자들의 RCA 매매를 조작하고 부추기면서 이 주식을 주식시장에서 가장 후끈한 종목의 하나로 만들었다. 미핸은 고도로 민감했고, 일에 열중하면서도 늘 미소를 잃지 않았다. 그는 200만 달러 넘게 돈을 들여서 여덟 곳이나 되는 증권 거래소 회원권을 매입해 그 무렵 어느 회사보다도 많은 거래소에서 거래했다. 또 RCA 한 종목의 위탁매매에서만 하루 1만 5000달러의 수수료를 벌 정도로 거래 규모가 대단했다.

거래소의 RCA 전문 중개업자이면서도 미핸은 작전 세력들에게 고용되어 그들의 투기 자금을 관리해줬다. RCA는 배당이 없는 주식이었지만, 이 세력들은 이 주식의 주가를 1925년 85달러에서 1929년 최고가인 549달러까지 끌어올린 장본인들이었다. 그중 하나의 세력에는 산업계의 거물인 존 래스콥과 찰스 슈왑(요즈음의 온라인 위탁매매 증권사가 아니라 '철강업'의 슈왑) 같은 인물들도 들어 있었다. 이 세력은 RCA가 90달러를 호가할 당시 100만 주에 달하는 대단위로 매매했다. 미핸은 그가 항상 쓰는 방법으로 RCA 거래를 조작했는데, 대량 거래를 유발해 매수세가 몰리는 환상을 일으키면서 주가를 109달러까지 끌어올렸다. 그러면 이 세력은 보유 물량을 매도해 차익을 남기고, 주가를 다시 87달러로 밀어 내렸다. 이 주식작전을 수행하는 데 일주일 남짓 걸렸는데, 미핸은 자신이 수행한 역할로 50만 달러를 받았고, 이 세력에게 500만 달러의 매매차익을 벌어줬다.

미핸은 1929년 주가폭락 시점까지 줄곧 신나는 삶을 즐겼고, 그 후 대공황 때도 그 자신은 별다른 굴곡을 겪지 않았다. 주가폭락 이전에 그는 뉴욕 맨해튼의 값비싼 셰리-네덜란드 호텔을 주거 공간으로 썼고, 사무실은 송아지 가죽을 두른 셰익스피어 가구로 장식했다. 그리고 증권회사 지점을 아홉 개나 운영했는데, 맨해튼 한복판에도 지점이 있었지만 커나드Cunard 호화 여객선들 안에도 여러 지점이 있었다. 그는 돈에 옹색하지는 않아서 1927년 성탄절 상여금으로 그의 직원 400명 모두에게 1년 치 급여를 내줬다. 주가폭락 후에 그는 지점 몇 곳을 폐쇄했지만, 얼마 뒤에 27세가 되는 아들 생일선물로 13만 달러나 하는 뉴욕증권거래소 회원권을 사줄 만한 형편은 됐다. 주가폭락 때 그가 빈털터리가 됐다는 소문이 나돌았지만, 사실은 그렇지 않았다.

미핸은 1929년 주가폭락에서 아무 교훈도 얻지 못했지만, 연방 정부는 교훈을 얻었고 행동에 옮겼다. 상원 은행위원회가 주가폭락 이전의 주식 부정행위에 대한 조사 작업에 들어간 뒤, 곧바로 '합동 자금'이란 말은 월스트리트에서 아무도 감히 입에 올리지 못할 추악한 말이 돼버렸다. 1934년에 통과된 증권거래법은 미핸에게 명성을 가져다준 합동 자금과 주식 조작행위를 불법화했다. 그러나 그는 즐거운 시절을 보내느라 너무 바빴던지, 아니면 월스트리트를 바꿔놓겠다는 연방 정부의 말이 믿기지 않았나 보다. 그는 새로운 법률을 완전히 무시하고 시장에 뛰어들어 그의 전공인 요란하고도 현란한 매매 기량을 또다시 선보였다.

1935년 미핸은 벨란카 에어크래프트 주식을 이른바 '통정매매'라는 방법으로 조작했다. 이 매매 방법은 대량 거래를 동반하면서 주가가 상승하는 모습을 연출하기 위해 작전 세력이 그들끼리 주식을 활발하게 사고파는 행위를 말한다. 이 행위는 사실 작은 집단이 그들끼리 거래 횟수만을 늘릴 뿐이지만, 대량 거래가 터지면서 매수세가 몰리는 모습으로 보이기 때문에 일반 투자자들이 몰려들게 된다. 이들은 나름대로의 욕심에서 자신들이 정말로 대박 종목을 찾았다는 착각에 빠진다. 이렇게 일반 투자자들이 그 주식을 매수하려고 달려들면, 그 매수세가 주가를 더욱 밀어 올리게 된다. 바로 이때 세력은 소리 소문 없이 자신들의 보유 물량을 그들에게 팔아넘긴다. 미핸은 평소 기량대로 극적인 결과를 만들어냈다. 즉, 단 몇 달 만에 벨란카 주식을 1.75달러에서 5.50달러로 끌어올린 뒤 주가를 잠시 그 수준에 붙들어두는 동안, 그와 동료들의 보유 물량 수십만 주를 일반 투자자들에게 떠넘겼다. 그가 세력의 작전을 완료하자마자 주가는 다시 예전의 원래 가격으로 떨어졌다. 바로 이때 미핸은 연방 정부의 말이 진심이었다는 것을 알게 됐다.

말도 많았던 청문회가 여러 차례에 걸쳐 오래 진행됐다(아무튼 정부를 빼면 아무도 미핸을 범죄자라고 생각하지 않았다). 이어서 증권거래위원회는 미핸을 본보기로 삼겠다고 작정하고, 그가 회원으로 활동하던 모든 거래소(뉴욕증권거래소, 커브거래소, 시카고상품거래소)에서 그를 축출했다. 이 조치는 증권거래법의 주가 조작 징계 조항이 처음으로 집행된 사례였고, 월스트리트에 큰 변화를 가져왔다. 월스트리트가 잔뜩 겁을 집어먹은 것이다. 미핸 역시 큰 충격을 받았다. 충격이 너무 컸던 나머지 요양원에 들어갔다. 기력을 회복하려고 그랬다는 사람도 있었고, 법 집행을 피하려고 그랬다는 사람도 있었다. 미핸은 1948년 56세에 갑작스레 죽었다. 그는 월스트리트에서의 실패에도 불구하고, 부인과 네 명의 아이들에게 꽤 큰 유산을 물려줄 수 있었다.

증권거래법 이전에는 주가 조작과 작전 세력의 합동 자금이 합법적이었고, 월스트리트에서는 오히려 식상할 정도로 흔한 일이었다. 그때는 누구도, 특히 미핸은 이런 행위를 불법으로 생각하기조차 어려웠었다. 사실 미핸의 친구들은 그를 두둔하면서, 그가 했던 일은 "쿨리지 Coolidge 대통령 시절(1923~1929년)에 주식매매 세계에서 그가 찬사를 받게 해준 것"이라고 말했다. 그러나 시대는 변하고, 법률도 변하며, 누구나 법률을 지켜야 한다. 정부는 보통 대중을 통제하기 위해서 소수의 위반자들을 호된 본보기로 삼아 새 법률을 집행하는 경향이 있다. 미핸은 그런 본보기에 해당된 것이다.

1920년대 투기꾼으로서 미핸은 대단히 성공적이었지만, 이 책에서 다룰 만큼 주목할 만한 사람은 아니었다. 증권회사 지점을 대양 여객선에 설치하는 것은 혁신적인 금융과는 전혀 거리가 멀다. 그의 행위에는 월스트리트의 진화나 금융 전체의 발전 면에서 긍정적인 측면이 전혀 없었다. 그러나 그는 확실하게 얻어맞았다. 그 점에서는 그 부류들의 효시를 기록했다. 또한 우리 모두와 증권계에서 법을 어기지 않을 사람들까지도 몸이 성하려면 증권거래위원회의 권한을 존중해야 함을 일깨워줬다. 시대는 변한다. 따라서 시장의 추세나 새로운 산업에 유연하게 대응해야 하며, 미핸의 사례에서 보듯이 사회적 요구나 법률 변화에도 유연하게 대처하는 것은 월스트리트에서 필수 사항 가운데 하나다.

064

로웰 비렐

Lowell M. Birrell

Life, August 10, 1959

현대적 대형 사기범의 결정판

◆

　기독교 장로회 목사와 감리교 선교사가 부부의 연을 맺고 작은 마을에 살고 있었다. 이들 사이에서 태어난 아들이 어떻게 나중에 월스트리트에서 가장 무자비하고 현란하게 에둘러 후려치는 주식 조작의 대가로 돌변했는지는 전혀 불가사의한 일만은 아니었다. 로웰 비렐Lowell M. Birrell은 매력이 넘치는 영리한 젊은 변호사였는데, 돈에 굶주린 사람이었다. 그는 어쩌다가 주식시장에서 '백전백승'할 수 있는 방법을 접한 뒤로 그 마력을 뿌리칠 수 없었다. 그는 완벽한 기억력으로 증권거래위원회의 모든 규정을 구두점 하나 빠뜨리지 않고 암송할 정도였는데, 비등록 사모증권(私募證券)을 높은 가격으로 시장에 팔아치우는 불법행위를 시작했다. 이 사모증권들을 지나치게 부풀린 가격에 처분하면서 정교한 네트워크를 통해서 합법적인 주식이나 현금으로 전환했다. 근 20년이 지나서야 증권거래위원회가 비렐의 꼬리를 잡게 됐을 때, 그는 "금세기 미국에서 그 누구보다도 더 많은 기업들을 좌초시켰고, 더 많은 투자자들에게 사기 쳤으며, 더 많은 돈을 교묘하게 훔쳤다"라고 묘사됐다. 증권거래위원회는 비렐이 "근대 이래 주식회사를 조작하는 가장 기발한 사기범"이라고 인정했다. 즉, 오늘날의 시장을 만드는 데 한몫했던 고수의 반열에 올려주기에 족한 평가라고 해야겠다.

비렐은 1938년 그의 나이 31세에 첫 번째 사기 거래를 벌였다. 그는 어느 컬런 제조업체 사장의 백만장자 미망인으로부터 돈을 빌려서 뉴욕 브루클린에서 피델리오 맥주fidelio beer를 제조하는 양조장의 지배 지분을 매입했다. 그러나 관심은 맥주가 아니라 딴 데 있었다. 비렐은 이 양조장을 지주회사로 전환해서 나중에 다른 기업들과 합병시키는 거래에 활용했다. 여기까지는 전혀 불법적인 내용이 없다. 그러나 그 다음에 다른 회사들을 인수할 자금을 조달하기 위해 과대평가된 주식을 줄줄이 발행했는데, 전부 일반 판매용으로 등록하지 않은 주식들이었다. 이어서 그와 동료들은 법률을 피해 가기 위해 그 주식을 '장기 투자'인 것처럼 보유했지만, 사실은 시장에 대량으로 판매해서 현금을 챙겼다.

6년 뒤 비렐은 복잡하게 얽힌 보험 사기를 벌였는데, 주식 가치를 부풀린 보험회사를 여러 개 설립하는 방법을 썼다. 제이 굴드와 짐 피스크가 애용했던 그 방법이다. 비렐은 1944년 이 사기 작업에 들어갔는데, '물을 타놓은' 양조장 주식으로 커브거래소에 상장돼 있던 네온 전등 제조회사인 클로드네온Claude Neon, Inc.을 매입했다. 이때도 매입한 회사의 제품에는 관심이 없었다. 그가 노렸던 것은 그 회사가 이름 있는 거래소에 상장돼 있다는 점이었다. 이 상장회사의 주식에 마음대로 물을 타서 별로 따져 묻는 사람이 없는 다른 시장에 내다팔 생각이었던 것이다. 그는 곧바로 클로드네온의 신주를 줄줄이 발행해서 그 주식으로 증권거래위원회의 관할권 밖에 있는 작은 보험회사 여러 곳의 지배 지분을 매입했다.

어느 음흉한 보험업계의 대가가 비렐에게 좋은 수를 알려줬다. 비렐의 보험회사들에 투자 대상을 '선정해주는' 새 회사를 설립하는 방법이었다. 이 투자 서비스를 대가로 새로 설립된 회사는 이들 보험회사 순이익의 25%를 받았다. 다시 말해, 비렐은 자신이 지배하는 회사들에서 돈을 빼돌렸던 것이다. 그러나 그다음부터가 진짜 사기였다. 그는 값싼 증권을 무더기로 시장가격에 매입해서 부풀린 값으로 클로드네온에 매도했다. 이어서 자기 지배하에 있는 보험회사들이 클로드네온으로부터 이 증권들을 매수해서 투자 포트폴리오에 편입하도록 만들었다. 이 투자 포트폴리오들의 가치를 한껏 부풀리면 보험회사들의 이익에 그대로 반영됐고, 보험회사 순이익의 25%를 가져가는 그의 몫도 불어났다. 언뜻 보기에 이런 과정이 아리송하게 보인다면, 정말로 최고의 사기는 언제나 사람들을 혼동시킨다는 점을 명심하라. 바로 이점 때문에 그 사기가 효력을 발휘한다. 비렐은 모든 사람을 속이기에 족할 만큼 혼란스러운 사기의 대가였다.

비렐이 보험회사들에게 팔아넘긴 증권의 가치를 그 이사회에서 캐물을 때까지 그의 사기행각은 근 5년간 이어졌다. 1949년에 그의 행각이 밝혀짐에 따라 이사회는 보험회사의 투자 포트폴리오에 대한 그의 통제권을 박탈했다. 하지만 그를 기소하지는 않았는데, 아마도 이사회에서 이 사안을 조용하게 처리하고 싶었기 때문이었을 것이다. 비렐은 이제 보험회사들에 대한 공식적인 지배권을 상실했지만, 이 회사들에 다시 한번 사기를 칠 수 있었다. 1953년 그는 유사한 보험 사기를 다시 시작했는데, 뉴욕증권거래소에 상장돼 있는 로그우드 염료 제조회사인 유나이티드 다이 앤드 케미컬United Dye and Chemical Corporation을 새로 인수해서 활용했다. 그는 인수한 회사의 자산에 물을 타는 방식으로 약 200만 달러를 빼돌리고 나서 2년 내에 회사 지분을 처분했다.

비렐은 숙주의 피를 먹고 자라는 바이러스 같은 존재였다. 그는 지배 지분을 장악한 회사들에서 빨아먹은 피로 퇴폐적인 생활을 한껏 즐겼다. 그가 소유한 부동산으로 뉴욕 맨해튼의 스위트 주택과 쿠바 아바나Havana에 있는 아파트 한 채가 있었는데, 그가 향연을 벌이던 최고의 장소로 펜실베이니아 주 벅스Bucks에 위치한 대지 486만 제곱미터의 부동산이 있었다. 이곳에는 그저 놀이용으로 갖춰놓은 슬롯머신에다 그가 스카치위스키를 마시게 했던 새끼 코끼리도 있었고, 또 그가 부인 세 명 중 하나를 위해 사줬던 반들반들 빛나는 빨간 소방차도 있었다. 게다가 그는 요트를 띄워놓을 2만 8000제곱미터의 인공호수까지 지어놓았고, 최고 가격을 부르는 콜걸들과 술을 마시며 즐기는 2~3일간의 주연을 개최하곤 했다. 그는 늘 하고 싶은 대로 즐겼고, 그게 얼마가 들든 기꺼이 돈을 썼다. 어쨌든 돈은 쉽게 생겼기 때문이다. 그가 어느 모델에게 취재진 앞에서 옷을 벗고 기름이 쏟아지는 샘에서 샤워를 하면 1000달러를 주겠다고 제안했을 때 그녀가 거절했던 일이 그가 즐기지 못했던 유일한 놀이였을 것이다.

비렐은 펜실베이니아에서 파티를 즐기지 않을 때는 뉴욕 맨해튼 거리를 헤집고 다니며 즐겼다. 그는 키 173센티미터에 90킬로그램이나 나가는 체구로 얼굴은 둥글고 통통해서 잘생긴 외모는 아니었지만, 망나니 기질에 잘 맞는 친구들과 연인들이 꼬였다. 그는 맞춤 제작한 값비싼 파란색 정장을 입고 다녔고 항상 시끄럽게 말이 많았다. 야밤에 세 시간밖에 자지 않았는데, 공중전화 박스와 나이트클럽 테이블에 기대어 선잠을 자는 것으로 유명했다. 또 새벽 이른 시각까지 술을 마셨지만, 언제나 아침이면 벌떡 일어나 기민한 동작으로 9시까지 출근해 자리에 앉았다. 정말 타고난 체질이라고 해야 할 것이다.

비렐은 1907년 인디애나 주 화이트랜드Whiteland에서 태어나 18세에 시러큐스 대학교Syracuse University를 졸업했고, 불과 21세의 나이에 미시간 대학교University of Michigan 로스쿨을 졸업했다. 그는 뉴욕의 유수한 법무 법인에서 5년간 일하고, 이어서 그곳 기업들 몇 곳의 재무구조 개편과 구조조정에 참여한 뒤 월스트리트의 세계를 찾아 나섰다. 그가 그 뛰어난 머리를 존경받을 수 있는 일에 썼다면 족히 전설 같은 업적을 남길 수도 있었겠지만, 닥치는 대로 사기를 치는 엄청난 일을 업으로 삼고 말았다. 그중에서도 그가 벌였던 고약한 짓거리 가운데 하나는 바로 옆집에 사는 고령의 부유한 미망인에게서 땅을 사기 쳤던 일도 있었고, 임종이 멀지 않은 부유한 자기 친구의 재산을 교묘한 수법으로 빼앗았던 일도 있었다. 정말로 대단한 친구다.

그러나 비렐의 웅대한 사기 중에서도 압권은 스완 핀치 오일-더스킨Swan Finch Oil-Doeskin 사기 사건이었다. 이 사건에서 그는 중절도죄, 소득세 탈세, 주식 사기 등 69건의 혐의로 기소됐고, 더불어 회사 두 곳에서 1400만 달러 상당의 주식을 사취했다고 고발당했다. 이 사건도 비렐이 벌인 다른 사기들처럼 아주 복잡해서 혼란스럽다. 임원 겸직과 차명계좌, 주식의 과대평가 외에 증권거래위원회 법률을 피해 가기 위한 수많은 속임수들이 동원됐다. 비렐은 일찍이 1947년에 상장회사인 더스킨 프로덕츠Doeskin Products를 인수했는데, 그 방법이 아주 기막혔다. 이 회사에 200만 달러 상당의 과대평가된 유가증권을 팔아넘긴 뒤 그 매도 차익으로 이 회사의 지배 지분을 사들였다. 바로 인수 표적인 회사를 사기 친 돈으로 그 회사를 샀다. 그가 팔아넘긴 유가증권은 뉴욕 주 픽스킬Peekskill 소재의 '비벌리힐스 공동묘지Beverly Hills Cemetery'라는 회사의 무담보 사채였는데, 다른 주주들이 의심적은 이 사채에 대해 이의를 제기하고 고소하자, 비렐은 고작 20만 달러를 어쩔 수 없이 토해내게 됐다. 200만 달러에 비하면 푼돈에 불과했다. 이 이야기는 더 이어진다.

그다음, 1954년 비렐은 스완 핀치 오일Swan Finch Oil Corporation의 지배 지분을 헐값에 매입하고, 이 회사를 통해서 아메리칸증권거래소ASE, American Stock Exchange에서 거래할 수 있는 특권도 함께 획득했다. 이런 방식으로 그는 스완 핀치를 통해 재무 정보를 공개하지 않고 주식을 매매할 수 있게 됐다. 비렐은 가공의 회사들을 설립해놓고, 신규 출자 형식으로 비등록 사모 주식 약 200만 주를 잔뜩 '물을 타서' 판매했다(이 물타기 수법의 원조는 008. 대니얼 드루를 참조하라). 당시 산업용 기름과 수지 제조회사였던 스완 핀치는 가스전과 우라늄 광산 임차권, 곡물 저장소를 취득했고, 마지막으로 이미 비렐의 지배하에 있던 더스킨 프로덕츠를 취득했다. 이어서 비렐은 이 복합기업을 일반에 공개한다는 다섯 차례의 광고를 《뉴욕 타임스》에 내서 선풍을 일으켰다. 이렇게 해서 당초 발행 주식 3만 5000주에다 순자산이 100만 달러도 채 안 됐던 무명 회사가 200만 주가 넘는 발행 주식에 순자산이 1000만 달러가 넘는 인기 있는 공개기업이 됐다.

스완 핀치는 1950년대 강세장을 타고 성공한 사례였다. 아니면, 사람들이 그렇게 믿었던 사례였을 것이다. 비렐은 일단 주식을 수중에 넣자 일반에 그의 주식을 우회적으로 팔아넘겼는데, 다양한 브로커들에게 판 다음 그들이 주식시장에 팔게 하는 등 온갖 교묘한 방법을 동원했다. 또 캐나다의 차명계좌를 통해서 주식을 팔았고, 아메리칸증권거래소의 악명 높은 주식 전문 중개업자인 제리 레이와 그의 아들 제럴드 레이를 고용해서 이 증권 거래소 입회장에서 대놓고 주식을 팔았다. 가장 영악했던 판매 수법은 주식을 담보로 잡히고 150만 달러를 차입한 일이었다. 그가 고의적으로 채무 상환을 이행하지 않자 그에게 돈을 빌려준 금융기관이 일반에 그 주식을 팔았다.

1957년 초에 스완 핀치가 벌이는 어마어마한 주식 거래가 마침내 증권거래위원회 조사관들의 눈에 들어왔고, 곧바로 법원은 불법적인 주식 판매를 금지하는 명령을 내렸다. 비렐은 소환장이 날아든 10월에 세 번째 아내를 버려둔 채 아바나행 비행기 편에 몸을 싣고 사라졌다. 그는 피델 카스트로Fidel Castro가 정권을 장악할 때까지 쿠바에 머물다가, 미국과 범인인도 조약이 체결돼 있지 않던 브라질 리우데자네이루로 도주했다. 유명한 미국인 범죄자를 잡았다고 생각한 리우 경찰은 위조 여권으로 여행했다는 혐의로 그를 89일간 감금했다. 그러나 그곳 경찰은 그에게 얼마나 돈이 많은지 알고 나서, 마침내 예전처럼 보란 듯이 돈을 쓰고 살라고 그를 풀어줬다.

비렐은 소다수를 탄 보드카를 연이어 마셨고 삼바춤을 추며 살았다. 밤에는 리우의 최고급 나이트클럽에서 음식과 술, 여자를 즐기느라 하루 200달러씩 썼다. 어느 날 밤, 그가 리우 중앙교도소장에게 향응을 제공한 뒤로, 그에게 추방명령을 내리려던 공무원들의 시도는 전혀 먹혀들지 않았다. 신경과민과 함께 좀 불안해진 그는 전직 경찰관을 경호인으로 고용했고, 현금도 조금만 가지고 다니면서 공중전화에서 통화하며 사업을 수행했다. 어쨌든 브라질이 그가 그저 휴가를 보내는 은신처일 리는 만무했고, 그곳 또한 기회가 넘치는 땅이었다. "마치 사탕가게에 들어온 굶주린 꼬마라고나 할까. 그가 도무지 어느 상자의 사탕을 훔칠지 알 수가 없다." 그는 미국에 대한 향수가 깊어지면서 여행업에도 손을 댔고, 보석 원석과 피마자유를 수출하고 황소 정액을 수입하기도 하면서, 목가공 밸런싱토이balancing toy(좌우로 그네처럼 왔다 갔다 하는 장난감_옮긴이)에 대한 특허를 출원하기도 했다.

1964년 비렐은 그가 늘 장담하던 대로 미국에 돌아왔다. 연방 정부는 그를 18개월 동안 구금해놓고 그가 1959년에 버려둔 사무실에서 압수했던 서류뭉치들을 뒤지면서 기소 작업을 준비했다. 그런데 아무 영장 없이 압수된 비렐의 서류가 적법한 증거자료가 아니라는 판사의 결정으로 말미암아 결국 이 기소 사건은 흐지부지됐다. 그 후로도 비렐은 기소당하지 않았고, 신문의 머리기사에도 오르지 않았다. 증권거래위원회나 증권 감독관, 또 일반 시민 모두에게 유쾌한 결말일 리가 없다. 그 후로 비렐은 다시 눈에 뜨이지 않았다.

비렐이 19세기에 그런 수법들을 썼다면 사기 규모가 그렇게 엄청난 규모로 커지지는 않았을 것이다. 그때는 그저 또 하나의 사기꾼으로서, 거칠게 노는 패거리들과 어울려, 치고 박고하는 수준에 머물렀을 것이다. 그러나 대형 사기범들이 서서히 소멸해가는 1950년대를 맞아 비렐은 그 부류 최후의 결정판이었다. 우리에게 운이 따른다면 그와 같은 종자를 다시 보지 않을 것이다. 하지만 로버트 비스코Robert Vesco, 배리 민코Barry Minkow를 비롯해 여타 무수한 자잘한 사기꾼들을 모두 떠올린다 해도 로웰 비렐에 비길 만한 사기범은 없을 것이다. 그의 대담무쌍하고 용의주도한 현대적 사기 수법은 어깨 뒤에서 우리에게 사기를 치려는 자가 없는지 항상 조심해야 함을 일깨워주는 대표적인 사례다.

월터 텔리어
Walter F. Tellier

저가주 사기의 제왕

◆

덜떨어진 투자자들은 월터 텔리어Walter F. Tellier와 그의 보일러룸boiler
room(무지한 투자자들에게 다짜고짜 전화를 걸어서 투기성 주식이나 사기성 주식
을 고단수 판매술로 팔아넘기는 초창기 주식 사기 행태를 뜻하는 용어. 그러한 판매
인력이 종종 건물의 지하실이나 다락방, 보일러실에서 작업을 벌였기에 붙은 명칭
으로 알려져 있다_옮긴이) 날치기 패들에게 속수무책으로 당할 수밖에 없
었다. 고단수의 판매 수법과 영락없이 걸려들 최상급 봉(鳳)들의 목록
을 무기로 하는 텔리어의 시스템은 기가 막히게 돌아갔다. 그는 우라늄
광산이나 알래스카의 전화통신망과 같이 매력적이고 '확실한' 투자 기
회를 미끼로 내걸면서 아무 가치도 없지만, 사람을 홀리는 값싼 투기성
저가주penny stock를 수백만 주씩 대량으로 찍어냈다. 마침내 그가 붙들려
서 그가 써먹은 수법이 만천하에 드러났을 때, 100만 달러가량의 돈을

털린 투자자들은 월스트리트의 또 다른 부정에 몸서리쳤다.

1900년 무렵에 태어난 텔리어는 원래 코네티컷 주 하트퍼드_{Hartford} 시 출신의 화장품 세일즈맨이었는데, 대단했던 1920년대 강세장이 한 창일 때 유가증권을 팔러 다녔다. 1929년 주가폭락이 터지자, 그는 소 액이라도 저축하며 꿈을 키워가는 봉급 근로자들을 유인하기 위해 '일 단 사고 천천히 지불'하는 영업 방식을 썼다. 그의 탁월한 영업력은 소 기의 성과를 거둬서 1931년에 수천 달러의 자본금으로 자신의 회사를 세울 수 있었고, 이를 기반으로 월스트리트의 위탁매매 증권사들에게 여러 가지 유가증권들을 파는 도매 영업을 했다. 2년 뒤 그가 거래하는 증권회사 중 한 곳이 뉴욕에 지점을 내는 게 어떠냐고 제안했다. 그가 뉴욕에 지점을 열고 보니 사업이 번창했다. 결국 그는 하트퍼드의 사무 실을 폐쇄하고, 뉴욕 중심가로 거점을 옮겨서 증권회사 브로커들을 대 상으로 유가증권을 파는 도매 영업에 전념했다. 뉴욕에 지사를 내자마 자 그는 공모죄와 우편물 사기로 기소됐었는데, 이 기소 건은 나중에 취하됐다.

말씨는 온화했지만 공격적이었던 텔리어는 그리 눈에 뜨이지 않 게 유가증권을 (아마도) 합법적으로 판매하면서 소소한 수입을 올리다 가 1950년대 강세장을 만나자 한몫을 보겠다고 달려들었다. 그는 투기 성 저가주들을 초보 투자자들에게 마구 팔아넘겼다. 이 초보 투자자들 은 월스트리트가 재발견한 새로운 시장이었다. 쉽게 열광하는 천진한 모습에다 기적을 꿈꾸느라 귀에 들리는 대로 믿어주는 이들은, 별로 따 져 묻는 것도 없는 충성스러운 고객이어서 월스트리트의 사랑을 받았 다. 찰스 메릴을 비롯해 월스트리트의 많은 입주자들이 이런 투자자들에게서 벌 수 있는 수수료에 반해서 이들을 고객으로 모셨다. 텔리어도 이들을 고객으로 삼았는데, "주당 15센트나 50센트에 불과한 기적"을 그들에게 무더기로 팔았다. 그는 이 가련한 고객들을 달콤한 사과를 입에 물려 통째로 구워낸 돼지 바비큐처럼 요리해냈다.

텔리어가 지어낸 '기적들' 하나하나가 말이 되느냐 안 되느냐가 다 이야깃거리이고, 독자들은 아래에 출처로 언급해둔 자료들 어느 것을 봐도 그 세세한 사연들을 찾아볼 수 있다. 그러나 그가 그 '기적들'을 일반에 팔아넘기는 방법이야말로 그 사연보다 훨씬 나은 이야깃거리다. 그는 보일러룸을 발명하지는 않았다. 그러나 『The Watchdogs of Wall Street(월스트리트의 파수꾼)』에 설명되어 있듯이, 그는 보일러룸을 아주 정교하게 활용했다. 보일러룸은 여느 사기와 다를 게 전혀 없다. 다만, 월스트리트의 이름을 내건 사기를 노린다는 점을 빼면 말이다. 보일러룸은 대개 우중충한 다락방에 입주해 있었고, 그리로 이어지는 여러 층계의 계단이 건물 밖에서도 잘 보였다. 그 안에는 급조해놓은 모습이 역력한 내부 장식들이 시야에 들어온다. 붙여놓은 상자들이 벤치였고, 합판을 고여서 회의용 탁자로 썼으며, 전등은 아무 갓도 없이 휑하니 걸려 있고, 창문은 마분지를 발라 가려놓았다. 사기꾼이 사용하는 주 무기인 전화기는 좁은 칸막이 공간 안에 설치되어 있었다. 이곳에서 걸려 나가는 전화 통화마다 피해자들이 하나둘씩 걸려들었다. 그들은 월스트리트의 호화로운 사무실에 위치한 미국의 일류 금융회사 한 곳에서 전화가 걸려온 것으로 감쪽같이 속아 넘어갔다.

보일러룸을 만든 사람들은 중죄로 복역했다가 풀려난 닳고 닳은 전과자들인 경우가 많았다. 등록금을 마련하겠다는 생각에 어린 대학생들이 초보자용 매매에 돈을 냈다. 푹푹 찌는 더위에 타이와 셔츠를 주변에 던져놓은 채, '의욕적인 실업자들' 중에서 가려 뽑은 초급 사기꾼들이 봉이 되어줄 후보 목록에 오른 고객들과 첫 접촉을 시도했다. 이들 중에는 텔리어가 보낸 우편물을 그전에 받아봤기 때문에 전화기에서 들려오는 텔리어라는 이름이 낯설지 않은 사람들도 있었다. 좋은 첫인상을 주기 위해서 이 초급 사기꾼은 '월스트리트에서' 전화를 건다고 운을 떼고 나서, 일사천리로 투기성 저가주들에 대한 장광설을 풀어댔다. "그러니까 아무개 선생님, 소량만 우선 매입해보시면 저희가 무엇을 해드릴 수 있는지 아실 수 있을 겁니다." 이런 전화로 대략 50달러에서 100달러 정도의 투자 금액을 유인할 수 있었다.

그러면 이렇게 걸려든 투자자 목록이 좀 더 노련한 사기범인 '사수(射手)'에게 넘어갔다. 이들이 먼저 하는 일은 목록에 올라온 먹잇감들에게 얼마나 돈이 있는지, 예컨대 저당 잡힐 집이 있는지, 아니면 친지들에게 빌릴 수 있는 돈은 얼마나 되는지를 알아내는 것이었다. 만약 먹잇감이 우량주를 보유하고 있으면, 이 사수는 그를 설득해서 우량주를 팔고 텔리어가 찍어낸 주식을 사도록 만들었다. 이런 사기극에서 '기관총 사수' 혹은 '대포'라는 자들은 먹잇감을 잡는 승률도 가장 높았고 그래서 가장 많은 분배금을 챙겨 갔는데, 이들은 먹잇감에게 도둑질을 시켜서라도 주식을 사게 만드는 실력이 있었다. 이들은 "거래소 입회장에서 방금 들었다" 또는 "이사회 결의 사항을 입수했다" 등의 '따끈따끈한' 정보를 교활하게 흘려준다.

자욱한 담배 연기와 담배꽁초들을 뒤로 한 채, 보일러룸들은 1956년 한 해에만 투자자들 수만 명에게서 1억 5000만 달러를 털었다. 사기범들은 일의 대가를 톡톡히 받아 챙겼다. 판매 관리자, 즉 보일러룸 한 곳을 관리하는 영업담당은 6개월 동안 15만 달러를 벌었고, 사수는 7만 5000달러를 벌었다. 보일러룸들이 일감을 마구 넘겨줄 때마다 텔리어는 증권 관련 법규에 걸려들지 않도록 작업을 하느라 바빠졌다. 예컨대, 1933년 증권법에서 사실의 완전공시 조항은 주식 발행 총액이 30만 달러 미만이면 정식등록을 면제해줬다. 하지만 투기성 저가주를 발행하는 자에게는 오히려 이 규정이 금상첨화였다는 점은 참으로 아이러니라고 하겠다. 따라서 당연한 수순이겠지만, 텔리어는 언제나 발행 규모를 29만 5000달러에 맞추었다.

텔리어는 또 라디오 방송국이나 《뉴욕 타임스》와 같은 주요 일간지들에다 자기 주식을 광고판촉하는 일에도 열을 올렸다. 그가 냈던 인쇄매체 광고에는 오려서 우편으로 보내주면 상세한 정보를 알려주겠다는 쿠폰이 달려 있었다. 겉보기에는 단순한 홍보로 보였지만, 사실은 보일러룸 영업담당에게 쿠폰을 보내는 사람들의 이름과 주소를 넘겨주기 위한 미끼였다. 나중에 정부가 텔리어를 체포하고 나서 밝혀졌었지만, 그는 그의 악명 높은 봉 목록을 어느 투자자문사에 팔기도 했다.

텔리어는 체포되기 전까지 일류 유명인사라는 이미지를 뿜어내면서 머리를 꼿꼿이 세우고 다녔다. 일례로, 그는 북미증권관리자North American Securities Administrator 대회에서 가장 돋보이는 프로그램이었던 호화로운 칵테일파티를 열기도 했다. 텔리어가 벌였던 사기행각을 감독해야 할 공직자들도 그 자리에 많이 참석해 있었다. 그는 모건의 파트너가 여러 해 동안 거주했던 뉴저지 주 잉글우드Englewood의 중후한 저택에 살면서 유수한 집안의 사람으로 행세했다. 웨스트체스터 컨트리클럽Westchester Country Club의 회원으로 드나들면서 클럽의 직원들에게 주식을 팔기도 했다. 또 화려한 가구들로 사무실을 꾸며놓고, 캐딜락을 몰고 다녔다. 약간 머리가 벗어진 텔리어는 외모에 신경을 많이 쓰면서 멋지게 차려입고 다녔다.

텔리어는 1956년 증권거래위원회 감독을 완전히 무시하는 태도로 연방법정 대배심(大陪審)의 배심원들을 아연실색하게 했다. 그는 자신이 투기성 저가주 산업에서 거둔 혁혁한 사업성과 탓에 "세상에서 가장 심하게 조사받은 사람"이라고 항변했다. 그다음 해에 텔리어 앤드 컴퍼니Tellier & Company는 영업정지 명령을 받았고, 그에게 당한 피해자들이 가장 많이 살고 있던 뉴욕과 뉴저지에서 주식매매를 할 수 없도록 금지명령을 받았다. 그는 우라늄 광산 주식과 알래스카 전화 주식을 부정한 방법으로 판매해서 투자자들에게서 100만 달러를 사취한 혐의로 기소됐다. 재판이 진행되는 기간에 그는 정부 측 증인을 25만 달러로 매수하려 했지만 성공하지 못했고, 1958년 4년 6개월의 징역형과 1만 8000달러의 벌금형을 선고받았다. 그 뒤로 이 투기성 저가주의 제왕에 대한 소식은 다시 들려오지 않았다.

투기성 저가주 사기에는 대부분 하나의 공통점이 있다. 주식 발행을 주간한 증권사가 투자자들이 그 주식을 매매할 수 있는 유일한 곳이라는 점이다. 이렇게 해서 이 회사가 시장을 장악한다. 정상적인 주식 발행에서는 발행 주식을 인수하는 주간사가 여러 증권사들과 연대해 신디케이트를 형성하고, 신디케이트에 참가하는 증권사들이 일정한 협약에 의해 발행 주식의 일정 물량을 나눠 가진다. 이렇게 주식 발행이 완료된 다음, 이 증권사들이 서로 자유경쟁에 따라 해당 주식을 매매함으로써 '시장을 조성'하기로 합의하게 된다. 다른 모든 시장과 다름없이 주식 발행시장에서도 투명성을 유지해주는 것은 경쟁이다. 정상적인 시장에서는 어떤 주식이라도 딜러(자기매매 업자) X에게서 매수해서 다른 딜러 Y에게 매도할 수 있다. 또 딜러 X와 Y가 싫다면, U와 W, Z 등 거래할 다른 딜러들이 있다. 그러나 투기성 저가주 사기에서는 그 주모자 이외에는 다른 시장이 없다. 애초의 주식 발행 계약에 신디케이트도 없고, 증권회사들이 자유롭게 경쟁하는 유통시장도 없다. 제일 처음에 투자자들에게 주식을 떠안긴 그 장본인밖에는 아무도 없는 것이다. 따라서 투자자가 어느 달에 그로부터 1달러 50센트에 주식을 매수한 뒤, 다음 달에 매도하려고 하면 1/4 값에 매도할 수밖에 없는 덫에 걸려들고야 만다. 그 '유통시장'에는 그밖에 없기 때문에 경쟁도 없으며, 투자자는 꼼짝달싹할 데가 없다.

투기성 저가주로 장난치는 또 다른 수법은 나라를 여러 구역으로 쪼개거나, 심지어 한 주 안에서도 여러 구역으로 시장을 분할하는 것이다. 즉, 어느 지역에서 주식을 팔기 시작한다. 그 서너 달 후에 사기꾼들은 몇 토막 난 가격에 그 주식을 다시 사들임과 동시에 다른 지역에 사는 투자자들에게 높은 가격에 판다. 심지어 당초 발행 가격보다 훨씬 높은 가격에 팔 때도 많다. 이렇게 주가를 끌어올려 두 번째 집단의 봉들에게 팔면서 이런 감언이설을 늘어놓는다. "주식이 워낙 좋아서 발행 때부터 계속 오르는 중입니다." 텔리어는 보일러룸을 활동 무대로 삼아 이와 같은 온갖 수법을 개척했다.

텔리어는 투기성 저가주 사기 붐을 주도했고, 그 후로 이 사기가 거의 끊임없이 되풀이됐다. 그 방법도 거의 텔리어가 썼던 방식 그대로였다. 최근에 나타난 큰 차이점이 있다면, 보일러룸들이 일반적인 증권회사처럼 보이고 그 사기범들도 의상을 갖춰 입는 법을 배웠다는 점이다. 깔끔한 금융인들처럼 차려입고 직접 얼굴을 맞댄 자리에서 속임수를 쓸 수 있다면, 더욱 그럴싸한 이미지를 이용해서 더 큰 금액을 사기 칠 수 있을 것이다. 텔리어가 이런 방법까지는 생각해내지 못했지만, 그는 개척자였다. 또 여느 산업과 마찬가지로 사기도 반복되다 보면 고도화되기 마련이다.

로버트 브레넌은 뉴저지에 위치했던 그의 퍼스트 저지 시큐리티스를 간판 삼아 똑같은 사기 사업을 전국 TV 방송에까지 광고를 했었다. 콜로라도 주에도 저가주로 사기를 쳤던 일군의 대가들이 있었다. 또 저가주 사기의 새로운 '제왕' 메이어 블라인더Meyer Blinder와 그의 충직한 특수 부대가 있었는데, 이들은 미국에서 쫓겨난 뒤 해외에서 똑같은 사기를 치고 다녔다. 그들이 누가 됐던, 투기성 저가주라는 무대는 노골적인 사기범들이 현대 증권업계에서 마술을 부리는 주된 사기판의 하나로 진화했다. 텔리어가 자신이 그 역사를 일으켰다며 자랑스러워할지도 모를 일이다.

제리와 제럴드, 레이 부자

Jerry and Gerald Re

연못을 흐려놓은 미꾸라지들

◆

　증권 거래소의 전문 중개업자들은 그들이 담당하는 종목의 '시장을 조성'한다. 이들은 사겠다는 사람들과 팔겠다는 사람들의 주문을 받아 거래를 체결시키고, 입회장이 곤란에 처했을 때는 거래가 정확히 이루어지도록 지휘한다. 전문 중개업자들이 일반을 상대로 매매하는 것은 금지되어 있으며, 수요와 공급의 균형을 맞추어서 시장의 안정성과 유동성을 유지하는 게 그들의 일이다. 즉, 이들은 매수자들이 부족하면 자신의 계좌로 주식을 매수하며, 또 매도자들이 부족하면 그들이 보유하고 있던 주식을 매도한다. 전문 중개업자들은 증권 거래소라는 '경매 시장'을 조화롭게 유지하는 일을 본연의 임무로 한다. 그뿐 아니라 가끔씩 능동적인 시장 참여자들이 충분히 형성되지 않을 때는 거래소가 막힘없이 굴러갈 수 있도록 매수자가 되기도 하고, 매도자가 되기도 하면서 시장에 참여한다. 즉, 전문 중개업자는 권위 있는 자리이고 증권 거래소 운영에 중추적인 기능을 담당한다. 전문 중개업자들에게는 매매에 수반되는 세부적인 지식이 있어야 하고, 증권의 가치를 판단하고 추세를 형성하는 가격의 흐름을 이해하는 섬세한 능력도 있어야 한다. 그러나 그들에게 가장 중요한 것은 그들이 알고 있는 내부자 정보에 대해서는 침묵을 지켜야 하고, 그 점에 관한 한 신망이 두터워야 한다는 점이다. 그들은 도덕성이 투철해야 하는 것이다.

부자(父子)가 한 조가 되어 전문 중개업자를 맡았던 제리Jerry와 제럴드 레이Gerald Re에게는 도덕성이 없었다. 1954년부터 1960년까지 여러 해 동안 불법적인 주식들을 시장에 내다팔았고, 그들을 도와주는 브로커들에게 수수료 조로 사례금을 지급했으며, 뇌물로 그 주식들을 치켜세우는 기자들을 매수하기까지 했다. 또 내부자 정보를 차명계좌를 통한 거래에 이용하면서 수십 년 사이 최대 규모의 주식 사기를 벌여 잘 모르는 투자자들의 돈을 사취했다. 그렇게 그들에게 돈을 털린 사람 중에는 아메리칸증권거래소 회장도 포함돼 있었다. 레이 부자는 증권거래위원회를 바지저고리쯤으로 취급하면서 이 모든 일을 저질렀다.

레이 부자는 그들의 지위를 이용해서 불법적인 주식 100만 주 이상을 시장에 내다팔았다. 그들은 시장 조작을 일삼았고, 1000만 달러 상당의 불법적인 주식을 투자자들에게 판매해서 300만 달러 이상의 이득을 챙겼다. 공소 내용에 따르면 투자자들을 속인 매매가 총 1300만 달러에 달했다. 어느 전문 중개업자는 "제리 레이의 장내 창구에서 뭔가 이상한 냄새가 난다는 것은 다들 알고 있었지만 자세한 내용은 모르고 있었다"라고 말했다. 1961년 마침내 증권거래위원회가 레이 부자를 단속한 일은 증권거래위원회의 30년 가까운 역사에서 전문 중개업자를 제재한 최초의 사례였다. 내가 처음으로 투자업계에 발을 들여놓았을 때, 아메리칸증권거래소에서 전문 중개업자가 되려면 범죄 경력이 있어야 한다는 한탄조의 비꼬는 말이 자주 들려왔다. 당시 사람들이 레이 부자에 대해 알고 있었는지 몰라도, 이들을 두고 하는 농담이었다.

1897년 이탈리아 이민자의 아들로 태어난 제리는 뉴욕 맨해튼에서 학교 교육이라곤 거의 받지 못한 채, 대도시 길거리에서 산전수전을 '배우며' 자랐다. 그렇게 길거리에서 그는 커브거래소를 발견했고, 눈이 오나 비가 오나 또 더울 때나 추울 때나 그곳 금융가의 행인 많은 곳에서 붙어살았다. 이윽고 그는 1920년에 커브거래소의 회원권을 사게 됐다. 20년이 지난 뒤에는 두터운 인맥을 구비한 잘나가는 전문 중개업자요, 든든한 남편이자 자랑스러운 아버지가 됐다. 작은 키에 땅딸막한 체구, 둥그런 눈과 큼직한 코가 인상적인 제리는 쩌렁쩌렁한 목소리에 호탕한 웃음을 잃지 않는 호감 만점의 친구였다. 그런 호감을 뿌리고 다니면서 시의 정치꾼, 야구선수, 상원의원, 판사, 레스토랑 주인 등 뉴욕의 웬만한 인물들과 두루 사귀기를 즐겼으며, 또 이들에게 즐겨 사기를 쳤다. 그는 부유해졌고 또 유명해졌다. 겨울철에는 영향력 있는 친구들과 플로리다 주 보카레이턴Boca Raton에서 보냈다. 뉴욕 주 북부 외곽에 마련해둔 여름 농장도 있었으며, 그리니치빌리지Greenwich Village에 아파트 한 채도 가지고 있었다.

제리는 커브거래소가 아메리칸증권거래소로 재편된 1953년에는 장내에 있는 하나의 기관과도 같은 존재였다. 그렇게 그는 이 거래소에서 최고 명성의 전문 중개업자가 됐고, 전문 중개업자로서 시장을 조성하는 주식이 17개 종목에 달했다. 1923년생인 그의 아들 제럴드는 1944년에 커브거래소 회원이 됐고, 여러 해 동안 일하면서 그 부자의 전문 중개회사인 레이 레이 앤드 새거리즈Re, Re, & Sagarese의 요직에서 일하게 됐다. 아버지를 닮은 아들 제럴드 레이는 그처럼 대머리가 심하지는 않았는데, 그들 부자가 표창이라도 받아야 마땅한 일을 하고 있다는 듯한 자부심이 대단했다. 말씨가 부드러웠던 제럴드는 언젠가 이렇게 말했다. "아버지와 내가 저 아래 입회장에서 훌륭한 전문 중개업자로 인정받는다는 게 자랑스럽다. 어쩌면 우리 집안 대대로 이 일을 이어갈지도 모르겠다. 물론 우리가 관장하는 것은 하나의 오차도 없이 처리할 것이며, 할 수 있는 한 최선을 경주할 것이다."

이 부자의 불법적인 행동을 뒤에서 조종한 장본인은 모름지기 아버지 제리 레이일 것이다. 증권거래위원회 설립 전 그가 젊었던 시절에 행해지던 얼토당토않은 수법들을 많이 알고 있었을 것이기 때문이다. 사실 제리는 개혁과 더불어 새로 등장한 시장과 그 규칙을 따라야 할 의무를 완전히 무시했다. 일례로, 그는 떨어지는 주가를 불법적인 수단으로 떠받쳤는데, 증권거래위원회에 한다는 말이 이러했다. "우리가 성공을 이어온 것은 사람들이 주식을 들고 우리에게 찾아왔기 때문이다. 우리가 주가를 지지해줄 것임을 그들은 잘 알고 있다. 우리는 2만 주가 됐든 5만 주가 됐든 과감하게 매수한다."

실제로 레이 부자는 기업의 고위 경영진이나 대주주들로부터 대량으로 주식을 매수했다. 이들이 레이 부자에게 주식을 판 이유는 주가를 떨어뜨리지 않고 자신의 보유 물량을 팔고 싶었기 때문이다. 다시 말해, 기업 내부자들이 레이 부자에게 할인된 가격으로 주식을 넘기고 나면, 레이 부자가 훨씬 높은 가격과 소단위 물량으로 일반 투자자들에게 주식을 매도하는 일을 맡았다. 때때로 이들은 증권거래위원회에 자신들의 매도 기록을 남기지 않기 위해 '장기 투자자'들을 경유해서 매도하기도 했다. 혹은 십여 명의 서로 다른 브로커들에게 주식을 주고, 이들로 하여금 매도하게 해서 매도 출처를 위장하는 방법을 사용하기도 했다. 아버지 레이는 주식을 (물론 대량으로) 시장에 밀어내기 위해서 브로커들에게 '주당 10센트를 남몰래' 제공하기도 했는데, 일이 성사된 뒤에는 교외에서 이들을 만나 현금으로 주었다. 증권거래위원회의 단속을 받았던 전문 중개업자는 한 사람도 없었던 탓에, 레이 부자는 자신들에게 집적거릴 사람이 없을 거라고 생각했을 것이다.

레이 부자가 규정을 위반한 혐의 목록은 줄줄이 이어졌다. 우선 표준 매매기록 절차를 무시하고 '위장매매'를 했다. 위장매매는 불법화된 관행으로 빌린 주식으로, 즉 대주(貸株) 신용거래로 공매도 주문을 내놓고 나서, 매도 물량으로 나온 이 주식을 차명계좌로 다시 매수하는 행위다. 이 차명계좌로 주식을 매수함으로써 대주 신용거래 청산에 실패할 위험을 회피함과 동시에, 해당 주식의 거래가 활발한 것처럼 가공의 거래를 유발하는 방법이다. 사실 이 거래는 아무런 실체 없이 전문 중개업자의 장부 안에서 숫자만 오갈 뿐이지만 공식적인 거래로 집계된다. 게다가 레이 부자는 '친지들' 대신에 주문을 낼 수 있는 재량권도 기꺼이 수용해서 주가 조작에 적극적으로 활용했다. 즉, 거래 체결을 주관하는 전문 중개업자로서 훤히 들여다보이는 결정적인 순간에 매수 주문을 내서 주가를 끌어올렸다. 물론 레이 부자는 그 친지들을 그들 뒤에 가려놓은 채 다양한 명의로 주문을 냄으로써 해당 주식이 실제보다 거래가 활발한 것처럼 보이게 할 수 있었다. 이런 수법은 1920년대에 횡행했던 것과 똑같은 방법이었다.

증권거래위원회는 마침내 레이 부자의 불법행위를 찾아내고 아메리칸증권거래소에서 그들을 축출함과 동시에 증권 위탁매매업 면허를 취소했다. 그들은 1954년에서 1957년까지 1000만 달러 상당의 스완 핀치 오일 주식을 일반에 떠넘기기 위해 주식시장을 조작한 혐의로 재판에 회부됐다. 레이 부자가 고용했던 변호사마저 그들을 변론하는 것은 시간낭비일 뿐이라고 말하며 혐의 사실에서 벗어날 방도가 없음을 암시했다. 증권거래위원회가 증권산업에 대한 일반의 환멸을 불식하고 신뢰를 고양하려고 1963년에 다시 열린 재판에서 담당 검사는 증인 76명을 증언대에 세웠고, 레이 부자가 불법적인 주식을 시장에 내다팔았던 복잡하고 우회적인 경로를 설명하기 위해 가로 107센티미터, 세로 183센티미터 크기의 차트까지 활용했다. 레이 부자가 각각 66세와 40세의 나이에 사기범으로 대서특필됨과 동시에 스완 핀치 오일 사기의 주범이었던 로웰 비렐의 꼭두각시였다는 낙인이 찍히자 당시 브라질로 도주해 있던 비렐은 이렇게 말했다. "말도 안 되는 소리다. 레이 부자는 잔챙이가 아니다. 그들은 어마어마한 주식을 주물렀다." 레이 부자는 그들의 범죄를 치켜세워주는 이런 말을 듣고 황홀해했을 게 분명하다.

레이 부자의 부정이 밝혀진 이래, 전문 중개업자의 기능에 대한 의혹이 일었다. 아메리칸증권거래소에 대한 의혹도 있었다. 아메리칸증권거래소는 예전에 누리던 권위와 지위를 다시는 회복하지 못했다. 전문 중개업자가 딜러들 사이의 시장조성에 끼어들지 않는 장외시장과 더 지명도가 높은 뉴욕증권거래소와 경쟁하기 어려웠기 때문이다. 전문 중개업자들에 대한 비난이 잠시 동안 들끓었는데, 이런 분위기는 특히 "월스트리트는 전문 중개업자들을 먹여 살리려고 짜고 치는 판"이라는 투자 자문가 겸 베스트셀러 작가인 리처드 네이Richard Ney의 비판에 가장 잘 표현돼 있다.

제리 레이는 예외적인 사례였다. 전문 중개업자를 비난하는 사람들의 주장을 뒷받침해주는 사례는 그 말고는 거의 없었기 때문이다. 그러나 레이 부자와 같은 사기꾼들과 더불어 최근에도 내부자 거래 규칙을 위반하는 아류들이 계속 이어지는 현상은 증권거래위원회가 증권시장 감독권을 업계 자율감독에 맡길 수 없는 근거가 되고 있다. 그 점에서 레이 부자는 시장을 지금과 같은 모습으로 만드는 데 일조했던 험악한 전례였다. 과연 미꾸라지 한 마리가 온 연못을 다 흐릴 수 있다.

8장

기술적 분석가, 경제학자, 그 외 전문가들

TECHNICIANS, ECONOMISTS, AND OTHER COSTLY EXPERTS

월스트리트의 주술사들

◆

기술적 분석가와 경제학자, 그 밖에 돈을 많이 달라는 전문가들은 다음 두 가지 가운데 하나를 동기 삼아 활동한다. 남들에게 '권능'을 베풀거나, 아니면 자기들의 '권능'을 높이는 일이다. 남들에게 권능을 베푸는 자들은 남들이 스스로 그전보다 더 실력을 발휘하도록 도구나 배움을 전하는 사람들이다. 한편, 자기들의 권능을 높이는 자들은 명성이나 예측 같은 무형자산을 남들에게 파는 사람들이다. 이들이 전자와 다른 점은 일단 무형자산을 파는 일회성 거래가 끝난 뒤에는 남들이 반복해 써먹을 수 있는 배움도, 도움도 주지 않는다는 점이다.

웨슬리 클레어 미첼, 존 매기, 윌리엄 해밀턴은 그들 자신이 아닌 남들에게 권능을 베풀었다. 이들은 통계 정보와 기술적인 정보를 처리하면서 그들의 추종자들과 독자들이 스스로 지식을 연마할 수 있는 전문 지식을 알려줬고, 그 전문 지식의 대가로 돈을 받지 않았다. 예를 들어, 해밀턴은 주식시장에 '기술적' 분석을 적용한 개척자다. 그는 《월스트리트 저널》에 실은 수백 편의 논설을 통해 다우존스 산업평균을 미래예측에 활용할 수 있는 능력을 일반인들에게 나눠줬다. 미첼은 오늘날 모든 사람이 사용하는 현대 경제금융 통계의 바탕을 만들어낸 통계분석 분야를 개척했다. 매기가 책을 쓰는 동안 금융 서적 판매로 벌 수 있는 인세는 극히 저조했지만, 그는 누구라도 쉽게 배울 수 있는 명료한 방식으로 그의 시각을 제시해놓았다.

반면, 이밴절린 애덤스, 윌리엄 갠, RN 엘리엇, 로버트 레아, 어빙 피셔는 주로 그들 자신의 권능을 높이는 일이 관심사였다. 모종의 비결이나 주식시장의 '비밀'을 찾아냈을지는 모르지만, 그들은 뉴스레터 가입비와 같은 돈을 내지 않는 한 다른 이들에게는 그것을 알려주지 않았다. 게다가 그 지식은 다른 이들은 좀처럼 이해할 수 없고 대단한 대가들이 아니면 쓸 수 없는 내용이었다. 일례로, 레아는 보다 그릇이 컸던 스승 해밀턴과는 달리, 자신을 다우 이론가라고 자임하면서 그 이론에 대해 쓴 뉴스레터를 돈을 받고 팔았다. 하지만 그의 설명은 애매했고 그 방법론도 분명하지 않았다. 레아의 방법론을 공부했던 두 사람이 똑같은 주가 차트를 보고 완전히 엇갈리는 판단에 도달할 수도 있었는데 그 이유는 간단하다. 레아가 내놓은 방법의 대부분은 자신만이 쓸 줄 아는 것이고, 일반인들은 봐도 제대로 알 수 없는 것이었기 때문이다.

자신의 권능을 높이는 사람들은 눈에 잘 뜨인다. 별로 떠들썩할 게 없는 시기에 떠들썩하게 이름을 휘날려서 먹고사는 사람들이 그들이기 때문이다. 일반적으로 그들은 이름을 널리 팔고 그 덕분에 부자가 된 사람들이다. 예를 들어, 어빙 피셔가 꾸준하고 능숙하게 자기 홍보를 시작할 무렵, 그는 여느 경제학자와 다름없는 일반적인 경제학자였다. 차츰 학계에서 지명도도 올라가고 화폐 이론에 대한 학술적인 공헌도 쌓였지만, 현실 세계에 대한 예측만큼은 잘되지 않았다. 하지만 피셔는 틀린 예측을 여러 번 내놓았음에도 불구하고, '세계에서 가장 훌륭한 경제학자'의 반열에 오를 수 있었고, 그 결과 부자가 됐다. 1920년대에 그는 연달아서 경제호황을 예측하면서 두드러지게 눈에 떠었다. 1929년 주가폭락을 예측하지는 못했는데, 폭락 직후에 내놓은 예측은 곧바로 호황이 재개될 것이며 주가를 비롯해 제반 물가가 다시 오를 거라는 더 강도 높은 낙관론이었다. 얄궂게도 그는 주가폭락과 대공황 중에 자신이 소리 높여 주장했던 산업에 투자했다가 가난하게 생을 마감했다.

이밴절린 애덤스는 뉴스레터 약장수들의 초기 대열에 가담해서 자신의 권능을 드높였는데, 1920년대 강세장 동안 족집게 주식 전망을 발행해서 엄청난 가격을 받고 팔았다. 그녀는 이미 점쟁이로 썩 괜찮은 명성을 다져놓은 터여서 주식시장에서 입지를 세우기가 그만큼 수월했다. 그녀의 비결인 점성술은 종잡을 수가 없고 모호한 데다 의심쩍어서 다른 사람이 그 방법을 배워서 써먹기는 사실 불가능했다. 그래서 그녀의 뉴스레터는 투자자들에게 수익보다는 흥미를 주는 것이었지만 어쨌든 그 덕분에 그녀는 즐겁게 돈을 벌었다.

윌리엄 갠은 자신이 창안한 이론을 선전하기 위해서 뉴스레터를 팔았다. 그런데 너무 복잡한 그의 이론은 혼자서 활용할 수 있는 사람들이 거의 없었고, 애덤스의 점성술만큼이나 신기한 비결이었다. 고객들이 혼자서 쉽게 다룰 수 없는 물건을 파는 것은 과대포장된 명성을 파는 일과 다름없이 무형자산을 파는 것이기에, 이 또한 순전히 자기만의 권능을 높이는 일이다. 심지어 오늘날에도 자신이 갠의 비결을 풀어낼 수 있는 후예라고 선전하는 사람들이 있지만, 갠을 따르는 팬들이 일관되게 쓸 수 있는 명료한 지식 체계는 없다.

RN 엘리엇은 자신의 주식시장 순환 이론을 떠벌려서 개인적인 권능을 높이려고 하지는 않았지만, 대신 그를 부활시킨 다른 사람들이 자기들의 권능을 세웠다. 1980년대 초에 난데없이 엘리엇이라는 생소한 이름과 그의 이론들이 각종 서적과 금융잡지, 전문 뉴스레터에 나돌더니, 이 홍보에 앞장섰던 당사자들이 그 틈을 타서 엘리엇의 부활한 인기 덕을 보려고 달려들었다. 다른 비결들과 똑같이 엘리엇의 이론도 너무 막연하고 신비로워서 정확성을 기대하며 활용할 수가 없었다. 갠의 팬들과 마찬가지로 엘리엇의 팬들도 자기네들 사이에서 그의 이론을 해석하는 방법을 놓고 논쟁을 벌인다. 이 또한 완전히 자기만의 권능을 세우는 일이다.

주식시장에 발을 들여놓은 사람들 모두가 자기 잇속에만 관심이 있는 것은 아니다. 앞에서 언급했듯이 웨슬리 클레어 미첼은 여러 해 동안 경기 순환과 주가지수에 대해 집중적으로 연구한 결과를 공유함으로써 다른 사람들에게 권능을 베풀었다.

이미 다져놓은 명성도 있던 터라 그가 마음만 먹었다면 자신의 연구를 신비한 비결인 것처럼 팔러 다닐 수도 있었겠지만, 그의 연구는 그런 부류의 비결보다는 수준 높은 내용이었다. 존 매기는 주가 차트를 최대한 쉽게 설명했고, 도서관에서 누구나 볼 수 있도록 무료로 제공했다. 모름지기 해밀턴도 레아의 예측과 마찬가지로 주관적인 자신의 예측을 담은 뉴스레터를 팔아서 꽤 짭짤한 돈을 벌 수 있었겠지만, 그러지 않았다. 도처에 서비스를 제공하겠다는 자칭 전문가들이 늘 있기 마련인데, 이들을 볼 때 우리 자신에게 물어야 할 질문은 이것이다. "이 전문가를 활용함으로써 나의 독자적인 대응 능력이 더 나아질 것인가, 아니면 인기절정의 이 전문가에게 계속 매달리게 될 것인가?" 만약 우리가 한 번의 예측 이상으로 더 얻을 게 없다면 이 자칭 대가들에게 내는 돈은 너무 비싼 경우가 대부분이다.

물론 예외도 있다. 그러나 항상 예외는 있다는 법칙이 유지될 만큼의 드문 예외들이 있을 뿐이다. 경제학자들의 경우는 좀 특이하다. 이들의 예측을 분석한 수많은 연구 자료를 보면, 이 집단이 내놓은 예측 전체가 크게 빗나간 것으로 나온다[이러한 연구들을 잘 소개한 자료로, 데이비드 드레먼David Dreman의 『The New Contrarian Investment Strategy(새로운 역발상 투자 전략)』을 참조하라]. 경제학자들의 예측이 빗나가지 않았다고 지적한 연구는 하나도 없다.

그러나 개인들마다 독특한 점이 있다. 경제학자 존 메이너드 케인스를 생각해보라. 그의 경제 이론을 증오했던 사람들이 널리 포진해 있었고, 보수주의자들은 예전이나 지금이나 그를 두고 험담을 하고 있다. 그렇지만 그는 근본적이고 급진적인 이론을 정립했을 뿐 아니라, 동시에 실제 주식 거래에서도 성공할 능력이 있었던 경제학자였다. 그가 주식 거래에서 성공했다는 점은 자신의 이론을 행동으로 옮기지 못했던 보수적 이론가 피셔보다 그를 더 신뢰할 만한 중요성을 가진다. 어떻게 보든 케인스는 피셔에 비해 폭넓은 분야에서 '현실 세계'에 더욱 가까웠다. 또 하나의 큰 예외는 에드슨 굴드였다. 그는 활동할 당시에는 완전히 무명의 예측가였지만, 그의 예측은 거의 불가사의할 정도로 정확했다. 그는 자신을 선전하지 않았고 무슨 비결을 찾았다고 떠벌리지도 않았으며, 자신의 예측 결과를 뽐내지도 않았다. 그는 거의 죽음에 이르기까지 주목받지 못하고 지내다가 얄궂게도 그의 나이 70대에 접어들어서야 노련한 시장 전망가로 '발견'됐다.

어느 법칙에나 예외는 있겠지만, 살다 보면 별의별 돌팔이 약장수들을 다 만나게 된다. 월스트리트도 전혀 다를 게 없다. 금융 대가들 중에서 그들이 부르는 값만큼 쓸모가 있는 사람은 거의 없다. 그들 대부분은 가짜거나 모호하다. 그들이 보탤 수 있는 진정한 '부가 가치'를 제대로 판단하려면, 그들의 가르침을 통해서 우리가 스스로 삶에 대처할 능력을 향상시킬 수 있는가를 봐야 한다.

윌리엄 해밀턴

William P. Hamilton

기술적 분석을 처음으로 현실에 적용하다

윌리엄 해밀턴_{William P. Hamilton}이 언론인으로서 다우 이론의 발전에 인생을 바치겠다고 결심한 것은 전혀 우연이 아니었다. 그는 주식시장의 움직임에는 분명한 이유가 있으며, 나아가 다우 이론을 이용해서 상당히 정확하게 예측할 수 있는 이유가 있을 거라고 생각했다. 그는 언젠가 "주식시장은 나라의 경제, 나아가 세계의 경제를 측정하는 바로미터이며, 다우 이론은 그 바로미터를 어떻게 읽어야 할지를 보여준다"라고 말했다. 1900년대 초부터 1929년 세상을 떠나기까지 해밀턴은 다우 이론을 연구하고 설명하면서, 다우 이론을 미래 세대가 이어갈 수 있는 토대로 발전시켰고 기술적 분석이 번창할 수 있는 밑바탕으로 만들었다.

다우 이론은 주식시장은 항상 서로 구별되는 세 가지 운동 패턴을 반영한다는 생각에 바탕을 두고 있다.

1. 4년이나 그 이상의 장기적인 주추세primary trend
2. 2주나 한 달 정도 지속되는 2차적인 반작용reaction
3. 하루 단위의 오르내림fluctuation

주추세는 대양의 해류와 같은 큰 '조류'에 비유된다. 2차적인 반작용은 '파도'에 비유되는데, 바닷물이 빠지는 썰물 중에도 해변을 덮치는 파도가 일고 또 바닷물이 차오르는 밀물 중에도 바다로 되밀리는 파도가 생기는 것과 유사하다. 하루 단위의 오르내림은 그 자체로는 중요하지 않은 '잔물결'과 '물거품'에 비유되지만, 전체상을 이루는 한 요소로 취급된다. 주가가 오를 때 최근 고점의 평균 주가가 이전 고점들보다 높아지면 주추세가 강세라고 정의했다. 마치 파도 위를 다른 파도가 더 높이 솟아 덮치면서 조류가 힘차게 밀려가는 것과 유사하다.

해밀턴은 이렇게 말했다. "물론 사람이 만들어낸 다른 이론들처럼 다우 이론에도 명백한 한계가 있다. 그러나 이 이론은 지금까지 고안된 어떤 경제지표보다도 월등한 예측력을 가지고 있다." 그가 다우 이론에 이바지한 가장 중요한 업적은 다우 이론을 주식시장 예측에 적용하면서 썼던 논설들로, 많은 사람들이 읽는 《월스트리트 저널》과 《배런스》에 게재했다. 예측은 찰스 다우가 거의 시도하지 않았던 일이지만, 아마도 시도했어야 좋았을 것이다. 왜냐하면 해밀턴이 그의 이론을 토대로 인상적인 예측기록을 세웠기 때문이다. 1900년에서 1921년 사이에 그는 1907년 일어난 패닉과 1차 세계대전에 앞선 긴 침체기,

1917년의 약세장을 비롯해 총 여섯 번의 강세장과 약세장을 예측하는 데 적중했다.

해밀턴의 가장 유명했던 예측은 주가폭락 직전인 1929년 10월 21일, 「조류의 반전A Turn in the Tide」이라는 제목으로 《배런스》에 실었던 논설이었다. 그는 이 논설에서 투자자들에게 "심각한 약세장을 경고"했다. 1927년부터 그는 대단했던 1920년대 강세장이 종말에 임박했다고 세 번이나 지적했지만, 이 마지막 경고에서 주목한 지표는 틀릴 여지가 없는 강렬한 것이었다. 9월 3일 다우존스 산업평균은 381.17로 고점을 찍고, 철도지수는 189.11에서 고점을 만들었다. 한 달도 지나기 전에 다우존스는 56%p가 하락했고, 보통 소폭의 진동만 보이던 철도지수가 20%p 넘게 추락했다. "고점에서 되밀리는 조정 치고는 금년 중 가장 심각한 반작용이다. 이런 큰 낙폭이 단 한 달 동안에 일어났다. 전국적으로 붐이 일던 투기 규모에 견주어 본다면, 그 낙폭에 비해 기간이 위험할 정도로 짧아서 일반적인 투자심리의 급반전과 같은 변화를 예상하게 한다." 사흘 뒤 공황이 월스트리트를 덮쳤던 검은 목요일이 왔다. 그리고 몇 주 후 10월 중에 그는 숨을 거뒀다.

1867년 잉글랜드에서 태어난 해밀턴은 '타고난 신문 기자'라고 자신을 묘사했다. 깔끔하게 빗질한 머리와 콧수염에 안경이 잘 어울렸던 그는 23세에 신문사에 들어갔다. 런던을 근거지로 취재차 유럽을 두루 다녔으며, 1893년에는 남아프리카의 마타벨레 전쟁Matabele War을 취재했고, 그곳 요하네스버그Johannesburg에 금융 기사 전담 기자로 남게 됐다. 그는 열정적인 보도 기자였다. "편집부 데스크에 앉아 있는 사람도 기사를 작성한 보도 기자 못지않게 기사에 대해 잘 알아야 하며, 오히려 더 많이 알아야 한다"라고 그는 믿었다. 32세에 해밀턴은 뉴욕 맨해튼으로 건너온 뒤 1899년《월스트리트 저널》에 입사해 다우와 긴밀한 관계를 맺으며 일했다. 그리고 9년 뒤에는 클래런스 배런 밑에서 일하면서 사설란 편집인을 맡아, 64세를 일기로 숨을 거둘 때까지 그 자리에서 일했다. 1921년에는 새로 간행되는《배런스》의 논설위원이 됐다.

1922년 해밀턴은『주식시장 바로미터The Stock Market Barometer』를 써서 다우 이론을 상세하게 설명했다. 이 책은 신문사의 간행사업으로 시작했지만, 다우 이론가들을 위한 278쪽의 두툼한 이론서로 세상에 나왔다. 성공적이었고 많은 토론을 일으켰던 이 책은 많은 사람들에게는 의혹의 대상으로만 남아 있던 다우 이론을 밝은 세상으로 끌어냈다.

해밀턴은 나아가 이론을 수정하기도 했다. 철도지수와 산업지수가 같이 움직여서 서로를 뒷받침하는 게 먼저 확인돼야만 시장 추세가 변했다는 예측이 나올 수 있다고 주장했던 내용이다. 그는 현대 기술적 분석가들이 주가 차트에 '지지선'과 '저항선'을 그리면서 주가의 바닥과 천정을 가늠하는 똑같은 방식으로 차트에 '선을 그렸던' 최초의 인물이었다. 그는 주가가 좁은 범위 내에서 오르내리면서 지지선과 저항선 안에 갇혀 있을 때는 주식의 매집이나 분산이 진행된다는 점 말고는 별다른 변화가 없다고 파악했다. 그러나 이때 매집과 분산 중 어느 것이 일어나는지는 분명하지 않으며, 매수와 매도가 비교적 '균형'을 이룬 상태라고 해석했다. 그는 주식시장이 강세장으로 접어드는 신호는 산업지수와 철도지수 두 평균이 각각의 저항선을 돌파하고 전고점 위로 올라서는 것이라고 봤다. 또 두 평균지수가 고점 밑으로 하락하는 것을 약세장이 오는 신호로 봤고, 시장이 과매수 단계를 넘어 포화된 것으로 이해했다.

"주식시장은 모든 경제활동을 반영하는 바로미터다. 주식시장 안에서 의미가 없는 움직임은 없다. 움직임이 발생한 뒤에 한참 지나서야 그 의미가 드러날 때도 있지만, 영영 의미가 파악되지 않은 채 지나갈 때가 더 흔하다."

해밀턴이 언론 분야에서 수행했던 역할은 훌륭했지만, 이 책에서 다룰 만큼 충분하지는 않았다. 하지만 기술적 분석이라는 새로운 분야를 개척했던 그의 역할은 충분하고도 남는다. 생각을 하는 사람도 있고, 행동을 하는 사람도 있다. 다우는 생각을 했고, 지수를 개발했으며, 지수를 연구했다. 해밀턴은 지수라는 도구를 현실에 활용했다. 그는 과거의 주가 움직임에 대한 정밀한 분석을 토대로 미래의 주가를 진지하게 예측했던 최초의 인물이었다. 주식시장을 기초로 경제를 예측했던 최초의 인물이기도 했다. 주식시장은 완벽하지는 않지만 경제를 예측하는 유용한 선행지표의 하나라는 사실은 이제 상식처럼 자리 잡았다. 너무 많은 주식시장 전문가들이 시장의 일거수일투족에 대해 왈가왈부하는 지금보다, 아무도 주식시장을 경제 예측을 위한 수단으로 보지 않았던 그때야말로 주식시장이 경제를 예측하기에 더 좋은 수단이었을 것이다. 해밀턴은 지적인 선구자였을 뿐 아니라, 다른 사람들의 비웃음을 살 수도 있는 상황에서 언론에 자신의 생각을 용감하게 발표했다. 그러나 그를 비웃을 실력이 되는 사람은 아무도 없었다.

이밴절린 애덤스

Evangeline Adams

하늘을 봤던 그녀, 인기인이 되다

◆

광란의 1920년대에는 모두가 들떠서 나름대로 뛰어들 만한 투자 거리를 찾아 푸짐한 수익을 얻으려고 시끌벅적했다. 빈약한 저축액을 가지고 조심스럽게 투자했던 사람도 있었고, 이미 벌어둔 큰 재산을 더 불리기 위해 투기했던 사람들도 있었다. 그러나 부유한 사람이나 가난한 사람이나, 영리한 사람이나 어리석은 사람이나, 또 노련한 사람이나 뭘 모르는 신출내기나 가릴 것 없이, 대다수 사람들이 성공을 보장해줄 시스템을 찾으려고 했다. 이 틈을 타고 홍보에 나선 일군의 영리한 자들이 입에 침이 마를 새라 '무적'의 시스템을 무더기로 세상에 내놓았다. 일단 자리 잡은 강세장은 철자에 알파벳 'R'이 들어 있지 않은 달에는 절대 무너지지 않는다는 대전제를 들고 나왔던 이들도 있었고, 태양의 흑점에 매달리던 이들도 있었으며, 또 달의 주기에 따라 판단했던 이들도 있었다. 자칭 시장 전문가라는 사람들 중에서 주식시장의 궁극적인 내부자 정보를 신에게서 얻었다고까지 주장한 사람도 있었다. 심지어 주식시장은 굴을 따는 계절에 고점을 형성한다고 예측했던 '굴 이론Oyster Theory'까지 등장했다. 그렇지만 그 어느 이론도 미치광이 취급을 받지는 않았고 그 각각에는 추종자들이 몰렸다. 제각각으로 꾸며댄 황당무계한 시스템마다 그 신봉자들이 끊일 날이 없었다.

그중에서 비전통적인 투자 시스템으로 가장 유명했던 것은 이밴절린 애덤스Evangeline Adams의 방식이었다. 존 퀸시 애덤스John Quincy Adams 대통령의 후손이라고 해서 떠들썩하기도 했던 이밴절린은 뉴스레터를 한 호에 50센트에 팔았는데, 구독자들을 약 12만 5000명이나 끌어모았다. 바로 이 뉴스레터에서 그녀는 다가올 주식시장의 움직임을 예측했다. 시대의 갑부들과 저명인사들이 그녀의 도움말을 듣고자 그녀가 손님을 받았던 카네기홀 스튜디오로 찾아왔다. JP 모건과 철강왕 찰스 슈왑을 비롯해 영화배우 매리 픽포드Mary Pickford도 그녀의 단골손님이었고, 잉글랜드의 왕 에드워드 7세Edward Ⅶ 또한 그녀의 고객이었다. 이렇게 사람들을 사로잡는 그녀의 전공은 무엇이었을까? 바로 앞날을 알려주는 점성술이었다!

비록 애덤스가 여성들이 투자업계에 들어설 길을 닦지는 못했다 해도, 적어도 잠시 동안은 월스트리트가 그녀의 이름만 나와도 하던 일을 멈추고 귀를 기울이게 만들었다. 20세기 초로 접어들 때 이미 유명해지리만큼 터전을 닦아놓았던 그녀였지만, 1920년대에 대단한 강세장이 올 거라는 예언을 내놓지는 못했다. 하지만 1927년에 그녀의 눈에는 썩 괜찮은 일거리가 보였고, 과감한 행동에 들어갔다. 당시 가속도가 붙은 강세장이 마지막 도움닫기를 내딛는 구간에 그녀의 유명세는 곧바로 하늘을 찔렀다. 그녀는 투자자들에게 끔찍하게 사랑을 받았고, 예언을 세상에 팔아서 부자가 됐다. '월스트리트를 무찌르는 확실한 시스템A guaranteed system to beat Wall Street'이라는 부제가 달린 그녀의 월간 뉴스레터는 별자리의 변화를 가지고 주식의 움직임을 예측했다. 그녀는 낱권당 20달러를 받고 다우존스 산업평균이 어디로 향할지를 예측했다. 그녀가 책값을 올릴수록 그녀의 유명세는 더 올라갔다. 자신의 주식 운세가 어떻겠냐며 그녀에게 묻는 편지가 매일 4000통에 달했다.

'월스트리트의 기적', '주식시장의 예언자'로 이름을 날리게 되자, 애덤스는 유수한 증권회사 뺨칠 정도로 상담소를 꾸며놓았다. 우선, 그녀는 언제나 사업가풍의 검정색 정장차림으로 사람들 앞에 나타났고, 야무진 입매와 어울리는 안경을 쓰고 있었으며, 자신감이 배어나오는 목소리에다 기민하고 진지한 태도를 갖추고 있었다. 값비싼 모피코트를 걸친 부인들과 중후한 정장차림의 남자들이 꽉 들어찬 그녀의 대기실에서는 개별적인 상담을 기다리는 사람들이 그들의 주식과 밝은 미래에 대해 환담을 나누는 소리가 여기저기서 들려왔다. 그곳에는 기계음을 내면서 호가 상황을 보여주는 주식시세 표시기가 있었고, 《월스트리트 저널》에 실린 그녀의 기사들이 자랑스럽게 내걸려 있었다. 또 벽에는 그녀의 유명인사 고객들의 초상화나 사진들이 줄줄이 걸려있었다. 에드워드 7세의 그림과 철강왕 슈왑, 픽포드의 사진도 있었고, 물론 모건의 사진도 있었다.

모건과 애덤스는 서로 특별한 관계였다. 모건은 모름지기 그녀를 대단히 신뢰했던 게 분명하다. 그의 상승궁(上昇宮) 별자리인 백양궁

(白羊宮)이 아주 좋은 위치에 들어섰다는 애덤스의 말을 듣고 그녀에게 1억 달러나 빌려줄 정도였기 때문이다. 전설 같은 이야기에 따르면 모건은 이 돈을 빌려줘서 덕을 크게 봤다고 하는데, 나중에 그녀를 자신의 요트에 태워서 그녀의 신비로운 능력에 대한 '과학적인 조사'를 했다고 한다. 이 '조사'의 결과는 세상에 전혀 알려지지 않았다.

애덤스의 적중률이 그리 놀라운 수준은 아니었지만, 사람들은 계속 그녀의 예측에 따라서 행동했다. 강세장이 분위기를 장악하면 사람들은 아무거나 믿게 된다. 1929년 2월 15일 '주가폭등'을 예언하고, 과연 그녀는 뉴스레터 가입자들이 폭증하는 희열을 맛봤다. 1929년 5월에 그녀는 그달의 돌발적인 주가 변동을 여러 번 적중시켰다. 그런데 노동절에 그녀는 라디오 방송 프로그램에서 "다우존스가 하늘까지라도 치솟을 수 있을 것"이라고 장담했다. 이 말은 그녀의 명언 중에서 다른 것들보다 유명한 말이었을 것이다. 연휴 주말로 이어지는 금요일 저녁의 교통 혼잡 시간에 그녀가 불쑥 꺼냈던 이 말이 방송을 탔는데, 이 순간 자동차 안에서 라디오를 켜놓고 듣고 있던 청취자들이 헤아릴 수 없을 정도로 많았기 때문이다.

이윽고 주가폭락의 날이 다가왔을 때, 그녀는 "다음날 정오 이전에 주가가 고점을 찍을 것"이라는 족집게 점괘를 24시간 전에 내놓았다고 한다. 그리고 폭락 당일인 검은 목요일 저녁에는 그녀의 상담소로 몰려든 손님들이 너무 많아서 단체 상담을 할 수밖에 없었다. "주가가 회복될까요?", "제 주식을 계속 손에 들고 있어야 할까요?", "신용거래 융자를 청산해야 할까요?" 사람들은 완전히 공황에 빠진 상태로 이밴절린의 성스러운 말에서 위안을 찾고자 했다. 그날 저녁 그녀는 그들을 실망시키지 않았다. 애덤스는 주가가 다시 오를 거라고 확언하면서 추종자들을 위로해줬다. 한편, 상담료 수입이 대단했던 그날 저녁 그녀의 주식계좌에 10만 달러의 손실이 났다는 증권회사 브로커의 말을 듣는 순간, 그녀는 다음날 아침에 당장 보유 주식을 모두 처분해달라고 그에게 지시했다.

애덤스는 1868년에서 1872년 무렵 저지시티에서 태어나서 매사추세츠 주 앤도버Andover 시에서 교육을 받았다. 그녀는 점성술을 공부한 뒤 1899년에 재앙을 예언해서 일약 유명인사가 됐다. 1899년 3월 16일에 뉴욕 맨해튼으로 가야 한다는 점괘가 나와서 그날로 맨해튼의 윈저호텔에 투숙했다고 한다. 그날 저녁 그녀는 호텔 소유주의 별자리들을 살펴주었다. "나는 서둘러서 그의 별자리들이 최악의 불길한 조합에 놓여 있다고 알려주고, 불길한 정도가 끔찍하다고 경고해줬다." 그다음 날 그 호텔은 불에 타 전소했고, 호텔 소유주의 가족이 희생됐다. 다행히도 누군가가 애덤스의 불가사의한 점괘가 적혀 있는 쪽지들을 잊지 않고 세상에 알렸는데, 그 '누군가'는 아마도 그녀 자신일 것이다. 그 덕분에 애덤스는 상류 사회와 정치계 또 연예계에 아주 유명한 이름으로 떠올랐다.

1923년 애덤스는 중년 여성의 모습으로 예전에 점성술을 가르쳐줬던 제자와 결혼했다. 큼지막한 예언을 여러 번 내놓은 덕분에 그녀의 이름은 계속 언론에 올랐다. 그녀는 세계 최초로 대서양 횡단 비행에 성공했던 찰스 린드버그Charles Lindberg의 비행시간을 22분의 오차 내에서 정확하게 맞혔다. 또 영화배우 루돌프 발렌티노Rudolph Valentino의 죽음을 서너 시간 전에 예언했고, 1923년에는 도쿄 대지진을 며칠 전에 예견했다. 한편, 1914년에는 점괘를 봐주고 돈을 버는 일의 적법성을 따지는 재판이 열렸는데 그녀의 승리로 끝났다. 은비학(隱秘學)의 팬이었던 애덤스는 점성술 책을 여러 권 저술했고, 1926년 그녀의 자서전 『The Bowl of Heaven(천구)』을 발표했다.

애덤스는 1932년에 세상을 떠났다. 그녀는 단순한 원리 두 가지를 입증했다. 첫째로, 무지막지하고 황당무계한 일들을 예측해놓고 개중에 적중한 서너 건을 세상에 떠벌리면, 사람들은 성공한 것들만을 기억하고 실패한 것들은 기억하지 못한다는 사실이다. 또 그렇게 적중한 이유가 운이 좋아서가 아니라 그 사람의 지식이나 기법이라고 착각한다는 점이다. 둘째로, 강세장 때 '확실한 돈벌이'라고 하면 사람들은 아무리 어리석고 무모한 것이라도 필사적으로 달려든다는 사실이다. 그녀는 아무런 투자 지식도 없던 명백한 돌팔이였다. 그녀보다는 덜 심하지만, 다른 돌팔이들도 늘 생기기 마련이다. 10년씩 주식시장을 돌이켜보면, 증권시장의 오르막과 내리막을 예측해서 대중적 언론에 이름을 잘 팔았던 간 큰 돌팔이들이 없었던 적이 없었다. 이들의 특징은 언제나 극단적이고 극적인 취향을 즐긴다는 점이다.

어쨌든 애덤스는 현대 주식시장에 점성술을 적용했던 원조라고 볼 수 있겠다. 이보다 더 어리석은 짓이 또 있을까 상상하기도 어렵지만, "곧이곧대로 믿는 봉들은 항상 넘쳐난다"라는 곡예단 흥행업자 PT 바넘PT Barnum의 말을 상기하라. 오늘날에도 점성술을 가지고 일반인들에게 쓸모없는 투자 서비스를 잘 팔아먹는 일군의 돌팔이들이 있다. 깨닫지 못하는 사람들이 항상 있기 때문이다.

069

로버트 레아
Robert Rhea

Laura Gilpin, 1938

이론을 실천으로 승화시키다

◆

로버트 레아_{Robert Rhea}는 아직 다듬어지지 않았던 다우 이론을 새로운 내용과 정의로 다듬어진, 주식시장에 대한 체계적인 지침으로 만들었다. 즉, 이론을 실천으로 끌어올린 것이다. 그 과정에서 그는 찰스 다우의 추상적인 개념과 이 개념을 응용했던 윌리엄 해밀턴의 방법을 "투기에 써먹고자 하는 사람들이 활용할 수 있는 사용법"으로 전환시켰다. 1939년에 세상을 떠나면서 그는 다우 이론을 쉽게 쓸 수 있는 이론으로 후대에 전함으로써 다우가 남긴 유산을 독실한 그의 후계자들이 이어갈 수 있게 했다.

레아는 1896년 내슈빌_{Nashville}에서 태어났는데, 그의 아버지는 미시시피 강에서 수로 운송업을 경영했고, 주식시장을 좋아해서 여러 번 돈을 벌었다가 날리기도 했다. 그가 학교에 다니던 시절에 그의 아버지는

《월스트리트 저널》에 실린 해밀턴의 빽빽한 논설들을 건네주면서 이렇게 말했다. "이걸 공부해라. 아니면 얻어맞을 줄 알아!" 십 대의 청소년에게 절대 쉬운 공부가 아니었지만, 젊은 레아는 열을 올리며 아버지의 시험에 통과했다.

짧은 대학 과정을 마치고 나서 레아는 아버지의 뒤를 이어, 수로 운송업을 독자적으로 시작했다. 청출어람인 아들의 사업이 너무 잘되어서 오히려 아버지의 사업이 거의 망할 뻔했다. 레아는 사업으로 번 돈을 바지 주머니 속에 차곡차곡 모아가다가, 월스트리트의 증권맨이자 저술가이기도 했던 헨리 클루스Henry Clews에게 돈을 보내서 안전한 주식을 사라는 아버지의 조언을 따랐다. 그때 샀던 주식은 주당 14달러에 매수했던 US스틸 10주였다. 이렇게 해서 아들도 아버지처럼 주식시장에 한 발을 걸치게 됐고,《월스트리트 저널》주식면에서 자신이 보유하는 주식들을 주기적으로 눈여겨보게 됐다. 얼마 후 그는 폐결핵에 걸리는 악운을 만났지만, 건강을 회복해 1917년 공군에 입대했다. 그런데 그가 탔던 비행기가 추락하면서 프로펠러 파편 하나가 그의 폐를 찌르는 바람에, 그 후로 그는 상이군인으로 평생 병상에 누워 지내는 신세가 됐다.

다른 사람들이라면 보통 여기서 인생이 끝날 수도 있었겠지만, 레아의 인생은 새롭게 시작됐다. 콜로라도 스프링스Colorado Springs에서 휴양을 하고 있던 레아는 "운 좋은 사람들이 누리는 쾌락에 버금갈 만큼" 경제 추세를 유일한 오락거리로 삼아 연구했다. 워낙 의욕적으로 공부하다 보니 상처의 고통을 잊을 수 있었다. 또 공부 덕분에 일과를 마칠 때면 피곤해져서 밤에는 잠도 더 잘 잘 수 있었다. 그는 다우가 남긴 모든 자료를 샅샅이 공부했다. 그 결과 그는 다우 이론이 시장을 예측할 수 있는 유일한 수단이고 신뢰할 수 있는 방법이라는 생각에 도달했고, 인생을 걸고 관심을 기울일 만한 이론이라고 판단했다.

레아가 각종 평균지수들을 산출하고 다우 차트를 만들어가면서 그의 병상은 가히 통계처리 공장처럼 변했다. 이때 시도했던 그의 평균지수와 차트들은 다우 이론을 고수하는 트레이더들에게 아주 중요한 도구가 됐다. 또 1920년대 강세장을 맞아 독자적으로 매매를 해보기도 했는데, 주로 자신이 만든 차트를 토대로 매수를 실행했고 투자 결과도 대체로 좋았다. 그는 나중에 다음과 같이 회고했다. "1921년 중 적절한 시점에 소량의 주식을 매수했던 것이나 1929년 막판에 시세가 분출할 때 보유 주식을 하나도 남겨두지 않았던 것은 다우 이론 덕분이었거나, 어쩌면 그냥 운이 좋았던 탓인지도 모른다. 또 주가폭락 후 2년 동안 작은 비중이지만 공매도 포지션을 가져가게 된 것도 다우 이론 덕분이거나 행운 탓일 것이다. 아무튼 내가 공들였던 연구에서 배당이 나왔던 셈이다."

1920년대 말에 이르러 레아는 아주 존경받는 다우주의자로 부상했다. 그 무렵 다우 전문가였던 해밀턴이 1929년 주가폭락을 예측하고 몇 주 뒤에 숨을 거두게 되자, 레아는 다우 이론의 '대사제'와도 같은 존재로서 그의 뒤를 이었다. 그해《배런스》는 그가 작업했던 '공책들'을 일부 모아서 책으로 발간했는데, 사람들은 더 많은 내용을 보고 싶어 했다. 곧이어 레아가 집필했던 『다우 이론Dow Theory』은 처음에 출판업자들로부터 혹평을 받았다. 그의 책이 '쓸모없다'는 생각에서 책을 내주겠다는 출판업자가 아무도 나타나지 않자, 레아는 1932년에 독자적으로 이 책을 출간했다. 『다우 이론』은 레아의 가장 유명한 저작으로 초기 6년 동안 기록적인 숫자인 9만 1000부가 판매됐다.

『다우 이론』에는 레아가 다우와 해밀턴에 대해 느꼈던 매력은 물론, 절대적인 경외감이 잘 나타나 있다. 다우의 생각을 최초로 글로 풀어낸 총 252편에 달하는 해밀턴의 《월스트리트 저널》 논설이 그대로 그의 책에 다시 실렸다. 그는 다우 이론을 신중하게 다루려는 자세에서, 단지 운이 나빴을 뿐인 투기자들의 냉소적인 불평불만으로부터 이론을 방어할 논점을 정립했다. "아마도 다우 이론을 주식 투기에 활용할 때 가장 큰 위험은 이것일 것이다. 즉, 처음에 운이 좋은 초보자라면 정확한 결정을 내리는 데 여러 번 성공할 수 있는데, 그러다 보면 시장을 이길 수 있는 확실한 방법을 찾아냈다는 자신감에 빠져서 시장의 신호를 잘못 읽을 수 있다는 점이다. 나아가 정확한 결정이라도 잘못된 시점을 선택한다면 더욱 심각한 결과를 초래할 수도 있다. 이런 두 가지 오류를 다우 이론 탓이라고 생각하는 경우가 대부분이다. 그러나 잘못은 트레이더의 성급한 판단이다." (사실 "이론을 탓하지 말고 해석을 탓하라"라는 논조의 이런 단서나 경고는 존 매기와 같은 현대 기술적 분석가들이 그들의 예측이 빗나갈 때마다 애용하는 일종의 표어가 됐다.)

레아는 다우 이론을 활용하기 쉽다고 한 적이 없었다. 그는 깊은 이해와 약간의 인내력이 꼭 필요하다고 했다. "대수학과 마찬가지로 다우 이론은 어쩌다 한번 교재를 읽었다고 해서 바로 이해되는 것이 아니다." 게다가 "시장을 이길 수 있는 완전무결한 이론도 아니다. 다우 이론을 성공적인 투기의 도구로 사용하려면 진지한 연구가 필요하며 자료의 집계에도 치우침이 있어서는 안 된다. 사고가 희망 사항에 끌려

다녀서도 안 된다." 그는 웬만한 시장 감각이 있고 강세장과 약세장을 한 바퀴 겪어본 트레이더라면 70%의 승률을 달성할 수 있어야 한다고 생각했다. 다우 이론을 실전에서 검증할 때 염두에 둬야 할 것으로 레아는 다음 사항들을 제시했다.

1. 다우 이론에 대한 기대가 작은 사람일수록 다우 이론을 써서 더 많은 이득을 본다.
2. 다우 이론은 시장을 이기는 확실한 방법이 아니다. 그런 이론은 앞으로도 나올 수 없을 것이다.
3. 다우 이론에 담긴 뜻대로 평균지수를 치우침 없이 읽는 데 바탕을 두고 트레이딩에 임한다면, 자주 손실을 보겠지만 결국에는 합리적인 수준으로 수익이 손실을 능가하게 될 것이다.
4. 다우 이론을 지나치게 깊이 파고들지 말라.
5. 다우 이론에 변화가 필요해 보여도, 평균지수의 37년 기록에 의해 검증되기 전까지는 큰 변화를 도입하지 말라.
6. 작은 수익폭을 노리는 트레이딩에 다우 이론을 활용하지 말라.
7. 다우 이론을 따를 만한 가치가 있다고 판단했다면, 일단 연구부터 하라. 독자적인 판단을 내리기 위해 공부하되, 여러 차례의 강세장과 약세장을 대상으로 다우의 방법을 공부한 다른 사람들의 판단과 비교 검토해보라.
8. 지금 보유하고 있는 매매 포지션은 물론, 당기의 기업 실적으로부터 평균지수의 해석을 엄격하게 구분하라.

레아의 병상 머리맡에 그를 따르는 팬들의 편지가 수북이 쌓였다고 하는데, 이 방법을 쓰기로 마음먹었던 사람들이 꽤 많았던 게 분명하다. 레아 본인도 모르는 사이에, 그의 조언을 충실히 따르는 추종자들이 생겼던 것이다. 각 편지마다 답장해줄 수가 없었던 그는 1930년대 중반에 공지를 내서 자신에게 관심을 보여준 일반인들에게 무언가 언급할 사항이 생기면 등사기로 인쇄해서 누구든 원하는 사람들에게 보내주겠다고 말했다. 하지만 무료로 보내주겠다는 말은 없었다. 1938년 그의 병실에는 25명의 보조작업자들이《다우 이론논평Dow Theory Comments》의 인쇄 작업을 도와주느라 북새통을 이뤘다. 이 뉴스레터의 가입자는 5000명에 달했고, 연간 구독료는 40달러였다. 그는 자신을 다우 이론가로 부르면서 다우와 해밀턴의 후계자라는 자신의 입지를 금전적 이득에 이용하기로 했던 것 같다.

해밀턴과 마찬가지로 레아도 자신의 예측을 서너 번 적중시켰다. 1932년 약세장의 바닥을 며칠 전에 예측했고, 1937년 약세장과 1938년 강세장을 예측했다. 그러나 그가 뉴스레터를 통해 발표한 투자 자문 기록은 너무 짧아서 그 효력을 판단하기는 어렵다. 그의 건강도 일에 걸림돌이 됐다. 레아는 한쪽 폐에만 의지해야 했고 심장에도 문제가 생겨서 1939년 52세의 나이로 숨을 거뒀다. 그의 뉴스레터를 받아보는 독자층은 순식간에 꽤 넓어졌지만, 그의 논평이 배포된 기간은 몇 달에 불과했다.

레아의 이미지도 마릴린 먼로Marilyn Monroe나 존 케네디John Kennedy처럼 때 이른 죽음 때문에 더 높아졌던 면도 있다. 그가 더 오래 살아서 지속적인 자문을 세상에 내보냈다면, 다우 이론의 접근법이 더 빠르게 쇠퇴했을지도 모른다. 그러나 그의 죽음으로 말미암아 그의 기록은 불멸의 기록으로 올라섰고, 투자자들은 지금보다 훨씬 진지한 자세로 수십 년 동안 다우 이론을 받아들이게 됐다. 오늘날에도 다우 이론은 꽤 큰 주목을 받고 있다. 레아는 숨을 거두기 직전에 그의 뉴스레터를 주니어 파트너 중 한 사람인 페리 그라이너Perry Griner에게 넘겨줬다. 그라이너는 다우와 해밀턴, 레아의 개념들을 진척시키면서 다우 이론의 유산을 이어갔다. 하지만 그라이너와 후대의 다우 이론가들은 레아처럼 새로운 영역에 개념을 적용한다든가, 이전보다 개념을 확장하고 견고히 하는 데 성공하지 못했다. 레아가 세상을 떠난 뒤에도 사람들이 그를 읽고, 또 다우 이론을 수십 년간 추종했다는 사실은 그의 능력과 시장에 미친 그의 영향력을 입증해주는 증거다.

반면, 뉴스레터 필자로서 레아를 검증하기에는 시간이 충분하지 못했다. 그 후 수십 년이 흐르는 동안 레아를 지지했던 추종자들이 활용할 자료가 부족하지는 않았다. 게다가 레아가 해석한 다우 이론은 이제 충분히 적용 가능한 이론으로 인정받고 있다. 그러나 그의 추종자들이 남긴 조언은 모름지기 레아의 성에 찰 만큼 효과가 좋지는 않았다. 아마도 레아가 더 살아서 그 스스로 시장을 진단했다 해도 결과는 똑같았을 것이다. 다우 이론은 많은 사람들에게 영향을 미쳤고 수십 년 동안 시장을 풍미했다. 그러나 어느 이론을 검증하는 잣대는 누가 그 이론을 쓰든, 또 어느 시기에 쓰든, 얼마나 잘 적용되는가이다. 이 잣대에서 보면 레아의 작업이 시장에 잘 맞았던 것은 아니다. 내 추정으로는 최근 수십 년 동안 다우 이론을 따르는 사람들이 내놓았던 견해는 그야말로 형편없었고, 시장의 흐름에 아주 역행하는 판단을 자주 범했다.

한편으로 레아는 다우와 해밀턴의 개념들을 다듬어내면서 시장의 미래를 보려 했던 사람이었다. 또 다른 한편으로 그는 뉴스레터 필자였다. 그의 뉴스레터가 남긴 유산에 의존했던 사람들은 여타 수많은 뉴스레터의 구독자들과 다름없이 그 혜택을 조금도 얻지 못했다는 게 내 추정이다. 큰 혜택은 언제나 필자에게 가기 마련이다. 이 점에서 레아의 삶이 우리에게 주는 교훈을 생각하게 된다. 이론에 대해 쓸 때는 기존의 정기간행물에 싣거나 책으로 내서 널리 읽히도록 함으로써 독자들에게 능력을 주라는 것이다. 금융을 다루는 정기간행물이나 저작의 글쓴이들은 그 일로 돈 한 푼 벌 게 없다. 그저 명성과 존중을 얻고 이름을 빛내는 게 전부다. 종이에 잉크가 마른 그 순간부터 독자들이 스스로 활용할 수 있는 무언가를 독자들에게 베푼 만큼, 글쓴이들은 명성과 존중, 이름값을 얻는 것이다. 그러나 뉴스레터 필자들은 그들의 결론이나 오락거리를 대놓고 팔면서 큰돈을 받는다. 이들은 독자들이 자기 힘으로 계속 활용할 수 있는 능력을 베풀지 않는다. 뉴스레터 류는 의심의 눈초리로 봐야 한다. 가치 있는 뉴스레터가 없진 않겠지만, 비싼 가격만큼 가치가 담긴 것은 거의 못 봤다.

070

어빙 피셔
Irving Fisher

**1920년대 가장 위대한 경제학자 또는
실패한 조언자**

◆

경제학자 어빙 피셔Irving Fisher는 풍족한 저작을 남겼다. 수리 경제학
도 다루었고, 가치 이론과 가격 이론도 다루었으며, 자본과 화폐에 대
한 이론도 남겼다. 또 통계학에도 진출했다. 과연 그가 위대한 경제학
자의 한 사람으로 칭송받았던 것은 엄청나게 할 말이 많았던 학자였
기 때문이었나 보다. 그는 적어도 열 권의 주저를 저술했고, 예일 대학
교에서 35년 넘게 가르쳤다. 그러나 이력서가 두툼한 사람이 항상 옳
은 사람은 아니다. 피셔를 보면, 사실 그가 주된 가설이라고 내놓은 것
들은 수없이 틀렸다. 그중에는 1929년 주가폭락도 들어가는데, 일단
사태가 지나고 나면 갑자기 말을 바꾼 특수 용어를 들고 다시 나타났
다. 아마도 그가 그럴 수 있었던 것은 그의 화려한 이력 덕분이었을 것
이다. 피셔가 월스트리트에 기여한 가장 큰 공헌은 금융시장과 경제 논

리에 신경 써야 할 모든 사람이 잊지 말아야 할 불멸의 경고를 남겼다는 점이다. 바로 경제학자들이 무슨 말을 하건 신경 쓰지 말아야 한다는 경고다. 그는 이 경고를 적나라하게 일깨워준 본보기가 됐다. 피셔가 이름을 날리던 때부터 경제학자들은 맞을 때보다 틀릴 때가 더 많다는 사실이 온갖 종류의 연구에서 드러났다.

1947년 80세를 일기로 생을 마감한 피셔는 사는 동안 경제와 사회에 걸친 아주 많은 현안에 활발하게 참여했다. 그는 사회철학자이자 개혁의 전사로도 알려졌고, 교수이면서 발명가이자 사업가이기도 했다. 또 그는 엄격한 보건위생과 금주법을 광적일 정도로 열렬히 지지했고, 세계 평화와 우생학(유전학을 이용해 인구의 품종 향상을 기하자는 다소 인종차별적인 관념)도 주창했다. 계량 경제학 연구에도 발을 들여놓았는데, 아마도 가장 쉽게 명성을 얻는 방법은 참신한 분야를 탐험하는 것임을 알고 있었기 때문인 듯하다. 나아가 그는 대통령 다섯 명과도 어울려 환담할 기회도 얻어서, 버나드 바루크와 유사한 방식으로 대통령의 자문위원에 오름으로써 자신을 홍보했다. 그는 자화자찬을 즐겼고 그러기 위해 업적을 쌓아갔다.

경제학계에서 피셔는 화폐 이론 분야의 초기 연구로 가장 유명한데, 최근으로 오면서 '시카고학파' 경제학자들의 화폐 이론이 그 자리를 차지했다. 월스트리트 사람들에게는 피셔가 아직도 경제학자들과 경제 역사가들에게 높이 평가되고 있다는 점이 얄궂게 보일 때가 많다. 월스트리트의 역사가들은 이 점만 봐도 경제학자들과 경제 역사가들이 아무것도 아는 게 없음을 자인하는 꼴이라면서 종종 그들을 비난의 시선으로 바라본다. 예측에 대해서는 정말로 피셔가 아는 게 아무것도 없었다. 그런데 경제학자가 정확하게 예측하지 못한다면 도대체 그가 소용 있는 일은 무엇인가?

피셔의 가장 터무니없는 실수는 1929년 주가폭락과 대공황 때 내놓았던 예측임에 틀림없다. 그는 1928년 많은 저녁모임에 나가서 지속적인 호황을 설파했고, 주가폭락이 다가오고 있음을 한 번도 감지하지 못했다. 심지어 다른 사람들이 주가폭락을 내다볼 때에도 그는 폭락 가능성을 반박했다. 피셔는 1929년 9월 5일 풍자적인 잡지 《아웃룩 Outlook》에 기고한 논설에서 주가가 지나치게 높은 수준은 아니며 주가폭락은 없을 것이라고 주장했다.

"주가가 어느 정도 밀릴 수는 있겠지만 폭락과 같은 사태는 결코 없을 것이다. (……) 주식의 배당 수익률은 올라가고 있다. 주가가 내려가고 있기 때문에 배당 수익률이 올라갈 리도 없고, 사람들이 주가폭락을 '염두에 두고 있어서' 배당 수익률 상승이 빨라질 리도 없다. 폭락 가능성은 찾아볼 수 없다." 이어서 10월에는 주식시장이 전인미답의 높은 고원에 올라섰다며 어두운 경기전망을 내놓은 로저 뱁슨의 날카로운 예측을 피셔는 반박했다. 주가폭락을 약 일주일 앞두고 주식시장이 덜컹대기 시작하자, 피셔는 날카로운 주가 급락은 "신용거래로 투기하는 일부 몰지각한 집단들이 내는 소동"이라고 무시했다. 아마도 그 몰지각한 일부에 속했던 사람이 피셔였을 것이다.

10월 23일, 피셔는 '개인 투자자들의 투기열'은 긴 강세장을 이끄는 요인들 가운데 가장 하찮은 요소라고 판단했다. 또 다우존스 산업평균이 60%p나 80%p 하락할 것이라고 봤던 뱁슨의 예측도 반박하면서, 5%에서 12% 정도 조정을 거치면 다시 회복될 것이라고 예측했다(나중에 다우존스는 48%나 하락했다). 검은 목요일이 지나고 자신의 터무니없는 오류가 백일하에 드러나자, 그는 때때로 다른 전문가들도 똑같이 잘못 봤다는 말로 자신을 합리화하려고 했다. 현대 경제학자들도 똑같은 대응을 한다. 마치 그들이 전부 틀렸다면 아무도 틀린 게 아니라는 식이다.

주가폭락 직후 피셔는 민첩하게 『The Stock Market Crash and After(주식시장 폭락과 그 후)』라는 책을 냈다. 이 책은 어리석었던 그의 모든 오류들을 놀라울 정도로 뻔뻔스럽고 가지런하게 진열해놓았다. 가장 좋은 읽을거리 중 하나임에 틀림없다. 왜냐하면 세계에서 가장 주도적인 경제학자 혹은 경제학자들이 어쩌면 그렇게 정반대로 틀릴 수 있는가를 적나라하게 보여주기 때문이다. 이 책은 현실과 반대로 생각하는 '합리성' 면에서는 불가사의할 정도다. 독자들은 이 책에서 절대 믿지 말아야 할 게 무엇인지 배울 수 있다(웬만큼 큰 도서관이면 어디에나 이 책이 있다).

주식시장이 1930년 또 한 번의 급락을 겪고, 1932년에 바닥을 확인하기 한참 전에 세상에 나온 이 책은 당면한 미래를 찬란한 모습으로 상세하게 그려놓았다. 그런 장들은 예컨대, '희망찬 전망', '금주법이 주는 혜택', '공황에 대한 대처와 예방책'과 같은 제목을 달고 있다. 그는 더 이상의 재앙으로부터 시장을 "구출"하는 데 도움이 될 정부와 민간 양쪽의 "공황 대처와 예방책들"을 열거해놓았다.

피셔는 심지어 1930년대 침체된 주식시장을 "투자자들이 사상 처음으로 만나게 된 가장 훌륭한 할인 판매대"라고까지 묘사했다. 그는 "1929년 공황으로 주식이 어마어마한 타격을 입었지만, 투자신탁을 통한 주식투자의 안전성은 그 어느 때보다도 높아졌다"라고 주장했다. 그러면서 "적어도 가까운 장래의 전망은 밝다"라고 책의 결론을 맺었다.

피셔는 그보다 더 심할 수 없는 오류의 극치를 달렸다. 가까운 장래는 곧바로 더욱 침울해졌던 것이다. 특히 그의 개인적인 금융은 더욱 암울해졌다. 안타깝게도 그는 자신의 조언을 그대로 따랐기 때문이다. 그는 카드식 색인 시스템을 발명해서 벌었던 전 재산을 모두 잃고 말았다. 주가폭락 직후 레밍턴랜드Remington Rand 주식에 마지막 남은 100만 달러를 투자했던 게 패착이었다. 그는 이 주식을 과도한 신용거래를 끼고 주당 58달러에 매수했다. 놀랄 만큼 싼 가격이라고 생각했던 것이다. 하지만 이 주식은 나중에 1달러까지 폭락했고, 그는 모든 돈을 날리게 됐다.

피셔는 재정적으로 다시 회복하지 못했고, 죽는 날까지 가족으로부터 돈을 빌려 써야 했다. 세계에서 가장 위대한 경제학자라는 사람이 거둔 경제 실적이다. 안타깝게도 그는 죽기 전에 노골적인 사기꾼에게 돈을 털리는 최후의 일격을 맞았다. 죽음의 순간을 맞아, 그는 모든 이들에게 좋은 구두를 만들어주면서도 자신의 가족은 맨발로 남겨됐다는 제화공에 자신을 비유했다.

피셔의 아들 어빙 노턴Irving Norton 피셔는 1956년에 아버지의 전기, 『My Father, Irving Fisher(나의 아버지, 어빙 피셔)』를 썼다. 그는 아버지의 재산을 자동차를 가지고 약간 희화적으로 그렸다. 피셔의 경력 초기에는 크라이슬러의 다지Dodge와 GM의 뷰익Buick이 있었다. 다음에는 재무 상태가 호전되면서 기사를 둔 링컨Lincoln(포드)이 있었고, 멋진 라살_{LaSalle} 컨버터블(GM), 또 스턴스-나이트_{Stearns-Knight}(FB 스턴스)가 있었다. 주식시장이 폭락하고 피셔의 재무 상태도 완전히 망가지자 고급차들은 사라지고 포드가 다시 나타났다. 그의 마지막 자동차는 1938년에 구입했던 중고 뷰익이었다.

회색빛 머리에 덥수룩한 콧수염과 턱수염을 기르고 둥근 안경을 썼던 피셔는 지식인의 면모를 갖추고 있었다. 그는 1867년 뉴욕 주 캐츠킬 산맥_{Catskill Mountains} 지역에서 태어났다. 그의 아버지는 예일 대학교를 졸업한 목사였다. 그는 예일 대학교에서 강사생활을 하면서 1891년 경제학 박사학위를 받았는데, 예일 대학교에서 수여한 순수 경제학 분야의 박사 1호였다. 2년 뒤 로드아일랜드 주의 갑부 집안 딸과 결혼했고, 이어서 왕성하게 저술하기 시작했다. 그가 찍어내는 막대한 저작들을 보고 사람들이 놀랄 때면, 그는 다음과 같은 자신의 공식을 따를 뿐이라고 답했다. "맡길 것은 맡기면서 건강을 유지하라." 그는 1898년 수축성 폐결핵을 앓고 나서 건강에 강박적일 정도로 예민해졌다. 건강을 회복한 뒤에는 술과 담배를 멀리했고, 엄격한 식이요법을 지켰다. 또 금주법 운동에 앞장서는 골수파 지지자가 되기도 했다. 아마도 이 대목은 금융시장에서 돈을 벌려면 경제학자들의 말을 귀담아듣지 말아야 한다는 또 하나의 증거일 것이다.

시대는 변한다. 아울러 명성을 누리는 이름들도 왔다가 지나간다. 기술은 진화하고 사회는 점점 더 커져간다. 미국인들은 시대를 이어갈수록 계속 번영을 누렸다. 그리고 경제학자들은 언제나 예측을 한다. '자주 틀리지만, 절대 주저하지 않는' 경제학자들은 투자자들의 재정적 미래에 해롭다. 사람들은 그들의 예측을 쉽게 믿는다. 하지만 그 예측은 맞을 때가 드물고, 특히 중요한 전환점에서 틀릴 때가 많다. 어빙 피셔는 시장이 진지하게 쳐다봤던 최초의 거물 경제학자였고, 동시에 경제학자에 대한 시장의 진지한 관심을 보란 듯이 날려버린 최초의 경제학자였다. 그는 하나의 추세를 만들었다. 즉, 그를 겪어본 시장은 그 이후로 끊임없이 등장하는 경제학 주술사들의 말을 한 귀로 듣고 한 귀로 흘리면서 체념하게 됐다. 개인적으로 나는 사람들이 나더러 어빙 피셔와 같은 집안이냐고 물어볼 때마다 당황스럽다. 그러나 늘 자랑스럽게 아니라고 답한다.

071

윌리엄 갠

William D. Gann

**별빛에 이끌린 트레이더들,
기묘한 대가를 좇아 '갠 각'을 긋다**

Investor's Press, 1966

◆

윌리엄 갠William D. Gann은 주식시장을 연구할 때 먼저 마음을 모아 차분하게 명상에 잠기는 마음 상태를 갖춰야 했다. 이런 상태에 도달하기 위해 그는 점성술을 통해서 하늘의 별을 쳐다봤다. 그가 1920년대에 고안한 뉴에이지풍의 트레이딩 기법은 수학 및 철학, 또 신비주의에다 자연법칙까지 복잡하게 뒤섞인 것이어서 고도의 집중과 정신통일을 필요로 했다. 갠의 시스템은 너무 기묘해서 나는 물론 다수의 월스트리트 사람들 취향에는 맞지 않지만, 그는 오랫동안 특이한 트레이더들 사이에서 대가의 자리를 지켜왔다. 그를 대가로 모시는 트레이더들은 대부분 기술적 분석을 애호하고, 그가 설파한 내용을 통해서 시장 본연의 움직임을 꿰뚫어 볼 수 있다고 생각하는 사람들이다. 기본적 분석과 기술적 분석 중 어느 전통에도 얽매여 있지 않다고 생각하는 그의 추종자들은 여러 종류의 '갠주의Gannism'를 키득거리고 중얼대면서 그가 죽은 지 수십 년이 지나도록 그의 뒤를 이어가고 있다. 그들끼리 드디어 비밀을 찾았다는 눈빛이 오가는 모습이란 거의 밀교의 분위기를 자아낸다.

1878년 텍사스 주 러프킨Lufkin의 면화 농장주의 아들로 태어난 갠은 면화선물과 다른 상품선물 시장을 눈여겨보면서 자랐다. 그는 면화선물 첫 거래에서 성공하고 나서 호기심과 유연한 사고, 또 타고난 수학적 재능에 이끌려 24세의 나이에 주식시장에 발을 들여놓게 된다. 곧이어 몇 년 만에 텍사스에서 유명해져서, 그의 면화 예측이 지역신문들에 실리기까지 했다. 그런데 그 무렵에도 하늘의 별을 봤기 때문이었는지, 1908년에 고향을 떠나 더 많은 청중을 찾아서 뉴욕으로 향했다.

갠은 1919년까지 월스트리트에서 사무실을 운영하면서 주식 분석가이자 주식시장 뉴스레터 작가, 주식 브로커로 일하면서 약간의 유명세를 떨쳤다. 그러니까 그가 적어도 세일즈맨이기도 했다는 이야기다. 이 점은 그의 삶이 전개되는 과정과 그의 주변에 형성됐던 이미지를 관찰할 때 눈여겨봐야 할 대목이다. 1919년에는 자신의 자문회사를 차려서《수요와 공급Supply and Demand》이라는 독자적인 뉴스레터를 발행했고, 주식 차트 서비스도 제공하면서 시장도 연구했다. 이와 더불어 그는 자신의 첫 저작을 쓰기 시작했는데, 총 여덟 권의 저작은 그가 일약 월스트리트의 우상으로 떠오른 발판이 됐다. 1923년에 나온 『차트로 주식 투자하는 법Truth of the Stock Tape』은 체계적이고 엄밀하며 아주 많은 공을 들인 흔적이 엿보인다. 그다음 1930년에 출간됐던 『월스트리트의 주식 선택Wall Street Stock Selector』에서 그의 시스템이 토대를 갖추게 된다.

갠의 이론은 시장의 큰 추세와 작은 추세를 찾아내고 변곡점을 집어내서, 최적의 매수 시점과 매도 시점을 식별하는 일에 주안점을 둔다. 갠이 세운 이론 체계의 토대는 시간은 변하지만 사람들은 변하지 않는다는 인식에 기초한 과거의 재현이다. "시대와 조건은 변한다. 우리는 이 변화에 발맞춰 변할 줄 알아야 한다. 하지만 인간 본성은 변하지 않는다. 이 때문에 역사가 되풀이된다. 마찬가지로 해를 거듭하고 시대가 여러 번 바뀐다 해도 일정한 조건만 갖추어지면 주식도 똑같은 행태를 반복하는 것이다."

1929년에 펴낸 『Forty-five years in Wall Street(월스트리트의 45년)』에 열거돼 있는 '주식매매 규칙들'에서, 갠은 자신이 만든 다른 규칙을 활용해서 다우존스 산업평균의 추세를 파악하라고 투자자들에게 촉구했다. 그렇게 추세를 파악해뒀으면 상승추세나 하락추세를 타고 5~7%p의 등락폭을 겨냥해서 3주 동안 매매하라고 제안했다(당시 다우존스는 175%p였기 때문에 5~7%p 등락은 다우존스 지수가 수천 대를 헤아리는 오늘날에 비하면 아주 큰 변동성을 전제한 것이다). 그리고 주식을 매수한 뒤에는 위험을 줄이기 위해 매수단가의 1~3%p 아래 가격에서 손절매도 주문을 설정해두라고 독자들에게 신신당부했다. 그는 "매매를 하다 보면 틀릴 때가 있기 마련"이라고 말하면서 손절매매는 위험을 크게 줄여준다고 강조했다.

갠은 24개 항목에 달하는 또 다른 '불패'의 매매 규칙에서 다음 사항들을 제시했다.

1. 자본금을 10등분으로 나누어서 하나의 단위 매매에 1/10 이상을 걸지 말라.

2. 과도한 신용거래를 피하라.

3. 벌어들인 수익을 다시 잃지 않도록 지키라.

4. 추세에 반대로 맞서며 요행을 바라지 말라.

5. 거래가 활발한 주식만을 매매하라.

6. 의심쩍을 때는 빠져나오고, 들어가지도 말라.

7. 배당만을 보고 주식을 사지 말라.

8. 손실 포지션에는 물을 타지 말라.

"세상의 만물은 정확한 비례와 완벽한 상호관계에 바탕을 두고 있다. 만물의 밑바탕에는 수학적 원리가 가장 중요한 질서로 자리 잡고 있기 때문에 자연에 우연은 없다." 갠이 했던 말이다. 그는 숫자의 세계에서 사는 사람이었다. 또 여러 가지 수학적 관계에 골몰했고, 그리스와 바빌로니아, 이집트의 고대수학에 심취했다. 그는 1900년에서 1955년까지 주식 및 상품 시세를 집계한 수백여 개의 차트(일간, 주간, 월간, 분기 및 연간 차트들)를 토대로 추세가 반전하는 조기 신호를 잡아낼 수 있었다고 주장했다. 그는 강세장이 다가오는 신호를 차트에다 일정한 유형들로 도해해놓았다. 일례로, 가격이 상승하면서 일정 지점에서 되밀렸다가 다시 상승하는 과정에서 되밀릴 때 생긴 바닥이 이전의 바닥보다 높게 형성되는 유형이다(흔히 '쌍바닥' 또는 '이중 바닥'으로 불리는 기술적 분석의 용어가 됐다_옮긴이).

월스트리트에 갠이 기여한 지적인 공헌 중에서 가장 중요한 것은 '갠 각Gann Angles'이라는 개념이다. 갠 각은 추세를 찾아내고 '지지선과 저항선'을 가늠하기 위해 주가 차트 위에 도해된다(여러 각을 한데 합쳐놓으면 부채꼴 모양이 되어서 갠 팬Gann Fan으로도 불린다_옮긴이). 거래 물량이 큰 트레이더들 중에서 갠 각을 주시하지 않는 사람은 거의 없다. 왜냐하면 갠 각의 중요성을 믿는 트레이더들도 있지만, 동시에 갠 각을 매매에 활용하는 트레이더들이 많다는 사실을 서로 알고 있기 때문이다. 갠 각들 중에서 어느 한 각이 장중에 돌파되거나 붕괴되면, '군중'행동 같은 반응이 트레이더들 사이에 일어날 때도 있다. 갠 각은 시장의 움직임에서 가격 못지않게 시간이 중요하다는 이론에 바탕을 두고 있다. 이 개념은 RN 엘리엇이 설파한 내용과 어느 정도 흡사하다. 갠 각을 도해하는 실제 계산 방법은 비교적 복잡하지만 사용하기는 쉽다. 종이와 연필, 자, 간단한 수학이면 족하다. 바로 이 점이 많은 사람이 따를 만한 이유이기도 했다.

이 갠 각의 개념 전체는 기술적인 의미에서 심각한 오류를 안고 있다(엘리엇의 것도 마찬가지다). 갠의 분석이 다우존스 산업평균이라는 지수의 예측을 목표로 하고 있다는 점 때문이다. 다우존스와 같은 '가격가중지수price-weighted index'가 어떻게 움직이는지를 공부한 사람이라면, 앞으로 일어날 주식의 액면분할을 모르고서는 지수를 정확히 예측할 수 없다는 점을 잘 알고 있다. 이렇게 기술적 분석을 하는 사람들 대부분이 액면분할을 고려하지 않는 이유는 지수가 어떻게 산출되고 작동되는지에 관심이 없기 때문일 것이다. 물론 다우존스 편입 종목들 가운데 액면분할이 일어나지 않을 때도 종종 있다. 이럴 때는 갠의 개념이 적용될 수 있을 것이다. 갠 각이 맞든 틀리든 갠 각을 타당하다고 믿는 트레이더들이 많고, 갠 각은 증권 거래소와 상품선물 시장의 많은 트레이더들의 머리를 떠나지 않는 개념이다.

얇은 입술에 입매도 야무지고, 날카로운 콧날에 타원형 안경을 걸쳤던 갠은 항상 옷차림이 단정했다. 그는 시장을 대하는 사람들의 태도와 행동을 흥미로워했다. 그는 자신의 책에서 시장에 임하는 생활 요령을 설파했다. "희망과 탐욕, 공포에 이끌려 매매하거나 투자하지 말라. 항상 마음 상태를 건전하게 유지하라. 그리고 건강을 잘 관리하라. 휴식을 많이 취하라." 그는 매매를 하지 않는 휴식이 중요하다고 생각했다. 사실 기술적 분석을 따르는 트레이더들 사이에 그런 생각이 많이 퍼져 있기도 하다. "일이 잘되어가면 푹 쉬면서 멋진 휴식을 취하라. 가능하면 휴가를 떠나도 좋다. 일이 잘되어가지 않으면 이것도 모든 것을 멈추고 휴식을 취하거나 휴가를 가야 할 충분한 이유가 된다. 하지만 다시 돌아온 뒤에는 최대한 분석에 몰두하라." 자신의 조언대로 그는 마이애미Miami에서 겨울을 보내고, 점성술로 마음의 평화를 찾았다.

도덕적 자세와 하늘의 별과 맺은 기묘한 관계야 어쨌든, 갠은 개인 생활에서 아주 평범한 사람이었다. '마크 트웨인 소사이어티Mark Twain Society'의 회원이기도 했던 그는 잘살았던 편이다. 그래도 종종 극도로 돈을 아꼈는데, 아마도 가족에게 물려줄 유산을 마련하기 위해서였던 것 같다. 그는 사람을 그리 관대하게 대하지 않았다. 자신이 받은 게 있어야 주는 사람이었다. 좀스럽고 인색한 인물이었다고 말하는 이들도 있다. 언젠가 그가 전동기계로 잔디밭을 깎다가 전선줄을 미는 바람에 전선이 절단된 일이 있었다. 손재주가 별로 없었던 그는 회사 동료에게 전선줄 연결을 부탁했다. 그 일의 대가로 갠은 그 동료에게 이렇게 말해줬다고 한다. "자네, 대두선물에 매수 포지션을 갖고 있다고 들었네. 오늘 장 마감 전에 모두 청산하는 게 신상에 좋을 거야." 1948년의 그날 이후로 대두시세는 계속 떨어지더니 25년간이나 하락했다고 한다. 진짜 이런 일이 있었던 것일까? 누가 알겠는가? 이것도 갠을 둘러싸고 떠도는 입증 불가능한 전설의 하나일 뿐이다. 갠의 전설은 그가 내놓았던 극적인 시장 예측과 자신을 홍보하는 뛰어난 능력, 정말로 '아는' 대가에 목말라하는 시장의 끊임없는 갈망이 만들어낸 것이다.

사실 갠이라는 존재는 이 세 가지가 결합되어 만들어진 결과다. 그가 시장에서 달성했다고 입증된 기록은 존재하지 않는다. 로 프라이스나 벤저민 그레이엄이 했던 것처럼 말이다. 그의 시장 실적은 오리무중이라서, 그가 정말로 위대한 시장 전술가였는지 아니었는지 아무도 입증하지 못했다. 그의 추종자들은 그를 믿겠다고 작정한 사람들이다. 그는 저서들과 뉴스레터를 발행했고 판촉도 했다. 그 과정에서 자신의 완벽한 시장 예측에 대한 전설을 구축했다. 어쩌면 시점예측의 대가들조차 괴롭히는 불완전성을 오리무중의 사실 속에 숨겨야만 자신의 전설을 만들 수 있다고 생각했을지 모른다. 그러나 시장의 매매에서 성배(聖杯)가 필요한 사람들에게, 갠은 오늘까지도 성자들 중 가장 신성한 존재일 것이다. 공격적인 트레이더들 중에서 갠을 공부하지 않은 사람은 거의 없다. 또 갠을 숭배하는 이들의 활동 무대가 돌팔이 약장사에 국한돼 있지는 않지만, 내가 본 돌팔이 약장수들의 약상자에는 거의 빠짐없이 갠이 들어 있었다. 갠의 수학적 방법론은 컴퓨터 기반의 현대적인 도구들에 비하면 아주 원시적이다. 그럼에도 불구하고 종이와 연필, 계산기를 가지고 비교적 적은 수의 지표들만을 쓰고 싶어 하는 트레이더들에게 갠의 방법론은 여전히 흡족한 도구로 남아 있다. 월스트리트의 부를 파헤칠 마법의 열쇠를 찾는 이들에게 갠의 방법론은 아주 이국

적이며 신비한 물건이다. 아마도 이 신비한 물건을 찾는 사람들은 끊일 날이 없을 것이다.

안타깝게도 갠이 남긴 글에서는 자신을 광고판촉하고 있음을 자기도 모르게 드러낸 구석이 엿보인다. 겸손하기는커녕 실수에 대해서는 일언반구도 없고 언제나 자화자찬으로 일관하는 그의 글은 현대적인 자기홍보 뉴스레터의 초기 사례로 보면 아주 어울릴 내용이다. 일례로, 그는 자신이 돈이나 명예를 바라기 때문에 뉴스레터를 쓰는 게 아니라고 주장했다. 사람들의 성원에 못 이겨서 쓰는 것이며, 동시에 "다른 이들에게 가장 값진 선물인 '지식'을 주고 싶기 때문에" 쓴다고 주장했다. 하지만 글의 스타일이나 동기가 오래도록 읽히는 이 필자에게는 진심 같지가 않다.

갠은 사업을 시작한 지 44년 만인 1946년에 고객 영업은 그만뒀고, 트레이딩은 1951년까지 했다. 그는 4년 뒤 77세에 뉴욕 브루클린에서 아내와 아들, 딸 셋을 뒤로 하고 세상을 떠났다. 그가 얼마나 많은 유산을 물려줬는지는 분명하지 않다. 그의 팬들은 그가 시장에서 벌었던 수익만으로 거대한 갑부로 살다가 죽었다고 주장한다. 이런 말을 믿지 않는 사람들은 그 증거가 있으면 대보라면서 비웃기도 하고, 그가 모아둔 돈은 전부 그의 말에 넘어간 고객들에게서 나온 돈이라고 주장하기도 한다. 나도 갠이 그의 추종자들이 믿고 있는 그런 존재였는지, 아니면 돌팔이 약장수였는지 확실하게 알아볼 방도가 없다. 아마도 그는 대대적으로 자신을 홍보하는 재주와 직관력을 갖춘 장사꾼과 위대하지는 않았어도 괜찮았던 월스트리트의 '외부자' 그 중간 어디쯤에 위치했던 사람이었을 것이다. 그럼에도 불구하고, 그가 죽은 뒤 수십 년이 지나도록 지하조직처럼 이어진 추종자들의 규모를 보나, 트레이더들의 입에서 여전히 그의 이름이 튀어나오는 빈도를 보나, 갠은 '시장을 뒤흔든 100명의 거인들'에 들어가기에 족하다.

웨슬리 클레어 미첼
Wesley Clair Mitchell

의미 있는 데이터를 낳은 월스트리트의 아버지

◆

　세상에는 피상적이고 부정확한 예측만 내놓으면서, 미디어의 눈길을 끄는 일이라면 물불을 가리지 않는 경제학자들이 많다. 웨슬리 클레어 미첼Wesley Clair Mitchell은 그런 부류와는 전혀 다른 사람이었다. 그와는 정반대로, 겸손한 미첼은 경제계의 무대 뒤에서 경제를 해석하는 데 필요하지만 구할 수 없었던 숫자와 사실을 구비하는 일에 매진했다. 그는 1948년 74세를 일기로, 미국경제연구위원회NBER, National Bureau of Economic Research를 통해 집계되는 각종 지수와 통계 정보를 세상에 남기고 떠났다. 미국경제연구위원회는 그의 지원에 힘입어 1920년에 발족된 이래, 오늘날 경기후퇴의 시작과 종료 시점을 밝히는 공식기구로 자리 잡았다.

　경제계 전반에 걸쳐 미첼은 한평생 경기 순환에 바친 광범한 연구로 가장 잘 알려져 있으며, 그의 연구는 오늘날에도 거시 경제학자들이 사용하는 경기 순환의 기본 모델로 쓰이고 있다. 다른 이들이 과장된 설명을 내놓고 화려한 말들로 가설을 꾸밀 때, 그는 자신의 이론을 냉정하고 견고한 숫자들로 뒷받침했다. 1913년에 마침내 그는 획기적 저작인 『Business Cycles(경기 순환)』에서 경기 순환은 자연적인 과정이 아니며, 자본주의 시스템에 의해 체계적으로 유발되는 부산물임을 처음으로 밝혔다. 그의 저작 덕분에 '경기 순환'이 '상업 위기commercial crises'를 대체하는 일상적인 용어가 됐다. 그뿐 아니라 금융계도 우리 경제가 오르내리며 순환함을 이해하고, 그 오르내림의 큰 부분을 숫자로 계측할 수 있음을 이해하게 됐다.

1874년 일리노이 주 러시빌Rushville에서 시골 의사이면서 농부였던 아버지의 장남으로 태어난 미첼은 1회 신입생으로 시카고 대학교에 들어갔다. 이곳에서 기인 스타일의 경제학자인 토스타인 베블런Thorstein Veblen과 실용주의 철학자 존 듀이John Dewey와 같은 지적 거성들에게 배우면서, 미첼의 사고는 이들의 영향을 크게 받았다. 미첼은 여름방학 때 아버지의 농장에서 일하며 공부했다. 1899년 그는 최우수 평점으로 박사학위를 취득했고, 그다음 해부터 같은 대학교에서 학계 경력을 시작했다. 그는 한평생 캘리포니아 대학교 버클리 교정과 컬럼비아 대학교에서 교편을 잡았으며, 뉴욕 맨해튼에 있는 사회과학대학원New School for Social Research을 설립하는 일도 도왔다. 그는 두드러진 학계 경력에도 불구하고, 학계에 몸담았다기보다는 늘 경제 연구를 벗 삼아 살았다.

일기에 하루를 정리할 때마저도 식을 줄 모르는 열정으로 솔직하고 논리 정연했던 미첼은 늘 이렇게 말하곤 했다. "그것에 대해 논하기보다 연구부터 해보자." 그러나 가끔씩 자유시간이 날 때마다 미첼은 놀라울 정도로 유연했다. 추리소설을 읽거나 나무 짜는 일도 하다가 편지도 쓰면서 야영도 다녔고, 아내와 함께 산에도 올랐다. 그야말로 가정적인 남자였다. 할아버지가 됐을 때는 손자들과 어울려 놀아주기를 좋아했다.

친지들 사이에서는 '클레어'로 통했던 미첼은 시종일관 '경제 도구'를 다듬는 일에 매진하면서, 거대한 연구 프로젝트 수행에 필요한 기술적 도구들을 만들어냈다. 그는 통계자료를 다루는 전문능력으로 장기적이고 광범한 경험치들을 분석해내는 새로운 표준을 확립했다. 경제 사회의 움직임을 한눈에 보여주는 그의 도표들은 결과를 담아내는 새로운 표준 양식이 됐다. 그는 또 가격변동을 상세한 정보로 제공해야한다는 신념에서 각종 가격지수를 개발하는 데 매달렸는데, 이것이야말로 월스트리트에는 아주 중요한 일이었다.

미첼은 경제 가설을 만드는 사람이라기보다는 도구를 만드는 사람이었다. 미첼 이전에는 월스트리트 사람들이 경제가 시장에 미치는 영향을 따져보기 위해 고려할 지수가 별로 없었다. 즉, 일반인들이 살아가는 '메인스트리트'를 분석하는 데 '월스트리트'가 쓸 만한 경제적 도구가 거의 없었다.

미첼이 산출하는 숫자들은 그 자체로 메시지였고, 일반 경제 논리와 금융시장의 논리가 만나는 토대를 놓았다. 어빙 피셔나 존 메이너드 케인스와 같은 경제학자들의 저작을 비롯해 우리 시대 모든 경제학자들과 경제 분석가들의 사고의 밑바탕에 있는 경제와 금융 논리는 그의 숫자로 말할 입을 얻었다. 주식시장 자체가 강력한 경기 선행지표의 하나라는 인식도 하늘에서 떨어진 게 아니라 그의 숫자를 통해 드러난 사실이다. 미첼과 그의 저작이 없었다면, 위로부터 아래로 향하는 '하향식top-down' 투자 방법론을 따르는 펀드매니저들은 지금 일하는 방식과 전혀 다른 상황에 처하게 됐을 것이다(오늘날 대부분의 금융시장 참여자들이 하향식 펀드매니저에 해당된다. 이들은 경제를 진단하고 그 결론을 토대로 주식시장을 진단한 뒤 보유할 주식을 결정한다). 미첼은 그 후대의 경제적 사고와 금융시장에 대한 하향식 접근이 딛고 설 발판을 놓았다. 그가 없었다면 그 발판 위에 놓인 모든 게 존재하지 못했을 것이다.

미국경제연구위원회가 없었다면, 경제학에 기여한 미첼의 업적은 폭넓게 인정되지 못했을 것이다. 미국경제연구위원회의 발족과 동시에 미첼은 이 기구를 자신의 꿈인 '비판적 연구'를 실행에 옮길 수 있는 실험이라고 생각했다. 그는 25년 동안 이 기구의 이사를 맡아 미국 경제에 대한 어마어마한 데이터베이스를 구축했다. 미첼과 미국경제연구위원회의 인력이 연구의 주안점으로 삼았던 것은 경기 순환의 본질 및 원인과 같은 장기적인 문제와 국민소득의 측정 및 분석, 또 국민소득 계정에서 자본형성의 출처로 잡아야 할 요소와 그 처리 과정이었다. 연구 결과는 실용적이고 알찬 내용으로 갖춰졌다. 게다가 연구의 편의를 도모할 '편리한 합리화'도 배제됐다. 미첼은 오히려 더 많은 결실을 불러오는 산파 역할을 했다. 즉, 그의 연구는 지속적으로 더 많은 질문을 유발함으로써 더 많은 연구로 이어졌다.

미첼의 연구 작업은 끝없이 계속됐다. 일례로, 그는 2차 세계대전 후에 통계 직무를 하나로 모아 보존하고, 나아가 전시에 시작된 새 연구를 더 추진할 수 있도록 관계자들을 설득했다. 정전조약이 체결된 사흘 뒤에는 휘하의 작은 조직을 그대로 유지할 뿐 아니라, 12명의 인력을 더 충원해야 한다고 과감하게 요청했다. 인력 충원의 목적은 그 무렵 경제에 밀려들기 시작한 물가 상승과 그 추이를 체계적인 통계로 파악하자는 것이었다.

홍조 띤 얼굴에 엄격하고 진지한 모습이었던 미첼은 경제계 전체를 자신의 정밀한 정량 조사를 더 심화해가는 길로 이끎으로써, 검증되지 않은 일반화 위주의 명제들을 확인된 지식으로 바꾸어가게끔 했다. 오늘날 우리가 접하는 것들 중에 그에게 감사해야 할 것들이 많다. 국민소득 통계, 일반 물가와 각종 물가지수, 투자, 자금시장, 경기 순환 등이 그런 것들이다. 찰스 다우와 BC 포브스가 투자 과정에서 뉴스 정보가 갖는 중요성을 입증했다면, 미첼은 투자 과정에서 경제를 개관할 정보의 중요성을 입증했다. '명료한Clair' 미첼이 없었다면('clair'는 프랑스어로 '명료하다'는 뜻이기도 하다_옮긴이) 우리는 지금 월스트리트가 메인스트리트와 도대체 어떤 관계에 있는지 몰랐을 것이다.

존 메이너드 케인스

John Maynard Keynes

주술사들과는 다른 예외적인 첫 번째 인물

British Information Service, 1948

◆

　헤아릴 수 없이 많은 자료들이 대공황 이후 경제학의 아버지, 존 메이너드 케인스John Maynard Keynes와 자본주의 시스템에 대한 그의 예리한 이해를 칭송하고 있다. 그렇지만 케인스가 경제학자 중의 경제학자라는 사실은 아마도 별로 알려지지 않은 그의 개인 투자기록에서 가장 확연하게 드러날 것이다. 즉, 그는 근 40년에 달하도록 증권시장에서 성공적인 투자를 했다. 그는 내부자 정보는커녕 '따끈한 재료'나 시점 선택market timing의 도구 하나 쓰지 않았고, 당시 투자자 대중이 쓰던 투자방법을 다 무시하는 그만의 기발한 시스템을 썼다. 시장 대응 면에서나 기질 면에서나 역발상이 충만했던 케인스는 용기와 자신감으로 대응하여 큰돈을 벌었고, 1930~40년대 주식시장에 대한 세상의 신뢰를 높였으며, 그 자신의 이름을 규칙이 아니라 예외로 드높였다.

물론 다른 경제학자들도 자신의 신념과 예측을 시장에 적용해봤지만, 직업적 경제학자들 대부분의 경우 금융시장에 참여했다가 얻은 결과는 끔찍하다 못해 허망할 정도였다. 필자가 어린 대학생이었을 때, 무릇 사회과학을 검증하는 방법은 미래를 성공적으로 예측할 수 있는가에 달려 있다는 밀튼 프리드먼의 철학에 깊은 감명을 받았었다. 이 기준으로 경제학자들을 평가한다면, 이 집단은 전체적으로나 개인적으로나 늘 낙제 점수를 받고 있다. 세상은 계속 경제학자들이 하는 말이나 예측에 귀를 기울이지만, 어빙 피셔가 보여주었듯 경제학자들의 예측은 형편없으며, 특히 금융시장을 보는 그들의 예측은 더욱 그렇다. 참 의아한 일이다.

그런데 케인스는 다른 경제학자들이 항상 실패하는 분야에서 성공했다. 그는 주가폭락 직후 여러 해 동안 금융시장에서 큰돈을 벌었다. 반면, 1920년대에 주도적 경제학자였던 어빙 피셔는 시장에서 잘못된 예측을 거듭하다가, 급기야 1929년 주가폭락과 대공황 때는 투자에 크게 실패해서 전 재산을 잃고 남은 생애를 가족에게 빌린 돈으로 살았다.

케인스는 1883년 영국에서 태어났다. 그의 가족은 소양 있는 식자층에 속했지만, 여느 집안과 다를 바 없이 평범한 집안이었다. 그는 22세 때인 1905년부터 증권에 조금씩 손을 대기 시작했다. 그로부터 14년이 흐른 뒤 그는 본격적인 자금 운용자로 변해 있었다. 시장과 접하며 혼자 공부해서 외환 거래에서 좋은 결과를 거뒀다. 1920년에는 가족과 친구들이 믿고 맡긴 돈까지 합쳐서 투자했다가, 시장의 반전과 함께 외환시장이 불리해지자 운용 자금을 모두 날리고 말았다. 그러나 이때 그는 오히려 그 게임의 매력에 빠져들었다.

케인스는 민첩하게 전열을 재정비했다. 친구들로부터 돈도 빌렸고, 초기 저작 중 하나인 『평화의 경제적 결과The Economic Consequences of Peace』의 인세 일부를 가불받기도 했다. 이어서 직전에 자신의 자본금을 몽땅 날리게 만든 똑같은 포지션에 더 큰 금액으로 뛰어들었다. 그리고 2년 내에 그는 이전의 '도덕적 빚'을 모두 갚았을 뿐 아니라, 8500파운드의 채무를 2만 1000파운드의 이익으로 역전시켰다. 세상을 떠나기 1년 전인 1945년에 그가 모아둔 재산은 1990년 구매력으로 평가할 때 2000만 달러에 달했다. 이것을 투자 수익률로 환산하면 연복리 13%다. 그것도 인플레이션이 사실상 없었던 기간이었기 때문에, 25년이라는 장기에 걸친 실질 수익률로 보면 정말로 기막히게 높은 수익률이었다. 이렇게 장기간에 걸친 실질 수익률에서 그의 투자기록에 버금갈 만한 투자자는 거의 없다.

투자 전략을 묻는 질문에 케인스는 '전략' 같은 것은 없었다고 하면서 대신에 이렇게 밝혔다. "나의 핵심적인 투자원칙은 일반적인 의견과 반대로 가는 것이다. 모든 사람이 매력 있다고 보는 투자는 너무 비쌀 수밖에 없어서 오히려 매력이 없다는 점이 그 근거다." 얼마 후 1938년에 그는 성공적인 투자원칙에 대해 다음과 같이 밝혔다.

성공적인 투자는 세 가지 원칙에 달려 있다.

1. 적은 수의 투자 대상(혹은 적은 수의 투자 유형)을 세심하게 선정한다. 주안점은 투자할 대상의 가치가 수년 후에 현실성이나 잠재성 면에서 얼마나 될

지를 따져보는 것이다. 또 투자할 시점의 다른 투자 기회들과도 비교해보는 것이다. 이 두 가지 기준에서 저렴한 투자 대상을 고른다.

2. 이렇게 고른 투자 대상의 꽤 많은 물량을 매수해서, 비가 오나 눈이 오나 흔들리지 않고 묻어둔다. 아마도 몇 해가 걸리겠지만 투자 대상이 당초 예상대로 큰 수익을 내거나, 아니면 실수였다는 게 분명해질 때까지 보유한다.

3. 투자 포지션을 균형 있게 분산한다. 즉, 거대한 물량의 투자 대상 하나를 보유하는 게 아니라 위험을 다양하게 분산시킨다. 또 가능한 한 위험의 방향이 서로 반대로 움직이도록 맞춘다(일례로, 주식을 몇 개 골랐다면 금의 일정 물량을 추가하는 방법이다. 왜냐하면 일반적인 시세 변화에서 금과 주식은 서로 반대로 움직일 때가 많기 때문이다).

케인스가 취하던 포트폴리오는 대개 단지 네댓 개 증권을 큰 물량으로 보유하는 것이어서, "달걀을 한 바구니에 담지 말라"라는 옛 조언과는 정반대다. 그는 언젠가 동료 한 사람에게 이렇게 썼다. "내 이야기를 믿지 않을 거라고 생각하네. 하지만 수익이 생기는 것은 우리가 정말로 만족하는 증권 몇 가지만을 대량으로 보유할 때지. (……) 투자대상들을 잡동사니로 섞어놓아 봐야 아무것도 생기지 않는 법일세."

1931년에 오스틴 모터스Austin Motors와 브리티시 레일랜드British Leyland는 케인스가 보유했던 투자자산의 2/3에 상당했다. 이런 투자를 지극히 위험하다고 봤던 사람들도 있었겠지만, 그는 다르게 생각했다. 그는 오색 빛깔의 다양한 종목들에 투자했을 때보다 소수의 종목들에 투자했을 때가 각 종목에 대한 지식이 더 완벽하다는 점을 확신했다. 그는 보유 종목들에 대해 모든 것을 알아두는 것이 우선적으로 위험을 피하는 최선의 길이라고 말했다. "나는 아주 제한된 투자 대상에 대해서만 충분한 지식을 확보할 수 있다. 많은 투자대상을 감당할 시간도 없고 기회도 되지 않는다."

어빙 피셔와는 반대로, 케인스는 자신의 투자 기법으로 대공황 때 큰돈을 벌었다. 1929년에서 1936년 사이는 많은 자금 운용자들이 투자를 단념했던 때지만, 케인스는 헐값에 거래되는 주식에 투자해서 자신의 순자산을 65%나 불렸다. 이게 그리 어려운 일은 아니었다. 시장이 출렁이더라도 겁에 질리지 말고 평정과 냉정을 유지하는 것으로 족했다. 그런 예로, 1928년 그는 오스틴모터스 1만 주를 주당 21실링에 매수했다. 그다음 해에 주가는 5실링으로 떨어졌지만, 팔지 않았다. 이듬해 그는 보유 물량 중 2000주를 주당 35실링에 팔았다. 그는 또 공익기업의 거물 새뮤얼 인설이 붕괴하고 나서 1930년대 중반에 바닥권을 치고 헐값에 거래되는 대형 공익기업 지주회사들을 눈여겨봤다. 케인스는 그 주식을 매수하면서 이렇게 말했다. "이 주식들은 지금 미국 투자자들로부터 완전히 버림받아서 그 실제 가치 밑으로 엄청나게 떨어져 있다."

케인스가 투자를 운용하는 스타일 중에서 아마도 역발상이 가장 돋보였던 부분은 포트폴리오의 레버리지를 최대한으로 운영했던 점일 것이다. 대공황기에 레버리지를 동원한 투자는 곧 죽음을 의미했다. 1936년 그의 자산이 50만 6000파운드였을 당시, 채무는 30만 파운드였다. 하지만 나중에 채무 비율을 낮춰서, 1939년부터는 채무 비율을 순자산의 12% 대로 유지했다. 1930년대 초에 채무 비율이 100%를 넘었던 것과 아주 대조적이었다. 다시 말해, 그는 여건에 따라서 적합할 때는 최대한으로 채무를 활용했고, 별로 유리한 상황이 아닐 때는 채무를 줄이는 대응을 했다.

1936년 세계적으로 유명한 고전, 『고용, 이자, 화폐의 일반 이론 General Theory of Employment, Interest, and Money』을 남긴 케인스는 자신의 혁명적인 이론을 시장에 활용하려고 했다. 하지만 그는 성공하는 비결이 시장의 시점을 고르는 게 아니라, 가치 있는 주식을 고르는 것임을 잘 알고 있었고, 주식을 보는 자신의 안목이 뛰어나다는 것도 잘 알고 있었다. 시장을 예측하기는 불가능하리만큼 어렵다. 그러나 그는 이런 불확실성을 이용해서 이득을 봤다. "헐값으로 주식을 내던지는 것은 주로 심하게 출렁이는 시세 변동 탓이다. 그리고 사람들이 헐값의 주식을 보고도 활용하지 못하는 것은 시세 변동에 따른 불확실성 때문이다."

케인스는 주변을 압도하는 185센티미터의 훤칠한 키에다(늙어서는 등이 굽어 키가 좀 줄었다지만), 수려하고 뚜렷한 이목구비에 더하여 콧수염을 길렀다. 대중에 대한 그의 냉랭한 자세는 엘리트적 양육 환경에서 비롯됐다. 그의 부모는 둘 다 잉글랜드의 케임브리지 대학교Cambridge University에서 가르치는 교수였고, 부친은 경제학 초기의 주된 교과서에 속했던 『Scope and Method of Political Economy(정치 경제학의 영역과 방법)』의 저자로도 유명했다. 청년 케인스는 부유층 자제들이 다니는 명문 중고등학교인 이턴 학교Eton College를 다녔고, 부모의 뒤를 따라 케임브리지 대학교에 들어갔다. 그는 곧 고전파 경제학자 앨프레드 마샬 Alfred Marshall을 따르면서 스스로 자기 길을 개척하게 됐는데, 버지니아 울프Virginia Woolf와 같은 문호들과도 친구로 어울렸다. 거칠고 드센 논객이었던 케인스는 경제학을 논하는 자리에서는 솔직한 대화와 날카로운 공격으로 유명했다. 하지만 다른 때에는 부드러운 어조의 온화한 사람이었고, 예술품 수집가이기도 했으며, 시인 조지 바이런George Byron에 열광하는 팬이었다. 발레 관람을 즐기는 문화예술의 애호가이기도 했는데, 그러다 보니 1925년 러시아 출신의 발레리나와 결혼하기에 이르렀다.

케인스와 그의 『일반 이론』이 세상에 나온 뒤로, 미국과 전 세계가 경제를 보는 사고방식이 완전히 바뀌었다. 케인스는 아무도 예상치 못한 방식으로 전통적인 사고의 물줄기를 혁명적으로 바꾸어놓았다. 그러나 시장을 창조한 사람들을 다루는 이 책에 그가 포함된 것은 그것 때문만이 아니다. 경제 이론과 경제 정책에서 큰 족적을 남긴 사람들은 수없이 많기 때문이다. 하지만 이 수많은 사람들은 금융시장에서 투자에 성공하지 못한 반면, 케인스는 성공했다. 그가 경제 이론에서 혁명가였던 한편, 시장에서도 성공했다는 사실은 혁명적인 경제학자만이 시장에서 성공할 수 있음을 보여준다. 따라서 금융시장에 관한 한 통상적인 경제학자들이 무슨 말을 하든 귓구멍을 닫아거는 게 대다수 사람들의 신상에 이로울 것이다.

RN 엘리엇

RN Elliott

**영험한 마력의 성배인가,
아니면 돌팔이 약방문인가?**

◆

랠프 넬슨 엘리엇Ralph Nelson Elliott은 『파동 이론Wave Principle』을 남긴 저자로, 월스트리트의 변두리를 넘나들었지만 살아생전에는 거의 알려지지 않았던 사람이다. 하지만 그가 죽고 근 20년이 지난 뒤 현대적인 홍보성 뉴스레터들이 간간이 살포되는 와중에 그의 저작이 부활했다. 이 뉴스레터들은 그의 저작을 잃어버린 성배와도 같은 원리적 투자 철학으로 수용하면서, 이 진귀한 보물을 발굴해 세상에 전하니 귀담아들으라고 주장했다. 엘리엇의 저작에는 흥미로운 것들이 많지만, 일류 자금 운용자들이 보기에는 도저히 수긍할 수 없는 허튼소리들도 꽤 많다. 그럼에도 불구하고, 그의 파동 이론은 1980년대 일정 시기에 가히 기막힐 정도로 잘 들어맞는 것 같아서, 주로 뉴스레터 작가들과 주식 브로커들 그리고 경제평론가들 사이에서 신뢰를 얻게 됐다. 이렇게 새로이 세상의 이목을 얻은 덕분에 영원히 사라질 뻔했던 그 이론은 월스트리트의 역사 서적들에 오르게 됐다. 아울러 그의 이론에 구체적인 계산을 곁들이는 사람들이 1984년에서 1988년 사이에 인기몰이를 하면서 기술적 분석의 새로운 학파로 등단했다. 오늘날 엘리엇의 파동 이론은 다시 인기를 잃고 있지만, 그 신봉자들은 사람들이 이 값진 '비밀'을 조용조용 간직하고만 있다고 주장할 때가 많다.

엘리엇을 부활시킨 이론가들이야 살아서 유명세의 변방에라도 진출했지만, 정작 엘리엇 본인에 대해서는 별로 알려져 있는 게 없다. 완전히 잘라 말할 수는 없더라도, 이렇게 오리무중에 있는 그의 실체는 그를 부정적으로 평가할 만한 요인이 된다. 저서의 내용으로 보면 그는 불가지론자(不可知論者)였고, 윌리엄 갠과 마찬가지로 신비주의로 흐르고 있다. 엘리엇은 한때 회계사였다고 하며 멕시코에서 전신 통신사업체를 경영했다고 한다. 그러다가 몸에 병을 얻어 어쩔 수 없이 고향인 캘리포니아로 돌아왔다고 한다. 건강을 회복하던 3년 동안 그는 집 앞쪽 베란다에 놓인 흔들의자에서 움직거릴 정도의 신체 동작밖에 할 수 없었다. 그 기간에 재미 붙일 거리를 찾아 전혀 아무것도 모르던 분야인 주식시장에 눈을 돌리게 됐고, 다우의 글들을 두루 읽었다. "아무 의미도 없이 격하게 요동치는 통제 불능의 주가에서 보이는 연간, 월간, 일간 흐름이 차츰 일정한 법칙을 따라 순환하는 파동의 모습으로 드러나기 시작했다." 이렇게 해서 1938년에 탄생한 파동 이론은 《파이낸셜 월드Financial World》에 실렸지만, 거의 주목을 받지 못했다. 1946년에 좀 더 포괄적인 내용을 갖춰 보강된 저작인 『Nature's Law(자연법칙)』도 마찬가지였다.

엘리엇 순환은 크게는 약 200년까지 포괄하며, 큰 순환 안에는 작은 순환도 있고 각 순환의 길이도 여러 가지다. 즉 50여 년 길이의 초장기 순환Grand Super Cycle에서부터 15~20년 길이의 장기 순환Supercycle도 있고, 가장 작게는 몇 시간 정도 길이의 '미세 순환Sub-Minuette'도 있다. 정확한 순환을 찾아내려면 유형을 식별하기 위해 10여 개의 차트를 뽑아봐야 한다. 그는 이렇게 말했다. "유형 식별에 적합한 시야를 확보하려면 연구자는 광범한 평균값을 적어도 두 개 이상(많을수록 좋다) 취해서, 주간 및 일간, 시간 단위로 각 주기의 거래량과 함께 차트를 그려봐야 한다." 일단 현재 진행 중인 순환을 정확하게 식별해내면, 투자자들은 엘리엇의 전형적인 파동 유형을 바탕으로 시장이 다음 단계에 어디로 향할지 알 수 있다는 것이다.

전형적인 엘리엇 파동은 복잡해서 그림으로 도해하지 않고는 설명하기 어렵다. 게다가 주가 차트에 그의 파동을 적용하는 방법들마다 미세한 차이가 가지가지이고, 규칙과 다른 예외도 많다. 아주 일반적으로 엘리엇은 "순환의 움직임은 두 가지 힘, 즉 '응집하는building up' 힘과 '흩어지는tearing down' 힘에 의해 규정된다"라고 주장했다. 즉, 각각의 단위 순환은 서로 다른 여덟 개의 파동으로 구성되는데, 상승 방향의 다섯 개 '충격파impulse waves'와 하락 방향의 세 개 '조정파corrective wave'가 그것들이다. 저술가 RC 벡크맨RC Beckman은 한 단위의 엘리엇 파동을 다음과 같이 묘사했다. "상승 방향으로 순환이 시작될 때, 엘리엇은 자신이 '충격파'라고 불렀던 세 개의 상승파동을 발견했다. 처음의 두 개 충격파 직후에 하락 방향의 '조정파'가 하나씩 뒤따른다. 이어서 세 번째의 마지막 충격파가 발생하면, 그때까지의 상승파동 전체를 되돌리는 조정

파동이 뒤따른다. 이 조정파동은 하락 방향의 충격파 두 개와 그 사이에 낀 상승 방향의 '조정파' 한 개로 구성된다." 무슨 내용인지 독자들은 이해가 됐는가? 어렵다고 고민하지 말라. 지금까지 이걸 이해한 사람은 아무도 없었다.

엘리엇 파동은 본질적으로 주관적이고 실제 주가 흐름을 추상적인 유형에 맞추는 것이어서 이 종파의 제사장급 대가들이 아니면 전부 다 알고 있다고 주장할 수도 없을뿐더러, 그 대가들끼리도 갑론을박이 생길 수밖에 없다. 오늘날의 엘리엇주의자들에게는 그 원조가 오래전에 사라진 것이 다행이 아닐 수 없다. 만약 그 원조마저 논쟁에 뛰어들면 제사장들의 위신이 어찌 되겠는가? 한마디로 엘리엇 파동은 너무 복잡해서 대다수 사람들이 믿고 쓸 수 있는 '손잡이'를 찾을 수 없다. 바로 이 때문에 그 지식을 사람들에게 팔아먹는 주술사들에게는 엘리엇 파동이 완벽한 상품이다. 사람들은 이 엉터리 교리를 알아야 할 필요도 없다. 그저 매년 169달러를 내고 그들의 뉴스레터를 사서 구제받으면 그만이다. 엘리엇을 부활시킨 자들에게는 이만큼 팔아먹기 좋은 완벽한 이론도 없었을 것이다. 애매하다는 장점도 있을 뿐 아니라, 스케일이 장기적이어서 필요에 따라 단기 예측을 강조할 수도 있고, 장기를 핑계로 단기 상황을 무시할 수도 있다. 가장 좋은 점은 본래 내 이야기는 그게 아니었다며 그들을 반박할지도 모를 이론의 원조가 나타날 위험도 없다는 것이다.

엘리엇 파동 이론 신봉자들은 이 원리가 주식시장의 전 역사를 일관되게 설명하는 유일한 이론이라고 믿는다. 이들은 앞으로 진보와 주식시장의 성장이 계속될 것이라고 예견하면서, 1857년부터 1929년까지의 주가 상승과 1929년부터 1949년까지의 조정, 1949년부터 1972년까지의 대폭적인 상승이 이 이론에 딱딱 들어맞는다고 주장한다. 그렇게 그 이론이 대단하다면, 엘리엇의 몇 안 되는 직계 제자들은 왜 그 전통을 이어가지 않는 것인가? 일례로, 그중 한 사람인 가필드 드루Garfield Drew가 350쪽이나 되는 그의 책에서 엘리엇의 저작을 언급한 부분은 단 두 쪽에 그쳤다.

기본적 분석과 기술적 분석 각 진영에서 엘리엇을 비판하는 사람들은 그 개념들이 엘리엇이 내린 결론에 맞추기 위해 확장됐고, 이론 자체가 혼란스럽고 부정확하다고 지적한다. 《배런스》에서 스티븐 워넥Steven J. Warnecke은 엘리엇의 이론이 "엉뚱한 데 숫자를 끌어다 대고, 개념도 불분명하고, 명확한 말이 필요한 진술이 신비주의와 어지럽게 뒤섞여 있다"라고 잘라 말했다. 그는 이 이론의 기본적인 모순은 이론 그 자체는 과학적인 개념으로 범주화해놓고도, 막상 현실의 주가 차트에 이론을 적용할 때는 부지기수의 해석을 다 끌어다 대는 점이라고 지적했다. 즉, 그 해석의 무게에 본래 개념이 압사당한 시체가 된다는 말이다.

나는 엘리엇이 흥미롭기는 하지만 부정확한 개념에 빠져 있었다고 생각한다. 내가 보는 문제는 이것이다. 즉, 기술적으로만 보아도 엘리엇 파동은 적용하겠다는 지수들에 적용할 수도 없고 적용되지도 않는다. 좀처럼 제대로 인식되지 않는 문제이지만, 차트 자체에 바탕을 둔 기술적 분석의 실행에서 정확한 지수를 산출하는 일은 기술적 분석 자체에 못지않게 중요하다. 엘리엇은 아주 장기간을 설정해두고 단일 지수의 차트 작성을 바탕으로 정밀한 예측을 뽑아낼 수 있다는 방법론에 있다. 그러나 그러기 위한 전제는 지수 자체의 일관성이 그 장기간 동안 정밀하게 유지돼야 한다는 것이다. 예를 들어, 다우존스의 지수들이 엘리엇 파동을 적용하는 지수로 가장 자주 거론됨에도 불구하고, 그 적용 대상으로 쓰일 수 없다. 왜냐하면 그의 파동 이론은 주식의 액면분할을 예측하지 않을 뿐 아니라, 고려도 하지 않기 때문이다. 다우존스와 같은 모든 가격가중 지수는 중장기적으로 액면분할에 따라 민감하게 변동하므로, 액면분할을 무시한 기술적 분석 시스템은 한마디로 기대할 게 아무것도 없는 허망한 도구다. 왜냐하면 일정 시점의 지수 구성을 고정해둔 채로 지수의 예측을 중장기로 늘려본들, 개별 주식들이나 포트폴리오의 움직임은 예측된 지수의 움직임과는 전혀 딴판으로 움직일 것이기 때문이다. 이렇게 실제 지수와 전혀 다른 엉뚱한 지수를 정밀하게 예측해봐야 무슨 소용이 있겠는가? [그런 지수 예측이 아무 의미도 없다면 더 값지게 시간을 투자할 데가 여기 있다. 프랭크 라일리Frank Reilly의 훌륭한 교과서인 『Investment Analysis and Portfolio Management(투자분석과 포트폴리오 관리)』 중 '지표의 시계열Indicator Series'이란 장에 20분을 투자해서 지수를 산출하는 방법과 그 시계열(時系列) 자료를 보는 안목을 얻는 일이다.]

엘리엇 파동에 따른 예측을 오랜 기간 안정적으로 적용할 수 있는 지수는 스탠더드앤드푸어스 500(S&P 500)과 같이 지수산출 방식이 종목별 시가총액을 가중 평균한 지수들이다. 여기서 문제는 그런 지수들의 시계열 역사가 파동 이론의 팬들이 거론하는 아주 장기적인 시야를 적용할 만큼 길지 않다는 사실이다.

한마디로 결론내자면, 엘리엇은 흥미롭지만 적용하기 너무 어려운 이론을 생각해냈던 사람이었다. 그가 지금 살아 있다고 해도, 그 나름의 괴상한 방식을 쓰는, 또 한 사람의 시장 중독자에 불과했을 것이다. 그가 살았던 평생 동안 그랬듯이 말이다. 엘리엇이 큰 명성을 얻게 됐던 것은 그를 마케팅하는 사업을 잡칠 일 없이 본인이 죽은 뒤여서 사람들이 그의 '대가다움'을 마구 우길 수 있었던 탓이 크다. 상상해보라. 만약 예수가 현실 세계에서 매일같이 우리들에게 다가와서 자신에 대한 우리의 해석이 잘못됐다고 설교한다면 얼마나 많은 돌팔이 약장수 같은 종교 지도자들이 사업을 망쳤겠는가?

사실 금융시장에는 언제나 순진한 매수자들에게 만병통치약을 파는 사람들이 꼬였다. 뉴스레터 시장에는 돌팔이 약장수들이 넘칠 만큼 많다고 보지만, 둘러보면 금융계의 다른 구석들도 다를 바 없다. 일례로, 누가 봐도 세련된 기관 투자자 세계에서도 학계 인사들은 '학문적으로 검증됐다'는 비현실적인 그들만의 언어를 멋지게 치장해서 판다 ('학문적으로 검증됐다'는 말도 우리들 사이에 침투한 그 자체로 말이 안 되는 모순어법이다). 금융계에 침투해 있는 여러 가지 무허가 약방문 중에서 엘리엇은 큼지막한 약방문 하나를 공급했다. 그리고 자금을 배분하는 사람들은 별다른 고민도 하지 않고 엄청난 자금을 그것을 근거로 배분했다. 우리가 어렸을 적부터 들어온 경구가 있다. "아무 말이나 곧이곧대로 믿어서는 안 된다." 우리에게 들려오는 말에 돈을 내라는 딱지가 붙어 있고, 그 말이 월스트리트를 들락거린다는 누군가에게서 나온 것이라면, 이 경구의 타당성은 배나 높아진다. 엘리엇은 이런 사실을 우리에게 간접적으로 가르쳐주고 있다.

Forbes, Jan. 15, 1977

에드슨 굴드

Edson Gould

주술사들과는 다른 예외적인 두 번째 인물

◆

에드슨 굴드Edson Gould는 주식시장에 큰 영향력을 행사한다는 생각을 늘 가당치 않다고 비웃었던 기술적 분석가였지만, 시장에 대한 예측 중에서 그의 예측이 가장 정확했다. 그는 미래를 들여다보는 그만의 투시경이라도 있는 것처럼, 큰 강세장의 도래와 약세장의 바닥권 탈피를 여러 번 족집게처럼 예견했다. 그러나 수정 구슬을 들여다본다든가 마구잡이로 알아맞힌다든가 하는 식이 아니라, 그의 예측은 깊이 있는 연구와 시간을 두고 검증된 참신한 이론에 바탕을 두고 있었다. 이러한 예측 덕분에 그는 투자 세계에서 전설로 떠올랐다.

작은 체구에 수줍음을 타는 사람이었던 굴드는 엔지니어를 목표로 리하이 대학교Lehigh University를 나왔지만, 1922년 무디스Moody's의 투자 서비스에 입사해서 리서치에 몰두하게 됐다. 그는 집요하게 한 가지 요인을 찾아내는 일에 매달렸는데, 무엇보다도 시장의 움직임을 점화시키는 경제와 금융상의 조건들을 찾아내고자 했다. "지난 100여 년 동안의 지수를 검토해봤지만, 경제기저에 대해 아무리 조사해보더라도 주식시장에 대해서는 정확한 대답을 찾을 수 없었다."

미국 남부의 재즈음악을 좋아했고 밴조의 연주가이기도 했던 굴드는 처음에는 음악의 조화로운 화음에서, 그다음에는 양자역학에서 답을 찾아보려 했지만 별로 신통하지 않았다. 마침내 그는 뉴욕공공도서관에 비치돼 있던 귀스타브 르 봉Gustave Le Bon의 19세기 저작인 『군중심리The Crowd』에서 답을 찾게 됐다. "그 책을 통해서 주식시장의 움직임은 군중심리의 표출일 뿐이고, 그 이상도 이하도 아니라는 이해를 얻게 됐다. 누가 봐도 비합리적인 주식시장이지만, 이 관점에서 보면 충분히 설명될 수 있다." 굴드는 주식이 지금의 주가대로 시장에서 거래되는 이유는 "주식의 실제 가치에 대한 체계적인 평가와는 전혀 상관없으며, 주식 가치에 대한 투자자 대중의 생각 때문"이라고 결론지었다.

굴드는 1930년대 내내 무디스의 경제부문 장으로 일하고 나서 잠시 스미스바니Smith Barney에서 리서치 이사를 맡아본 뒤, 글로 써서 할 수 있는 적합한 일에 눈을 돌렸다. 그는 주식시장을 다루는 《위젠버거 투자보고서Wiesenberger Investment Report》라는 격월간 뉴스레터를 발행해 글을 쓰기 시작했다. 그리고 1960년대에 창간한 《사실과 예측Findings & Forecasts》이라는 정기간행물 덕분에 10년 뒤 일약 유명인사의 반열에 오르게 된다. 당시 이 잡지의 연간 구독료는 500달러로 아주 비쌌고, 구독자는 2500명을 약간 밑도는 수준이었다. 하지만 그 무렵 500달러면 요즈음 2000달러에 해당해서, 그가 벌어들였던 구독료 수입은 요즈음 구매력으로 연간 500만 달러나 됐다. 그가 작성하는 격월간 보고서는 항상 술술 읽히는 머리말로 시작해서, 곧바로 차트와 역사적 추이비교, 통계와 같은 기술적 분석 자료들을 풀어헤쳤고, 아울러 다채로운비유들을 곁들였다. 일례로, 그는 시장이 곧 상승할 것이라고 쓰지 않고 "제트기가 이륙한다"라는 식의 표현을 썼다. 하지만 그의 글이 아무리 재기발랄했더라도, 그를 우상처럼 떠받든 사람들은《사실과 예측》의 내용 때문에 그를 따랐다. 그의 예측기록은 실로 불가사의할 정도다. 주식시장이 1962년의 급락 구간에서 벗어난 직후, 굴드는 다우존스 산업평균이 400%p 상승할 것이며, 지난 20년에 걸친 거대한 강세장이 1966년에 마감할 것이라고 예측했다. 이 예측은 정확했다. 또 월스트리트가 1966년을 기점으로 8년간 어려움에 시달릴 것이라고 예측했다. 이 예측도 정확하게 들어맞았다.

굴드의 최대 히트는 1963년에 지난 20년간의 강세장이 "1920년대 강세장을 빼닮았다"라고 지적했던 일이었다. 그런데 두 강세장의 상승속도는 같지만, 당시 진행 중이던 강세장은 8년간 지속됐던 1920년대 강세장보다 세 배나 더 길다고 했다. 즉, 그는 1960년대 강세장이 당초기점부터 24년 뒤인 1966년에 끝날 거라고 예측한 것이다.

이보다 최근인 1972년 10월, 다우존스 산업평균은 940이었는데, 굴드는 그해 12월 말에 1040에서 고점을 형성할 것이라고 예견했다. 바로 거의 근사한 시점인 1973년 1월 초에 그의 말대로 다우존스는 1040을 기록했다. 그로부터 거래일 기준 사흘 뒤인 1월 16일에 그는 서둘러 발행한《사실과 예측》'특호'에서 독자들에게 매도를 촉구하면서, 지수 1067이 1970년에 시작된 강세장의 마지막일 것이라고 판단했다. 그 후 2년 동안 주식시장은 거의 500%p나 폭락했다.

굴드는 무슨 방법으로 이처럼 신비로운 결론들을 얻게 됐을까? 그가 활용했던 도구는 여러 가지였는데, 그중에는 시장의 심리를 읽기 위해 그가 개발한 '투자심리 척도Senti-Meter'가 들어 있었다. 이 지표는 다우존스 산업평균을 주당 배당액 연간 총계의 30개 기업 평균값으로 나눈 비율이다. 즉, 지수를 하나의 종목으로 치면 주가를 연간 주당 배당액으로 나눈 값으로, 1달러의 배당을 받는 대가로 투자자들이 주식에 지불하겠다는 가격인 셈이다. 이 지표에 대해 굴드는 이렇게 설명했다. "투자자들의 신뢰감이 높을수록 더 높은 주가를 지불할 것이다. 반면, 투자자들의 불안감이 높아질수록 더 낮은 주가를 지불할 것이다." 나는 이 지표를 두 번째 책 『90개 차트로 주식시장을 이기다』에서 다루었는데, 아직도 장기적 예측 지표로서 놀랄 만큼 정확하다. 그러나 굴드의 정확했던 단기 예측에 대한 설명은 되지 못한다. 단기적인 변동에 대해서는 군중심리를 고려해야 한다.

"기본적으로 주식시장은 사람의 감정에 의해 좌우되는데, 이런 인간 본연의 감정은 수천 년 동안 변하지 않았다." 굴드는 확고하게 이렇게 믿었다. 그는 자신의 감정이 예측에 영향을 미치지 않도록 스스로 주식시장을 무슨 전염병 피하듯 멀리했다. "주식시장은 나의 객관적 사고를 방해한다. 내 개인 돈으로 투자한 게 있다면, 시장이 급등하거나 붕괴할 때 냉정을 유지할 수 없을 것이다." 물론 그도 투자에 가담했지만 철도 증권에 투자하던 시절인 1940년대의 옛일이었다. 한편 그는 이런 말도 했다. "장기 투자자에게는 주식시장보다는 부동산시장이 훨씬 나을 것이다."

굴드는 놀랍게도 70대에 접어들어서야 유명해졌는데, 그와 관계를 맺은 새 출판사 아나메트릭스Anametrics가 그와 그의 놀라운 예측을 홍보하기로 결정했기 때문이었다. 그는 월스트리트 사무실과 펜실베이니아에 있는 142제곱미터의 아담한 농장을 오가면서, 1983년에 은퇴할 때까지 81세에 이르도록 쉬지 않고 일을 계속했다. 그로부터 4년 뒤에 그는 부인과 두 아들, 딸 그리고 그의 전설과 예측을 세상에 남기고 떠났다.

1979년 11월 다우존스가 850 밑으로 짓눌려 있던 분위기에서 굴드가 내놓은 첫 예측은 전례가 없을 정도로 대폭적인 초강세장을 앞두고 있다는 판단이었다. 「황소의 징후The Sign of the Bull」라는 제목의 특별 리포트를 낸 그는 당시로서는 낙관적이다 못해 황당무계하게 비쳤던 목표지수를 제시했다. 즉, 10년 내에 다우존스 산업평균이 3000까지 간다는 예측이었다. 참 기묘하게도 그가 예측했던 시점으로부터 10년 8개월이 지나, 다우존스는 2999.75까지 치솟으며 고점을 형성했다. 그는 아마도 무덤 속에서 미소 지었을 것이다. 그때까지 살아 있었다면 아마 고점이 형성되기에 앞서 그 시점까지 예측했을 것이다. 굴드는 주식시장의 전 역사를 두고 타의 추종을 불허했던 시점 선택의 대가에 속했고, 아무도 시장의 시점을 맞힐 수 없다는 규칙에 예외가 있음을 입증했다. 그는 큰 추세를 집요하게 주목했고, 큰 추세 사이에 끼어드는 작은 흐름과 출렁임은 무시했다. 그럼에도 불구하고, 그는 주요 고점과 저점을 족집게처럼 정확하게 예측했다.

1980년대 초강세장을 예측했던 최초의 예언자는 아니었어도, 그 첫 대열에 들었던 굴드는 안타깝게도 자신이 내놓았던 예측 가운데 가장 극단적인 것이 실현되는 모습을 보기 수년 전에 세상을 떠났다. 그가 쓴 글들은 최근 머리기사들만을 기억하는 세상에서 잊힌 지 오래다. 그의 관점은 이전에 발생했던 기록과 기본적인 경제 논리, 기초적인 군중심리를 결합했다는 점에서 의미가 크고 드문 사례다. 시점 선택을 시도하는 전문가들은 이 세 가지 요인 중 하나에만 치중하거나, 잘못 결합하는 경우가 대부분이다. 그러나 굴드는 지금까지 밟아온 궤적에 비추어볼 때 어느 지점에 우리가 서 있으며 또 군중이 무슨 생각을 하는지, 이 두 가지를 차분하게 관찰하는 일이 시장 예측의 열쇠임을 보여줬다. 명료하고 고도로 간결한 굴드의 전망은 현대 역사에서 시장 예측가들 가운데 거의 독보적인 존재임에 틀림없다.

존 매기
John Magee

차트 말고는 모든 것을 집어던지다

◆

"주식시장에서 유일하게 의미 있는 숫자는 주가다." 골수파 기술적 분석가들은 이렇게 말할 것이다. 그런 사람들 가운데 한 사람으로 존 매기John Magee가 있었다. 그는 1948년 최초의 기술적 분석 교과서를 동료 한 사람과 함께 저술했다. 그의 책 『Technical Analysis of Stock Trends(주가 추세의 기술적 분석)』를 일컬어 기술적 분석의 결정판이라고 부르는 이들도 있다. 매기는 심지어 기술적 분석을 한 발 더 밀고나가서, 권장할 만한 방법은 아니지만 다른 것 필요 없이 종목번호만 알면 주식매매가 가능하다고까지 말했다. 즉, 그 회사나 산업, 생산제품이 무엇인지, 자본과 부채 또 시가총액은 어떠한지는 트레이더가 알 필요가 없다는 주장이다.

이런 주장과 철학 그대로, 매기는 기본적 분석의 지식이 한 치라도 자기 삶에 스며들지 못하도록 온갖 수단을 다 동원했다. 그는 다음과 같이 장담했다. "나는 뉴스 속보나 소문, 귀띔 정보, 악의 없는 다른 사람들의 조언에 추호의 흔들림도 없을 뿐 아니라, 공포에 빠지지도 않는다." 그날그날의 호가 정보는 매일 봤지만, 이것 말고는 2주나 지난 시점의 《월스트리트 저널》만 읽었고, 자신이 태어난 매사추세츠 주의 스프링필드Springfield에서 사무실 창문의 가리개도 내린 채 일했다. 이 모든 게 업계에 나도는 헛소문을 듣지 않기 위해서였다. 그의 조용한 사무실에는 에어컨 작동 소리와 건조한 형광등 불빛만 있을 뿐이어서, 시간이나 날씨가 어떤지도 알 수가 없었다. "내가 이 사무실로 들어설 때는 바깥세상은 그냥 바깥에 맡겨두고 내 차트에만 집중했다. 시위대가 지나가도 창가로 다가갈 생각도 없었다. 디트로이트에서 자동차 생산이 줄었다며 떠들어대는 라디오 방송도 듣지 않았다." 그는 광적일 정도로 기본적 분석의 정보들이 의식에 젖어들지 않도록 차단했다. 기술적 분석가의 가장 기본적인 도구인 차트를 분석하는 일에는 청정한 마음이 중요했기 때문이었다.

매기가 정의하는 기술적 분석은 "특정 주식이나 평균지수가 거래된 실제 역사(가격 변동, 거래량 등)를 보통 그래프로 기록하고, 그와 같이 도해된 역사로부터 실현될 공산이 큰 미래의 추세를 추론하는 과학"이다. 차트가 온갖 주가 유형을 보여줌으로써 기술적 분석가가 알아야 할 모든 것을 제공해준다는 생각이다. 즉, '머리어깨형head and shoulder', '역머리어깨형upside-down head and shoulder', '오른쪽어깨right shoulder', '목둘레선neckline', '기울어진 목둘레선drooping neckline' 등이 그런 유형들이다. 그가 몸통을 따라 더욱 아래로 내려갔다면, 이런 기술적 유형의 용어들이 더욱 흥미로워졌을지도 모른다. 그 때문인지 그는 '깃대 중앙을 가르는 깃발flags at half mast', '약세 삼각형weak triangle'과 같은 다른 용어들을 채용했다. 이런 것들은 전부 유형과 생김새를 주목하고 있다. 이런 특수 용어들은 특히 일반인들에게는 어렵게 들린다. 주가 흐름에 생기는 이런 유형들이 주된 추세를 결정하거나, 경우에 따라서는 추세를 변화시키기도 한다.

그러나 기술적 분석을 과학이라고 부르는 것은 기만이다. 과학은 확정적인 숫자나 대답을 산출하고, 또 일정한 정밀도 내에서 결과를 예측할 능력을 제공한다. 이와 달리 차트 기법은 해석의 여지가 다양하게 열려 있고, 어느 해석이 옳다고 판단할 확실한 기준이 없다. 사실 기술적 분석가가 추세 변화의 예측에 실패하면 보통 차트를 잘못 해석한 탓으로 돌리지 차트나 차트 기법이 틀렸다고는 하지 않는다. 즉, 기술적 분석 자체는 지적인 비판의 대상에서 제외시킨다. 매기는 꾸준하게 활용하기 쉽고, 연필과 종이, 주식시장의 호가 정보만 있으면 족하다는 게 차트의 장점이라고 주장했다. 이 점은 기술적 분석이 인기를 누리는 중요한 요인이다. 기술적 분석을 실행하는 데 돈이 문제가 되는 것도 아니어서 누구라도 할 수 있기 때문이다.

개인적으로 매기는 이상한 구석이 많았다. 골똘히 생각하는 교수처럼 보이기도 했다. 머리는 벗어졌고, 주름진 얼굴 위로 굵은 주름과 갈색조의 눈, 북슬북슬한 눈썹과 큰 귀를 보면 딱 그런 모습이었다. 그는 또 외곬의 답답한 사람 같기도 했는데, 항상 무언가에 골몰하는 눈빛이면서도 부지런하고 꼼꼼하게 세세한 것들에 주의를 기울였다. 자신이 살던 지역의 소식지인《우리 고향Our Home Town》을 편집하는가 하면, 라디오 토크쇼인 「스프링필드의 목소리The Voice of Springfield」의 진행을 맡기도 했다. 놀랍게도 매기는 긴장을 풀기 위해 추상화를 그렸는데, 그중 한 점을 사무실에 걸어놓기도 했다. "그림은 실내 공간을 황량하지 않게 꾸며준다. 황량한 것도 정신을 어지럽힐 수 있다." 과연 그가 훌륭한 외모의 업무 보조인을 둬야겠다는 마음을 먹을 수 있었을지 의심스럽다. 그것도 정신을 어지럽게 했을 것이기 때문에 당치 않은 일이었을 것이다. 매기는 1928년에 첫 결혼을 해서 아들 하나를 뒀고, 5년 뒤에 이혼했다. 그리고 1936년에 재혼해서 아들 하나와 두 딸을 두었다.

매기는 뉴욕증시와 아메리칸증권거래소의 거의 모든 주식들을 매일 차트에 표시했다. 물론 그 무렵은 지금보다 상장주식 수가 적었다. 아마 그는 모든 주식들을 차트로 표기했던 것 같다. 언젠가 그는 수백여 장에 달하는 여러 기업들의 차트를 담아둔 서류철을 넘기다가 어느 차트를 보고 잠시 눈을 멈췄다. 그 차트는 완만하지만 꾸준하게 하락하는 모습이었는데, 작은 상승 움직임이 하락 추세 사이사이에 나타나 있었다. 그는 집에 들렀던 저서의 공저자, 존 브룩스John Brooks에게 말했다. "이 차트가 어떻게 서류철에 꽂혀 있게 됐는지 모르겠군. 기술적으로 아무런 유형이 보이지 않는 차트야. 이제 보니 당연하군. 이것은 주식이 아니니 말일세. 이게 뭐 같아 보이나? 바로 내 몸무게를 그린 차트일세. 그전에 의사가 나더러 체중을 줄이라고 했었거든. 이것 좀 보게. 99.7킬로그램 근방에서 79.3킬로그램으로 떨어지고 있네. 또 여기서 잠시 반등하는 구간들은 주말 측정치들이야." 주기적인 콜레스테롤 수치를 알 수 없었던 때지만 애용하던 차트로 건강관리를 할 수 있었으니 그에게는 다행이었다.

매기는 직업적으로 차트의 세계에 뛰어들기 전에 온갖 분야를 다 겪어봤다. 1901년 몰덴Malden에서 태어났고, 1923년에 매사추세츠 공과대학MIT을 졸업했다. 졸업 후 그는 영업관리, 비용산정, 광고 카피라이터 업무, 풀러 브러쉬Fuller Brush의 세일즈맨과 고객관리 이사를 맡아 일했다. 1942년 그는 페놀 플라스틱 제품의 통신판매 사업을 경영했다. 이때 그의 공저자이자 기술적 분석의 스승이기도 했던 밥 에드워즈 Bob Edwards를 만났다. 한편, 리처드 샤배커Richard W. Schabacker는 다우 이후의 다우 이론가이자 《포브스》의 금융 편집인이었는데, 에드워즈가 그의 처남이었다. 샤배커는 차트를 주가지수에만 적용했던 다우와는 달리, 개별 주식에도 적용했던 최초의 인물이었다. 에드워즈와 매기 둘 다 샤배커로부터 지도를 받았다.

매기는 순식간에 차트의 "매력에 최면에 걸리듯" 빠져들었는데, 그래서 주식시장으로 뛰어들었다가 저축해둔 돈을 모두 잃었다. 그는 41세에 투자 자문가이자 시장 분석가, 트레이더로 활동하기 시작했다. 이렇게 늦은 나이에 이 모든 일을 시작해서 이 책에서 다룰 만한 족적을 남길 수 있었다는 게 놀랍다. 1953년 매기는 에드워즈의 뒤를 이어 투자자문 회사인 스톡 트렌드 서비스Stock Trend Services의 선임 애널리스트로 3년간 일한 뒤 자신의 회사인 '존매기John Magee, Inc'를 설립했다.

"내가 차트 다음으로 좋아했던 것은 시장에서 거래하는 일이었다. 솔직하게 말해, 장기적으로 봐서 고객들에 대한 투자자문에 비해 나 자신의 투자 실적은 별로 좋지 않았다. 하지만 그 이유는 첫 출발이 너무 안 좋았던 탓이다." 차트의 마력에 빠져들기 전이었던 초기에 매기는 주가가 떨어지기만 하면 보유 주식을 매도해버리곤 했었다.

매기는 스프링필드에서 약 10년간 자신의 전문 분야를 성인 대상 교육 프로그램에서 가르쳤다. 1987년에 그는 심장마비로 86세를 일기로 세상을 떠났다. 삶을 그려가던 차트가 끝나기 전에, 1958년 『The General Semantics of Wall Street(기호로 푸는 월스트리트)』와 1972년 『Wall Street-Main Street-and You(월스트리트와 메인스트리트 그리고 당신)』를 발간해서 추가적인 저술과 차트 도해를 남겼다. 매기는 기술적 분석가들 가운데 대가였고, 차트 기법으로 개별 주가를 예측하는 방법을 독특한 스타일로 세상에 선보였다. 오늘날 투자활동의 일부이든 혹은 전부이든, 차트 분석을 일상적인 도구로 활용하는 사람들이 아주 많아서, 이 책에서 그를 언급하지 않을 수가 없었다.

성공한 투기꾼, 모사꾼 그리고 수완가들

SUCCESSFUL SPECULATORS, WHEELER-DEALERS, AND OPERATORS

밤에는 얌전했던 월스트리트의 드센 친구들

◆

이 장에 등장하는 많은 인물은 종종 '날강도 귀족robber baron'으로 불렸던 사람들이다. 이 말은 20세기로 들어선 직후 미국의 진보주의 시대Progressive Era(1890년대에서 1920년대 사이 개혁기를 가리킴_옮긴이)에 탐욕스럽고 무자비했던 악덕 자본가들에게 붙은 딱지다. 하지만 그 당사자들 각각의 독특하고 개별적 특징을 보면, 이렇게 세상이 붙여준 딱지가 그들에게 어울리지 않는 경우도 있고, 완전히 옳다고 할 수 없는 경우도 있다. 또 이 장에서 살펴볼 인물 중에는 호사와 낭비에 별로 몰두하지 않았던 사람들도 있어서, 날강도 귀족이란 표현이 사실 앞뒤가 맞지도 않고 불공정한 사례도 많다. 누군가가 진정 탐욕스러운 사람이었는지 아니었는지 누가 알겠는가? 어찌 되었든, 성공적이었던 이들 투기꾼과 모사꾼, 또 수완가 각각은 시장이 지금과 같은 모습으로 진화하는데 나름대로 기여했다. 이들이 기여한 부분은 간과할 만한 수준도 아닐뿐더러, 그들이 아니라 내가 기여한 공적이라고 우길 수 있는 사람도 우리들 중에는 별로 없다.

여러 가지 점에서 이 그룹은 후대의 공룡들과 비슷하다. 이들은 처리할 방법이 없거나 마음에 들지 않는 것들을 만나면 새로운 발걸음을 내딛고 창의적인 방식을 만들어서 공룡들처럼 그 장애물들을 건너갔다. 한편, 이들은 공룡들과는 달리, 어느 쪽이든 바람이 부는 방향으로 걸어갔다. 이들에게 무슨 확실한 장치나 방법론이 있던 것도 아니었고, 공룡들처럼 무지막지한 힘이 있던 것도 아니었다. 이들이 쓸 수 있던 무기는 유연성이었다. 환경이 급변할 때 이들은 유연한 대처 능력으로 살아남았다.

이 부류에 속하는 사람들은 타고난 본능과 배짱으로 행동했다. 이들은 혈혈단신으로 고지를 향해 오르며 제국을 건설했고, 매수와 공매도를 병행하면서 시대 흐름에 맞섰다. 그리고 결국 거침없는 행동으로 성과를 거두었다. 박수를 쳐주어야 할 멋진 이야기로 들릴 때도 있지만, 이들 성공적인 투기꾼과 모사꾼, 수완가는 공룡과 다름없이 거칠고 예측하기 어려울 만큼 제멋대로여서 지금의 눈으로 보기에는 자유를 인정해주기 곤란한 존재로 보일 것이다. 이들은 오늘날의 '팀 플레이어'와는 정반대였고, 이 점이 성공할 수 있었던 요인이었다.

일례로, 제이 굴드는 문자 그대로 시장에 자신의 전부를 바쳤다. 그에게는 가정생활이나 친구라고 할 게 없었다. 그 대신에 그는 철도회사들의 합병과 경영에 자신의 삶을 바쳤다. 나아가 사업에 임해서도 다른 사람들이 자신을 파트너라고 여기든 말든 홀로 일을 추진했다. 그는 언제나 유연했고, 시장을 들락거리면서 자유롭게 매수와 공매도를 구사했다. 일하던 기간 내내 그 독불장군 같은 스타일 탓에 다른 사람들의 미움을 샀지만, 그가 모아둔 큰 재산을 들고 아무 탈 없이 월스트리트를 빠져나왔을 때보다 더 미움을 받았던 적도 없었다. 다른 투기꾼들과 모사꾼들이 그 탐나는 재산에 손을 미칠 수 없었기 때문이었을 것이다. 굴드가 성공하기 위해 치렀던 사회적 대가와 정서적인 대가를 감당할 수 있는 사람은 이 세상 어디에도 없을 것이다.

전형적인 성공 스토리는 거의 일에만 집중하고 다른 개인적인 일에 한눈을 팔지 않았던 사람들의 이야기다. 그러나 이따금 요란하고 겉만 번지르르한 사람들도 재산을 모으고 지키는 데 성공한다. 별명이 '다이아몬드'였던 짐 브래디와 '백만 불 내기'로 통했던 존 게이츠가 그런 경우다. 다이아몬드 짐의 품에는 늘 여자가 있었고 손안에는 다이아몬드가 있었다. 하지만 그는 거대한 체구보다도 후한 인심 덕분에 여자들로부터 사랑을 받았다. 그가 아무리 많은 다이아몬드를 손에 쥐여줘도 그의 한평생에서 여자들은 왔다가 떠나갔으며, 영원히 머물렀던 여인은 없었다. 그는 주식시장에서 삶의 의미를 다시 찾았는데, 큰판을 벌여서 거액을 벌었다. 아마도 그는 기량이 뛰어났다기보다는 운이 좋았었겠지만, 어느 요인 못지않게 행운이 중요할 때도 있다. 어쨌든 브래디는 계속 운명의 주사위를 던질 배짱이 두둑했다.

'백만 불 내기' 존 게이츠는 자신만만하고 대담했으며 활기가 넘쳤다. 다이아몬드로 장식한 멜빵을 걸치고 다니며 충동적인 도박 외에 경마와 주식시장에 투기하면서 그 이름에 걸맞은 삶을 살았다. 그는 능숙한 세일즈맨이었는데, 언젠가 하든지 말든지 알아서 하라는 식의 최후통첩으로 모건과 철도사업 협상을 벌여서 승리했을 때는 정말로 뻔뻔스러운 철면피였거나 아니면 미치광이였다고 할 만했다. 결국에 그는 1907년 공황 때 모든 재산을 날렸지만, 늘 위험을 무릅쓰는 대담함으로 잃었던 재산을 석유사업에서 다시 회복했다. 제임스 킨은 그만큼 다채롭지는 않아도 그에 못지않게 기발했다. 그는 악명 높았던 또 하나의 투기꾼이었는데, 말술을 마시며 경마에 도박을 했지만 주식시장에서는 꼼수를 부리지는 않았다.

나머지 투기꾼들의 사례에서 눈길을 끄는 것은 이들의 개인적인 삶이 아니라 시장활동이다. 제이 굴드, 윌리엄 밴더빌트, 에드워드 해리먼, 헨리 로저스, 존 래스콥, 아서 커튼, 버나드 스미스는 사회생활에서 요란하지는 않았다. 피셔 형제들은 그들의 본고장 내에서만 두드러졌고, 주식시장을 떠난 뒤에야 유명해졌다. 10장에 등장하는 성공하지 못한 투기꾼들의 생활 스타일이 하나같이 대단히 요란하고 기괴했던 것과는 달리, 이 형제들은 은밀하고 조용하게 자기 고장에서 명성을 얻었다.

일반적으로 성공적인 투기꾼들은 그들의 사업에만 집중했고, 호화로운 삶에는 별 관심이 없었다. 그들처럼 집요하고 또 집중해야만 그와 같이 큰 성공을 거두고 또 그 결실을 지킬 수 있다는 점이 거의 공식처럼 보인다. 짐 브래디처럼 사교생활을 즐기면서도 시장에 대한 초점을 끝까지 잃지 않는 것은 지능만으로 되는 일은 아니다. 이들에게는 신나는 재미와 모험을 만끽할 유일한 출구가 그들이 벌였던 거래와 그 위험이었던 듯하다. 또 이들은 그걸로 온갖 종류의 대리 만족을 얻었던 것 같다. 투기꾼들 중에서도 정말로 거칠기 그지없는 사람들은 사생활이 남들의 눈에 잘 뜨이지 않았고 요란한 것 없이 단순해서, 사생활만큼은 전혀 거친 구석이 없었다. 그들은 가족과 재산을 별개로 처리해야 할 때를 알았고, 일과 놀이를 구분해야 할 때도 알았다.

윌리엄 밴더빌트를 예로 들어보자. 그는 회사에서는 폭군과도 같은 경영자였는데, 집에서는 사랑이 넘치는 아버지였다. 오로지 사업과 이익에 대한 열정으로 유명했던 그의 아버지가 이룬 성공과는 무관하게 자수성가를 이뤘다. 그는 일반 대중이 아니라 주주들을 위해 일한다는 입장을 밝히곤 해서 대중의 미움을 샀지만 개의치 않았다. 그는 또 열심히 일하면서도 항상 가정을 가까이해서, 그의 아버지도 도저히 이루지 못했을 만큼 더 많은 재산을 모았고 더 친밀한 가정을 일궜다.

에드워드 해리먼과 제임스 힐, 이 두 사람은 철로를 놓으면서 재산과 가정 또 후계자들을 일궜다. 이 두 사람은 장애물을 해결하는 일이라면 자존심 같은 것은 따지지 않았고, 뛰어드는 사업마다 성공을 거두었다. 해리먼은 소심한 성격이어서 이사회에서 자기 생각과 다른 의견이 나오면 핏대를 올리기도 했지만, 그래도 침묵을 지켜야 할 때를 아는 사람이었다. 그는 황폐해진 철도를 인수해서 채무를 청산하고 돈이 되는 사업으로 바꾸는 데 능숙했다. 죽을 때는 날강도 귀족들만큼이나 큰 재산을 남겼지만, 일을 떠난 생활에서는 부인과 아이 다섯을 둔 가장으로서 여느 사람과 다름없이 평범하게 살았다. 그의 아들 중 하나는 그의 사업을 이어받아, 철도업계의 거물로 성장했다.

주가 조작으로 이름을 날렸던 헨리 로저스는 도박을 좋아했다. 그는 주식거래가 장을 마감하면 바로 포커를 쳤다. 하지만 그의 가족생활에는 아무런 추문도 없었다. 아서 커튼도 로저스와 아주 비슷했다. 주가 조작의 대가들 중 최후의 인물이었던 커튼은 큰 도박판을 벌였지만 조용한 삶을 살았다.

'세렘 벤' 스미스는 주식시장의 스릴을 만끽하며 돈을 벌었는데, 이따금 자동차의 스릴도 즐기는 속도광이었다. 그러나 그는 대체로 청교도적이었으며 술과 담배에는 손도 대지 않았고, 부인과의 관계에서는 로맨티스트였다. 그는 주식시장에서 활발하게 거래하기도 하고 느슨하게 대응하기도 했는데, 뉴딜 정책으로 월스트리트가 딴 세상으로 바뀌었을 때도 시대의 변화에 유연하게 대처하면서 계속해서 수익을 낼 수 있었다.

존 래스콥과 피셔 형제들, 버나드 바루크는 모두 잘나가고 있을 때 그만두는 것이 시장에서 거둔 성공을 지키는 길임을 알았던 수완가들이었다. 래스콥은 투기꾼이면서 GM 이사였고, 바루크는 주가폭락 몇 주 전에 주식시장을 떠났던 투기꾼이었다. 이 두 사람은 정치활동을 위해 월스트리트를 떠났다. 1920년대 강세장을 주름잡던 피셔 형제들은 바루크처럼 주가폭락을 내다보지는 못했지만, 남은 재산이 거덜 나기 전에 민첩하게 빠져나오는 감각이 있었다. 그들은 고향으로 돌아가서 공사 양면으로 겸손한 자선행사도 주선하면서 가족과 함께 살았다.

다음 장에서 보겠지만, 성공하지 못한 투기자들은 이 장에 등장하는 사람들처럼 초점이 분명하지 않았다. 이들 중에는 월스트리트와 돈이 목적을 위한 수단이었던 사람들도 있었다. 또 커다란 성공을 뜻하는 월스트리트 자체가 목적이었던 사람들도 있었다. 그야말로 비길 데 없이 크고 영원무궁할 성공이 이들의 삶을 좌우하는 본질적인 코드여서 이들은 게임 자체를 위해 게임을 했다. 돈을 버는 게 이들이 사는 원동력이 아니었던 탓에 이들은 돈을 잘 쓰고 다녔다. 이들은 모두 어느 한 가지 쾌락주의적 모험만을 즐기는 데 만족할 수 없었다. 브래디나 게이츠 같은 사람은 이 규칙에서 제외되는 아주 드문 예외다. 돈으로 살 수 있는 것들 때문에 돈을 원하는 사람들은 큰돈을 벌기도 어렵고 벌어둔 돈을 지키기도 어려운데, 이것은 인간의 의식을 두고 볼 때 얄궂은 일이다. 역사적으로 성공은 게임의 제단에 절하는 사람들에게 갔지 사치의 제단에 절하는 사람들에게 가지 않았다.

9장 성공한 투기꾼, 모사꾼 그리고 수완가들

제이 굴드

Jay Gould

피를 빨아먹던 자, 피를 토하다

◆

우리가 19세기에 굴드 가족의 일원이었다면 온 세상으로부터 '왕따'를 당했을 게 분명하다. 시장 조작의 대가, 제이 굴드Jay Gould는 미국에서 거의 혐오 대상 1순위에 올랐던 인물이었다. 죽여버리겠다는 협박 편지가 매주 그에게 날아들 정도였는데, 그가 좋은 사람이 아니어서가 아니라(물론 좋은 사람은 아니었다) 다른 사람들의 재산을 가로채는 그의 놀라운 기술 때문이었다. 그는 아주 거친 모사꾼이자 수완가였다.

'월스트리트의 메피스토펠레스Mephistopheles of Wall Street'라는 별명을 얻었던(메피스토펠레스는 『파우스트Faust』에 나오는 교활한 악령이다_옮긴이) 굴드는 위태롭게 운영되는 작은 철도회사들을 매입해 합병한 뒤 새로운 이름의 회사로 바꾸는 식으로 미국 전역의 철도회사들을 조작해서 재산을 모았다. 그는 회계 숫자들을 날조해놓은 '제국들'을 팔아서 막대한 이익을 남겼고, 나아가 처분한 철도회사들이 파산하면 이 회사들을 헐값에 다시 사들여서 똑같은 수순을 되풀이했다. 한마디로 무자비한 방법이었다.

나는 어느 정도는 개인적으로 이 사람을 좋아하는데, 아마도 내게 있는 역발상 기질 때문일 것이다. 사정이야 어쨌든, 대단한 기술만큼은 존중할 만하다고 생각한다. 날강도 귀족 중에서도 수준급에 속하는 그는 종종 자신이 노리는 회사의 주가를 떨어뜨려서 지배 지분을 헐값에 확보한 뒤, 보기 좋게 다듬어서 거대한 이익을 남기고 팔아넘겼다. 요즘 세상으로 치면, 그는 회사들을 싼 가격에 매입해서 양질의 회사로 바꿔놓는 최고 기량의 기업 사냥꾼에 견줄 수 있겠다. 그런 의미에서 그는 자기 시대를 앞질러갔던 사람이기도 했다. 남이 회사를 시작해놓으면 굴드가 탁월한 수완으로 마무리했다. 그는 마음은 언제나 돌격하는 황소였지만, 상황에 따라서 신중한 곰으로 돌변했다. 이와 같은 그의 모습은 여지없는 늑대, 그것도 홀로 사냥하는 늑대였다. 특히 큰돈이 걸린 일이라면 더 말할 것도 없었다.

1857년 21세의 젊은 나이에 어느 가죽공장의 파트너였던 굴드는 다른 파트너를 쫓아낸 뒤, 현금과 인맥을 갖추고 있던 대도시 상인과 손을 잡고 월스트리트 식의 시장매점을 벌일 준비를 했다. 작업에 들어간 그는 회사 이익금과 빌린 돈으로 가죽시장의 물량을 매점하는 투기를 벌였다. 하지만 굴드가 실패하고 채권자들이 회사로 몰려들었을 때, 그의 대도시 파트너는 풍비박산이 나서 자살하고 말았다.

굴드는 겉으로 아무 감정도 드러나지 않는 얼굴에 섬뜩한 분위기를 풍겼다. 얼굴은 핏기 없이 창백했고, 168센티미터의 작은 키였다. 빳빳

한 검은 눈썹 아래로 우멍한 짙은 색 눈이 번득였고, 벗어진 대머리 밑으로는 별로 다듬지 않은 억센 턱수염이 얼굴을 덮고 있었다. 표정 없는 얼굴에서는 인정이라고는 찾아볼 수 없는 차디찬 냉기가 배어났다. 그가 포커를 쳤다면 탁월한 도박사가 됐을 것이다. 도박이 아니라고 해도 조작이나 속임수에 딱 맞는 체질이었다. 하지만 누구라도 완전히 속내를 감출 수는 없다. 우리가 감정을 표출하지 못하면 감정이란 것은 다른 출구를 찾기 마련이다. 이로 말미암아 굴드는 결국 가슴 통증을 앓았고, 결핵을 비롯해 여러 가지 질병에 시달렸다. 그는 번번이 피를 토했다. 나름대로 가여운 구석이 있던 사람이다.

그다음 차례로 굴드는 증권시장에 뛰어들어 철도회사에 투기하다가, 기세등등한 사업가인 코넬리우스 밴더빌트와 부딪치지 않을 수 없게 됐다. 1867년 굴드는 맨해튼의 모든 철도를 독점하려는 밴더빌트에 맞서서, 증권 조작의 대가 대니얼 드루 및 기업 사냥꾼 제임스 피스크와 짜고 이리 철도의 지배 지분 장악에 나섰다. 밴더빌트는 이리 철도 주식을 사들이는 데 수백만 달러를 쏟아부었지만, 이 세 사람이 발행한 막대한 금액의 전환사채로 말미암아 힘도 못 쓰고 희석되고 말았다. 이렇게 이들은 성공했지만 나중에 굴드는 나머지 두 동맹자를 빈털터리로 만든다.

밴더빌트는 친구 사이인 한 판사에게 흉악한 불법행위를 저지른 이들을 잡아들이라고 재촉했다. 이 공모자 세 사람은 법망을 피해서 800만 달러의 이익금과 이리 철도 장부를 손에 들고 맨해튼을 떠나 저지시티로 도망갔다. 향수에 젖은 굴드는 곧 대책을 모색했다. 계속 수배자 신세로 지내다가는 월스트리트로 영영 돌아가지 못할 거라고 생각했기 때문이다. 굴드는 현금 1000달러를 주고 대리인을 구해서, 밴더빌트와 수뢰관계에 있는 주 의원들을 더 많은 뇌물로 매수하기로 했다. 굴드는 마침내 100만 달러 넘게 뇌물을 쓰고 밴더빌트가 부리던 대리인들까지 변절시킴으로써 그와의 뇌물 경쟁에서 승리했다.

한편, 이리 철도의 이야기는 여기서 끝나지 않았다. 드루가 "이 빌어먹을 일"에 합의를 보자며 비밀리에 밴더빌트를 만났을 때, 굴드와 피스크는 격노해서 복수를 다짐했다. 이 두 사람은 드루가 이사회를 비웠을 때 발행한 이리 철도 신주를 주식시장에 풀어서 주가를 68달러에서 35달러로 떨어뜨렸다. 이 과정에서 이들은 수백만 달러의 이익을 챙겼다. 그 무렵 드루는 막대한 물량을 공매도한 상태였는데, 복수에 나선 그들은 드루에게 알리지 않고 재무부 융자금으로 주가를 62달러까지 끌어올렸다. 이 작전에서 두 사람은 다시 매매차익을 벌면서, 동시에 드루가 공매도에 썼던 대주 신용거래를 더 높아진 주가에 청산하게끔 압박해서 그에게 막대한 손실을 입혔다. 하이에나 같은 미소로 이 꼴을 지켜보고 나서, 굴드는 1872년까지 이리 철도를 경영했다. 굴드는 이 기간에 계속 이리 철도 신주를 찍어 팔고 또 자신의 보유 주식도 팔면서, 2000만 달러가 넘는 큰돈을 자기 주머니에 쓸어 담았다.

굴드는 많은 작전을 벌여서 시장 조작을 과학의 경지로 끌어올렸는데, 그가 지나갔던 길마다 돈을 날린 전사자들이 즐비했다. 가장 유명하고 원대했던 작전은 금을 모조리 매점하려고 했던 일이었다. 사실 이 사건 때문에 굴드가 세상의 이목을 끌기는 했지만, 이것은 증권 조작과 철도사업이 본업이었던 굴드에게는 아주 이례적이었던 일이다. 또 사건의 내막도 잘못 알려져 있는 경우가 많다. 그가 엄청난 금을 매집한 것은 시세차익을 노렸던 것이지만, 그의 진정한 목표는 금값을 더 높이는 것이었다. 그는 금값을 높여서 '그린백 달러greenback dollar(남북전쟁 당시 미국 정부가 전비조달을 위해 금태환 없이 발행했던 달러화 지폐의 별칭. 지폐 뒷면이 녹색이어서 생긴 이름이다_옮긴이)'의 화폐 가치를 떨어뜨리려고 했다. 그렇게 되면 결국에 그가 아끼는 이리 철도의 곡물 운송량도 당연히 늘어날 것이라는 생각이었다. 굴드는 1869년부터 금을 매수하기 시작해 노골적으로 금값을 끌어올렸고, 얼마 되지 않아 5000만 달러가 넘는 금선물 계약을 확보했다. 그 사이에 굴드와 피스크, 또 같은 시장 패거리로 인맥이 탄탄한 친구인 아벨 코빈Abel Corbin, 이렇게 세 사람은 바로 코빈의 처남인 율리시스 그랜트Ulysses Grant 대통령을 설득해서 금값을 높게 유지하도록 만든다는 복안을 가지고 있었다.

그랜트 대통령은 재무부 금고에 있는 1억 달러 상당의 금을 시장에 풀어서 이들의 금매점을 당장에 분쇄할 힘을 가지고 있었다. 와인과 만찬을 곁들인 굴드와 피스크의 선전 공세에도 불구하고, 그랜트 대통령은 그들에게는 최악의 사태인 바로 이 일을 지시함으로써 500만 달러 상당의 금을 시장에 풀도록 했다. 이 날이 '검은 금요일Black Friday'로 알려진 1869년 9월 24일로, 시장은 커다란 충격으로 휘청거렸다. 금값이 칼날같이 곤두박질치자 멋모르고 투기에 열을 올리고 있던 사람들은 역사상 최악의 매점 실패로 인해 시세폭락의 피해를 고스란히 뒤집어썼다. 그러나 굴드는 요새 용어로 '내부자 정보' 덕분에 이 대재앙을 피했다. 그랜트의 부인이 오빠 코빈에게 정보를 알려줬고, 코빈이 다시 이 정보를 굴드에게 전했다. 굴드는 피스크에게는 알리지 않고 신경도 쓰지 않았다. 피스크는 금값이 치솟기 전에 공매도를 했다가 이미 거덜이 난 상태였다. 굴드는 금값이 치솟을 때 1100만 달러어치를 처분했고, 그의 매도 물량과 함께 금값은 폭락했다. 이 와중에 완전히 거덜 난 무리들은 굴드를 욕하기도 했고, 피스크 역시 끝장났다는 사실도 모른 채 굴드와 피스크, 두 사람에게 복수하겠다는 사람들도 있었다.

굴드는 본래 월스트리트에 친구가 별로 없었는데, 검은 금요일 뒤에는 그나마 있던 친구들마저 그에게 등을 돌렸다. 그 후 20년 동안 굴드의 일처리 방식은 온화해졌지만, 거래는 계속됐다. 그가 사고팔았던 철도회사들은 유니온 퍼시픽, 클리블랜드 앤드 피츠버그Cleaveland and Pittsburgh, 덴버 퍼시픽Denver Pacific, 맨해튼 엘리베이티드 레일웨이Manhattan Elevated Railways에 이른다. 그는 매도 공세를 펼쳐서 이 회사들의 지배 지분을 장악하기도 했지만 경영도 떠맡았다.

굴드가 펼쳤던 마키아벨리적인 우회 공격은 그가 1870년대에 《뉴욕 월드》신문을 매입하면서 시작됐다. 그는 이 신문을 통해서 밴더빌트가 운영하던 미국 최대의 전신회사인 웨스턴 유니온Western Union을 향해 대대적인 공격을 펼쳤다. 이 신문은 밴더빌트의 회사를 "가장 사악한" 독점이라고 비난하면서, 그 무렵 굴드가 소유하고 있던 전신회사인 아메리칸 앤드 퍼시픽American & Pacific을 진취적인 회사라고 치켜세웠다. 곧이어 웨스턴 유니온은 매출이 수백만 달러나 급감하는 타격을 입고 나서, 굴드의 공격을 무력화하기 위해 1000만 달러가 넘는 가격에 아메리칸 앤드 퍼시픽을 사버렸다. 그러자 《뉴욕 월드》는 굴드의 또 다른 전신회사를 선전해서 이 회사도 웨스턴 유니온이 사도록 유인했다. 그다음에 굴드는 본격적인 공격에 들어갔다. 그는 신문을 무기 삼아 유니온 퍼시픽을 향해 노골적이고 부당한 비방 기사를 퍼부으면서, 동시에 전신회사들을 매각한 이익금을 활용해 워스턴 유니온 주식에 공매도 공세를 퍼부었다. 굴드는 주가를 계속 떨어뜨리다가, 낮은 가격에서 돌연 대대적인 매수로 돌아서서 웨스턴 유니언의 지배 지분을 수중에 넣었다. 드루와 피스크의 뒤를 이어, 밴더빌트도 그의 작전에 당했다.

굴드는 1884년의 어느 날 자신만의 검은 금요일을 따로 맞았다. 제임스 킨과 베어 레이드 연합 세력이 굴드가 애용하던 방법을 그대로 이용해 그의 회사들을 겨냥한 동시다발적인 매도 공세를 펼쳤던 것이다. 이들의 공세가 승리하고 굴드는 패배했다. 그해 6월에 이르렀을 때, 굴드는 건강이 악화되는 와중에 그의 요트와 허드슨 강이 내려다보이는 성채, 맨해튼 5번가의 저택, 그 밖의 다른 재산을 적들에게 빼앗겼다. 늘 영리했던 그는 완패를 당하기 전에 후퇴하기로 결정하고, 1892년 죽음을 맞기 전에 7200만 달러 상당의 부동산을 방어한 채 빠져나왔다.

굴드는 언제나 시장에 자신의 전부를 몰입했고, 재산을 모았으며, 그로 인해 미움을 샀다. 결국에 매주 살해협박을 받기에 이르자 그는 밤낮으로 경호원까지 두고 살아야 했다. 불면증에 시달리는 와중에, 깨어 있을 때도 경호원을 대동하고 거리를 다니게 됐다. 그래도 그의 노련한 기술에 박수를 보낼 만하다. 굴드는 가련한 말년을 맞은 모사꾼이었던가? 물론 그렇다. 그러나 그 많은 모사꾼들처럼 회사를 빼앗아 망치는 게 아니라, 빼앗은 다음에 경영도 했으며 대부분 더 낫게 만들었다. 또한 그는 보기 드물 정도로 유연했고, 판세가 불리할 때는 굽힐 줄 알았으며, 뜻대로 되지 않는 시장과 끝까지 싸우지 않았다. 그리고 그 부류의 많은 이들이 전부를 손에 넣었다가 전부를 잃었던 것과는 달리,

끝까지 지키는 능력을 발휘했다. 그는 정말로 전념했던 것이다. 그는 거칠었고 막무가내였지만, 막무가내였던 시대에 살았다. 합법적인 세계마저도 험악하던 시절에 수시로 불법을 범하면서도, 기발한 발상에 유연한 대응, 또 경영 능력까지 겸비했었다. 그는 큰 그림을 보았고, 사소한 것들은 신경 쓰지 않았다. 피를 토하는 침받이통을 곁에 두고 지내면서도 그는 아무도 감당하기 어려운 전쟁을 벌였고, 패배보다는 승리를 더 많이 했으며, 항상 기발하게 승리를 이끌었다. 돌이켜보면 두렵고도 경이롭기까지 하던 세상에서 굴드는 최선과 최악을 겸비했던 인물이었다.

'다이아몬드' 짐 브래디
'Diamond' Jim Brady

때로는 행운의 여신이 함께했던 남자

◆

 "젠장! 항상 이길 수만은 없지!" '다이아몬드' 짐 브래디'Diamond' Jim Brady는 걸핏하면 이렇게 소리쳤다. 하지만 그는 적어도 일하는 시간에는 이겼다. 그는 1897년에 처음으로 벌였던 한 건의 투기에서 150만 달러를 남겼다. 이때의 대박은 이렇게 전개됐다. 윌리엄 매킨리William McKinley 대통령 선거 운동에 큰 승부를 걸어 승리한 뒤, '다이아몬드 짐'은 "당연히 한 건 올릴 때"라며 회심의 미소를 짓고 철도회사 한 곳의 주가가 26달러에 이르렀을 때 물량매집에 나섰다. 그리고 주가가 68달러까지 올랐을 때 보유 주식 전량을 매도해 어마어마한 차익을 남겼고, 주가는 그의 매물에 짓눌려 곧바로 폭락했다. 짐 브래디는 무언가를 했다 하면 총력전을 펼쳤다. 그는 늘 호사를 부리며 살았고, 카드 패를 뒤집는 스릴을 즐겼다.

브래디는 증권시장에서 투기할 때나 다이아몬드로 여인들을 홀릴 때도 과감하게 지갑을 빼 들었고, 아주 호화롭게 집을 장식할 때는 물론 낯선 사람의 애절한 사연을 들을 때도 두말하지 않고 두툼한 지갑을 꺼내 들었다. "어쩌다 한번 그런 생각을 해본 적 없소? 내게 돈이 있는 한은 멍청한 봉이 되어주는 것도 재미있는 일이란 생각 말이오." 본명은 제임스 부캐넌 브래디James Buchanan Brady로, 이것저것 따지지 않는 후한 인심으로 유명했던 그는 수백만 달러에 달하는 재산을 물려줄 가족이 없었기 때문에 아무 거칠 것 없이 돈을 썼다. 그는 몸무게가 109킬로그램이나 나갔고, 아래로는 푸짐한 턱살에 위로는 양미간이 바싹 붙은 작은 눈을 하고 있어서 별로 끌리는 데가 없는 얼굴이었다. 또 보통 사람보다 여섯 배나 더 먹는 대식가였던 그는 한탄하듯 이렇게 말했다. "이 세상에 나같이 멋대가리 없게 생긴 남자와 결혼해줄 여자는 없다니까." 그런데 볼품없는 남자들도 멋진 결혼을 하는 사람들이 많다는 사실을 염두에 둔다면, 이런 생각은 결혼에 애써보기라도 하고 얻은 어쩔 수 없는 결론이라기보다는 스스로 선택한 길이 아닐까 의심쩍다. 어쨌든 브래디는 돈을 벌고 쓰는 데서 위안을 찾았고, 그의 다이아몬드에 눈이 팔린 여자 친구들과 하룻밤 정사를 나누는 삶을 살았다. 그의 곁에는 영국 출신 여배우인 저지 릴리Jersey Lily(본명 릴리 랭트리Lillie Langtry)와 배우 겸 가수였던 릴리언 러셀Lillian Russell 같은 절세의 미인들이 있었다.

브래디는 휘황찬란한 영업 경력을 쌓았는데, 철도 보급품과 자동차를 팔았고, 수백만 달러 규모의 계약을 성사시키는 수완으로 엄청난 수수료를 벌었다. 가난한 아일랜드계 집안에서 뉴욕 토박이로 자란 그는 어릴 때부터 철도 계통에서 일했다. 1877년 21세에 그는 값나가는 검은색 정장을 차려입고 높다란 실크모자를 쓴 의젓한 신사가 돼 있었다. 경영대학원에서 공부한 뒤 바로 영업 현장에 뛰어들었는데, 아주 자연스럽게 사람들의 호감을 얻었다. 하지만 이 정도로는 그의 성에 차지 않았다. 도박에 기민하고 예리한 재능을 타고난 그는 자유시간에 카드를 치고 주사위 도박을 했는데, 돈을 걸고 하는 게 아니라 다이아몬드를 걸고 했다. 그는 전당포 주인들과 도박을 하며 내기를 험하게 몰아붙여서 다이아몬드를 모았다. 또 그렇게 모은 다이아몬드를 영업 실적을 올리는 데 활용했다. 그는 주머니 속에서 다이아몬드를 한 움큼 꺼내 보이면서 자신이 성공 가도를 달리고 있음을 과시하곤 했는데, 고객들은 가짜려니 생각할 때가 많았다. 그들은 말도 안 된다고 우겼지만 결국에는 입을 딱 벌리고 말았다. 그가 진짜 다이아몬드라는 것을 보여주기 위해 그들이 보는 앞에서 다이아몬드로 유리창에 자기 이름을 새겼기 때문이다. 가장 확실한 그의 본능적인 자기 홍보였다.

일이 잘 풀려갈수록 브래디의 다이아몬드도 굵어졌고 그 수도 늘었다. 브래디는 평소 스타일대로 위풍당당하게 자신이 아끼는 다이아몬드 중 몇 개를 최우량 고객들과 절친한 여배우들에게 건네줬다. 그러고도 셔츠와 지팡이, 심지어 그의 선정적인 40년 지기 여자 친구 릴리언 러셀에게 줄 자전거에까지 장식할 정도로 다이아몬드가 남아돌았다. 이러다 보니 그는 '다이아몬드'를 별명으로 얻어서 '다이아몬드 짐'으로 불리게 됐다.

브래디는 언젠가 엄청난 양의 식사를 마친 앉은자리에서 옥수수 45개를 더 먹어치우는 바람에 다이아몬드에 대한 광적인 애착 외에 대단한 먹성으로도 유명해졌다. 게다가 그는 늘 14개 코스의 식사를 즐기면서도 메인 코스마다 네 그릇씩 너끈히 해치워서 저녁 초대를 받을 때가 거의 없었다. 언젠가 그를 식사에 초대했던 안주인이 대담하게도 그에게 배가 부른지 어떻게 느끼느냐고 물어봤다. 브래디는 아무렇지도 않다는 듯 점잖게 대답했다. "저는 식탁에 앉을 때마다 식탁 가장자리에서 제 배를 10센티미터 띄워두고 앉는답니다. 그러고 나서 배와 식탁이 뻑뻑하게 쏠리는 느낌이 오면 충분히 먹었다고 알게 되지요!" 늘 초콜릿을 두른 밤과 코코넛 크림 2킬로그램짜리 상자를 곁에 두고 살았던 그는 56세의 나이에 유별나게 큰 담석이 생겼다는 진단을 받았고, 61세에 당뇨와 다른 합병증으로 죽었다. 그리 놀랄 만한 일은 아니다.

주식시장에서도 '다이아몬드 짐'은 그 명성에 어울리게 크게 판을 벌이며 움직였다. 그는 시장에 정통한 친구들이 많아서 항상 정보에 밝았고, 매매 열기가 높고 위험도 큰 정보에 따라붙을 돈도 충분했고. 배짱도 두둑했다. 그의 거래가 잘 풀렸다고는 해도, 그가 세상의 이목을 끌게 된 것은 항상 실탄이 가득한 그의 지갑 때문이었다.

브래디는 어디까지나 영업자 체질이었지 제작자 체질은 아니어서, 없던 일을 만드는 경우는 거의 없었다. 그 대신에 그는 일이 잘 돌아가도록 촉진했고, 눈앞에 있는 기회를 최대한 활용하는 데 뛰어났다. 그가 주모했던 몇 안 되는 대박 중의 하나는 소규모였던 조지아 철도 Georgia Railroad를 직접 둘러보다가 포착한 기회에서 비롯됐다. 그는 조지아 철도 주변에 무르익어 가는 넓은 복숭아 과수원이 펼쳐져 있는 것을 눈여겨보고, 과수원 수확물이 그 철도로 운반될 거라는 생각을 떠올렸다. 서둘러 월스트리트로 돌아온 그는 이 철도회사의 채권 7만 달러어치를 매수했다. 그는 5년 후에 이 채권을 50만 달러 이상에 처분했다. 정말, 이 아일랜드 출신은 행운아였다.

1902년에 '백만 불 내기' 존 게이츠가 JP 모건의 루이빌 앤드 내시빌 철도Louisville and Nashville Railroad에 대항하려고 연합 작전 자금을 만들었을 때 여기에 투자해본 뒤로 브래디는 월스트리트에 매혹됐다. 이때 아무 노력도 들이지 않고 얻은 125만 달러의 수익에 반해서 마치 도박의 묘미에 빠지듯 그 맛에 빠져들었다. 곧이어 그는 월도프-아스토리아 호텔의 술집을 들락거리다가 모건과 가까운 친구인 제임스 킨과 어울려 술을 한잔 사게 됐다. 술에 취한 킨의 입에서 "면화선물 7월물 계약을 사둬"라는 말이 흘러나왔다. 이 말을 귀담아들은 브래디는 다음 날 아침 이 선물 계약을 10만 가마니 규모로 매수했다. 두 달 뒤 그는 다른 투기자가 면화선물을 매도했다는 이야기를 듣자마자 그날 오후 이 훼방꾼을 궁지에 몰아넣고 그에게서 정보를 빼냈다. 결국 이 거래에서 그는 거금 100만 달러를 수익으로 챙겼다.

드문 경우이지만 브래디는 작전 세력이 뜬다는 정보를 듣고 주식을 샀다가 손해를 본 적도 있었다. 작전 세력이 행동을 개시하기도 전에 너무 빨리 움직였던 탓이다. 그러나 그런 경우는 예외적이었고 자주 있던 일은 아니었다. 이런 일이 드물었던 것도 그가 운이 좋았기 때문이었을 것이다. 다이아몬드 짐의 삶에서 읽을 수 있는 교훈도 바로 이 점일 것이다. 그냥 운이 따르는 사람들도 있다. 수백만 명을 한 줄로 세워 두고 동전을 던지게 하면 동전 앞면이 연이어 1000번이나 나오는 사람도 나타난다. 이런 일은 그저 확률이고 운이다. 이 사람을 두고 동전을 아주 잘 던진다고 생각하는 사람들도 있을 것이다. 그러나 좋은 운이든 나쁜 운이든, 운은 일어난 뒤에야 알 뿐이고 그 이유를 설명할 수는 없다.

성공적이었던 투자자들의 역사를 돌이켜볼 때, 그들 중 일부는 똑똑했던 것 같지만 사실은 운이 좋았을 뿐이라는 점을 기억해야 한다. 이 장에 등장하는 사람들의 이야기에서 드러나듯이, 월스트리트에서 현란하게 설쳐대던 사람들은 대부분 거덜이 났다. 그런데 브래디는 거덜 나지 않았다. 그가 죽을 때 재산이 얼마였는지 정확히 아는 사람은 아무도 없지만, 거액이었던 것만은 분명하다. 무슨 이론이나 매매 수법의 개척자도 아니면서 사치스러운 생활로 일관하던 사람으로서는 극히 드문 사례다. 그러나 시장을 뒤흔든 거인들을 다루는 책을 집어 들었다면, 때때로 어느 아이디어 못지않게 운도 시장을 만드는 요소임을 기억해두는 것도 현명한 일이다.

'다이아몬드 짐'이 다이아몬드에 묻혀 살게 된 연유가 무엇이든 간에 그 운은 그의 개인적 삶으로까지 이어지지는 못했다. 그는 하룻밤의 정사밖에 나눌 수 없었던 고독한 떠돌이였다. 물론 10년을 함께 지낸 여인이 있었지만, 그가 100만 달러가 넘는 보석을 손에 쥐여주었던 이 여인도 끝까지 가지는 못했다. 그녀는 그의 가장 절친한 친구와 눈이 맞아 떠나갔다. 결국 금전적으로 아무리 운이 좋았다고 하더라도, '다이아몬드 짐' 브래디가 사랑에서 운이 좋았던 적은 한 번도 없었다. 행운이 어느 고개에서 나타날지 누가 알겠는가? 그래도 그는 아랑곳하지 않고 호탕하게 웃어젖힐 것이다. 주사위를 연달아 던지면서 이렇게 말하지 않을까. "젠장! 항상 이길 수만은 없지!"

윌리엄 밴더빌트

William H. Vanderbilt

아버지가 틀렸음을 증명하다

◆

　윌리엄 밴더빌트William H. Vanderbilt는 항상 복종해야 했던 자신의 아버지가 1877년 숨을 거두는 순간, 안도의 큰 한숨을 쉬었다. 바야흐로 그가 제대로 일을 시작할 때가 온 것이다. 수백만 달러의 재산을 자수성가로 일군 그의 아버지 코넬리우스 밴더빌트는 연약하고 대가 세지 못한 아들이 '모두 날릴 게 뻔하다'는 생각에 그를 미덥게 보지 않았다. 그 아들의 인생 중 첫 43년은 사사건건 위압적인 아버지의 반대에 꼼짝도 할 수 없었던 세월이었다. 윌리엄은 늘 이런 말을 들었지만, 그 말에 수긍하지는 않았다. "너란 녀석은 세탁소의 빨래집게만도 못하구나. 네 놈은 너와 네 가족, 또 모든 친지들에게 치욕스러운 존재밖에 되지 못할 거야. 이제 너와의 모든 관계를 끊기로 작정했다." 코넬리우스는 이미 결혼한 21세의 윌리엄을 뉴욕의 스태튼 아일랜드Staten Island로 쫓아내 그곳의 농장에서 본인과 앞으로 줄줄이 태어날 아이들이 달린 대가족을 혼자 힘으로 부양하도록 만들었다. 그의 아버지는 그가 '흙이나 파먹고 살 농부'밖에 되지 못할 거라고 생각했던 게 분명하다. 돈 많고 힘센 아버지를 뒀다고 해서 꼭 편안한 삶이 보장되는 것이 아님을 보여주는 사례다.

자존심이나 굳은 의지 때문이든 아니면 그저 농부 생활에 대한 증오 때문이든, 윌리엄은 농부로 20년을 보낸 뒤 차츰 아버지의 세계로 되돌아오는 길로 들어서게 됐다. 아버지가 죽기 약 10년 전부터 부자지간은 천천히 회복되기 시작했다. 그는 아버지의 호감과 관심을 얻었고, 더불어 1억 달러 상당의 유산 중 절반 이상을 물려받았다. 아버지가 세상을 떠난 뒤에 윌리엄은 아들을 못마땅해 하던 아버지가 기절할 만한 일을 해냈다. 아버지가 30년 동안 벌어놓은 재산을 단 7년 만에 두 배로 불려놓은 것이다!

젊은 밴더빌트는 철도사업에 대해 별로 아는 게 없었지만 파산한 스태튼 아일랜드 철도를 다시 일으켰다. 이 일로 그는 아버지의 호감을 얻기 시작했다. 또 1860년대에 아버지를 도와 맨해튼 철도를 하나의 제국으로 일구는 일을 거들면서 대단한 경영자로 성장하게 됐다. 그는 철로와 장비를 향상시켰고, 요금수납을 감독했으며, 노사분규를 해결하는 일도 도맡았다. 일례로, 철도 노동자 파업이 만연하던 시기에 노동자들에게 총 10만 달러의 상여금을 충직한 근로의 보상으로 지급함으로써 분규를 사전에 예방했다. 하지만 이러한 성과에도 불구하고, 윌리엄은 아버지가 병상에서 죽음을 맞이할 때에야 회사의 총수로서 날개를 펼 수 있었다. 의심 많은 그의 아버지는 최후의 순간까지 경영권을 놓지 않았다.

마침내 코넬리우스 밴더빌트가 숨을 거두자, 윌리엄은 밴더빌트 제
국의 경영권을 손에 쥐고 철도 시스템을 대폭적으로 확장했다. 그는 아
버지가 쓰던 의심쩍은 술책도 일부 수용해서 주식 조작과 철도 요금 인
하를 활용하기도 했다. 예를 들면, 경쟁관계의 철도회사가 인수 제의를
거절하면 자기 회사의 철도 요금을 내려서 경쟁자를 파산의 궁지로 몰
아넣은 다음 헐값에 경쟁회사를 사들였고, 이어서 '물 탄' 주식을 발행
해서 수백만 달러의 자금을 일으켰다.

또 하나의 대표적인 수법은 철도회사를 신설할 때 허울뿐인 철도건
설 회사를 만들어놓고, 실제 비용의 서너 배에 달하는 금액을 이 철도
건설 회사로 하여금 신설 철도회사에 청구하도록 하는 방법이다. 그는
부풀려놓은 건설 비용을 지불한다는 명목으로 수백만 달러의 증권을
발행해서 부풀린 비용을 고스란히 남겼다. 그런 예로, 펜실베이니아 노
선을 건설하는 비용은 650만 달러였으나, 그는 4000만 달러 상당의 증
권을 발행함으로써 3000만 달러를 순전한 이익으로 챙겼다.《뉴욕 타
임스》는 그를 역사상 가장 위대한 철도 사업가라고 치켜세우면서, 그
가 철도에 대해 잘 몰랐던 사항들은 알 필요도 없는 사소한 것들이라고
까지 했다.

"100만 달러를 벌자고 서둘러 길을 건너지는 않겠다." 언젠가 밴더
빌트가《타임스》에 했던 말이다. 그는 그럴 필요가 없었다. 그가 보유
하는 유가증권에서 발생하는 소득은 매년 1000만 달러가 넘었기 때문
이다. 그가 돈을 지킬 수 있었던 이유 가운데 하나는 그 무렵 철도사업
주들처럼 과도한 채무를 진 채 운영하지 말아야 함을 배웠기 때문이었

다. 1883년 공황을 겪으면서 증거금만 내고 신용거래로 매입한 주식을 처분하고 채권에 투자하게 됐던 일이 하나의 계기가 됐다. "완전히 내 돈만으로 살 수 있는 것 이상으로는 사지 않겠다"라고 작정했던 것이다. 1883년 이후 그의 보유 자산은 연방 정부 채권과 주 정부 채권, 시 정부 채권에다 일부 주식과 부동산저당증서(모기지 채권)로 이루어져 있었다. 1885년에 그가 사망할 당시 재산은 약 7000만 달러의 연방 정부 채권이었다. 그래도 그는 미국 경제에 대한 신뢰를 피력했다. "모든 것이 제대로 이루어질 것이다. 이 나라에는 강한 탄력이 있다. (……) 미국 경제는 고무공이 튀어 오르듯 다시 일어날 것이다."

밴더빌트는 아버지의 명성을 이어가면서 막대한 재산과 냉혹한 태도로 인해 세상 사람들로부터 미움을 샀다. 그의 냉혹한 태도는 아버지로부터 전해진 게 분명하다. 기자가 추가 요금을 받는 특급 노선을 없애게 된 이유를 묻자 그는 퉁명스럽게 대답했다. "귀한 시민들을 위해 철도를 경영하는 게 아니다." 철도는 "돈을 투자해서 똑같은 비율로 배당을 받게 될 사람들", 즉 주주들이 그들의 이익을 위해 만들어놓은 것이란 말이었다. 그는 심지어 이익이 생기지 않는다면 공중의 안전이나 편의를 위해서는 '단 한 푼'도 배려하지 않겠다고까지 했다. 일반 대중이 그를 좋아할 만한 이유가 있겠는가? 사업에 관한 한 윌리엄은 그의 아버지와 하나도 다를 게 없었다. 그는 "염병할 존재가 바로 대중이란 자들이지. (……) 나는 돈도 많고 온갖 좋다는 것은 다 있다고. 그러니 먹고, 마시고, 즐겁게 사는 일도 다 내 소관이야."

하지만 밴더빌트는 집에서는 사뭇 달랐다. 여덟 자녀를 둔 인자한 아버지였고, 자선단체들을 후하게 대해줬으며, 단출한 습관과 절제된 행실을 유지했다. 그는 아버지와 달리 공정하고, 솔직하며, 훌륭하게 판단하는 자질을 가진 것으로 알려졌다. 밴더빌트는 죽음을 앞두고 거느리고 있던 철도회사들의 사장직을 모두 내놓고, 두 아들이 뒤를 잇도록 했다. 그는 아버지의 실수를 되풀이하지 않을 생각이었다. 그는 아들들을 진심으로 신뢰했으며, 그들과 철도사업의 앞날을 논의하던 중에 숨을 거두었다. 또 2억 달러의 재산을 자식들에게 공평하게 분배해 줬다.

밴더빌트는 극도로 무감한 아버지와 맞서야 했지만 결국에는 그가 승리했다. 그는 좋은 아버지로 알려졌다. 아마 이것만으로도 그에게는 충분한 보상이 됐을 것이다. 아버지의 재산을 두 배로 늘린 것은 어쩌면 외양적인 성과에 지나지 않을 것이다. 그의 아버지에 비해서 그는 좋은 사람이었다. 그러나 그가 아버지의 사업을 완성했고, 게다가 이룩한 성과도 웬만한 수준을 넘어서는 것이다 보니, 그 역시 냉담한 아버지 밴더빌트의 복사판으로 묘사됐다. 윌리엄이 죽을 당시 무지막지했던 아버지의 평판이 8년 전의 일에 불과했던 탓에 언론이 그의 아버지를 끌어다 대기 쉬웠을 것이다.

대단히 성공적인 산업제국을 건설한 사람들의 2세 중에서 윌리엄 밴더빌트는 제국을 더욱 확장시킨 드문 사례에 속한다. 이렇게 아버지의 그늘과 제국과 통제를 극복함으로써 더 큰 세계를 창조할 수 있었던 소수의 사람들을 보면 정숙하고 사치하지 않으며, 가족적이고, 사업에 헌신적이라는 공통된 특징을 엿볼 수 있다. 윌리엄이 살았던 삶의 양식도 그러했다. 그와 같은 시대에 살았던 사람들이 짐작했던 것보다 그는 훨씬 심지가 강했던 사람임에 분명하다.

존 게이츠

John W. Gates

'백만 불 내기'라고 불렸던 사나이

◆

때는 1900년, 배짱 두둑한 '백만 불 내기Bet-A-Million' 존 게이츠John W. Gates는 월스트리트에서 가장 사랑받는 투기꾼이었다. 한번은 그가 로열 플러쉬Royal Flush라는 경주마에 건 판돈으로 떠들썩했었는데, 이 경마 도 박 한 판에서 그가 딴 돈은 50만 달러나 됐다. 그 직후에 게이츠는 윌 리엄 매킨리 대통령 후보가 선거에 당선되면 강세장이 올 것으로 예 측했다. 그는 이 생각대로 유니온 퍼시픽 철도 5만 주에 대한 콜옵션 15만 달러어치를 평균 행사가 58달러에 매수하면서 주가가 곧 액면가 를 넘어설 것이라고 공공연하게 말했다. "매킨리가 당선되면 내가 돈 좀 벌거야. 그렇지 않겠어?" 게이츠는 이렇게 큰소리쳤다. 옵션 매수금 액을 묻는 질문에는 이렇게 대답했다. "선거판에 한번 걸어보는 거니 까, 지게 되면 로열플러쉬로 상계할 걸세!" 대선 결과는 매킨리의 승리였다. 곧이어 몇 달 내에 모습을 드러낸 강세장이 유니온 퍼시픽의 주가를 130달러로 밀어 올렸고, 게이츠는 250만 달러의 수익을 올리는 대박을 터뜨렸다.

'백만 불 내기'라는 별명과는 어울리지 않게 게이츠는 사리에 밝았다. 본능에 따라 민첩하게 대응했는데, 언젠가 각설탕을 하나 놓고 가장 먼저 그리로 날아갈 파리를 고르는 내기를 한 적도 있었다. 실제로 그는 기발하게 산업과 시장을 꿰뚫어 보는 놀라운 존재였다. 그는 영리하고 만족할 줄 모르는 철조망 세일즈맨으로 시작해서, 이 업종에 줄곧 혁신을 도입하면서 업계 최고봉으로 올라섰다. 여전히 만족할 줄 몰랐던 그는 월스트리트의 경쟁에 뛰어들어서 굵직한 투기 세력이 됐다. 그런데 그의 이야기가 사람을 사로잡는 이유는 드러내놓고 떠벌리며 즉흥적으로 행동하면서도 그가 거액의 재산을 잃지 않았기 때문이다. 사실 모사꾼들은 잘나가다가도 여지없이 함정에 걸려드는 경우가 대부분이다.

큰 키에 검은 머리, 양미간이 넓은 두 눈을 가진 게이츠는 히죽이는 웃음을 잘 지었다. "무언가를 얻고 싶다면 그걸 정말로 가지고 싶은지, 어떻게 손에 넣을 것인지를 결정하고, 그걸 향해 들불처럼 달려가라." 그는 늘 되뇌던 이 말을 증명이라도 하듯 한평생을 살았다. 철조망 공장이나 철제 콤바인이든, 영악한 복수든, 원하는 것을 향해 거침없이 달려갔고 언제나 그 표적을 손에 넣었다. 1855년 지금의 웨스트시카고 West Chicago 지역에서 엄격하고 검소한 농부 집안의 아들로 태어난 게이츠는 십 대 나이에 탈곡기를 가지고 그의 첫 투기적 사업을 벌였다. 이때 번 돈으로 그는 19세에 결혼한 뒤 고향에서 조그만 장비 가게를 열었다. 그러나 가게 운영을 답답해했던 그는 가게를 팔아치우고, 철조망 사업의 시조인 아이삭 엘우드Isaac Ellwood 대령의 묘목철사를 파는 세일 즈맨으로 일하기 시작했다. 이 사업가는 나중에 게이츠가 들이미는 복수의 침을 맛보게 된다. 이들처럼 19세기의 업계 거물들은 이른 나이에 일을 시작했던 사람들이 많았고, 학교 교육을 받지 못했다는 점이 그들의 인생 초반에 큰 영향을 미쳤을 것으로 보인다.

게이츠는 무슨 일을 벌이든지 총력전을 펼치는 게 특징이었다. 텍사스로 와서 보니 아무도 철조망을 사지 않자, 그는 떠돌이 약장수들이나 쓰는 수법을 충격적인 방식으로 활용했다. 그는 신속하게 아주 난폭한 수송아지 25마리를 구해서 마을 한복판에 세워놓은 철조망 우리 안에 집어넣었다. 단단한 울타리에 갇힌 송아지들이 얌전해지자, 엘우드 사장은 물건을 대기 힘들 정도로 많은 구매 주문을 쓸어 모을 수 있었다. 그는 사장에게 엄청난 돈을 벌어주었다는 자신감에 사기가 충천했고, 나아가 남서부 축우산업의 모습을 완전히 뒤바꿔놓고 있었다. 마침내 그는 사장에게 공동 소유주(파트너)로서 회사 지분을 나눠달라고 요구했다. 회사 이익을 공유할 생각이 전혀 없었던 사장은 그의 요구를 일언지하에 거절했다. 게이츠는 곧바로 사표를 던지고 나와서, 제조업이 돈이 된다는 생각에 세인트루이스St. Louis 시에 공장을 세우기로 마음먹었다. 그는 이 도시에서 시장의 물망에 올라, 거의 정치권에 몸을 담을 뻔했다.

엘우드의 집요하고 성가신 소송에도 불구하고 'JW게이츠 앤드 코J.W. Gates & Co.'라는 회사가 출범했다. 1880년 게이츠는 25세의 나이에 서던와이어Southern Wire Co.를 세웠고, 그 2년 뒤에는 최초의 현대적인 결합기업consolidation을 만들게 됐다. 그가 인수하는 경쟁회사들이 늘어나고 상승세를 더해가는 철사시장의 호황에 힘입어, 콘솔리데이티드 스틸 앤드 와이어Consolidated Steel & Wire Co.로 거듭나게 된 그의 회사는 철사시장의 주도권을 장악하기에 이르렀다. 결국 엘우드는 산업 선도주자의 위치를 게이츠에게 내주고 말았다. 게이츠가 손대는 일마다 황금으로 변했다.

그다음에, 게이츠는 예전의 사장도 자기편으로 끌어들이고 나서 공장 하나를 더 사들이는 일에 돈을 퍼부었다. 그는 공장 소유주들이 거부하기 힘든 수백만 달러대의 인수 가격을 제의해놓고, 소유주들의 결정을 기다리는 동안 포커를 쳤다. 소유주들이 팔겠다고 하면, 그는 늘 이렇게 대답했다. "내일 현금을 마련하는 대로 인수 가격을 치르겠소." 공장 현장도 둘러보지 않고 현금 700만 달러를 치른 뒤, 그는 아메리칸 스틸 앤드 와이어American Steel & Wire Co.라는 회사 설립에 착수했다. 그의 나이 40세 때의 일이다. 공모가 기준으로 이 회사 주식의 시가총액은 2400만 달러였고, 월스트리트가 발행 주식을 인수했다. 회사 설립을 마치고 아메리칸증권거래소에 상장하자마자, 게이츠는 이 주식의 시세를 끌어올리기 위한 작전 세력을 조직했다.

게이츠는 자신을 믿을 수 없는 '위험한 사람'이라고 비난하고 나선 JP 모건과 불가피하게 충돌하게 됐다. 그렇지만 모건은 게이츠가 만든 결합기업 개념은 높이 샀다. 그 무렵 모건은 미국 최초로 10억 달러 규모의 회사인 US스틸을 설립하던 중이었는데, 이것은 게이츠의 회사들을 포함시켜야만 완료될 수 있는 일이었다. 게이츠는 거느리고 있던 회사들의 인수 가격을 터무니없게 높게 불러서, 결국 이 값을 모건에게서 받아냈다. 거래 방식은 주식교환이었는데, 아메리칸 스틸 주식 6000만 달러를 넘기면서 US스틸 주식 1억 1100만 달러를 받아낸 것이다. 하지만 모건은 인수 후에 US스틸의 이사 자리를 게이츠에게 내주지 않는 카드를 꺼내들었다. "당신의 평판은 당신이 만든 것이요. 우리가 그에 대한 책임을 질 수는 없소." 모건이 그를 이사로 받아들일 수 없는 이유였다. 이렇게 자존심에 일격을 당한 게이츠는 모건에게 앙심을 품고 복수에 나섰는데, 늘 그랬듯이 설욕전에 성공했다. 복수심에 불타던 게이츠는 1902년 루이빌 앤드 내시빌 노선의 지배 지분 장악을 통해 모건의 철도사업 확장을 분쇄하는 데 발 벗고 나섰다. 그는 노던 퍼시픽 사례와 유사한 주식매집(082. 제임스 힐 편 참조)에 성공해서 모건을 궁지에 몰아넣었다. 궁지에 몰린 모건은 새벽 1시 30분에 파트너 한 사람을 게이츠에게 보냈다. 이때 게이츠는 꽃무늬가 그려진 잠옷과 붉은 가운 차림으로 협상에 응해줬다. 기민한 협상가인 그는 자신의 지분인수 가격을 모건에게 제시하고, 그 조건에 응하든지 말든지 알아서 하라고 했다. 인수 가격은 주당 150달러(그의 매수단가는 100달러였다)에 1000만 달러를 얹은 금액이었다. 물론 모건은 달리 선택할 여지가 없었다.

'백만 불 내기' 존은 월도프-아스토리아 호텔에 사무실을 두고 포커와 브리지 게임을 하면서, 1901년 노던 퍼시픽을 놓고 벌였던 힐과 해리먼의 지분 전쟁을 이용해 투기도 했다. 그는 손실을 실현하기를 아주 싫어했지만 어느 정도 손실을 받아들이기도 했고, 공매도에 쓴 대주 신용거래 청산에 급급해 보유하던 증권을 무더기로 팔았던 때도 있었다. 하지만 다시 일어선 그는 월스트리트에서 가장 큰 위탁매매 증권회사인 찰스 G. 게이츠 앤드 코_{Charles G. Gates & Co.}를 설립했다. 보통 '열두 파트너의 회사House of Twelve Partners'로 불리던 이 증권회사의 사장은 그의 아들인 찰스 G. 게이츠Charles G. Gates가 맡았다. 그 또한 아버지처럼 극단적이고 거칠어서, 1억 2500만 달러나 되는 주식을 신용거래로 움직일 만큼 월스트리트에서 최대 규모의 투기 세력으로 유명했다.

1907년 공황으로 인해 게이츠의 증권회사는 꼼짝할 수 없도록 현금이 말랐고, 게이츠가 모건의 US스틸에 팔아넘길 요량으로 설립해둔 회사인 테네시 석탄 철강Tennesse Coal and Iron도 현금이 경색됐다. 그런데 그는 공황에 대비하지 않았다. 모건은 회심의 미소를 지으며 미동도 하지 않았다. 결국 모건은 게이츠가 궁지에 빠지는 것을 지켜보면서 테네시 석탄 철강이 문을 닫도록 유도했지만, 게이츠와 동업한 이 회사의 파트너들은 구제해줬다. 이 일로 게이츠의 월스트리트 활동은 영원히 끝이 났다.

그는 유럽에서 오랜 휴가를 보낸 뒤 텍사스 오일 컴퍼니Texas Oil Co.라는 석유탐사 기업에 투자했는데, 마침내 유전에서 석유가 치솟는 덕분에 재산을 다시 일으켰다. 그는 얼마 동안 텍사스 주의 포트아서Port Arthur 시를 개발하면서 그 지역의 부동산과 산업을 지배하게 됐고, 철도 회사 캔자스시티 서던Kansas City Southern을 손에 넣었다. 이 무렵에 그는 "나는 주식시장에 관심이 없다. 나는 단지 평범한 사업가의 길을 따라서 내 본연의 사업에 충실하겠다"라고 말했다.

게이츠는 모사꾼 부류 중에서는 마지막에도 성공을 지켜낸 드문 사례에 속한다. 물론 살면서 잘나가다가 곤두박질친 적도 있었지만, 대부분 '백만 불 내기'라는 별명이 붙을 만한 삶을 살았다. 그는 늘 다이아몬드 세 개로 치장한 멜빵을 걸치고 다니는 현란하고 대담한 사람이었

다. 그러나 1907년 공황 때 좌절한 뒤로는 5000만 달러의 재산을 조심
스럽게 쓰면서 오직 재미로만 도박을 했다.

9장 성공한 투기꾼, 모사꾼 그리고 수완가들

에드워드 해리먼

Edward Harriman

겉모습은 얌전해도 큰 힘을 휘두르다

◆

　에드워드 해리먼Edward Harriman은 웃는 적이 없었다. 1909년 그가 세상을 떠날 때 유산이 모건에 버금가는 1억 달러에 달했던 것을 보면, 웃을 만한 이유가 없던 것은 아니었다. 그는 본래 그런 사람이었다. 작고 깡마른 데다 구부정했으며 콧물을 훌쩍거리던 그는 다른 사람들과 어울리기를 아주 싫어했다. 좀처럼 알 수 없는 그의 속내는 뱅뱅 도는 듯한 안경에 가린 그의 눈빛처럼 묘연했다. 그는 바다코끼리처럼 밑으로 늘어진 콧수염을 기르고, 눈높이까지 중절모를 눌러 쓰고서, 축 늘어진 바지를 입고 다녔다. 이렇게 행색은 좀 엉뚱했지만, 해리먼은 40년이 넘도록 월스트리트에 소리 소문 없이 출몰하면서 한때는 미국 최대의 철도제국을 만들어냈던 사람이다. 요란하게 자기 사업을 떠벌리던 자들이 투기로 재산을 탕진하는 모습을 보여준 것과는 달리, 그는 정상까지 조용하고 눈에 띄지 않게 올라갔다.

"저는 그저 이사회의 열다섯 분 가운데 끼는 것으로 족합니다." 언젠가 쿤 로브의 금융가인 오토 칸에게 해리먼이 했던 말이다. 칸은 해리먼이 삶과 죽음의 갈림길에서 의견이 분분한 상황에서도 부대원들을 규합해 싸울 수 있는 유일한 전사라고 생각했다. 남다른 설득력을 가지고 있던 해리먼은 까다로운 문제들에 능숙하게 대처했다. 그는 또 맹수 같은 집중력에다 대단한 의지와 고집으로 주변을 압도했는데, 매력적인 구석이 없다는 그의 단점을 그렇게 보완했던 것인지도 모른다. 해리먼은 1848년에 태어났는데, 아버지는 감독제주의(監督制主義) 교회의 가난한 목사였다. 그는 14세 때 사무실 사환으로 시작해서 월스트리트 경력을 쌓아갔다. 1년 뒤 1869년 검은 금요일 공황 때 번 수익으로 증권거래소 회원권을 3000달러에 매입하고, EH해리먼 앤드 코EH Harriman & Co.를 세워서 독자적으로 일하기 시작했다. 그는 늘 혼자서 활동했고 항상 저돌적이었다.

"내가 시작할 때 자본금은 연필과 바로 이것이었습니다." 해리먼은 자신의 머리를 톡톡 치면서 유달리 낮은 목소리로 이 말을 자주 했다. 그는 밴더빌트 집안과 같은 고객들로부터 받는 수수료를 모아서 투기를 시작했다(그 무렵 해리먼은 수많은 군중의 한 사람이었기 때문에 그의 거래 기록은 거의 남아 있지 않다). 28세에 결혼했는데, 우연히 그의 처가는 철도회사를 경영하는 뉴욕의 유명한 집안이었다.

이어서 해리먼은 철도로 활동 분야를 옮겼고, 뉴욕 센트럴이 파산할 때 공매도 거래가 적중해서 15만 달러를 벌었다. 그는 수년 내에 철도회사 경영과 철도증권 조작을 습득해서 그의 대표적인 전략을 개발하게 됐다.

해리먼은 일리노이 센트럴 철도를 인수할 목적으로 채권을 발행하는 한편, 이 철도회사의 주식도 매입해서 임원이 됐다. 그리고 최고경영자와 신뢰관계를 구축해서 월스트리트에 위치한 투자가 입장이 아니라, 회사 내부자로서 일리노이 센트럴을 경영하기 시작했다. 그는 철도 노선의 전면적인 개편에 돌입해 운행구간을 거의 세 배로 늘렸는데, 철도의 물리적인 실체가 우선이고 당기 이익은 그다음이라는 게 그의 생각이었다. 제이 굴드와 짐 피스크 같은 모사꾼들은 철도회사에서 이익을 우려내 먹고 나서 팔아치웠지만, 해리먼은 빠른 속도로 회사를 다시 일으키고 노선을 확장하는 일에 수백만 달러를 쏟아부었다. 그러고 나서 뒤로 물러나 이익이 영글기를 기다렸다. 그는 직접 철로 상태를 점검하면서 시설이 악화되지 않도록 배려했으며, 만약의 사태를 대비한 비상 자금을 항상 넉넉하게 준비해뒀다. 또 불황기에 자금 조달 위험이 불거지지 않도록 대비했고, 증권을 발행할 때는 당장 필요한 금액보다 여유 있게 자금을 조달해서 회사의 신용도를 우수하게 유지했다.

해리먼은 1895년에 거의 망가지다시피 한 유니온 퍼시픽을 혹독하게 재편해서 대성공을 거뒀다. 유니온 퍼시픽은 30년이나 원리금을 더 상환해야 하는 부채 덩어리여서, 모건도 손댈 엄두를 내지 못했다. 그러나 해리먼은 유니온 퍼시픽을 그의 일리노이 센트럴에 병합하는 일에 의욕적으로 나섰다. 유니온 퍼시픽 인수경쟁에서 그의 유일한 적수는 투자은행 쿤 로브였는데, 그는 쿤 로브가 감히 대적할 생각을 못하도록 위협했다. 일리노이 센트럴의 흠잡을 데 없는 신용으로 연 4%의 저리로 수억 달러를 조달해서라도 인수하고야 말겠다고 엄포를 놓은 것이다. 결국 해리먼과 쿤 로브는 유니온 퍼시픽 인수에 힘을 합치기로 타협해서 20년간 협조관계를 유지하게 됐다. 이 둘은 유니온 퍼시픽 인수 대금으로 지급이자를 포함해 현금 4500만 달러 이상을 지불했고, 4% 금리의 채권과 아울러 우선주도 발행했다. 그 후 3년 내에 해리먼은 이 위태위태한 철도회사에 수백만 달러를 쏟아부으며 운행 구간을 1만 9000킬로미터 넘게 확장했다. 이렇게 해서 유니온 퍼시픽은 모든 부채를 청산하고 이익까지 내기 시작했다. 해리먼은 모든 사람이 불가능하다고 생각했던 일을 해냈다.

해리먼의 유니온 퍼시픽과 경쟁할 수 있는 유일한 상대는 모건과 연계된 제임스 힐의 노던 퍼시픽이었다. 힐은 해리먼 못지않게 꿈도 크고 의욕적이었으나 용의주도하지는 못했다. 시카고-벌링턴-퀸시Chicago, Burlington and Quincy 노선(보통 줄여서 '벌링턴'으로 불렀다)은 미국 중서부 지역을 넓게 운행하는 회사여서 이 노선만 손에 넣으면 해리먼이나 힐 둘다 대륙횡단 철도망에 성큼 다가설 수 있었다. 결국 이 두 사람은 이 노선을 놓고 일전을 치르지 않을 수 없게 됐다. 힐이 무언가 수를 써서 감쪽같이 이 노선을 사들이고 해리먼의 독점 계획을 수포로 만들었을 때, 해리먼은 격노했지만 이성을 잃지 않고 반격했다. 즉, 해리먼은 벌링턴 노선을 확보할 수는 없었지만, 그 대신에 힐의 노던 퍼시픽을 매수 표적으로 삼았다.

해리먼은 쿤 로브를 경유하여 정말 쥐도 새도 모르게 노던 퍼시픽의 지배 지분 확보에 필요한 9000만 달러 규모의 주식매수에 돌입했다. 그런데 해리먼의 지분매입이 완료되기 전에 사태를 파악한 힐도 재빨리 지분 방어를 위해 자사주 매입에 돌입했다. 열기를 더해가는 지분

매입 전쟁 이후 며칠이 지난 뒤, 같은 날짜에 양쪽 모두가 승리했다고 주장했다. 하지만 양쪽 회사의 유통 주식물량이 모두 씨가 말라서 노던 퍼시픽 주가가 1000달러까지 치솟자 주식시장에 공황 기운이 감돌았다. 휴전을 하지 않으면 공황 사태를 피할 수 없어서, 양측은 4억 달러 규모의 합작 지주회사 설립에 합의했고, 노던 시큐리티스Nothern Securities Co.가 발족됐다. 이 지주회사를 통한 경영에서 끝내 물러서지 않았던 해리먼이 결국에는 힐의 철도회사들까지 관장하게 됐다.

해리먼은 그 시대에 기업결합과 독점이 발휘하던 위력을 알고 있었다. 1900년에 그는 유니온 퍼시픽을 담보로 부동산 담보채권 1억 달러와 4% 금리의 전환사채 4000만 달러를 기채해서 서던 퍼시픽Southern Pacific 철도 지분을 50% 가까이 매입했다. 그다음 수순으로는 모건과 유사한 방법으로 새로 인수한 회사들을 유니온 퍼시픽과 결합해서 비용을 절반으로 떨어뜨렸고, 노선간 경쟁도 완화시켰으며, 고용인력도 줄였다. 1907년에 해리먼이 직간접적으로 통제하게 된 회사들은 굵직한 철도회사 열 개와 수로운송 회사 다섯 개에 달했고, 그 밖에도 그는 석탄과 부동산 및 석유산업과 시가전차 여러 회사에 걸쳐 상당한 지분을 확보하게 됐다. 2년 뒤에 그는 세상을 떠났다. 과로로 인해 죽었다고 하는 이들도 있다.

이 월스트리트의 '작은 거인'은 아주 탁월했다. 해리먼은 쉴 새 없이 새로운 도전을 찾아 나섰고 대부분 성공했다. 여가활동으로 말을 탈 때에도 높다란 장애물 뛰어넘기를 좋아했다. 그렇지만 동시에 그는 가정적인 남자였다. 아내와 다섯 아이들과 어울려 시간을 보내기 좋아했고, 가족 문제와 도덕적인 기준에서 철두철미했다. 기이한 것은 그가 산업계 거물다운 이미지를 많이 만들지 않았다는 점이다. 그의 겸손한 자세로 재산을 더 많이 모으고 또 지킬 수 있었지만 말이다. (어쩌면 그런 겸손이 그의 위장전술이었던 것일까?) 오늘날에도 겸손은 약이 된다.《포브스》의 400대 갑부 목록을 들여다보면, 뉴욕 5번가의 트럼프타워Trump Tower와 카지노사업 등으로 떠들썩했던 도널드 트럼프Donald Trump보다도 훨씬 많은 재산을 모은 사람들이 꽤 눈에 뜨인다. 해리먼이 들려주는 교훈은 겸손한 사람들이 재산을 지키는 경우가 더 많다는 것이다.

해리먼이 차지하고 있던 자리와 그의 영향력은 그 시대 다른 거물들도 우습게 볼 수 없을 만큼 대단했다. 그럼에도 그는 자신이 거둔 성공에 걸맞은 범인 이상의 이미지를 가지고 있지 않았다. 그의 이미지가 세상에 부각된 것은 그의 아들 윌리엄 애버렐 해리먼William Averell Harriman이 뒤를 이을 때부터였다. 윌리엄은 유니온 퍼시픽의 위세 당당한 회장이 되어, 아버지의 업적을 세상에 과시했다. 해리먼에게는 살면서 거두어들인 그 어느 재산보다도 아들의 성공이 가장 큰 선물이었을 것이다.

해리먼의 성공은 불요불굴의 정신에서 비롯됐다. 그는 목적의식이 강했으며, 어떤 문제이든 타협을 해서라도 대처하는 유연한 능력이 돋보였다. 시장이 자신에게 불리하게 돌아설 때면 시장과 함께 돌아갈 줄도 알았던 제이 굴드처럼, 해리먼은 자신이 응분 받아야 할 것을 감수했고, 그로써 최선의 결과를 낼 수 있다고 확신했다. 전부를 얻든가 아니면 전부를 잃는다는 식으로 결과를 고집하는 다수의 사람들과는 달리, 그는 상황에 따라 대처할 줄 알았다. 나아가 적수와 자신 있게 맞섰다. 그가 성공을 향해 가는 길을 결코 아무것도 방해할 수 없었고, 그 누구도 그를 좌절시키지 못했다. 게다가 제이 굴드식의 잔인한 술책들이 월스트리트를 지배하던 시절에 정정당당하게 이룩한 그의 업적은 명예로운 것이기도 하다.

언젠가 《월스트리트 저널》은 다음과 같이 설명했다. "해리먼이 마음을 먹으면 그대로 일이 이루어졌다. 공황이 오기도 했고, 이사회에 장애가 생기거나 임원들이 사임하기도 했다. 또 그를 공격하려는 금융계의 두터운 반대 세력이 결집되기도 했고, 법률이 그의 요구를 가로막기도 했다. 돈에 따라 움직이는 세상이 그를 욕하기도 했다. 그러나 아무것도 소용이 없었다. 그는 이 모든 것에 개의치 않았고, 혼자서 집요하게 온갖 도전에 용감히 맞서면서 그의 길을 헤쳐갔다. 그는 방법이나 법률, 사람에 구애되지 않았다. 바로 그 때문에 종국에는 그가 목적했던 바를 이룩하게 됐을 것이다!"

제임스 힐
James J. Hill

기회가 문을 두드릴 때

◆

누구나 기회가 언제 올지 알 수 없다. 1856년 어느 날 저녁, 캐나다 온타리오 주의 힐_{Hill} 농장에 지친 여행객이 멈춰 섰다. 그는 목마른 자신의 말에게 흔쾌히 물을 길어다 주는 제임스 힐_{James J. Hill}이라는 아일랜드 이민자 집안의 청년을 보고 마음이 흡족했다. 힐의 배려에 대한 보답으로 그는 미국 신문을 하나 건네며 말했다. "젊은이, 미국에 가보게. 그 나라는 자네같이 혈기 넘치는 젊은이들을 찾고 있네!" 그 직후, 힐은 돈을 벌겠다는 욕심을 품고 미국 북서부를 향해 떠났다. 그는 늘 '지금 큰 기회를 손에 쥔 사람들은 평범한 민초들'이라는 전제에 따라 행동했다.

단호하고 기민했던 힐은 미국에서 많은 기회를 발견했다. 또 기회를 찾지 못할 때는 스스로 만들기도 했다. 그는 평생 북서부를 가로지르는 철도 시스템을 건설했고, 철로를 놓는 중간에도 자신의 철도가 쓰이게 될 운행 기회들을 개발했다. 농부들이 사육할 황소들을 퍼뜨리는 일이든 아니면 좀 더 저렴하게 밀을 재배하는 일이든, 항상 배후에서 개발을 촉진하는 힐이 움직이고 있었고, 그의 관심은 세심한 곳까지 파고들었다. 20년이란 기간에 걸쳐서 그는 황무지를 농장으로 바꿔놓았고, 마을과 산업을 개발했으며, 새로운 시장을 연결함으로써 자신의 철도가 번창하도록 만들었다. 캐나다에서 이민 온 가난한 청년에서 수백만 달러의 '제국을 건설한 사람'으로 성장한 힐은 북서부 지방을 세상에 열어놓기 위해 농부와 목재상, 상인들과 함께 일했고, 월스트리트의 최강자 JP 모건과도 함께 일했다.

의욕적인 이민자였던 힐은 미네소타 주의 세인트폴St. Paul에 정착해 수로 운송과 선적 업무를 시작했다. 언제나 크게 생각하고 행동했던 사람이어서인지 결혼해서 꾸린 가정도 나중에는 열 명의 대가족이 됐다. 그가 자본을 들여서 시작한 첫 번째 사업은 수로운송 회사였다. 이어서 이를 토대로 힐은 1873년에 세인트폴 앤드 퍼시픽St. Paul and Pacific 철도를 매입하게 됐다. 이때부터 그의 사업이 본격적으로 시작됐다.

1879년에 이르자 힐의 철도사업은 작은 노선들을 여러 개 병합한데다 캐나다를 왕래하는 철도 운송의 수혜를 누림으로써 수지가 좋은 사업으로 성장했다. 그로부터 10년 뒤 1889년에 힐은 그레이트 노던 레일웨이 컴퍼니Great Northern Railway Company를 경영하는 대형 사업가로 성장했다. 이제 세인트폴 철도는 그의 휘하에 있는 작은 철도회사에 불과하게 됐다. 오른쪽 눈의 시력을 예전에 잃었지만, 그는 맹렬하게 일했다. 그는 하루 1만 5000달러를 투입해서 매일 약 1.6킬로미터씩 철로와 부대 장비를 설치하면서, 모든 지역 철도 중에서 운영비가 가장 낮은 철도를 만들겠다는 의지로 일했다. 이렇게 초기 시절에 그는 순수한 철도 사업가였지 주식시장 거래인이 아니었다.

언젠가 제이 굴드가 힐의 철도 시스템을 원가의 두 배로 상장해주겠다고 제의했을 때, 격분한 힐은 이렇게 대답했다. "우리는 철도사업을 계속 밀고 갈 것이며, 더도 덜도 아닌 원가 그대로 주식 가치에 반영시킬 것이오. (……) 나는 귀하의 부동산 투기에 가담할 생각이 없소. 부동산 투기는 철도사업이 아니기 때문이지." 사실 힐의 본심에서 가장 요원한 생각이 투기였고, 적어도 그의 초심은 그랬다.

힐의 철도가 부패로 유명했다고 지적하는 이들도 있다. 북서부 주들의 입법부와 언론이 뇌물 수수에 맛을 들여서 철도 확장이 용이했다는 것이다. 구스타버스 마이어스Gustavus Myers는 1907년에 발표한 저서 『The History of Great American Fortunes(미국 거부의 역사)』에서 힐이 부패했을지는 몰라도 아무 사건도 일어나지 않았으며, 그가 부패했다는 증거를 제기했던 사람은 아무도 없었다고 썼다. 힐이 사기꾼이었을 수도 있지만, 적어도 그는 신중한 사기꾼이었을 것이다. 그 시절에 유서 깊은 모건의 후원을 얻어내려면 신중하지 않으면 불가능했기 때문이다.

그러나 19세기 말 철도업계에서 큰 사업 규모를 달성하려면, 모든 철로가 종국에는 월스트리트로 이어진다는 사실을 배워야 했다. 정말로 광역의 철도 시스템을 구축하려면 다른 노선들을 매입하는 것 말고 다른 방법이 없었다. '위대한 북부 철도의 왕자'였던 힐의 첫 먹잇감은 예전 그의 경쟁자였던 노던 퍼시픽이었다. 힐은 1893년 공황 때 파산한 이 회사를 값싸게 사들였다. 대륙횡단 철도에 점점 다가서는 그의 두 번째 먹잇감은 전략적 요충이었던 시카고-벌링턴-퀸시 노선이었고, 97%의 지분을 그가 장악했다. 이 일로 철도업계의 그림이 더욱 복잡해졌는데, JP 모건이 2억 1500만 달러의 채권을 발행해서 인수 자금을 조달해주는 일에 뛰어들었기 때문이다.

힐의 벌링턴 인수는 에드워드 해리먼을 분개하게 했다. 해리먼 또한 철도 시스템 확장을 위해 벌링턴을 탐내고 있었을 뿐 아니라, 갑자기 모건을 등에 없고 나타난 힐이 예전보다 훨씬 강력한 적으로 부상했기 때문이다. 모건과 힐의 공동 전선은 자본주의의 음과 양인 월스트리트와 메인스트리트가 교차하는 고전적인 사례였다. 해리먼은 화가 치솟았겠지만, 동시에 두렵기도 했을 것이다. 그는 복수를 다짐했다. 그리고 벌링턴을 손에 넣을 수 없다면, 힐의 급소인 노던 퍼시픽을 찌르기로 작정했다.

해리먼은 쿤 로브의 지원을 얻어서 은밀하게 노던 퍼시픽 주식을 사들이기 시작했고, 힐은 주가가 갑자기 치솟는 것을 알아챘다. 힐은 50%에 약간 못 미치는 지분으로는 경영권 유지가 어려울지도 모른다는 불안감에 서둘러 주식매수에 나섰고, 해리슨도 매수의 고삐를 늦추지 않았다. 단 며칠 만에 유통 주식이 모두 매점되어, 주가가 100달러 밑에서 1000달러까지 치솟는 고전적인 주식매점 사례의 하나로 기록됐다. 주가급등으로 인한 공황 상태가 1901년 5월 9일 '푸른 목요일'에 절정에 달했다(이 무렵 노던 퍼시픽을 공매도했던 투기자들은 손실이 눈덩이처럼 불어나자 대주 신용거래를 청산할 주식을 구하려고 난리였다. 푸른 목요일은 노던 퍼시픽의 치솟는 주가에 질린 투기자들이 서둘러 현금을 마련하려고 우량주blue

_{chip}들을 헐값에 내던지는 바람에 생긴 이름이다_옮긴이). 주식 거래가 기형화되고 주식시장이 황폐해지자, 힐은 타협이 모든 사람에게 최선이라고 판단했다. 해리먼은 어느 이사회에 가더라도 자기 의견을 설득시키고야 마는 협상력을 발휘했다. 즉, 노던 퍼시픽을 산하에 두는 새 지주회사를 설립해서 그 경영권과 대표직을 힐에게 양보하는 대신에, 자신은 지주회사 이사회에 이사로 참여할 권리를 약속받았다. 이 전쟁은 이렇게 모두가 평화를 되찾는 방식으로 종결됐다.

힐은 1916년에 77세로 숨을 거뒀다. 그는 5300만 달러의 유산과 철도사업 가문을 남겼다. 그의 두 아들이 그레이트 노던의 사장직과 부사장직을 이었고, 세 번째 아들은 힐이 남긴 '그레이트 노던 철광부동산_{Great Northern Iron-ore Properties}(약자로 GNI이라고 하며 1906년 힐이 자기 소유의 철광석 산지를 신탁해둔 부동산 신탁을 의미한다_옮긴이)'의 관리인이 됐다. 하지만 그의 자식들 중 아무도 아버지에 버금가는 명성을 얻지 못했다. 그가 죽기 30년 전에 투자해놓았던 이 철광석 산지는 매년 6600만 달러 이상을 벌어들였고, 연간 1500만 톤 이상의 철광을 채굴했다.

힐이 수행했던 역할 중 흥미로운 부분은 그가 적들과 맞서기 위해 끝내 월스트리트를 찾아가야 했던 전설적인 철도 사업가였다는 점이다. 월스트리트를 신경 쓰지 않더라도 작은 규모로 사업을 할 수는 있다. 그러나 메인스트리트에서의 야망이 커질수록 조만간 월스트리트와 관계를 맺을 수밖에 없다. 힐이 월스트리트의 역사에 남긴 명성과 금융시장의 진화에 기여한 주된 역할은 해리먼과 함께 고전적인 노던 퍼시픽 주식매점을 연출했다는 데 있다. 시장매점은 인간 본연의 탐욕에서 나온 기본적인 생각이다. 이와 같은 과정에서 형성된 독점적인 기업합병이 20세기로 들어선 직후에 반독점법을 만들어낸 자극제가 되었다는 것도 공교로운 일이다. 현대 세계에서 시장매점은 드문 일이지만 전혀 없는 것은 아니다. 빛의 속도로 움직이는 기관 투자자들의 거대한 자금이 지배하는 지금이야말로 매점이 더 쉽게 일어날 수도 있다. 어쨌든 세계화된 금융시장에서 지역적인 제한이 있는 법률이 세계시장을 완전히 통제하기는 어렵다. 주식매점에 참여했던 힐과 같은 사람들이 없었다면 증권법의 진화 과정과 월스트리트가 중개하는 메인스트리트의 사업 방식이 지금과는 아주 달라졌을 것이다.

World's Work, 1901

제임스 킨

James R. Keene

굴드를 빼면 당할 자가 없었던 사나이

◆

거칠고 추악한 도박가이자 미국에서 따를 자가 없었던 주가 작전의 명수요, 크게 노는 금융가가 있었다. 바로 제임스 킨_{James R. Keene}이 그 사람이다. 그는 자신이 월스트리트에서 하는 일을 흑백 논리식으로 보지 않았다. 시장 조작의 대가였을 뿐 아니라, 산업계의 판을 다시 짜는 월스트리트의 대업을 성사시켰던 그는 자신이 몸담은 일을 이렇게 설명했다. "투기라고 해도 좋고, 여러분들이 원한다면 도박이라고 불러도 좋다. 분명한 것은 투기가 없다면 사업을 벌이고 기업을 일으키는 일도 멈출 것이고, 사회 전반의 가치도 경제활동과 함께 후퇴한다는 점이다. 그렇게 되면 단 1년도 지나기 전에 나라 전체가 20년은 후퇴할 것이다." 이러한 시각에서 보자면, 킨은 자신의 특기를 발휘함으로써 20세기에 막 들어선 미국 경제가 성장하는 데 기여했던 셈이다. 그의 특기란 바로 증권을 사고파는 일이었다.

　이 '월스트리트의 백여우Silver Fox of Wall Street'가 거래하는 스타일을 보면 증권매매란 결코 단순한 게 아니라 일종의 예술이라고 해야 할 정도였다. 물론 옛 속담처럼 싸게 사서 비싸게 파는 것이 그가 한 일이었지만, 그는 결코 시점을 선택하는 거래를 하지 않았다. 왜냐하면 그가 시장의 시점을 정했고, 아예 시장을 만들기까지 했기 때문이다. 그는 사람들을 움직일 줄 알았다. 예를 들면, 회사를 새로 재편한 뒤에도 여전히 주가는 시들하고, 주주들은 매력 없는 주식에 넌더리를 내는 데다, 새로운 투자자도 꼬이지 않던 곳이었던 서던 퍼시픽 철도에 킨은 기적을 일으켰다. 이 일은 벌였다 하면 끝을 보는 날렵하고도 대담한 주가조작자가 활약한 고전적인 사례였다. 그는 아무도 쳐다보지 않던 서던 퍼시픽 주식을 혼자 떠안아서 주가를 끌어올렸다. 꽤 짭짤한 수익을 챙긴 것은 물론이다.

　킨은 예의 용의주도하고 은밀한 방식으로 서던 퍼시픽 주식을 사들이기 시작했다. 동시에 주가를 낮은 수준에 묶어두기 위해 방금 매수한 주식의 일정 물량을 다시 매도했다. 낮은 매수단가에서 목표한 물량을 모두 매집한 뒤 무지막지하게 매수를 몰아붙여서, 이 철도회사는 그의 악명 높은 이름과 함께 불리게 됐다. 킨은 그의 단독 지분만으로 주가를 20%p나 끌어올렸고, 넌더리를 내면서 주식을 들고 있던 투자자들이 매도하도록 자극했다. 물론 이렇게 주가 상승 초반에 빠져나간 투자자들은 작지만 웬만한 수익을 실현했다. 킨이 매매를 주도하는 동안 서던 퍼시픽은 어느새 인기 종목으로 돌변했고, '묻지 마' 투자자들은 환호하면서 가격을 불문하고 이 주식을 사려고 아우성이었다. 새로 형성된 주가가 높은 수준에서 지지되는 흐름을 타니 철도회사 경영진도 흐뭇해졌다. 이때 킨은 소리 소문 없이 보유 주식을 모두 처분해서 큰 수익을 말끔하게 챙겨 나왔다.

1838년 잉글랜드에서 태어난 이 '백여우'는 12세에 아버지를 따라 캘리포니아 주로 왔다. 예리하고 기민했던 그는 생계비를 스스로 해결했다. 농부로 일하다가 법과대학에서 공부했고, 카우보이, 학교 교사, 샌프란시스코 신문 편집인으로도 일한 뒤 네바다 주의 은광에서 일하면서 처음으로 1만 달러라는 목돈을 손에 쥐게 됐다. 곧이어 그는 샌프란시스코광산거래소San Francisco Mining Exchange에서 소소했던 재산을 15만 달러로 불렸는데, 처음에는 다른 투기자들의 위탁매매를 처리하는 브로커로 일하다가 독자적인 거래를 벌였다. 킨은 10년 동안 여러 주식을 대상으로 매수 공세와 매도 공세를 펼치면서 영악한 투기자로 알려지게 됐다. 그는 서너 번 돈을 잃기도 했지만, 언제나 손실 금액 이상의 수익을 내면서 다시 일어섰다.

킨은 훤칠한 키에 호리호리한 신사의 모습으로 1876년 뉴욕에 나타났다. 그는 두둑이 챙겨 온 돈으로 휴가 삼아 유럽 여행길에 오를 생각이었다. 때마침 침체기에 빠져 있던 월스트리트가 휴가 중이었지만, 그는 휴가를 떠나지 않았다. 그는 이런 약세장에서도 투기적 매매로 1000만 달러나 벌어들일 수 있었다. 이어서 그는 웨스턴 유니언에 대한 약세 공격을 목적으로 하는 흉악한 제이 굴드의 작전 세력에 가담했다. 그러나 주식 현물의 매집을 마치고 작전에 돌입하려던 차에, 굴드가 모든 물량을 처분하고 차익을 실현해버리는 바람에 손실만 뒤집어쓰고 말았다. 이런 일이 여러 번 되풀이되다 보니 킨의 재산이 절반도

채 남지 않게 됐다. 킨은 복수심에 불타서 소리 질렀다. "그래도 600만 달러가 수중에 있으니, 계속 길목을 지키고 있다가 그 작자의 머리가죽까지 벗겨놓고야 말겠어!"

킨은 수없이 시도했지만 굴드를 당해낼 재간이 없었다. 작전이 서너 번 더 벌어졌지만 굴드는 '파트너'보다 계속 한 수 위에서 일을 꾸몄고, 종국에는 킨이 벌어놓은 수백만 달러를 챙겨서 1890년대 초에 시장에서 발을 뺐다. 당대에 거의 따를 자가 없던 수완가이자 모사꾼이었던 굴드는 킨이 넘보기 힘든 고수였다. "인생이 그렇지 뭐." 아마도 킨은 이렇게 읊조렸을지도 모른다. 왜냐하면 평소에 그는 "월스트리트에서든 밖에서든 인생이란 그저 도박일 뿐"이라고 생각했기 때문이다. 그들이 벌였던 가장 큰 승부는 밀시장 매점에 나섰던 일이었다. 그러나 이때도 작전에 가담한 사람들이 매집한 물량을 걸어 잠그기 직전에, 굴드는 공매도로 가격을 붕괴시키며 큰 수익을 챙겼다. 단 며칠 만에 킨은 700만 달러를 잃었다. 또다시 거덜이 난 그는 소장하고 있던 귀중품들을 경매에 붙여야 했고, 얄궂게도 그중에 어떤 미술품은 굴드의 집에 걸리게 됐다. 굴드는 그 그림에 새 이름을 붙여줬다. "제임스 킨의 머리가죽!"이라고 말이다.

굴드는 킨이 생전에 만났던 유일한 고수였다. 굴드 말고는 아무도 그를 방해하지 못했다. 자기 말로는 51%의 승률만을 기대한다고는 했어도 킨은 단독으로 벌인 거래와 위탁받은 일에서 거의 예외 없이 대박을 터뜨렸다. 그는 설탕, 철도, 담배, 양주 업종의 주식들을 조작했는데, 이것도 일부에 지나지 않는다. 또 노던 퍼시픽을 둘러싼 1901년 공황을 일으키는 일에도 한몫했다. 이때 JP 모건은 사상 최대의 철도 주식

매집 전쟁을 벌이며 노던 퍼시픽 15만 주를 매집하는 일에 킨을 고용해 썼다(세부 내용은 081. 에드워드 해리먼과 082. 제임스 힐 편을 보라).

킨이 벌였던 가장 유명하고 중요했던 작전을 꼽자면, 사상 최초의 10억 달러 규모 회사인 US스틸 주식을 거래가 활발한 시장으로 조성했던 일이다. 이때도 모건의 부름을 받아 작전을 맡았던 킨은 워낙 용의주도한 조작으로 이 종목을 강세장의 대장주로 올려놓았다. 그는 투기자들과 소규모 투자자들을 이 종목으로 유인하기 위해 주가를 끌어올리는 과정에서, 1000주를 팔고 나서 주가를 지지하기 위해 다시 100주를 사는 수순을 되풀이했다. 그는 이미 큰 재산을 모아놓고도 약 100만 달러를 받고 이 일을 하기로 했었는데, 왜 그 일을 맡았느냐는 질문에 이렇게 대답했다. "토끼를 잡으려고 달려가는 개가 1000번째 토끼라고 해서 마다하겠는가?"

육중한 눈썹 밑으로 근엄한 시선을 던지면서 강철처럼 질긴 신경으로 살았던 킨은 1913년에 세상을 떠나면서 2000만 달러의 유산을 남겼다. 아내를 여의었던 그는 월도프 호텔에서 묵으며 외톨이로 살았고 속내를 털어놓고 이야기할 친구가 한 사람도 없었다. 그가 살면서 가장 좋아했던 것은 네 가지였다고 한다. 첫 번째는 겁 없는 자동차 경주 선수이자 폴로 경기 선수였던 아들 팍스홀Foxhall이었다. 두 번째는 역시 팍스홀이라는 이름의 훌륭한 경주마였다. 그는 좋아하는 이 말의 이름을 따서 아들 이름을 지었다. 그가 세 번째로 좋아하던 것은 주식시세표였고, 나머지 하나는 아침 식사의 단골 메뉴였던 브랜디를 섞은 블랙커피였다.

"킨은 질풍노도처럼 매매를 주도했고 그 한계가 없어 보였다. 서투른 초보를 이기는 것보다 그에게 지는 게 오히려 더 즐거웠다." 월스트리트에서 그를 지켜봤던 토머스 로슨이 언젠가 그를 두고 했던 말이다.

모건으로부터 굴드에 이르기까지 모든 사람이 애용했던 킨은 19세기의 전형적인 수완가이자 '작전 요원'이었다. 그의 삶에서 얻을 교훈은 있는가? 딱히 찾을 만한 게 없다. 한편, 그의 삶은 시장을 뒤흔든 100명의 거인들에 속할 만한가? 물론이다. 그는 혼자 행동하면서도 월스트리트의 극소수를 빼면 그 누구에게도 뒤지지 않는 능력을 발휘했다. 또 동료나 작전 요원으로서 금융시장 형성기에 대표적인 큰 싸움판의 현장에 있었다. 그는 75세까지 장수했으며 죽을 때까지 부자로 살았다. 음주량은 지나쳤지만 술에 휘둘리지는 않았다. 아버지를 따라서 이민 온 가난한 소년은 험한 일들을 두루 거치던 끝에 광산의 채굴 현장을 기점으로 성장했다. 험하고 격렬한 시대를 만나서 험하고 격렬한 삶을 살았다. 그는 시장이 형성되는 과정에 참여함으로써 그 자신을 만들었다. 투자자들은, 투기자이든 아니면 장기 투자자이든 사회에 가치를 부가하며, 시장 조성에 기여함으로써 세상에 이바지한다. 그는 오늘날 제대로 알고 있는 이가 별로 없는 이 사실을 정확하게 인식했던 사람이다. 1980년대 내부자거래 추문의 여파로 월스트리트를 겨냥한 포화의 화염이 다시금 확산되기도 했다는 점을 생각하면, 킨의 관점에서 삶을 보고 투기자들과 그들의 투기행위로부터 사회가 얻는 가치를 인식하는 현명한 사고가 필요하다고 하겠다.

헨리 로저스

Henry H. Rogers

월스트리트의 푸른 수염-"해적 깃발을 올려라!"

◆

20세기로 접어들 무렵, 프랑스 전설에서 아내를 여섯이나 죽였다는 '푸른 수염의 사나이'를 닮은 사람이 월스트리트에도 있었다. 헨리 로저스Henry H. Rogers는 어느 모로 보나 말쑥하고 활기차며 상냥한 사람이었다. 그는 자기 안에 숨어 있던 보배를 주식시장에서 발견했다. 속물적이고 거만하며 잔인한 모험을 즐겼던 그는 그 일에 딱 들어맞아서, 순진한 사람들에게 사기 치고 무자비한 기업합동인 스탠더드 오일Standard Oil이 덩치를 불려가도록 부동산을 장악했다. 로저스는 추악한 기질에 더하여 영악했고, 인정사정 봐주는 것 없이 단호하고 무자비해서 성공적인 해적의 면모를 갖추고 있었다. 스탠더드 오일에서 어울렸던 옛 친구인 토머스 로슨은 언제가 로저스를 가리켜 이렇게 말했다. "그는 사려 깊고 친절하며 관대하고 힘이 되는 친구다. (……) 하지만 그가 출정

하는 범선에 올라 해적기를 올릴 때면 신의 가호를 빌어야 할 것이다. 피에 굶주린 잔인한 짐승으로 돌변하는 그는 상어와 다를 바가 없다!"

사람들은 로저스를 '지옥문을 지키는 개, 로저스Hell-Hound Rogers'라고 불렀다. 그는 약탈에 능한 다른 해적들처럼 도박을 즐겼다. "나는 도박가다. 가끔 존 게이츠가 내게 와서 이런 말을 한다. '헨리, 우리가 시장에서 재미 좀 봐야 할 때라고 생각하지 않나?' 우리는 같이 대박을 많이 터뜨렸고, 재미도 많이 봤다." 이 무법자는 호탕하게 소리쳤다. "나는 늘 뭔가 판을 벌여야 한다. 주식시장이 폐장되는 토요일 오후에는 포커 게임이라도 해야 한다!" 스탠더드 오일 쪽에서 일하지 않을 때에는(그는 스탠더드 오일 창립자가 은퇴한 뒤 회사 경영을 도와주기도 했다), 보통 존 록펠러John D. Rockefeller의 동생인 윌리엄과 붙어 다니면서 주식시장에서 벌일 다음번의 큰판을 도모하곤 했다(존 록펠러는 주식투기를 경멸했다). 로저스와 윌리엄 록펠러는 스탠더드 오일 주식에서 생기는 두둑한 배당으로 현금을 마련하는 한편, 제임스 스틸먼의 내셔널 씨티 뱅크의 지원을 지렛대로 활용했다. 이들은 이를 기반으로 1897년에서 1907년까지 월스트리트에서 가장 무서운 세력으로 악명 높았던 '스탠더드 오일 도당'을 만들었다.

사실 존 록펠러와 로저스의 관계에는 흥미로운 구석이 숨어 있다. 록펠러는 월스트리트의 협잡으로 오명을 뒤집어쓰고 싶어 하지는 않았어도 그런 일에 완전히 등을 돌렸던 게 아니라 '해적'을 고용해서 일을 처리했다. 로저스는 간단히 말해서 록펠러의 어두운 이면이었고, 그의 뒷일을 봐주면서 생존했다. 오늘의 세계에서 보자면 록펠러의 손은 그를 대행했던 해적의 손과 다를 바 없이 똑같이 더럽다고 할 것이다.

그러나 그 때문에 록펠러는 자신이 월스트리트에서 노는 사람이 아니라는 위안을 얻을 수 있었다.

스탠더드 오일 도당이 벌였던 가장 유명한 작업을 꼽자면 스탠더드 오일처럼 만든 중서부 구리광산 기업합동인 어맬거메이티드 카퍼 Amalgamated Copper Company를 설립했던 일이다. 이 작업을 도맡았던 로저스는 구리광산 여러 곳을 총 3900만 달러에 사들이는 일을 주선했다. 로저스와 록펠러, 두 사람은 계약서에는 내셔널 씨티 뱅크 계좌로 인수금액 3900만 달러를 이체할 것이라고 해놓고, 같은 은행의 수표를 결제해주기 전에 이 광산들의 소유권을 그들의 명의로 이전했다. 그 사이에 로저스는 어맬거메이티드 카퍼의 설립을 마친 뒤(설립등기에 필요한 이사회는 스탠더드 오일의 직원들 이름을 차명해 사용했다), 이 광산들의 소유권을 7500만 달러에 매도해 어맬거메이티드 카퍼에 이전했다. 동시에 로저스는 광산들을 매도한 대가로 어맬거메이티드 카퍼의 주식을 모두 인수했다. 이어서 그는 이 7500만 달러짜리 회사 주식을 담보로 내셔널 씨티에서 3900만 달러를 융자받아 광산 소유주들에게 매입 대금을 결제해줬다. 그러고 나서 그는 자산 가치 7500만 달러의 어맬거메이티드 카퍼 주식을 일반에 공개해 그 발행 이익으로 은행융자금을 상환하고 3600만 달러의 차익을 챙겼다. 게다가 이 회사 주식이 33달러로 떨어졌을 때, 스탠더드 오일 도당은 주식을 되사서 100달러에 다시 되팔았다. 로저스의 해적깃발이 나부낀 뒤 거둬들인 노획물들이었다.

로저스는 뉴욕 브루클린 소재 한 정유공장의 관리자로 있다가 존 록펠러가 1874년에 그곳을 인수할 때 그와 인연을 맺게 됐다. 이때 로저스는 34세였고, 록펠러는 스탠더드 오일을 만들려고 한창 일할 때였다. 이렇게 록펠러를 만나기 전에 로저스는 이미 펜실베이니아에서 작은 정유공장을 만든 경험이 있었고, 철도회사에서도 일했었다.

매사추세츠 주 페어헤이븐Fairhaven 태생인 로저스는 신문배달을 하던 14세 때 큰돈을 버는 첫 경험을 했다. 어느 날 이른 아침 배달할 신문을 받아든 그는 자기 지역에 공급할 경유를 싣고 오던 선박이 침몰했다는 기사를 보고, 예의 빨리 돌아가는 머리를 굴렸다. 그리고 동네에 신문을 다 돌려서 받게 될 50센트를 포기하고, 경유 도매업자에게 달려가서 기사를 보여주고 그 신문 뭉치를 200달러에 팔았다. 그 업자가 살 물건은 신문 뭉치가 아니라, 그 소식이 알려지기 전에 지역 내 경유를 매점할 수 있는 시간이라는 것을 소년 로저스는 알았다. 이 거래에서 벌써 그의 해적 기질이 세상에 드러났다. 그가 이른 아침에 빠른 발걸음을 내딛었을 때부터 신문사 고용주와 신문 구독자들을 배반할 마음은 무르익고 있었고, 그의 창의성은 다른 사람들의 불행에서 얻을 수 있는 이득을 내다보기에 충분했다.

폭로 기사의 여왕, 아이다 타벨lda Tarbell은 스탠더드 오일을 겨냥해 펜의 날을 세웠지만, 로저스는 오히려 좋게 봐줬다. 적어도 로저스의 현실적이고 솔직한 태도를 좋게 봤기 때문이다. 로저스가 해적인 것은 맞지만 위선자는 아니라는 것이다. 그는 검은 해적깃발을 노골적으로 내걸었지 숨기지는 않았다. 한편, 이면을 보면 로저스는 자선행위도 베풀었다. 그는 헬렌 켈러Hellen Keller와 부커 T. 워싱턴Booker T. Washington을 도와줬고, 자신의 자금 사정이 최악으로 치달았을 때에도 마크 트웨인에게 도움의 손길을 건넸다. 로저스가 트웨인에게 돈을 주지는 않았지만, 트웨인이 빚을 청산할 수 있도록 자신의 시간을 할애해 금융 문제를 상담해주었다.

　로저스는 여러 방을 이어놓고 드나드는 방문객들이 서로 볼 수 없도록 집무실을 꾸며놓았는데, 그의 투자 포트폴리오 또한 이처럼 복잡했다. 그는 천연가스 회사와 철도회사에 투자했고, 믿거나 말거나 식으로 들리겠지만 압정 만드는 회사에도 투자했다. 1899년에는 6500만 달러 규모의 제련회사 기업합동(트러스트)을 조직했다. 그는 작전을 끝내기까지 계획을 꾸미고 전쟁을 벌였다.

　1909년 숨을 거두기 몇 해 전까지, 로저스는 순전히 개인적인 재원과 신용만으로 버지니아철도Virginia Railroad를 건설하고 약 4000만 달러의 소요 자금을 조달하느라 분주하게 살았다. 어떤 이들은 그가 이 프로젝트의 스트레스로 인해 죽었다고 하지만, 그랬을 개연성은 희박하다. 기상천외한 주식 조작도 벌이고 공개적으로 험악한 욕까지 먹으면서도 안 죽고 살았는데, 고작 철도사업의 스트레스를 못 이겨서 죽었으랴! 게다가 로저스는 그 무렵 철도업계에서 자수성가까지는 아니어도, 이미 굵직한 사업가가 돼 있었다. 그는 에드워드 해리먼이 유니온 퍼시픽을 회생시키는 일에 자금 조달을 도와줬고, 다른 철도회사들의 이사회에서도 일했으며, 철도 노선과 해상의 페리까지 거느린 운송제국 '스태튼 아일랜드'의 이사이기도 했다. 또 US스틸에서도 이사로 활동했을 뿐 아니라, 고향에다 아틀라스 택 컴퍼니Atlas Tack Company라는 회사를 설립하기도 했다. 이 회사는 대량 생산하는 신제품 압정이 인기 상품이었던 시기에 세계 최대의 압정 제조회사였다. 그는 될 수 있는 대로 많은 보물궤짝을 캐내려고 촉수를 뻗었다.

　로저스는 개인적인 목적에서 온갖 투자를 어지럽게 벌여놓는 와중에도, 가족을 꾸린 뒤로는 가정에 충실했다. 52세가 되어서야 결혼한 그는 아내가 세상을 떠나자 2년이 지나기 전에 다시 결혼했다. 슬하에 세 딸과 아들, 헨리 H. 로저스 2세를 뒀다. 그는 사업의 바다에서는 흉악한 해적이었지만, 사생활에서는 아무런 추문도 없었다. 이 대목에서 개인적인 호사보다 사업을 중시하는 사람들이라야 성공을 이어간다는 또 하나의 사례를 보게 된다. 거칠게 노는 이기적인 방탕아들과는 달리, 로저스는 순전히 사업이라는 게임을 너무 좋아했기 때문에 거칠고 무자비했다. 그는 다른 데 눈을 돌리지 않았고 해적질이 우선이었다. 하지만 두 번째 부인이 세상을 떠났을 때는 그도 어쩔 줄 몰라 했다. 그의 아들이 압정회사와 철도회사 여러 곳을 잘 경영해서 훌륭하게 자리를 잡았지만, 그에게는 위안이 되지 못했던 모양이다. "모든 게 내 곁을 떠나가고 이제는 나밖에 없구나!" 그는 울부짖었다. 그의 안에서 살고 있던 해적마저 떠난 뒤에는 슬픈 그만이 남았다.

해적은 월스트리트에서 성공할 수 있다. 아마도 오늘날에는 증권 법규 때문에 해적질이 약화됐을지도 모른다. 하지만 최근 드렉셀 번햄이 일으킨 정크본드Junk Bond 제국을 보노라면 여전히 해적질이 일어나고 있음을 알 수 있다. 덴버 시 저가주 투기 사태나 아칸소 주 지방채시장에서 정치 자금을 등에 업은 불량 채권업자들bond daddies의 행태를 보면 해적들이 출몰했음을 알 수 있다. 게다가 벤처 자본가들도 새로운 가치의 창조자들로 위장한 해적일 때가 많다. 이런 부류의 사람들은 모두 로저스로부터 정신적인 유산을 물려받은 자들이다. 이들이 그의 무덤 앞에 모두 모여서 제사를 지낸다면, 로저스가 후예들에게 들려줄 말은 이것뿐일 것이다. "야! 그거 돈 되는 일이 아니면 재미없어. 내겐 아무짝에도 쓸모가 없으니 다들 꺼져.” 로저스가 출정한다. 해적기를 올려라!

피셔 형제들

Fisher Brothers

자동차 도시의 거물들

◆

　잘나갈 때 그만두기가 그리 하고 싶은 일은 아니겠지만, 단연코 득이 될뿐더러 멋진 일이기도 하다. 일례로 디트로이트Detroit의 피셔 형제들Fisher Brothers을 보자. 아직도 디트로이트에는 그들을 기억하는 사람들이 많다. 사람들의 기억에는 그들이 도입했던 세계적으로 유명한 자동차 차체의 혁신과 1929년 지어진 높다란 피셔빌딩이 남아 있다. 또 피셔 집안은 지역 사회에서 큰 비중을 차지하고 있고, 디트로이트의 자선단체들에게 큼지막한 기부도 여러 번 했으니 쉽게 잊히지 않을 것이다. 한때 피셔 형제들은 월스트리트에서 '중량급 선수들'이었다. 뉴욕에서 차지하는 비중은 미미했지만, 그들이 어느 주식을 떠받쳐주면 많은 개인 투자자들이 따라붙을 정도로 주식시장의 신뢰가 두터웠다. 하지만 피셔 형제들이 1929년 주가폭락 직후 주식에서 발을 빼자, 월스트리트와 미디어는 그들을 완전히 잊어버렸다. 그들은 남아 있는 육중한 재산을 손에 들고 주식시장에서 철수했고, 세상의 이목에서 멀리 떨어진 디트로이트의 궁궐 같은 저택에서 살았다. 얄궂은 일이었겠지만, 그들이 주가폭락에도 불구하고 대공황 중에 주식시장에서 계속 분투했다면 다른 수많은 이들처럼 재산을 잃었을 것이고, 그 덕분에 1930년대에도 미디어에 그들의 이름을 수놓으며 화려하게 파산했을 것이다.

피셔 형제들은 잘나갈 때 떠나는 게 얼마나 현명한지 잘 가르쳐준다. 동시에 항상 하던 일에 매달리라는 똑같이 중요한 교훈이 항상 유효한 것은 아님을 보여준다. 제이 쿡은 채권에서 철도로 분야를 바꾸다가 빈털터리가 됐다. 반면 피셔 형제들은 자동차 차체 제조에서(이들은 '피셔 차체Body by Fisher'라는 로고로 유명했다) 주식시장으로 분야를 바꾸었지만, 있던 재산을 잃지도 않았고 더 많은 재산을 벌어들이는 눈부신 기록을 남겼다.

맏형인 프레드Fred가 형제들의 성공을 제일 먼저 이끌었다. 그는 1878년 오하이오 주의 샌더스키Sandusky에서 태어났다. 할아버지는 독일에서 마차를 만들던 장인이었다. 프레드는 14세에 가톨릭 학교를 그만두고 아버지가 하는 대장간 일과 마차 만드는 일을 배우기 시작했다. 1902년에 그의 마차 만드는 솜씨는 시장의 환영을 받기에 족해서, 신생 자동차산업의 본고장인 디트로이트로 떠날 채비를 차렸다. 프레드가 유수한 마차공장에서 착실히 승진 단계를 밟아가는 도중에 그 회사는 규모가 두 배로 불어나면서 최대의 자동차 차체회사로 성장했다. 그 사이에 프레드의 동생들은 하나씩 연령이 차면서 디트로이트로 와서 맏형과 함께 일하게 됐다. 1908년에 프레드는 삼촌과 형제 중 둘째인 찰스Charles와 함께 자본금 5만 달러로 피셔 보디 컴퍼니Fisher Body Company를 창업했다.

피셔 보디 컴퍼니는 자동차에 쓸 새로운 차체를 만들기 위해 기존의 마차를 개조하는 게 아니라, 견고하고 충격을 잘 견디는 차체를 새로 설계했다. 1910년 피셔 형제들은 방풍유리로 둘러친 일체형 차체를 개발해서 차체산업을 혁명적으로 바꾸어놓았다. 그 무렵 운전자들은 날아드는 먼지로부터 눈을 보호하기 위해 큰 안경을 쓰고 운전했었는데, 방풍유리를 둘러친 상자 안에 갇혀 있는 모습을 보고 미친 짓이라고 생각했다. 그러나 이 아이디어는 나라 전체를 휩쓰는 대히트였다. 캐딜락Cadillac에서 일체형 차체 150개를 주문했는데, 이것은 고급차 분야 최초의 대량 주문이었다. 피셔 형제들은 이 탄력을 받아 피셔 클로즈드 보디Fisher Closed Body를 설립했다. 이후 피셔 보디 컴퍼니 캐나다를 세우고, 1916년에는 기존의 회사 세 개를 합쳐서 자본금 600만 달러 규모의 피셔 보디 코퍼레이션Fisher Body Corporation이라는 지주회사 겸 영업회사를 설립했다. 이 회사의 차체 생산능력은 연간 37만 대로 미국 최대 규모였다.

위세 당당하고 굵직한 사업가로 자리를 잡은 피셔 형제들은 말 그대로 자동차산업의 거물이 됐고, 당연히 사업욕으로 불타던 GM의 윌리엄 크레이포 듀랜트의 시선을 끌었다. GM은 1919년 피셔 보디의 60% 지분을 2700만 달러에 취득했다. 피셔 형제들은 신주를 주당 92달러에 발행해 GM의 지분을 20만 주에서 50만 주로 늘려주기로 했고, GM은 차체 외주 물량의 절반 이상을 원가에 17.6% 마진을 얹은 가격으로 피셔 보디로부터 구매하기로 약속했다. 7년 뒤 피셔 형제들은 남아 있던 40% 지분을 GM에 주식 교환 방식으로 매각했다. 이는 당시 시가로 1억 3000만 달러 규모였다.

피셔 보디는 순식간에 GM의 기업인수 역사상 가장 수익성 높은 사례로 입증됐다. GM은 1차 세계대전 후에 세계 최대 규모의 차체공장을 클리블랜드에 세웠고, 전국에 걸쳐서 1929년까지 20개의 공장을 새로 짓거나 인수했다. 클리블랜드의 차체공장은 1923년에 차체 41만 7000대를 생산해 2300만 달러의 이익을 벌어들였다. 1925년 이 회사의 이익률은 18.9%나 됐다. GM이 피셔 보디를 인수하지 않았다면 오늘날의 모습으로 성장하지 못했을 것이라고 보는 시각도 있다. 그 자체로 어느 책에라도 오를 엄청난 업적이 아닐 수 없다. 그러나 이는 메인 스트리트에서의 과업이었지 월스트리트와는 무관한 일이었다.

그사이에 피셔 형제들은 GM 안에서 당초 그들의 회사와 더불어 여러 자회사들을 맡아 경영했다. 프레드는 GM의 부사장 겸 본부장으로 자리를 잡았고, 윌리엄William은 피셔 보디를 경영했으며, 로렌스Lawrence는 캐딜락을 이끌었다. GM에 회사를 매각하고 200~500만 달러가량의 재산을 모으게 된 피셔 형제들은 무언가 새로운 일을 더 해보려고 부심했다. 그러던 차에 프레드가 시장에 밝은 수완가 한 사람으로부터 '따끈한 재료'를 얻어 오면서, 이들은 독자적인 투자회사인 피셔 앤드 컴퍼니Fisher and Company를 설립했다. 그 수완가는 자신의 주식을 팔아넘길 표적을 찾던 중이었는데, 그 시절을 짐작해보면 오하이오 주 출신의 돈 많고 '기름때 묻은' 일곱 형제는 그에게 안성맞춤인 먹잇감이었을 것이다.

정보의 내용은 "볼드윈 로코모티브Baldwin Locomotive를 매수하라"였는데, 주식시장에 처음으로 발을 들여놓은 피셔 형제들이 보기에는 이것은 다른 어느 종목 못지않게 좋아 보였다. 그래서 그들은 그 종목을 매수했다. 그들이 처음에 들었던 말대로 주가가 오르지 않자 더 매수했지만 주가는 계속 시들하기만 했다. 나중에 알고 보니, 그들이 샀던 볼드윈 주식은 정보를 가져다준 바로 그 사람이 매도한 물량이었다. 그뿐 아니라, 피셔 형제들은 어느 작전 세력에 속해 있던 그 정보 제공자가 자신들이 어수룩하다는 점을 이용해 보유 중이던 볼드윈 주식 전량을 떠넘긴 데다, 공매도 물량까지 보태서 자신들을 먹잇감으로 삼았다는 사실을 알게 됐다. 돌아서서 싱글거렸을 이 수완가는 피셔 형제들이 사태를 알고 나봐야 어쩔 줄 몰라 하며 주식을 다시 팔 것이라고 생각했다. 그렇게 그들이 매도 물량을 쏟아내서 주가가 폭락하고 나면 헐값에 공매도 대주 물량을 청산하겠다는 게 그 작전 세력의 끝내기 수였다. 하지만 일이 생각대로 전개되지 않았다. 피셔 형제들은 그저 자동차나 조립하던 거물이 아니었던 것이다.

피셔 형제들은 처음보다도 더 거세게 볼드윈 주식을 사들였다. 그러자 주가는 서서히 오르기 시작했다. 피셔 형제들의 대담한 행보와 함께 주가 흐름이 뒤집히자 월스트리트가 열광했다. 마침내 월스트리트에 새로 진출한 아서 커튼을 비롯한 다른 투기꾼들도 볼드윈 주식을 뒤따라 매수했다. 피셔 형제들이 매수 물량을 늘릴수록 주가가 치솟기 시작해, 1926년 92달러에서 1927년에는 233달러로 상승했다. 주식의 내재 가치가 130달러에도 미치지 못한다는 볼드윈 사장의 발표가 나간 뒤 주가는 15%p 떨어졌지만, 피셔 형제들은 냉정을 잃지 않았다(사실 그들은 그럴 여유가 있었다). 그들이 고용한 어느 전문가가 볼드윈 주식 가치가 350달러에 달한다는 산출 근거를 '찾아냈다.' 피셔 형제들은 매수를 계속했고, 다시 개인 투자자들의 매수도 가세해서 주가는 신고가를 경신한 265달러까지 올랐다. 결국 공매도를 냈던 사람들은 수백만 달러를 잃었다.

피셔 형제들은 월스트리트에 입성하는 신고식을 거칠게 치른 뒤, 큰 거래를 줄줄이 성공시켜서 전혀 만만하지 않은 존재로 자리매김을 했다. 그들이 50달러에 매수했던 텍사스코프Texas Corp.는 74달러로 올랐다. 25달러에 매수했던 리치필드 오일Richfield Oil은 56달러까지 상승했다. 그들이 손을 대는 주식들은 전부 황금으로 변하는 듯했다. 피셔 형제들은 큰 물량을 움직이며 거래했고, 목표로 정한 주식에 대해서는 충분한 재원을 투자했다. 이와 같은 방식으로 그들은 강세장의 상승세를 더욱 북돋웠다. 그들은 월스트리트의 명문가들과 어울리면서 윌리엄 듀랜트와 공동으로 합동 자금을 운영하기도 했고, JP 모건의 파트너들과 친분을 나눴다. 마치 피셔 형제들이 예전부터 월스트리트에서 활동했던 것처럼, 그곳 금융가의 최고 가문들이 그들을 인정해줬다.

그런데 주가폭락이 모든 것을 바꿔버렸다. 강세장 막판에 엄청났던 피셔 형제들의 평가 이익은 순식간에 사라졌다. 그래도 월스트리트 입문 초기에 1억 달러를 웃돌았던 수준은 됐다. 그 정도면 디트로이트에서 왕처럼 살고도 남을 만한 돈이었다. 그들은 미련 없이 모든 유가증권을 처분했고, 조용히 디트로이트로 물러나 그곳에서 전설에 남을 만한 삶을 살기 시작했다. 피셔 형제들은 자비를 베푸는 삶을 살았다. 그들 소유의 피셔 보디 지분을 YMCA에 기증했고, 세라피셔 유아보육원Sarah Fisher Infant's Home에 설립 자금을 기부한 데 이어서, 버림받은 아이들을 위한 부속건물도 지어줬다. 그들은 또 풍요롭게 문화를 즐기는 삶을 살았다. 찰스는 저명한 예술 애호가였고, 막내 하워드Howard는 오대호 요트 클럽에서 유명한 요트 애호가였다. 프레드는 72미터 길이의 배를 건조했다. 나아가 피셔 형제들은 명예로운 삶을 살았다. 의기투합해서 피셔 빌딩을 지어 올리기도 했다. 찰스는 내셔널 뱅크 오브 디트로이트 National Bank of Detroit의 이사직을 역임했고, 노트르담 대학교University of Notre Dame의 일반 수탁위원으로 일하기도 했다. 그들은 또 소박한 삶을 살았다. 일곱 형제가 주중에 밤마다 모여서 연로한 어머니와 함께 시간을 보냈다.

GM 이사직 사임이나 부음(1941년에 프레드의 부고부터 시작됐다)처럼 단편적인 소식이 날 때를 빼면 피셔 형제들은 세상의 시선으로부터 완전히 사라졌다. 그들은 유별나리만큼 언론을 낯설어했기 때문에 아마도 그게 더 편했을 것이다. 그러나 피셔 형제들을 다룬 보도 기사들을 보면, 그들이 월스트리트를 떠나 디트로이트에서 보냈던 삶을 진지하게 거론했던 기사는 하나도 찾아볼 수가 없다. 늘 자기중심적인 월스트리트는 세상을 보는 눈도 그렇게 편파적이었다. 월스트리트 사람들은 피셔 형제들이 그곳을 두고 떠나갔지만, 그들이 잘나갈 때 그만두었다는 점을 알아보지 못했다. 또 그곳 사람들은 그 길이 주식시장에서 재산을 배로 불리는 것 못지않게 큰 성취였다는 점도 인식하지 못했다. 그들은 어쩌면 피셔 형제들이 재산을 완전히 날려버리는 것보다 훨씬 나은 길을 찾아갔다는 점도 몰랐을지 모른다.

피셔 형제들은 월스트리트의 조명과 매력에 미련 없이 등을 돌렸고, 짜릿한 흥분감과 자존심, 행운과 기복을 모두 그곳에 버려두고 떠났다. 대공황 직전에 그들은 큰돈을 벌기 시작했지만, 초심으로 돌아가 그보다 더 많은 것을 이뤘다. 게임이 험악하게 돌변하는 순간, 현실을 바로 본 그들은 거두절미하고 떠났다. 이 책에 등장하는 끔찍한 종말을 맞았던 많은 사람이 피셔 형제들로부터 교훈을 얻었다면 더 나은 삶을 살았을 것이다. 특히 현대로 넘어오면서 돈에 굶주린 월스트리트의 많은 사람이 자기가 파놓은 함정에 빠져드는 모습을 볼 때는 더욱 그런 생각이 든다. 많은 사람들을 예로 들 것도 없이 헌트 형제와 이반 보스키, 마이클 밀컨의 사례를 보라. 또 도널드 트럼프를 생각해보라(참고로 피셔 형제들은 필자와 아무런 혈연관계가 없음을 밝힌다).

존 래스콥

John J. Raskob

소비자 금융의 개척자

◆

존 래스콥_{John J. Raskob}은 근근이 모아둔 저축을 안전한 곳에 투자하겠다는 단순한 생각에서 막 태어난 GM의 주식을 사기 시작했다. 하지만 그는 그 투자로 얻을 수 있는 것 이상을 얻었다. 헨리 클루스가 쓴 『Twenty-eight Years in Wall Street(월스트리트의 28년)』에 등장하는 래스콥은 EI뒤퐁 드느무르 앤드 컴퍼니_{EI duPont de Nemours & Company}에서 일하던 숫자에 밝은 사람이었는데, 나중에 GM의 부사장이자 이사회 임원이 됐고, 또 GM 재무위원회의 회장으로도 일했다.《뉴욕 타임스》가 "GM의 금융 귀재로 통했던 사람"이라고 평했던 그는 GM이 미국 최대의 기업 집단으로 성장하는 과정에서 한몫을 톡톡히 한 인물이다.

1915년 래스콥과 그의 사장 피에르 뒤퐁_{Pierre duPont}이 GM 주식의 큰 지분을 보유하고 있던 차에, 이 회사의 지배 지분을 둘러싼 싸움이 벌어졌다. GM의 창립자인 윌리엄 듀랜트와 주거래 채권은행단 사이에 벌어진 싸움이었다. 래스콥이 GM과 맺은 30년 인연은 갑작스러운 이 싸움으로 인해 시작됐다. 그는 그 자리에서 단순한 표결이 아니라, 다음과 같은 제안을 내놓고 상황을 장악하게 됐다. "GM과 채권은행단이 각각 양측의 주주를 대변하는 이사 7명을 선임하고 뒤퐁이 이사 3명을 선임해서 17명의 이사회를 구성하는 게 어떻습니까?" 그의 이 제안을 두 진영에서 모두 받아들였다. 래스콥은 뒤퐁 측의 3명에 속하는 이사가 됐고, 중도를 대변하는 뒤퐁이 이사회 회장을 맡게 됐다.

직선적이고 숫자에 강한, 월스트리트의 재간꾼이었던 래스콥은 우연찮게 굴러들어 온 힘을 적극 활용해, 1차 세계대전이 끝나자마자 사업 규모를 크게 늘리는 일을 추진함으로써 GM의 성장을 이끌었다. 이 일에 들어갈 자금을 조달하기 위해 뒤퐁의 돈 약 5000만 달러를 GM에 쏟아부었고, GM의 주식을 대량으로 JP모건에 판매했다. 듀랜트는 GM이 은행가들에게 의지하지 않고 완전히 독립적이기를 바랐지만, 월스트리트와 닿는 연줄이 없는 주식회사는 아무것도 아님을 래스콥은 알고 있었다.

래스콥은 자동차를 구매하는 고객의 편의를 도모하기 위해 결제 시스템을 완전히 바꿔놓음으로써, 자동차산업에 일종의 혁명을 불러일으켰다. 1919년 그는 오늘날 아주 일반적인 금융 방식의 하나인 할부 판매를 자동차에 대대적으로 적용했다. 이를 위해 새로 설립된 GM의 금융 자회사 GMAC General Motors Acceptance Corporation가 자동차 대리점과 고객에게 회사의 자금으로 융자해줬다. 그때까지 할부 판매는 저가 품목들에만 활용됐었는데, 래스콥은 고가 품목에도 적용하자는 생각을 처음으로 내놓았다. 물론 이 생각은 처음에는 반대에 부딪쳤다.

래스콥에 따르면 할부 판매 방식에 대해 "은행가들은 사치를 유발하는 동기를 제공할 뿐이라는 이유로 반대했고, 일반적인 제조회사들은 소비자들의 구매력이 자동차로 쏠릴 것을 우려해 반대했다." 하지만 최종적으로 할부 판매 계획은 모든 사람의 지지를 얻어냈다. 고가품목들을 구매하는 메커니즘으로 할부 판매를 대중화한 일은 래스콥의 이름을 미국 금융의 역사에 확연하게 아로새겼다. 할부 판매 방식은 곧이어 다른 고가 제품들인 트랙터나 기계, 장비를 비롯해 모든 종류의 자본재 및 내구 소비재로 확대됐다. 또 대부분 이런 제품들은 소비계층 확대와 아울러 일종의 사회간접 자본과 같은 품목으로 뿌리를 내림으로써 20세기 미국 중산층의 부상을 이끌게 됐다. 오늘날의 생활은 거대 제조업체들이 제공하는 소비자 금융이 없다면 상상하기 힘들다. 래스콥이 바로 그 선구자였다.

긍정적인 자세로 항상 생기가 넘치던 래스콥은 8년간 GM의 재무위원회를 이끌면서 이 회사의 재무 부문을 완전히 뒤바꿔놓았다. 그는 주주들에게 두둑한 배당을 제때에 신속하게 지급하도록 추진했다. 그는 이런 정책이 주식의 가치를 높일 것이라고 봤다. 물론 그가 배당의 중요성을 인식한 최초의 사람은 아니다. 그가 달랐던 점은 주주들을 잠재적인 고객으로 보는 시각이었다. 사실 주주들은 GM의 자동차를 타고 다니는 고객들이었고, 주식을 가지고 있는 사람들이라면 GM을 신뢰하는 사람들이기에, 그만큼 GM의 제품을 구매할 확률도 높다고 봤던 것이다.

래스콥은 동시에 주주들의 수를 늘리는 일에도 매진했다. 물론 그의 이런 정책은 또 다른 효과를 가져왔다. 회사들은 그때까지 일반 소액 주주들을 주식 공모로 자금을 일으키는 일에 뒤따르는 부담이자 필요악으로 봤었다. 지금도 많은 회사들의 생각이 이렇다. 그러나 주주들을 기업을 뒷받침해주는 가치 집단으로 봤던 래스콥의 비전은 다른 기업들에게도 주주 가치를 확산시키는 계기가 됐다. 오늘날 주주들을 제품을 판매할 수 있는 귀중한 잠재 고객층으로 보는 회사들은 별로 없지만, 많은 기업들이 주주들의 가치를 인정하고 그들의 이해에 적극적으로 부응한다. 이런 움직임은 래스콥의 선견지명을 이어가는 것이다. 래스콥은 GM의 재무위원회 회장으로 일하는 동안 자신의 목표를 모두 달성했다. 주주의 수를 14% 늘렸고, 연간 순이익을 18% 높였으며, 매출은 10배로 불려놓았다.

한편, 래스콥은 대중적인 금융전략을 설파하는 일에 좀 심취했었다. 1929년《레이디즈 홈 저널Ladies Home Journal》에 기고한 글에서, 그는 매달 15달러만 절약해서 주식에 투자하고 배당을 재투자한다면 그가 얻은 성취에 못지않게 확연한 결실을 얻을 수 있을 것이라고 제안했다. 그는 이렇듯 단순한 방법으로 20년 안에 8만 달러를 만들어서 모든 이들이 부자가 될 수 있다고 설파했다. 하지만 그해에 주가폭락이 일어나자, 그는 일반인들의 금융 자문가라는 명성을 얻게 해준 이 논리를 포기했다.

벗어진 머리와 매부리코, 강렬한 눈빛과 냉철하고 예리한 용모를 갖춘 래스콥은 작지만 다부진 모습이어서, 영화배우 로버트 듀발Robert Duvall을 좀 닮았다. 래스콥은 1879년에 뉴욕 로크포트Lockport에서 태어났다. 그의 할아버지와 아버지는 프랑스 알자스 지방에서 퀼런을 제조하는 일을 했었다. 래스콥은 십 대에 아버지를 여의고, 어머니와 형제들을 돌보기 위해 고등학교 공부를 그만두었다. 21세에 뒤퐁의 비서가 된 것을 시작으로 44년간 그와 함께 일했다. 1906년, 27세에 결혼한 뒤 13명의 아이를 두었다. 많은 자녀를 두었지만, 그 명수가 불길한 숫자였나 보다. 그와 부인은 나중에 별거생활을 하게 됐으니 말이다.

1920년대에 래스콥은 대단한 유명세를 얻어서, GM에 대한 그의 긍정적인 논평이 나가면 곧바로 주가가 뛰어올랐다. 이 일은 GM 주식을 많이 보유하고 있던 뒤퐁에게도 좋은 일이었다. 래스콥은 GM에 대한 뒤퐁의 투자를 계속 늘려가서 그 지분을 40~50%까지 확대했다. 주가폭락 때 래스콥과 뒤퐁은 '가장매매wash sale' 방식으로 손실을 서로 상쇄시켰는데, 이 방법은 당시 찰스 미첼 같은 월스트리트 거물들이 많이 애용했던 것이다. 래스콥은 주식 1400만 달러어치를 뒤퐁에게 매도함과 동시에, 그에게서 같은 금액의 주식을 매수했다. 이런 의제적인 매매를 통해서 두 사람은 소득세 신고에 약 300만 달러의 손실을 반영시켰다. 그리고 두 달 후에 두 사람은 처음의 거래를 뒤집는 양자 간의 거래를 통해 본래 소유하고 있던 주식을 다시 취득했다. 오늘날에는 이런 거래가 불법으로 취급될 것이다.

맹렬한 투기자이기도 했던 래스콥은 그 무렵 그의 동료들 대부분이 그랬듯이 손쉽게 수익을 벌기 위한 주가 작전 세력에 가담했다. 그가 끼었던 가장 유명한 작전 세력은 초기 투자금액 100만 달러로 일주일 만에 30만 달러를 그에게 벌어줬다. 마이클 미핸이 운용을 맡았던 이 작전 세력은 인기 종목 중의 하나였던 RCA를 매매했는데, 150만 주 규모의 거대한 물량을 움직이면서 1억 4000만 달러가 웃도는 현금을 회전시켰다. 그러나 그의 활동 중에서 이 부분은 금융의 진화에 혁신적인 것도 아니었고, 의미 있는 것도 아니었다.

래스콥은 1928년에 GM 재무위원회 회장직을 사임하고, 민주당 진영으로 정치에 입문했다. 경제계에서 일반을 위해 공도 쌓고 성공 가도를 달리던 사람이 정치를 해보겠다고 일터를 떠나는 것을 이해하기는 어렵지만, 그는 그 길을 걸었다. 그는 자기와 같은 성공적인 기업인이 그동안 사회에 진 빚을 공적인 일을 통해서 갚을 수 있을 것이라고 말했다. 성공적인 기업인이 사회에 빚을 지고 있다는 생각은 필자가 보기에는 좀 어리둥절하다. 범죄자들의 경우는 사회에 빚진 게 있다. 또 내 눈에는 기업인들보다는 정치인들이 훨씬 더 범죄자들에 가까운 것으로 보인다. 하지만 1920년대와 같은 어지러운 세상에서는 래스콥에게 그 점이 분명히 보이지 않았을 것이다. 어쨌든 그는 교훈을 얻었던 것 같다. 10년 뒤에 그는 정치를 떠나서 다시 투기와 투자의 세계로 돌아왔고, 대중의 조명에서 점점 사라져갔다. 1950년, 그는 71세의 나이로 세상을 떠났다. 그러나 그의 죽음 후에도 소비자 금융은 오래도록 세상에 남았다. 그가 개척한 소비자 금융은 월스트리트와 메인스트리트가 만나는 결정적인 교차점으로, 대다수 일반인이 자기 힘으로 구매 자금을 마련할 수 없는 제품을 사는 금융의 길을 열어줌으로써, 더 많은 사람의 손에 더 많은 제품이 들어갈 수 있도록 해줬다. 래스콥은 사회에 아무 빚도 지지 않았다. 오히려 그 반대라고 해야 옳다.

087

아서 커튼

Arthur W. Cutten

Collier's, 1929

주가를 흔들고, 바로 치고 빠진다

◆

미국이 낳은 대단했던 투기자 중의 한 사람인 아서 커튼Arthur W. Cutten
은 처음에 시카고에서 곡물을 거래하다가 나중에는 월스트리트로 무
대를 옮겼다. 그는 매수로 시장을 쥐락펴락 움직였다. 그때나 지금이나
많은 이들이 이런 방법을 썼지만, 그보다 더 뛰어나게 하는 사람은 없
었다. 아서 커튼은 이러한 대규모 주가 조작의 결정판이었다. 오늘날에
는 이 방법을 쓰려면 자신을 위장해야 한다. 아니면 교도소에 가기 때
문이다.

커튼은 번번이 자신이 노린 유가증권들을 매점했다. 그 과정에서
막대한 차입금을 동원해 썼고, 투기로 거대한 수익을 남겨서 차입금을
청산했다. 많은 투기꾼들이 돈을 빌려서 몇 건의 투기에 성공한 뒤 수
익금을 토대로 더 많은 돈을 빌렸던 것과는 달리, 커튼은 어느 주식이

나 상품을 표적으로 작업을 마친 뒤에는 언제나 채무를 남김없이 모두 청산했다. 이러한 자금 운용 덕분에 그는 1929년 주가폭락과 대공황 중에도 피해를 입지 않고 선전할 수 있었다. 반면, 군소 투기자들은 파리채에 얻어맞은 날벌레처럼 몰살당했다. 헨리 클루스는 『월스트리트의 28년』에서 커튼은 기술과 돈에 대한 열정도 대단했고, 1936년 숨을 거둘 때 5000만~1억 달러로 추산되는 재산을 남길 정도로 성공적이었다고 썼다. 하지만 한편으로는 마음 약했던 사람인 커튼은 자식이 없었음에도 언젠가 이렇게 말했다고 한다. "내게 아들이 있다면 주식시장 근처에도 가지 못하게 막겠다. 긴 막대로도 그것을 건드리지 못하게 할 것이다. 왜냐하면 그곳에서 너무 많은 사람이 죽어나가기 때문이다!"

캐나다에서 태어난 커튼은 놀랄 만한 거래 솜씨 외에도 흥미를 끄는 구석이 또 하나 있었다. 그는 시대를 통틀어 거칠기로 유명했던 투기꾼이지만, 시장 붕괴에 한 번도 말려들지 않았다. 이것은 아주 드문 사례에 속한다. 물론 그 역시 초기에는 몇 번의 손실을 보기도 했는데, 언제나 손실을 만회하는 희귀한 실력을 발휘했고 나중에는 수익을 냈다. 그는 1890년 20세에 자전거 한 대와 60달러를 손에 들고 시카고로 와서 시카고상품거래소CBOT, Chicago Board of Trade에서 일했다. 26세에는 AS화이트 앤드 코AS White & Co.에서 옥수수 선물을 거래하면서 자기 몫으로 회사와 같은 방향의 포지션을 취하는 초단기 거래를 병행했다. 독자적인 거래를 시작할 수 있는 자금을 마련하게 됐을 때, 커튼은 날씨, 병충해, 운송, 통계자료 등 곡물시장에 중요한 기본적 요인들을 충실하게 파고들었다. 그렇게 10년을 보낸 뒤 그는 37세의 나이에 의젓한 가장이자, 백만장자, 그리고 세계 곡물시장에서 국제적으로 유명한 트레이

더가 됐다.

엄청난 뚝심과 함께 날카로운 감각으로 유명했던 커튼은 최대 규모의 곡물 거래 한 판으로 400만 달러의 손실을 1500만 달러의 이익으로 돌려놓았다. 그는 매입 속도를 완만하게 유지하면서 체계적으로 자신을 드러내지 않은 채, 밀을 부셸bushel(곡물 거래의 단위_옮긴이)당 1달러에 매수해놓고, 수백만 부셸을 매집해가기까지 밀 가격을 2달러 위로 끌어올렸다. 그러나 그가 마이애미에서 휴가를 보내고 있는 동안 밀 가격이 계속 오르다 말고 갑자기 난리가 났다. 제시 리버모어가 주도했다고 알려진 베어 레이드로 말미암아, 밀 가격이 단 몇 시간 만에 16센트나 주저앉은 것이다. 리버모어는 그 전에 커튼을 뒤따라서 매수 포지션을 이어가고 있었는데 말이다. 커튼은 400만 달러의 평가손이 발생했지만, 매수 포지션을 청산하지 않았다. 반대로, 포지션을 그대로 유지한 채 패닉이 수그러드는 사이에 매수 물량을 더욱 늘려가면서 가격을 다시 끌어올렸다. 그렇게 그는 1500만 달러의 이익을 벌어들였다. 그 해에는 소득세로 50만 달러를 내서 그 무렵 시카고에서 납세액 1위를 기록했다.

입구에 자신의 이름도 내걸지 않은 시카고의 작은 사무실을 거점으로, 커튼은 1926년에 수익으로 벌어둔 2500만 달러를 가지고 월스트리트에 뛰어들었다(소문에 따르면, 정부에 대한 보고 의무 때문에 그가 곡물시장을 떠났다는 말도 있다). 커튼은 한때 '주식시장에서 최대 규모와 영향력을 행사하는 집단의 리더'로 이름을 날렸다. 때때로 그는 윌리엄 크레이포 듀랜트의 작전 세력과 공조해 매매하기도 했고, 자신의 주도로 작전 세력을 만들기도 했는데, 그가 개별적으로 벌였던 투기가 훨씬 더 흥미를 끈다. 커튼은 자신을 드러내지 않는 근 1년 동안 주도주들을 큰 물량으로 사들이면서 월스트리트의 내부자로 자리를 잡고자 했다.

커튼은 자신의 선호 종목들인 인터내셔널 하베스터International Harvester, RCA, 볼드윈 로코모티브Baldwin Locomotive, 스탠더드 오일 오브 인디애나Standard Oil of Indiana(지금의 아모코Amoco사에 해당_옮긴이)를 사들였다. 그는 10~15%p의 상승 파동을 타면서 차익을 실현하기도 했지만, 장기 투자 목적으로 주식을 보유할 때가 더 많았다. 일례로, 몽고메리 워드Montgomery Ward 주식 보유량이 10만 주나 헤아리고 있을 때 주가가 터무니없는 수준인 624달러까지 치솟았지만, 그는 차익을 실현하지 않고 확고하게 보유했다. 그가 매수했던 가격은 한참 아래인 80에서 100달러였는데도 말이다. 그는 그 종목에서 보다 큰 가치를 봤던 게 틀림없다.

멋진 옷차림을 하고 다니던 커튼은 나중에《에브리보디스Everybody's》라는 잡지에「투기자의 이야기Story of a Speculator」라는 글을 기고하며 다음과 같은 비결을 공개했다.

1. 장기 투자할 기회를 눈여겨보라.
2. 가치가 저평가될 때를 노려라.
3. 해당 주식의 기본적 요인을 연구하라.
4. 천천히 매입하면서 보유 주식을 늘려가라.
5. 수익이 계속 불어나도록 추세를 따라가라.

하지만 이와 같이 간단해 보이는 커튼의 투기 방법이 일반적인 투자자들에게는 잘 먹히지 않았다. 대다수 일반인들은 지금 매수하는 종목의 주가를 더 끌어올릴 만큼 시장에 계속 쏟아부을 자금도 없고, 배짱도 없다. 커튼의 독특한 다른 특징은 이런 기본전략에도 불구하고, 고양이처럼 민첩하게 달아나는 능력이었다. 그는 자신의 포지션이 가지고 있는 위력뿐 아니라 그 취약점도 완전히 인식하고 있었다. 그래서 넘어지는 순간에도 고양이처럼 날렵하게 중심을 잡을 수 있었다.

커튼은 명성이 높아짐에 따라 자신의 움직임을 위장하기가 어려워지는 문제가 생겼다. 그래서 의심의 눈초리를 따돌리기 위해 열댓 명의 브로커를 활용하기 시작했다. 또 주식을 매수할 때도 주가가 너무 빨리 상승하면 브로커들에게 주식을 되팔도록 주문했다. 5만 주를 샀다가 주가를 낮게 유지하기 위해 대부분의 매수 물량을 다시 파는 일은 위장하기가 꽤 어렵다. 얼마나 눈에 뜨이지 않으려고 애썼든 간에, 1935년 자신의 곡물선물거래법Grain Futures Act 위반과 거래정지를 판결한 상원위원회 앞에 커튼은 아주 눈에 뜨이게 서게 되었다. 커튼은 1930년에서 1931년 사이에 곡물 가격을 조작하기 위해 보유 중인 포지션을 허위로 보고하고 위장했다는 혐의에 대해 새로 채용한 비서의 업무 실수 탓이라고 주장했다. 그는 수많은 법률 시비에도 불구하고, 대법원까지 법정 투쟁을 몰고 가서 종국에는 무죄판결을 얻어 곡물 거래 자격을 회복했다.

1929년 주가폭락에서 커튼은 그의 전형적인 모습을 보여주었다. 시장이 불리하게 돌변했던 첫 국면에서 5000만 달러의 손실이 났을 때, 그는 1700만 달러로 줄어든 포지션 가치를 그대로 인정했다. 그리고 거기서 포지션 가치를 회복해보려고 버둥대지 않고, 예의 날렵한 동작으로 약세 입장으로 돌아서서 공매도로 응수함으로써 손실을 다시 만회했다. 그의 기본 자세는 장기적인 기본적 분석에 따라 거대한 매수 포지션을 가져가는 것이었지만, 그는 상황이 불리하게 돌변할 때면 날렵하게 반대 방향으로 돌아서는 능력을 발휘했다. 이 두 가지 측면은 거의 한 사람의 행동이라고 보기 어려울 만큼 유연하게 따로 놀았다.

좀 기괴한 이야기를 통해서 커튼이 얼마나 집요한가를 엿볼 수 있다. 언제가 도둑 아홉 명이 그의 집을 침입해 부인과 그를 질식시키려고 결박해서 포도주 저장고에 가두었다. 그는 그들의 행동을 "그렇게까지 할 이유도, 쓸모도 없는 극악무도한 범죄"라고 말했다. 그 도둑들은 현금과 보석, 위스키를 훔쳐갔다. 커튼은 이를 갈며 복수를 다짐했다. "무슨 수를 쓰든, 내게 남은 마지막 1달러까지 써서라도 그놈들이 있어야 할 교도소에 처넣고야 말겠다!" 결국 그는 8년 동안 그들을 추적했고 마지막 아홉 번째 사람까지 찾아내 전부 형사고소했다. 우리는 이처럼 전혀 만만하지 않은 아서 커튼의 신경을 건드리지 않았으니 다행이다. 커튼은 승리를 위해 게임을 했고, 승리했다. 그는 장기 투자와 단기 트레이딩 둘 다에서 아주 능숙했다는 점에서 독보적이었다. 대다수 일반인들은 둘 중의 하나만을 할 수 있다. 하지만 그는 둘 다 해낼 수 있었다.

088

Saturday Evening Post, 1939

버나드 '셰렘 벤' 스미스

Bernard E. "Sell'em Ben" Smith

언제나 부자였던 카멜레온

◆

개화되기 전의 월스트리트, 즉 거칠고 혼란스러우며 규제가 없던 시절의 월스트리트를 대표하는 딱 한 사람을 꼽자면 바로 '셰렘 벤Sell'em Ben'으로 통하던 버나드 스미스Bernard E. Smith일 것이다(Sell'em은 '전부 팔아치워'라는 의미다_옮긴이). 스미스는 1961년까지 살았다. '최고의 약세장 승부사'로서 지워지지 않을 흔적을 월스트리트에 아로새긴 그는 그곳에서 가장 많이 입에 오르내리기에 족할 만큼 무지막지한 면모를 두루 갖춘 인물이었다. 그는 존 '백만 불 내기' 게이츠에 뒤지지 않을 만큼 기회에 강했고, 제시 리버모어에 못지않게 순식간에 큰돈을 벌었다가 잃었는가 하면, 조지프 케네디만큼이나 유연했다. 게다가 마지막에는 이 사람들보다 더 많은 재산을 남기고 죽었다.

스미스가 남긴 전설과 더불어 잊히지 않는 그의 별명은 1929년 주가폭락 무렵에 생겼다. 헨리 클루스의 『월스트리트의 28년』에 따르면, 시장이 붕괴될 때 스미스는 공매도에 나서서 약 1000만 달러를 쓸어 담았다. 그 이전에 그는 베어 레이더(특정 회사를 표적으로 삼아 주가를 떨어 뜨리려고 담합하여 주식을 매매하는 시장 참여자들. 보통 사전에 계획된 조직적인 공매도와 부정적 소문 유포를 동반한다_옮긴이)로 뛰어든 적이 없었다. 오히 려 1920년대 말 최대 규모의 주가 올리기 작전 세력에 가담했고, 또 직 접 운영도 했었다. 하지만 그는 캐나다를 향해 날아가던 도중 주가폭락 소식을 전해 듣고 민첩하게 비행기 기수를 돌렸고, 매매 방법도 반대 방향으로 바꿨다. 그는 월스트리트에 당도하자마자, 사무실 문을 박차 고 들어서며 소리쳤다. "전부 팔아치워Sell'em! 이젠 아무 가치도 없는 것 들이야!" 전설은 이렇게 해서 생겼다.

전설이 되기 전에, 스미스는 월스트리트의 다른 거물들처럼 제시 리버모어 못지않게 흥망성쇠를 거듭했다. 1888년, 뉴욕 맨해튼에서 아일랜드계 이민자 집안의 아들로 태어난 '세렘 벤'은 아버지를 여읜 12세에 학교를 그만두고 옷가게에서 허드렛일을 시작했다. 그 시절에 는 학교에 다녀야 할 어린 나이에 학교 근처에도 못 가고 일터로 나가 는 경우가 허다했다. 그다음에 그는 주식 중개인 밑에서 일하던 중 '숨 은 진주'로 눈에 띄어서 시세표시판에 호가를 기록하는 일을 했다. 그 때 처음으로 돈다운 돈도 벌게 됐다. 15세에는 주식시장에서 들은 틈 새 정보로 적기에 매매해서 100달러를 3만 5000달러라는 엄청난 돈으 로 불렸다.

그러고 나서 1년이 지나기 전 1903년 공황 때 스미스는 다시 빈털 터리가 됐다. 하지만 1만 5000달러를 새로 벌면서 다시 일어섰는데,

다시 또 거꾸러졌다. 변덕스러운 월스트리트와 종잡을 수 없는 수입 때문에 염증을 느꼈던 그는 그 후 10년 동안 주식시장을 멀리했다. 처음에는 포드의 최초 양산 모델인 T형 자동차Model T를 타고 전국을 돌아다닌 뒤, 구리광산의 인부로 일하다가, 전시에는 구급차 운전사로도 일했고, 자동차 타이어 도매업도 했다. 또 아주 잠깐 동안 자동차 세일즈맨으로 일할 때, 제임스 스틸먼이나 JP 모건과 같은 갑부들에게 자동차를 파는 놀라운 영업 실적을 올리기도 했다(모건은 차를 인도받기 전에 세상을 떠났다). 그러나 결국 스미스는 월스트리트로 돌아왔다. 그는 다시 큰돈을 벌었고 주가폭락의 와중에도 이익을 봤다.

'세렘 벤'은 동에 번쩍 서에 번쩍하면서 자신이 살았던 시대만큼이나 사납고 거침없이 돌아다녔다. 그는 자동차 경주를 하듯 차를 몰았는데, 한번은 다른 차들과 앞서거니 뒤서거니 하며 캐나다 몬트리올까지 18시간 만에 논스톱으로 달리기도 했다. 1600킬로미터를, 그 당시로서는 아주 빠른 속도인 시간당 88킬로미터로 달렸던 셈이다. 그는 주사위 두 개를 던지는 도박과 서양장기 두기를 좋아했고, 친구들에게 건네는 언사가 거칠었다. 그래도 그는 어느 정도는 자기 나름대로 청교도여서 담배나 술에 손도 대지 않았고, 커피와 차도 마시지 않았다. 밉살스러운 불평을 늘어놓으며 거들먹거리고 다녔던 그는 쓸 만한 익살꾼으로 아주 유명했다. 그 주변의 친구들은 그가 맹수처럼 으르렁대는 것은 그저 익살일 뿐이고, 사실은 좋은 놈이라고 말했을 것이다. 그렇게 볼 만한 증거가 하나 있다. 1918년 그는 센Seine 강이 내려다보이는 파리의 어느 대로변 벤치에서 아내에게 사랑을 고백한 뒤, 그 벤치를 사겠다며 공무원과 싸움을 벌여서 결국 그 벤치를 뜯어서 집으로 가지고 왔다.

그리고 자기 집 뒤뜰 눈에 잘 띄는 곳에 그 벤치를 가져다 놓았다. 그는 그냥 청교도라기보다는 로맨틱한 청교도였다.

차가운 느낌의 푸른 눈을 가졌던 스미스는 중키의 체격에 떡 벌어진 어깨를 주름진 오버코트로 감쌌고, 풀기가 죽은 칼라를 하고 다녔다. 이런 외모와 함께 월스트리트에 투영된 그의 이미지는 언론의 묘사로 알 수 있다. 스미스는 약세장을 사냥하는 곰들 중에 가장 무자비한 '월스트리트의 왕곰Great Bear of the Street'으로 불렸다. 그의 공매도를 얻어맞고 추풍낙엽처럼 나뒹구는 주식들이 늘어날수록 그는 점점 공공의 적으로 비쳤고, 월스트리트의 악동 중에서도 가장 무지막지한 투기꾼으로 떠올랐다. 그가 해당 기업이나 그 주식과 관련된 사람들은 아랑곳하지 않고 공매도를 퍼부었던 것은 사실이지만, 그 무렵에는 공매도에 뛰어드는 다른 일반인도 많았다. 하지만 그가 세간의 이목을 한 몸에 받게 됐던 계기는 한 탈곡기회사 주가를 500달러에서 16달러까지 처절할 정도로 무너뜨렸던 일이었다. 스미스는 주식시장이 바닥을 통과하던 때인 1932년에 이 주식을 혹독한 공매도로 후려쳐서 월스트리트가 온통 눈썹을 곤두세울 정도로 놀라게 만들었다. 놀랍게도 이 회사의 대주주이자 이사회 회장은 그의 장인이었는데, '세렘 벤'의 공격으로 파탄에 빠지고 말았다. 스미스는 그 피해를 보상하기 위해 나중에 장인에게 100만 달러를 내놓았다고 한다.

경제 전반의 침체를 비난하는 여론과 함께 공매도가 책임을 물어야 할 희생양으로 지목됐다. 당연히 스미스는 약세장 베어 레이더 중에서 그 무렵 가장 활발한 활동을 펼쳤던 상원은행통화위원회US senate Committee on Banking and Currency에 소환되는 1번 타자로 꼽혔다. 그는 위원회에 '기막힌 이야기'를 들려줄 것이라며 기자들에게 싱글대면서, 당당하고 도도한 자세로 청문회장에 들어섰다. 그리고 정말로 의원들을 깜짝 놀라게 했다. 그는 아주 상세하게 대형 거래인들이 매매하는 방식과 더불어, 주가폭락을 부추겼던 장본인은 매도 입장에 섰던 사람들이 아니라 매수 입장에 섰던 사람들이었던 이유를 설명했다. 이어 의원들 앞에서 작전 세력에 대해 설명해주면서 증권 거래소라는 곳에서 윤리적 행동은 좀처럼 찾아볼 수 없다고 말했다. 자신을 지목하는 이야기가 나왔을 때 스미스는 다른 하수인들과는 전혀 다른 면모를 보여줬다. "당신은 대규모 베어 레이더로 알려져 있습니다. 그렇죠?"라는 질문에 그는 교묘한 대답으로 응수했다. "아무도 내 면전에서 나를 그렇게 부르지는 않았습니다!" 결국 그는 아무 혐의도 잡히지 않은 채 청문회장을 조용히 빠져나갔다.

연방 정부가 1934년 증권거래법을 통과시켜 증권거래위원회를 설치했을 때, 스미스는 큰 소리로 웃었다. "그 법은 너무 늦게 나왔어. 증권시장에서는 처벌받지 않고 다들 피해갈 수 있었지." '세렘 벤'은 이 법률을 인정했고, 한 시대의 막이 내렸음을 깨달았다. "이제부터는 상황이 아주 어렵게 됐어. 돈을 벌어두었으니 손을 떼야지. 증권 거래소는 시대에 한참 뒤쳐져 있었네. 물론 거래소가 알아서 자체 감독을 한다는 생각이었지만, 전혀 충분하지는 않았어. 자기 돈 하나도 들이지 않고서도 말 그대로 100만 달러를 벌 수 있었네. 그렇게 터무니없는 돈벌이를 그대로 놓아두기는 어려운 일이지. 이제 주식시장은 예전 같지는 않을 걸세."

'세렘 벤'은 작별 인사를 고한 뒤에 지체 없이 남아 있던 공매도 포지션을 모두 청산했고, 공매도로 시장을 두들겨 패는 일을 그만두기로 작정했다. 그는 1933년 3월 루스벨트 대통령 취임일을 기점으로 타고난 약세 공격 재능의 활용을 단념했다. 이런 태도 변화가 전혀 우연은 아니었다. 그는 루스벨트의 큰 정치 자금원으로서 백악관으로부터 대단히 환영을 받는 인물이었기 때문이다. 마이클 미핸은 개혁에 들어선 새로운 월스트리트를 무시했다. 제시 리버모어는 마지막 승부에서 이기지 못해 다시 일어서지 못했다. '세렘 벤'은 이들과는 딴판으로 언제나 유연했다. 언제 공격해야 할지 알았고, 뉴딜 정부가 들어서자 게임 방법을 정반대로 바꿨다.

그때부터 '세렘 벤'은 금(金)시장에 뛰어들면서, 예의 시끌벅적한 소리로 이렇게 말했다. "자, 사람들에게 전해. 난 이제 황소야. 금을 사들이는 매수파라고!" 곧이어 그는 금값이 약 70%나 상승하는 1934년 강세장에 올라탔다. 어느 상황에서도 돈을 벌 수 있다는 게 그의 신조였다. 그리고 그는 그대로 해보였다. 그로부터 몇 년 동안 그는 캐나다의 제과회사와 세탁기 제조업체인 벤딕스Bendix에 투자했다(직접 세탁기를 시험해본 부인의 평을 듣고 투자를 결정했다). 그 후에는 톰슨 앤드 맥키논 Thomson and McKinnon에 들어가 뛰어난 투자 은행가로 일하면서 그루먼 항공기Gruman Aircraft의 증권 발행을 맡아 대단한 성공을 거두었다. 그는 어느 계절에나 어울리는 인물이었다.

'세렘 벤'은 자신의 한계를 알고, 특히 언제 공격해야 할지를 알던 현란한 수완가였다. 그는 1929년 극렬했던 강세장과 아찔한 주가 폭락 전후의 요동치던 세월을 상징하는 인물이었지만, 구시대를 버리고 뉴딜시대에 발맞춰 새로운 물결에 몸을 실을 줄 알았다. 그는 말년에 조용하고 점잖게 부유한 은퇴생활을 보냈다. 내가 살펴본 그 누구보다도 스미스는 자신이 밟았던 폭넓은 삶의 역정에서 이 시기 월스트리트의 진화를 생생히 반영한다. 그의 삶에서 찾아볼 교훈이 있는가? 물론이다. 어느 상황에서도 유연함에는 보상이 따른다는 교훈이다. 유연한 자세를 계속 유지하려면 어느 하나의 투자 철학에 너무 매달려서는 안 된다. 40년 후의 세상은 어떻게 변해 있을 것인가? 아무도 알 수 없다. 먼 미래의 모습을 그리기는 불가능하겠지만, 스미스라면 미래로 진화해가는 변화의 모습에 따라 또다시 변신할 것이다.

버나드 바루크

Bernard Baruch

그는 승리도 하고 패배도 했지만, 언제 떠나야 할 줄 알았다

◆

　유명한 인물과 그가 남긴 신화를 어떻게 구분하면 좋을까? 버나드 바루크Bernard Baruch를 볼 때는 도저히 구분할 수가 없다. 바루크는 유행하는 투자 아이디어와 '따끈한 재료'를 모두 무시하는 무관심 덕분에 월스트리트에서 큰돈을 벌었던 사람임에도, 혜안이 밝은 현인으로 언론에 묘사될 정도로 이미지 관리 능력이 대단했다.

　허버트 스워프Herbert Swope는 바루크의 대단한 이미지 창출을 도와준 언론인이었는데, 언젠가는 "과연 그가 그 명성에 걸맞은 것인지" 공개적으로 따져보기도 했다. 그러나 찬란한 명성 뒤에 있는 바루크의 실체는, 32년 동안 매년 10만 달러의 수익을 올렸다며 당당하게 자랑했던 월스트리트의 뒷골목에 밝은 투기꾼이었다. 희랍어와 라틴어를 좋아했던 바루크는 베스트셀러 목록에 올랐던 자서전 『My Own Story(나의 이야기)』에서 자신의 투기 방법을 풀어놓기도 했다. 그는 '투기자speculator'를 정의하면서 라틴어 '스페꿀라리speculari'를 인용했는데, 이 라틴어 낱말을 '몰래 염탐해서 관찰한다spy out and observe'는 뜻이라고 풀이했다. 예리한 관찰과 기민한 청취에 능했던 그는 여러 기회를 찾아내 이용하면서 성공으로 가는 터전을 닦았다.

바루크는 사우스캐롤라이나 주 캠던Camden의 보잘것없는 집안에서 자랐고, 그의 양친과 세 형제는 2층짜리 목조 가옥에서 살았었다. 남부연합군 참전 용사였던 아버지는 1880년 바루크의 나이 열 살 때 뉴욕으로 집을 옮겼다. 일찌감치 의학을 공부하기로 마음먹은 바루크는 4년 뒤 뉴욕 시립 대학교College of the City of New York 부설 중고등학교에 들어갔다. 그리고 거기서 수요와 공급의 법칙이 나오는 정치경제 과목을 공부하다가 금융에 대한 흥미를 키우게 됐다.

키 190센티미터의 거구였고 코걸이 안경을 썼던 바루크는 1891년에 작정을 하고 월스트리트에 들어섰다. 어머니가 쓸 만한 연줄을 찾아 아들을 취직시키려고 애쓴 덕분에, 이 '버니Bernie'는 AA하우스먼 앤드 컴퍼니AA Housman and Company에 사무실 사환으로 취직해 주급 5달러를 벌면서 일하기 시작했다. 그는 나중에 언론을 자신에게 유리한 방편으로 활용하려면 인맥을 중시해야 함을 알게 됐다.

하우스먼에서 27세의 약관에 파트너의 위치에 오른 바루크는 독자적인 투기를 시작해서 꽤 많은 돈을 벌었지만 순식간에 날려버리게 됐다. 하지만 어느 설탕회사를 주의 깊게 예측하고 시도한 거래에서 그로서는 최초의 대박인 6만 달러의 수익을 올렸다. 이제 번지르르한 젊은 신사로 자리를 잡은 바루크는 결혼해서 가정도 꾸리고, 두 딸과 아들 하나를 낳았다. 아마도 그의 자식들은 그가 기자들에게 쏟았던 정성에 비하면 아버지로부터 별 관심을 받지 못하고 자랐을 것이다.

바루크는 하나하나 성공을 밟아가는 과정에서 '따끈한 재료'라는 게 미끼로 던지는 속임수임을 알게 됐다. 그런 재료 하나를 믿고 미국 최대의 주류회사 주식을 샀다가 또다시 거덜이 났던 것이다. 그 직후에 그는 이를 갈면서 말했다. "월스트리트에서 거래하면서 앞으로 다시는 '따끈한 재료'나 '내부자 정보'라는 것들은 쳐다보지 않겠다." 한편, 그는 시대를 풍미했던 철도회사 주식을 한 번도 사지 않았던 것을 매매 경력상의 가장 큰 실수라며 아쉬워했다. 철도회사에 대해서는 한 번도 귀띔을 받지 못했던 모양이다.

세상이 다 알고 있는 지혜는 믿지 않았던 바루크는 일반인들 사이에 돌아다니는 귀띔 정보를 그들의 잘못된 인식을 가늠하는 지표로 삼았다. 그는 구두닦이 소년(월스트리트의 '패트릭 볼로냐'일 공산이 크다)이 큰 돈이 될 거라는 주식을 입에 올릴 정도라면 다른 사람들도 알고 있을 터이고, 따라서 주가는 이미 오를 대로 올라 있는 상태여서 더 오를 여지가 없을 것으로 추측했다. 1903년에 독립한 그는 이런 취지에서 다른 사람들의 투자금도 거의 맡지 않은 채 독자적으로만 행동했다. 그리고 "'내부자' 정보를 '귀띔'해주겠다는 이발사나 미용사, 식당 웨이터, 또 그 누구의 말도 믿지 마라"라고 열을 올리면서 투자자들에게 경고했다. 이렇게 남의 정보를 멀리했던 그는 1929년 주가폭락 전에 주식에서 빠져나와야 한다고 판단했다. 너무 많은 사람이 매수에 열을 올리고 있는 현상을 보고 시장이 더 올라갈 데가 없다고 봤던 것이다. 그는 이와 같이 군중을 주시하는 자신의 성향은, 찰스 맥케이Charles Mackay

가 1841년에 남긴 고전적 저술인『대중의 미망과 광기Extraordinary Popular Delusions and the Madness of Crowds』에 철학적 뿌리를 두고 있다고 말했다.

바루크는 주가폭락을 예견했기 때문에 그야말로 몇 주 차이로 재정파탄을 피했다는 사실을 두루 알려서 자신의 대중적 이미지를 높이고 싶어 했다. "1929년 주가가 폭락한 것은 무엇보다도 세상이 광기와 망상에 빠져 있었기 때문이다." 그는 들으라는 듯 목청 높여 말했다. 1928년에 "폭락의 순간이 임박했다"라고 보고 여러 차례 매도했는데, 스코틀랜드에 사냥을 다녀온 뒤에는 전부 팔아치우기로 작정했다. 그는 매도 시점에서 어느 정도 운의 덕을 봤다. 그가 스코틀랜드의 숲속에 있던 중에도 주식시장은 언제고 쉽게 붕괴할 수 있었기 때문이다.

바루크는 실수를 거듭하던 끝에 자신의 철학을 얻게 됐고, 잘못에서 얻은 교훈을 가슴 깊이 새겼다. 고정된 철칙을 믿지 않았던 그는 경험에서 얻은 열 가지 지침을 자서전에 밝혀놓았다.

1. 투기는 전업을 요하는 일이다.

2. 내부자 정보를 건네는 사람은 모두 경계하라.

3. 증권을 매수하기 전에 회사의 경영과 경쟁회사, 이익 및 성장 잠재력에 대해 가능한 한 많은 정보를 입수하라.

4. 저점에서 사거나 고점에서 팔려고 애쓰지 말라. "그건 불가능한 일이다. 그렇게 성공했다는 사람들은 거짓말쟁이들이다."

5. 신속하고 깔끔하게 손절매하는 방법을 배우라. 그리고 자기 판단이 항상 맞을 것이라고 기대하지 말라.

6. 매수하는 종목 수를 제한해서 포트폴리오를 관리하는 부담을 줄이도록

하라.

7. 앞으로의 전망이 바뀌지는 않았는지, 진행 중인 투자를 주기적으로 전부 재평가하라.

8. 세금 문제를 고려해서 최적의 매도 시기를 가늠하라.

9. 투자자금을 전부 투자하지 말고, 항상 현금 준비금을 일정 정도 유지하라.

10. 온갖 분야에 다 투자하지 말고 잘 아는 분야에 집중하라.

바루크는 월스트리트에서 25년을 보낸 뒤 미련 없이 워싱턴을 향해 떠났다. 그는 정치권에 자문을 제공하고 도움도 구할 생각이었다. 이런 행보는 그가 공적인 논조의 수많은 자문과 논평을 기자들에게 쉴 새 없이 가져다준 덕에 가능했다. 언젠가 어느 기자는 이렇게 언급했다. "바루크는 형편없는 조언을 내놓는데, 내용이 좋을 때에도 그의 조언을 귀담아듣는 사람은 없다." 이에 대해 바루크는 이렇게 대응했다. "그 말의 앞부분에는 동의할 수 없지만, 뒷부분은 부정하지 않겠다." 많은 사람이 그의 이야기를 경청했고 인용도 했다. 하지만 그것은 주로 끊임없는 그의 홍보 작업 덕택이었고, 사실 공식적으로 그가 행사할 수 있는 영향력은 거의 없었다. 아무튼 부단한 노력 끝에 바루크는 "여러 대통령들에게 자문했던 사람"으로 미디어에 자기 이름을 올렸다. 그가 루스벨트 대통령의 인정을 받지는 못했더라도, 대통령들에게 자문을 건넸던 것은 분명하다. 트루먼Truman 대통령도 그의 조언을 끝까지 들어줄 때가 있었지만, 아마도 그가 바친 거액의 정치 자금 탓이었을 것이다. 트루먼은 분명히 그를 '음탕한 늙은이'로 봤다.

월스트리트를 떠난 것은 모름지기 바루크가 했던 가장 훌륭한 일이었을 것이다. 그 덕분에 그의 돈은 은행에 안전하게 있었다. 제시 리버모어나 윌리엄 크레이포 듀랜트와 같은 무모한 투기자들을 비롯해 계속 시장의 기회를 엿봤던 사람들은 자주 투기에 돈을 걸었고, 더 이상 날렵한 총잡이의 몸놀림이 안 따라줄 때도 또다시 재산을 걸었었다. 하지만 바루크는 이기적인 공명심(功名心) 덕분에 다른 이들이 겪었던 재정파탄을 피하게 됐을 것이다. 마침내 "여러 대통령들에게 자문했던 사람"의 반열에 오르게 만든 공명심으로 말미암아, 월스트리트에서 영원한 '거물'로 행세하려고 발버둥 치다가 험한 꼴을 당하는 사태를 피할 수 있었던 게 아닐까. 이처럼 잘나가고 있을 때 그만두는 게 더 나을 때가 있다.

1965년에 죽음을 맞기 전에 바루크는 두 번째 책 『The Public Years(공적인 세월)』을 써서 '공원 벤치의 정치인Park Bench Statesman'으로 보냈던 그의 말년을 상세히 기술했다. 예의 바루크 본연의 염치없이 오만한 문체로 그는 이렇게 진술했다. "미국은 언제나 '기회의 땅'이었다. 이 나라가 내게 베풀었던 것을 생각하면 내가 이 나라에 진 빚을 갚았다고 할 수는 없다. 하지만 양심의 소리에 비추어 나는 빚을 갚으려고 노력했다고 말할 수 있다."

10장

실패한 투기꾼, 모사꾼 그리고 수환가들

UNSUCCESSFUL SPECULATORS, WHEELER-DEALERS, AND OPERATORS

열망했던 것을 얻었으나 결국 실패했던 사람들

◆

이 장에 등장하는 투기꾼들과 모사꾼들, 수완가들은 성공하지 못했다. 이들에게는 앞 장에서 다뤘던 성공했던 사람들의 특징인 집중력과 유연성이 없었다. 목표를 향해 달려가는 사람이 승리하고, 그 승리를 이어가게 하는 힘이 집중력이었고, 주식시장 이외의 모든 삶의 요소를 부차적인 것으로 취급하게 하는 요인도 집중력이었다. 성공했던 자들이 보였던 유연성은 연전연승하는 중에도 그 흐름이 끝나간다고 생각되면 뒤로 돌아설 줄 아는 능력이었고, 사실 자신의 욕심을 끊을 줄 아는 능력이었다. 그 덕분에 그들은 시장이 붕괴하기 직전에 강세장에서 철수할 수 있었으며, 시대의 변화에 맞지 않는 낡은 투자 기법도 버릴 수 있었다. 이것은 앞 장에서 기술된 그들의 삶에 잘 나타나 있다.

벌어둔 재산을 지키지 못했던 자들은 그렇지 않았다. 이들은 주식시장에 집중하는 게 아니라 계속 벌어들일 수 있다고 여겼던 돈을 쓰는 일에 유달리 집착했고, 술을 마시고 여자와 여흥을 즐기느라 분주했다. 이 월스트리트의 패배자들은 유연성과는 거리가 멀었다. 자신들의 고집스러운 방식을 고수하다가 사업과 함께 침몰하고 말았다. 이들 대부분은 자신이 틀렸다고 인정하지 못하는 자존심 탓에 상황이 불리하게 돌아가는데도 굽히지 않고 자기 방식을 계속 고수했다.

제임스 피스크, 오거스터스 하인츠, 제시 리버모어는 집중력이 없었다. 이들 세 사람은 모두 돈을 만들기보다 즐거움을 만드는 일에 마음이 가 있었다. 피스크는 자신의 오페라 사무실에서 여배우들과 놀아나는 동시에 내연의 여인까지 두고 살면서 온 월스트리트에 추문을 뿌리고 다녔다. 마침내 그녀가 협박하는 사태까지 벌어졌다. 결국 음모를 짜낸 그녀의 남자 친구(피스크의 예전 동료다)가 쏜 총을 그 불룩한 배에 맞고 피스크는 죽었다.

하인츠는 첫 출발이 좋았던 자신만만한 투기꾼이었는데, 너무 무리하게 일을 벌이다가 탈진하고 말았다. 그의 사무실은 향연 장소이기도 했다. 그는 일과 중에 그곳에서 일했고, 저녁에는 술집 여자와 술이 밤새 그리로 들어갔다. 한마디로 그는 주색에 빠져 살았고, 월스트리트에서 하는 일과 놀이를 구분하지 못했다. 실제 돈을 버는 일보다 돈으로 살 수 있는 것들에 강박적으로 집착했다. 그 결과, 그는 모든 것을 잃고 알코올 중독으로 죽었다.

제시 리버모어는 계속 유연하게 대응하고자 했으나, 일에 집중하지 못했다. 지나친 술과 여색의 유혹이 그의 전도에 큰 짐이 됐다. 그는 너무 빈번하게 성공과 실패를 반복하던 끝에 알코올 중독으로 인한 또 다른 고전적인 죽음의 길을 택하고 말았다. 1940년, 그는 머리에 겨눈 권총의 방아쇠를 당기며 화려했던 월스트리트에서의 삶을 비극적인 종말로 마감하는 전설이 됐다. 그렇게 자신의 실패를 노골적으로 인정했던 그는 자신이 월스트리트에서 내로라하는 투기꾼이었음을 역사에 기록했다.

집중력과 유연성을 잃게 되면, 내면의 온갖 부정적인 측면들이 고개를 들면서 앞뒤를 가리지 않는 무모한 행동이나 부정이 벌어지기도 한다. 밴 스웨링건 형제와 윌리엄 크레이포 듀랜트는 불안정한 거래 탓에 방향도 잃었고 유연한 대처도 불가능해졌다. 이들은 마구잡이로 채무를 끌어 쓰는 과도한 레버리지 탓에 1929년 험악한 상황에 부딪쳐 무너진 뒤 다시 일어서지 못했다. 찰스 모스도 막무가내로 돈을 빌려 쓰다가 절박한 상황에 빠져 부정을 범하게 됐다. 그래도 그는 유연한 사람이어서 한 사업이 실패하면 늘 다른 사업으로 일어섰으나, 결국 힘이 부치고 말았다. 그는 은행을 경영하는 와중에 하인츠와 마찬가지로 구리광산 주식에 투기했다. 그 주식이 폭락하자, 은행도 무너졌고 그도 무너졌다.

제이컵 리틀은 월스트리트 최초의 전업 트레이더였는데, 이것만으로도 그는 예외적이었다. 그가 실패한 것은 집중력이나 유연성을 결여한 탓이 아니라 경험이 부족한 탓이었다. 그는 네 차례의 기복을 헤쳐나가면서, 틈만 나면 그를 시장에서 몰아내려는 수많은 적을 만들었다. 그는 얄궂게 어긋난 시점 때문에 마지막 재산을 모두 잃었다. 주권을 인도해야 할 시한이 강세장 막판에 걸려드는 바람에, 공매도했던 주식을 천문학적인 가격으로 되사야 했던 것이다.

성공적인 투기꾼들과 모사꾼들, 수완가들은 일이 끝나면 집에만 붙어사는 사람들이었다. 그들은 사생활 또한 단조로워서, 월스트리트에서는 거칠었지만 밤에는 조용히 지냈다. 실패한 자들은 거친 행동을 즐겼고, 그러고 싶을 때마다 거칠게 행동했다. 그들은 자존심에 휘둘리고 허세에 빠졌다. 도박과 음주를 즐기면서 기존 입장에 대한 절충을 번번이 거부했다. 가족 문제나 친구관계에서든, 혹은 불안한 경제 상황의 예측에서든, 자신의 행동이 빚을 결과를 내다보는 안목이 없었다. 익숙해져 있던 환경이 바뀌자 그들의 대응은 아무 소용이 없었다. 이미 개혁이 시작된 시장에 대한 리버모어의 대응이 그러했다. 그들은 또 듀랜트가 그랬듯 언제 그만둬야 할지를 몰랐다. 재산을 지켜냈던 사람들과는 달리, 그들은 대개 호사스러운 생활을 너무 밝혔다. 우리는 스스로에게 어느 것이 더 중요한지 물어봐야 한다. 성공인가, 아니면 돈이 살 수 있는 것인가? 이에 대한 실패한 투기꾼들의 대답은 분명했고, 그들은 열망하는 것을 얻으려다 톡톡한 대가를 치렀다.

제이컵 리틀
Jacob Little

너무 심하게 나갔던 최초의 선수

◆

절정을 달릴 때의 제이컵 리틀Jacob Little은 거친 주식 도박꾼으로 이름을 날린 금융계 최초의 인물이었다. 월스트리트에서 매매만 하는 최초의 전업 트레이더였고, 공격적이고 현란한 투기를 선보인 최초의 인물이었다. 그는 또 공매도를 처음으로 도입했던 약세장 사냥꾼이었다. 그를 보면 물불을 가리지 않고 오토바이 공중 점프에 몸을 던졌던 이블 니블Evel Knievel이 생각난다. 이를테면 그는 누구도 엄두를 내지 못할 일을 벌였던 월스트리트판 스턴트맨이라 해도 좋을 것이다. 그 옛날 1830년대에도 거친 투기는 시장의 수문장들이 눈살을 찌푸리던 일이었는데, 이들의 간섭은 리틀에게 흥밋거리에 불과했다. 그는 민첩하게 이전에 없던 방식으로 매매할 틈을 만들어냈다. 가르쳐주는 고수도 없었고 선례가 될 만한 다른 사기꾼도 없었지만, 자기 방식대로 월스트리트에 치고 들어가 네 번의 기복을 겪었다. 결국에는 가난하게 죽었지만, 리틀은 오랜 세월 그의 정신적 후계자들이 추종했던 하나의 전통을 남겼다. 대니얼 드루와 제시 리버모어가 그런 후계자들이다.

리틀은 부업으로 주식매매를 중개했던 갑부 상인인 제이컵 바커 Jacon Barker의 점원으로 일을 시작했다. 그 시절에는 경제활동의 태반이 농업이어서 주식매매보다는 상품매매가 훨씬 더 많았다. 리틀은 바커의 일을 맡아 눈여겨보면서 배웠다. 이어서 1835년에는 독자적인 중개업을 시작했는데, 1837년 공황을 앞두고 주식시장이 절정으로 치닫던 바로 그때였다. 리틀의 생각에는 주가가 오르든 내리든 투자자들이 돈을 벌 수 있어야 마땅하며, 약세장에서도 공매도를 한다면 엄청난 대박을 터뜨릴 수 있을 것 같았다. 바로 이 아이디어로 그는 큰돈을 벌었고, 공매도를 창안한 미국의 혁신가로서 악명을 떨쳤다. 공매도를 창안한 것이 그였으니 거래 조건도 자신에게 유리하도록 정했다. 처음에 활용했던 조건의 하나는, 리틀은 공매도하는 주식을 아무 의심 없이 사겠다는 투자자들에게 주권을 인도할 날짜를 매매일로부터 60일이나 90일 후로 아주 길게 잡는 것이었다(요즈음처럼 대주 신용거래로 공매도할 주식을 먼저 빌려서 매도하는 게 아니라, 매매 계약일로부터 60일이나 90일 후에 주권을 인도하는 선물거래 형태라고 할 수 있다_옮긴이). 즉, 그는 인도 날짜가 다가오기 전에 주가를 떨어뜨릴 시간을 벌었고, 주가가 떨어진 뒤 헐값에 주권을 사서 매수자에게 넘겨 차익을 챙겼다.

《뉴욕 타임스》는 리틀을 "주식이 아무 가치도 없다는 데만 승부를 거는 도박꾼"이라고 불렀다. 리틀은 일단 승부를 건 뒤에는 기필코 승리하기 위해 "주식 가치에 대한 일반의 소소한 기대마저 무너뜨리는

일"에 돌입했다. 그런 방법으로 대상 주식을 대폭 후려친 가격에 공매
도했고, 주식에 대한 일반의 의혹을 부추겨 주주들 사이에 공황을 유발
함으로써 쓸모없어 보이는 주식을 매도하도록 만들었다. 회사에 대한
치명적인 허위 정보를 신문에 흘려서 주가급락을 재촉할 때도 많았다.
이런 행위는 1930년대 연방 정부의 증권 감독이 시작될 당시까지도 계
속 늘어났던 수법이었다.

주가가 떨어지고 나면, 리틀은 주식을 다시 매수해서 공매도했던
주식을 인도했다. 좋은 게 하나여도 좋겠지만, 두 개면 더 좋을 것이다.
즉, 리틀은 공매도했던 주식을 다시 매수했을 뿐 아니라, 나아가 자신
이 유발한 공황으로 헐값이 된 주식을 새로 매수했다. 공매도했던 주식
의 주권 인도도 끝났고 새로 주식을 매수해뒀으니, 주가를 후려칠 때
썼던 것의 정반대 수법으로 터무니없이 높은 수준으로 주가를 밀어 올
렸다. 그러면 잘 모르는 투자자들이 올라가는 주가를 보고 그를 따라
매수했다. 이들은 그때까지 그런 수법을 구경도 못했으니 알 턱이 없었
다. 물론 그의 수법은 수십 년 뒤에는 그렇게 대단한 것이 아니었지만,
그가 살던 시절에는 대단한 '혁신'이었다.

투기의 달인 리틀은 말도 별로 없었고, 냉정했으며, 쌀쌀맞았다. 투
기를 벌일 작전이 삶의 중심이었고 다른 관심거리는 없었다. 또 지독
하게 시장에 집착했으며, 공매도했던 주식은 언제나 그가 직접 주권을
매수자에게 인도하는가 하면, 거래장부와 매매 실적도 꼼꼼하게 기록
했다. 그때나 지금이나 시장에 발을 들여놓는 사람들과는 사뭇 다르게,
리틀은 출세욕과는 거리가 멀었다. 그래서 그의 동료들은 그를 처음에
는 비웃다가 혐오했고, 나중에는 두려워하게 됐다.

누가 뭐라 하건, 리틀은 언제나 고도의 냉정을 유지했다. 궁지에 몰린 상황에서도 놀라우리만큼 차분한 태도로 빠져나갈 구멍을 모색했다. 일례로, 이리 철도의 경우를 보자. 모종의 세력이 주식을 매집해 확보한 물량을 달아걸어 그의 '숨통을 조이려고' 노리고 있던 차에, 리틀은 공매도를 실행했다. 이 세력은 주가를 아주 높게 몰고 간 다음, 인도할 주식이 필요한 그의 길목을 가로막을 생각이었다. 때는 19세기 중엽의 철도 팽창기였고, 이리 철도와 다른 철도회사들의 주식은 미국뿐 아니라 런던에서도 거래되고 있었다. 이 일은 다음과 같이 전개됐다.

1840년, 리틀은 이리 철도 주식을 표적으로 약세 공격을 시작해 매도 후 6개월에서 12개월 후에 주권을 인도하는 '매도자 위주의 조건'으로 대량의 주식을 매도했다. 그 무렵 이리 철도 임원들을 중심으로 결집된 강세파 세력은 발행주식을 전량 매점해서 그를 궁지로 몰 생각이었다. 그들의 생각은 주식을 매집해서 주가를 끌어올려 리틀이 인도해야 할 주식을 되살 수 없도록 만든 뒤, 한층 더 높인 가격을 조건으로 내걸어 큰 수익도 실현하고 그에게 큰 타격도 입히자는 것이었다. 그러나 리틀은 그들이 생각지도 못한 탈출구를 찾아 그들을 따돌렸다. 그 몇 해 전에 이리 철도는 런던에서 전환사채를 발행했는데, 그 세력의 매집에 따라 주가가 오르자 '내가격in the money' 상태에 진입한 전환사채는 일대일로 주식 전환이 가능해졌다. 리틀은 런던에서 매입한 전환사채로 주식인도를 이행했다. 아무도 생각지 못했던 해외 전환사채로 세력의 매점 포위망에서 빠져나온 것이다. 이 방법은 제이 굴드와 제임스 피스크 등 미래의 공매도 애용자들이 수십 년 동안 써먹는 방법이 됐다. 물론 성공도 있었고 실패도 있었지만 말이다.

장신에 호리호리한 체구로 약간 구부정했던 리틀은 대단한 투기꾼 기질을 발휘하면서, 1857년을 맞아 침몰하기 전까지 네 차례의 부침을 겪었다. 이 점에서도 그는 많은 추종자들을 낳은 선구자이기도 했다. 단연코 대표적인 추종자는 대단한 투기꾼의 결정판이었던 리버모어다. 리틀은 최후의 결정적인 패착을 범하기 전까지, 언제나 사태를 수습해 다시 일어섰으며 채무를 청산하는 데 성공했다.

하지만 다섯 번째이자 마지막 경우는 달랐다. 공교롭게도 리틀은 약세장 사냥꾼들에게는 엄청난 수익 기회인 1857년 공황 때 실패했다. 공매도를 해놓은 그는 주가 붕괴 직전의 마지막 상승 구간에 인도 시한 이 걸리고 말았다. 그에게는 시간이 더 없었고, 주가는 그의 계획과 반대로 오르는 중이어서 공매도한 주식을 '싼값'에 되살 수 없었다. 결국 그는 이리 철도 주식 10만 주를 공매도한 상태에서 주가 상승 구간에 갇혔고, 200만 달러의 이익을 유지하다가 1856년 12월에 1000만 달러의 손실로 곤두박질쳤다. 그리고 나서 수개월도 지나기 전에 이리 철도 주가는 하락 반전하더니 63달러에서 8달러로까지 폭락했다. 그러나 리틀에게는 너무 늦은 때였다. 주가가 반전되기 전에 그는 이미 무너진 상태였다. 그가 조금만 더 시간을 벌 수 있었다면 환상적인 결과를 맞았겠지만, 그 역시 공매도자들이 피할 수 없는 한계에 걸려들었다. 바로 장기적으로 옳은 포지션이라도 공매도자에게는 시간이 제한돼 있다는 한계다. 즉, 내일만 되면 대박일지라도, 오늘 당장 낭패로 끝날 수도 있는 것이다.

이 실패로 리틀은 월스트리트에서 비참한 신세가 됐다. 한 번에 고작 다섯 주를 매매하면서 남들의 농담거리로 이름이 올랐다. 그런데 게임을 그만둘 수도 없었고, 계속할 수도 없었다. 그는 자신에 이어 주가 조작의 제왕으로 올라서는 대니얼 드루의 모습을 지켜봐야 했다. 드루는 리틀을 두고, 그의 유일한 실수는 20년이나 앞질러 태어난 것이라며 상스럽게 비아냥거렸다. 리틀은 부인은 있었지만 아이는 두지 못했다. 그리고 생의 마지막 몇 년 동안 외롭고 가련했으며 병약했다. 그는 생을 마감하기 전 5년 동안 월스트리트에서 할 일이 별로 없었다. 하지만 1865년 68세로 숨을 거두기 전에, 아마도 온전치 못한 정신 상태였겠지만, 다음과 같은 마지막 말을 중얼거렸다. "나는 올라갈 거야. 누가 나와 같이 가지 않을래?" 천국으로 간다는 뜻이었을까, 아니면 주식으로 재기할 것이라는 뜻이었을까? 아마도 후자가 아닐까 짐작된다.

제임스 피스크

James Fisk

사랑 때문에 파멸을 맞은 투기꾼

◆

　제임스 피스크James Fisk는 신을 경외하는 사람들의 분노를 샀고, 순진한 부인들의 마음을 사로잡았으며, 의심할 줄 모르는 투자자들의 돈을 가로챘다. 그리고 이 세 가지 모두를 아주 쉽게 해치웠다. 그는 주식에 '물을 타서' 다이아몬드를 두르고 살았고 사업과 쾌락, 두 가지를 다 일로 삼았다. 작달막하고 통통했던 그는 화려하고 부패했으며, 교활하고 매혹적이었다. 1860년대에는 온 미국이 그를 사랑하다가 증오하게 됐는데, 사랑도 증오도 모두 치솟는 불길 같았다. 호사롭고 화려하면서도 악명 높은 날강도 귀족이었던 피스크는 월스트리트에서 단 7년 만에 넘치는 명성을 얻을 뿐 아니라, 동시에 넘치는 추문을 뒤집어썼다.

　언제나 기회를 잡아챘던 피스크는 일을 시작할 때 운도 좋았고, 때도 좋았으며, 야심까지 있었다. 이 말 많은 버몬트 주 출신은 31세에 월스트리트 최고의 모사꾼이자 약세장 '왕곰Great Bear'인 대니얼 드루가 벌이는 작전에 끼어들었다가 두둑한 보수도 받고 칭찬도 들었다. 피스크가 마음에 들었던 드루는 옛 친구의 아들과 그를 파트너로 짝지어서 위탁매매 증권회사 하나를 차려줬다. 피스크 앤드 벨던Fisk & Belden이라는 자기 회사가 생기는 행운이었다. 곧이어 남자들의 등과 여자들의 엉덩이를 두드리고 다니던 피스크는 위스키와 궐련을 입에 달고 사는 월스트리트에서 가장 쾌활한 사업가로 떠올랐다.

싸구려 궐련을 피우던 피스크는 드루가 지급하는 수수료와 내부자 정보로 이득을 보면서, 배신을 일삼는 이 스승의 기술을 곁에서 배웠다. 그는 드루의 브로커였으므로 1866년 이리 철도를 겨냥한 드루의 베어 레이드에서 활약했다. 그들은 대량의 매도와 공매도를 이리 철도 주식에 퍼부어서 주가를 추락시켰다. 또 헐값으로 떨어진 주식을 다시 사들여서 차익을 챙기면서, 적수 코넬리우스 밴더빌트가 100만 달러를 날리는 꼴을 보고 흥겨워했다. 행상의 아들로 태어난 피스크는 이제 의기양양한 백만장자가 되어 있었다. 결 좋은 셔츠 앞에 다이아몬드를 달았고, 아내에게는 보스턴 시내의 아파트를 사주었으며, 활동 무대인 뉴욕 맨해튼에는 22살짜리 여배우인 조시 맨스필드Josie Mansfield를 두고 살았다. 그는 늘 웃음을 달고 다녔고, 모든 이들이 재미있어 하는 땅딸막한 흥행사였다.

다음 해 피스크는 드루와 저승사자처럼 말이 없는 제이 굴드에게 합세해서, 드루가 노리는 먹잇감인 이리 철도의 지배 지분 장악을 위해 밴더빌트와 살벌한 일전을 벌였다. 그 와중에 밴더빌트가 손을 쓴 법망을 피하기 위해 그들은 잠시 저지시티로 피신했다. 나이를 먹은 드루와 항상 시무룩한 굴드는 고향인 맨해튼으로 돌아가고 싶어 했다. 하지만 피스크는 저지시티가 또 다른 놀이장소일 뿐이어서 호텔 한 층을 통째로 얻어놓고 한 손으로는 애인 조시를 감싸 안고, 다른 손으로는 굴 안주와 샴페인을 즐겼다. 뚱뚱이 피스크는 한껏 놀았다. 이 삼인조가 묶인 법망을 굴드가 걷어낼 때가 되어서야 그의 놀이가 끝났다.

피스크는 맨해튼에 돌아오자마자 동맹자를 드루에서 굴드로 바꿨다. 드루가 파트너들에게 동의를 구하거나 알리지도 않고 밴더빌트와 협상에 돌입한 사실을 알고, 두 사람이 드루에게 복수하려고 손을 잡았던 것이다. 드루에게는 너무 딱한 일이었다. 이제 자신이 즐겨 써먹던, 속을 쥐어짜는 일격의 쓴맛을 스스로 보게 됐으니 말이다. 밴더빌트에게 승리한 뒤 이리 철도의 임원이 된 피스크와 굴드는 이리 철도 신주를 사정없이 발행했다. 피스크는 회사의 인쇄기로 신주의 주권을 찍어내면서 그 자유를 마음속 깊이 새겼을 것이다. '언론press'의 자유가 아닌 '인쇄press'의 자유를 말이다.

그러나 잠자리 친구에게 독사를 들이미는 자는 그 또한 누군가의 독사에 물릴 각오를 해야 한다. 금을 매점하려 했지만 결국 실패로 돌아간 굴드의 가장 유명했던 작전에서, 피스크는 굴드의 독침을 맞았다. 금매점 작전은 금을 매점해 금값을 천정부지로 몰아가는 동안 그랜트 대통령이 연방 정부의 금을 시장에 풀지 않도록 막아야 성공할 수 있었다. 뚱뚱이 흥행사 피스크의 역할은 주연을 베풀어 대통령의 환심을 사는 일이었다. 어려운 일이다. 그래서 멋지게 꼬아 빗은 콧수염으로 분장한 피스크는 샴페인과 오페라 관람으로 대통령의 환심을 사려고 했다. 그러나 대통령은 쉽게 넘어오지 않았다.

굴드가 시장에 뛰어들자, 피스크도 뒤따라서 흔들림 없이 금을 사들였고, 이 작전의 끝판인 1869년 9월 13일 금요일까지 계속 매수했다. 정말로 사리에 치우치지 않았던 그랜트 대통령은 500만 달러 상당의 금을 시장에 공급해, 천정부지로 솟은 금값에 철퇴를 내렸다. 하지만 교활한 굴드는 대통령의 의중을 미리 전해 듣고, 매수하는 척하면서 5000만 달러 상당의 금을 은밀하게 매도했다. 이때 거의 모든 보유량을 처분한 굴드는 금값이 무너질 때 매도 진영으로 안착할 수 있었다.

결국 굴드는 1100만 달러를 벌었고, 피스크는 금 매수 계약이야 많았지만 거덜이 났다. 비참해진 피스크는 비열하게 매수 계약의 이행 의무를 어기기로 작정하고 잠적했다. 그 바람에 파트너 윌리엄 벨던William Belden이 모두 뒤집어쓰고 앉은자리에서 파산했다. 금요일 금값 폭락의 공범자로 소문이 난 피스크는 이리 철도의 본부가 들어서 있던 4층 대리석 건물인 2600석 규모의 오페라 극장으로 피신했고, 태머니 홀 산하의 부패한 경찰이 그를 보호해줬다.

피스크는 이 막강한 요새에서 기자들에게 소리쳤다. "모두들 그렇게 으르렁대면서 험악하게 굴어야 좀 깨끗하다는 게 재미가 있나 보지?" 그러나 그의 재미에는 깨끗한 게 거의 없었다.

피스크는 계속 거칠게 나갔다. 법정에서 수없이 싸웠고, 철도와 증기선에 걸쳐 여러 기업들을 조작했다. 그러다가 쾌활한 사교계 명사인 에드워드 스톡스Edward Stokes와 결정적인 만남을 하게 됐다. 이 두 사람은 스톡스 소유의 브루클린 정유회사로부터 이리 철도가 석유를 대량 매입하는 거래를 이용해 정유회사 자금을 빼돌리기로 공모했다. 그러던 사이 1870년에 스톡스는 헤퍼 보이는 피스크의 연인 조시를 보게 됐다. 한편, 피스크는 호화로운 춤과 공연을 '피스크의 오페라 홀'에서 선보이는 흥행사업에서 새로운 재미를 맛보고 있었다.

피스크에게는 이 일이 정말 재미있었다. 사실 정말로 진지하게 기획한 일도 아닌 데다, 현란하기만 했던 사교계의 외부자인 그의 공연을 뉴욕의 상류 사회 사람들은 도외시했다. 그러나 피스크는 피스크였고, 재미는 재미였다. 그중에서도 가장 큰 재미는 거의 몸도 가리지 않은 채 그의 사무실 주변을 활개치고 다니는 쇼걸들이었다. 피스크가 돈 주고 데려온 미인들에게 한눈을 파는 동안 뒷전으로 밀려난 조시는 대부분 찬밥 신세로 지내다가 차츰 독기가 차오르기 시작했다. 여인이 독기를 품으면 오뉴월에도 서리가 내린다고 했는데, 피스크는 조시와 스톡스 사이에 싹트는 위험한 애정관계에 별 신경을 쓰지 않았다.

4층짜리 호화저택에는 부족할 게 없었고, 집안 일꾼이 다섯인 데다 이리 철도도 마음대로 타고 다녔지만, 권태에 지친 조시는 스톡스의 로맨틱한 열기에 녹아내리더니 그와 손잡고 협박 모의를 짜게 됐다. 그들의 계획은 예전에 피스크가 조시에게 써 보냈던 허다한 연애 편지들을 공개하겠다는 것이었다. 요즈음으로 치면 헤어져줄 테니 합의금을 내놓으라는 것인데, 시대가 시대인 만큼 19세기식으로 일이 벌어진 셈이다. 조시는 피스크에게 마땅히 그럴 책임이 있다고 생각했고, 법적인 문제가 뒤따를까 봐 좀 값을 올려서 요구한 액수가 2만 달러였다.

마침내 피스크가 삼류소설에나 나올 법한 시나리오에 직면했음을 알게 됐을 때, 뉴욕의 신문들이 그의 지저분한 돈세탁 행태를 공개적으로 파헤치기 시작했다. 핏대가 솟은 피스크는 스톡스의 브루클린 정유회사에 주고 있던 이리 철도의 석유매입 계약을 끊어버리고, 공개적으로 위신을 망가뜨렸다. 이렇게 소동이 벌어지자 피스크의 삶에서 절대권력이나 다름없었던 제이 굴드가 이를 간단한 일이 아니라고 여기게 됐다. 냉랭하며 평생 놀이도 몰랐고, 용서도 몰랐던 굴드는 시끄러운 소동으로 이리 철도 주가가 타격을 받기 시작하자, 피스크에게 이리 철도 임원에서 사임하라고 요구했다. 피스크는 공개적으로 쫓겨났다.

그러나 피스크를 실질적으로 파멸시킨 것은 조시의 사랑이자 그 사랑의 실종이었다. 마침내 조시의 '친구' 스톡스는 일이 사방으로 번진 것에 분노를 참지 못하고, 피스크를 뒤쫓아 가 그의 퉁퉁한 배에다 총을 쏘고 말았다. 피스크는 그다음 날 1872년 1월 7일에 죽었다. 피스크는 그 엄청나고 화려한 전설을 남겼지만, 놀랍게도 죽을 때 나이는 36세에 불과했다.

이 건달이 저지른 잘못은 여러 가지가 있지만, 그가 실패한 것은 무엇보다도 남 보란 듯이 재미를 밝히는 버릇 때문이다. 경멸도 받은 만큼이나 사랑도 받았던 피스크는 공정성이나 규칙보다 행동의 자유가 중시되던 사회의 기묘하고도 추악한 부분을 드러냈던 사례다. 그의 삶에서 얻을 교훈이 있을까? 사업 자체를 위해 사업을 챙기는 사람들은 끝까지 경제적 성공을 유지할 때가 많다. 굴드가 그랬다. 그러나 피스크와 같은 사람들은 주로 자기만족과 돈이 가져다주는 쾌락(술과 여자, 놀이)을 얻으려고 사업을 한다. 이런 부류의 사람들은 지속적이고 끊임없이 사업의 핵심에 대한 집중력을 유지하지 못한다. 그래서 결국에는 세상의 '굴드들'이 찌르는 작살에 관통당하고 만다.

윌리엄 크레이포 듀랜트

William Crapo Durant

Creator of General Motors, 1937

반쪽은 미래를 보는 건설자, 반쪽은 거친 도박꾼

◆

　윌리엄 크레이포 듀랜트William Crapo Durant를 살펴볼 때는 그의 중간 이름이 '신중Prudence'이 아니라 '크레이포Crapo'(프랑스어의 두꺼비 '크라뽀 crapaud'는 프랑스계와 스페인계 이민자들의 후손을 통해서 전해지면서 생긴 말이라고 한다_옮긴이)임을 상기해야 한다. GM을 설립한 듀랜트는 과도한 낙천주의자였다. 왕성한 정력과 타고난 재능으로 마치 핼리 혜성처럼 돌진하면서 1900년대 초 자동차산업을 가르는 굵직한 궤적을 그렸다가, 다시 혜성처럼 사라졌다. 이 악명 높았던 수완가는 절제라는 것을 전혀 몰랐다. 모험의 달인이었으나 신중한 구석이 없었다. 맨손으로 부자가 됐다가 다시 맨손이 되고 말았던 듀랜트의 풍랑과도 같았던 삶은 1861년 매사추세츠 주, 뉴베드퍼드New Bedford 시에서 시작됐다. 그는 고등학교를 다니다 자퇴한 뒤 21세에 독립적인 보험사 대리인으로 일했다. 40세에는 미시간 주 플린트Flint 시에서 마차를 파는 눈부신 영업 실적으로 100만 달러를 벌고 나서, 막 성장하기 시작한 자동차산업의 매력에 이끌렸다.

GM을 세우는 과정은 뷰익 자동차Buick Motor 합병을 시작으로 광풍처럼 몰아치는 기업인수의 연속이었다. 플린트 시에 본부를 두었던 뷰익 자동차는 구제 없이는 다시 살아날 수 없는 상태에 빠졌었다. 작은 키에 궐련을 조금씩 피우던 듀랜트에게 이 위태로운 회사가 넘어왔던 주된 이유는, 그가 플린트 시에서 고명한 시민이었기 때문이다. 뷰익의 이사회 의장 자리에 앉은 그는 곧바로 자본금을 7만 5000달러에서 30만 달러로 늘리고 생산을 확대했다. 늘 도박꾼 기질로 살았고 마음속에는 언제나 보험사 세일즈맨의 활력이 분출하던 그는 뉴욕에서 열린 자동차 전시회에서 1100대가 넘는 차를 팔았다. 이때는 뷰익이 40대도 생산하기 전이었다. 얼마 지나지 않아 그는 세계 최대의 자동차공장을 경영하게 됐다. 뷰익이 자리를 잡고 난 뒤, 듀랜트는 홍보나 은행에 전혀 기대지 않고 오로지 뛰어난 직관과 순발력으로 9월에 GM을 설립하는 데 성공했다. 그는 교활하게 동료를 시켜서 GM을 지주회사로 설립하도록 했다. 이어서 자신의 이름은 비밀에 부쳐둔 채 그의 지시에 따르는 GM 이사회가 뷰익을 인수하도록 만들고, 인수 대금은 375만 달러의 주식과 1500달러의 현금으로 치르도록 했다. 듀랜트는 줄곧 두 회사를 통제하면서 이 일을 처리했다. 그는 인수 대금을 신주를 발행해 조달했는데, '신주 발행을 허가받을 수 있는 특허와 특허 청구'를 지렛대로 이용했다. 그해 연말이 되어서야 GM의 기업결합을 지휘한 사람이 듀랜트라는 사실이 알려졌다.

다음 차례로, 듀랜트는 올드 모터스 웍스Old Motors Works를 인수 표적으로 골라, 300만 달러를 좀 웃도는 가격을 주고 인수했다. 그렇게 비싼 값을 주고 샀다고 비웃는 소리가 들렸다. 인수 가격으로 375만 달러를 치렀던 선도적 자동차회사, 뷰익에 비하면 턱도 없는 회사였기 때문인데, 듀랜트는 '올즈 모바일Oldsmobile'이라는 매력적인 이름에 판돈을 건 셈이었다. 1905년에 나왔던 노래인「즐거운 내 올즈 모바일을 타고 In My Merry Oldsmobile」가 여전히 인기가 높다고 생각했던 것이다. 1909년에는 불안한 소규모 회사인 오크랜드 모터카 컴퍼니Oakland Motor Car Company에 신중하게 접근해서 그 소유자가 망하기 며칠 전에 매입했는데, 이 회사가 바로 오늘날 폰티악Pontiac이다. 그다음 표적인 캐딜락Cadillac은 당시 전대미문의 인수 가격인 475만 달러를 주고 샀는데, 듀랜트는 나중에 그 거액의 인수 대금을 단지 14개월 만에 모두 치를 수 있었다고 자랑하듯 말했다. 어쨌든 그는 좋은 결과를 봤다. 1909년, GM은 2900만 달러의 파격적인 이익을 올렸다.

안타깝지만 영광은 금세 기울었다. 캐딜락에 들어가는 지출로 인해 회사 자본금이 고갈돼 갔고, 1910년 초에는 자금 사정이 좋았지만 듀랜트가 전력회사 히니 램프Heany Lamp에 투자하는 바람에 큰돈이 다시 빠져나갔다. 텅스텐 필라멘트로 만든 이 회사 전구의 특허가 헛것이 돼버리자, GM은 1200만 달러가 넘는 손실을 보고 말았다. 기질 자체가 험악한 도박꾼이었던 듀랜트는 더욱 세게 나가서 주식 배당을 400% 지급한다고 선언했다. 반면 근로자들은 몇 달 간 급여가 중단된 채 묶여 있었고, GM의 주가는 100달러에서 25달러로 추락했다.

듀랜트는 맹렬하게 돈을 찾아 나섰다. "대형 금융기관들과 접촉했고, 생명보험 회사도 만나봤다. 개인 재산이 많다는 갑부들도 만났다. 자타가 공인하는 뛰어난 세일즈맨인 내가 놀라운 제안을 내놓는데도, 돈을 구하는 일에서는 내 노력이 아무 소용이 없었다." 그는 이렇게 한탄했다. 역시 인생은 험난하다.

어쩔 수 없이 듀랜트는 악마에게 영혼을 팔았다. 바로 은행가들이다. 6% 금리로 융자받은 1500만 달러로 GM을 구출하는 자금 조달의 숨통이 열렸다. 그러나 융자 부대조건이 험악했다. GM의 수중에 들어온 현금은 1275만 달러에 불과했고, 나머지 금액은 은행이 보관했다. 게다가 채권은행은 610만 달러어치의 GM 주식을 수수료로 가져갔고, 미시간 소재 GM의 부동산에 공동 근저당을 설정했으며, 융자 기간 5년 동안 의결권 신탁까지 요구해서 경영에 대한 통제권도 확보했다.

그러고 나서 듀랜트의 경영은 금방 끝났다. "나에게는 직위와 직책이 있었지만, 성공적인 사업 추진에 필요한 것들이 하나도 없었다. 내 것만 챙기는 게 아니라, 같이 해보자는 지원이나 협력이 없었고 그런 정신을 찾아볼 수 없었다." 당시 사정을 밝힌 그의 언급이다. 결국 그는 GM에서 나와 홀로 또 하나의 제국을 일으키는 일에 나섰고, 1911년 초에는 그가 '애지중지하는' GM을 다시 찾아올 계획을 짰다. 그는 퇴역한 자동차경주 선수로 뷰익을 몰았던 루이 시보레Louis Chevrolet의 이름을 브랜드로 내세워 포드의 T형 자동차와 경쟁에 돌입했다. 이윽고 가격이 490달러인 T형 자동차와 맞붙기 위해 1914년 '시보레 490'을 마케팅 전면에 내세웠고, 다음 해에 1170만 달러의 매출에 순이익 130만 달러를 올렸다.

채권은행의 GM 의결권 신탁 기간이 끝나고 융자받은 1500만 달러를 상환할 만기인 1916년이 찾아왔다. 듀랜트는 사냥감을 덮치는 사자처럼 기다렸다는 듯이 GM 주식을 사들이기 시작했고, 친구들에게는 보유 지분을 팔지 말고 그대로 확보해두라고 당부했다. 그는 9월에 열릴 이사회 전까지 채비를 마치기 위해 총력전을 펼쳤다. 방 세 개짜리 스위트룸을 뉴욕 호텔에 잡아두고, 각 방의 전화기를 돌려대며 GM 주식을 사들이려고 미국 전역을 훑었다. 왕성한 매수세로 GM 주가는 1916년 1월 82달러에서 연말에는 558달러까지 올랐다. 꿈 많은 이 도박꾼이 은행가들의 속박에서 풀려날 때를 만난 것이다.

마침내 지분 54%를 확보해 은행가들 위로 올라선 듀랜트는 감개무량했다. 특히 이사회를 돈독한 친구들과 네 명의 중립적인 주주들(이사회 의장인 피에르 뒤퐁Pierre duPont, 뒤퐁 휘하의 재무 책임자인 존 래스콥 외 그들의 파트너 두 명)로 꾸밀 수 있어서 좋았다. 듀랜트는 또다시 서둘러 사업을 벌이면서 유나이티드 모터스 컴퍼니United Motors Company를 설립하고, 냉장고회사인 프리지데어Frigidaire를 인수했다.

그런데 듀랜트는 1차 세계대전을 예상하지 못했다. 10% 증거금만으로 매수해둔 그의 주식 대부분이 전쟁에 따른 주가폭락으로 결딴나는 바람에, 뒤퐁 측이 하자는 대로 하는 수밖에 없게 됐다. 그래도 듀랜트는 서너 해 더 GM의 사업을 공격적으로 펼칠 수 있었다. 뒤퐁 측의 동맹자인 래스콥의 후원 덕분이었다. 1918년에서 1919년 사이에 GM은 시설 확장 및 생산량 증대와 아울러 트랙터시장에 새로 진출했으며, 차체 제조회사인 피셔 보디 코퍼레이션을 인수했고, 2000만 달러를 들여서 듀랜트빌딩(나중에 GM빌딩으로 이름을 바꿨다)을 지어 올렸다.

1920년 듀랜트는 불황을 얻어맞고 다시 무너지게 됐다. 자동차 매출과 함께 주가도 곤두박질쳤고, 그의 공격적인 경영도 문제시됐다. 뒤퐁 측 사람들은 미국 최대의 막강한 투자은행인 JP모건 앤드 컴퍼니에게 2000만 달러를 웃도는 주식 발행을 인수해달라고 요청했다. 한편 GM 주가가 21달러로 떨어지자, 듀랜트는 주가를 떠받치려고 여러 작전 세력에 적극적으로 가담했다. 그렇게 10월에 이르자 그는 불어난 손실을 감당할 수가 없어 뒤퐁에게서 차입한 130만 주를 토대로 자사 주식을 더 매수했다. 그러나 11월에 주가가 13달러로 또 떨어지자, 듀랜트의 손실은 9000만 달러로 악화됐다. 그해 12월 1일자로 그와 GM의 관계는 영원히 끝났다.

듀랜트는 자동차산업을 포기할 수 없었다. 59세의 나이에 또다시 모험에 도전한 그는 6주 만에 듀랜트 모터스Durant Motors를 설립했다. 재산이 많은 친구들에게 부탁하고, 또 GM으로부터 300만 달러 상당의 출자 합의를 끌어내, 새 회사를 자본금 700만 달러로 상장했다. 그가 이 일을 순전히 개인적인 '인맥'으로만 성사시켰다는 이들도 있다. 이 회사 주가는 금세 15달러에서 80달러로 뛰었고, 할부 방식으로 주식매수를 예약하는 현상까지 나타났다. 그러나 듀랜트가 올라탔던 기회는 끝나가고 있었고, 다가오는 대공황과 맞서는 것은 불가능했다. 1933년 60만 제곱미터에 달했던 그의 공장 면적은 다시 사라졌고, 듀랜트 모터스는 청산됐다.

광란의 1920년대에 듀랜트는 월스트리트의 전설에 이름을 올렸다. 놀라운 금액을 투기에 걸었고, 유럽 여행을 다니는 중에도 투기를 벌였다. '황소 중의 황소'로 이름이 난 그는 차체 제조의 명문가인 피셔 형제들과 어울려 당시 합법적이었던 '강세파 합동자금bull pools'에 가담해 주가를 계속 끌어올리다가 큰 차익을 남기고 팔았다. 주가폭락 전인 1928년에는 1100만 주 이상을 매매했는데, 순자산이 5000만 달러에 달했다고 한다. 그러나 그는 늘 크게 벌고 나서 크게 잃었다. 이 '크레이포'는 1929년 주가폭락을 예견하고 그 전에 철수했지만, 1930년에 주식시장에 다시 들어갔다. 그리고 증거금을 건 신용거래로 매수한 데다, 부인 명의의 GM 주식을 담보로 빌린 돈까지 동원해서 매수 자금으로 썼다. 1932년이 되자 그는 모든 것을 잃었다. 끈질긴 채권자들이 줄줄이 내는 소송에 지쳐 1936년에는 파산 신청을 냈다.

듀랜트는 86세에 거의 무일푼으로 숨을 거두기 전까지 서너 번 더 창업을 시도했다. 수퍼마켓에 손을 댔다는 말도 있고, 볼링장을 차렸다는 말도 있다. 그가 식당에서 설거지하는 장면을 담은 1936년 사진들은 세상의 큰 이목을 끌었지만, 사진의 내용인즉슨 사람들 생각처럼 그리 눈물지을 만한 것은 아니다. 듀랜트는 자신이 소유하고 운영하던 식당을 홍보했던 것이다. 그는 영원한 세일즈맨이었다.

세월이 지나고 듀랜트의 뒤를 이어 GM을 이끈 앨프레드 슬론은, 듀랜트가 GM 주식을 그대로 보유만 했다면 1947년 세상을 떠날 때 재산이 족히 1억 달러는 됐을 거라고 말했다. 하지만 그런 식은 듀랜트의 스타일과는 거리가 멀었다. 듀랜트는 큰 위험을 과감하게 떠안았다. 그게 잘될 때도 있었지만, 안 될 때도 있었다. 그의 삶에는 어떤 교훈이 들어 있을까? 앞날을 멀리 보고 위험을 수용하는 것까지는 맞다. 그러나 무모한 도박에 뛰어들면 안 된다. 특히 빌린 돈으로는 더욱 곤란하다. 그 순간부터 바랄 것은 운밖에 없기 때문이다.

오거스터스 하인츠

F. Augustus Heinze

일과 향락의 양극단을 달리느라 정력을 소진하다

◆

'프리츠Fritz'로 통했던 오거스터스 하인츠F. Augustus Heinze는 즐겁게 놀기를 좋아했다. 그의 분방한 행동은 늘 인구에 회자되었다. 호사로운 난봉꾼으로 아름다운 여자들을 좋아했고, 거세게 술을 마시는 것만큼이나 도박도 거세게 했다. 또 노는 것만큼이나 일도 열심히 해서, 두 가지 모두 극단을 달리느라 정력을 소진했다. 광산 소유주에 이어 월스트리트 투기꾼으로 활동했던 그는 밤이면 밤마다 방탕한 행동을 일삼았는데, 그렇다고 그의 성공에 지장이 생길 것 같지는 않았다. 적어도 그의 방탕이 일과시간의 업무에 스며들기 전까지는 그랬다. 그 영향이 갑작스러운 것은 아니었지만, 돌이킬 수 없는 국면으로 접어들었을 때는 아주 빠르고 치명적인 일격으로 변했다. 그가 월스트리트에서 망가진 뒤, 1914년 45세 때 간경변으로 사망할 당시 남아 있는 재산은 지킬 수도 있었던 규모의 극히 일부에 불과했다.

키 177센티미터에 90킬로그램 나가는 근육질의 큰 덩치에다 희뿌연 얼굴과 커다란 푸른 눈을 가진 하인츠는 1869년 뉴욕 주 브루클린에서 태어났다. 자랄 때는 유럽의 최고급 학교에서 공부했다(그에 대한 이야기로서는 좀 놀라운 대목이다). 20세에 고향에 돌아와 나중에 미국 광업의 본고장으로 부상하게 될 몬태나 주의 뷰트_Butte 시에서 광업 엔지니어의 길을 밟았다. 그로부터 4년 뒤인 1893년, 그와 두 형제는 구리를 채굴하고 제련하는 회사를 설립했다. 바야흐로 이때는 구리광업이 그 지역에서 제일 잘나가는 산업으로 부상할 시기였다. 하지만 이때 그는 자신이 당해낼 수 없는 거대한 힘과 충돌하는 길로 들어섰음을 거의 알지 못했다.

대담무쌍하고 거만하며 교활하기까지 한 하인츠는 무자비한 구리 산업에서 성공하기에 족한 자질을 갖추고 있었다. 한번은 이익의 절반을 준다는 파격적인 조건(당시 관행은 20%였다)으로 어느 광산 소유주를 설득해 고품질 구리가 나는 광산의 채굴권을 임차했다. 하지만 그는 하나의 조건을 내걸었다. 고품질 구리광석이 계속 나올 때에만 이익의 50%를 지불하겠다는 조건이었다. 그리고 광석이 저품질일 경우에는 거의 모든 이익이 하인츠에게 돌아가도록 돼 있었다.

기이하게도 하인츠가 광산을 맡은 날부터 저품질 구리광석밖에 채굴되지 않았다. 그가 비밀리에 고품질 광석에 암석 불순물을 섞어서 저품질 구리를 생산했기 때문이다. 결국 그가 이익을 거의 다 가져갔다. 한마디로 부정직한 짓인데, 그 시대에는 불법적인 일도 아니었다. 뒤통수를 얻어맞은 광산 소유주는 빼앗긴 이익을 요구하는 소송을 벌였지만 소용이 없었다. 광산 소유주는 한때 주변에 자기를 당할 만큼 영악한 사람은 없다고 생각했지만, 재판이 거듭되는 동안 이렇게 한탄했다. "내가 저 젊은 친구를 10년 전에만 알았어도 뷰트 시의 광산을 다 차지했을 텐데!"

그 후로도 뷰트 시에서 구리광산 전쟁이 뒤따랐고 하인츠의 이익은 계속 불어났다. 이 전쟁을 벌이는 와중에 그는 똑같은 수법으로 다른 곳에서도 전투에 돌입했다. 멀리 떨어진 캐나다의 브리티시컬럼비아 주 쿠트네이Kootenay 지역으로 들이닥쳐, 그곳 마을 한 곳을 대상으로 사기를 쳤다. 그 지역에서는 딱 하나의 힘센 회사 캐나디안 퍼시픽Canadian Pacific이 철도를 장악하고 있었는데, 하인츠는 그 마을의 지역신문 하나를 매입해서 자신을 별로 인기 없는 이 철도회사로부터 마을을 구제해줄 사업가라고 선전했다. 나아가 광산도 일으킬 것이며, 캐나디안 퍼시픽과 경쟁할 철도도 놓을 거라는 원대한 계획으로 지역인사들을 구워삶았다.

그 지역 관할 정부는 하인츠를 그 지역에 뿌리내릴 독지가로 보고, 값나가는 땅을 철도 건설용으로 무상으로 불하해줬다. 이어서 하인츠는 차입한 자금으로 철도 건설을 시작하는 시늉을 했다. 그러더니 이내 입장을 바꿔서 과도한 채무로 건설을 계속할 수 없다고 공표하고, 벌이던 건설사업은 캐나디안 퍼시픽에게 팔아넘겼다. 그 결과, 그는 불하받은 값진 땅을 손에 넣었고, 캐나디안 퍼시픽으로부터 100만 달러나 받았다. 이것이 애초부터 그가 노리던 목표였을 거라고 봤던 이들도 있었다.

그다음, 하인츠는 록펠러의 거대 기업 집단인 스탠더드 오일과 맞붙어 뷰트 시의 구리광산들을 놓고 싸움을 벌였다(이미 스탠더드 오일은 1890년대 말에 구리 기업합동 구축에 돌입했었다. 084. 헨리 로저스 편을 보라). 하인츠는 영악하게도 새로 매입한 지역신문을 통해서 스탠더드 오일을 지역의 피땀을 빼먹으려는 외부자로 묘사하고, 자신이 지역을 구제할 사람이라고 묘사했다. 또 스탠더드 오일의 소수 지분을 매입해서 그들을 괴롭히는 소액 주주 소송을 수없이 제기했다. 그러면서도 그는 잠시도 고삐를 늦추지 않았다. 1906년, 마침내 물리도록 지친 스탠더드 오일은 그에게 1200만 달러를 주겠다는 아주 혹할 만한 제안을 했다. 그 순간 하인츠는 모든 소송을 취하하고 그 돈을 챙겨서 뷰트 시를 떠나기로 합의해줬다. 뷰트 시를 구제하기는커녕 아예 안중에도 없었다.

돈을 받아 챙긴 하인츠는 뷰트 시는 훌훌 털어버리고, 과감하게 월스트리트로 진출해 형제들과 같이 '오토하인츠 앤드 컴퍼니Otto Heinze and Company'라는 위탁매매 증권회사를 차렸다. 그의 형이 '오토'였는데, 하인츠가 회사에 형의 이름을 쓴 것은 자기 이름 '프레더릭Frederick 오거스터스'를 아주 싫어했던 탓도 있었다. 사람들은 그를 '프리츠'라고 불렀지만 이 별칭 또한 싫어했다. 그래서 그는 자기 자신을 일컬을 때, 그냥 알파벳 약자로 'F'라고 했다. 거짓말을 일삼고 남을 속이고 등치는 데다, 자기 이름마저 좋아하지 않는 자가 술과 어울려 이상야릇한 재미로 빠져드는 모습이 어떨지 짐작이 갈 것이다.

하인츠는 월스트리트로 들이닥쳐 곧장 월도프-아스토리아 호텔에 화려한 더블스위트 룸을 잡았다. 자신이 록펠러를 무찌를 수 있다면 월스트리트도 자기 세상이 될 거라고 생각했다. 하지만 자신만만하고 의기양양했던 그는 잘못된 길로 갔다. 그 후 수 년 동안 벌어진 일은 그의 신상은 물론 미국 경제에도 재앙을 불러왔다.

맨해튼은 하인츠가 즐기기에 좋았다. 그러니까 밤에 말이다. 그가 일과 중에 쓰는 사무실은 밤에는 향연장으로도 쓰였는데, 좌우로 여배우들도 불러놓고 맨해튼에서 가장 잘 노는 사교계 인사들과 어울렸다. 어쩐 일인지 그는 그렇게 많은 여배우들이 들락거리게 하면 월스트리트와 대적할 기민한 판단력을 잃을 수도 있다는 생각을 한 번도 하지 못했다. 그는 화려한 향연을 베풀었다. 그의 형은 이렇게 회고했다. "FA(프리츠 오거스터스)는 한 번에 사오십 명가량의 남녀들을 불러놓고 아주 질펀하게 놀았다. 사람들의 환심을 자주 끌었던 것은 눈에 뜨이는 귀금속과 아주 화사하고 풍성한 꽃들, 비길 데 없는 음식, 또 넘쳐나는 샴페인이었다. (……) 이런 파티가 보통 밤늦게 시작해서 몇 시간이 지나도록 끝날 줄을 몰랐다. FA는 걸핏하면 밤새도록 놀고 또 일과 내내 일하곤 했다." 하인츠의 정력은 일과 향락 양쪽에서 타들어가고 있었다.

하인츠가 밤에는 자신에게 맞는 사람들과 사귀었는지 몰라도 낮에는 잘못된 사람들과 어울렸던 게 분명하다. 특히 투기꾼이자 연쇄은행 chain bank 사업가인 찰스 모스를 볼 때 그렇다(연쇄은행은 소수의 개인들이 지분이나 임원 겸직을 통해 독립적인 여러 은행의 경영권을 통제하는 방식이다_옮긴이). 하인츠와 모스는 서로 손잡고 은행 열두 곳(그중 하나는 하인츠 소유의 은행이었다)의 경영권을 장악해 은행 돈으로 작전 세력들의 합동자금에 끼어들었다. 그들이 직접 벌였던 가장 유명했던 투기는 1904년에서 1907년까지 가동된 유나이티드 카퍼United Copper 합동 자금이었다. 이 구리 회사는 주가를 부풀려 상장했고 연쇄은행 한 곳에서 자금을 조달했다. 그런데 이상하게도 이 회사는 잘 성장했고, 금속시장에서 저가 공세를 펼쳐 1906년에는 스탠더드 오일이 움직이던 난공불락의 어맬거메이티드 카퍼와 필적할 정도가 됐다. 스탠더드 오일은 복수전을 다짐하며 이렇게 말했다. "이 사태를 제자리로 돌려놓겠지만 우리 방식대로 되돌려놓겠다."

구리시장이 정체 기미를 보이는 와중에도 유나이티드 카퍼는 주가가 37.5달러에서 60달러로 뛰어올랐다. 《뉴욕 타임스》는 주가급등을 투기 탓이라고 보도했지만, 사실은 하인츠와 모스가 유나이티드 카퍼 주식을 매집했기 때문이었다. 그런데 이 두 사람이 주식 물량을 완전히 매점해 닫걸지 못한 채 대량의 주식을 손에 들고 있을 때 주가가 무너지기 시작했다. 스탠더드 오일이 이들의 매점을 깨는 일을 거들었다는 게 당시 소문이었고, 하인츠가 동원할 수 있는 자금 조달 기회를 족족 무산시켰다고 한다. 어쨌든 맹위를 떨쳤던 1907년 공황에 하인츠는 큰 몫을 했다. 그 덕에 뉴욕에서 일군 하인츠의 금융 기반과 은행은 3주 만에 완전히 무너졌고, 위신도 땅에 떨어졌으며, 약 1000만 달러나 손실을 입었다.

이때부터 하인츠에게 남은 날들이 카운트다운에 들어갔다. 하인츠가 이 사실을 모르고 있었을 뿐이다. 그는 1909년 은행 대표로서 범한 16건의 금융부정 혐의에서 무혐의 판결을 받았다. 다음 해 한 여배우와 결혼해서 아들도 하나 두었는데, 이 순간부터 날을 거듭할수록 내리막길이 속도를 더해갔다. 1912년에는 아내가 집을 나갔다. 부부는 자식을 생각해 2년 뒤에 화해했지만, 얼마 안 되어 아내가 죽고 말았다. 곧이어 하인츠는 몇 해 전에 은행을 인수해놓고 의무를 방기한 일로

120만 달러 소송에서 패소했다. 오랫동안 누적된 과음의 영향이 드러나면서 건강이 급속도로 악화됐다. 1914년 하인츠는 알코올 중독자가 겪는 죽음을 맞았다.

하인츠는 자신의 인생과 월스트리트에 온갖 고전적인 잘못을 모두 범했다. 너무 많이 놀았고, 너무 많이 술을 마셨으며, 거의 아는 게 없었던 분야인 은행업에 뛰어들었다. 지나친 호색과 향연, 음주로 인해 목숨을 잃었고, 월스트리트에서 겸양과 초점을 잃은 탓에 체면을 잃었다. 그의 삶은 월스트리트의 게임 그 자체보다 돈 쓰는 일에 더 마음이 가 있는 사람은 금융시장에서 실패하기 쉽다는 명제를 입증해주는 또 하나의 사례일 뿐이다.

찰스 모스
Charles W. Morse

**교활하고 얼음처럼 냉정한 자,
손대는 것마다 파탄 나다**

◆

　어떤 사람들은 아무리 경험을 해도 배우지 못한다. 그중에서도 압권은 찰스 모스Charles W. Morse라는 인물이다. 그의 통통한 손끝이 닿는 일은 매번 기어이 파탄이 났다. 그냥 운이 나빠서가 아니었다. 그는 미국 북동부의 뉴잉글랜드 지역에서 자랐다는 사실과는 안 어울리게 무모한 투기 기질을 타고났다. 바로 이런 기질이 미국의 1907년 공황을 격발시켰다. 갈수록 터무니없는 일을 벌여가는 모스를 아무것도 막지 못했다. 그는 도무지 통제할 수 없는 야생마처럼 무모함 그 자체였다.

　모스는 기대할 게 없는 사람이었다. 1856년 마인 주, 배스Bath 시에서 태어난 그는 불룩한 가슴통에 키가 작달막한 악동이었다. 그는 날 때부터 말썽이라는 말을 이마에 박고 나왔다고 할 수 있다. 보드앵 대학Bowdoin College을 다니는 중에도 아버지 회사에서 얻은 일자리를 다른 사람에게 맡겨놓고 돈은 적게 줬다. 그 와중에도 열심히 공부를 마친 뒤, 그는 뉴욕 맨해튼에서 번창한 사업으로 일군 얼음 장사에 특히 매진했다.

모스는 처음에 얼음으로 큰돈을 벌었다. 그런데 그 방법이 여간 대단한 게 아니었다. 그는 시의 정치꾼들을 매수했고 시장까지 구워삶아서, 경쟁자들을 합병하기 위한 후원 세력으로 활용했다. 이어서 회사를 상장하면서 주식에 물을 타고 정치꾼들에게 뇌물을 먹이느라, 회사가 만드는 얼음에 들어가는 것보다 많은 물을 주식에 탔다. 일단 시장을 독점하자 이 자신만만한 '얼음왕'은 대담하게도 얼음값을 천정부지로 올렸다. 시민들이 아우성을 쳤지만, 그는 아우성 칠 테면 쳐보라고 내버려뒀다. 자신의 회사 주식에 투자한 시장이 든든한 후원자였기 때문이다. 그다음에 모스는 지주회사를 설립해놓고 주식을 조작했다. 그리고 이 과정에서 불거진 부패로 인해 거품이 터질 때까지 주식 조작으로 2500만 달러를 빼돌렸다. 종국에는 시민들이 부패한 시장을 자리에서 쫓아낸 뒤, 새 시장이 모스의 독점을 분쇄했다.

다시 큰판을 노리고 있던 모스는 은행업에서 소동을 일으키기 직전에 해운업에 뛰어들었다. '대서양 연안의 제독' 자리에 올라선 그는 얼음으로 판을 벌일 때와 유사한 방식으로 연안 운송을 거의 독점한 뒤, 회사에 있는 돈을 있는 대로 빼돌렸다.

얼음사업과 해운사업도 부정이 대단했지만 모스가 벌였던 은행업과 투기판에 비하면 새발의 피였다. 우선 그는 자기 회사의 속기사와 같은 소시민들로부터 수십만 달러를 빌리고, 줄줄이 융자를 받아서 은행 여러 곳의 지배 지분을 사들였다. 모스에게는 아주 쉬운 일이었다.

즉, 현금을 빌린 뒤 그 돈으로 한 은행의 지배 지분을 매입하고, 다시 그 은행 자산을 담보로 융자를 받아, 그 돈으로 다른 은행을 매입했다. 더 많은 은행을 사들일수록 융자금액도 늘어났다. 점차 그와 두 파트너는 열두 개 은행을 거느린 극히 투기적인 연쇄은행을 만들게 됐다. 바로 이때 유나이티드 카퍼 주식이 그들의 시선을 끌었다.

유나이티드 카퍼는 주식을 부풀려 상장한 회사였지만 모스는 오히려 그런 회사가 좋았다. 그 주가를 조작해 돈을 벌 수 있다는 게 더욱 좋았다. 모스와 그 파트너들은 주식을 매점할 합동 자금을 만들어, 여러 브로커들을 통해서 엄청난 규모로 유나이티드 카퍼 주식을 사들였다. 주식 매수를 담당한 브로커들은 사들인 주식을 모스 세력에게 다시 팔기 전에 각자의 계좌로 '파킹parking(위장 분산)'하기로 했다. 모스의 작전을 은폐함과 동시에 주가가 너무 일찍 오르는 것을 막기 위해서였다. 주식 파킹은 1980년대 이반 보스키가 실형을 판결받은 죄목이다. 지금은 불법이지만 그 시절에는 불법이 아니었다.

그러던 중 갑자기 쏟아지는 매도 물량이 주가를 짓누르게 되자, 모스 세력은 즉각 브로커들을 의심했다. 그 후 수많은 공매도자들의 대주 물량이 청산되면서 주가가 다시 37달러에서 60달러로 치솟았는데, 모스 세력은 이 현상을 보고 그들의 주식매점이 완료됐다고 판단했다. 이때 그들은 행동을 개시했다.

모스 세력은 브로커들이 매집 막바지에 매수하는 척하고 뒤에서 공매도를 내놓았을 것으로 보고, 이들의 속임수를 역이용하기로 했다. 즉, 브로커들이 파킹해뒀다고 한 물량이 공매도 분을 제하고 나면 턱없이 부족할 것으로 판단하고, 파킹 물량을 전부 모스 세력에게 인도하라고 요구한 것이다. 정말로 브로커들이 배신해서 공매도에 나섰다면, 파킹 물량을 채우기 위해 다시 주식을 사들여야 할 것이므로 주가가 더 치솟을 것이고, 이때 자신들은 큰 차익을 남길 수 있을 것이라는 생각이었다. 하지만 브로커들이 공매도를 하지 않았고 실제로 파킹 물량을 가지고 있다면, 모스 세력은 끝장날 상황이었다. 왜냐하면 어찌 된 영문인지, 파킹 물량을 그들이 매수 대금을 치를 수 있는 금액 이상으로 브로커들에게 벌여놓았기 때문이다. 모스는 자기 패도 시원치 않으면서 남의 패에 승부를 거는 무모하기 짝이 없는 도박을 벌이고 있었다.

실제 사태는 다음과 같이 벌어졌다. 첫째로, 모스는 유나이티드 카퍼를 완전히 매점하지 못했다. 여전히 주식을 조금씩 들고 있는 소액 투자자들이 많았는데, 급락하던 주식이 다시 60달러로 치솟았을 때 이들은 이를 빠져나올 기회로 보고 보유 주식을 매도했다. 둘째로, 모스 세력의 판단대로 브로커들은 실제로 공매도를 했었다. 그런데 때마침 쏟아지는 소액 투자자들의 매도 물량을 매수한 덕분에 파킹 물량을 제대로 인도할 수 있었다. 셋째로, 모스 세력은 브로커들에게 결제해줄 돈이 없었다. 모스 패거리는 브로커들에게 결제해줄 현금을 마련하느라 혈안이 되다 보니, 매집해둔 유나이티드 카퍼 주식을 시장에 내다팔았다. 당연히 주가는 그들의 매도 물량을 얻어맞아 36달러로 떨어지더니 이내 10달러로 폭락했다.

모스가 순수한 투기꾼에 머물렀으면 그나마 피해가 작았을 것이다. 하지만 은행가이기도 했던 탓에, 그가 주식시장에서 큰 손실을 봤다는 소문은 삽시간에 월스트리트에 공황을 불러왔다. 모스의 은행들에 돈을 맡겨둔 사람들의 인출 쇄도가 벌어진 것이다. 당연히 모스의 은행들은 투기에 열중했기 때문에 준비금이 넉넉하지 않았다. 현금도 부족했을 뿐 아니라, 모건이 주도하는 어음교환소Clearing House(연방준비제도가 생기기 전에 뉴욕 대형은행 간의 상호결제를 감독하고 소형 은행들에 대한 여신을 조절하던 기관)에서 배제돼 있었다. 그래서 모스의 여신 요청을 받은 어음교환소는 모스와 파트너들에게 은행 지분의 포기와 사임을 요구했다. 이들을 쫓아낸 후에 JP 모건은 경제를 재앙에서 구제할 조치에 들어갔다. 1907년 공황은 그 직전의 과도한 투기열로 인해 무르익고 있었기 때문에, 모스가 공황의 원인은 아니었던 것은 분명하다. 그러나 그는 명백히 공황을 격발한 뇌관이었다.

공황을 초래한 주연으로 활약한 일로 모스는 1908년 15년 징역형을 선고받았다. 하지만 훌륭한 변호사가 항소를 잘 치러준 덕분에 1910년부터 1912년까지 2년만 복역했다(그런데도 모스가 변호사 수임료를 떼어먹은 것은 얄궂은 일이다). 나중에 태프트 대통령은 그가 죽어가고 있다는 소식을 듣고 그를 사면해줬다. 사실, 모스는 비눗물을 섞어 만든 화학물질을 먹고 치명적인 증상을 잠시 일으켰을 뿐, 실질적인 손상은 입지 않았다. 이걸로도 대통령을 속여 넘기기에 충분했다.

이 말썽쟁이는 크게 낙담했지만 독한 마음으로 재기를 다짐하며 월스트리트에 돌아왔다. 1915년에 그가 새로 세운 허드슨 내비게이션 Hudson Navigation Co.은 해운업에서 세력을 키워갔지만, 나중에 불공정 경쟁으로 고소당했다. 그다음 해 그가 세운 조선소는 1차 세계대전에 투입될 함선 136척을 연방 정부로부터 수주했다. 늘 그랬듯이 모스는 이 일을 위해 자금을 빌려 썼는데, 고작 22척밖에 만들어내지 못했다. 무언가 의심스러운 구석이 엿보인다.

전쟁이 끝나고 수사를 받게 된 모스는 정부를 대상으로 한 사기공모 혐의를 받았다. 그에 따르면 모스는 차입금 대부분을 함선 건조가 아니라, 자신의 조선소를 짓는 데 썼다. 그런데 기소가 집행되기 전에 모스는 유럽으로 항해를 떠났다. 연방 검찰청은 그에게 본국 귀환 명령을 타전했다. 그는 미국에 돌아와 다시 체포됐지만 자신의 결백만을 주장했다. 연방 정부는 1925년이 되어서야 모스의 회사에서 약 1100만 달러를 되찾을 수 있었다.

그로부터 8년 뒤에 모스가 죽기까지 그가 벌인 모든 사업은 완전한 실패였다. 그는 다른 어느 사례 못지않게 빌린 돈으로 사업을 하지 말아야 하는 이유를 잘 보여준다. 그는 빌린 돈으로 엉뚱하게 투기하고 사기를 쳤으며, 마침내 빈곤과 징역으로 생을 마감했다. 자기가 하는 일도 제대로 알지 못하고 돈을 빌렸다가는 큰코다친다는 것을 대다수 사람들은 잘 알고 있다. 모스는 또 차입이 죽기 살기식의 행동을 유발한다는 점도 보여준다. 그러다 보면 도덕성도 잃게 되고 마침내 전부를 잃게 되기 쉽다.

오리스와 맨티스,
밴 스웨링건 형제

Oris P. and Mantis J. Van Swearingen

레버리지로 사는 자, 레버리지로 죽는다

◆

꿈 많은 기회 포착의 대가였던 밴 스웨링건Van Swearingen 형제, 오리스 Oris와 맨티스Mantis는 대다수가 불가능하다고 여겼던 일을 이루어냈다. 이들은 1920년대 호황에 올라타 '차입금 동원 기업인수'로 철도제국을 건설했다. 지주회사를 설립해 철도회사들을 서로 묶어놓는 게 이들의 장기였다. 2인조로 움직였던 이 형제는 거세게 몰아치는 역동적인 방식으로 순식간에 일어섰다가, 1929년 주가폭락으로 순식간에 무너졌다. 그렇지만 이들이 만든 제국은 적기를 만난 그 초기 단계에서 창의적인 금융을 보여주고 있다. 동시에, 레버리지로 사는 자는 레버리지로 죽는다는 것도 잘 보여준다.

쌍둥이처럼 보이는 밴 스웨링건 형제는 사무직원으로 일하다가 1900년에 작은 규모로 부동산사업을 시작했다. 당시 21세의 오리스와

19세의 맨티스는 땅 1에이커_{acre}(약 4000제곱미터에 해당)의 거래를 중개하기로 계약을 맺었다. 그들은 이 땅을 작은 구획들로 나누어 매물로 내놓아 분양한 다음, 이 땅을 사는 매입자들이 근소한 차익을 남기고 다시 팔 수 있도록 거래를 성사시켰다. 형제는 부동산시장이 상승세를 탈 것으로 보고 과감하게 뛰어들었다. 그들은 초반에 거둔 수익에다 친구들로부터 빌린 돈을 합해서 클리블랜드 외곽에 4000에이커의 땅을 사들였는데, 이 땅을 부유층 주거 단지로 개발할 수 있다고 생각했다. 이곳이 바로 지금의 오하이오 주 셰이커하이츠_{Shaker Heights} 시이다. 이때는 이와 같은 분양이 처음으로 등장할 때여서 대부분 그들의 계획을 의심쩍게 여겼다.

독신으로 살면서 트윈 침대를 쓰며 함께 생활했던 두 형제는 1930년까지 한 번도 휴가를 가지 못할 정도로 열심히 일하면서, 셰이커하이츠의 생명줄인 철도를 연결할 계획을 짰다. 그들은 그 땅을 클리블랜드의 도심과 이을 작은 철도를 생각하다가, 중견 철도회사인 뉴욕-시카고-세인트루이스 노선에 눈을 돌렸다. 철도제국을 만들 수 있다면 작은 교외 노선에 매달릴 필요가 있겠는가? 형제는 이 철도회사를 제값인 850만 달러에 사들였다. 그들 돈으로 50만 달러를 치렀고, 200만 달러는 은행융자로, 또 나머지 금액은 10년 만기 약속어음으로 치렀다. 아주 쉬웠다. 그냥 빌려서 해결했다. 곧이어 형제는 그들의 첫 지주회사를 설립한 다음, 주식을 공모해 현금을 마련했다. 그 돈으로 채무를 상환함으로써 주식시장을 효과적으로 활용한 뒤, 계속 앞으로 나아갔다. 이 방법은 그들이 사업을 벌이면서 여러 번 되풀이한 수법이다.

활발하게 움직이는 이 형제에게 철도회사 인수는 식은 죽 먹기였다. 즉, 철도회사들을 낚아채가면서 앞서 인수한 회사를 담보로 차입했고, 이어서 지주회사를 설립했다. 오늘날의 차입금 동원 기업인수와 그리 다르지 않은 피라미드 방식이다. 이들은 본격적인 피라미드 사업가의 원조 격으로 그런 의미에서는 금융 혁신가였다. 제임스 힐은 먼저 철도 사업가로 일하다가 어쩔 수 없이 금융이 필요해졌을 때 월스트리트를 활용했다. 이와 정반대로 이 형제는 처음부터 금융 사업가였고, 일상적인 철도운영과는 거리가 멀었다. 철도운영은 똑똑한 사람에게 맡겨둔 채, 형제의 제국은 번창해갔다.

후대의 피라미드 사업가들 대부분이 그랬듯이, 이 형제는 초반에 승승장구하면서 제국을 일군 혁신적인 사업가라는 명성을 얻었다. 또 작은 마을 출신이었지만, JP 모건과 묵직한 뉴욕 은행가인 조지 베이커 같은 월스트리트 거물들의 금융 지원도 늘어났다. 주변 생활이 청결했던 이 형제는 베이커가 묻는 평범한 질문에 답하는 것으로 그의 지원을 얻어낼 수 있었다. "일도 잘하시겠지만, 잠도 잘 주무십니까?" 이 형제가 통나무처럼 잘 잘 뿐 아니라 걱정해본 적이 없다고 답하자 베이커는 "좋습니다. 도와드리지요"라고 말했다. 그렇지만 밴 스웨링건 형제는 모름지기 너무 깊게 잤던 것 같다. 왜냐하면 1929년 주가폭락이 목전에 다가왔는데도, 차입금 의존도leverage를 너무 높은 상태로 놓아두었기 때문이다. 그다음 해 회사 이익과 주가가 모두 짓눌리자 그들의 제국에는 현금이 메말라갔다. 이윽고 형제는 클리블랜드 은행권에 큰 채무를 남긴 채 무너질 수밖에 없었다. 내가 장담하건대 그해만큼은 형제가 잠을 잘 이루지 못했을 것이다.

이 형제가 만든 피라미드는 영업회사 여러 곳을 지주회사 여러 개가 소유하는 형태였다. 게다가 이 지주회사들도 거미줄처럼 서로의 지분을 소유하고 있어서, 마치 동전을 이 컵에서 저 컵으로 바꿔치기하는 게임처럼 어지럽게 뒤엉켜 있었다. 그 피라미드 상층에서 서로 지분이 묶여 있던 제너럴 시큐리티스General Securities Corp.와 바네스Vaness Co., 두 지주회사가 기어이 작동을 멈추게 됐다. 결국 형제의 다음 행동은 익히 예상할 수 있듯이 바로 자금 조작자들이 하는 일이었다.

벤 스웨링건 형제는 JP 모건을 비롯해 월스트리트의 돈줄들을 찾아가서 차입을 한 번 더 시도했다. 회사 자산을 담보로 4800만 달러를 차입했는데, 그것으로는 충분하지 않았다. 1930년대 초에 주가가 계속 떨어지자 담보 가치도 함께 줄어들었기 때문에 그만큼 현금이 더 필요했다. 피라미드 구조는 조여드는 경제침체의 틈바구니에 끼이지 않으려면 악화되는 금융 여건과 계속 조화를 유지해가야 한다. 그런데 이 형제는 그러기에는 너무 늦고 말았다. 정규적인 현금 수입이 없었기 때문에 한껏 늘려놓은 채무를 융통할 수가 없었다. 결국 이들은 비교적 월스트리트의 신임도 두터웠고 지원도 받았지만 1935년에 부도를 냈고, 모건 채권단의 경매 처분으로 이들의 제국은 사라졌다. 이들은 1920년대 내내 상승 곡선을 타다가 1930년대 5년 동안 내리막길로 치달았다. 그러나 내리막길로 곤두박질을 쳤다고 해서 게임이 끝난 것은 아니다. 특히 모사꾼들은 한 번에 끝나지 않는다.

이 형제의 파산 후 밀봉호가 경매에 응한 두 곳이 있었다. 한 곳은 JP모건이었고, 다른 곳은 미드아메리카Midamerica Corp.였다. JP모건은 300만 달러에 입찰해서 부실여신이 돼버린 영업회사의 지분에 참여할 생각이었다. 그런데 예상치 못한 입찰자인 미드아메리카가 312만 달러를 제시해 낙찰을 받는 바람에, JP모건은 부실여신 약 4500만 달러를 회수할 도리가 없게 됐다. 그러나 파산 과정에서도 종종 그렇듯이, 바로 이 지점이 배신과 음모가 일어나는 곳이다. 미드아메리카는 밴 스웨링건 형제의 친구가 지배하는 회사로, 이 형제의 자산을 사서 그들에게 다시 돌려줄 생각이었다. 이런 수법은 요즈음 파산 과정에서 자주 벌어지는 일이고, 이 형제가 금융의 역사에 새긴 또 하나의 기록이다.

아무튼, 망한 회사의 전 소유주보다 그 회사를 잘 아는 사람이 어디 있겠는가? 일단 파산 절차에 들어가면 예전에 동맹관계였던 전 소유주와 채권자는 더 나빠질 감정도 없는 적대관계가 된다. 그래서 전 소유주는 채권자를 향해 반격에 나서서 새로 찾아낸 동맹자들로부터 모종의 자금 조달 수단을 마련한다. 이 새 동맹자들은 보통 지분참여 형태로 제휴를 맺고, 경매에 나온 자산을 값싸게 취득하기 위한 경쟁에 돌입한다. 이런 식으로 밴 스웨링건 형제는 경매 청산 과정에서 다시 회사 자산을 취득해 철도를 되찾으려 했다. 이렇게만 되면 모건과 클리블랜드 은행권에서 빌려 쓴 채무 부담도 말끔하게 털어버리고 새로 시작하는 셈이 되기 때문이다. 그들은 그렇게 해서 잉글랜드 철도의 총연장보다도 긴 철도들을 그들 손으로 다시 달리게 할 수 있기를 바랐다.

이 형제들의 경우에 새 동맹자는 '볼 유리병Ball Jar'으로 큰돈을 벌었던, 유명한 조지 볼George A. Ball이었다. 볼과 형제 양측은 볼이 취득한 자산을 형제가 다시 사가기로 협약을 맺었는데, 주당 8.25달러에 불과한 가격으로 10년에 걸쳐 지불한다는 호의적인 조건이었다. 그러나 일이 이렇게 성사되지는 못했다. 그 두 달 뒤 맨티스가 54세의 나이에 죽었고, 오리스 역시 그로부터 1년도 지나기 전에 57세로 죽었기 때문이다.

그들이 세상을 떠나면서 남긴 채무는 8000만 달러여서 JP모건에 빚진 돈의 두 배에 육박했다.

교훈은? 많은 돈을 빌려서 많은 자산을 매입해 강세장에 올라타면 큰돈을 빨리 벌 수 있다. 하지만 일이 제대로 되려면 세 가지 필수조건이 따라야 한다. 첫째, 시장이 강세를 유지하는 동안 은행가들의 신뢰를 계속 유지해야 한다. 둘째, 어려운 시기가 닥쳐와도 이겨낼 수 있을 만큼 사업을 아주 잘 운영할 수 있어야 한다. 어려운 시기에는 유리한 자금 조달이 거의 불가능하기 때문이다. 셋째, 어려운 시기가 다가오는 것을 미리 볼 수 있어야 한다.

이뿐 아니라 채무 상환에 필요한 현금을 충분히 마련해두기 위해 일찌감치 주식을 발행할 수 있어야 한다. 주가 하락과 경제침체에 발목이 잡히기 전에 안전한 재무구조를 구축해야 하기 때문이다. 보통 문제에 봉착하게 될 수밖에 없는 이유는, 금융시장은 경제침체에 앞서서 하락하는 게 일반적이므로, 주식을 사가는 군중의 식욕이 경제침체의 징후가 나타나기 전에 시들해지기 때문이다.

밴 스웨링건 형제는 모든 돈을 날리고 빚까지 졌지만, 1929년에 엄청난 규모의 주식 발행으로 채무를 청산하고 1930년대를 맞을 수 있었다면 그들의 전략은 계속 유효했을 것이다. 하지만 그들은 그러지 못했다. 모사꾼이나 수완가들은 대부분 주사위를 던질 때마다 게임이 자기 앞에서 갑자기 끝나지는 않을 거라고 생각한다. 하지만 그런 게임을 계속 하다 보면, 기필코 자기 앞에서 게임이 끝나는 순간이 온다. 물론 그러한 게임은 심약한 사람들에게 어울리지 않는다. 증명할 수는 없더라도, 파산 직후에 찾아온 그들의 때 이른 죽음은 채무가 많으면 건강에 해롭고 치명적이기까지 하다는 것을 분명히 경고해주고 있다. 레버리지로 사는 자는 레버리지로 죽는다.

제시 리버모어

Jesse L. Livermore

Investor's Press, 1966

타고난 '투기꾼 소년'이었으나 실패한 사람

◆

"투기는 쉬운 일이 아니다. 어리석거나 정신이 게으른 사람, 감정의 균형이 쉽게 무너지는 사람에게는 맞는 게임이 아니다." 제시 리버모어Jesse L. Livermore가 한 말로 옳은 말이다. 그는 무슨 수를 쓰든 게임을 했고, 가끔은 번영을 누렸다. 하지만 월스트리트 최고의 투기꾼이었던 'JL'은 쉽게 흥분도 잘했고, 감정의 롤러코스터에 몸을 실은 채 명성과 파멸 사이를 오가는 현란한 삶을 살았다.

푸른 눈의 이 '투기꾼 소년Boy Plunger'은 어리석지도 않았을 뿐 아니라 게으름과도 거리가 멀었고, 자기 일에 항상 진지했다. 하지만 결혼을 세 번 하는 와중에도 내연의 애인들을 끊임없이 두고 살았고, 술을 밥 먹듯 마셔댔으며, 그의 60미터짜리 요트 애니타Anita를 타고 물놀이를 즐겼다. "많이 벌면 뭐 하겠어, 많이 써야지. 구역질 나게 부자인 채로 죽고 싶지는 않다고!" 그는 걸핏하면 이렇게 말하곤 했다. '다이아몬드' 짐 브래디의 연인인 릴리언 러셀은 당시 사교계의 꽃이었는데, 리버모어도 그녀의 환심을 사려고 쫓아다녔다는 이야기가 있다. 그래서 그녀의 호의를 얻기도 했다고 한다. 그러나 다른 모든 것처럼 얻을 수는 있어도 지킬 수는 없었다.

리버모어의 일은 아주 잘되거나, 아니면 망하거나 둘 중의 하나였다. 리버모어는 네 번이나 파산하고, 다시 네 번이나 백만장자로 부활했다. 큰돈을 잃는 것도 극적이었고, 다시 큰돈을 만회하는 것도 극적이었다. 이렇게 오뚝이 같은 탄력에도 불구하고, 1930년대 새로 등장한 정부 규제로 그가 많이 쓰던 방법들이 불법화되면서, 기필코 다시 일어서는 그의 재기능력과 재산은 점점 쇠퇴했다. 그리고 언제나 차림새가 말쑥했던 그는 1940년 자신의 머리를 겨냥한 권총 자살로 한 시대의 마감을 기록했다. 이 유명했던 사람이 자기 입으로 말했듯이, 투기는 쉬운 일이 아니었던 것이다.

무얼 하든 상관없었던 증권거래위원회 설립 전의 주식시장에서 이름을 날린 리버모어는 대박을 터뜨리기 위해 포지션 은폐와 주식매점, 신용을 동원한 과도한 매수, 허위 정보 유포, 내부자 정보를 활용했다. 은밀하게 단독으로 거래를 하던 그는 뉴욕 맨해튼의 비밀 펜트하우스에서 통계 작업자들을 데리고 일했다(그는 빈털터리가 됐을 때만 합동 자금이나 파트너와 합세했다). 그는 시장의 출렁임에 맞춰 거래하면서, 군중의 흐름을 내다보고 사람들이 몰리는 거래는 피해 갔다. 또 시장이 어느 방향으로 갈지 전혀 개의치 않았다. 단지 시장이 움직여주면 그는 돈을 벌 수 있었다. 일례로, 1929년 주가폭락 때 그는 매수 포지션으로 시작했다가, 이내 돌아서서 매도 포지션에서 수백만 달러를 벌어들였다. 결국 매수 포지션에서 입은 손실이 상쇄됐다.

리버모어는 시세의 출렁임을 읽는 기막힌 재주가 있었다. 시세표시기의 흐름을 불가사의할 정도로 잘 읽었는데, 첫 거래를 보스턴의 버킷샵에서 시작했다. 무모한 도박판으로 여겨졌던 버킷샵은 사람들에게 주식시장에 투기할 기회를 주면서, 뒤로는 주식을 매수하지도 않았다. 마치 증권회사에 주문을 내는 투자자처럼, '버킷샵 투자자들'도 주가 예측에 따라 매매 주문을 내고 수수료와 거래비용을 지불했다. 하지만 버킷샵은 증권회사와는 달리, 매수해달라는 투자자들의 주문은 받아놓고 실행은 하지 않았다. 어차피 투자자들의 예측은 틀리기 십상이어서, 버킷샵 운영자는 주식을 살 필요도 없이 시세 변동을 계산해 손실 난 부분을 챙기면 그만이었다. 이렇게 사람들이 직전의 주가 흐름을 보고 미래의 주가를 예측할 수 없다는 점이 버킷샵이 그럴싸하게 유지될 수 있었던 이유다. 즉, 시세표시기를 애써 들여다보고 돈을 걸어봐야, 라스베이거스에 가서 판돈을 걸고 빈손으로 나오는 게임과 다를 게 없는 것이다. 그러나 리버모어는 예외였다. 시세표시기를 정확히 읽어서 주가의 방향을 맞추는, 좀처럼 보기 드문 경우였다.

버킷샵은 별로 믿을 게 못됐지만, 리버모어는 이들을 상대하며 수익을 냈다. 15세에는 증권회사 페인웨버Paine-Webber에서 시세표시판 기록 담당을 처음이자 마지막 피고용 직무로 일을 시작했을 때, 점심시간에 잠깐씩 투기하면서 1000달러를 벌었다. 첫 번째 매매에서는 철도회사 한 곳에 10달러를 '질렀다가' 매도 차익 3달러를 챙겨 나왔다. 얼마 후 그는 일자리를 그만두고, 전업으로 버킷샵을 상대하며 투기를 했다.

그리고 곧 그가 들르는 버킷샵마다 매매를 적중시키며 수익을 내는 바람에 이름이 나면서 달갑지 않은 시선을 받게 됐다.

버킷샵 바닥에서는 그런 일이 전대미문의 사건이어서 리버모어는 그들로부터 가장 극진한 '찬사'를 들었다. 한두 곳도 아니고 그들 전부가 리버모어를 매매에서 추방시키며 항복을 인정한 것이다. 그래도 돈벌이를 포기하고 싶지 않았던 그는 가명을 쓰고 변장을 해서 투기를 계속했다. 처음에는 가명만으로 족했지만 '투기꾼 소년'이라는 입소문이 나면서부터 변장까지 해야 했다.

미국 북동부에서 자신의 이름이 퍼지지 않은 버킷샵을 찾기가 어려워지자 리버모어는 서쪽으로 가는 트럭에 올라 전국 버킷샵 유람에 나섰다. 결국 동부를 포함해 중서부에서도 매매를 하고, 뉴욕과 인디애나폴리스, 시카고, 세인트루이스, 덴버에서도 했다. 가는 곳마다 버킷샵을 물리쳐서 약 5만 달러를 모으게 됐다. 그리고 그는 큰판인 월스트리트로 향했다. 그곳에서는 돈 가지고 매매할 사람이면 누구도 거절당하지 않을 것이다. 하지만 이전과는 달리, 게임을 하려면 진짜로 주식을 사야 했다.

리버모어는 1906년에 승부욕에 불타는 당당한 자세로 월스트리트에 입성했다. 하지만 자신의 실력을 너무 믿다가 첫 실패를 범하고 돈을 날렸다. 자존심만 셌지 자산배분과 위험분산을 해본 적이 없었던 그는 큰 포지션을 구축하기가 얼마나 어려운지 몰랐다. 주식을 사는 것은 시세표를 읽는 것과 다르기 때문이다. 버킷샵에서 20달러인 어느 종목이 24달러로 오를 것이라고 봤다면 20달러에 '매수'하면 됐고, 24달러로 올랐을 때 '매도'하면 됐다. 그러면 20%의 수익을 챙긴 것이다.

그러나 월스트리트에서 리버모어는 5만 달러를 가지고 똑같은 종목 2500주를 사는 일을 시작한 셈이다. 이 정도 주문이면 지금보다 규모도 작고 유동성도 소소한 그 옛날의 시장에서는 엄청나게 큰 포지션이었고, 매수호가와 매도호가 사이의 스프레드도 크게 벌어지는 일이 흔했다. 매수호가는 20달러에 사자고 나오는데 매도호가는 25달러에 팔자고 나와서, 스프레드가 25%나 벌어지는 것도 전혀 이상한 일이 아니었다. 가령, 그가 직전 거래의 체결 가격이 20달러인 어느 종목을 봤는데, 매매에 진입하기 전 매수호가는 19달러이고 매도호가는 21달러였다고 가정해보자. 그가 이때 매수를 실행하려면 21달러에 매수하고 수수료를 추가로 물어야 한다. 그다음에는 그가 매수함에 따라서 팔자는 매도호가도 같이 올라가게 된다. 이렇게 매수를 진행하면서 원하는 포지션 크기를 채우려다 보면, 매수단가가 24달러까지 올라갈 수 있다. 그가 이 가격에서부터 주가가 떨어질 것이라고 판단하고 매도를 시작한다면, 매수호가는 23달러로 되고 그의 매도호가는 24달러가 되기 쉽다. 매도에 들어가면 23달러보다 더 높은 가격에 매도할 수는 없는 데다 수수료를 추가로 물어야 하기 때문에, 초기 매도에서부터 손실이 날 수밖에 없다. 이어서 2500주 중에서 나머지 보유 물량을 매도하면 주가는 더욱 내려가서 전체 손실폭은 그만큼 커진다. 이렇게 현실에서 수익을 내기는 버킷샵에서 계산상으로 수익을 내는 것보다 훨씬 어렵다. 오늘날에도 기관 투자자들을 제외하면, 이 점을 충분히 이해하고 있는 사람은 별로 없는 것 같다. 예컨대, 투자가이드 뉴스레터에 등장하는 포트폴리오들은 리버모어가 버킷샵을 상대로 매매하는 방식과 똑같이 종이 위에서만 '운용'되는 것이다. 하지만 뉴스레터의 도움말에 따라 실제 시장에서 매수해보면, 리버모어가 월스트리트에서 매수하는 것처럼 되기 십상이다.

　리버모어는 처음에 그 점을 이해하지 못했다. 그는 단지 월스트리트에서는 시세표시기를 더 빨리 읽어야 하는데, 그 속도를 못 따라갔던 것으로 생각했다. 결국 축난 자본금을 보충하기 위해 버킷샵을 찾았다. 자신이 할 줄 아는 유일한 일을 한 것이다. 이제 29세로 접어든 그는 그러다가 운 좋게도 유니온 퍼시픽 종목을 발견하게 됐다. 그는 유니온 퍼시픽 주가가 올랐을 때 큰 하락 반전을 예상하고 공매도로 응수했다. 그런데 상승세가 이어져서 그가 거덜이 나기 직전에, 동부와 서부 간의 자금 흐름 중단을 초래한 샌프란시스코 대지진이 일어나는 바람에 주가가 폭락했다. 그는 신속하게 매도 포지션을 청산하고 큰돈을 벌었다. 그에게 두 번째로 찾아온 대박이었다.

　리버모어가 상승세를 타면서 한껏 돈을 쓰고 사는 일에 1차 세계대전이 방해가 됐다. 커피가 주범이었다. 커피의 시세 상승을 예상하고 그는 잔뜩 선물매수에 들어갔고, 예상대로 시세가 상승했다. 그런데 정부 관리가 전시의 횡재에 대해 으름장을 놓으며 그의 커피선물 수백만 계약을 무효로 처리하는 바람에 수익이 모두 없던 일이 됐다. 시장에서는 좋은 운을 만났지만, 다시 세 번째로 빈털터리가 됐다. 한편, 자본금이 작더라도 레버리지를 크게 운용하는 그의 매매는 브로커들에게 큰 수수료를 벌어줬다. 그래서 그는 브로커들이 지원해주는 자본금으로 다시 일어섰다. 1920년대 내내 리버모어는 약세 공격과 강세 몰이에서 성공적인 작전을 펼쳤다. 이렇게 세 번째로 재기했지만 1929년 주가폭락은 그를 영원히 파탄으로 몰아넣었다.

실패와 실패 사이에서 기적 같이 다시 일어설 때 리버모어는 행운만을 바라지는 않았다. 그 대신에 《뉴욕 타임스》를 중심으로 미디어를 활용해서 시장을 자신에게 유리하도록 움직였다. 예를 들면, 매수자들이 거의 따라붙지 않는 상승장에서 면화선물을 사들이는 한편, 1908년 신문에 실린 다음과 같은 제목의 기사를 통해서 성공을 확실하게 만들었다. '7월물 면화선물은 제시 리버모어가 매점했다.' 자신이 신문에 이 내용을 흘렸다고 한 번도 인정하지 않았지만, 그는 수백만 달러를 쓸어 담았다. 왜냐하면 신나게 달려드는 매수자들에 더하여, 겁에 질려서 더 높은 가격에라도 매도 포지션을 청산하려는 매도자들이 매수세로 돌변했기 때문이다. 새로이 '면화왕'으로 등극한 그는 1930년대에 들어서도 다음과 같은 세 단계의 불패 전술을 구사했다. 첫 번째, 거대한 규모로 매수나 매도 포지션을 취한다. 두 번째, 사방에 소문을 낸다. 세 번째, 따라붙는 '묻지 마' 투기꾼들에게 팔아넘긴다. 리버모어는 남자들과의 악수는 싫어한 반면 여자들에게 손대는 것은 좋아했으며, 대중은 전체적으로 멍청하다고 생각했다. 이유야 알 수 없지만, 자신이 부도덕하다는 생각을 그는 한 번도 해본 적이 없는 것 같다.

1925년, 곡물 거래에서 입은 300만 달러의 손실을 만회할 때, 리버모어는 은밀하게 작전 세력을 지휘하면서 한 종목을 1년 내에 19달러에서 74달러로 끌어올렸다. 1920년대 들어서도 돈을 잃게 되면 빨리 현금을 벌충하기 위해 버킷샵을 활용했다. 또 채무를 털어버리기 위해 걸핏하면 파산을 신청했다. 채무가 200만 달러를 웃돌았을 때도 있었지만, 파산소송이 끝난 뒤에도 모든 채무를 정기적으로 갚아나갔다. 한번은 부인의 보석에 눈을 돌려, 이전에 자기가 사준 물건이니 전당을 잡히자고 했던 적도 있었다. 그녀가 거부하자 리버모어는 짐을 꾸려서 집을 나갔다. 그리고 몇 해 후 부인과 이혼하고 18세의 처녀와 결혼했다. 그의 나이 41세 때의 일이다.

한편, 전설적인 밸류라인Value Line의 창립자인 아널드 버나드는 1920년대에 리버모어 밑에서 통계 작업자로 일했던 시절의 이야기를 들려준 적이 있다. 그 시절 젊고 의욕에 차 있던 그는 경험은 없었지만 주변을 잘 관찰했다. 그가 관찰한 리버모어의 주된 성향은 주변을 잘 관찰하지 않는다는 것이었다. 버나드는 리버모어가 혼자 쓰는 사무실에 있을 때조차 자만과 허영이 현실을 인식하는 능력에 지장을 초래했다고 봤다.

호화로운 향연을 즐기고, 넓은 부동산과 롤스로이스 자동차를 손에 넣고, 두 아들까지 봤던 1920년대는 리버모어에게 꿈의 세월이었다. 그러나 이어지는 1930년대는 새로운 배움에 부딪쳐야 했던 현실의 세월이었다. 주가폭락 후에 시장이 바닥에 충돌하자, 그도 곧 그 뒤를 따랐다. 사랑스러운 18세의 두 번째 부인은 그때부터 술독에 빠져 살다가 만취 중에 그가 애지중지하던 둘째 아들에게 총을 쏘았다. 아들은 회복되었고, 리버모어는 부인을 내쫓고 세 번째 부인을 맞았다. 그의 일에도 똑같이 그늘이 드리우기 시작했다. 완전히 빈손이 되지는 않았지만, 큰판을 주무르던 모사꾼이 고작 100주 단위의 매매나 해야 했고, 증권거래위원회가 그의 종말을 고하기 전에 다시 한번 버킷샵을 들락거려야 했다. 1933년에는 기분이 엉망이 됐는지, 호텔방에 처박혀서 26시간 연속 술을 마신 뒤 눈이 풀린 채 비틀거리다가 경찰서까지 가게 된 일도 있었다. 이때 리버모어는 아무것도 기억에 없다고 말했다.

완전히 '똥오줌 못 가리는' 지경까지 간 것이다. 그러나 여기서 끝나지 않았다.

얼음 탄 드라이 마티니를 너무 많이 마신 탓에 지치고 초췌해진 리버모어는 자기 성공의 '비밀'을 팔아볼 생각으로, 1940년에 『주식 투자의 기술How To Tradei in Stocks』을 출판했다. 100페이지가 채 안 되는 이 책은 얄팍한 내용으로 보기에도 값싼 책이었는데, 두 종류의 판으로 인쇄됐다. 하나는 가죽 장정본이고, 다른 하나는 평범한 보급판이었다. 책 껍데기에 가죽을 두른 것은 귀한 물건으로 만들기 위해서가 아니었다. 그것은 명성을 되찾아보려는 절박한 마지막 시도였고, 그랬음이 드러났다. 그는 예전처럼 언론인들에게 무료 음식과 음료를 베푸는 큰 파티를 열면서 홍보에 나섰지만, 책이 아무 관심도 얻지 못하자 격렬한 감정을 주체하지 못하고 쓰러졌다. 그는 맨해튼의 셰리-네덜란드Sherry-Netherland 호텔에서 술 두 잔을 천천히 들이켜고, 여덟 페이지의 편지를 쓰면서 "내 삶은 실패였어"라는 말을 여러 번 되풀이했다. 세 번째 부인 앞으로 쓴 편지였다(세간에는 그 책이 성공했으면 이 부인도 쫓겨났을 것이라는 말이 나돌았다). 이어서 리버모어는 텅 빈 휴대품 보관실에 들어가 의자에 털썩 주저앉은 뒤, 관자놀이에 총구를 겨누고 자신의 미래를 지워버렸다. 구역질 나게 부자인 채로 죽고 싶지 않았다고 자주 말했던 것을 보면, 자살이 자신이 원하는 죽음이라고 생각했을지 모르겠다.

리버모어가 남긴 교훈은 너무 많아서 다 열거하기 어렵다. 그는 시장을 통틀어 가장 현란하고 유명했던 트레이더로 손꼽혔지만, 그에 걸맞지 않은 사람이었기에 놀랄 정도다. 세상의 이목을 끈 것은 번쩍번쩍 시선을 끄는 과도한 매매와 무절제 그리고 홍보였다. 하지만 그를 생각할 때는 보기보다는 주식 사기가 어려운 일이라는 점을 기억하는 것이 중요하다. 드세게 몰아가는 트레이더들은 월스트리트에서 성공할 수 있지만, 대부분 성공을 지키지는 못한다.

11장

기타 거물들

MISCELLANEOUS, BUT NOT EXTRANEOUS

전설적 인물과 유별난 인물

◆

100명을 부류별로 구분해보면 어느 부류와도 잘 맞지 않는 사람들이 있기 마련이다. 이 장에 나오는 네 사람은 앞선 열 개 장 가운데 어디에도 딱 맞는 데가 없는 사람들이다. 하지만 그렇다고 그들의 무게를 우습게 볼 수는 없다. 그들은 단지 '기타'일 뿐이지 금융시장에서 동떨어진 사람들은 전혀 아니다. 헤티 그린, 패트릭 볼로냐, 로버트 영, 사이러스 이턴이 그들이다. 이들은 각자 걸어간 길도 독특했고 시장에 미친 영향도 특이했다.

먼저, 전설적인 인물이 두 사람 있다. 헤티 그린과 패트릭 볼로냐다. 실체가 모호하게 가려져 있는 사람들이긴 하지만, 잘 모르면서도 이 두 사람을 언급하는 경우가 있다. 이를테면, 1991년 5월 23일자《샌프란시스코 크로니클San Francisco Chronicle》에서 허브 캐언Herb Caen의 칼럼을 읽어보면, 헤티 그린을 닮았다는 어느 동네의 노부인에 대한 묘사와 그녀가 기이하게 돈을 굴리는 이야기가 튀어나온다.

헤티 그린의 삶은 엄청난 전설로 증폭됐다. 그도 그럴 것이 그녀가 자금 운용에서 경이적인 성공을 거둔 데다, 그녀가 살았던 방식이 아무리 봐도 불가사의했기 때문이다. 그녀는 보수적인 투자자였다. 근소한 수익을 해를 거듭하며 복리로 증식하는 데 만족했다. 그녀는 또 해괴하리만큼 사람들과 동떨어져서 살았다. 그런 삶이 그녀에게는 아주 잘 맞았기 때문일 것이다. 시장에서 성공한 수완가들이 재산을 휘두르면서 세상의 조명을 받고자 했지만, 그린은 재산을 감추려고 했다. 심지어 매수해둔 유가증권들을 지저분하고 낡아빠진 옷에다 숨기고 다녔다. 그러면서도 큰 규모로 다양한 사업을 운영했다. 게다가 그녀는 찢어지게 가난한 사람들보다도 더 쥐어짜면서 살았다. 너무 아끼며 살다 보니 의사를 부를 돈마저 아까워하느라 괴저로 썩어가는 아들의 다리까지 희생시키고 말았다. 어쨌든, 이 책에 등장하는 그 누구보다도 한 푼 두 푼 아껴서 일으킨 그녀의 수익은 정말로 전설이 되고도 남을 만하다.

패트릭 볼로냐는 월스트리트와의 관계가 그야말로 묘연하다. 그는 월스트리트의 사랑을 받은 구두닦이 소년이었다. 그렇게 보잘것없는 일을 했지만, 그도 상상할 수 없었던 수많은 방식으로 시장에 영향을 미쳤다. 그는 1920년대에 악명 높게 시장을 휘저었던 '따끈한 재료'를 상징하는 인물이었다. 그는 그런 재료들을 고위직에 앉아 있는 중량급 시장 참여자들로부터 들었고, 25센트 팁을 받고 그 정보들을 보통 사람들에게 두루 유포시켰다. 볼로냐는 시장의 뒷이야기들을 생산하는 한가운데에 있었고, 1929년 주가폭락으로 치닫기까지 열풍을 뿜어대던 주식시장과 군중을 연결시켰다. 열정적이었던 그의 장외활동이 고독한 소수에게는 코앞에 닥친 위험 신호로 읽혀서, 그들이 폭락 직전에 시장을 빠져나가게 하는 또 다른 '재료'가 되기도 했다.

다음으로는 유별난 사람들이 있다. 이런 사람들은 그 어떤 분류에 넣거나 꼬리표를 가져다 대기 힘든 사람들이다. 사이러스 이턴과 로버트 영은 거의 알려지지도 않은 채 제국을 세웠다. 그것도 월스트리트에 감히 맞설 수 없던 시절에 그곳에서 날아오는 화살과 정면으로 맞서 싸우며 제국을 움직였다. 이턴은 산업계의 제국을 만들었고, 이어서 클리블랜드에 투자은행계의 제국을 만들었다. 영은 월스트리트가 이미 그물망을 쳐놓은 철도제국을 대담무쌍하게 장악했다. 그렇게 싸우면서 처음으로 투자은행들 사이의 경쟁입찰을 시도했다. 그는 유별난 명성만큼은 상처 없이 간직했지만, 자신의 마음은 간수하지 못했다. 1958년에 자살을 하고야 말았던 것이다. 유별난 행보에는 그만큼 대가가 따르나 보다.

그린과 볼로냐는 월스트리트의 본영에 속하는 사람들이면서도 보통 사람이 접할 수 있는 사람이기도 했다. 즉, 우리가 다가설 수 있는 사람들이었다. 노숙자 같은 행색으로 그린이 공원 벤치에 앉아 있을 때, 그 옆 벤치에서 술에 취해 있던 진짜 노숙자들은 그녀의 재산이 1억 달러라는 사실을 몰랐을 것이다. 그리고 나 또한 볼로냐에게 구두를 흥겹게 맡겼을 것이다. 이 두 사람의 특성이나 발휘했던 역할을 생각해보면, 내가 기꺼이 돈을 지불하고 관람할 영화 소재가 되기에 족하다. 한편, 유별난 사람들은 보통 사람이 접근하기 어렵다. 이들은 묘연하고 다가서기 어렵고, 그린과 볼로냐만큼 개인적인 면모에서 이목을 끄는 것도 없다. 그러나 그들은 특유의 대담한 방식으로 시장을 만들었다.

'기타 거물들'이라는 말이 시장과 맺었던 이들의 삶을 잘 표현해준다. 그린과 볼로냐, 영과 이턴, 이들 모두는 오늘날 금융시장의 전경을 만드는 데 기여했다. 그래서 그들이 없다면 '시장을 뒤흔든 100명의 거인들'이 갖추어지지 못할 것이다. 그냥 96명이 되고 말 것이다. 이 네 사람을 어느 부류로도 분류할 수는 없겠지만, 그들 역시 지워지지 않을 족적을 시장에 새긴 사람들이다.

헤티 그린

Hetty Green

마녀의 비방일지 몰라도,
그녀처럼 하기는 쉽지 않다

◆

월스트리트 최초의 여성 모사꾼이라고 하면 어떤 모습이 떠오르는가? 어느 모습을 떠올리더라도, 600만 달러의 유산을 영민하게 1억 달러로 불린 헤티 그린Hetty Green의 인색하고 기묘한 모습에 비할 수는 없을 것이다. 그린은 경영학 계통을 별로 공부하지도 않았다. 그녀는 늘 칙칙한 차림새로 나타났는데, 퀴퀴한 냄새를 풍기는 검은색의 케케묵은 옷들로 몸을 돌돌 말고 다녔다. 그런데 그 옷 속에는 도무지 얼마인지 알 수 없는 어마어마한 유가증권들이 그녀의 바느질 밑으로 꼭꼭 숨어 있었다. 때 탄 검은색 면장갑을 끼고, 챙 달린 모자 끈을 턱 밑으로 둘러매고, 해진 양산을 들고 어깨에는 망토를 둘렀다. 그녀는 매일 이런 차림새로 누추한 단층집과 자신의 본부나 다름없는 케미컬 내셔널 은행Chemical National Bank의 금고실 사이를 종종걸음으로 왕래하면서, 돈을 구하려고 자신을 쫓아다니는 사람들을 피해 다녔다. 통밀가루로 빚은 과자와 귀리죽을 주식으로 먹고, 때로는 불결한 주머니에서 흐트러진 햄 샌드위치를 꺼내 먹기도 했다. 은행 금고실에 들를 때는 로비에 다리를 꼬고 앉아, 채권의 이자 쿠폰을 뜯어내 앞섶에 쑤셔 넣는 모습이 보였다. 그녀가 월스트리트에 나타난 지 몇 달이 지나자, 이 기묘한 중년의 여인은 '월스트리트의 마녀'로 불리게 됐다.

월스트리트에서는 마녀라고 해도 투자 전략이 있어야 하는데, 그린의 전략은 아주 간단했다. 소득세가 없던 그 시절에 매년 6%의 수익을 얻어서 그대로 묻어두는 것이다. 이를테면, 그녀는 두 가지 원칙을 따랐다. 첫째, 절대 '대박'을 노리지 않고, 비교적 안전한 수익을 주는 다양하고 건실한 투자 대상들을 택한다. 둘째, 구두쇠 전략을 쓴다.

"재산을 불리는 일에 특별한 비결은 없다. 시세가 바닥일 때 사서 천정을 치면 파는 거다. 싸게 사서 비싸게 팔고, 근검절약하면서 잘 판단하고, 흔들리지 않고 밀고 가는 게 전부다. 괜찮은 물건이 아무도 찾는 이가 없어서 헐값으로 떨어지면, 그걸 잔뜩 사서 묻어둔다."

많은 사람이 투자의 결실을 그냥 써버리지만, 하나도 쓰지 않고 그대로 간직한다면 계속 복리로 증식한다는 것이 그린의 생각이었다. 600만 달러를 투자해서 매년 발생하는 6%의 수익을 하나도 쓰지 않고 복리로 51년 동안 증식해가면 투자원금은 1억 1700만 달러로 불어난다. 바로 이게 그린이 했던 일이다. 그녀는 미국에서 가장 부유한 여인이 됐는데, 우리가 보듯이 그 목표를 이루기 위해 가장 인색하게 살았을 것이다.

그린은 대량으로 주식을 매수했지만, 금융시장이 공황으로 치달았을 때만 샀다. 주로 철도 주식을 샀는데, 때때로 부동산저당증서 혹은 정부채 및 지방채도 매수했고, 고정수익을 주는 여타 안전한 투자 대상들도 샀다. 그녀는 쓰는 게 거의 없었기 때문에 6%의 수익을 계속 재투자했다. 그녀의 투자 스타일에 주식은 금상첨화였다. 그녀는 자신의 '가을걷이철'이나 다름없는 금융공황 때만 되면 파산한 남자들이 던지는 주식 사는 일을 한껏 즐겼다. 결코 강세장에 뒤늦게 매수하지 않았으며, 시장이 붕괴한 뒤 사겠다는 사람이 없을 때 매수했다. 그녀의 확신에 찬 행동과 황홀한 투자 실적을 보면, 여성의 직감이 작용했던 것인지 아니면 내부자 정보라도 있었던 것인지 궁금해진다. 그녀에게는 적기를 알아채는 운이 따랐는데, 잘 알려진 사례 하나가 1907년 공황 때 파산 직전의 니커바커 신탁Knickerbocker Trust 주식을 처분했던 일이다. 그녀가 간파한 단서는 무엇이었을까? "그 신탁은행의 남자들은 너무 번지르르해 보였다!" 그래서 그녀는 주식을 모두 처분했고, 그 결과 풍족한 현금을 손에 쥐고 가여운 투기꾼들에게 융자해주기도 했다.

그린은 시장에 참여하는 유일한 여성이어서 변두리 인물에 지나지 않았고, 그 사실을 그녀도 알고 있었다. "정치는 그냥 남자들에게 맡겨두겠어요. 경제는 물론 다른 일에서도 여자들이 누리는 권리가 지금보다 많아지기를 바라기는 하지만 말이지요. 내가 남자였다면 이 일에서도 성공하기가 훨씬 쉬웠을 겁니다. 사업의 세계에서 보면 남자는 이용해먹지 않으면서 여자들을 이용해먹는 남자들이 눈에 뜁니다. 법정에서도 그런 광경이 벌어집니다. 내가 평생 남자들과 싸웠던 곳이 그곳이었죠."

그린은 끔직한 어린 시절에 이어 불만족스러운 결혼생활을 겪은 뒤 뉴욕 맨해튼에 발을 들여놓게 된다. 그녀의 아버지는 재산 늘리기에 여념이 없는 사람이었다. 헤티의 어머니와 결혼한 것도 뉴잉글랜드에 있는 그녀의 유산 때문이었다. 어머니는 딸에게 동화 같은 삶을 펼쳐주고 싶었지만, 헤티는 아버지의 딸이었고, '블랙 호크Black Hawk'로 통했던 아버지는 돈의 노예였다. 매사추세츠 주의 저속한 고래잡이 도시인 뉴베드퍼드에서 자라면서 헤티는 아버지가 해운제국을 세우기 위해 사람들을 착취하고, 귀중품을 잡히고, 인색하게 생활하는 모습을 지켜봤다. 그녀는 아버지의 뒤를 이으며 도시에서 가장 돈 많은 여자가 됐지만, 누더기 차림으로 다녔고, "그 누구에게든 아무것도(심지어 친절까지도) 주지 말아야 한다"라고 배웠다.

이 소녀는 누더기 차림으로 부두에서 뛰어놀았다. 여성적인 섬세함을 잃어가면서 아버지의 저속한 언어와 돈을 굴리는 재능, 매서운 성정, 근검절약을 배우게 됐다. 부모와 숙모가 세상을 떠난 뒤인 1865년에 그녀는 600만 달러에 가까운 재산을 물려받았다. 혼란스러운 행실도 함께 말이다. '블랙 호크'의 임무는 이루어졌다. 헤티는 그처럼 단호하고 냉정한 사람으로 세상에 남아, 연두빛 달러에 대한 집념을 가슴에 새긴 채 월스트리트로 향할 채비를 차렸다.

헤티는 자기 뜻을 관철시키는 데 아주 뛰어났다. 부탁하고 졸라도 안 되면 눈물로 호소했다. 눈물도 안 먹히면 소송을 냈다. 소송에서 단 하나의 성가신 문제는 변호사 수임료였다. 그녀는 변호사라는 남자들보다 그들이 달라는 수임료가 더 싫었다. 그래서 변호사들을 번갈아 불러 쓰면서 한 사람에게도 수임료를 주지 않았다. "내가 변호사들과 겪은 일을 딸에게 시키느니, 화형대에 서라고 하겠다." 언젠가 그녀는

"변호사들로부터 방어하기 위해" 휴대할 권총을 등록하느라 50달러를 쓰기도 했다.

헤티는 물 쓰듯 돈을 쓰고 다니는 백만장자 남편 에드워드 헨리 그린Edward Henry Green으로부터 시장 정보를 얻었다. 남편은 필리핀산 차와 비단을 거래하는 무역업으로 돈을 벌었다. 그녀는 구혼자들을 하나같이 의심의 눈초리로 봤기 때문에 결혼을 한 사실 자체가 의아한 일일 것이다. 어쨌든 처음 만났을 때 월스트리트에 관한 한 에드워드는 한 수 위였고, 그녀의 머리 위에서 노는 지식이 돋보였다. 그 두 사람은 1867년에 결혼했다. 그녀가 사랑 때문에 결혼한 게 아니라, 무료 금융 자문을 위해 결혼했다고 하는 사람들도 있다. 게다가 식사와 숙박도 포함해서 말이다. 아무튼 그들은 아들과 딸을 하나씩 두었다. 그사이에 헤티는 주로 에드워드의 투기 기량 덕분에 미국의 금채권으로 돈을 벌었다. 1873년 공황이 터졌을 때, 헤티의 매수 포지션도 타격을 입었다. 그때 주식 가치가 사라지는 모습을 지켜보면서 그녀는 큰 교훈을 얻었다. 즉 공황 때마다 '가을걷이'에 나서기로 다짐한 것이다. 그 후로 그녀는 이를 실행에 옮겼다.

에드워드는 자기 부인의 쥐어짜는 구두쇠생활에 곧 신물이 났다. 고급 도자기들을 낡고 금이 간 그릇들로 바꾸고, 물건을 살 때마다 에누리하느라 동네 상인들과 씨름을 하는 모습이 지겨웠던 것이다. 하지만 그가 그녀에게 질린 만큼 그녀도 그에게 질렸다. 남편이 투기에 실패해 돈을 날리면 그녀가 구제해줬는데, 최소한 이런 일이 세 번 있었다. 네 번째 이런 일을 겪고 나자, 헤티는 남편과의 관계를 끊었다. 결혼한 상태는 유지했지만, 그 후로 두 사람은 남남인 채로 살았다.

헤티에게 진실한 사랑은 돈밖에 없었다. 1900년 그녀의 재산은 1억 달러에 달했고, 하루 2만 달러의 소득을 벌었다는 게 세간의 이야기다. 힘에 부칠 정도로 빠르게 재산이 불어나자, 1887년 오하이오 앤드 미시시피 철도Ohio and Mississippi Railroad와 같은 철도회사 주식들을 맹렬하게 사들였다. 그러나 매수하기 전에 충분한 정보를 확인한 것도 아니고, 매수한 다음 날 걱정하지도 않았다. 1년이 지나 6% 수익이 안 나오면 바로 처분해버렸다. 1892년에는 텍사스 미들랜드 로드Texas Midland Road라는 철도회사를 설립했는데, 아들을 시켜서 대단한 적수를 물리치고 인수한 와코 앤드 노스웨스턴 철도Waco & Northwestern Railroad의 작은 노선들을 새로 설립한 회사에 통합했다. 헤티가 새로 회사를 설립한 것은 소득원 때문만이 아니라, 아들 네드Ned에게 일자리를 마련해주려는 목적도 있었다.

헤티는 아들 네드를 후계자로 양성했는데, 졸업 후 20년 동안 독신으로 살아야 한다는 약속을 받아낸 뒤에야 대학 등록금을 대줄 정도로 일찍부터 준비를 시켰다. 네드는 철저한 마마보이였다. 어릴 적에는 매일 아침 엄마가 다 읽고 난 신문을 팔러 나갔다. 네드는 코네티컷 리버 철도Connecticut River Railroad에서 사무 직원으로 일을 시작했고, 졸업 후에는 그녀가 시카고에 사둔 500만 달러 상당의 부동산을 관리했다. 아들이 매달 4만 달러를 벌어 엄마에게 가져다주면, 엄마는 매일 3달러씩 내주면서 '훈련'을 시켰다. 당당한 어머니인 헤티는 아들에 대한 열망이 대단했다. 아들이 제이 굴드처럼 대성하리라고 봤던 것이다. 그러나 아들 네드에 대해서마저도 돈에 대한 사랑이 우선이었다. 네드가 14세 때 썰매를 타다가 무릎을 다쳤을 때, 헤티는 가장 꼴사납게 해진 옷을 골라 입고 무료병원에 가 줄을 서서 기다렸다. 그 전에는 아들에게 뜨거운 모래와 담뱃잎 찜질로 응급처방을 해놓았다. 하지만 아무 소용이 없었다. 네드의 아버지가 아들의 상태에 차도가 없는 것을 보고, 헤티에게 양해를 구할 것도 없이 의사를 찾았다. 결국 그가 5000달러를 치르고 아들의 다리를 절단해야 했다. 이미 괴저가 시작된 것이다.

'쓸 만한 것을 공짜로 손에 넣자.' 이게 바로 헤티의 좌우명이었다. 그녀는 친구의 요리사와 열띤 말싸움을 벌이다가 뇌졸중으로 쓰러졌다. 그 직후인 1916년, 헤티 그린은 큰 재산을 뒤로 한 채 세상을 떠났다. 남긴 재산은 전부 유동성이 높은 자산이었고, 그녀가 맹렬하게 취득해서 지켜온 것들이었다. 그녀는 재산을 자기가 가져갈 수 없다는 것을 알았는지, 직계 가족에게만 유산 상속을 국한하려고 했다. 그래서 사위와 며느리가 유산을 상속받을 수 없도록 엄격한 유언서를 만들고 혼전약정을 받아두도록 조치해놓았다. 그런데 그녀의 아들과 딸은 자식을 두지 못했기 때문에, 그녀의 수백만 달러 재산은 결국 그녀가 누구인지도 모르는 100여 명의 수혜자들에게 돌아갔다.

헤티는 투자에 관해 많은 가르침을 준다. 그녀의 인색함이 부정적인 것만은 분명하다. 하지만 근검절약이 재투자와 결합하면 근소한 수익률로도 막강한 위력을 발휘한다는 점을 그녀가 실천한 복리증식에서 배울 수 있다. 그녀가 고집한 6% 수익률은 현대의 기준에서 보자면 좀 미진하지만, 그녀가 일궈낸 복리증식의 결과는 엄청났다. 아울러 대다수 일반인도 소수의 위험하고 극적인 게임에 도박을 하기보다 양질의 안전한 수익률을 얻어 복리증식을 하는 것이 훨씬 낫다는 사실도 그녀에게서 배우게 된다. 지금 당신의 비과세 퇴직연금 계좌에 5만 달러가 있다고 하자. 헤티가 6%로 불려갔던 것처럼 이 돈을 매년 15%씩 복리로 50년 동안 증식할 수 있다면, 나중에 5000만 달러를 얻게 될 것이다. 바로 '마녀의 비방'인 복리증식의 위력이다.

098

패트릭 볼로냐

Patrick Bologna

거저 생기는 돈은 없다

Forbes, Nov. 22, 1982

◆

1920년대 말 미국이 온통 증권시장에서 게임을 하느라 정신이 없을 때, 지하철 차량이나 택시, 미용실과 식당, 무도회장을 지나면 시장의 '따끈한 재료'들이 들려왔다. 월스트리트에서 나중에 알게 됐듯이, 이렇게 주식시장에 시끌벅적하게 환호하는 모습이 코앞의 1929년 주가폭락을 경고하는 가장 뜨거운 '재료'였다. 하지만 이걸 제때 알아본 사람은 드물었다.

패트릭 볼로냐Patrick Bologna가 이 사실을 알았든 몰랐든, 극소수의 사리 밝은 월스트리트 거래인들 눈에 그는 군중의 열기를 그대로 전해주는 사람이었다. 스스로 '월스트리트의 구두닦이'를 자임한 볼로냐는 월스트리트 60번지에 차려둔 노점에서 구두를 닦으면서 한 켤레에 10센트를 받았지만, 그 이상의 서비스를 손님들에게 제공했다. 그는 구두를 닦는 동안 따끈한 재료들을 줄줄이 쏟아냈고, 누군가에게서 들은 내부자 정보를 이 손님에게서 저 손님으로 전달했다. 그의 단골손님으로는 찰스 미첼이나 '세렘 벤' 스미스, 윌리엄 크레이포 듀랜트 같은 중량급 선수들도 있었다. 혹시라도 이 거물들이 볼로냐에게 진짜로 값나가는 정보를 주는 날에는, 바로 그 정보의 가치가 쓸모없어졌다. 그 이야기가 그의 세치 혀끝을 타고 그대로 다음 손님 귀에 들어갔기 때문이다. 그렇게 이야기를 흘려서 그가 얻는 것은 바로 1달러였다. 정보가 맛이 갔더라도 25센트는 받았다. 한 푼 두 푼 모이는 돈이 불어났다. 어떤 때는 하루 종일 구두를 닦아서 버는 돈보다 투자 자문 한 시간으로 버는 돈이 더 많았다! 그다음에, 볼로냐는 그가 들은 재료를 주식시장에서 직접 활용했다. 자신이 손님들에 줄줄이 떠벌려댄 똑같은 그 재료에 따라 매매한 것이다. 그는 주가폭락 전에 이렇게 말했다. "내 돈은 월스트리트를 떠날 일이 없다. 돈을 놓아두기 제일 좋은 곳이 월스트리트다."

전설적인 이야기로, 그렇게 흘러나온 재료를 듣고 조지프 케네디가 시장 붕괴 몇 주 전에(어떤 이야기로는 며칠 전에) 보유하던 포지션을 몽땅 처분했다고 한다. 어느 날 아침 케네디는 월스트리트를 따라 걷다가 볼로냐가 잠시 손님이 없는 틈에 《월스트리트 저널》을 읽고 있는 모습을 봤다. 그래서 손님이 앉는 나무의자에 올라 앉아, 구두를 벗어주고 발을 뻗었다. 볼로냐는 신문을 내려놓고 구둣솔을 집어 들었다. 일상적인 인사말이 오가자마자 볼로냐가 물었다. "정보 좀 드릴까요?" "당연하지." 케네디는 이렇게 답하고, 이 친구가 하는 이야기를 들었다.

팻(패트릭의 애칭)은 케네디에게 읊어댔다. "석유 종목들과 철도 종목들을 사세요. 천정부지로 오를 겁니다. 내부자 정보를 가진 손님이 오늘 여기 왔었거든요." 케네디는 이 정보 제공자에게 고맙다고 하고, 25센트 은화를 손에 쥐어주고 나오면서 혼자 낄낄거렸다. 구두닦이 소년이 시장을 예측한다면, 그런 시장은 손댈 수 있는 상태를 지났다고 생각한 것이다. 그날 밤 그는 부인에게 주식을 팔 거라고 말했다. 그리고 바로 행동에 옮겼다. 케네디는 재산을 무사히 건사한 채 주가폭락에서 살아남았는데, 사실 한 발 더 나아가 날카로운 폭락 구간을 공매도로 멋지게 대응했다고 떠벌리기도 했다. 버나드 바루크도 유사한 경험을 했다. 그도 시장에서 빠져나가기로 결정한 뒤 공매도를 했을 것으로 추정된다. 그 경험에 대한 바루크의 논평은 그 의미가 크다. "거지나 구두닦이 소년, 또 이발사나 미용사들의 입에 큰돈을 버는 방법이 오르내린다면, 공짜로 무언가를 얻을 수 있다는 생각보다 더 위험한 환상은 없다는 것을 명심해야 할 때다."

한편, 주가가 폭락하던 그때 볼로냐는 저축해둔 돈 전부를 날렸다. 그는 약 8000달러를 투자해놓은 상태였고, 1982년 《포브스》 대담 기사에 실렸던 그의 언급으로는 오늘날의 구매력으로 10만 달러였다고 한다. "내가 전 재산을 날렸을 때 무얼 했냐고요? 그때가 스물한 살 때였죠. 달리 무엇을 할 수 있었겠습니까? 일도 접어두고 술에 취했습니다!" 전 재산을, 그것도 신용거래까지 동원해서 투자해놓았던 볼로냐는 그날 검은 목요일 오전 10시의 상황을 잘 기억하고 있었다. 그는 이렇게 회상했다. "사람들은 우두커니 서 있었습니다. 아무 말 없이 증권거래소를 쳐다보고 있었죠. 큰 달리기 경주의 출발신호가 울리기 전의 고요와도 같았습니다." 오전 10시 50분, 볼로냐는 사람들을 헤치고 근처 증권회사의 객장에 찾아갔다. 전에 그의 매매를 반겨주었던 곳이었다. 그는 자신의 보유 종목과 당겨 쓴 신용거래에 대해 상담할 생각이었다. 하지만 도무지 도움을 구할 데가 없었다. 그곳은 발을 동동 구르는 사람들로 미어터졌고, 사람들은 하나같이 주식을 팔아버리거나 신용거래 잔고를 청산하려고 아우성이었다.

볼로냐는 주식계좌를 그대로 놓아둔 채 다시 구두닦이 노점으로 돌아갔다. 그때 떠오른 생각은 그의 우상인 찰스 미첼이 해준 말이었다. "현명한 사람은 시장이 흔들리는 첫 징후만 보고 팔지 않는다. 그건 돈에 절절매는 자들이나 하는 짓이다." 그런데 공교롭게도 볼로냐가 들고 있던 종목은 미첼이 운영하는 내셔널 씨티 뱅크 주식이었다.

그 주말이 지나고 월요일 광경을 볼로냐는 잘 기억하고 있다. 지난 금요일 집으로 향할 때 짓눌린 기색과는 달리, 지하철에 있던 많은 인파가 좀 나아진 분위기로 금융가로 몰려가고 있었다. 대부분 신문들은 한 은행에 대한 구제 금융을 전망했고, 인파들 사이에서는 어느 부자가 갑자기 거덜이 났다는 농담과 웃음소리가 들려왔다. 그런데 막상 월스트리트에 도달했을 때, 볼로냐는 사뭇 다른 분위기를 느꼈다. 거리가 온통 장례식장 같았다. 그다음 날인 화요일, "악전고투로 지난 목요일의 폭락을 지나온 사람들은 월요일 급락 때 다시 얻어맞은 격이었죠. 하루가 더 지나자 이제는 더 견딜 수 없다는 모습이었습니다. 자포자기 상태였습니다." 바로 그날 볼로냐는 백기를 들고, 전 재산인 내셔널 씨티 주식을 전량 매도해 단돈 1700달러를 건졌다.

작지만 건장한 체격이었던 이 구두닦이 소년은 1907년 뉴욕 맨해튼 남동부에서 게나로 파스칼레 볼로냐Gennaro Pasquale Bologna라는 이름으로 태어났다. 그는 다시 구두닦이로 돌아가 평생 그곳을 지켰다. 대공황기에 그의 장사는 괜찮은 편이었다. "사람들은 허구한 날 새 구두를 사 신지는 못할 거라고 생각한 것이죠. 그래서 예전보다 낡은 구두를 잘 간수하려고 했습니다. 옛날 그때는 주당 40달러 소득이면 4인 가족을 건사할 수 있었습니다." 그래서 그는 그렇게 살았다. 그래도 아들의 대학 공부를 끝까지 돌봐주었고, 딸도 비서학교를 졸업시켰다. 그리고 아이들이 장성해서 뉴욕 주 교외의 서펀Suffern 마을로 이사 갔을 때, 볼로냐 부부도 같이 따라갈 수 있었다. 물론 그는 매일 구두닦이 노점으로 출퇴근하느라 서너 시간을 길에서 보내야 했지만 말이다.

볼로냐는 주가폭락으로 초라해졌지만, 주식시장을 떠나지는 않았다. 사실 그는 월스트리트의 다음 세대들에게는 수수께끼 같은 인물이었다. 그는 농담조로 작성한 뉴스레터를 1940년대부터 1980년대까지 우등 고객들에게 돌렸다. 심지어 《포브스》도 1982년에 예의 익살스러운 그의 주식시장 논평을 언급했다. 딱히 문학적 천재성까지는 없다고 해도 볼로냐가 쓰는 논평은 매끄러웠고, 때로는 운율까지 맞아떨어지는 데다 때로는 "놀라울 정도의 식견이 번득였다." 일례로 1966년 3월의 일인데, 그때는 연방준비제도 이사회가 통화 공급량을 가지고 미국 경제를 주무르기 이전이었지만 그는 이렇게 썼다. "앞서 가기를 원하신다면 두 눈 중 하나는 연방준비제도를 지켜봐야 합니다If you want to stay ahead, keep one eye on the Fed." (여기서 '어헤드ahead'와 '페드Fed'의 끝음절 운율이 서로 맞아떨어짐을 볼 수 있다_옮긴이).

볼로냐는 자신의 투자에 대해서는 이렇게 말했다. "저는 아주 보수적입니다. 배당을 잘 지급하는 좋은 우량주에만 투자합니다. 구매력으로 평가하면 아직도 1929년 실적을 회복하지 못했지만 그래도 상관은 없습니다. 급할 게 없거든요."

볼로냐는 따끈한 시장 정보를 상징하는 인물이었다. 그리고 그 정보는 그 자체로 군중이다. 군중은 시장의 변곡점에서 항상 틀리고 시장이 한 방향으로 달리는 중간 지점에서는 맞는데, 전반적으로 지는 게임을 한다. 귀띔 정보를 돌렸던 사람들 중에서 패트릭 볼로냐만큼 큰 영향력을 발휘한 사람은 없었다. 그럼에도 불구하고, 그처럼 이름이 알려지지 않은 사람도 없었다. 모든 사람이 케네디와 바루크가 구두닦이 소년을 보고 역발상을 얻었다는 것을 잘 알고 있다. 하지만 그 소년이 볼로냐였다는 사실을 아는 사람은 거의 없다. 아마도 앞에서 인용한 바루크의 말만큼 군중과 시장에 대한 의미심장한 경구는 없을 것이다. 볼로냐가 그 경구를 통해 남긴 교훈은 한마디로 이것이다. '거저 생기는 돈은 없다.'

099

로버트 영
Robert R. Young

그는 왔다 갔지만, 금융가의 모습을 바꿔놓았다

◆

로버트 영Robert R. Young은 30억 달러 규모의 철도제국을 자기 돈 25만 달러와 두둑한 배짱으로 샀다. 그는 월스트리트를 가지고 놀면서 소수의 중량급 회사들을 통해 힘을 장악했고, 이를 통해 철도 금융에 혁명을 가져왔다. 그는 자신을 위대한 개혁가로 생각했지만, 그렇지는 않았다. 영의 개혁은 사실 기막히게 대중을 파고드는 화려한 홍보전의 부산물이었다. 하지만 그렇게 시작된 그의 개혁은 뿌리를 내렸고 역사가 됐다. 안타까운 일이지만, 그는 1958년에 찾아온 자금 경색의 와중에 스스로 목숨을 끊었다.

야심차고 저돌적인 영에게 명성을 가져다준 철도제국은 밴 스웨링건 형제가 1920년대에 세워놓은 것이다. 이 형제가 지주회사들을 상호출자로 묶어 만든 제국은 어지럽게 뒤엉킨 거대한 피라미드였는데, 이를 지탱하는 가장 귀중한 자원은 계속 돌아야 하는 현금이었다. 1929년 주가폭락으로 인해 이 현금이 씨가 마르자, 그 거대한 제국은 곧바로 무너졌다.

밴 스웨링건 형제는 차입금으로 기존 회사들을 사들였고, 사들인 회사를 담보로 활용해 제국을 세웠다. 또 일류 자금 조달처인 JP모건이나 쿤 로브의 신뢰를 받는 여신 대상으로 성장했다. 인터넷에서 로버트 영을 검색어로 넣어보라. 작은 체구에 일찍 머리가 허옇게 센 그의 모습이 보일 것이다. 어찌 보면 희극배우인 미키 루니Mickey Rooney가 시무룩한 표정을 지은 모습 같기도 하다. 영은 그 제국의 지배 지분을 손에 넣었으나, 모건의 분노를 샀다. 왜냐하면 그가 자금 조달 업무를 모건에게 맡겨두지 않고, 경쟁입찰에서 최저 비용을 제시하는 곳에 맡기겠다고 나왔기 때문이다. 당연히 모건이 이를 좋아할 리가 없었다. 한마디로 말해서 '모든 길이 JP 모건으로 통하는' 월스트리트의 은행가 클럽이 볼 때는 난생처음 생긴 일이었고, 경쟁입찰로 비용을 깎겠다는 생각 자체가 철도금융을 지배하고 있던 모건의 권위를 위협하는 것이었기 때문이다. 사실 영의 행보는 모건의 지배력이 쇠잔해가는 신호탄이었다.

더군다나 월스트리트 내부자들의 핏대가 곤두서게 한 것은 '텍사스 출신의 이 겁 없는 젊은 친구'가 그들 취향이 아니었다는 점이다. 그 무렵 월스트리트의 눈에는 이런 영이 19세기에 금융을 개척하는 양 설치는 사람으로 보였고, 거의 소속 불명의 사람으로 보였다. 1897년에 태어난 그는 버지니아 대학교University of Virginia를 중퇴한 뒤 19세에 결혼하고 나서, 1차 세계대전 때 소총의 화약을 간수하는 일을 했다. 시간의 흐름을 잘 읽고 수학에 재능이 있어서 뒤퐁dupont에 첫 일자리를 잡은 뒤, GM의 재무담당 임원들 밑에서 일했다. 이곳에서 그는 독자적인 투자회사를 창업하기에 족한 지식을 쌓았고, 앨프레드 슬론을 비롯해 100만 달러대 자산을 굴리는 고객들도 알게 됐다.

영은 나이 33세에 1929년 주가폭락을 만났는데, 적기의 공매도로 대박을 터뜨리더니만 폐허 속에서 헐값으로 나뒹구는 자산들을 잡아채기 시작했다. 그중의 하나가 빚더미에 올라앉았지만 숨은 진주 같았던 밴 스웨링건의 철도제국이었다. 그 주식들은 주당 100달러를 호가하던 것들이었는데 주가폭락 후의 값은 1달러도 안 되었다. 영은 1937년에 그 최상층 지주회사인 앨리거니 코퍼레이션Alleghany Corporation의 지배 지분을 사들였다. 당시 이 회사를 사갈 사람을 찾고 있던 소유자인 조지 볼에게서 200만 주를 700만 달러가 채 안 되는 가격에 샀다. 인수 대금으로 400만 달러를 현금으로 치렀는데, 그중 대부분이 차입금이었고, 약 300만 달러는 약속어음이었다. 영의 돈은 25만 달러밖에 들어가지 않았다. 고작 25만 달러로 이렇게 엄청난 차입금을 당길 수 있는 지렛대를 움직였다면, 설득력이 대단한 세일즈맨임에 틀림없다. 또한 무모한 세일즈맨일지도 모르겠다. 당시 40세이던 영은 이 제국을 차지했지만, 철도에 대해 아는 것은 아무것도 없었다.

영은 지배 지분을 사들였지만 드센 모건의 영향력과 맞서기는 역부족이었다. 그래서 그는 일반 대중에게 호소하면서 대리 의결권 확보와 홍보전을 시작했다. 그는 줄줄이 벌였던 기자회견의 첫 자리를 요청하면서, 자신을 뉴딜 정책과 증권 개혁의 동맹자로 자리매김하고 고전적인 월스트리트 클럽에 대한 반대 입장을 밝혔다. 어떤 인사들은 그가 증권개혁에 발맞추는 일에 거칠 것이 없다고 두둔하면서, 금융계에 첫발을 들여놓는 사람으로서 개혁 전 방식에 따른 기득권이 없기 때문이라고 했다.

첫 기자회견 자리에서 영은 힘이 실린 확신에 찬 목소리로 재정적 독립을 통해 "오래된 밴 스웨링건 사업체들을 장악"할 것이며, '제인 아줌마Aunt Jane' 같은 모든 개인 주주들에게 배당권을 다시 찾아주겠다고 선언했다. 말은 확신에 찬 것으로 보였지만, 그는 속으로 두려웠던 게 분명하다. 그해 말 그는 결국 자살을 실행하게 되었고, 그 이전에도 여름철 별장에서 감정이 극에 달해 자살을 시도했던 적이 있었다. 이때는 우연히 그의 거처에 들른 이웃이 격정에 이끌리던 그의 손에서 권총을 잡아채는 바람에 미수에 그치게 됐었다. 그 후 그가 평정을 되찾는 데는 세 달이 걸렸다. 또 하나의 교훈을 여기서 본다. "정서에 문제 징후가 엿보이는 사람에게는 재정적인 후원을 하지 말라." 이 단순한 교훈을 잊어버리는 사람들이 있다. 그런 사람들이 없었다면 영이 벌인 사업은 그 자리에서 끝장났을 것이다. 하지만 돈에 관한 문제에서 사람들은 어리석게 행동을 한다. 인생의 다른 문제에서는 전혀 그렇지 않으면서도 말이다.

한 남자를 자살로 몰아갈 정도의 중압감은 어떤 것이었을까? 그러니까 그때는 누구도 JP모건의 사업거리를 뺏어갈 엄두를 못 내던 시대였는데, 영이 벌이던 일이 바로 그것이었다. 영의 도전이 있고 나서 JP모건은 진을 빼는 힘겨루기로 영을 포위했다. 이 게임은 그가 죽을 때까지 쉴 새 없이 계속됐다. 한편, 영이 활용했던 가장 강력한 무기는 홍보전이었다.

영은 스스로 돈 많은 월스트리트의 거물들과 맞서는 소주주 군단의 지휘자로 나섰다. 모건에게 기대지 않아도 앨리거니와 그 산하의 부대들이 경쟁입찰 과정에서 지원군을 고를 수 있다는 것이 그의 속생각이었다. 영이 경쟁입찰을 창안한 것은 아니었지만, 철도금융에서는 경쟁입찰을 처음으로 시도했다. 앨리거니에서 유일하게 흑자를 내는 철도회사 한 곳이 채권을 발행해야 했을 때 진검승부의 순간이 다가왔다. 이 철도회사의 이사회 임원들은 모건과 관계된 사람들이 대부분이어서, 이사회는 채권 발행을 모건에게 맡기도록 집요하게 요구했다. 사실 영이 선택했던 은행가들이 모건보다 더 좋은 조건을 제시했는데도 말이다. 그런 건 문제도 아니었다. 뜻을 굽히지 않았던 영은 이사회실 바닥을 쿵쾅대고 걸으면서 이 말만 했다. "모건은 이 일을 가져가지 못합니다!" 이어서 그는 이사회가 더 나은 거래를 선택하지 않으면 소송을 제기하겠다고 으름장을 놓았다. 이사회는 결국 그렇게 했다.

영은 1958년 목숨을 끊을 때까지 모건과 그 세력으로부터 지속적인 공격을 받았다. 적대적인 인수합병과 지배 지분을 둘러싼 한판 승부가 주식시장에서 벌어진 뒤, 영은 공개적인 신문지상으로 싸움의 전선을 몰고 갔다. 뉴욕 센트럴 철도의 인수에 나선 그는 지배 지분을 사들일 자금이 부족했지만 소주주들의 대리 의결권 확보를 노렸다. 그는 크고 작은 주주들의 환심을 사기 위해 전례가 없던 새로운 행동에 돌입했다. 가택 방문과 안내장 발송, 텔레마케터들을 동원해 그들의 명분을 직접 전해서 대리 의결권을 받아냈다. 결국 영은 이 싸움에 승리해서 뉴욕 센트럴의 경영권을 획득했다. 이 승리는 실로 월스트리트에 새롭게 기여한 큰 공헌이었고, 오늘날 일반적인 관행으로 자리 잡았다. 하지만 이 일이 가능했던 것은 지분전쟁에 주식 물타기가 이용되던 1929년 이전의 관행을 불법화한 뉴딜 정책의 규제 감독이 있었기 때문이다.

영이 기득권에 맞서 성공했다고 생각할 수도 있을지 모르겠지만, 사실은 그렇지 않았다. 그는 또 한 차례 절망감을 이기지 못하고, 지난번에 넘지 못했던 그 경계선을 넘고야 말았다. 1958년 그는 플로리다주 팜비치 저택의 서재에서 아주 침울한 표정으로 앉아 있다가, 지하에 있는 당구장으로 내려가 권총을 머리에 겨누고 방아쇠를 당겼다. 아마도 누가 그에게 서재에서는 소음을 내면 안 된다고 말했던 것이 아닌가 싶다.

영을 그런 절망과 무력감으로 몰아넣은 것은 무엇이었을까? 그가 자살을 감행하기 직전, 그의 마음속에 일었던 생각들을 정확히 알 수는 없을 것이다. 우선 뉴욕 센트럴 철도를 기울게 한 경기 침체가 찾아왔고, 성난 주주들의 소송도 발생했다. 게다가 그 몇 해 전에는 하나뿐인 딸이 비행기 사고로 죽는 일도 있었다. 그의 금융 사정이 불안했던 탓이라는 소문도 계속 돌았다. 그러나 이런 불운한 고통은 여기저기서 일어나는 일들이다(필자 역시도 딸아이를 저세상에 먼저 보냈고 복잡한 문제들을 겪었다. 그래도 신이 지상에 내려준 가장 커다란 게임을 끝장내고 싶었던 적은 없었다. 바로 삶이라는 게임 말이다). 어려운 시기를 겪는 사람들 대부분은 얼마간은 위축되었다가, 삶을 이어가면서 절망에서 벗어나 다시 회복한다. 영은 그러지 못했다. 월스트리트는 그 안에 맴도는 중압감이 엄청난 동네다. 그로 인한 스트레스나 걱정을 견딜 수 없다면 월스트리트를 박차고 나와야 한다. 금융과 재정이라는 것이 목숨과 바꿀 만한 가치가 되지는 못한다. 그 누구라도 말이다.

영의 삶에서 어떤 교훈을 찾아야 할까? 어떻게 말해야 할지 모르겠지만, 분명한 것은 자기 문제를 너무 심각하게 생각하지 말라는 메시지일 것이다. 또 하나의 교훈이라면, 어느 주식회사에나 손쉽게 효력을 낼 수 있는 도구가 언론의 힘이요, 또 대중의 여론이라는 점이다. 영은 이 도구를 월스트리트에 활용함으로써 사설 클럽처럼 돌아가는 금융가의 자금 조달과 기업 지배구조에 정면으로 맞섰다. 영이 지나간 뒤로 이런 금융가의 관행은 더 유지되지 못했다.

사이러스 이턴

Cyrus S. Eaton

조용하고 유연하게 재산을 일구다

◆

사이러스 이턴Cyrus S. Eaton은 세상을 떠나면서 2억 달러를 남길 만한 부자였는데도 그에 대해 들어본 사람은 거의 없다(한편, 2억 달러도 그가 이룬 것에 비하면 극히 일부다). 그 이유는 간단하다. 자기 재산을 월스트리트의 도움 없이 일으켰기 때문이다. 사람들은 누가 성공하고, 또 누가 성공하지 못하는지를 월스트리트가 판단한다고 간주한다. 이런 미국의 금융 메카를 이턴은 완전히 무시했다. 그는 월스트리트의 원초적 기능인 증권업과 투자 은행업에 참여는 했지만, 이런 업무는 그의 사업 세계에서 아무 발언권도 없었다. 모건도 그를 통제할 수 없었고, 쿤 로브는 그에게 사업을 빼앗겼으며, 뉴욕의 은행들은 그에게는 꼴 보기 싫은 대상이었다. 이 때문에 그는 많은 사람들의 분노를 샀지만 그들의 증오를 아무 탈 없이 피해 갔다. 그래서 그는 '아마도 세계가 감당할 수 있는 가장 질긴 사업가'로 떠올랐다.

이턴은 정말 월스트리트라고 하면 털끝만큼도 좋아하지 않았다. 사실 그는 미국 내 고향인 클리블랜드를 금융 중심지로 만들고 싶어 했고, 디트로이트와 합세해서 뉴욕과 겨룰 수 있기를 바랐다. 그런 일이 결코 실현되지는 못했지만, 이턴은 그 목적을 위해 최선의 노력을 경주했다. 그는 철강, 철도, 투자은행, 은행, 철광석, 발전시설과 같은 산업에 뛰어들어 우위를 행사했다. 사실 이들 산업은 월스트리트의 신임과 자금 조달을 등에 업은 거물들에 의해 장악되어 있었는데도 말이다. 언젠가는 그가 산업 전체를 통째로 샀다가 팔았던 업종이 여럿이었다는 말도 있었다. 그럴 만한 힘과 돈을 그가 휘둘렀다는 이야기다.

1883년 캐나다 노바스코샤 주에서 태어난 이턴은 전형적인 월스트리트의 지도급 인사들과는 다르게 출발했다. 17세 때 그가 마음에 품었던 일은 침례교 목사였다. 그래서 삼촌이 교구를 일구어놓은 곳인 클리블랜드로 갔다. 존 D. 록펠러가 그 신도 모임에 있었다는 것은 꽤나 흥미로운 일이다. 록펠러는 삼촌 밑에서 공부하던 중인 이턴을 채용했는데, 나중에 목사의 길을 포기하도록 설득하면서 이렇게 말했다. "자네는 사업에 성공할 능력이 충분하네." 이턴은 처음에는 그의 말을 귀담아듣지 않았으나, 대학을 졸업한 뒤 록펠러의 회사에서 일하게 됐다.

록펠러의 격려로 시작한 첫 일이 성공으로 이어지며 이턴은 30세에 백만장자가 됐다. 그는 발전소 여러 곳의 사업허가를 얻기 위해 캐나다 매니토바 주로 파견을 떠났었다. 하지만 그 협상이 결렬되자 기회가 무지막지하다고 보았던 그는 캐나다의 은행들로부터 자금을 조달해 독자적인 발전소를 건설했다. 이어서 기업결합을 통해 콘티넨탈 가스 앤드 일렉트릭 컴퍼니_{Continental Gas and Electric Company}를 설립함으로써 캐나다 서부와 중서부까지 공급망을 확장했다. 1913년 이턴은 200만 달러를 손에 쥐고서 클리블랜드로 돌아와, 기존 투자은행 회사인 오티스 앤드 컴퍼니_{Otis and Company}의 지분에 참여해 공동 소유자(파트너)가 됐다.

오티스 앤드 컴퍼니를 발판으로 이턴은 월스트리트에 맞서서 극적으로 대성공을 거두었다. 1925년 철강업으로 쳐들어가 5년 뒤 모건의 US스틸, 슈왑의 베슬리헴 스틸과 겨루는 3위의 철강기업 집단을 만들었다. 또, 빚더미에 올라앉은 오하이오 주의 철강회사 한 곳을 발견하고 채무액 1800만 달러만을 제의해 지배 지분을 손에 넣었다. 다른 회사들도 여러 개를 인수했다. 이 회사들을 결합하여 1930년 3억 3100만 달러 규모의 리퍼블릭 스틸 코퍼레이션_{Republic Steel Corporation}을 설립했다.

1929년 새뮤얼 인설의 공익기업 제국을 손에 넣으려는 모건 세력의 속셈이 전면에 드러나자, 이턴은 곧바로 인설의 주식을 사들이기 시작했다. 인설에게 피해를 주기 위한 것이든, 아니면 월스트리트를 약올리기 위한 것이든(이 가능성이 더 높다), 이턴은 사들였던 인설의 주식 16만 주를 시세보다 600만 달러 많은 금액인 5600만 달러에 인설에게 되팔았다. 바로 오늘날 '그린메일_{greenmail}'(투기성 자본이 경영권이 취약한 기업의 지분을 매집한 뒤 해당 경영진을 교체하겠다고 위협하거나 대주주에게 인수합병 포기를 대가로 내걸며 높은 가격에 지분을 되사줄 것을 요구하는 행위_옮긴이)로 불리는 초기 사례 중의 하나다. 이 거래로 이턴은 꽤 좋은 수익을 얻었고, 인설이 그의 지주회사 지배 지분을 확보하도록 보장해줬다(그리 오래가지는 않았지만 말이다). 동시에 인설의 지배 지분을 장악해 자신의 공익기업 제국을 구축하려 했던 모건 세력을 격분시켰다.

1929년에 찬란한 승리도 얻었지만 막대한 손실도 입었다. 이턴이 주가폭락으로 1억 달러의 손실을 입었을 때, 《네이션》은 다음과 같이 보도했다. "웅대한 제국을 세우려는 사이러스 이턴의 행보가 막을 내리게 됐다." 현금이 거의 남지 않은 상황에서 리퍼블릭 스틸을 인수하려는 베슬리헴 스틸의 시도를 막기 위해 이턴은 채무를 끌어 써야 했다. 1931년 마침내 그 도전을 이겨냈으나 잔여 개인 재산을 거의 소모해야 했다. 또 차입 비율이 높아진 그의 제국을 다시 건실한 재무구조로 회복하기 위해 1930년대 중반 내내 주력했다. 별 진전은 없었지만 더 이상 나빠지지도 않았다. 근 10년에 가깝게 어려운 국면을 보낸 시점인 1938년, 이턴은 정말로 불꽃 튀는 접전을 벌였다. 모건과 쿤 로브의 컨소시엄이 앨리거니 코퍼레이션과 그 산하 피라미드의 노른자위인 체서피크 앤드 오하이오 철도Chesapeake and Ohio Railroad를 장악하려고 나섰다. 이턴은 이 컨소시엄에 맞서 싸우는 그룹을 도와줬다.

모건과 쿤 로브 세력은 이미 앨리거니 이사회에 발을 들여놓고 있는 상태여서, 증권과 채권 발행 업무는 이들에게 넘어가는 일이 다반사였다. 그래서 앨리거니가 채권을 발행해 3000만 달러를 조달해야 할 때가 왔을 때, 모건과 쿤 로브 측은 당연히 발행 업무를 자신들이 인수할 것으로 생각했다. 하지만 이턴이 그들보다 비용을 135만 달러나 낮추어 채권인수를 제안할 외부자 집단을 이끌었다. 채권인수 비용으로 그 정도 차이는 엄청난 것이어서 고려하지 않을 수 없도록 가격차를 벌려놓았던 것이다.

모건과 쿤 로브 세력은 이턴을 신뢰할 수 없다는 이유로 그의 제안을 무시하도록 이사회를 밀어붙이려고 했다. 그러나 이턴의 컨소시엄은 이사회 전체에 주주들에 대한 배임죄로 소송을 내겠다고 으름장을 놓았다. 소송에서의 불리한 입장을 고려해서든, 아니면 소동을 피하기 위해서든, 이사회는 굴복하고 이턴의 제안을 받아들였다. 경쟁입찰의 효시를 기록한 것이다! 1942년에 증권거래위원회는 경쟁입찰을 의무화함으로써 이턴에게 또 하나의 승리를 가져다줬고 월스트리트에게는 더 심각한 패배를 안겨줬다. 이 일은 그 하나만으로도 로버트 영과 사이러스 이턴을 금융의 역사에 아로새길 이유가 되고도 남는다.

이턴은 이를 기점으로 힘차게 전진해서 95세에 숨을 거둘 때까지 26억 달러의 제국을 만들어냈다. 한 번의 실패도 남기지 않았다. 그야말로 다양한 분야에 걸쳐 승승장구하면서 2억 달러의 개인 재산을 일으키기에 이르렀다. 피셔 보디, 디트로이트 스틸Detroit Steel, 체서피크 앤드 오하이오 철도를 비롯해 약 40개 회사의 임원으로 90세까지 일했다. 그는 일본과 베를린, 브라질 등 전 세계에 두루 걸친 공익기업들의 지분에 참여한 해외투자의 초기 대열에 선 미국인이었고, 특히 저발전 국가들에 대한 초기 투자에 참여한 미국인이기도 했다. 굿이어 타이어 앤 러버Goodyear Tyre and Rubber를 비롯한 고무산업의 대표 기업들을 소유해서 사실상 그 산업을 소유했다. 또 셔윈-윌리엄스Sherwin-Williams 페인트 회사의 지배 지분을 매입했고, 클리블랜드 클리프스 철광Cleveland Cliffs Iron Mining도 소유했다. 그가 일군 기업 집단의 재무와 금융은 항상 클리블랜드가 중심이었다.

이턴의 사생활도 사업에 못지않게 다양했다. 근 30년간의 결혼생활에서 일곱 명의 자식을 두었다. 그중 둘은 젊어서 죽었지만 말이다.

1933년에 이혼한 뒤, 1957년에 74세의 나이에 재혼했다. 50세까지는 완고하게 공화당을 지지했고, 1930년에는 민주당 진영으로 정치 성향을 바꿨다. 허버트 후버Herbert Hoover 대통령이 대공황에서 미국을 구할 수 없다고 봤기 때문이었다. 이때부터 이턴은 자신의 정력을 프랭클린 루스벨트를 지원하는 데 투여했다.

그 뒤로 오면서 이턴은 자유주의적 정치 색채가 더욱 짙어져 미국이 구 공산주의권과 교류하기를 주창하고 나선 초기 그룹에 들게 됐다. '크렘린이 좋아하는 자본가'라는 별명을 얻었던 그는 냉전을 맞아 배반자로 규탄을 받았는데, 1957년에 그의 고향인 캐나다 노바스코샤 주 퍼그워시Pugwash에서 핵무기 문제를 다루는 제1회 퍼그워시 컨퍼런스를 조직하기도 했다. 자신의 애국심을 방어하면서, 이턴은 냉전인 한창이었던 그 시절에 다음과 같은 신념을 피력했다. "한 나라의 사회경제 시스템은 그 나라 사람들의 문제다. 이곳에 있는 나는 공산주의를 추호도 원하지 않는다. 그렇지만 러시아 사람들이 공산주의를 원하는지 여부는 그 나라 사람들이 결정할 문제다."

이턴은 눈에 뜨이지 않게 활동하면서 요란하게 나서기를 싫어했던 사람으로 금융계에서 아주 드문 인물이다. 그렇지만 미국에서 찾은 그의 '고향' 클리블랜드에서 그는 일반인들이 밀어주고 아껴주는 인물이었다. 사실 클리블랜드 시민들 가운데 상당히 많은 사람이 이턴 회사들의 주식을 보유함으로써 그에 대한 후원을 표시했다. 언제가 어느 저자는 이렇게 말했다. "이턴이 무너진다면 클리블랜드의 대다수가 무너질 것이다." 이턴은 말하자면 풀뿌리 민초들의 후원을 받았다. 이것은 자니니의 사례에서 봤듯이 가장 위력적인 지원이고, 당연히 월스트리트와 맺을 수 있는 유대보다 훨씬 강력한 것이다.

한 사람으로서 이턴의 가장 놀라운 자질은 아마도 늙도록 잃지 않고 한껏 발휘했던 유연성일 것이다. 우리들 대부분은 나이를 먹어가면서 어느 정도 경직되기도 하고 한곳에 자리를 굳히게 된다. 그런데 이턴은 시장에서 돈을 날리는 일에도, 다시 재산을 일구는 일에도, 또 정치적으로 입장을 전환하는 일에도 아주 유연했다. 또 50세에서 74세 사이에 결혼생활에서 변화가 많았던 시기도 그가 선보인 유연성에 포함시켜야 하겠다. 그는 바람이 어디서 어떻게 불든 그에 맞출 수 있고, 넘어졌다가도 다시 일어설 수 있던 인물이었다. 그리고 아주 늙도록 장수하며 살았다.

맺는 글

다음 세대의 100명

지금까지 시장을 뒤흔든 100명의 아주 다양한 거인들을 살펴봤다. 어떤 규칙으로도 이 100명을 일률적인 규격에 맞춰 넣을 수는 없을 것이다. 아무리 이들의 특징을 담아낼 일반성을 짜낸다 해도, 적어도 몇 사람은 예외로 남을 것이기 때문이다. 이 거인들은 한마디로 말해 모든 잣대를 뛰어넘는 경우가 많았다. 이들과 함께, 좀 덜 주목받았거나 아예 눈에 띄지 않았던 수천을 헤아릴 선도자들은, 혁신을 일으키며 오늘의 시장이 굴러갈 무대를 놓았다. 하지만 혁신은 끝나지 않는다. 부분적으로만 자유로운 시장에서도 그렇다. 그리고 이 선도자들의 노력과 그로 인해 전개된 변화가 이 이야기의 끝이 아니다. 역사는 언제나 새로 시작하는 것이고, 미래의 역사를 위해 놓인 무대일 뿐이다.

살아 있는 전설들도 있다. 이 책에 나온 100명 가운데 많은 사람들보다 더 유명한 전설들이 지금 존재하며, 앞으로도 계속 나타날 것이다. 지금 큰 영향력을 행사하는 사람들과 지금은 늙었지만 20년 전부터 전설로 남게 된 사람들을 두고 하는 말이다. 그들의 이야기는 그들의 삶이 마감된 뒤에 가장 잘 기술될 것이고, 그때에야 정확한 관점에서 볼 수 있을 것이다. 또 그들의 삶을 통해 시장의 혁신을 더 많이 찾아볼 수 있을 것이다.

하지만 이 다음을 이어갈 50명에게서 얻을 교훈은 앞서간 100명이 들려준 내용에 이미 들어 있는 것이 많을 듯하다. 그 50명이 앞서 지나간 100명보다 영리하고, 다양하며, 창의적이지는 못할 것이다. 왜냐하면 그들은 100명이 직면했던 똑같은 문제들과 씨름해야 할 것이기 때문이다.

분명히 다음의 50명은 기술적인 면에서 좀 더 전문성을 보여줄 것이다. 빠르게 진화하는 기술을 봐도 그렇고, 갖가지 분야에서 전문성은 점점 늘어날 것이 확실하다. 그러나 전문화를 구현하더라도 그와 아울러 전체상을 놓치지 않아야 하고, 또 원조 격의 100명이 위대할 수 있었던 인격적인 면모를 잃지 않아야만 금융을 푸는 열쇠가 될 것이다. 전체상을 보지 못하는 전문화는 쓸모없다. 그것은 마치 서로 물리지 않고 거세게 돌아가는 톱니바퀴들과 마찬가지다. 또한 인격적인 면모가 올바로 뒷받침되지 않으면, 아무리 전문화에서 앞서봐야 우리가 살펴봤던 실패한 천재들보다 더 나을 것도 없을 것이다. 실패한 천재들은 그 뛰어난 재능으로도 인격적인 결함을 넘어설 수 없었다.

이 100명이 두 부류로 갈라지는 것을 많은 사례에서 지켜봤다. 끝까지 재정적 성공을 지켰던 사람들이 그 한 부류요, 승승장구하더라도 결국은 고꾸라진 사람들이 또 다른 부류다. 끝까지 지켰던 사람들은 그들의 이기심이나 돈으로 살 수 있는 세속적인 쾌락보다 그들이 마주하는 게임 자체를 더 좋아했다. 어쩌다 한번 반짝이는 사람들도 끝까지 지키는 사람들 못지않게 영리하고, 혁신적이며, 기회에 강할 때가 많았

725

다. 그러나 모종의 강박관념에 한눈이 팔릴 때 역시 많았다. 그것이 술이나 여자가 됐든, 혹은 이기심이 됐든, 아니면 이 세 가지 전부가 됐든 말이다. 아마도 이런 사람됨에서 생기는 문제는 앞으로도 늘 생길 것이다. 우리는 투자를 하면서 이 점을 가슴에 새기고 돈을 대해야 할 것이다.

물론 전설적인 금융계 인사들 50명을 새로 골라서 이 책과 비슷한 책을 만들 수 있을 것이다. 우리끼리 이야기이지만, 그들 가운데 한 1/3은 이 자리에서 당장에라도 열거할 수 있다. 워런 버핏Warren Buffett, 프레드 카Fred Carr, 데이비드 드레먼David Dreman, 필립 피셔Philp Fisher, 루돌프 줄리아니Rudolph Giuliani, 피터 린치Peter Lynch, 네드 존슨Ned Johnson, 마이클 밀컨Michael Milken, 윌리엄 오닐William O'Neil, T. 분 피컨스T. Boone Pickens, 클로드 로젠버그Claude Rosenberg, 바 로젠버그Barr Rosenberg, 윌리엄 샤프William Sharpe, 조지 소로스George Soros, 존 템플턴John Templeton, 게리 차이Gerry Tsai, 로버트 비스코Robert Vesco가 그런 사람들이다. 이들 대부분이 살아 있고 여전히 활동하고 있으며, 모두가 전설적이고 매력적이다. 조금만 더 생각하면 그렇게 고민하지 않아도 그다음 1/3에 해당하는 사람들이 떠오를 것이다. 하지만 이들 50인의 이름을 정하는 게 진짜 문제는 아니다.

정말로 중요한 것은 그다음의 50명이다. 금융의 무대에서 아직 결과를 내지 않은 신진들이 그들이다. 언젠가 '시장을 뒤흔든 2세대 거인들 100명'이라는 제목의 책을 보게 될 날이 올 수도 있을 것이다. 자본주의와 월스트리트가 번영한다면, 그런 세상에는 쉬지 않고 퇴물이 되어가는 금융 시스템 속에서 계속 새로운 아이디어를 짜내서 그것을 혁신해가는 활발한 사람들이 틀림없이 나타날 것이다. 그런 사람들이 계속 진화하면서 우리의 금융 시스템을 계속 향상시킬 것인가? 그럴 거라고 생각하고 싶다. 바로 그에 따라 미래의 자본주의가 달라질 것이다. 그 과정을 지켜보는 일을 즐길 수 있기 위해, 그들 역시 이 책에서 만났던 '시장을 뒤흔든 100명의 거인들' 못지않게 매력적이기를 바라자.

감사의 말

내가 처음 쓴 책 두 권의 경우에는 감사의 글이 아주 길었다. 그 책들은 많은 사람들이 많은 작업을 해서 만들어낸 진지한 책이었기 때문이다. 이 책은 지금도 그렇지 않고, 전에도 그렇지 않았다. 이 책은 즐기기 위한 책이다. 쓰기도 즐겁고, (희망컨대) 읽기도 즐거운 책이다. 그래서 전에 비해 주로 내가 썼다. 그래도 분명히 감사의 뜻을 전하는 편이 좋겠다.

우선 무엇보다도 바버라 드롤리스Barbara DeLollis가 없었다면 이 책은 나올 수가 없었다. 내가 아이디어, 제목, 인물 명단, 많은 기묘한 견해 등을 생각해내면, 바버라가 내 지도 아래 이 100명의 금융계 거인 각각에 대해 조사했다. 그리고 결국은 금융계의 100대 거인 명단에서 탈락하게 된 수많은 인물들에 대해서도 조사했다. 그녀는 각 인물에 대해 조사하는 데 많은 시간을 들였고, 내 생각을 첨가해서 그들의 생애에 관한 초벌 원고를 작성하여 내게 넘겨주었다. 그 후에 내가 그 자료를 다듬어서 당신이 읽고 있는 이 글로 만들어냈다. 나는 금융회사를 운영하느라고 너무 바빠서 모든 일을 다 할 수가 없다. 도무지 시간을 낼 수가 없었다. 그녀가 대필 작가가 아니었을까 생각하겠지만, 그렇지는 않다. 나는 오랫동안 글을 써왔다. 책도 썼고, 《포브스》 칼럼도 썼으며, 때로는 여기저기에 기사를 쓰기도 했다. 나는 글쓰기를 좋아한다. 그래서 글은 내가 썼다. 아이디어도 내가 낸 것이다.

바버라의 기여는 막대했지만, 이 책에 부족함이 있다면 분명히 내 책임이다. '시장을 뒤흔든 100명의 거인들' 각각에 대한 결론과 견해, 이들이 역사에서 담당한 역할 등은 항상 내가 썼다. 때때로 바버라의 조사가 불편하게 느껴져서 내가 확인해보니, 항상 그녀의 조사는 매우 적절했다. 그녀는 색인도 작성했고, 사진 작업도 했으며, 계속 작업을 진행해서 마침내 최종 원고까지 만들어냈다. 그녀에게 감사하며, 장차 뉴욕에서 행운을 만나길 빈다.

각 이야기가 끝날 때마다 샐리 앨런Sally Allen, 마거리트 바라간Marguerite Barragan, 마사 포스트Martha Post가 많은 시간을 들여 편집해주었다(모두 피셔 인베스트먼트Fisher Investments의 정규 직원들이다). 이들은 단순한 문법적 오류를 잡아주는 일에서부터 내가 가끔 그러듯이 이야기가 옆길로 새는 경우 일깨워주는 일까지, 다양하게 기여해주었다. 나의 아버지 필립 피셔가 당신의 어린 시절 인물들을 어렵게 기억해내서 알려준 덕에, 하마터면 놓칠 뻔한 인물들을 포함시킬 수 있었다.

전에 내 회사에 근무했던 데이비드 뮐러David Mueller는 컴퓨터 그래픽을 이용해서 이 책의 외관과 형식을 예쁘게 다듬어주었으며, 색인 작업에 대해 알려주었다. 그러나 정면에 나서서 우리의 첫 편집자 바버라 노블Barbara Noble을 영입하고, 원고를 당신이 지금 읽고 있는 이 책의 형태로 만들어낸 사람은, 다름 아닌 나의 아내 셰리Sherri였다. 아내의 격려와 안내가 없었다면 이 책의 원고는 책상 어디에선가 죽고 말았을 것이다. 여러분 모두에게 감사드린다.

켄 피셔

1장. 공룡들

001. 메이어 암셸 로스차일드(Mayer Amschel Rothschild)

Cowles, Virginia. *The Rothschilds: A Family of Fortune*. Alfred A. Knopf, 1973, pp 1-139.

Glanz, Rudolf. "The Rothschild Legend in America." *Jewish Social Studies*. Vols. 18-19: Jan.-April, 1957, pp. 3-28.

Morton, Frederic. *The Rothschilds: A Family Portrait*. Atheneum, 1962, pp. 298.

"Nathan Rothschild." *The Banker*. Vol. 130: Jan., 1980, pp. 116-117.

002. 네이션 로스차일드(Nathan Rothschild)

Cowles, Virginia. *The Rothschilds: A Family of Fortune*. Alfred A. Knopf, 1973, pp 1-139.

Glanz, Rudolf. "The Rothschild Legend in America." *Jewish Social Studies*. Vols. 18-19: Jan.-April, 1957, pp. 3-28.

Morton, Frederic. *The Rothschilds: A Family Portrait*. Atheneum, 1962, pp. 298.

"Nathan Rothschild." *The Banker*. Vol. 136: Jan., 1986, pp. 89.

003. 스티븐 지라드(Stephen Girad)

Adams, Donald R., Jr. *Finance and Enterprise in Early America*. University of Pennsylvania Press, 1978, pp. 1-141.

Govan, Thomas Payne. *Nicholas Biddle*. The Univesity of Chicago Press, 1959, pp. 45, 55-56.

Groner, Alex. *The History of American Business & Industry*. American Heritage Publishing Co., Inc., 1972, pp. 57, 67.

Minnigerode, Meade. *Certain Rich Men*. G. P. Putnam's Sons, 1927, pp. 3-30.

"Stephen Girad, Promoter of the Second Bank of the United States." *Journal of Economic History*. Vol. 2: Nov., 1942, pp. 125-148.

The National Cyclopedia of American Biography. James T. White & Co., Vol. 17:

1897, pp. 11-13.

004. 존 제이컵 애스터(John Jacob Astor)

Groner, Alex. *The History of American Business & Industry*. American Heritage Publishing Co., Inc., 1972, pp. 57, 67-68.

Holbrook, Stewart H. *The Age of Moguls*. Doubleday Co., 1953, pp. 9-10.

Minnigerode, Meade. *Certain Rich Men*. G. P. Putnam's Sons, 1927, pp. 31-50.

Myers, Gustavus. *The History of Great American Fortunes*. The Modern Library, 1907, pp. 93-175.

Porter, Wiggins. *John Jacob Astor: Business Man*. 2 vols. Harvard Univesrity Press, 1931, p. 1137.

Smith, Matthew Hale. *Sunshine and Shadow in New York*. J. B. Burr and Company, 1869, pp. 113-126.

005. 코넬리우스 밴더빌트(Cornelius Vanderbilt)

Clews, Henry. Fifty Years in Wall Street: *"Twenty-Eighty Years in Wall Street." Revised and Enlarged by a Resume of the Past Twenty-Two Years Making a Record of Fifty Years in Wall Street*. Irving, 1908.

Fowler, William Worthington. *Twenty Years of Inside Life in Wall Street: or Revelations of the Personal Experience of a Speculator*. Reprint: Greenwood Press, 1968.

Groner, Alex. *The History of American Business & Industry*. American Heritage Publishing Co., Inc., 1972, pp. 88, 116, 119, 123-125, 136, 158-160, 165, 236.

Ingham, John N. *Biographical Dictionary of American Business Leaders*. 4 vols. Greenwood Press, 1983.

Minnigerode, Meade. *Certain Rich Men*. G. P. Putnam's Sons, 1927, pp. 101-134.

Myers, Gustavus. *The History of Great American Fortunes*. The Modern Library, 1907.

Sharp, Robert M. *The Lore & Legends of Wall Street*. Dow Jones-Irwin, 1989, pp. 98-99.

006. 조지 피바디(George Peabody)

Hidy, Muriel Emmie. *George Peabody: Merchant and Financier*. Arno Press, 1978.

Parker, Franklin. *Geroge Peabody: A Biography*. Vanderbilt University Press, 1971.

Sobel, Robert. *The Big Board: A History of the New York Stock Exchange*. The Free Press, Macmillian Co., 1965, pp. 36-37.

007. 주니어스 스펜서 모건(Junius Spencer Morgan)

Crosso, Vincent P. *The Morgans: Private International Bankers*. Harvard University

Press, 1987, pp. 18-145.

Parker, Franklin. *Geroge Peabody. A Biography*. Vanderbilt University Press, 1956, pp. 65-70, 140-145.

008. 대니얼 드루(Daniel Drew)

Holbrook, Stewart H. *The Age of Moguls*. Doubleday Co., 1953, pp. 21-35.

Minnigerode, Meade. *Certain Rich Men*. G. P. Putnam's Sons, 1927, pp. 83-100.

White, Bouck. *The Book of Daniel Drew*. Original: Doubleday, 1910. Reprint: Citadel Press, 1910, pp. 100-200.

Sobel, Robert. *Panic on Wall Street: A History of America's Fanancial Disasters*. Macmillan Co., 1968, pp. 122-135.

009. 제이 쿡(Jay Cooke)

Cooke, Jay. "A Decade of American Finance." *North American Review*. Nov. 1902. pp. 577-586.

Neill, Humphrey B. *The Inside Story of the Stock Exchange*. B. C. Forbes & Sons Publishing Co., Inc., 1950, pp. 74-76, 83, 97-98, 144.

Oberholtzer, Ellis Paxson. "Jay Cooke, and the Financing of the Civil War." *Century Magazine*. Nov. 1906, pp. 116-132; Jan., 1907, pp. 282+.

Sobel, Robert. *Panic on Wall Street: A History of America's Fanancial Disasters*. Macmillan Co., 1968, pp. 167-173, 189-194.

Sobel, Robert. *The Big Board: A History of the New York Stock Exchange*. The Free Press, Macmillian Co., 1965, pp. 69-71, 82.

2장. 언론인과 작가들

010. 찰스 다우(Charles Dow)

Nelson, S. A. *The ABC of the Stock Speculation*. Original: S. A. Nelson, 1903. Reprint: Fraser, 1964.

Schultz, Harry D. and Coslow, Samuel, eds. *A Treasury of Wall Street Wisdom*. Investor' Press, Inc., 1966, pp. 3-24.

Sobel, Robert. *Inside Wall Street*. W. W. Norton & Company, 1977, pp. 117-121, 123, 127.

Stillman, Richard J. *Dow Jones Industrial Average*. Dow Jones-Irwin, 1986, pp. 15-84.

Wendt, Lloyd. *The Wall Street Journal*. Rand McNally & Company, 1982, pp. 15-84.

011. 에드워드 존스(Edward Jones)

Rosenberg, Jerry M. *Inside The Wall Street Journal*. Macmillan Publishing Co., Inc., 1982, pp. 1-19.

Sobel, Robert. *Inside Wall Street*. W. W. Norton & Company, 1977, pp. 118, 127.

Wendt, Lloyd. *The Wall Street Journal*. Rand McNally & Company, 1982.

012. 토머스 로슨(Thomas W. Lawson)

Ingham, John N. *Biographical Dictionary of American Business Leaders*. 4 vols. Greenwood Press, 1983.

Lawson, Thomas. "Frenzied Finance." *Everybody's Magazine*. Vol. 12: pp. 173+.

Lawson, Thomas. "The Remedy." *Everybody's Magazine*. Vol. 27: Oct., 1912, pp. 472+.

Lawson, Thomas. *Frenzied Finance: Vol. 1. The Crime of Amalgamated*. Original: Ridgeway-Thayer, 1905. Reprint: Greenwood Press, 1968.

013. BC 포브스(BC Forbes)

"B. C. Forbes Dies." *Time*. Vol. 63: May 17, 1954, p. 105.

"B. C. Forbes Dies." *New York Times*. May 17, 1954, p. 24:3.

Forbes, B. C. *Keys to Success*. B. C. Forbes Publishing Company, 1917.

Forbes, B. C. *How to Get the Most Out of Businsee*. B. C. Forbes Publishing Company, 1927.

Forbes, Malcolm. *More Than I Dreamed*. Simon & Schuster, 1989.

"A Magazine of His Own." *Forbes*. Sept. 15, 1967, pp. 13+.

014. 에드윈 르페브르(Edwin Lefevre)

"Chronicle and Comment." *The Bookman*. Vol. 43: Aug., 1916, pp. 582-585.

"Edwin Lefevre, 73, Financial Writer." *New York Times*. Feb. 24, 1943, p. 21:5.

Lefevre, Edwin. "New Bull Market, New Dangers." *Saturday Evening Post*. Vol. 208: May 2, 1936, pp. 14-15+; May 9, 1936, pp. 25+.

Lefevre, Edwin. *Reminiscences of a Stock Operator*. Geroge H. Doran Co., 1923. Reprint American Research Council.

Lefevre, Edwin. *The Bookman*. Vol. 69: August, 1929, pp. 629.

Lefevre, Edwin. "Vanished Billions." *Saturday Evening Post*. Vol. 204: Feb. 13, 1932, pp. 3-5+.

Lefevre, Edwin. "When Is It Safe to Invest?" *Saturday Evening Post*. Vol. 205: Aug. 6, 1932, pp. 12-13+.

015. 클래런스 배런(Clarence W. Barron)

Pound, Arthur and Moore, Samuel Taylor, eds. *They Told Barron: Conversations and Revelations of and American Pepsys in Wall Street.* Harper & Brothers Publishers, 1930.

Rosenberg, Jerry M. *Inside The Wall Street Journal.* Macmillan Publishing Co., Inc., 1982, pp. 21-44, 120-123.

Wendt, Lloyd. *The Wall Street Journal.* Rand McNally & Company, 1982, pp. 143-148.

016. 벤저민 그레이엄(Benjamin Graham)

Cray, Douglas W. "Benjamin Graham, Securities Expert." *New York Times.* Sept. 23, 1976, p. 44: 1.

"Portrait of an Analyst: Benjamin Graham." *Financial Analysts Journal.* Vol. 24: Jan.-Feb., 1968, pp. 15-16.

Rea, James B. "Remembering Benjamin Graham-Teacher and Friend." *The Journal of Prtfolio Management.* Summer, 1977, pp. 66-72.

"Remembering Uncle Ben." *Forbes.* Vol. 118: Oct. 15, 1976, p. 144.

Smith, Adam. *Supermoney.* Random House, 1972, p. 173-199.

"The Father of Value Investing." *Fortune.* Vol. 116: Fall, 1988 Investor's Guide, p. 48.

Train, John. *The Money Masters.* Harper & Row, Publishers, 1980, pp. 82-113.

017. 아널드 버나드(Arnold Bernhard)

Brimelow, Peter. *The Wall Street Gurus.* Random House, 1986, pp. 4-5, 28-30, 85, 88, 156-167.

Kaplan, Gilbert Edmund and Welles, Chris, eds. *The Money Managers.* Random House, 1969, pp. 137-148.

Mayer, Martin. *Wall Street: Men and Money.* Harper & Brothers, Publishers, 1959, pp. 209-212.

Reynolds, Quentin and Rowe, Wilfrid S. *Operation Success.* Duell, Sloan and Pearce, 1957, pp. 54-68.

"Value Line's Arnold Bernahrd: Making His Own Advice Pay Off." *Financial World.* Vol. 148: Jan. 15, 1979, p. 70.

"Value Line Figures It's Time To Go Public." *Business Week.* Jan. 24, 1983, p. 72.

Vartan, Vartanig G. "Arnold Bernhard is Dead at 86; Led Value Line Investor Service." *New York Times.* Dec. 23, 1987, p. D-18:1.

018. 루이스 엥겔(Louis Engel)

Bird, David. "Louis Engel Jr., Ex-Merrill Lynch Partner, Dies." *New York Times.* Nov. 8, 1982, p. IV-15: 1.

Engel, Louis. *How to Bus Stocks.* Bantam Books, Inc., 1967.

May, Hal. *Comtemporary Authors*. Gale Research Co. Vol. 108: 1983.

Sobel, Robert. *Inside Wall Street*. W. W. Norton & Company, 1977, pp. 95, 103-106, 114-115, 130-132, 208-211.

"Use of Lingo of Middle-Income Class Advised To Get Group to Put Idle Funds in Securities." *New York Times*. Oct. 9, 1949, p. Ⅲ-6:4.

3장. 투자 은행가와 주식 중개인들

019. 오거스트 벨몬트(August Belmont)

Birmingham, Stephen. *Our Crowd*. Dell Publishing Co., Inc., 1967, pp. 25, 38-47, 76-82, 89-91, 101-102.

Black, David. *The King of Fifth Avenue*. The Dial Press, 1981.

Ingham, John N. *Biographical Dictionary of American Business Leaders*. 4 vols. Greenwood Press, 1983.

The National Cyclopedia of American Biography. James T. White & Co., Vol. 11: 1909, pp. 500.

020. 이매뉴얼과 필립, 리먼 부자(Emanuel Lehman and his Son Philip)

Birmingham, Stephen. *Our Crowd*. Dell Publishing Co., Inc., 1967, pp. 16, 20-21, 90-91, 100, 108-109, 156-158, 359-360, 392-394.

Ingham, John N. *Biographical Dictionary of American Business Leaders*. 4 vols. Greenwood Press, 1983.

Krefetz, Gerald. *Jews and Money: The Myths and the Reality*. Ticknor and Fields, 1982, pp. 45-83.

"Philip Lehman, 86, Noted Banker, Dies." *New York Times*. March 22, 1947, p. 13:1.

Smith, Arthur D. Howden. *Men Who Run America*. The Bobbs-Merrill Co., 1936, pp. 111-118, 199, 235, 251-252.

The National Cyclopedia of American Biography. James T. White & Co., Vol. 25: 1936, pp. 98.

021. JP 모건(John Pierpont Morgan)

Baker, Ray Standard. "J. Pierpont Morgan." *McClure's Magazine*. October, 1901, pp. 506-518.

Birmingham, Stephen. *Our Crowd*. Dell Publishing Co., Inc., 1967, pp. 199-205.

Merwin, John. "J. P. Morgan: The Agglomerator." *Forbes*. July 13, 1987, pp. 275, 278.

Moody, John. *The Masters of Capital*. Yale University Press, 1919, pp. 1-34.

Sinclair, Andrew. *Corsair*. Little, Brown and Co., 1981, pp. 15-38, 159-191.

Sobel, Robert. "Junk Issues of the Past and Future." *Wall Street Journal*. Feb. 28, 1990, p. A14.

022. 제이컵 쉬프(Jacob H. Schiff)

Adler, Cyrus. *Jacob H. Schiff: His Life And Letters*. 2 vols. William Heinemann, Ltd., 1929.

Birmingham, Stephen. *Our Crowd*. Dell Publishing Co., Inc., 1967, pp. 184-236, 348-408.

Brooks, John. *Once in Golconda*. Harper Colophon Books, 1969, pp. 51-55.

Forbes, B. C. *Men Who Are Making America*. B. C. Forbes Publishing Company, Inc., 1916, pp. 328-335.

Ingham, John N. *Biographical Dictionary of American Business Leaders*. 4 vols. Greenwood Press, 1983.

Neill, Humphrey B. *The Inside Story of the Stock Exchange*. B. C. Forbes & Sons Publishing Co., Inc., 1950, pp. 135-140, 161, 165.

023. 조지 퍼킨스(George W. Perkins)

Forbes, B. C. *Men Who Are Making America*. B. C. Forbes Publishing Company, Inc., 1916, pp. 278-287.

Garraty, John. *Right-Hand Man: The Life of George W. Perkins*. 1st ed. Harper, 1960, pp. 30-44, 130-146, 173-176, 233-234.

George W. Perkins Dies In 58th Year." *New York Times*. June 19, 1920, p. 13-1.

Groner, Alex. *The History of American Business & Industry*. American Heritage Publishing Co., Inc., pp. 198-199, 220.

Ingham, John N. *Biographical Dictionary of American Business Leaders*. 4 vols. Greenwood Press, 1983.

Lewis, Corey. *The House of Morgan*. G. Howard Watt, 1930, pp. 257, 306-309, 378-386.

Malone, Dumas. *Dictionary of American Biography*. Charles Scribner's Sons. Vol. 14: 1934, pp. 471-2.

024. JP '잭' 모건 2세(John Pierpont 'Jack' Morgan, JR.)

Forbes, John D. *J. P. Morgan Jr*. University of Virginia, 1982.

Ingham, John N. *Biographical Dictionary of American Business Leaders*. 4 vols. Greenwood Press, 1983.

"Mister Morgan." *Fortune*. Aug., 1930, pp. 57+.

Pecora, Ferdinand. *Wall Street Under Oath: The Story of Our Modern Money Changers*. Original: Simon & Schuster, 1939. Reprint: Augustus M. Kelly, 1968.

Sobel, Robert. *The Big Board: A History of the New York Stock Exchange*. The Free Press, Macmillian Co., 1965, pp. 237-238, 295, 305.

United Press. "J. P. Morgan Dies, Victim of Stroke at Florida Resort." *New York Times*. March 13, 1943, p. 1.

025. 토머스 라몬트(Thomas Lamont)

Brooks, John. *Once in Golconda*. Harper Colophon Books, 1969, pp. 46-48, 97, 102, 124-127, 282-286.

Carosso, Vincent P. *Investment Banking in America: A History*. Harvard University Press, 1970.

Carosso, Vincent P. *The Morgans: Private International Bankers*. Harvard University Press, 1987, p. 441.

Corey, Lewis. *The House of Morgan*. G. Howard Watt, 1930, pp. 430, 452.

Josephson, Matthew. *The Money Lords*. Weybright and Talley, 1972, pp. 91-92, 202-203, 345.

026. 클래런스 딜런(Clarence D. Dillon)

"Dillon, Read Buys Dodge Motors For Over $175000000." *New York Times*. April 1, 1925, p. 1:6+.

Ingham, John N. *Biographical Dictionary of American Business Leaders*. 4 vols. Greenwood Press, 1983.

Josephson, Matthew. *The Money Lords*. Weybright and Talley, 1972, pp. 18, 191.

Pecora, Ferdinand. *Wall Street Under Oath:* Simon & Schuster, Inc., 1939, pp. 48-50, 207-214.

The National Cyclopedia of American Biography. James T. White & Co., Vol. 62: 1984, pp. 243-244.

027. 찰스 메릴(Charles E. Merrill)

"Charles Merrill, Broker, Dies; Founder of Merrill Lynch Firm." *New York Times*. Oct. 7, 1956, p. 1:1+.

Ingham, John N. *Biographical Dictionary of American Business Leaders*. 4 vols. Greenwood Press, 1983.

The National Cyclopedia of American Biography. James T. White & Co., Vol. 53: 1971, pp. 39-40.

"Wall Street: We The People." *Time*. Vol. 68: Oct. 15, 1956, p. 104.

028. 제럴드 로브(Gerald M. Loeb)

"Are There Men for All Seasons?" *Forbes*. Vol. 103: Jan. 15, 1969, p. 55.

Brady, Raymond. "Wall Street Beat: The Investment Individualist." *Dun's Review*. June, 1969, pp. 105-106.

Leob, Gerald M. *The Battle for Investment Survival*. Simon & Schuster, 1965, 1971.

Martin, Ralph G. *The Wizard of Wall Street*. William Morrow & Co., 1965.

Shepherd, William G. "The Market According to Loeb." *Business Week*. May 20, 1972, p. 74.

"Customers' Brokers Seen Bettering Role." *New York Times*. Jan. 10, 1945, p. 35:6.

029. 시드니 와인버그(Sidney Weinberg)

"Director's Doctrine." *Newsweek*. Vol. 9: Jan. 14, 1957, p. 70.

"Everybody's Broker." *Time*. Vol. 72: Dec. 8, 1958, p. 96.

"Finance: Mr. Wall Street." *Newsweek*. Vol. 74: Aug. 4, 1969, pp. 76-77.

Kahn, E. J., Jr. "Directors' Director." *New Yorker*. Vol. 32: Sept. 8, 1956, pp. 39-40+.

"Lessons of Leadership: Part VII-Balancing Ability with Humility." *Nation's Business*. Vol. 53: Dec., 1965, pp. 44-46+.

"Wall Street: A Nice Guy from Brooklyn." *Time*. Vol. 94: Aug. 1, 1969, p. 69a.

4장. 혁신가들

030. 일라이어스 잭슨 '럭키' 볼드윈(Elias Jackson 'Lucky' Baldwin)

Bancroft, H. H. "Dictation" prepared for *Chronicles of the Builders*. H. H. Bancroft Collection, University of California at Berkeley, ca. 1890-1891.

Dickinson, Samuel. *San Francisco is Your Home*. Stanford University Press, 1947, pp. 151-158.

Glasscock, C. B. *Lucky Baldwin: The Story of an Unconventional Success*. The Bobbs-Merrill Company, 1933.

Hunt, Rockwell. *California's Stately Hall of Fame*. College of the Pacific, 1950, pp. 287-292.

King, Joseph L. *History of the San Francisco Stock and Exchange Board*. Original: 1910. Reprint: Arno Press, 1975, pp. 256-259.

Parkhill, Forbes. *The Wildest of the West*. Henry Holt and Company, 1951, pp. 50-55.

Sear, Marian V. *Mining Stock Exchanges, 1860-1930*. University of Montana Press, 1973, pp. 39-45.

The National Cyclopedia of American Biography. James T. White & Co., Vol. 22: 1932, pp. 381-382.

031. 찰스 여키스(Charles T. Yerkes)

"An American Invader of London." *Harper's Weekly*. Vol. 47:Jan. 17, 1903, p. 90.

Dreiser, Theodore. *The Financier*. Original: Boni and Liveright, 1925. Reprint: The World Publishing Co., 1940.

Dreiser, Theodore. *The Titan*. Boni and Liveright, 1914.

Gerber, Philip L. "The Financier Himself: Dreiser and C. T. Yerkes." *PMLA*. Vol. 88: Jan., 1973, pp. 112-121.

Roberts, Sidney I. "Portrait of a Robber Baron: Charles T. Yerkes." *Business History Review*. Vol. 35: Autumn, 1961, pp. 345-371.

032. 토머스 포춘 라이언(Thomas Fortune Ryan)

Brooks, John. *Once in Golconda*. Harper Colophon Books, 1969, pp. 23-26, 40.

Everett, James F. "How a Great Merger is Handled in Wall Street." *Harper's Weekly*. Vol. 48: Nov. 26, 1904, pp. 1802-1804.

Ingham, John N. *Biographical Dictionary of American Business Leaders*. 4 vols. Greenwood Press, 1983.

"Like a Baby." *New Yorker*. Vol. 25: March 26, 1949, p. 18:1.

"Notes from the Capital: Thomas F. Ryan." *The Nation*. Vol. 105: Aug. 23, 1917, pp. 206-207.

033. 러셀 세이지(Russel Sage)

Groner, Alex. *The History of American Business & Industry*. American Heritage Publishing Co., Inc., 1972.

Ingham, John N. *Biographical Dictionary of American Business Leaders*. 4 vols. Greenwood Press, 1983.

Myers, Gustavus. *The History of Great American Fortunes*. The Modern Library, 1907, pp. 437, 447-477, 487-491.

Sarnoff, Paul. *Puts and Calls: The Complete Guide*. Hawthorne Books, 1968.

Sharp, Robert M. *The Lore & Legends of Wall Street*. Dow Jones-Irwin, 1989, pp. 155-158.

034. 로저 뱁슨(Roger W. Babson)

Bobson, Roger W. *A continuous Working Plan for Your Money*. Babson's Statitical Organization, Inc., 1927.

Bobson, Roger W. *Business Barometers and Investment*. Harper & Brothers Publishers, sixth edition, 1952.

Brimelow, Peter. *The Wall Street Gurus*. Random House, Inc., 1986, pp. 31-36.

"Sir Isaac Babson." *Newsweek*. Aug. 23, 1948, p. 47.

"Roger Babson, 92, Economist, Dead." *New York Times*. March 6, 1967, p. 33:4.

035. 로 프라이스(T. Rowe Price)

Michaels, James W. "Thomas Rowe Price: 1898-1983." *Forbes*. Vol. 132: pp. 51-52.
Price, T. Rowe. "Stocks To Buy." *Forbes*. Vol. 121: May 29, 1978, pp. 126-127.
Scholl, Jaye. "Retracing the Route of an Investment Genius." *Barron's*. Vol. 63: Nov. 14, 1983, p. 62.
"The Money Men: An Old Curmudgeon's New Era." *Forbes*. Vol. 104: July 1, 1969, pp. 62-62.
"The Money Men: The Generation Gap." *Forbes*. Vol. 106: Nov. 15, 1970, pp. 46+.
Train, John. *The Money Masters*. Harper & Row, Publishers, 1980, pp. 139-157.

036. 플로이드 오들럼(Floyd B. Odlum)

Block, Maxine, ed. *Current Biography*. The H. W. Wilson Co., 1941, pp. 629-631.
Davis, Forrest. "Thinker of Wall Street." *Saturday Evening Post*. Vol. 210: July 10, 1937, pp. 14-15+.
"Floyd Odlum, Financier, 84, Dies." *New York Times*. June 18, 1976, p. IV-16:3.
"Floyd Odlum and the Work Ethic." *New York Times*. Jan. 28, 1973, p. III-1:7.
"Go-Getter for the Little Man." *Nation's Business*. Vol. 29: Nov., 1941, pp. 34+.
Hellman, Geoffrey T. "Collector of Trusts." *Review of Reviews and World's Work*. Vol. 88: Nov., 1933, pp. 48-49.
"The Chairman Negotiates a Business Deal." *Fortune*. Vol. 40: Sept., 1949, p. 91.
"The Phone Was Silent." *Newsweek*. Vol. 5: May 30, 1960, p. 69.

037. 폴 캐벗(Paul Cabot)

"Faces Behind the Figures." *Forbes*. Vol. 104: June 15, 1970, p. 80.
"In Investing, It's the Prudent Bostonian." *Business Week*. June 6, 1959, pp. 56-74.
Metz, Robert. "Market Place." *New Yor Times*. Oct. 26, 1973, p. 64:3.
"The Money Men." *Forbes*. Vol. 103: Feb. 15, 1969, pp. 65+.
Train, John. *The Money Masters*. Harper & Row, Publishers, 1980, pp. 42-56.

038. 조르주 도리오(Georges Doriot)

Dominguez, John R. *Venture Capital*. Lexington Books, 1974, pp. 13, 48-59.
Fuhrman, Peter. "A Teacher Who Made A Difference." *Forbes*. July 13, 1987, pp. 362+.
International Who's Who. Europa Publications Limited. Vol. 47: 1983.
"pere Doriot." *Newsweek*. Vol. 67: May 16, 1966, p. 84.
"Profit-Minded Professor." *Time*. Vol. 81: March 8, 1963, pp. 88-89.
"Stock to be Sold by Textron Unit." *New York Times*. Oct. 16, 1959, p. 42:4.

039. 로열 리틀(Royal Little)

"As They See It." *Forbes*. Vol. 106: Dec. 15, 1970, pp. 38-41.

"Financial Scorekeeper." *Forbes*. Vol. 138: Nov. 17, 1986, p. 258.

Levy, Robert. "The Restless World of Royal Little." *Dun's Review*. Vol. 95: Feb., 1970, pp. 38-40.

Little, Royal. "How I'm Deconglomerating The Conglomerates." *Fortune*. Vol. 100: July 16, 1979, pp. 120+.

Little, Royal. *How To Lose $100000000 And Other Valuable Advice*. Little, Brown and Co., 1979.

"Royal Little Looks at Conglomerates." *Dun's Review*. Vol. 91: May, 1968, pp. 25-27.

Solow, Herbert. "Royal Little's Remarkable Retirement." *Fortune*. Vol. 66: Oct., 1962, pp. 124-126+.

5장. 은행가와 중앙은행장들

040. 존 로(John Law)

Oudard, Georges. *The Amazing Life of John Law, The Man Behind the Mississippi Bubble*. Pawson & Clarke, Ltd., 1928.

Mackay, Charles. *Extraordinary Popular Delusions and the Madness of Crowds*. Original: Richard Bentley, 1841. Reprint: L. C. Page, 1932. Distributed by Fraser.

Wilding, Peter. *Adventures in the Eighteenth Century*. G. P. Putnam's Sons, 1937.

041. 알렉산더 해밀턴(Alexander Hamilton)

DiBacco, Thomas V. *Made in the U. S. A.* Harper & Row, 1987, pp. 63-74.

Hacker, Andrew. "Why We Are Hamilton's Heirs." *Fortune*. Oct. 18, 1982, pp. 231-234.

Hill, frederick Trevor. *The Story of a Street*. Original: Harper & Brothers, 1908. Reprint: Fraser, 1969.

Ingham, John N. *Biographical Dictionary of American Business Leaders*. 4 vols. Greenwood Press, 1983.

McDonald, Forrest. "Understanding Alexander Hamilton." *National Review*. July 11, 1980, pp. 827-833.

Mitchell, Broadus. *Alexander Hamilton: A Concise Biography*. Oxford University Press, 1976, pp. 175-258.

Neill, Humphrey B. *The Inside Story of the Stock Exchange*. B. C. Forbes & Sons Publishing Co., Inc., 1950, pp. 9-21, 24, 56.

042. 니콜라스 비들(Nicholas Biddle)

Catterall, Ralph C. H. *The Second Bank of the United States*. The University of Chicago Press, 1903.

Groner, Alex. *The History of American Business & Industry*. American Heritage Publishing Co., Inc., 1972.

Govan, Thomas Payne. *Nicholas Biddle: Nationalist and Public Banker*. The University of Chicago Press, 1959.

Ingham, John N. *Biographical Dictionary of American Business Leaders*. 4 vols. Greenwood Press, 1983.

Schlesinger, Arthur M. Jr. *The Age of Jackson*. Little, Brown & Co., 1945.

043. 제임스 스틸먼(James Stillman)

Allen, Frederick Lewis. *The Lords of Creation*. Harper & Brothers Publishers, 1935, pp. 13, 52-53, 57, 81-99, 105-110, 122-125, 129-142.

Burr, Anna. *The Portrait of a Banker: James Stillman*. Duffield & Co., 1927.

Forbes, B. C. *Men Who Are Making America*. B. C. Forbes Publishing Company, Inc., 1916, pp. 368-374.

Holbrook, Stewart H. *The Age of Moguls*. Doubleday Co., 1953, pp. 135-6, 169, 173.

Moody, John and Turner, George Kibbe. "Masters of Capital in America. The City Bank: The Federation the Great Merchants." *McClure's Magazine*. Vol. 37: May, 1911, pp. 73-87.

Winkler, John K. *The First Billion: The Stillmans and the National City Bank*. The Vanguard Press, 1934.

044. 프랭크 밴더립(Frank A. Vanderlip)

Forbes, B. C. *Men Who Are Making America*. B. C. Forbes Publishing Company, Inc., 1916, pp. 389-397.

"Frank Vanderlip, Banker, Dies At 72." *New York Times*, June 30, 1937, p. 23:1.

Ingham, John N. *Biographical Dictionary of American Business Leaders*. 4 vols. Greenwood Press, 1983.

The National Cyclopedia of American Biography. James T. White & Co., Vol. 15: 1916, pp. 29.

Vanderlip, Frank A. "From Farm Boy to Financier: My Start in Wall Street." *Saturday Evening Post*. Vol. 207: Dec. 22, 1934, pp. 14-26.

045. 조지 베이커(George F. Baker)

Forbes, B. C. *Men Who Are Making America*. B. C. Forbes Publishing Company, Inc., 1916, pp. 11-18.

Groner, Alex. *The History of American Business & Industry*. American Heritage Publishing Co., Inc., 1972, pp. 193, 211, 213-215, 282, 289.

Ingham, John N. *Biographical Dictionary of American Business Leaders*. 4 vols. Greenwood Press, 1983.

Sobel, Robert. *Panic on Wall Street: A History of America's Fanancial Disasters*. Macmillan Co., 1968, pp. 285, 312, 318, 323.

Thomas, Gordon and Morgan-Witts, Max. *The Day the Bubble Burst*. Doubleday & Company, Inc., 1979, pp. 94, 376.

046. 아마데오 자니니(Amadeo P. Giannini)

"Branch-Banking King: A. P. Giannini Blankets California With Chain, Eyes other States." *Literary Digest*. Vols. 123-124, May 29, 1937, pp. 38-39.

Dana, Julian. A. P. *Giannini: Giant in the West*. Prentice-Hall, 1947, pp. 3-40, 250-334.

Groner, Alex. *The History of American Business & Industry*. American Heritage Publishing Co., Inc., 1972, pp. 281-285, 319.

Ingham, John N. *Biographical Dictionary of American Business Leaders*. 4 vols. Greenwood Press, 1983.

"$30000000 for Giannini." *Time*. Vol. 35: May 13, 1940, pp. 86+.

Yeates, Fred. *The Little Giant*. Bank of America, 1954, 80 pp.

047. 폴 워버그(Paul M. Warburg)

Birmingham, Stephen. *Our Crowd*. Dell Publishing Co., Inc., 1967, pp. 22, 189, 226-237, 415-451.

"Finance: Mr. Warburg Speaks Out." *Review of Reviews*. Vol. 81: June, 1930, p. 90.

Forbes, B. C. *Men Who Are Making America*. B. C. Forbes Publishing Company, Inc., 1916, pp. 398-405.

"Paul M. Warburg." *The Nation*. Vol. 134: p. 132.

"Paul Warburg." *New York Times*. Jan. 25, 1932, p. 16:2.

Warburg, Paul M. "Political Pressure and the Future of the Federal Reserve System." *Annals of the American Academy of Political and Social Science*. Vols. 99-101: Jan., 1922, pp. 70-74.

Warburg, Paul M. *The Federal Reserve System: Its Origin and Growth*. 2 vols. The Macmillan Company, 1930.

048. 벤저민 스트롱(Benjamin Strong)

Brooks, John. *Once in Golconda*. Harper Colophon Books, 1969, pp. 90-98.

Chandler, Lester V. *Benjamin Strong: Central Banker*. The Brookings Institute, 1958.

The National Cyclopedia of American Biography. James T. White & Co., Vol. 33:
1947, pp. 471-472.
Sobel, Robert. *The Great Bull Market*. W. W. Norton & Co., Inc., 1968, pp. 56-57,
114-116.

049. 조지 해리슨(George L. Harrison)

Brooks, John. *Once in Golconda*. Harper Colophon Books, 1970, pp. 153-158,
170-177.
"George L. Harrison Dead at 71: Headed Federal Reserve Here." *New York Times*.
March 6, 1958.
Josephson, Matthew. *The Money Lords*. Weybright and Talley, 1972, pp. 91-92,
100-102, 122-124, 135, 147-148, 155-156, 326-327.
"The Dollar: Harrison Is Not Stablilzing It, Thomas Finds." *Newsweek*. Vol. 4: July 21,
1934, pp. 27-28.
The National Cyclopedia of American Biography. James T. White & Co., Vol. 51:
1969, pp. 563-565.

050. 내털리 솅크 레임비어(Natalie Schenk Laimbeer)

"Business Women Answer Charges Laid Against Them." *New York Times*. July 26,
1925, p. Ⅶ-11:1.
Ingham, John N. *Biographical Dictionary of American Business Leaders*. 4 vols.
Greenwood Press, 1983.
"Mrs. Laimbeer Tells Girls How To Succeed." *New York Times*. May 27, 1927, p.
11:3.
"Mrs. N. S. Laimbeer, Noted Banker, Dies." *New York Times*. Oct. 26, 1929, p. 17:4.
"Sees More Women As Bank Officials." *New York Times*. Feb. 14, 1925, p. 16:1.
Holbrook, Stewart H. *The Age of Moguls*. Doubleday Co., 1953, pp. 340-342.
"Woman Banker Quits National City." *New York Times*. Oct. 14, 1926, p. 4:5.
"Woman Wins Place As Bank Executive." *New York Times*. Feb. 13, 1925, p. 1:2+.
"Women in the Public Eye." *Woman Citizen*. Vol. 9: March 7, 1925,p. 4.

051. 찰스 미첼(Charles E. Mitchell)

Allen, Frederick Lewis. *The Lords of Creation*. Harper & Brothers Publishers, 1935,
pp. 304-319, 323-326, 331, 346, 349, 358, 365.
Brooks, John. *Once in Golconda*. Harper Colophon Books, 1969, pp. 100-104, 112,
124, 155, 187.
"C. E. Mitchell Joins Blyth & Co., Inc." *New York Times*. June 18, 1935, p. 31:6.
Josephson, Matthew. *The Money Lords*. Weybright and Talley, 1972, pp. 35, 53,

85-88, 91-92, 116, 120, 122, 134, 136, 142.

"Mitchell Guilty, Tax Board Rules." *New York Times*. Aug. 8, 1935, pp. 1:7+.

Pecora, Ferdinand. *Wall Street Under Oath:* Augustus M. Kelley Publisher, 1968, pp. 71-130, 194-196.

Sobel, Robert. *Panic on Wall Street: A History of America's Fanancial Disasters*. Macmillan Co., 1968, pp. 353-354, 369-376, 379.

Thomas, Gordon and Morgan-Witts, Max. *The Day the Bubble Burst*. Doubleday & Company, Inc., 1979, pp. 79-84, 111, 120, 135-149, 206-208, 221, 229, 233, 238, 247-250, 420-422, 425.

052. 엘리샤 워커(Elisha Walker)

"Elisha Walker, 71, Financier, Is Dead." *New York Times*. Nov. 10, 1950, p. 27:1.

James, Marquis and James, Bessie Rowland. *Biography of a Bank*. Harper & Brothers, 1954, pp. 297-346, 346, 353.

Josephson, Matthew. *The Money Lords*. Weybright and Talley, 1972, pp. 37-44, 77-79, 220.

Pecora, Ferdinand. *Wall Street Under Oath:* Augustus M. Kelley Publisher, 1968, pp. 175-180.

053. 앨버트 위긴(Albert H. Wiggin)

Allen, Frederick Lewis. *The Lords of Creation*. Harper & Brothers Publishers, 1935, pp. 259, 323-326, 332-335, 356-358, 396, 445.

Brooks, John. *Once in Golconda*. Harper Colophon Books, 1970, pp. 103-105, 120-124, 190-193.

Carosso, Vincent P. *Investment Banking in America: A History*. Harvard University Press, 1970, pp. 278, 346-347, 368-385, 412-413.

Ingham, John N. *Biographical Dictionary of American Business Leaders*. 4 vols. Greenwood Press, 1983.

Josephson, Matthew. *The Money Lords*. Weybright and Talley, 1972, pp. 91-92, 120-127, 135-136.

Pecora, Ferdinand. *Wall Street Under Oath:* Augustus M. Kelley Publisher, 1968, pp. 67-68, 131-201, 258-269.

6장. 뉴딜 개혁의 기수들

054. EHH 시먼스(EHH Simmons)

"Capitralize Brains, Message To Youth," *New York Times*, May 23, 1926, p. 24:1

Josephson, Matthew, *The Money Lords*, Weybright and Talley, Inc., 1972, pp. 91, 104

"Simmons To Stay As Exchange Head," *New York Times*, March 26, 1929, p. 50:2

"Simmons Advocates Tighter Blue-Sky Laws," *New York Times*, Dec 7, 1927, p. 49:4

"Simmons Asks Help In Bucket Shop War," *New York Times*, April 10, 1925, p. 30:5

055. 윈스럽 올드리치(Winthrop W. Aldrich)

Block, Maxine, ed. *Current Biography*, The H.W. Wilson Co., 1940, pp. 9-10

Candee, Marjorie Dent, ed. *Current Biography*, The H.W. Wilson Co., 1953, pp. 2-5

Johnson, Arthur M. *Winthrop W. Aldrich: Lawyer, Banker, Diplomat*. Harvard University, 1968, pp. 25-40, 49-53, 429-435

Seligman, Joel. *The Transformation of Wall Street*. Houghton Mifflin Co., 1982.

056. 조지프 케네디(Joseph P. Kennedy)

"Foreign Service: Chameleon & Career Man," National Affairs, *Time*. Vol. 30: Dec. 20, 1937, pp. 10-11

Groner, Alex. *The History of American Business & Industry*. American Heritage Publishing Co., Inc., 1972, pp. 89-91, 97

Ingham, John N. *Biography Dictionary of American Business Leaders*. 4 vols. Greenwood Press, 1983.

Josephson, Matthew. *The Money Lords*. Weybright and Talley, 1972, pp. 85-88, 176-185.

Koskoff, David E. *Joseph P. Kennedy: A Life and Times*. Prentice-Hall, Inc., 1974.

"Wall Street;s New Boss 'Knows' the Game,'" *Literary Digest*. Vol. 18: July 21, 1934, p. 36.

057. 제임스 랜디스(James M. Landis)

Block, Maxine, ed. *Current Biography*. The H.W. Wilson Co., 1942, 481-484.

"James M. Landis Found Dead In Swimming Pool at His Home," *New York Times*, July 31, 1964, pp1:4+

Mayer, Martin. *Wall Street: Men and Money*. Harper & Brothers Publishers, 1959, pp. 129, 236.

"Nothing Much to Say," *Newsweek*, Vol. 62: Sept. 9, 1963, p. 31.

Ritchie, Donald A. *James M. Landis: Dean of the Regulators*. Harvard University Press, 1980, pp. 43-91.

Seligman, Joel. *The Transformation of Wall Street*. Houghton Mifflin Co., 1982. pp. 57-69, 79-89, 97-102.

"The Careless Crusader," *Time*. Vol. 82: August 9, 1963, pp. 15-16.

058. 윌리엄 더글러스(William O. Douglas)

Block Maxine, ed. *Current Biography*. The H.W. Wilson Co., 1942, 233-235.

Brooks, John. *Once In Golconda*. Harper Colophon Books, 1969, pp. 241, 244, 251-252, 268.

Brooks, John. *The Go-Go Years*. Weybright and Talley, 1973, pp. 89-90, 275, 339

Josephson, Matthew, *The Money Lords*, Weybright and Talley, Inc., 1972, pp 258-259.

Sobel, Robert. *Inside Wall Street: Continuity and Change in the Financial District*. W.W. Norton & Company, 1977, pp. 168-172, 189-191.

Whitman, Alden. "William O. Douglas Is Dead at 81; Served 36 Years on Supreme Court." *New York Times*. Jan. 20, 1980, p:1+

7장. 사기범, 부정행위자 그리고 불한당들

059. 찰스 폰지(Charles Ponzi)

Josephson, Matthew, *The Money Lords*, Weybright and Talley, Inc., 1972, pp 35-36.

Sobel, Robert. *The Great Bull Market*. W.W. Norton & Co., Inc., 1968, pp. 17-20, 98.

Kanfer, Stefan. "Pigs Always Get Slaughtered," *Time*. Feb. 26, 1990.

"Ponzi Is Deported, Hoping To Return," *New York Times*, Oct. 8, 1934.

"Ponzi Dies In Rio In Charity Ward," *New York Times*, Jan. 19, 1949.

060. 새뮤얼 인설(Samuel Insull)

Allen, Frederick Lewis. *The Lords of Creation.* Quadrangle Paperback, 1935, pp.247, 266-89, 348-358.

Forbes, B.C. Men Who Are Making America. B.C. Forbes Publishing Company, Inc., 1916, pp. 204-213.

Ingham, John N. *Biography Dictionary of American Businsess Leaders*, 4 vol. Greenwood Press, 1983.

Josephson, Matthew, *The Money Lords*, Weybright and Talley, Inc., 1972, pp 19,43-43, 52-53, 68, 72, 81-82, 95-96, 131-132, 138, 142, 347-348.

McDonald, Forrest. *Insull*. The Univerisity of Chicago Press, 1962.

Michaels, James W. "History Lesson," *Forbes*, Dec. 24, 1990, p.38-40.

061. 이바르 크뤼게르(Ivar Kreuger)

"Europe's Newest Wizard of Finance," *Review of Reviews*, Vol. 79: April, 1929, pp. 24-25

Geroge Manfred. The Case of Ivar Kreuger: An Advanture in Finance. Johnathan

Cape, Ltd., 1933, pp. 256

Parker, John Lloyd. *Unmasking Wall Street.* The Standford Co., Publishers, 1932,. pp. 154-187.

Shaplen, Robert. *Kreuger: Genius and Swindler*, Alfred A. Knopf, 1960.

"The Collapse of the Kreuger Legend," *Literary Digest.* Vol 113: May 7, 1932, pp. 36-39.

"Why the Hose of Kreuger Fell," *Literary Digest.* Vol 115: Feb 4, 1933, p. 40.

062. 리쳐드 휘트니(Richard Whitney)

Brooks, John. *Once In Golconda.* Harper Colophon Books, 1970, pp. 230-287

Josephson, Matthew, *The Money Lords*, Weybright and Talley, Inc., 1972, pp 90-107, 125-128, 173-184.

Neill, Humphrey B. The Inside Story of the Stock Exchange, B.C. Forbes & Sons Publishing Cpompany, Inc., 1950, pp. 239, 252, 254, 260-263.

"Richard Whitney, 86, Dies; Headed Stock Exchange," *New York Times*, Dec 6, 1974, p. 42:1

063. 마이클 미핸(Michael J. Meehan)

"Broken Broker," *Time.* Vol. 28:Dec. 7, 1936, pp. 73-74.

Brooks, John. *Once in Golconda.* Harper Colophon Books, 1969, pp. 65-66, 78, 120, 278-279.

"Meehan: SEC's Show Has Broker AS the Villain of the Piece," *Newsweek*, Vol. 6: Dec. 21, 1936, pp. 36-37.

"Present," *Time.* Vo;l. 26: Nov. 4, 1935, p. 74.

"Target For SEC: Meehan, Sky-Rocketing Operations in Stock Markets Under Inquire," *Literary Digest.* Vol. 122: Dec 26, 1936, p. 37.

Weissman, Rudolph L. *The New Wall Street*, Harper amd Brothers Publisher, 1939, pp. 130-134.

064. 로웰 비렐(Lowell M. Birrell)

"Brazil: Hardly Diplomatic," *Newsweek*, Vol. 54:Aug. 31, 1959, p. 51.

"Brazil: The Improbable David," *Time*, Vol. 74: Aug. 31. 1959, p. 31.

Brean, Herbert, "A Master Rogue Unmasked," *Life*, Vol. 47: July 20, 1959, pp. 19-24.

Brooks, John. *The Go-Go Years.* Weybright and Talley, 1973, pp. 89-90, 275, 339

Cormier, Frank. *Wall Street's Shade Side*, Public Affairs Press, 1962, pp. 26, 39, 146-162.

St. George, Andrew, "Fleeing Down To Rio ... America's Million-Dollar Fugitives," *Look*, Vol. 26: Feb. 27,, 1962, pp.124-130.

"The Birrell Break," *Newsweek*, Vol. 65: June 28, 1965, p. 72.

Wise, T.A. and Klaw, Spencer. "The Spoilers: The World of Lowell Birrell," *Fortune*, Vol. 60: Nov. 1959, pp. 170+

065. 월터 텔리어(Walter F. Tellier)

Black, Hillel. *The Watchdogs of Wall Street*. William Morrow and Company, 1962, pp. 20-56, 79, 84-89.

Crane, Burton. "Penny' Uranium Stock Expert Blasts S.E.C. and 'Fraud' Talk," *New York Times*, Nov. 4, 1955, p. 43:4

"Tellier is Barred in New York State," *New York Times*, July 6, 1956, p. 31:5

"Broker is Jailed in $900000 Fraud," *New York Times*, April 13, 1957.

066. 제리와 제럴드, 레이 부자(Jerry and Gerald Re)

Brooks, John. *The Go-Go Years*. Weybright and Talley, 1973, pp. 31-37.

Cormier, Frank. *Wall Street's Shade Side*, Public Affairs Press, 1962, pp. 15-43, 45, 50-51, 58, 64, 146-149.

"Stocks: Two Touts," *Newsweek*, Vol. 57: May 8, 1961, pp. 74+

"Swindles: Father-and-Son Team," *Newsweek*, Vol. 57: May 15, 1961, pp. 83+

"Trials: Re the Res." *Newsweek*, Vol. 62: July 22, 1963, p. 70.

8장. 기술적 분석가, 경제학자, 그 외 전문가들

067. 윌리엄 해밀턴(William P. Hamilton)

Hamilton, William P. *The Stock Market Barometer*, Harper, 1922.

Neill, Humphrey B. *The Inside Story of the Stock Exchange*, B.C. Forbes & Sons Publishing Company, Inc., 1950, pp. 123, 144-147, 161-162.

Rhea, Robert. "The Dow Theory," *Barron's* 1932, pp. 1-18

Russell, Richard. *The Dow Theory Today*, Richard Russell Associates, 1960.

Stansbury, Charles B. "The Dow Theory Explained," *Barron's*, 1938

Wendt, Lloyd. *The Wall Street Journal*, Rand McNally & Company, 1982, pp. 67-69, 78, 87, 109-111, 121, 146, 169, 196-203.

068. 이밴절린 애덤스(Evangeline Adams)

Adams, Evangeline. The Bowl of Heaven, Reprint: Dodd, 1970.

"Evangeline Adams, Astrologer, Dead," *New York Times*, Nov. 11, 1932, p. 19:6

The National Cyclopedia of American Biography, James T. White & Company, Vol. 25: 1936, p. 201.

Thomas, Gordon and Morgan-Witts, Max. *The Day the Bubble Burst*, Double-day & Company, inc., 1979, pp. 70-71, 205-206, 274-278, 369-370.

069. 로버트 레아(Robert Rhea)

"Prophet in Bed," *Time*, Vol. 34: Nov. 20, 1939, pp. 77-78

Rhea, Robert. *The Dow Theory: An Explanation of its Development and an Attempt to Define its Usefulness as an Aid in Speculation*, Robert Rhea, 1932.

"Robert Rheam," *New York Times*, Nov. 7, 1939, p. 25: 4

Schulzm Harry D. and Coslow, Samson, eds. *A Treasury of Wall Street Wisdom*, Investors' Press, Inc., 1966.

Stillman, Richard J. *The Dow Jones Industrial Average*, Dow Jones- Irwin, 1986, pp. 112-115

"Tides, Waves, Ripples," *Time*, Vol: 31: June 20, 1938, p. 51.

070. 어빙 피셔(Irving Fisher)

Allen, William R. "Irving Fisher, F.D.R., and the Great Depression," *History of Political Economy*, Vol. 9: Winter, 1977, pp. 560-587.

Fisher, Irving Norton. *My Father, Irving Fisher*, Comet Pres Books, 1956

Fisher, Irving. *The Stock Market Crash And After*, Macmillian Company, 1930.

Sobel, Robert. *The Great Bull Market: Wall Street in the 1920s*, W.W. Norton & Co.,Inc., 1968, pp. 90, 97, 127, 157.

Zucker, Seymour. "Why Interest Rates Don't Follow Inflation Down," *Business Week*, June 21, 198

071. 윌리엄 갠(William D. Gann)

Alphier, James E. and Williams, Thomas D. "W.D. Gann: The 'Mystic,'" *Commodities*, May 1982, pp. 62+

Jones, Billy. "W.D. Gann: The Man," *Commodities*, May 1982, pp. 62-63.

Schultz, Harry D. and Coslow, Samson. *A Treasury of Wall Street Wisdom*, Investors' Press, INc., pp. 133-139

Stein, John. "Getting an Angle on Gann Techniques," *Futures*, Vol. 19: June, 1990, pp. 28-30.

Gann, William D. *Forty-Five Years in Wall Street: A Review of the 1937 Panic and 1942 Panic*, W.D. Gann, Publisher, 1949.

072. 웨슬리 클레어 미첼(Wesley Clair Mitchell)

Burns, Arthur F. *Wesley Clair Mitchell: The Economist Scientist*, National Bureau of Economic Research, inc., 1952, p. 387.

"Wesley Clair Mitchell," *New York Times*, Oct. 30, 1948, p. 14: 3

"Dr. Wesley Clair Mitchell, Economist, 74, Dies," *New York Times*, Oct. 30, 1948, p. 15:3

Mitchell, Lucy Sprague, *Two Lives: The Story of Wesley Clair Mitchell and Myself*, Simon & Schuster, 1953, pp. 575.

Collins, Edward H. "The Role of the National Bureau," *New York Times*, May 21, 1951, p. 36:2

"Obituary: Wesley C. Mitchell," *The Economic Journal*, Sept., 1949, pp. 448-469.

Van Dorem, Charles, Editor. *Webster's American Biographies*, G. and C. Merriam Co., 1974, p. 727

073. 존 메이너드 케인스(John Maynard Keynes)

"Baron Keynes of Tilton," *Fortune*, Vol. 29: May 1944, pp. 146-147+

Groner, Alex. *The History of American Business and Industry*, American Heritage Publishing Company, Inc., 1972, pp. 294-295, 302, 363.

Harris, Seymour E. *John Maynard Keynes: Economist and Policy Maker*, Charles Scrbner's Sons, 1955.

Minard, Lawrence, "The Money Men: The Original Contrarian," *Forbes*, Sept. 26, 1983, pp. 42-44+

Moggridge, D.E., ed. *Keynes: Aspects of the Man and His Work*, St. Martin's Press, 1974

074. RN 엘리엇(RN Elliott)

Beckman, R.C. *The Elliot Wave Principle As Applied To the London Stock Market*, Tara Books, 1976, pp. xi-39, 190-236

Elliot, Margaret A. "The Champion Market Forecaster," *Fortune*, Jan. 5, 187, p. 75.

Frost, Alfred John and Prechter, Robert, *The Elliot Wave Principle*, New Classics Library, 1978.

Prechter, Robert. "Hell Hath No Wrath Like an Elliot Wave Theorist Scorned," *Barron's*, Feb. 9, 1987, pp. 14+

Reilly, Frank K. *Investment Analysis and Portfolio Management*. The Dryden Press, 1979, pp. 121-132.

Warnecke, Steven J. "Hear This, Bob Prechter!: A Critic Attacks the Elliot Wave Theory," *Barrons'*, Jan. 25, 1987, pp. 13+

075. 에드슨 굴드(Edson Gould)

"Edson Beers Gould Jr. Dies: Influential Stock Forecaster," *New York Times*, March 31, 1987.

Gould, Edson. "A Vital Anatomy," *Findings & Forecasts*, Anametrics, Inc.

Gould, Edson. "Edson Gould's 'The Sign of the Bull,'" *Findings & Forecasts*, Anametrics, Inc.

"The Selling of Edson Gould," *Dun's Review*, May, 1975, pp. 46+

"The Successful 'Star Gazers,'" *Forbes*, Jan. 15, 1977, p. 98

Smith, Paella, "Wall Street's Reigning Prophet Thinks the Bull Market Lives," *Money*, March, 1978, pp. 103+

076. 존 매기(John Magee)

Brooks, John. *The Seven Fat Years: Chronicles of Wall Street*. Harper & Brothers, 1954, pp. 138-168.

Magee, John. *The General Semantics of Wall Street*, John Magee, 1953

Magee, John and Edward, Robert D. *Technical Analysis of Stock Trends*, John Magee, Inc., Fifth Edition, 1966.

Magee, John. *Wall Street--Main Street--and You*, John Magee, Inc., 1972.

9장. 성공한 투기꾼, 모사꾼 그리고 수완가들

077. 제이 굴드(Jay Gould)

Clews, Henry. *Fifty Years in Wall Street: "Twenty-Eight Years in Wall Street," Revised and Enlarged by a Resume of the Past TwentypTwo Years Making a Record of Fifty Years in Wall Street*, Irving, 1908

Grodinsky, Julius. *Jay Gould*, The University of Pennsylvania Press, 1957, p. 627.

Holbrook, Stewart H. *The Age of the Moguls*, Doubleday & Co., 1953, pp. 30-43, 97-100.

Hoyt, Edwin P. *The Goulds*, Weybright and Talley, 1969, pp. 100-167.

Klein, Maury. *The Life and Legend of Jay Gould*, John Hopkins University Press, 1986

Minnigerode, Meade. *Certain Rich Men*, G.P. Punam's Sons, 1927, pp. 135-188.

Sobel, Robert. *Panic on Wall Street: A History of America's Financial Disasters*, The Macmillian Co., 1968, pp. 127-156.

078. '다이아몬드' 짐 브래디('Diamond' Jim Brady)

Ingham, John N. *Biographical Dictionary of American Business Leaders*, 4 vols. Greenwood Press, 1983, pp. 89-90.

Morell, Parker. *Diamond Jim*, Simon & Schuster, 1934

O'Connor, Richard. *Duet in Diamonds: The Flamboyant Saga of Lillian Russell and Diamond Jim Brady in America's Gilded Age by John Burke*, Putnam, 1972.

079. 윌리엄 밴더빌트(William H. Vanderbilt)

Myers, Gustavus. *The History of American Great Fortunes*, The Modern Library, 1907, pp. 333-348

"The Contentment of Croesus," *New York Times*, Oct. 10, 1882, p. 4:4

"Mr. Vanderbilt on Stocks," *New York Times*, July 2, 1884, p. 1:7

"Mr. Vanderbilt's View," *New York Times*, Sept. 27, 1884, p. 1:3

080. 존 게이츠(John W. Gates)

Groner, Alex. *The History of American Business & Industry*. American Heritage Publishing Co., Inc., 1972, pp. 158-160, 176, 182.

Warshow, Robert Irving, *Bet-A-Million Gates: The Story of a Plunger*, Greenberg, 1932

Wendt, Lloyd and Kogan, Herman, *Bet A Million!* The Bobbs-Merrill Co., 1948

081. 에드워드 해리먼(Edward Harriman)

Birmingham, Stephen. *Our Crowd*, Dell Publishing Co., 1967, pp. 201-205, 354-365.

Eckenrode, H.J. and Edmunds, Pocahontas Wight Edmunds. *E.H. Harriman: The Little Giant of Wall Street*, Arno Press, 1981, pp. 3-81, 204-238.

"Harriman and His Time," *The Nation*, Vol. 89: Sept. 16, 1909, pp. 248-249

Ingham, John N. *Biography Dictionary of American Business Leaders*. 4 vols. Greenwood Press, 1983.

Myers, Gustavus. *The History of American Great Fortunes*, The Modern Library, 1907, pp. 491-502, 517-534.

Neill, Humphrey B. The Inside Story of the Stock Exchange, B.C. Forbes & Sons Publishing Cpompany, Inc., 1950, pp. 135-140, 162-163.

082. 제임스 힐(James J. Hill)

Groner, Alex. *The History of American Business & Industry*. American Heritage Publishing Co., Inc., 1972, pp. 165-166, 193, 200-203.

Myers, Gustavus. *The History of American Great Fortunes*, The Modern Library, 1907, pp. 661-695.

Pound, Arthur and Moore, Samuel Taylor, *They Told Barron: Conversations and Revelations of an American Pepys in Wall Street*, Harper, 1930.

Pyle, Joseph Gilpin. *The Life of James J. Hill*, 2 Vols. Peter Smith, 1936.

Redmond, George F. *Financial Giants of America*, The Stratford Co., 1922, pp. 131-145.

Sobel, Robert. *The Big Board: A History of the New York Stock Market*, The Free Press, Macmillian Co., 1965, pp. 133, 163-167.

Sobel, Robert. *Panic on Wall Street: A History of America's Financial Disasters*, The Macmillian Co., 1968, pp. 273-278, 291-295.

083. 제임스 킨(James R. Keene)

"James R. Keene Left $ 15000000," *New York Times*, Jan. 5, 1913, p. 16:1.

"'Jim' Keene, The Avatar of Wall Street," *Current Literature*, Vol. 48: May, 1910, pp.498-501.

Lefvre, Edwin. "James R. Keene, Manipulator," *World's Work*, Vol. 2: July, 1901, pp. 996-999.

"Personal Glimpses: James R. Keene," *Literary Digest*, Vol. 46: Jan. 18, 1913.

Sharp, Robert M. *The Lore and Legends of Wall Street*, Dow Jones-Irwin, 1989, p. 127.

Sobel, Robert. *The Big Board: A History of the New York Stock Market*, The Free Press, Macmillian Co., 1965, pp. 115, 154-166.

Thomas, Dana L. *The Plunger and the Peacock: 150 Years of Wall Street*, Putnam, 1967.

084. 헨리 로저스(Henry H. Rogers)

Abels, Jules. *The Rockefeller Billions*, Macmillian Co., 1965, pp. 154, 220-1, 256, 272.

Allen, Frederick Lewis. *The Lords of Creation*. Quadrangle Paperback, 1935, pp.13, 21-22, 36, 72-74, 83-86, 94-99, 115-116.

Flynn, John T. *God's Gold*, Greenwood Press, :Publishers, 1932, pp. 344-346, 437.

Ingham, John N. *Biography Dictionary of American Business Leaders*. 4 vols. Greenwood Press, 1983.

Lawson, Thomas. *Frenzied Finance: Vol. 1. The Crime of Amalgamated*, Originally: Ridgway-Thayer, 1905. Reprint: Greenwood Press, 1968.

McNelis, Sarah. *Copper King at War: The Biography of F. Augustus Heinze*, University of Montana Press, 1968.

Nevins, Allan. *John D. Rockefeller*, Charles Scribner's Sons, Vol. 2: 1940, pp. 431-432, 436-430.

085. 피셔 형제들(Fisher Brothers)

"Charles T. Fisher, 83, Is Dead; Founder of Auto Body Concern," *The New York Times*, Aug. 9, 1963, p. 23:2

"H.A. Fisher Dead; of Auto Body Firm," *The New York Times*, April 1, 1942, p. 21:1

Ingham, John N. *Biography Dictionary of American Business Leaders*. 4 vols. Greenwood Press, 1983.

McManis, John. "Charles Fisher Rites in Cathedral Monday," *The Detroit News*, Aug. 9, 1963, p.8:1.

Parker, John Lloyd. *Unmasking Wall Street*. The Standford Co., Publishers, 1932,. pp. 122-127.

Sparling, Earl. *Mystery Men of Wall Street*, Blue Ribbon Books, 1930, pp. 165-188.

Sobel, Robert. *Panic on Wall Street: A History of America's Financial Disasters*, The Macmillian Co., 1968, pp. 127-156.

086. 존 래스콥(John J. Raskob)

Raskob, John J. "Everybody Ought to be Rich," *Review of Reviews*, Vol. 80: SEpt. 1929, pp. 99+

"Raskob's Bomb," *Literary Digest*, Vol. 108: March 21, 1931, pp. 8-9.

"Taxation: Old Linen," *Time*, Vol. 29: May 17, 1937, pp. 16-17.

Ingham, John N. *Biography Dictionary of American Business Leaders*. 4 vols. Greenwood Press, 1983.

"John J. Raskob Dies Of A Heart Attack," *New York Times*, Oct. 16, 1950.

"Raskob Radio Pool Realized $5000000," *New York Times*, May 20, 1932.

"J.J. Raskob Quits His Du Pont Posts," *New York Times*, Feb. 19, 1946, p. 32+

087. 아서 커튼(Arthur W. Cutten)

Brooks, John. *Once In Golconda*. Harper Colophon Books, 1969, pp. 77, 78.

Cutten, Arthur. "Story of a Speculator," *Everybody's Magazine*, Nov. 19, 1932, p. 26: Dec. 3, 1932, p. 10.

Ingham, John N. *Biography Dictionary of American Business Leaders*. 4 vols. Greenwood Press, 1983.

Sharp, Robert M. *The Lore and Legends of Wall Street*, Dow Jones-Irwin, 1989, p. 177-80.

Sobel, Robert. *The Great Bull Market: Wall Street in the 1920s*, W.W. Norton & Co.,Inc., 1968, pp. 71-72, 132-137.

088. 버나드 '셀렘 벤' 스미스(Bernard E. 'Sell'em Ben' Smith)

"Bernard E. Smith, Financier, Dead," *New York Times*, May 12, 1961, p. 29:1

Brooks, John. *Once In Golconda*. Harper Colophon Books, 1969, pp. 79-80, 121-122, 143-144.

Davis Forrest, "Sell'Em Ben Smith: The Epic of a Rover Boy in Wall Street," *The Saturday Evening Post*, Vol. 211: Feb. 4, 1939, pp. 14-15+

Josephson, Matthew, *The Money Lords*, Weybright and Talley, Inc., 1972, pp. 85-87, 94, 124-129, 175-187, 200, 213, 259.

Parker, John Lloyd. *Unmasking Wall Street*. The Standford Co., Publishers, 1932.
"Sell-'em-Ben," *Newsweek*, Vol. 57: May 22, 1961, pp. 75-76.

089. 버나드 바루크(Bernard Baruch)

Akst, Daniel. "A Gallery of Moguls and Rogues," *Financial World*, Sept. 16, 1986, p. 34.
Baruch, Bernard. *My Own Story*, Henry Holt and Co., 1957, pp. 254-262.
Baruch, Bernard. *The Public Years*, Holt, Rinehart amd Winston, 1960, pp. 217-225, 393-402.
Grant, James. *Bernard M. Baruch*, Simon and Schuster, 1983.
Grossman, Peter Z. "The Great Investors of the 20th Century," *Financial World*, June 15, 1982, pp. 22-23.
Schultz, Harry D. and Coslow, Samson. eds. *A Treasury of Wall Street Wisdom*, Investors' Press, Inc., pp. 162-172.

10장. 실패한 투기꾼, 모사꾼 그리고 수완가들

090. 제이컵 리틀(Jacob Little)

Clews, Henry. *Twenty-Eighty Years in Wall Street*, J.S. Ogilvie Publishing Co., 1887.
Sarnoff, Paul. *Russell Sage: The Money King*, Ivan Obolensky, Inc., 1965, pp. 84-86.
Sarnoff, Paul. *Puts and Calls: The Complete Guide*, Hawthorne Book, 1968.
Sharp, Robert M. *The Lore and Legends of Wall Street*, Dow Jones-Irwin, 1989, p. 105-107.
Sobel, Robert. *The Big Board: A History of the New York Stock Market*, The Free Press, Macmillian Co., 1965, pp. 40-41, 60-62, 72.
"Stock Gambling," *New York Daily Times*, Dec. 12, 1856.
Warshow, Robert Irving. *The Story of Wall Street*, Greenberg, Publisher, Inc., 1929, pp. 663-679.

091. 제임스 피스크(James Fisk)

Dies, Edward B. *Behind Wall Street Curtain*, Reprint: Books for Libraries, 1969.
Gordon, John Steele. "The Mating Game," *Forbes*, Oct. 22, 1990, pp. 62+
Holbrook, Stewart H. *The Age of the Moguls*, Doubleday & Co., 1953, pp. 30-48.
Hoyt, Edwin P. *The Goulds*, Weybright and Talley, 1969, pp. 69-85Hoyt, Edwin P. *The Goulds*, Weybright and Talley, 1969, pp. 100-167.
Minnigerode, Meade. *Certain Rich Men*, G.P. Punam's Sons, 1927, pp. 189-210.
Sobel, Robert. *Panic on Wall Street: A History of America's Financial Disasters*, The Macmillian Co., 1968, pp. 127-156.

Swanberg, W.A. *Fisk: The Career of an Improbable Rascal*, Charles Scribner's Sons, 1959, pp. 100-135.

092. 윌리엄 크레이포 듀랜트(William Crapo Durant)

"Auto Biographs," *Motor Trend*, Nov. 1985, p. 102.

"Flashbacks," *Forbes*, March 30, 1981, p. 163.

Gustin, Lawrence R. *Billy Durant Creator of General Motors*, William B. Eerdmans Publishing Co., 1973.

McCall, Bruce. "Mr.DeLorean, Meet Mr. Durant," *Car and Driver*, July, 1982, p. 67.

Sobel, Robert. *Panic on Wall Street: A History of America's Financial Disasters*, The Macmillian Co., 1968, pp. 363-365.

Sobel, Robert. *The Big Board: A History of the New York Stock Market*, The Free Press, Macmillian Co., 1965, pp. 200, 249-250

Stovall, Robert H. "Durant's Legacy," *Financial World*, Sept. 16, 1986, p. 180

Winkleman, Barnie F. *Ten Years of Wall Street*, John C. Winston, 1932.

093. 오거스터스 하인츠(F. Augustus Heinze)

"F. Augustus Heinze, Mine Owner, Dead," *New York Times*, Nov. 5, 1914, p. 11:3

Glasscock, C.B. The War of the Copper Kings, The Bobbs-Merrill Co., 1935, pp. 141+

Ingham, John N. *Biography Dictionary of American Business Leaders*. 4 vols. Greenwood Press, 1983.

McNelis, Sarah. *Copper King at War: The Biography of F. Augustus Heinze*, University of Montana Press, 1968. pp. 28+

Sobel, Robert. *The Big Board: A History of the New York Stock Market*, The Free Press, Macmillian Co., 1965, pp. 182-197.

094. 찰스 모스(Charles W. Morse)

Allen, Frederick Lewis. *The Lords of Creation*. Quadrangle Paperback, 1935, pp. 116-126.

Ingham, John N. *Biography Dictionary of American Business Leaders*. 4 vols. Greenwood Press, 1983.

Marlone, Michael P. The Battle for Butte, University of Washington Press, 1981, pp. 191-194.

Who Was Who In America, Marquis Who's Who, Inc. Vol. 4: 1968.

095. 오리스와 맨티스, 밴 스웨링건 형제(Oris P. And Mantis J. Van Swearingen)

Allen, Frederick Lewis. *The Lords of Creation*. Quadrangle Paperback, 1935, pp.293-303, 319, 346-350, 365-370, 417.

Groner, Alex. *The History of American Business & Industry*. American Heritage Publishing Co., Inc., 1972, pp. 281-283, 291.

Kelly, Fred C. "Two Young Men Who Are Real Estate Marvels," *American Megazine*, Vol. 83: March, 1917, pp. 50-51.

Ingham, John N. *Biography Dictionary of American Business Leaders*. 4 vols. Greenwood Press, 1983.

Pound, Arthur and Moore, Samuel Taylor, *They Told Barron: Conversations and Revelations of an American Pepys in Wall Street*, Harper, 1930. pp. 68, 290-291.

Sobel, Robert. *The Big Board: A History of the New York Stock Market*, The Free Press, Macmillian Co., 1965, pp. 244, 250, 296.

Sobel, Robert. *The Great Bull Market: Wall Street in the 1920s*, W.W. Norton & Co.,Inc., 1968, pp. 81-88.

096. 제시 리버모어(Jesse L. Livermore)

Brooks, John. *Once in Golconda*. Harper Colophon Books, 1969, pp. 74-78, 119-120, 279.

Ingham, John N. *Biography Dictionary of American Business Leaders*. 4 vols. Greenwood Press, 1983.

Josephson, Matthew, *The Money Lords*, Weybright and Talley, Inc., 1972, pp. 9-10, 20-21, 86, 107-109.

Lefevre, Edwin, *Reminiscences of a Stock Operator*, Original: George H. Doran Co., 1923. Reprint: American Research Council.

Livermore, Jesse L. How to Trade Stocks: The Livermore Formular for Combining Time Element and Price. Rerint: Investors' Press, Inc., 1966. Distributed by Simon & Schuster.

Sarnoff, Paul. *Jesse Livermore: Speculator-King*, Investors' Press, Inc., 1967.

11장. 기타 거물들

097. 헤티 그린(Hetty Green)

Grossman, Peter Z. "The Great Investors of the 20th Century," *Financial World*, June 15, 1982,

Holbrook, Stewart H. *The Age of the Moguls*, Doubleday & Co., 1953, pp. 340-342.

Ingham, John N. *Biography Dictionary of American Business Leaders*. 4 vols. Greenwood Press, 1983.

McGinty, Brian. "Hetty Green: The Witch of Wall Street," *American History*

Illustrated. Sept. 1988, pp. 30-31.

Sparkes, Boyden and Moore, Samuel Taylor. *Hetty Green: A Woman Who Loved Money*, Doubleday, Doran & Co., Inc., 1930.

098. 패트릭 볼로냐(Patrick Bologna)

Baruch, Bernard. *My Own Story*, Henry Holt and Co., 1957, pp. 258.

Seneker, Harold. "Wall Street At Shoe Level," *Forbes*, Vol. 130: Nov. 22, 1982, pp. 45-46.

Thomas, Gordon and Morgan-Witts, Max. *The Day the Bubble Burst*, Double-day & Company, inc., 1979, pp. 143, 223, 250, 276, 283-284, 305, 312-314, 353-357, 384, 422-424..

099. 로버트 영(Robert R. Young)

Borkin, Joseph. *Robert R. Young: The Populist of Wall Street*, Harper & Row, 1969.

Ingham, John N. *Biography Dictionary of American Business Leaders*. 4 vols. Greenwood Press, 1983.

Josephson, Matthew, *The Money Lords*, Weybright and Talley, Inc., 1972, pp. 88, 186-246, 255.

100. 사이러스 이턴(Cyrus S. Eaton)

Crowther, Samuel. "Ohio Versus Wall Street," *World's Work*, Vol. 59: June, 1930, pp. 24+

"Eaton to the Wars," *Time*, Vol. 34: Dec. 11, 1939, p. 69.

Ingham, John N. *Biography Dictionary of American Business Leaders*. 4 vols. Greenwood Press, 1983, pp. 333-337.

Noyes, Peter Helmoop. "The Last Days of Cyrus the Great," *The Nation*, Vol. 136: June 21, 1933, pp. 700-701.

"Russia's Favorite U.S. Capitalist," *Newsweek*, Vol. 93: May 21, 1979, p.81.

시장을 뒤흔든 100명의 거인들

100 minds that made the market

초판 1쇄 인쇄 2021년 12월 13일
초판 1쇄 발행 2021년 12월 27일

지은이 켄 피셔(Ken Fisher)
옮긴이 이건, 김홍식
펴낸이 김동환, 김선준

책임편집 최한솔
편집팀장 한보라 **편집팀** 최한솔, 최구영, 오시정
디자인 김혜림
마케팅 권두리, 신동빈 **홍보** 조아란, 이은정, 유채원, 권희, 유준상, 송인영
외주 교정교열 유지현

펴낸곳 페이지2북스 **출판등록** 2019년 4월 25일 제 2019-000129호
주소 서울 영등포구 여의대로 108 파크원타워1. 28층
전화 070) 7730-5880 **팩스** 070) 4170-4865
이메일 page2books@naver.com
종이 ㈜월드페이퍼 **인쇄 및 제본** 한영문화사

ISBN 979-11-90977-53-1 (03320)